国家级优秀教学成果奖
“十二五”普通高等教育本科国家级规划教材
教育部普通高等教育精品教材
教育部推荐教材

中国人民大学会计系列教材·简明版

审计学

（第五版）

耿建新　刘松青　黄　胜　编著

中国人民大学出版社
·北京·

图书在版编目（CIP）数据

审计学/耿建新等编著. —5 版. —北京：中国人民大学出版社，2017.7
中国人民大学会计系列教材. 简明版
ISBN 978-7-300-24641-3

Ⅰ.①审… Ⅱ.①耿… Ⅲ.①审计学-高等学校-教材 Ⅳ.①F239.0

中国版本图书馆 CIP 数据核字（2017）第 157290 号

国家级优秀教学成果奖
“十二五”普通高等教育本科国家级规划教材
教育部普通高等教育精品教材
教育部推荐教材
中国人民大学会计系列教材·简明版
审计学（第五版）
耿建新 刘松青 黄 胜 编著
Shenjixue

出版发行	中国人民大学出版社		
社　　址	北京中关村大街 31 号	**邮政编码**	100080
电　　话	010－62511242（总编室）		010－62511770（质管部）
	010－82501766（邮购部）		010－62514148（门市部）
	010－62515195（发行公司）		010－62515275（盗版举报）
网　　址	http://www.crup.com.cn		
	http://www.ttrnet.com（人大教研网）		
经　　销	新华书店		
印　　刷	北京市鑫霸印务有限公司	**版　　次**	1999 年 11 月第 1 版
规　　格	185 mm×260 mm　16 开本		2017 年 9 月第 5 版
印　　张	26.5 插页 1	**印　　次**	2018 年 5 月第 2 次印刷
字　　数	620 000	**定　　价**	49.80 元

总 序

中国人民大学会计系列教材（以下简称系列教材）自1993年推出第1版至今，已有20余年了。这期间我国经济实现了高速发展，会计制度与会计准则也发生了巨大变化，大学会计教育无论从规模还是质量来看都有了长足的进步。回顾20余年的发展历程，从系列教材的第1版到现在呈现在读者面前的第8版，我们都在努力适应会计环境和教育环境的变化，尽可能满足高校会计教学的需要。

系列教材第1版是由我国当时的重大会计改革催生的。那次会计改革的“一个显著特点是国家会计管理部门改变了新中国成立以来一直沿用的通过制定和审定分部门的会计制度来规范各基层单位会计工作的模式，代之以制定所有企业均适用的会计准则来指导会计核算工作的模式”（阎达五，系列教材第1版总序）。我们在编写时关注两个重点：一是适应我国会计制度从苏联模式向以美国为代表的西方模式的转变，教材的编写遵循1992年颁布的“两则两制”的要求；二是教材之间尽可能避免重复。第1版包括9本教材，即《初级会计学》《财务会计学》《成本会计学》《经营决策会计学》《责任会计学》《高级会计学》《财务管理学》《审计学》《计算机会计学》。

系列教材第2版从1997年10月起陆续出版。为适应各院校的课程开设需要，将《经营决策会计学》与《责任会计学》合并为《管理会计学》。

系列教材第3版从2001年11月起陆续出版。“第3版修订工作除了因国家修订《会计法》、国务院颁布《企业财务会计报告条例》、财政部修订和颁布《企业具体会计准则》以及颁布新的《企业会计制度》等法律法规需要进一步协调原教材与现行规章制度不够衔接之处外，还尽可能吸收了国内外财会理论界所取得的一些新的理论研究成果”（阎达五，系列教材第3版总序）。

系列教材第4版从2006年7月起陆续出版。第4版进一步修订了教材与2007年1月1日开始实施的新《企业会计准则》和《注册会计师审计准则》之间的不协调之处，并将《计算机会计学》变更为《会计信息系统》。

系列教材第5版从2009年6月起陆续出版。第5版对《高级会计学》《财务管理学》《财务会计学》等书的框架结构做了较大调整，新增《会计学（非专业用）》一书。

系列教材第6版从2012年6月起陆续出版。针对教育部强化本科教育实务性、应用性的要求，新增“简明”和“模拟实训”两个子系列，并为《初级会计学》和《成本会计学》配备实训资料，提供教学用PPT、学习指导书等教辅资源。

系列教材第7版从2014年4月起陆续出版。内容上及时反映了《公司法》（2013年修正）的变动，深入阐释了财政部自2014年1月以来先后发布的7项新会计准则。此外，新增《财务报表分析》一书。教辅资源更加丰富、实用。

系列教材第8版从2017年8月起陆续出版。体现了营改增、会计准则等多项财税法规的最新动态，其中《初级会计学》做了大幅度的修订，《财务会计学》修订至第9版，并新增《政府与非营利组织会计》一书。

当今社会，大学生的就业压力很大，就业市场对大学教育的影响日益增大。具体到会计学专业，一个突出的表现是，注册会计师考试对大学会计教育的影响上。在关注学生参加注册会计师考试这一客观需要的同时，系列教材更加重视学生的长远发展，以及学生基本素质和能力的培养。注册会计师考试注重现行法律法规等规定理所当然，但大学会计教育不能局限于对现行法律法规的介绍与解释，而应当更加重视培养学生发现问题、分析问题和解决问题的能力。究其原因，一是社会经济环境日趋复杂，对会计专业人才的要求不断提高。随着信息技术的快速发展，很多技能性的会计核算工作逐渐被计算机替代，会计工作的重点由核算转向管理是一种必然的趋势。这就要求我们将人才培养的重点由核算型转向管理型。二是会计规范形式已经由会计制度转向会计准则，这也要求会计专业人员具有更强的职业判断能力。为了培养学生处理复杂业务和适应环境变化的能力，在教材的编写和使用中重视以问题为导向，可能是一种有效的方法。为此，系列教材的修订更多注重引导学生积极思考，将对会计准则等法规的介绍和解释融入对会计基本理论的阐释和对解决问题的探索之中。

在教材编写和使用过程中，我们更加重视同一门课程内容的前后联系以及各门课程之间的内在关联，以更好地帮助学生把握相关专业知识的系统性和整体性，努力避免局部知识之间相互隔离、彼此割裂。

中国人民大学会计系列教材是在我国著名会计学家阎达五教授等老一辈会计学者的精心呵护下诞生，在广大兄弟院校的大力支持下逐渐成长的。我们衷心希望系列教材第8版能够继续得到大家的认可，也诚恳地希望大家多提改进建议，以便我们在今后的修订中不断完善。

中国人民大学会计系

前言

本书是为会计学、财务管理学、工商管理学，以及财政、税收学，金融学等专业高年级本科生初次接触审计学课程时准备的教材。

从编写方向来看，本书是按照注册会计师财务报表审计的线索展开的，熟知这样的业务能为企业管理，尤其是股份公司的管理实务提供较大的帮助。从内容构成来看，本书涵盖了审计学原理（第一章至第七章）和审计实务（第八章至第十五章）两部分内容，而这正是刚刚学习过会计学等课程的本科生所能够接受的。

与我国现阶段其他院校的审计学教材，以及我国注册会计师资格考试的审计学教材相比较，本书具有以下特色：

首先，本书按照本科生对审计学内容的可接受程度与接受方式撰写，在每个章节的重点部位强化了例题的编写与解释。这样的解释方式能够与学习过的会计学、财务管理学等教材保持一致，对一般审计学教材中的沉闷式说教进行较大的改进，加大了审计学课程的可理解性与趣味性。这对初次接触审计学课程的本科生来说尤为重要。

其次，本书针对我国现有其他审计学教材的“短板”扩展了内容，加大了审计抽样、内部控制测试、账项调整、分析性程序等实际操作的教学内容。我们希望通过加大本书的实践应用价值，促使初次接触审计学课程的本科生不仅掌握审计学的相关理论，而且理解其实际操作的方式与方法。这样的安排对学生参加会计师事务所审计业务的专业实习很有帮助。

再次，本书紧密联系科学技术的发展趋势，增加了与计算机信息系统审计相关的内容，以促使学生们及早适应飞速变化的业务实践。客观地说，外部世界的发展极大地领先于我们的教材建设。无论是被审计单位的 ERP（企业资源计划），还是各大型事务所的审计软件，都需要我们在教材上加速紧跟。本书在这个领域进行了多层次、多方面的尝试。

最后，本书附有较多的习题作业，并与注册会计师考试、ACCA 考试的内容相关联。这样做是为了开阔学生的视野、拓展其思路；促使学生们将学习与以后职业生涯中的执业资格考试有效结合。我们也希望通过这样的教材编写方面的创新，为学生们将对审计学的理解和探讨从国内向国际跨越打下基础。

本书的审计学原理部分由第一章至第七章组成，分别是注册会计师审计及其在社会经济中的作用，注册会计师行业的执业规范，注册会计师审计程序，审计证据与审计工作底稿，企业内部控制与控制测试，财务报表的认定与实质性程序，审计抽样；本书的审计实务部分由第八章至第十五章组成，分别是货币资金与金融资产，应收款项与营业收入，存货和营业成本，长期资产及其折旧、折耗，负债与权益资本，经营过程与其他影响损益事项，审计报告和注册会计师的其他相关业务。

本书由中国人民大学耿建新教授、刘松青副教授，北京信息科技大学黄胜博士共同编写，由耿建新教授总纂定稿。经过在编写教材过程中的两次教学实践，本书适用于3学分或者是4学分的专业课程。实践证明，本书可以作为学习我国注册会计师资格考试“审计”课程之前的基础教材并有着良好的教学效果和考试效果。

在本书的编写过程中得到了中国人民大学出版社的大力支持和协助，在此表示真诚的感谢。由于编写时间仓促，加之作者水平有限，书中难免存在不足和错误，希望广大同行和读者及时提出宝贵意见，以便将本书的水平进一步提高。

目　录

第一章 Chapter 1 注册会计师审计及其在社会经济中的作用

学习目标

1. 掌握注册会计师审计的定义及其构成要素，了解美国会计学会对审计概念的解释。

2. 理解注册会计师的经济鉴证功能、鉴证业务和注册会计师可鉴证的报告类型；熟练掌握注册会计师对财务报告鉴证业务的主要形式。

3. 掌握保证服务及其组成部分，理解保证服务的构成；掌握注册会计师审计可以提供的保证服务和其他服务；理解注册会计师可提供的审计业务分类。

4. 了解会计师事务所的人员构成及其类型；理解注册会计师审计与国家审计、内部审计之间的区别和联系；在全面理解广义审计定义的基础上加深对注册会计师审计的认识。

5. 了解注册会计师审计的起源与发展，了解注册会计师业务在社会经济发展中的作用。

第一节 注册会计师审计基础

一、注册会计师审计的定义

（一）对定义的解释

定义是对一种事物的本质特征或一个概念的内涵和外延的确切而简要的说明。

一般的定义方法为种差加临近的属，这是一种逻辑关系的定义方法。但是，当一事物的种差较多，需要按照一定的顺序进行排列时，我们称此定义的方法是排列要素法。

一般来说，对某一事物的定义有逻辑定义法和排列要素法。各定义方法虽在表现形式上有差异，但本质上的要求是相同的。本书对注册会计师审计的定义采用的是排列要素法。

（二）我国注册会计师审计的定义

注册会计师是依法取得注册会计师证书并接受委托从事审计和会计咨询、会计服务业务的执业人员，有时也指其所在的会计师事务所。

注册会计师审计主要是指注册会计师对财务报表是否不存在重大错报提供合理保证，以积极方式提出意见，增加除管理层之外的预期使用者对财务报表信赖的程度。

此审计定义包括的要素解释如下：

审计主体，即注册会计师。

审计客体，即财务报表。

审计的直接目的，是对财务报表是否不存在重大错报提供合理保证。

审计结果的表达方式，一般是以积极方式提出意见。

审计的终极目的，是增加除管理层之外的预期使用者对财务报表信赖的程度。

（三）国外注册会计师审计的定义

国外的一般解释是美国会计学会（AAA）于 1973 年所公布的基本审计概念公告中的审计定义，即审计是针对管理层对被审计单位的有关经济活动和事项所做声明，采用系统化程序，客观地收集并评价相关证据，确认其发表声明是否符合预定标准，以及符合预定标准的程度，并将所获结果转达给具有利害关系的使用人的过程。

在这个审计定义里有下面几个要素：

审计客体，即管理层对被审计单位的有关经济活动和事项所做声明。

审计方式，即采用系统化程序，客观地收集并评价相关证据。

审计的实质性目的，是确认管理层发表的声明是否符合预定标准，以及符合预定标准的程度。

审计的结果性目的，是要将所获结果转达给具有利害关系的使用人。

由于本课程讲解的主要内容是针对注册会计师审计，所以，在以后的内容中，若不特别提及，一般讲的就是注册会计师审计。

二、注册会计师业务的功能与种类

注册会计师的功能主要指他们能够提供的服务及其所发挥的效能。一般认为，注册会计师提供的服务即为保证服务，而保证服务又可细分为合理保证和有限保证，进而审计的功能主要是鉴证功能。

（一）鉴证功能和相关服务功能

本书所述的鉴证功能指的是经济鉴证功能。一般认为，鉴证是指鉴定和证明，经济鉴证是指审计机构和审计人员对被审计单位全部报表及其他经济资料进行检查和验证，确定其财务状况和经营成果是否真实、公允、合法、合规，并出示书面证明，以便为审计的授权人或委托人提供确切的信息，并取信社会公众的一种职能。信息鉴证意味着为信息的可信度提供保证。专门执行鉴证业务人士定义的鉴证业务为：执业者就某一业务事项或者另一方当事人（如管理者）对某一业务的声明进行审查、复核或者执行商定程序并出具报告。

注册会计师可鉴证许多类型的报告（或者是关于业务事项的保证），包括财务预测、内部控制、法律法规的符合度和广告声明等。

例如，考虑注册会计师对有关财务报告的内部控制进行鉴证的情况。这种鉴证的主题是有关财务报告的内部控制，而内部控制往往由管理者负责。注册会计师可以直接就内部控制情况出具报告，说明有关财务报告的内部控制是否符合标准。或者，注册会计师就管理者对内部控制符合标准的声明出具报告。在第二种情况中，审计报告应包含管理者声明是否正确的意见。上市公司对外披露的年度报告中必须包含有关基于财务报告的内部控制效果的声明，并要求注册会计师对公司的内部控制效果做出鉴证。

在财务报表审计中会涉及企业会计准则的概念。财务报表审计的适当标准一般由管理当局选择，通常是企业会计准则。注册会计师进行财务报表审计时，要收集充分的证据来编写审计报告，阐明被审计财务报表（被审计事项）是否符合适用的会计准则。

从国外的情况来看，对财务报告的鉴证业务主要有三种形式——审查、复核和执行商定程序。涉及历史财务信息的审查即为审计，是注册会计师能够提供的最高形式的保证，也是其最重要的工作。在审计业务中，注册会计师从所有可得到的证据中选取综合证据，将潜在误报风险限制在一个比较低的水平，并为被审计事项（声明）的正确性提供合理保证。复核的程序范围远远小于审计，旨在提供一个有限保证。如果审查或者复核不能满足客户的需要，注册会计师和特定信息使用者可以商议决定是否执行商定程序。执行商定程序最终由注册会计师出具陈述约定程序和执行结果的报告。

（二）保证服务和其他服务

所谓保证服务是指由注册会计师提供的广泛信息提高服务。会计师必须独立地完成这些服务。通常来说，保证服务由两部分组成：提高信息的可信度和将信息格式化或者赋予信息特定背景以方便信息使用者做出决策。

明确注册会计师提供的各种服务之间的关系非常重要，因为不同类型的服务对应不同的执业准则。

具体来说，财务报表审计、内部控制审计、信任性审查服务（如电子商务保证服务产品网誉认证、电子商务保证服务产品系统认证）、财务报表和其他信息的复核、执行商定程序等，就是注册会计师提供的保证服务。而其他的服务，如管理咨询服务、欺诈调查服务、信息技术咨询服务等为非保证服务。但是有一些非保证服务，特别是管理咨询类服务，与保证服务是重叠的，即某些管理咨询类服务具有保证服务的性质。

从国外的情况看，还有一些不涉及鉴证的保证服务，如：为某行业协会或者其他行业满足客户家中老年人的需要提供保证的养老服务；为可扩展商业报告语言相关的文档提供的可扩展商业报告语言（XBRL）保证服务。另外，还有代理记账等其他非保证服务。

（三）保证服务中的合理保证和有限保证

一般认为，鉴证功能虽是审计工作的主要功能，但相对于上面所述的鉴证功能而言，其仅仅是注册会计师提供的保证服务的一部分。换句话说，审计的保证服务还要细分为合理保证和有限保证。

属于合理保证范围的业务包括一般的财务报表审计业务，注册会计师要执行收集审计证据等审计程序，并以积极的方式提出审计意见，将审计风险降至可接受的低水平。相对而言，代编财务信息、财务报表的审阅和复核等业务，只需采用消极的方式提供低于高水平的有限保证。

（四）注册会计师可提供的其他服务

除了审计和保证服务外，注册会计师还为客户提供许多其他类型的服务，从国外的情况来看，这样的业务包括税务服务、咨询服务、会计和复核服务、诉讼支持服务、舞弊调查服务和个人理财计划。其内容一般为：

1. 税务服务。注册会计师提供的税务服务旨在协助客户遵守税收法规，加强与税务有关会计处理的可信性与会计信息披露的及时性。注册会计师提供此类业务的前提是：由于纳税申报表需经税务机关审查或批准，如果管理层对纳税申报表承担责任，注册会计师提供的此类服务通常不对独立性产生不利影响。一般来说，注册会计师提供的税务服务包括编制纳税申报表，计算当期所得税或递延所得税负责（或资产），税务筹划或其他税务咨询服务，帮助解决税务纠纷等；也包括注册会计师为个人所得税缴纳等提供的会计服务工作。

2. 咨询服务。会计师事务所提供的许多服务旨在提高客户的经营效果和效率。最初，这些服务是审计业务的自然延伸，主要涉及会计咨询和内部控制系统。最近，会计师事务所拓宽了服务范围，提供大量更具经营性的服务，如开发战略计划模型和管理信息系统，提供经理人搜寻服务。（有必要说明：为审计客户提供咨询服务已经成为与审计师独立性有关的重要问题，以至于美国政府针对审计师为上市公司审计客户提供咨询服务的种类和范围制定了许多限制条款。）

3. 会计和复核服务。审计费用是很昂贵的。对于一个小公司来说，审计费用可能是几千美元，而对于一个大公司来说，审计费用可能超过100万美元。一个小公司支付审计费用的最常见原因就是银行施加影响，坚持将已审计的财务报表作为发放贷款的条件。如果一家小公司没有大额信贷需求，审计的花费很可能超过自身收益。

非上市公司可以选择用会计师事务所的其他服务来替代，如财务报表的编表和复核。会计师事务所出具的财务报表编表报告，不能保证财务报表的公允性符合一般公认会计原则。会计师事务所提供的财务报表复核服务是一项范围远小于审计的鉴证服务，旨在为财务报表的可靠性提供有限的保证。复核业务强调注册会计师的调查和财务报表上可比性财务数据与非财务数据的金额比较，这也称为分析程序的比较，在财务报表误报的可能性较小的情况下可以使用。

4. 诉讼支持服务。美国的诉讼水平催生了一个快速发展的实务领域。注册会计师经常在商业诉讼案中作为专家计算损害程度或者向法官和陪审团解释复杂的商业、会计概念。因此，许多会计师事务所成立了专门的诉讼支持服务部门。

5. 舞弊调查服务。舞弊调查服务通常涉及专业人员调查嫌疑或者已知的舞弊行为。这些服务也可以称为法务会计服务，但是法务会计服务的范围更广，包括诉讼支持服务。随着挪用公款和盗窃事件的不断增加，舞弊调查已经成为许多内部审计部门工作的重要内容。这类服务也是许多会计师事务所的业务专长。为了解释舞弊调查领域的专业知识，注册舞弊审核师协会确定了“注册舞弊审核师”的称谓。

6. 个人理财计划。会计师事务所也可能向个人提供个人理财事务的建议。例如，可以复核客户的投资组合，并评估投资是否能够满足客户的理财目标；也可以为客户的保险性质和金额提供合适的建议。美国注册会计师协会可以授予注册会计师“个人理财专家”的称号，为此注册会计师要满足一定的经验要求，并通过一天的个人理财计划专题考试，如所得税申报计划、风险管理计划、投资计划、退休计划以及房地产计划等。

第二节　注册会计师审计的起源与发展

一、早期的注册会计师审计

虽然现代审计的目的和概念在20世纪初期几乎鲜为人知，但是在有记载的商业史和政府财政史中，一直进行着不同类型的审计。审计师一词的原始意义是“听者”，在那个时代，政府会计记录只有在公众面前大声朗读后才能得到批准。从中世纪到工业革命时期，审计表现为有专门知识和名望的人员辩明政府和商业组织的负责人所做的工作和提供的报告是否真实诚信。

在工业革命时期，随着制造业规模扩大，资产所有者开始雇用管理者。随着所有权与经营权的分离，与经营业务的资产相对分离的所有者越来越需要审计师的保护，来防范管理者和雇员无意识的差错和有意的欺骗。银行是财务报告（通常仅指资产负债表）的主要外部使用者，它们关心报告是否被错误和舞弊歪曲。1900年之前，审计的主要目的是防止差错与舞弊，要审查几乎所有的经济业务。到此时，注册会计师审计的轮廓尽显，初步显示了其在确立经济责任方面的功能和作用。

在20世纪前半叶，审计工作的方向从防止舞弊转向新的目标——判断财务报表是否能够全面公正地反映财务状况、经营成果和财务状况的变动。这种重点的转移是对股东人数增加和公司规模扩大的反应。除了服务新股东之外，审计师更要对政府机构、代表投资者的证券交易所以及其他可能依赖财务信息的使用者负责。银行不再是已审计财务数据的唯一重要外部使用者。报告中利润的公允性变得非常重要。其实，对财务报表审计的实质是股东对财产权的控制要求，这也是注册会计师审计能够长期发展的根本动力。

二、以审计抽样与内部控制为标志的近代审计

随着大型公司在英美快速发展，审计师开始实施抽样审计而非审查所有的经济业务。审计师和公司管理者越来越认同一个观点——对相对少量的抽样业务进行细致审查可以对其他类似业务的正确性起到可靠的指示作用并符合成本效益原则。

除了抽样审计外，审计师逐渐意识到有效内部控制的重要性。公司的内部控制由为公司实现目标（包括准确编制财务报表）提供合理保证的政策和程序构成。审计师发现通过研究客户的内部控制，可以确认公司的优势和薄弱环节。内部控制效果越好，审计师需要对财务报表账户余额做的检测越少。对于控制比较薄弱的任何重要账户或者财务运营阶段，审计师要扩大账户余额检测的范围。

随着对审计抽样和内部控制的依赖增强，执业准则中开始强调审计师审查舞弊的局限性。业界认识到审计师发现舞弊的成本太高。良好的内部控制和履约保证制度在预防舞弊发生方面比进行审计更有效。

三、20世纪后的美国注册会计师审计

从20世纪60年代开始，审查较为普遍存在的舞弊现象在审计业务中占据很重要

的地位。美国在执业准则中用“违规”一词替代“舞弊”，用来描述财务报告舞弊和资产挪用。这样的重心转移使审查舞弊的责任更重大，其原因在于：（1）国会施加更大压力要求对普遍存在的舞弊现象承担更多责任；（2）大量成功诉讼表明财务报告舞弊（管理舞弊）确实存在，且避开了审计师的审查；（3）公共会计师领域坚信应通过审计来核查重大舞弊事项。

为了应对大量财务报告舞弊事件的发生，美国的几家主要会计组织（包括美国注册会计师协会、美国会计学会、财务经理人协会、国际内部审计协会和美国注册管理会计师协会）联合成立了全美反虚假财务报告委员会（the Treadway Commission），研究虚假报告的成因并提出减少虚假报告的方法。1987 年，该组织发表了一篇报告，向审计师、公众公司、管理者以及教育者提出了很多建议。美国注册会计师协会在名为期望差距准则的一系列审计准则公告中对审计师提出了很多建议。该协会对内部控制的建议带动了内部控制框架的发展，被称作“内部控制——整合框架”，用来评估一个组织的内部控制效果。这些内部控制准则的发展增加了审计师对内部控制效果的鉴证需求。例如，《联邦存款保险公司 1991 年改革法案》要求大型金融机构的管理者聘请注册会计师对管理者做出的关于财务报告控制有效性的声明进行鉴证。

1996 年，为了应对客户需求与审计师行为之间的期望差距扩大，美国注册会计师协会发布指导文件要求公开评估由于审计舞弊带来的财务报表重大误报风险。这样的内容在 2002 年被一部更加明确的审计准则取代，新准则要求审计师修订相应程序使财务报告的风险得以反映。

伴随信息技术的飞速发展，从计算机会计系统的小规模应用到大规模使用计算机，到企业范围的网络信息系统应用，再到运用网络完成整个交易流程，审计方法不断在适应。尽管技术发展没有改变财务报表审计的基本目标，但催生了对保证审计效率的计算机测试技术和工具的需要。

2000 年，应美国证券交易委员会的要求，会计行业成立了审计有效性小组，该小组负责复核和评估财务报表独立审计执行的效果，并判断审计的最近发展趋势是否服务于公众利益。审计有效性小组的建议引起了有关舞弊审查、审计证据和判断凭证、风险评估以及审计风险和审计程序间关系的审计准则的改变。然而在审计变革出现之前，这些要求就已经得到执行，资本市场发生的一系列事件引发了一连串反应，导致会计行业前所未有的改革。

四、近期西方国家爆发会计行业信任危机后的注册会计师审计

2001 年 12 月，安然公司在承认以前年度由于会计违规导致严重虚报收入后申请破产。紧随其后，世界通讯公司被披露利用会计舞弊严重夸大报表收入。除了这两家著名公司，多家公众公司重新评估它们以前年度的财务报表，美国证券交易委员会几乎每周都宣布对一家公司的会计业务进行调查。投资者对财务报表可信度的怀疑加剧了 2001 年下半年和 2002 年初的经济萧条，引发了对财务报表所起作用的质疑并带来了会计行业的信任危机。更值得关注的是，作为五大会计师事务所之一的安达信因销毁有关安然公司档案而被公开定罪，引发了人们对会计行业道德标准的质疑。①

---

① 具有讽刺意味的是，虽然没有赶在安达信被拆分之前，但最高法院还是推翻了对安达信的定罪。

这些事件发生后美国国会相关部门迅速作出反应，美国证券交易委员会和美国司法部开始关注公司治理和会计行业。2002年夏天，采取的措施包括加大对公司舞弊的惩罚力度，对注册会计师承担公众公司的审计咨询的类型加以限制，建立美国公众公司会计监督委员会对会计行业加强监管。美国公众公司会计监督委员会有权制定和执行公众会计公司准则，这些公众会计公司对在美国证券交易委员会登记后发行证券的公司进行审计。美国公众公司会计监督委员会的建立淘汰了会计行业对公众公司审计的自我监管。①

2008年的金融危机来源于美国次级贷款市场的崩塌，房地产繁荣态势出现逆转促使美国国会和管理者重新审视有关公司治理和风险管理的法律法规（尤其是针对大型金融机构）。为了应对金融危机，国会通过了2010年《多德-弗兰克法案》（《多德-弗兰克华尔街改革与消费者保护法案》）。颁布该法案的主要目标是通过完善财务体系的责任制并提高其透明度来促进财务稳定性，通过结束对“大而不倒”组织的救助来保护美国纳税人的权益。

五、我国注册会计师审计的产生与发展

（一）中国注册会计师审计的起源

按照我国学术界的说法，中国的注册会计师审计始于辛亥革命之后。1918年9月，北洋政府农商部颁布了我国第一部注册会计师法规——《会计师暂行章程》，并于同年批准著名会计学家谢霖先生为中国第一位注册会计师，谢霖先生创办的中国第一家会计师事务所——正则会计师事务所也获准成立。此后，政府又逐步批准了一批注册会计师，建立了一批会计师事务所，包括潘序伦先生创办的潘序伦会计师事务所（后改称立信会计师事务所）等。1930年，国民政府颁布了《会计师条例》，确立了会计师的法律地位，之后，上海、天津、广州等地也相继成立了多家会计师事务所。1925年在上海成立了全国会计师公会。1933年，成立了全国会计师协会。至1947年，全国已有注册会计师2 619人，并建立了一批会计师事务所。当时的会计师事务所主要集中在上海、天津、广州等沿海城市，注册会计师主要是为企业设计会计制度、代理申报纳税、培训会计人才和提供其他会计咨询服务。

（二）中国注册会计师审计的发展

改革开放之后，随着外商来华投资日益增多，财政部于1980年末颁布了《中华人民共和国中外合资经营企业所得税法施行细则》，规定外资企业财务报表要由注册会计师进行审计，这为恢复我国注册会计师制度提供了法律依据。在此之后，《中华人民共和国会计法》确立了注册会计师和会计师事务所的法律地位。1986年国务院颁布的《中华人民共和国注册会计师条例》规范了对注册会计师和会计师事务所实施必要的管理，有效组织开展职业道德和专业技能教育，加强行业管理，保证注册会计师独立、客观、公正执业等一系列重大问题。第八届全国人民代表大会常务委员会与1993年通过的《中华人民共和国注册会计师法》，促使我国注册会计师行业快速发展。

---

① 美国注册会计师协会和美国公众公司会计监督委员会经常用发行机构和非发行机构来分别描述公众公司和非公众公司。发行机构是指在美国证券交易委员会登记发行证券的公司。

（三）中国注册会计师审计的现状

随着市场经济的不断完善，我国的注册会计师队伍获得快速、稳定的发展。从注册会计师职业的工作范围来看，在世界上占有重要地位的上市公司群体对我国注册会计师行业的业务发展、队伍扩大、审计质量提高等提出了强烈的要求。我国资本市场的发展受到中国股票上市公司几个重大事件的影响，我国的注册会计师队伍及其审计工作质量受到全社会的关注。中国注册会计师协会连续几次对中国注册会计师的行业规范，即《中国注册会计师审计准则》进行修订，每年一度的全国注册会计师执业资格考试在我国中介机构的考试中占据了最重要的地位，但是，提高全行业注册会计师的执业水平尚需时日，还需要学术界和实务界共同努力。

第三节　注册会计师审计类型及其人员、机构构成

一、注册会计师审计的类型

注册会计师审计通常分成三类：(1) 财务报表审计；(2) 合规性审计；(3) 经营管理审计。此外，美国 2002 年发布的《萨班斯-奥克斯利法案》要求公众公司进行整合审计。

（一）财务报表审计

财务报表审计指的就是注册会计师对企业的财务会计信息进行审计，也被称为财务审计。财务报表审计通常包括资产负债表、利润表、所有者权益变动表和现金流量表，目的是审查报表的编制是否符合企业会计准则。财务报表审计通常由注册会计师实施，审计报告的使用者包括管理者、投资者、银行、债权人、财务分析师以及政府机构。

（二）合规性审计

合规性审计的实施依赖于可考证的数据和公认的标准或者准则，如已建立的法律法规或者公司的政策和程序。国际上一个比较熟悉的例子是美国税务局的审计师对所得税申报进行审计，审计的目的是检查纳税申报是否符合税法和美国税务局的相关规定，审计结果以审计报告的形式传递给纳税人。另外，许多接受联邦政府财政援助的州政府、地方政府以及非营利组织必须安排符合单一审计制度或者美国管理与预算局的 A-133 号公告的合规性审计，审计目的是检验财政援助的使用是否符合适用的法律法规要求。

（三）经营管理审计

经营管理审计是以绩效考核为目的，对一个组织的特定单元进行评价。例如，一家制造公司收货部门的运营可以用运营效果指标考核，即评价其完成既定目标和责任的情况。按效率衡量绩效时，即评价其是否最有效地利用部门可以获得的资源。由于效果和效率的标准不像一般公认会计原则和法律法规可以清晰界定，因此与财务报表审计和合规性审计相比，经营管理审计需要更多主观判断。例如，为了衡量部门的效果和效率，审计师经常开发可计量的标准。

（四）整合审计

《萨班斯-奥克斯利法案》规定美国公开上市交易公司的审计师必须实施整合审

计，包括对财务报表和基于财务报表的内部控制效果提供保证。特别地，《萨班斯-奥克斯利法案》和美国公众公司会计监督委员会第5号准则（提出整合审计），均要求公司管理当局评估和报告公司的内部控制。审计师除了对公司财务报表发表意见外，还要对管理评估和内部控制效果出具报告。

二、会计师事务所的人员构成

注册会计师队伍的人员构成状况代表着会计师事务所最大的能力和机遇。一般而言，会计师事务所人员包括合伙人、经理、高级审计师和助理。

（一）合伙人

事务所中的主要合伙人负责保证审计的执行符合可接受的行业标准。因此，主要合伙人负责做出完备的计划，监管审计的执行过程。合伙人还要负责与客户保持主要联系，这些联系包括与客户商讨审计工作的目标和范围；解决可能出现的争议，如一些事项如何在财务报表上得以体现；参加客户的股东大会，回答所有关于财务报表或者审计报告的问题。合伙人的其他责任包括新员工的招聘，从业人员的监管，审计工作底稿的复核以及审计报告的签署。

会计师事务所的合伙人相当于工业组织中的最高管理者。这一级的管理人员关心本组织和服务群体的长远健康发展。他们会花很多时间从事公民活动、职业活动和教育活动。合伙人积极参加各种商业和公民组织的一个重要原因是，这样可能带给事务所声誉与名望。许多客户选择某个会计师事务所是因为他们知道或者敬重事务所的某个合伙人。因此，在社会上名声大、名望高的合伙人是给事务所招揽生意的重要因素之一。

（二）经理

在大型会计师事务所中，经理或者监管人员往往承担许多小型事务所中合伙人承担的责任。一个经理可能负责监管两个或者更多同时发生的审计合同。监管工作包括复核审计工作底稿，与客户或者审计人员讨论合约执行期间可能发生的任何会计和审计问题。经理还负责决定特定审计业务的审计程序，维持现场工作的统一标准。通常，经理对编表和整理事务所开给客户的发票负有管理义务。熟悉税法和各种财经法规，对会计理论和实务有全面且与时俱进的了解，是一个成功经理的必备条件。

（三）高级审计师

高级审计师承担的责任随着审计签约业务规模的大小而不同。对于较小的合约，高级审计师承担的责任包括计划与执行审计，草拟审计报告，等待经理或者合伙人的复核与批准。而对于较大的合约，高级审计师承担的责任包括监管审计的某些方面，如对账户可接受性的审计。在审计执行过程中，高级审计师会对每个助理完成特定工作的能力进行评估，将大部分审计工作分配给助理完成。一个受过正规会计教育的合格大学生，可能在两三年甚至更短的时间里从助理晋升为高级审计师。

高级审计师在审计中的另一个重要任务是在工作底稿完成后迅速进行复核。这样能够使高级审计师掌控工作的进程，并确定涵盖了签约业务的各个部分。在现场工作结束时，高级审计师应该进行最终的复核，包括从工作底稿到财务报表的项目追踪。

（四）助理

大学毕业生进入会计师事务所后的第一个职位通常是助理。助理经常遇到很多需要全面利用他们的分析能力的任务。当然，每个审计合同中都有一些必须完成的例行工作，但是受过全面会计教育的大学毕业生不必担心进入事务所后被长期分配例行工作。大多数事务所都希望给年轻的员工增加任务，使他们能尽快承担重要责任。社会上对会计服务的需求非常大，所以有前途的助理可以快速成长。

三、会计师事务所及其类型

许多会计师事务所以独资或者合伙企业的形式存在，大型会计师事务所也可以成为有限责任合伙企业或者有限责任公司。相比于独资企业，合伙企业和拥有多个所有权人的专业企业有更多优势。当两个或者更多个注册会计师联合起来后，专业化的机会增加，为客户提供服务的范围也更大。会计师事务所的规模从 1 个员工到 100 000 个员工不等。依据规模不同，会计师事务所分成下列四大类：地方性事务所，地区性事务所，全国性事务所和四大事务所。

（一）地方性事务所

地方性事务所通常只有一个或者两个办事处，一个或者几个注册会计师作为合伙人，服务的客户局限在一个城市或者地区。这些事务所主要提供所得税服务、咨询服务和会计服务。审计通常只占其业务的一小部分，客户往往涉及需要提供已审计财务报告来申请银行贷款的小公司。

（二）地区性事务所

许多地方性事务所通过在相邻城市开设办事处和增加从业人员的数量，发展成为地区性事务所。与其他地方性事务所合并也是成为地区性事务所的途径之一。事务所的发展往往伴随着审计业务所占比重的增加。

（三）全国性事务所

在我国大部分主要城市拥有办事处的会计师事务所被称为全国性事务所。这些公司经营其所在地的业务，也可能通过自己的办事处，在其他城市较为广泛地开展审计或其他鉴证业务、非鉴证业务。

（四）四大事务所

新闻媒体提到的会计师事务所通常是大型国际会计师事务所。到 1989 年，这样的大型事务所还有八家。然而，随着合并和安达信会计师事务所的解散，数量减少到了四家。因为只有大型国际会计师事务所有足够的从业人员和资源去审计大型公司，所以国内绝大部分大型公司由这些事务所审计。这些事务所提供的专业服务范围非常广泛，审计业务一般都占有很大比例。现有的四大会计师事务所是德勤会计师事务所、安永会计师事务所、毕马威会计师事务所和普华永道会计师事务所。

第四节　注册会计师审计与其他审计的关系及其特征归纳

一、注册会计师审计与国家审计之间的关系

（一）国家审计及其性质

在我国各种有关国家审计的教材、文件中，对国家审计的解释是：“国家审计是

指由国家审计机关所实施的审计。《中华人民共和国审计法》规定，我国的审计机关依照法律规定独立行使审计监督权，不受其他行政机关、社会团体和个人的干涉。”

对国家审计的解释还涉及下述内容：

1. 国家审计机关与被审计单位之间是一种强制性关系。即依据法律，在国家审计机关与被审计单位之间形成监督与被监督关系，形成认可与服从的相互影响关系。在审计决定的落实过程中，国家审计机关与被审计单位之间形成一定的行政法律的强制与执行关系，即国家审计机关可以对被审计单位的相关事项做出处罚决定，被审计单位应当执行决定，如此等等。

2. 国家审计机关主要执行财政收支审计、财务收支审计和经济效益审计三类活动。财政收支审计是指国家审计机关对本级政府财政预算执行情况和下级政府财政预算执行情况与决算，以及预算外资金的管理和使用情况的真实性、合法性进行的审计监督。财务收支审计是对金融机构、企事业单位的财务收支及有关的经济活动的真实性、合法性所进行的审计监督。经济效益审计是对财政、财务收支及其有关经济活动的效益进行监督的行为。审计机关对列入审计监督范围的所有单位和项目都可以进行经济效益审计，其中以审计公共财政资金使用效益最为典型。

3. 国家审计按实施审计的时间分类，可分为事后审计、事中审计和事前审计。其中最主要的是在被审计单位的财政财务收支或经济活动完结之后所进行的事后审计。也有对固定资产投资项目施工进度、投资完成情况的事中审计，以及主要对单位的计划、方案、预算制定的事前审计。

4. 国家审计按执行审计的地点分类，可分为就地审计和报送审计。就地审计是指审计机关派出审计小组或审计人员到被审计单位所在地进行的审计。目前，我国审计机关主要采用这种方式。

5. 国家审计的职能主要是：服务和建设性的职能；揭露和反映问题的职能，即独立行使审计监督的职能；对权力运行监督制约的职能；行政处理处罚的职能；业务指导和核查追责的职能。有的学者将国家审计的职能解释为：依法维护财政经济秩序；依法查处违法违纪行为，促进廉政建设；促进加强管理、完善制度、深化改革；通过审计加强对权力的监督和制约，促进科学发展观的贯彻落实。

（二）政府审计人员和审计机关

我国审计署，即中华人民共和国审计署，是根据1982年12月4日第五届全国人民代表大会第五次会议通过的《中华人民共和国宪法》第九十一条的规定，于1983年9月15日正式成立的，是国务院25个组成部门之一，在国务院领导下主管全国的审计工作。审计长是审计署的行政首长，是国务院组成人员。审计署下设13个内设机构：办公厅（经济责任审计司）；法规司；财政审计司；行政事业审计司；农业与资源环保审计司；固定资产投资审计司；金融审计司；企业审计司；社会保障审计司；外资运用审计司；境外审计司；国际合作司和人事教育司。在审计署的领导下，我国各省设有审计厅，各市县设有审计局，整个国家审计机构是在国务院和各级政府领导下的政府职能管理部门，是一支庞大的队伍。

从国外的情况来看，美国国会长期以来有自己的审计人员，一般由总审计长领导，通常称为审计总署或者GAO。[①] 审计总署的工作包括合规性审计、经营审计和财务审计。其职责包括对政府机构进行审计以判断支出计划是否符合国会意图，进行经营审计来评价所选择的政府项目的效果和效率，对与政府签订合约的公司进行审计来验证政府对该合约的支出是否合理，对大量联邦机构的财务报表和联邦政府的合并财务报表进行审计。美国众多规模庞大的联邦机构对审计总署的压力，促使审计总署的审计师发展计算机审计技术和数据抽样计划。在审计领域的先驱地位使美国审计总署成为人们心目中的高级专业审计机构。

（三）国家审计与注册会计师审计之间的关系

注册会计师审计与国家审计之间的相互关系，是指二者的联系和区别。

二者的联系：相对于审计的客体，国家审计和注册会计师审计均是外部审计，都具有较强的独立性；另外，二者在审计查证、取证方法等方面有较多的一致性。

二者的区别包括以下几点：

1. 审计目标不同。国家审计主要是对被审计单位的财政或财务收支的真实性、合法性和效益性进行审计，而注册会计师审计主要是对被审计单位财务报表的合法性和公允性进行审计。

2. 审计依据不同。国家审计依据《审计法》和国家审计准则等进行审计，而注册会计师审计依据《注册会计师法》和注册会计师审计准则等进行审计。

3. 经费或收入来源不同。国家审计的经费来源于财政预算，由同级人民政府予以保证，而注册会计师审计的收入来源于审计客户，与审计客户协商确定。

4. 形成审计关系的性质不同。国家审计机关可以依照法律法规的要求，对符合要求的被审计单位进行强制审计，但对于国家审计机关来说是无偿审计；而注册会计师审计要由被审计单位进行委托，向委托单位收取一定的费用。就此而论，相对于审计委托人、被审计人与审计人三者之间的关系来说，我们可以称注册会计师为独立的第三方；而若也这样称呼国家审计，就显得有些牵强了。

5. 获取审计证据的权限不同。国家审计机关有权就审计事项向有关单位和个人进行调查，有关单位和个人应如实反映并提供相关资料；注册会计师审计获取审计证据时有赖于被审计单位的配合和协助，对被审计单位及相关单位没有行政强制力。

6. 发现问题的处理方式不同。国家审计机关审定审计报告，出具审计意见书，并可对违规行为做出审计处理决定；而注册会计师审计时对发现的错弊，只能提请被审计单位调整和披露，没有行政强制力，如果审计范围受到被审计单位或客观环境的限制，注册会计师应视情况出具保留意见或无法表示意见的审计报告。

（四）辨明二者间关系的重要意义

国家审计与注册会计师审计是我国审计最重要的两支力量。但是，我们必须说明，国家审计机关本身就是国家行政机构的一个职能部门，国家审计机关的工作人员是国家公务员，是政府行政管理的产物；国家审计机关体现的是国家治理力在专职经济监督方面的职责，主要的工作对象是国家财政资金运行方面的社会经济活动。而注

---

① 2004年审计总署更名，由原来的GAO（The General Accounting Office，直译为总会计办公室）改为新的GAO（The Government Accountability Office，直译为政府责任办公室）。

册会计师审计是市场经济的产物，是社会中介机构中重要的一类，体现的是以独立的第三方对需要“公证”的事项的鉴证，或者说是有限保证，因此，注册会计师要通过受托才能进行主要以委托单位的财务报表为工作对象的审查业务。

二、注册会计师审计与内部审计的关系

（一）内部审计的性质

国际内部审计组织对内部审计的定义是：对组织中各类业务和控制进行独立评价，以确定它们是否遵循公认的方针和程序，是否符合规定和标准，是否有效和经济地使用了资源，是否实现了组织目标。

有的学者将内部审计定义为：内部审计是一种独立、客观的保证工作与咨询活动，它的目的是为组织增加价值并提高组织的运作效率。它采取系统化、规范化的方法来对风险管理、控制及治理程序进行评价，提高它们的效率，从而帮助实现组织目标。

对内部审计的解释还涉及以下内容：

1. 内部审计是现代企业发展过程中所有者（即股东）和管理者相分离的产物。内部审计从根源上讲代表的是股东利益，权力来源于经董事会审批的审计章程和其下设的审计委员会，由审计主管统筹内审部门的工作安排。

2. 从本质上来看，内部审计属于企业的内部管理工作。内审人员受雇于企业股东会，受董事会的委派，并向董事会报告工作，拿的是企业工作人员的报酬，审计工作为其本职业务。但是，他们的工作要坚持独立性和客观性。

3. 独立性和客观性，二者正是内审的生命力所在。独立性，就是要独立于企业内部的管理活动，不受管理层意志左右，与管理活动不存在利益冲突。由独立性引申出客观性这个特征，即内审应该摒弃一切利益冲突，做到客观、公正，为企业所有者和其他关注者提供最客观、真实的审计报告。

4. 除审计工作外，内审还要为企业的管理活动提供服务。我们称内部审计提供服务的活动为咨询服务活动，内审人员对改善管理活动的建议往往可以帮助管理层提高企业的管理效率，带来实实在在的增值效益，这与企业所有者的根本利益是完全吻合的。

5. 内审可以参与管理活动的执行效果分析，但是，其对管理活动的执行效果不做保证，也不负责。内审在个别领域的专业知识可以帮助管理层进行更好的分析，因此理应提供相关的帮助，共同促进企业的发展。

6. 内审无权直接要求被审计部门执行其提出的改进建议。是否执行改进建议以及怎样改进，决定权来自公司股东和高级管理层，内审的职责在于将审计发现及时提交并提出改进建议，如果高级管理层愿意承担不执行改进建议而带来的风险，内审无权干涉。

（二）内部审计人员及其组织机构

几乎每家大公司都有内部审计人员。政府机构和非营利组织也广泛雇用内部审计师。内部审计师的主要目标是调查、评价公司各部门执行指定任务的效果。内部审计师在研究和评价内部控制上投入了很大精力。

内部审计师的大部分工作是经营审计，除此之外，他们也进行合规性审计。内部

审计师要经常向董事会下设的审计委员会提交报告，也经常向董事长和其他高管汇报。内部审计师在组织结构的战略布局中处于较高位置，这保证了他们对各部门的审计，也使他们的建议引起部门经理的关注。内部审计师独立于作为其检查对象的部门经理和其他业务管理人员是非常必要的。因此，企业一般不希望内部审计人员受制于总会计师。从另一方面来看，不管他们的报告级别如何，内部审计师与独立审计师的独立性有很大的区别，内部审计师是他们所在工作公司的雇员，受到内在雇主与雇员关系的限制。

国际内部审计师协会（IIA）是内部审计师的国际组织。这一组织制定了许多有关内部审计的准则，并负责国际注册内部审计师的考试。

（三）内部审计与注册会计师审计之间的关系

二者的联系：（1）二者在审计查证、取证方法等方面具有较多的一致性；（2）内部审计是单位内部控制的一部分，外部审计须对内部审计的设置和工作情况进行了解；（3）内部审计与外部审计在工作上具有一致性，注册会计师可以利用内部审计的工作成果，以提高审计效率，节约审计费用。

二者的区别为以下几点：

1. 审计目标不同。内部审计主要是对组织内部的经营活动和内部控制的适当性、合法性和有效性进行审计；而注册会计师审计主要是对被审计单位的财务报表的合法性和公允性进行审计。

2. 独立性不同。内部审计的性质是为组织内部服务，接受董事会或股东会的领导，独立性较弱，不应理解为独立的第三者；而注册会计师审计主要是为需要可靠信息的第三方提供服务，不受被审计单位管理层的领导和制约，独立性较强。

3. 接受审计的自愿程度不同。内部审计是内部控制的重要组成部分，单位内部组织必须接受内部审计人员的监督；而注册会计师以独立的第三方对被审计单位进行审计，委托人可自由选择会计师事务所。

4. 审计依据不同。内部审计人员遵循的是内部审计准则；注册会计师遵循的是注册会计师审计准则。

5. 审计时间不同。内部审计工作完全针对企业内部管理，通常采用定期或不定期审计，可随时进行审计；注册会计师审计主要针对被审单位的年末财务报表，通常是定期审计，每年对被审计单位的财务报表审计一次。

（四）辨明二者间关系的重要意义

注册会计师审计作为外部审计，对内部审计工作具有约束作用；注册会计师审计经常因内部审计接触企业内部的面更广、更细而利用内部审计工作。另外，作为外部审计人员的注册会计师接触社会面广、业务种类多，比内部审计更容易了解行业动态、掌握新规则及其运作方式，所以其审计工作对内部审计具有较强指导作用。

这两种审计的相互融合和互相参考能够提高审计工作效率。通常内部审计是单位内部控制的重要组成部分，外部审计人员对被审计单位内部控制进行测评时须对内部审计设置及其工作进行了解，内部审计若积极配合，则能够提高整体审计工作的效率。

三、将三种审计结合在一起的广义审计定义分析

（一）广义审计定义

将注册会计师审计、国家审计和内部审计结合在一起，即为广义的审计定义。将注册会计师审计、国家审计和内部审计与社会上的各种中介机构、政府负有各种职责的管理机构，以及企业内各职能管理部门相比，我们可得到这样的广义审计定义：

> 审计是由专职机构或人员接受委托或授权，对被审计单位在一定时期的全部或一部分经济活动的有关资料，按照法规和一定的标准进行审核检查，收集和整理证据，以判明有关资料的合法性、公允性和经济活动的合规性、效益性，并出具审计报告的具有独立性的经济监督、评价、鉴证活动，其目的在于确定或解除被审计单位的受托经济责任和加强对被审计单位的管理、控制。

（二）对广义审计定义构成内容的说明

在这个审计定义里包含的内容较多，如下图所示：

审计是由专职机构或人员接受委托或授权，对被审计单位在一定时期的全部或一
审计主体　审计依据与关系　审计对象
部分经济活动的有关资料，按照法规和一定的标准进行审核检查，收集和整理证据，
审计对象判断标准　审计的核心工作
以判明有关资料的合法性、公允性和经济活动的合规性、效益性，并出具审计报告的
审计工作的基本目标
具有独立性的经济监督、评价、鉴证活动，其目的在于确定或解除被审计单位的受托
审计的本质概括　审计的终极目标
经济责任和加强对被审计单位的管理、控制。

（三）对广义审计定义各构成要素的进一步解释

1. 审计主体：专职机构或人员。具体来说，国家审计和内部审计是专职机构，而注册会计师是专职人员。

2. 审计依据与关系：接受委托或授权。不言而喻，注册会计师审计必须接受委托，而国家审计和内部审计只是接受授权，这是这三种审计之间的重要区别之一。

3. 审计对象：被审计单位在一定时期的全部或一部分经济活动的有关资料。这里反映的内容有三点：一是审计对象的形式和内容说，即有关资料是审计对象的形式，而反映的经济活动是审计对象的实质；二是审计对象的排除说，即审计对象是经济活动，而不是其他活动；三是审计对象的全部与局部说，即若是整个财务报表审计，就是全部经济活动，但若是某一方面审计，就不是全部经济活动而是一部分经济活动。

4. 审计对象判断标准：法规和一定的标准。法规的制约范围是巨大的，三种审计都要依赖各种法规，也要依赖除法规之外的其他标准，比如单位内部控制的标准（进行内部控制测试和审计时），单位财务预算的数量、数额标准（进行经济效益审计、经管责任审计时，进行经营管理审计和干部任期责任审计时），等等。

5. 审计的核心工作：进行审核检查，收集和整理证据。审核检查主要是包括分析程序在内的审阅、核对等；而收集和整理证据则是审计工作最基础、最根本的工作内容。我们都应知道，审计是靠证据说话的，而将各种取得的审计证据进行整理，形成审计工作底稿是发表审计意见的基础。

6. 审计工作的基本目标：判明有关资料的合法性、公允性和经济活动的合规性、效益性，并出具审计报告。这里需要解释的是，判明有关资料的合法性、效益性主要是针对国家审计而言；而注册会计师审计主要是判明经济活动的公允性和合规性；内部审计则要看董事会等分配的审计业务工作，从而找准其基本工作目标。

7. 审计的本质概括：具有独立性的经济监督、评价、鉴证活动。这里既突出了国家审计的监督职能，又体现了注册会计师的经济鉴证功能，还包括了内部审计主要进行的评价工作。此外，若深入分析这几个词可知，它们之间有着较大的重叠，这也正是广义审计定义含义丰富，从不同角度分析可以得到不同内容的体现。

8. 审计的终极目标：确定或解除被审计单位的受托经济责任和加强对被审计单位的管理、控制。这里首先要明确，注册会计师存在于社会最根本的作用，或者说社会需要注册会计师的根本目的，就是确立或解除被审计单位的受托经济责任；而国家审计、内部审计主要是通过审计工作加强对被审计单位的管理和控制。从另一方面来看，这里的终极目标是相对于上述基本目标而言的。举例来说，社会上需要法官，是要判断某一事项的是非曲直，做出谁对谁错的结论；进一步看，只有做到了这一点，才能维护社会上层建筑，使国家长治久安。此处将前者比作审计的基本目标，而把后者比作审计的终极目标。

四、对注册会计师审计特征的归纳

通过上述的内容，我们基本上展示了广义审计的含义，揭示了注册会计师审计在整个审计体系中的地位和作用。以此为基础，我们对注册会计师审计的特征进行归纳：

1. 从审计主体来看，注册会计师是社会中介机构的一种，要以独立第三方的态度、身份进行审计工作。

2. 从业务形成的角度看，注册会计师要通过委托来构建与被审计单位和审计委托人之间的审计关系，向委托人提供有偿服务，并提供审计报告。

3. 从审计对象来看，注册会计师的主要审计对象是企业财务报表反映的企业财务状况、经营成果和现金流量情况。

4. 从审计对象的判断标准来看，主要是国家的财经法律法规，也有企业的内部控制制度及财务预算等内部衡量标准。

5. 从审计的核心工作来看，主要是采用分析程序，运用抽样审计的方法进行审核检查，取得并整理审计证据，得出审计结果。

6. 从审计工作的基本目标来看，就是判断财务报表是否按照企业会计准则或其他会计准则编制，是否在所有重大方面都公允反映了企业的财务状况、经营成果和现金流量情况，并出具审计报告。

7. 从审计的本质来看，即注册会计师审计是“作为社会中介的一种而对企业财务报表提供有限保证的鉴证服务”。

8. 从审计的终极目标来看，即通过对财务报表的审查和公证，以确立或者是解除被审计单位的受托经济责任。

第五节 注册会计师业务在社会经济发展中的作用

毋庸置疑，注册会计师虽然也有较多的非鉴证业务，但这个行业为社会提供的业务主要是财务报表审计业务。因此，我们在分析注册会计师业务在社会经济发展中的作用时主要针对其审计业务而言。

一、注册会计师审计可在有效配置资源方面发挥作用

可靠的会计和财务报告可以帮助社会有效配置资源。社会管理和运行的一个重要目标就是将有限的资源分配给需求量较大的商品和服务。经济资源一般会被吸引到那些通过财务度量显示出资源得到最优利用的行业、地区和组织实体。反过来，不恰当的会计和财务报告会隐匿浪费和低效，阻碍经济资源的有效配置。注册会计师审计能够为验证社会贡献的财务报表提供有限保证，可以在一定程度上促使社会的运行机制将社会资源投放到真正需要资源、真正能够为社会创造财富的地方，即需求量大的商品和服务，在有效配置资源方面发挥其独特作用。

二、注册会计师审计能够提高经济决策的效果

注册会计师的贡献是保证了经济信息的可信度。可信度在这里意味着信息可以被相信，即外界人士，如股东、债权人、政府管理者、消费者和其他利益相关者可以相信这些信息。第三方可以利用这些信息做出经济决策，如决定是否投资于某个企业。

经济决策通常是在不确定情况下作出的，决策者面临选择错误和遭受重大损失的风险。审计师增加了信息的可信度，事实上降低了决策者的风险。更确切地说，审计师降低了信息风险，这种信息风险由决策时使用的财务信息被严重错报导致。

公司在报告它们的经营结果和财务状况时认可已审计的财务报表。当“已审计”一词用于财务报表时，意味着资产负债表，收入、留存收益和现金流量表都附有独立公共会计师出具的相关审计报告，他们对公司财务报表的公允性提出了专业意见。

管理者提供的财务报表在送交外部人士查阅之前没有经过独立会计师审计则会产生信任差距。报表中提到经营管理状况时，管理者很难做到公正无偏，就像足球教练不可能在同一场比赛中既做教练又做裁判。独立审计师与企业没有密切的私人关系和经济利益关系，他们提供的报告可以做到公正无偏。

没有经过审计的财务报表可能是真实的，但很可能不够严谨。资产负债表中可能会忽略和遗漏一些负债，资产可能由于计算错误或者缺少对一般公认会计原则的了解而被高估。收益支出资本化和记录的交易时间早于实际交付时间等都可能造成净收入的高估。

最后，我们不能完全排除财务报表故意作假的可能性，这可能是为了隐匿资产的

窃取和欺诈，也有可能是为了误导投资者投资或获取贷款。虽然财务报表弄虚作假的情况不常发生，但确实存在，并会给依靠这些误导性报表做出决策的人带来巨大损失。

三、注册会计师审计可促使被审计单位提高公司治理水平

公司治理涉及公司运营、管理、控制的相关法律法规和程序。有效的公司治理要求公司管理者、股东、债权人和其他利益相关者的利益均衡。我国法规要求，上市公司必须在董事会下设立审计委员会，董事会由股东选举形成并监督公司运营，一般由通晓会计知识的独立董事担任委员会的负责人。不同公司虽有不同的责任，但审计委员会主要负责的事项是一致的，即财务报告审计、合规性管理和风险管理。审计委员会的责任包括委派、弥补和监管公司的外部审计师工作，并定期向董事会汇报。注册会计师将在审计等工作中发现的问题与公司管理层交流，促使公司管理层及时采取措施，将股东大会、董事会的意图真正贯彻下去，在公司治理中发挥作用。

思考题

1. 什么是注册会计师审计？它由哪些要素构成？有哪些具体特征？

2. 什么是注册会计师的经济鉴证功能和鉴证业务？注册会计师可以执行哪些鉴证业务？各种鉴证业务之间的关系怎样？

3. 什么是保证服务？其两个不同类型是什么？注册会计师提供的审计业务属于哪种类型的保证？提供的其他服务类型呢？

4. 会计师事务所的工作人员是怎样区分的？会计师事务所的类型是怎样区分的？这样的区分有何意义？

5. 何为国家审计？有何特征？国家审计与注册会计师审计之间的关系怎样？

6. 何为内部审计？有何特征？内部审计与注册会计师审计之间的关系怎样？

7. 广义审计定义与国家审计、内部审计、注册会计师审计之间的关系怎样？

8. 注册会计师审计在社会经济发展中的作用怎样？这样的作用是怎样实现的？

练习题

1. 在年度股东大会上，一个大股东向注册会计师提出了以下问题："我们公司既然已经配备了内部审计人员，为什么还需要外部注册会计师的审计？毕竟内部审计人员对公司的经营了解得更多，对公司人员和会计系统也更熟悉。很明显，内部审计人员可以比外部注册会计师更有效地开展工作，并且费用更低。"

要求：回答该股东的问题并考虑注册会计师如何满足公众的需要。

2. 小李是大型会计师事务所的注册会计师，新认识的朋友小胡和小柳请教他注册会计师的主要工作内容，想了解会计师事务所的盈利模式。小李介绍说他的主要工作是收集证据，证明被审计单位的年度财务报表的公允性和合规性，并出具审计报告

提供保证，从而增加被审计单位财务报表的公认度，同时被审计单位为他们的工作支付报酬。

小胡提出质疑，由于被审计单位支付报酬让会计师事务所出具证明，因此审计报告有可能掩盖被审计单位财务报表本身存在的严重问题；如果支付了高额的审计费用，注册会计师仍然出具被审计单位财务报告公允、合规的证明，那这种服务还有什么意义？

小柳则质疑小李在陈述中提及的被审计单位的责任，认为这是注册会计师没有尽到责任的说法。打个比方，若是商品，既然我出了钱，货物就是我的；这样，注册会计师收了钱，就要证明我的报表是正确的，否则我雇你干什么？

要求：请你解释，在被审计单位付钱购买注册会计师的服务或者审计报告的情况下，该服务、审计报告是否能够获得社会的公认？

第二章 Chapter 2 注册会计师行业的执业规范

学习目标

1. 理解注册会计师的含义，了解注册会计师考试、注册的条件和方式；熟知注册会计师的业务范围；深入理解并熟练掌握注册会计师的业务规则及其承担的法律责任。

2. 理解会计师事务所的含义，理解其组织形式及设置条件；深入理解并熟练掌握会计师事务所承担的法律责任。

3. 了解注册会计师协会及其在注册会计师行业中的地位和应做的工作。

4. 深入理解注册会计师职业道德守则的基本原则，并明确其具体要求。

5. 深入理解、熟练掌握注册会计师职业道德守则的具体内容，并能结合实际业务分析问题。

6. 理解注册会计师鉴证业务准则的体系构成，在准则体系中各自的地位和作用，及各类准则发挥作用的方式。

7. 熟练掌握注册会计师鉴证业务基本准则的主要内容，并理解基本准则的内容与本书第一章所述内容之间的关系。

8. 熟知注册会计师鉴证业务具体准则的构成及其所规范业务的环节。

9. 理解注册会计师其他业务准则的构成、规范内容及其使用方向。

第一节 中华人民共和国注册会计师法

《中华人民共和国注册会计师法》由中华人民共和国第八届全国人民代表大会常务委员会第四次会议于 1993 年 10 月 31 日通过，自 1994 年 1 月 1 日起施行。后于 2014 年 8 月 31 日通过修订，以国家主席令的方式予以公布。此法是我国注册会计师行业必须严格遵守的一部法律。本节对此法的重要部分进行解释说明。

一、注册会计师、会计师事务所及其管理机构

1. 注册会计师：是依法取得注册会计师证书并接受委托从事审计和会计咨询、会计服务业务的执业人员。注册会计师分为两种，即执业会员和非执业会员。执业会员是考试通过并在会计师事务所执业的注册会计师，成为执业注册会计师需要通过全科考试并在事务所工作满两年。非执业会员则是指考试通过但不在会计师事务所执业的注册会计师。

2. 会计师事务所：是依法设立并承办注册会计师业务的机构。注册会计师执行业务，应当加入会计师事务所。

3. 注册会计师协会：是由注册会计师组成的社会团体。中国注册会计师协会是注册会计师的全国组织，省、自治区、直辖市注册会计师协会是注册会计师的地方组织。国务院财政部门和省、自治区、直辖市人民政府财政部门，依法对注册会计师、会计师事务所和注册会计师协会进行监督、指导。

二、注册会计师的考试、注册及其条件

1. 注册会计师考试：国家实行注册会计师全国统一考试制度。注册会计师全国统一考试办法由国务院财政部门制定，由中国注册会计师协会组织实施。

2. 注册会计师考试条件：具有高等专科以上学校毕业的学历，或者具有会计或相关专业中级以上技术职称的中国公民，可以申请参加注册会计师全国统一考试；具有会计或者相关专业高级技术职称的人员，可以免予部分科目的考试。

3. 注册会计师的注册：参加注册会计师全国统一考试成绩合格，并从事审计业务工作二年以上的，可以向省、自治区、直辖市注册会计师协会申请注册。

4. 不予注册的情形：有下列情形之一的，受理申请的注册会计师协会不予注册：(1) 不具有完全民事行为能力的；(2) 因受刑事处罚，自刑罚执行完毕之日起至申请注册之日止不满五年的；(3) 因在财务、会计、审计、企业管理或者其他经济管理工作中犯有严重错误受行政处罚、撤职以上处分，自处罚、处分决定之日起至申请注册之日止不满二年的；(4) 受吊销注册会计师证书的处罚，自处罚决定之日起至申请注册之日止不满五年的；(5) 国务院财政部门规定的其他不予注册的情形。

三、注册会计师的业务范围

1. 注册会计师审计业务范围。注册会计师可以承办下列审计业务：(1) 审查企业财务报表，出具审计报告；(2) 验证企业资本，出具验资报告；(3) 办理企业合并、分立、清算事宜中的审计业务，出具有关报告；(4) 法律、行政法规规定的其他审计业务。注册会计师依法执行审计业务出具的报告具有证明效力。

2. 注册会计师非审计业务范围。注册会计师可以承办会计咨询、会计服务业务。

四、注册会计师的业务规则

1. 注册会计师业务规则的一般规定。注册会计师承办业务，由其所在的会计师事务所统一受理并与委托人签订委托合同。会计师事务所对本所注册会计师依照相关规定承办的业务，承担民事责任。注册会计师执行业务，可以根据需要查阅委托人的

有关会计资料和文件，查看委托人的业务现场和设施，要求委托人提供其他必要的协助。注册会计师与委托人有利害关系的，应当回避；委托人有权要求其回避。注册会计师对在执行业务中知悉的商业秘密负有保密义务。

2. 注册会计师应当拒绝出具报告的情形。注册会计师执行审计业务，遇有下列情形之一的，应当拒绝出具有关报告：（1）委托人示意其作不实或者不当证明的；（2）委托人故意不提供有关会计资料和文件的；（3）因委托人有其他不合理要求，致使注册会计师出具的报告不能对财务会计的重要事项作出正确表述的。

3. 注册会计师在出具审计报告时不得有的行为。注册会计师执行审计业务出具报告时，不得有下列行为：（1）明知委托人对重要事项的财务会计处理与国家有关规定相抵触，而不予指明；（2）明知委托人的财务会计处理会直接损害报告使用人或者其他利害关系人的利益，而予以隐瞒或者作不实的报告；（3）明知委托人的财务会计处理会导致报告使用人或者其他利害关系人产生重大误解，而不予指明；（4）明知委托人的财务报表的重要事项有其他不实的内容，而不予指明。

4. 注册会计师不得有的其他行为。注册会计师不得有下列行为：（1）在执行审计业务期间，在法律、行政法规规定不得买卖被审计单位的股票、债券或者不得购买被审计单位或者个人的其他财产的期限内，买卖被审计单位的股票、债券或者购买被审计单位或者个人所拥有的其他财产；（2）索取、收受委托合同约定以外的酬金或者其他财物，或者利用执行业务之便，谋取其他不正当的利益；（3）接受委托催收债款；（4）允许他人以本人名义执行业务；（5）同时在两个或者两个以上的会计师事务所执行业务；（6）对其能力进行广告宣传以招揽业务；（7）违反法律、行政法规的其他行为。

五、会计师事务所

1. 会计师事务所的组织形式。会计师事务所可以由注册会计师合伙设立。合伙设立的会计师事务所的债务，由合伙人按照出资比例或者协议的约定，以各自的财产承担责任。合伙人对会计师事务所的债务承担连带责任。会计师事务所符合下列条件的，可以是负有限责任的法人：（1）不少于三十万元的注册资本；（2）有一定数量的专职从业人员，其中至少有五名注册会计师；（3）国务院财政部门规定的业务范围和其他条件。负有限责任的会计师事务所以其全部资产对其债务承担责任。

2. 会计师事务所的权利和义务。会计师事务所依法纳税。会计师事务所按照国务院财政部门的规定建立职业风险基金，办理职业保险。会计师事务所受理业务，不受行政区域、行业的限制；但是，法律、行政法规另有规定的除外。委托人委托会计师事务所办理业务，任何单位和个人不得干预。

六、注册会计师协会

注册会计师应当加入注册会计师协会。

中国注册会计师协会的章程由全国会员代表大会制定，并报国务院财政部门备案；省、自治区、直辖市注册会计师协会的章程由省、自治区、直辖市会员代表大会制定，并报省、自治区、直辖市人民政府财政部门备案。

注册会计师协会应当支持注册会计师依法执行业务，维护其合法权益，向有关方面反映其意见和建议。注册会计师协会应当对注册会计师的任职资格和执业情况进行年度检查。

七、会计师事务所和注册会计师的法律责任

1. 会计师事务所的法律责任。会计师事务所在执行业务时，若明知是应该拒绝的没有拒绝，或者是没有按照执业准则、规则确定的工作程序出具报告，由省级以上人民政府财政部门给予警告，没收违法所得，可以并处违法所得一倍以上五倍以下的罚款；情节严重的，可以由省级以上人民政府财政部门暂停其经营业务或者予以撤销；如若给委托人、其他利害关系人造成损失的，应当依法承担赔偿责任。会计师事务所如果故意违反上述规则、要求，故意出具虚假的审计报告、验资报告，构成犯罪的，依法追究刑事责任。

2. 注册会计师的法律责任。注册会计师若犯有上述错误，也由省级以上人民政府财政部门给予警告；情节严重的，可以由省级以上人民政府财政部门暂停其执行业务或者吊销注册会计师证书。注册会计师如果故意违反上述规则、要求，故意出具虚假的审计报告、验资报告，构成犯罪的，依法追究刑事责任。

《中华人民共和国注册会计师法》是注册会计师行业最基本、最重要的法律，从事这个行业的人员，即注册会计师和相关人员，必须认真学习，严格执行。

第二节　中国注册会计师职业道德守则

一、注册会计师职业道德守则的基本原则

守则是指某一社会组织或行业的所有成员，在自觉自愿的基础上，经过充分的讨论，达成一致的意见而制定的行为规范。这样来看，守则属于规范人们行为的管理性事务文书，在各行各业的事务管理活动中广泛使用。

我国注册会计师行业的职业道德规范是以守则的形式出现的，即由中国注册会计师协会制定的《中国注册会计师职业道德守则》，该守则对注册会计师的职业道德有如下几个方面的要求。

（一）注册会计师应当遵循诚信原则、客观和公正原则，保持独立性

诚信原则要求注册会计师应当在所有的职业活动中，保持正直，诚实守信。客观和公正原则要求注册会计师应当公正处事、实事求是，不得由于偏见、利益冲突或他人的不当影响而损害自己的职业判断。独立性则是指注册会计师执行审计和审阅业务以及其他鉴证业务时，应当从实质和形式上保持独立性，不得因任何利害关系影响其客观性。具体要求如下：

1. 注册会计师如果认为业务报告、申报资料或其他信息含有严重虚假或误导性的陈述、含有缺少充分依据的陈述或信息，或者是存在遗漏或含糊其辞的信息，不得与这些有问题的信息发生牵连；但是，如果注意到已与有问题的信息发生牵连，应当采取措施消除牵连。

2. 如果存在导致职业判断出现偏差，或对职业判断产生不当影响的情形，注册会计师不得提供相关专业服务。

3. 会计师事务所在承办审计和审阅业务以及其他鉴证业务时，应当从整体层面和具体业务层面采取措施，以保持会计师事务所和项目组的独立性。

（二）注册会计师应当获取和保持专业胜任能力，保持应有的关注，勤勉尽责

专业胜任能力，是指注册会计师应当持续了解并掌握当前法律、技术和实务的发展变化，将专业知识和技能始终保持在应有的水平上，确保为客户提供具有专业水准的服务。注册会计师应当通过教育、培训和执业实践获取和保持专业胜任能力。这就要求注册会计师应当采取适当措施，确保在其领导下工作的人员得到适当的培训和督导。

关注，是指关心重视，要求用实际行动或用心去对待某人、某事。注册会计师职业道德守则要求注册会计师应当保持应有的关注，遵守执业准则和职业道德规范的要求，勤勉尽责，认真、全面、及时地完成工作任务。

（三）注册会计师应当履行保密义务，对职业活动中获知的涉密信息保密

保密义务要求注册会计师应当对职业活动中获知的涉密信息保密，未经客户授权或法律法规允许不得向会计师事务所以外的第三方披露其所获知的涉密信息，更不允许注册会计师利用所获知的涉密信息为自己或第三方谋取利益。注册会计师还应当采取措施，确保下级员工以及提供建议和帮助的人员履行保密义务。

此处所指的保密义务范围较广，既包括当前执行的业务，也包括拟接受的业务，以及以前接受过的业务。但是，若与法律法规发生冲突，则应遵从法律法规的要求。

（四）注册会计师应当维护职业声誉，树立良好的职业形象

注册会计师应当遵守相关法律法规，避免发生任何损害职业声誉的行为。具体要求包括：注册会计师在向公众传递信息以及推介自己和工作时，应当客观、真实、得体，不得损害职业形象；注册会计师应当诚实、实事求是，不得夸大宣传提供的服务、拥有的资质或获得的经验；注册会计师不得贬低或无根据地比较其他注册会计师的工作。

二、注册会计师职业道德守则的具体内容

相对于注册会计师执业准则体系而言，注册会计师职业道德守则有自己完整的内容。我国的注册会计师职业道德守则也是如此，有诸多的理论解释和行为指引。

（一）注册会计师职业道德守则的概念框架

概念框架主要解释了对遵循职业道德基本原则产生不利影响的因素，如自身利益、自我评价、过度推介、密切关系和外在压力；在此基础上，概念框架也提出了应对上述不利因素的措施，即注册会计师应当运用职业判断，确定如何应对超出可接受水平的不利影响，包括采取防范措施消除不利影响或将其降低至可接受的水平，或者终止业务约定或拒绝接受业务委托。具体来说，概念框架提出的应对不利影响的防范措施包括法律法规和职业规范规定的防范措施以及在具体工作中采取的防范措施两个方面。

不可否认，注册会计师在执行业务时，会由于内部、外部的关系等而面临道德冲突的问题。这种冲突并不是指道德要求本身的冲突，而是指行为者在具体情境下难以同时满足多种道德要求时出现的困境，这种困境又可以称为“准则冲突”。在解决道

德冲突问题时，注册会计师应当考虑的因素包括：与道德冲突问题有关的事实；涉及的道德问题；道德冲突问题涉及的职业道德基本原则；会计师事务所制定的解决道德冲突问题的程序；可供选择的措施。如果进行了上述考虑后道德冲突问题仍无法解决，注册会计师应当考虑向会计师事务所内部的适当人员咨询，或者是与会计师事务所领导层或外部单位治理层讨论，必要时也可向注册会计师协会或法律顾问咨询等。如果所有可能采取的措施都无法解决道德冲突问题，那么注册会计师不得再与产生道德冲突问题的事项发生牵连。在这种情况下，注册会计师应当确定是否退出项目组或不再承担相关任务，或者向会计师事务所提出辞职。

（二）注册会计师提供专业服务的具体要求

《中国注册会计师职业道德守则第 3 号——提供专业服务的具体要求》是针对注册会计师提供的专业服务而公布的。该守则着眼于注册会计师在专业服务委托中与接受客户关系、承接业务、客户变更委托等相关的具体内容，分析了这些内容是否会对注册会计师遵守职业道德守则的基本原则带来不利的影响，并探讨了针对各不同情况的防范措施。

该守则还对注册会计师在提供专业服务时可能发生的对职业道德基本原则产生不利影响的利益冲突进行了分析。例如，如果注册会计师与客户存在直接竞争关系，或与客户的主要竞争者存在合资或类似关系，那么可能会对客观和公正原则产生不利影响；再如，若注册会计师为两个以上客户提供服务，而这些客户之间存在利益冲突或者对某一事项或交易存在争议，那么可能对客观和公正原则或保密原则产生不利影响。注册会计师应当评价利益冲突产生不利影响的严重程度，并在必要时采取防范措施以消除不利影响或将其降至可接受的水平。

审计收费是注册会计师审计的一个重要问题。一般来说，会计师事务所在确定收费时应当主要考虑专业服务所需的知识和技能，所需专业人员的水平和经验，各级别专业人员提供服务所需的时间和提供专业服务所需承担的责任等。在专业服务得到良好的计划、监督及管理的前提下，收费通常以每一专业人员适当的小时收费标准或日收费标准为基础计算。审计收费是否对职业道德基本原则产生不利影响，取决于收费报价水平和所提供的相应服务。注册会计师应当评价不利影响的严重程度，并在必要时采取防范措施以消除不利影响或将其降至可接受的水平。

注册会计师的专业服务营销有其特殊性，即若注册会计师通过广告或其他营销方式招揽业务，则可能对职业道德基本原则产生不利影响。在向公众传递信息时，注册会计师应当维护职业声誉，做到客观、真实、得体。一般的要求是注册会计师在营销专业服务时，不得夸大宣传提供的服务、拥有的资质或获得的经验，贬低或无根据地比较其他注册会计师的工作，暗示有能力影响有关主管部门、监管机构或类似机构，作出其他欺骗性的或可能导致误解的声明。注册会计师不得采用强迫、欺诈、利诱或骚扰等方式招揽业务。

注册会计师应该如何对待礼品和款待也是职业道德守则中涉及的问题。守则的要求是，如果客户向注册会计师（或其近亲属）赠送礼品或给予款待，将对职业道德基本原则产生不利影响。注册会计师不得向客户索取、收受委托合同约定以外的酬金或其他财物，或者利用执行业务之便谋取其他不正当的利益。守则要求，如果款待超出业务活动中的正常往来，注册会计师应当拒绝接受。

该守则还对注册会计师保管客户资产应当履行相应的法定义务进行了规范。如果某项业务涉及保管客户资金或其他资产，注册会计师应当根据有关接受与保持客户关系的具体业务政策的要求，适当询问资产的来源，并考虑应当履行的法定义务；如果客户资金或其他资产来源于非法活动（如洗钱），注册会计师不得提供保管资产服务，并应当向法律顾问征询意见。

该守则还提出了对客观和公正原则的要求，即在提供专业服务时，注册会计师如果在客户那里拥有经济利益，或者与客户董事、高级管理人员或员工存在家庭和私人关系或商业关系，应当确定是否对客观和公正原则产生不利影响。在提供专业服务时，对客观和公正原则的不利影响及其严重程度，取决于业务的具体情形和注册会计师执行工作的性质。因此，注册会计师应当评价不利影响的严重程度，并在必要时采取防范措施消除不利影响或将其降至可接受的水平。

（三）注册会计师审计和审阅业务对独立性的要求

1. 对注册会计师遵从独立性的基本要求。独立性要求不仅适用于注册会计师审计业务，也适用于审阅业务。独立性包括实质上的独立性和形式上的独立性。实质上的独立性是一种内心状态，使得注册会计师在提出结论时不受损害职业判断的因素影响，诚信行事，遵循客观和公正原则，保持职业怀疑态度。形式上的独立性是一种外在表现，使得一个理性且掌握充分信息的第三方，在权衡所有相关事实和情况后，认为会计师事务所或审计项目组成员没有损害诚信原则、客观和公正原则或职业怀疑态度。

2. 注册会计师独立性要求的基本运用。独立性概念框架是解决独立性问题的思路和方法，用以指导注册会计师：（1）识别对独立性的不利影响；（2）评价不利影响的严重程度；（3）必要时采取防范措施以消除不利影响或将其降至可接受的水平。一般来说，在运用独立性概念框架时，注册会计师应当运用职业判断。在确定是否接受或保持某项业务，或某一特定人员能否作为审计项目组成员时，会计师事务所应当识别和评价各种对独立性的不利影响。如果不利影响超出可接受水平，就必须考虑将不利影响限制在一定范围之内。注册会计师在这个方面涉及的范围很广，诸如公众利益实体、关联实体、治理层、企业之间的收购合并等。在所有这些方面，注册会计师应当记录遵守独立性要求的情况，包括记录形成的结论，以及为形成结论而讨论的主要内容。如果需要采取防范措施将某种不利影响降至可接受的水平，注册会计师应当记录该不利影响的性质，以及将其降至可接受的水平所采取的措施。

3. 注册会计师在实际业务执行中必须考虑与审计客户之间的经济利益和其他方面。注册会计师的审计业务可能既有客户的直接利益，也有其他的间接利益。注册会计师应当注意到这些利益关系形成中的不利因素，并采取将这些因素有效降低的措施。此外，为遵循独立性要求，注册会计师还应当考虑以下方面：从审计客户处取得贷款或获得担保；与审计客户存在商业关系；与审计客户的家庭及私人关系；与审计客户存在的、曾经存在的雇佣关系；审计项目组成员最近担任审计客户的董事、高级管理人员和特定员工；注册会计师与审计客户存在长期的业务关系，等等。注册会计师要从这些具体方面考虑是否会影响独立性并及时调整可能使独立性受到影响的情况，提出具体的防范措施。

4. 注册会计师要考虑向审计客户提供非鉴证服务对独立性的影响。之所以有这样的要求，是因为会计师事务所向审计客户提供非鉴证服务，可能会对独立性产生不利影响，包括因自我评价、自身利益和过度推介等产生的不利影响。注册会计师职业道德守则指出了会计师事务所在向审计客户提供编制会计记录和财务报表服务、评估服务、税务服务、内部审计服务、信息技术系统服务、诉讼支持服务、法律服务、招聘服务和公司财务服务时可能对审计独立性产生的不利影响，并对应当采取的防范措施进行了规范。如果没有防范措施能够将不利影响降至可接受的水平，则会计师事务所不得向审计客户提供该非鉴证服务。守则同时要求，当遇到本守则未列举的非鉴证服务时，注册会计师应当运用独立性概念框架予以判断。

5. 注册会计师要考虑审计收费对独立性的不利影响。若会计师事务所从某一审计客户那里收取的全部费用占其审计收费总额的比重很大，则对该客户的依赖及对可能失去该客户的担心将产生不利影响。因此，会计师事务所应当考虑收费结构以及逾期收费、或有收费等因素对独立性的不利影响，评价不利影响的严重程度，并在必要时采取防范措施以消除不利影响或将其降至可接受的水平。

6. 注册会计师遵循审计和审阅业务独立性在其他方面的要求。除上述几个方面的情况之外，注册会计师职业道德守则还对薪酬和业绩评价政策、礼品和款待、诉讼或诉讼威胁、含有使用和分发限制条款的报告等方面可能影响注册会计师独立性的因素进行了分析，提出了消除不利影响或将其降至可接受的水平方面的防范措施。

注册会计师职业道德守则还对注册会计师的其他鉴证业务的独立性予以专门的规范，指出可能的影响因素及其原因，并提出消除不利影响或将其降至可接受的水平方面的防范措施。此处略。

（四）注册会计师非执业会员的职业道德守则

以上所述的规范是专门针对注册会计师的执业会员的。非执业会员在从事专业服务时，也应当遵守注册会计师职业道德守则，履行相应的社会责任，维护公众利益。注册会计师非执业会员的职业道德守则与执业会员基本一致，也是从职业道德基本原则（包括诚信、客观和公正、专业胜任能力和应有的关注、保密、良好职业行为）、职业道德框架概念（包括一般规定、对遵循职业道德基本原则产生不利影响的因素、应对不利影响的防范措施）、潜在冲突、信息的编制与报告、专业知识和技能、经济利益、礼品和款待几个方面，对非执业会员的道德守则进行规范。

上述注册会计师职业道德守则在整个注册会计师审计准则体系中有自身的地位和作用，在指导注册会计师职业道德方面发挥着重要作用。

第三节　中国注册会计师鉴证业务准则

这是注册会计师执业准则体系中最重要的组成部分，由基本准则和多项鉴证业务具体准则构成。审计准则虽几经修改，有建有废，但整体框架和各部分内容都是完整的。在本书中，我们着眼于现存的所有准则，以期对我国注册会计师审计准则有一个完整的描述。

一、注册会计师鉴证业务基本准则

毋庸置疑，中国注册会计师鉴证业务准则体系在注册会计师业务中起着最为重要的作用。本准则体系的基本准则，即《中国注册会计师鉴证业务基本准则》（2006 年修订），由总则、鉴证业务的定义和目标、业务承接、鉴证业务的三方关系、鉴证对象、标准、证据（包括总体要求，职业怀疑态度，证据的充分性和适当性，重要性，鉴证业务风险，证据收集程序的性质、时间和范围，可获取证据的数量和质量，记录）、鉴证报告和附则九章构成。作为注册会计师鉴证业务的指导性材料，基本准则的内容涉及注册会计师鉴证业务的方方面面，对注册会计师的鉴证业务发挥极大的指导作用。

（一）基本准则的相关基础理论

1. 鉴证业务和鉴证对象信息。鉴证业务是指注册会计师对鉴证对象信息提出结论，以增强除责任方之外的预期使用者对鉴证对象信息信任程度的业务。鉴证业务包括历史财务信息审计业务、历史财务信息审阅业务和其他鉴证业务。由于注册会计师可以执行的业务是历史财务信息审计业务、历史财务信息审阅业务和其他鉴证业务，因此，应当遵照的准则包括基本准则以及依据基本准则制定的审计准则、审阅准则和其他鉴证业务准则。

鉴证对象信息是按照标准对鉴证对象进行评价和计量的结果。如责任方按照会计准则和相关会计制度（标准）对其财务状况、经营成果和现金流量（鉴证对象）进行确认、计量和列报（包括披露，下同）而形成的财务报表（鉴证对象信息）。鉴证对象信息应当恰当反映既定标准运用于鉴证对象的情况。如果没有按照既定标准恰当反映鉴证对象的情况，鉴证对象信息可能存在错报或重大错报。

2. 鉴证业务分为基于责任方认定的业务和直接报告业务。在基于责任方认定的业务中，责任方对鉴证对象进行评价或计量，鉴证对象信息以责任方认定的形式为预期使用者获取。如在财务报表审计中，被审计单位管理层（责任方）对财务状况、经营成果和现金流量（鉴证对象）进行确认、计量和列报（评价或计量）而形成的财务报表（鉴证对象信息）即为责任方的认定，该财务报表可为预期报表使用者获取，注册会计师针对财务报表出具审计报告。这种业务属于基于责任方认定的业务。

在直接报告业务中，注册会计师直接对鉴证对象进行评价或计量，或者从责任方获取对鉴证对象评价或计量的认定，而该认定无法为预期使用者获取，预期使用者只能通过阅读鉴证报告获取鉴证对象信息。如在内部控制鉴证业务中，注册会计师可能无法从管理层（责任方）获取其对内部控制有效性的评价报告（责任方认定），或虽然注册会计师能够获取该报告，但预期使用者无法获取该报告，注册会计师直接对内部控制的有效性（鉴证对象）进行评价并出具鉴证报告，预期使用者只能通过阅读该鉴证报告获得内部控制有效性的信息（鉴证对象信息）。这种业务属于直接报告业务。

3. 鉴证业务的保证程度分为合理保证和有限保证。合理保证的鉴证业务的目标是注册会计师将鉴证业务风险降至该业务环境下可接受的低水平，以此作为以积极方式提出结论的基础。如在历史财务信息审计中，要求注册会计师将审计风险降至可接受的低水平，对审计后的历史财务信息提供高水平保证（合理保证），在审计报告中对历史财务信息采用积极方式提出结论。这种业务属于合理保证的鉴证业务。

有限保证的鉴证业务的目标是注册会计师将鉴证业务风险降至该业务环境下可接受的水平，以此作为以消极方式提出结论的基础。如在历史财务信息审阅中，要求注册会计师将审阅风险降至该业务环境下可接受的水平（高于历史财务信息审计中可接受的低水平），对审阅后的历史财务信息提供低于高水平的保证（有限保证），在审阅报告中对历史财务信息采用消极方式提出结论。这种业务属于有限保证的鉴证业务。

（二）业务承接

1. 业务承接前需做的工作。在接受委托前，注册会计师应当初步了解业务环境。业务环境包括业务约定事项、鉴证对象特征、使用的标准、预期使用者的需求、责任方及其环境的相关特征，以及可能对鉴证业务产生重大影响的事项、交易、条件和惯例等其他事项。

2. 注册会计师承接业务的条件和拟承接业务应具备的特征。在初步了解业务环境后，只有认为符合独立性和专业胜任能力等相关职业道德规范的要求，并且该业务具备下列所有特征，注册会计师才能将其作为鉴证业务予以承接：（1）鉴证对象适当。（2）使用的标准适当且预期使用者能够获取该标准。（3）注册会计师能够获取充分、适当的证据以支持其结论。（4）注册会计师的结论以书面报告形式表述，且表述形式与所提供的保证程度相适应。（5）该业务具有合理的目的。如果鉴证业务的工作范围受到重大限制，或委托人试图将注册会计师的名字和鉴证对象不适当地联系在一起，则该业务可能不具有合理的目的。

3. 鉴证业务与非鉴证业务之间的关系。当拟承接的业务不具备以上所述的注册会计师承接的条件和鉴证业务的所有特征，不能将其作为鉴证业务予以承接时，注册会计师可以提请委托人将其作为非鉴证业务（如商定程序、代编财务信息、管理咨询、税务服务等相关服务业务），以满足预期使用者的需要。

或者是，如果某项鉴证业务采用的标准不适当，但满足下列条件之一，注册会计师可以考虑将其作为一项新的鉴证业务：（1）委托人能够确认鉴证对象的某个方面适用于所采用的标准，注册会计师可以针对该方面执行鉴证业务，但在鉴证报告中应当说明该报告的内容并非针对鉴证对象整体；（2）能够选择或设计适用于鉴证对象的其他标准。但是，对已承接的鉴证业务，如果没有合理理由，注册会计师不应将该项业务变更为非鉴证业务，或将合理保证的鉴证业务变更为有限保证的鉴证业务。当业务环境变化影响到预期使用者的需求，或预期使用者对该项业务的性质存在误解时，注册会计师可以应委托人的要求，考虑同意变更该项业务。如果发生变更，注册会计师不应忽视变更前获取的证据。

4. 利用专家工作的要求。如果鉴证业务涉及的特殊知识和技能超出注册会计师的能力，注册会计师可以利用专家协助执行鉴证业务。在这种情况下，注册会计师应当确信包括专家在内的项目组整体已具备执行该项鉴证业务所需的知识和技能，充分参与该项鉴证业务并了解专家所承担的工作。

（三）鉴证业务的三方关系

1. 鉴证业务三方关系人的构成。鉴证业务涉及的三方关系人包括注册会计师、责任方和预期使用者。责任方与预期使用者可能是同一方，也可能不是同一方。

2. 责任方的构成及其书面声明。责任方是指下列组织或人员：（1）在直接报告业务中，对鉴证对象负责的组织或人员；（2）在基于责任方认定的业务中，对鉴证对象信息负责并可能同时对鉴证对象负责的组织或人员。注册会计师通常提请责任方提供书面声明，表明责任方已按照既定标准对鉴证对象进行评价或计量，无论该声明是否能为预期使用者获取。责任方可能是鉴证业务的委托人，也可能不是委托人。在直接报告业务中，当委托人与责任方不是同一方时，注册会计师可能无法获取此类书面声明。

3. 预期使用者。这里的预期使用者是指预期使用鉴证报告的组织或人员。责任方可能是预期使用者，但不是唯一的预期使用者。注册会计师应当根据法律法规的规定或与委托人签订的协议识别预期使用者。注册会计师有时可能无法识别使用鉴证报告的所有组织和人员，尤其在各种可能的预期使用者对鉴证对象存在不同的利益需求时。在可行的情况下，鉴证报告的收件人应当明确为所有的预期使用者，注册会计师应当提请预期使用者或其代表，与注册会计师和责任方（如果委托人与责任方不是同一方，还包括委托人）共同确定鉴证业务约定条款。

4. 其他情况。当鉴证业务服务于特定的使用者，或具有特定目的时，注册会计师应当考虑在鉴证报告中注明该报告的特定使用者或特定目的，对报告的用途加以限定。但应予说明的是，无论其他人员是否参与，注册会计师都应当负责确定鉴证业务程序的性质、时间和范围，并对鉴证业务中发现的可能导致对鉴证对象信息作出重大修改的问题进行跟踪。

（四）鉴证对象

鉴证对象及其信息具有多种形式，主要包括：（1）当鉴证对象为财务业绩或状况（如历史或预测的财务状况、经营成果和现金流量）时，鉴证对象信息是财务报表；（2）当鉴证对象为非财务业绩或状况（如企业运营情况）时，鉴证对象信息可能是反映效率或效果的关键指标；（3）当鉴证对象为物理特征（如设备的生产能力）时，鉴证对象信息可能是有关鉴证对象物理特征的说明文件；（4）当鉴证对象为某种系统和过程（如企业的内部控制或信息技术系统）时，鉴证对象信息可能是关于其有效性的认定；（5）当鉴证对象为一种行为（如遵守法律法规的情况）时，鉴证对象信息可能是对法律法规遵守情况或执行效果的声明。

鉴证对象具有不同特征，可能表现为定性或定量、客观或主观、历史或预测、时点或期间。这些特征将对以下几个方面产生影响：（1）按照标准对鉴证对象进行评价或计量的准确性；（2）证据的说服力。鉴证报告应当说明与预期使用者特别相关的鉴证对象特征。适当的鉴证对象应当同时符合下列条件：（1）鉴证对象可以识别；（2）不同的组织或人员对鉴证对象按照既定标准进行评价或计量的结果合理一致；（3）注册会计师能够收集与鉴证对象有关的信息，获取充分、适当的证据，以支持其提出适当的鉴证结论。

（五）鉴证标准

1. 标准的构成。这里的标准是指用于评价或计量鉴证对象的基准，当涉及列报时，还包括列报的基准。标准可以是正式的规定，如编制财务报表所使用的会计准则和相关会计制度；也可以是某些非正式的规定，如单位内部制定的行为准则或确定的绩效水平。

2. 适当标准所具有的特征。注册会计师在运用职业判断对鉴证对象作出合理一致的评价或计量时，需要有适当的标准。适当的标准应当具备下列所有特征：(1) 相关性：相关的标准有助于得出结论，便于预期使用者作出决策；(2) 完整性：完整的标准不应忽略业务环境中可能影响得出结论的相关因素，涉及列报时，还包括列报的基准；(3) 可靠性：可靠的标准能够使能力相近的注册会计师在相似的业务环境中，对鉴证对象作出合理一致的评价或计量；(4) 中立性：中立的标准有助于得出无偏向的结论；(5) 可理解性：可理解的标准有助于得出清晰、易于理解、不会产生重大歧义的结论。注册会计师基于自身的预期、判断和个人经验对鉴证对象进行的评价和计量，不构成适当的标准。标准可能是由法律法规规定的，或是由政府主管部门或国家认可的专业团体依照公开、适当的程序发布的，也可能是专门制定的。采用标准的类型不同，注册会计师为评价该标准对于具体鉴证业务的适用性所需执行的工作也不同。

3. 标准与预期使用者的关系。标准应当能够为预期使用者获取，以使预期使用者了解鉴证对象的评价或计量过程。标准可以通过下列方式为预期使用者获取：(1) 公开发布；(2) 在陈述鉴证对象信息时以明确的方式表述；(3) 在鉴证报告中以明确的方式表述；(4) 常识理解，如计量时间的标准是小时或分钟。如果确定的标准仅能为特定的预期使用者获取，或仅与特定目的相关，则鉴证报告的使用也应限于这些特定的预期使用者或特定目的。

准则的其他部分，“证据”将在本书第四章详细阐述；“鉴证报告”将在本书第十五章部分详细阐述。

二、注册会计师鉴证业务具体准则

中国注册会计师鉴证业务准则大体上分为审计准则、审阅准则、其他鉴证业务准则和相关服务准则几个部分。实际表述中，各个准则的定位用不同的前置数据号码来表示。

(一) 鉴证业务准则中基本要求的审计准则

这类准则以编号序号“11”为标记，起主要作用的准则是《中国注册会计师审计准则第 1101 号——注册会计师的总体目标和审计工作的基本要求》(2010 年修订*)。具体有：《中国注册会计师审计准则第 1111 号——就审计业务约定条款达成一致意见》(2016 年修订)，《中国注册会计师审计准则第 1121 号——对财务报表审计实施的质量控制》(2010 年修订)，《中国注册会计师审计准则第 1131 号——审计工作底稿》(2016 年修订)，《中国注册会计师审计准则第 1141 号——财务报表审计中与舞弊相关的责任》(2010 年修订)，《中国注册会计师审计准则第 1142 号——财务报表审计中对法律法规的考虑》(2010 年修订)，《中国注册会计师审计准则第 1151 号——与治理层的沟通》(2016 年修订)，《中国注册会计师审计准则第 1152 号——向治理层和管理层通报内部控制缺陷》(2010 年修订)，《中国注册会计师审计准则第 1153 号——前任注册会计师和后任注册会计师的沟通》(2010 年修订)。这些是鉴证业务准则，或者说是中国注册会计师审计准则的主体部分，亦即财务报表审计的总体要求。

---

* 中国注册会计师鉴证业务准则经过了多次修定，此处注明的是最新版本的发布年份。

（二）鉴证业务准则中审计计划阶段的审计准则

这类准则以编号序号“12”为标记，具体包括：《中国注册会计师审计准则第1201号——计划审计工作》（2010年修订），《中国注册会计师审计准则第1211号——通过了解被审计单位及其环境识别和评估重大错报风险》（2010年修订），《中国注册会计师审计准则第1221号——计划和执行审计工作时的重要性》（2010年修订），《中国注册会计师审计准则第1231号——针对评估的重大错报风险采取的应对措施》（2010年修订），《中国注册会计师审计准则第1241号——对被审计单位使用服务机构的考虑》（2010年修订），《中国注册会计师审计准则第1251号——评价审计过程中识别出的错报》（2010年修订）。这些也是鉴证业务准则，但其内容更侧重于会计师事务所的内部业务管理方面，多是审计业务开始时对注册会计师审计人员的程序性要求。这部分的内容将在后面的审计程序等部分章节中详细讲解。

（三）鉴证业务准则中审计执行阶段的审计准则

这类准则以编号序号“13”为标记，具体包括：《中国注册会计师审计准则第1301号——审计证据》（2016年修订），《中国注册会计师审计准则第1311号——对存货、诉讼和索赔、分部信息等特定项目获取审计证据的具体考虑》（2010年修订），《中国注册会计师审计准则第1312号——函证》（2010年修订），《中国注册会计师审计准则第1313号——分析程序》（2010年修订），《中国注册会计师审计准则第1314号——审计抽样》（2010年修订），《中国注册会计师审计准则第1321号——审计会计估计（包括公允价值会计估计）和相关披露》（2010年修订），《中国注册会计师审计准则第1323号——关联方》（2010年修订），《中国注册会计师审计准则第1324号——持续经营》（2016年修订），《中国注册会计师审计准则第1331号——首次审计业务涉及的期初余额》（2010年修订），《中国注册会计师审计准则第1332号——期后事项》（2016年修订），《中国注册会计师审计准则第1341号——书面声明》（2016年修订）。这些仍是鉴证业务准则的主体部分，而且是审计业务开始后对审计人员的要求，其内容特别重要。这将是本书后面部分的主要线索，有很强的实践指导意义。

（四）鉴证业务准则中有审计特殊性的审计准则

这类准则以编号序号“14”为标记，具体包括：《中国注册会计师审计准则第1401号——对集团财务报表审计的特殊考虑》（2010年修订），中国注册会计师审计准则第1411号——利用内部审计人员的工作》（2010年修订），《中国注册会计师审计准则第1421号——利用专家的工作》（2010年修订）。

（五）鉴证业务准则中审计报告阶段的审计准则

这类准则以编号序号“15”为标记，具体包括：《中国注册会计师审计准则第1501号——对财务报表形成审计意见和出具审计报告》（2016年修订），《中国注册会计师审计准则第1502号——在审计报告中发表非无保留意见》（2016年修订），《中国注册会计师审计准则第1503号——在审计报告中增加强调事项段和其他事项段》（2016年修订），《中国注册会计师审计准则第1504号——在审计报告中沟通关键审计事项》（2016年拟订），《中国注册会计师审计准则第1511号——比较信息：对应数据和比较财务报表》（2010年修订），《中国注册会计师审计准则第1521号——注册会计师对其他信息的责任》（2016年修订）。

（六）鉴证业务准则中非财务报表鉴证业务的审计准则

这类准则以编号序号“16”为标记，具体包括：《中国注册会计师审计准则第1601号——对按照特殊目的编制基础编制的财务报表审计的特殊考虑》（2010年修订），《中国注册会计师审计准则第1602号——验资》（2006年修订），《中国注册会计师审计准则第1603号——对单一财务报表和财务报表特定要素审计的特殊考虑》（2010年修订），《中国注册会计师审计准则第1604号——对简要财务报表出具报告的业务》（2010年修订），《中国注册会计师审计准则第1611号——商业银行财务报表审计》（2006年修订），《中国注册会计师审计准则第1612号——银行间函证程序》（2006年修订），《中国注册会计师审计准则第1613号——与银行监管机构的关系》（2006年拟订），《中国注册会计师审计准则第1631号——财务报表审计中对环境事项的考虑》（2006年拟订），《中国注册会计师审计准则第1632号——衍生金融工具的审计》（2006年拟订），《中国注册会计师审计准则第1633号——电子商务对财务报表审计的影响》（2006年拟订）。

（七）其他审核业务的审计准则

这类准则的编号序号在“21”以上，如“31”“41”等，具体有：《中国注册会计师审阅准则第2101号——财务报表审阅》（2006年修订），《中国注册会计师其他鉴证业务准则第3101号——历史财务信息审计或审阅以外的鉴证业务》（2006年拟订），《中国注册会计师其他鉴证业务准则第3111号——预测性财务信息的审核》（2006年修订），《中国注册会计师相关服务准则第4101号——对财务信息执行商定程序》（2006年修订），《中国注册会计师相关服务准则第4111号——代编财务信息》（2006年拟订）。

第四节　注册会计师其他业务准则

一、注册会计师质量控制准则

注册会计师的质量控制准则除上述准则之外，主要是《质量控制准则第5101号——会计师事务所对执行财务报表审计和审阅、其他鉴证和相关服务业务实施的质量控制》。该准则适用于会计师事务所建立和保持业务质量控制制度，相对而言，其他执业准则则是规定了会计师事务所人员对特定类型业务实施质量控制程序的责任。比如，《中国注册会计师审计准则第1121号——对财务报表审计实施的质量控制》规定的是财务报表审计的质量控制程序。该准则适用于执行财务报表审计和审阅、其他鉴证和相关服务业务的所有会计师事务所，通过总则、定义、注册会计师的目标、要求等几章，对注册会计师的业务质量控制要求进行了规范。

二、注册会计师职业后续教育准则

注册会计师的职业后续教育，是指注册会计师为保持和提高其专业胜任能力与执业水平，掌握和运用相关新知识、新技能、新法规所进行的学习与研究。《中国注册会计师职业后续教育基本准则》提出，注册会计师应当不断接受职业后续教育，以提高专业胜任能力与执业水平；职业后续教育应当贯穿于注册会计师的整个执业生涯。

该准则明确了注册会计师职业后续教育的内容和实施形式，明确了注册会计师协会在职业后续教育方面的职责，并提出了对职业后续教育进行检查和考核的要求。

三、注册会计师的其他规范

除上述各类法规、准则之外，注册会计师还需要针对不同的工作内容遵循一些其他的行政规范。比如，中国注册会计师协会发布的《中国注册会计师职业判断指南》，会计师事务所从事证券、期货相关业务的相关规定，以及中国注册会计师协会发布的各种指引，各特殊单位（如医院、基金、高等学校、商业银行等）审计的规定等。所有这些都对注册会计师的执业行为起到很大的规范作用。

此外，由于注册会计师审计业务及其他业务与社会上各种事项都会产生千丝万缕的联系，因此，国家有关机构制定的与注册会计师审计业务相关的法律法规均会对注册会计师产生一定的约束作用。例如，如果注册会计师审计业务涉及各种民事侵权案件，《最高人民法院关于审理涉及会计师事务所在审计业务活动中民事侵权赔偿案件的若干规定》就具有指导作用。这也是一般审计学教材都对这样的法规予以介绍的重要原因。

我们还应注意的是，一些国家管理机构、部门等发布的法规会较多地涉及注册会计师的业务活动，例如，财政部、证监会等发布的《关于从事证券业务的会计师事务所、注册会计师资格确认的规定》《关于证券期货审计业务签字注册会计师定期轮换的规定》和《注册会计师、会计师事务所证券、期货相关业务许可证年检办法》，中国人民银行、财政部发布的《会计师事务所从事金融相关审计业务暂行办法》等等。所有这些也是注册会计师执行鉴证业务必须关注、遵守的行为规范。

思考题

1. 《中华人民共和国注册会计师法》对注册会计师、会计师事务所、注册会计师协会有什么样的要求？为什么？你怎样看待这些要求？

2. 中国注册会计师职业道德守则分为几个部分？对注册会计师的职业道德有哪些方面的基本要求？怎样体现？

3. 什么是诚信原则？什么是专业胜任能力、关注和勤勉尽责？为什么要履行保密义务？如何履行保密义务？为什么要维护职业形象？怎样维护专业形象？请举例说明。

4. 注册会计师该怎样对待准则冲突？怎样解决执业过程中在审计收费、广告营销、收受礼品、保护客户资产等方面形成的利益冲突？怎样保持审计和审阅业务的独立性？对非执业会员的职业道德守则有何要求？请举例说明。

5. 我国注册会计师鉴证业务准则的构成体系怎样？由哪些类型的准则构成？各自的地位和作用怎样？

6. 注册会计师鉴证业务基本准则在整个鉴证业务准则体系中的地位如何？由哪些内容构成？其中，何为鉴证业务和鉴证信息对象？怎样进行鉴证业务的划分？怎样进行业务承接？怎样利用专家工作？如何处理好鉴证业务三方间的关系？怎样理解鉴证对象和鉴证标准？请举例说明。

7. 注册会计师鉴证业务具体准则在整个鉴证业务准则体系中的地位如何？由哪些类型的具体准则构成？各类型准则怎样标识？与实际审计工作中的哪些环节相联系？与本书后面的哪些章节相互衔接？请举例说明。

8. 注册会计师其他业务准则由哪些内容构成？各自规范了什么内容？请举例说明。

练习题

1. ABC会计师事务所负责审计甲公司20×6年度财务报表，并委派A注册会计师担任审计项目组负责人。在审计过程中，审计项目组遇到下列与职业道德有关的事项：

(1) A注册会计师与甲公司副总经理H同为京剧社票友，经H介绍，A注册会计师从其他企业筹得款项，成功举办个人专场演出。

(2) 审计项目组成员B与甲公司基建处处长I是战友，I将甲公司职工集资建房的指标转让给B，B按照甲公司职工的付款标准交付了集资款。

(3) 审计项目组成员C与甲公司财务经理J毕业于同一所财经院校。

(4) 审计项目组成员D的朋友于20×5年2月购买了甲公司发行的公司债券20万元。

(5) ABC会计师事务所原行政部经理E于20×3年10月离开事务所，担任甲公司办公室主任。

(6) 甲公司是乙上市公司的子公司。20×6年末，审计项目组成员F的父亲拥有乙上市公司3 000股流通股股票，该股票每股市值12元。

要求：针对上述事项(1)至(6)，分别指出是否对审计项目组的独立性构成威胁，并简要说明理由。

2. ABC会计师事务所承接了乙公司20×6年度财务报表审计业务。项目负责人是B注册会计师，其妻子是乙公司财务负责人。在制定审计计划时，B注册会计师认为对乙公司非常熟悉，无须再了解乙公司及其环境，应将审计资源放在对认定层次实施实质性程序上。审计过程中，项目组成员D发现有迹象表明乙公司存在重大舞弊风险。项目组成员E提出应当针对该舞弊风险实施追加程序，并建议实施项目质量控制复核。B注册会计师认为乙公司管理层非常诚信，不会出现舞弊情况，乙公司并非上市公司，无须考虑实施项目质量控制复核。B注册会计师坚持自己的主张，对乙公司20×6年财务报表出具了审计报告。

要求：根据中国注册会计师执业准则的要求，请指出ABC会计师事务所在该项业务的承接、执行和质量控制中存在的问题，并简要说明理由。

第三章 Chapter 3 注册会计师审计程序

学习目标

1. 熟知审计程序的几个阶段，掌握各阶段的主要工作内容。

2. 熟练掌握审计重要性、重要性水平的定义，能够结合审计目标以及计划审计阶段的工作运用审计重要性水平分析问题。

3. 熟练掌握在计划审计阶段运用审计重要性的基本原理和方式，掌握审计重要性在财务报表总体层次以及单个账户上的量化方式和过程；理解在计划审计阶段审计的前提条件，注册会计师的目标，管理层的会计责任，注册会计师的审计责任，以及审计业务约定书的具体内容。

4. 掌握制定总体审计策略应确立的内容和形成的基础，以及总体审计策略与审计风险之间的关系；熟练掌握审计计划应包括的具体内容，熟知与审计收费计划相关的审计方案；理解审计时间预算的重要作用及其编制过程。

5. 熟练掌握审计风险评估程序包括的内容及其开展工作的方式；了解财务报表重大错报的风险评估程序；了解被审计单位及其环境、被审计单位内部控制及其他事项。

6. 理解财务报表层次和各类交易、账户余额和披露的认定层次的重大错报风险，以及需要特殊审计考虑的特别风险及其审计程序。

7. 理解执行进一步的审计程序的目标和应考虑的问题；初步理解控制测试与实质性程序的内容、实施要求、需取得的证据和要达到的目的。

8. 初步了解完成审计工作和出具审计报告的基本要求和要做的工作；理解出具审计报告与上面所述各步骤审计工作之间的关系。

第一节 注册会计师审计程序

一、注册会计师审计过程的三个阶段

相对于各类审计业务而言，审计的具体工作一般都要经过准备阶段、实施阶段和报告阶段。因此，准备阶段、实施阶段和报告阶段，是审计程序形成的

基础。

（一）审计准备阶段

这一阶段的首要工作是与客户签订接受业务委托的业务约定书，然后是根据审计风险实施计划审计工作。计划审计工作包括：（1）初步评价被审计单位的内部控制系统；（2）分析审计风险；（3）在上述工作的基础上，编制审计工作计划。

（二）审计实施阶段

这一阶段注册会计师开始到客户处执行外勤工作，直至外勤工作结束。这是注册会计师审计工作最重要的阶段，其具体内容包括以下几个方面：（1）进一步检查和评价内部控制，对被审计单位的风险进行评估，这里的风险评估是审计工作的必要程序；（2）对被审计单位的内部控制进行控制测试，即为了确定内部控制的设计是否合理、执行是否有效而实施的审计程序，包括控制设计测试和控制执行测试；（3）对被审计单位的财务报表等实施实质性程序，即为了证实被审计单位财务报表项目余额是否真实而实施的审计程序，主要是对报表项目与账户层次的认定及分析性复核。

（三）审计报告阶段

这一阶段的工作内容主要是对执行外勤工作收集的审计证据，以及编制的审计工作底稿进行审核评价，以全面评估错报风险的揭示情况；在全面整理、评价审计证据，复核审计工作底稿的基础上形成审计结论，编制与出具审计报告。

二、注册会计师审计程序的具体内容

泛指的审计程序，是指审计人员在审计工作中必须遵循的，用以获取充分、适当的审计证据以发表恰当的审计意见而实施各阶段审计工作的先后顺序。在有的教材中将这一术语解释为审计人员在实施审计的具体工作中所采取的程序性的审计方法。

对于注册会计师审计而言，审计程序是指注册会计师在实施财务报表审计时，对审计项目从开始到结束的整个过程实施的系统性工作步骤。

从上述审计工作的三个阶段来看，尽管各阶段具体业务的审计流程各不相同，但每项业务从约定至完成基本上都会涉及以下几项内容：计划审计工作（包括审计业务约定书）；通过对客户及其环境的了解评估重大错报风险；执行进一步的审计程序；完成审计工作和出具审计报告。

三、审计程序与审计风险之间的关系

在现代风险导向审计中，制定审计计划、实施进一步审计程序、编制并出具审计报告三个步骤的审计工作是围绕识别和评估重大错报风险、应对再评风险和终评风险而展开的，审计风险贯穿于整个审计过程。

这样考虑的原因主要是审计程序与审计风险之间的关系；具体而言，风险导向审计是建立在审计风险基础之上的。风险导向审计从了解企业内外部环境、经营战略风险入手，进而对财务报表的形成预期进行评估，并根据预期确定审计重点，从而针对高风险领域进行审计资源的分配。因此，了解被审计单位及其环境、评估重大错报风险、正确制定审计计划对审计资源的分配起着决定性的作用，体现了现代风险导向审计以审计风险为核心的特征。

另外，以审计风险为核心，可使审计程序更加有效。这就是说，被审计单位人员，尤其是管理层，如果熟悉注册会计师的审计套路，就可能采取种种规避手段掩盖其舞弊行为。因此，在设计拟实施审计程序的性质、时间和范围时，为了避免既定思维对审计方案的限制，避免对审计效果的人为干涉，从而使针对重大错报风险的审计程序更加有效，注册会计师要避免被审计单位管理层预见或事先了解某些审计程序。这也说明，审计程序的制定与实施，就是认识审计风险并予以有效控制的过程。

总之，在风险导向审计下，注册会计师首先应当评估舞弊导致的重大错报风险，并考虑评估的结果对审计程序的性质、时间和范围的影响，从而考虑需获取的审计证据及其可靠性，包括管理层声明的完整性和可信度等。就此而论，本章先对审计风险进行详细说明，再按照以审计风险为核心的风险导向审计的要求，阐述注册会计师审计程序的基本内容。

第二节　审计重要性

一、审计重要性在计划审计阶段的作用

《中国注册会计师审计准则第 1221 号——计划和执行审计工作时的重要性》第六条规定：在计划和执行审计工作，评价识别出的错报对审计的影响，以及未更正错报对财务报表和审计意见的影响时，注册会计师需要运用重要性概念。这就是说，注册会计师在计划审计工作和评估审计证据时均应当考虑重要性水平。

在计划审计工作时，注册会计师必须对重大错报的规模和性质作出一个判断，包括确定财务报表整体的重要性和特定交易类型、账户余额和披露的重要性水平，据此确定为发现重大错报拟实施的审计程序的适当范围。具体而言，在计划审计工作时，注册会计师需要对认为重大的错报金额作出判断，该判断可以为下列任务提供基础：（1）确定风险评估程序的性质、时间安排和范围；（2）识别和评估重大错报风险；（3）确定进一步审计程序的性质、时间安排和范围。

在评估审计证据时，注册会计师要利用重要性水平衡量发现的实际上或潜在的错报对于财务报表是不是重大的。这个判断十分重要，因为重大错报将导致注册会计师修改审计意见，而非重大错报则不需要。

二、审计重要性的概念分析

（一）审计重要性的概念

财务报告编制基础通常从编制和列报财务报表的角度阐释重要性概念。财务报告编制基础可能以不同的术语解释重要性，但通常而言，重要性概念从以下几个方面进行理解：（1）如果合理预期错报（包括漏报）单独或汇总起来可能影响财务报表使用者依据财务报表作出的经济决策，则通常认为错报是重大的。（2）对重要性的判断是

根据具体环境作出的，并受错报的金额或性质的影响，或受两者共同作用的影响。(3) 判断某事项对财务报表使用者的影响是否重大，需要考虑财务报表使用者共同的财务信息需求。由于不同财务报表使用者对财务信息的需求可能差异很大，因此不考虑错报对个别财务报表使用者可能产生的影响。

(二) 审计重要性针对财务报表使用者作出的假定

注册会计师对重要性的确定属于职业判断，受注册会计师对财务报表使用者的财务信息需求的认识的影响。就审计而言，注册会计师针对财务报表使用者作出下列假定是合理的：(1) 拥有经营、经济活动和会计方面的适当知识，并有意愿认真研究财务报表中的信息；(2) 理解财务报表是在运用重要性水平基础上编制、列报和审计的；(3) 认可建立在对估计和判断的应用以及对未来事项的考虑的基础上的会计计量具有固有的不确定性；(4) 能够依据财务报表中的信息作出合理的经济决策。

(三) 注册会计师的目标以及计划审计阶段的审计重要性

注册会计师的目标是，在计划和执行审计工作时恰当地运用重要性概念。

在制定总体审计策略时，注册会计师应当确定财务报表整体的重要性。根据被审计单位的特定情况，如果存在一个或多个特定类别的交易、账户余额或披露，其发生的错报金额虽然低于财务报表整体的重要性，但合理预期可能影响财务报表使用者依据财务报表作出的经济决策，注册会计师应当确定适用于这些交易、账户余额或披露的一个或多个重要性水平。注册会计师还应当确定实际执行的重要性，以评估重大错报风险并确定进一步审计程序的性质、时间安排和范围。

三、对审计重要性的进一步解释

(一) 注册会计师在计划审计阶段考虑重要性的原因

一般认为，注册会计师在计划审计阶段考虑重要性水平的目的是确定审计程序的合适范围。审计程序的设计应当针对发现重大错报，由此审计人员无须浪费时间调查不影响审计报告的非重大错报。在实际操作中，如果某一账户审计程序的范围直接与评估的重大错报风险相关，审计人员就应当对重大错报风险高的账户执行大量的审计程序。一般来说，审计人员不会对数额上不重要的账户执行审计程序，除非基于性质上的考虑认为该账户是重要的。例如，被审计单位对公司高管的内部应收款项不论金额大小可能都是重要的。

此外，在计划审计工作时，审计人员也会关注被审计单位采取的一些可能导致非重大错报的会计处理方法。重要性的概念通常允许审计人员忽略某些会计错误，例如，将小工具或商用电器等低值易耗品直接记入费用账户。但即使在这些情况下，审计人员仍需要谨慎考虑这些会计权宜之计的结果与按照企业会计准则计量的结果之间是否有重大差异。注册会计师不能仅因为被审计单位的管理层宣称某些会计处理涉及的金额在过去和现在都不重要就认为其不会导致重大错报。

(二) 计划的重要性水平和审计程序的范围

不言而喻，审计过程中计划的重要性水平提高将导致审计程序范围的缩小。也就是说，在相同条件下，如果计划的重要性水平是 500 000 元，相比于100 000 元的重要性水平，审计人员需要获取的审计证据更少。或者说，当重要性水平提高时，审计人员需要更少的审计证据，因为此时审计是基于一个更不精确的衡量。更具体一些，如果收入在 5 000 000 元左右，得出错报不超过 500 000 元的结论将比不超过100 000元的结论花费更少的审计资源。

例 3—1

某企业要求注册会计师对其财务报表进行审计并出具审计报告。注册会计师了解到，审计过的财务报表要作为出资者对企业主要经营负责人进行业绩评定的基础；出资者将依据社会平均水平确立或解除经营者的受托责任。

注册会计师了解到，社会平均资产成本为 6%，平均净资产收益率为 10%。假定该企业本年净资产收益率有三种不同情形：（1）该企业本年净资产收益率为 2%；（2）该企业本年净资产收益率为 20%；（3）该企业本年净资产收益率为 12%。

要求：请你根据这三种情况，对该企业的审计重要性水平作出设想。

回答：对于上述三种不同情形分析如下：

（1）如果企业本年净资产收益率为 2%，不仅低于社会上的平均净资产收益率，而且低于社会平均资产资本，除非该企业上年经营情况更差，否则其经营者的经营成果很差。

（2）如果企业本年净资产收益率为 20%，高于社会上的平均净资产收益率，则经营者取得了很好的经营成果。

（3）如果企业本年净资产收益率为 12%，略高于社会上的平均净资产收益率，则经营者是否可解除受托责任，要对具体情况进行分析后才能知道。

基于上述分析，我们可以得出结论：对于上述的情形（1）和（2），都可以有较高的重要性水平，即审计结果有点差错对信息使用者决策结果的影响不是很大；对于情形（3）则不然，审计结果的细微偏差都可能导致信息使用者做出完全相反的决策，这种情形下要求的重要性水平是最低的，所需获取的审计证据也最多。

四、重要性水平的确定

（一）在财务报表总体层次量化计划的重要性水平

审计准则要求注册会计师确定财务报表总体层次的重要性水平。例如，注册会计师可能断定 100 000 元利润总额的错报对利润表的审计是重要的，而对于资产负债表而言 200 000 元的错报是重要的。许多潜在错报会同时影响资产负债表和利润表，例如，期末存货的高估会同时导致资产负债表中资产的高估和利润表中净利润的高估。因此，审计人员会设计审计程序以发现超过任一财务报表重要性水平的最小错报，在本例子中，即 100 000 元。

在审计实务中，注册会计师会根据所在会计师事务所的惯例和自己的经验确定重要性水平。通常，注册会计师会先选定一个基数，如收入总额、销售毛利、费用总额、利润总额、净利润、资产总额、净资产等，然后再乘以一个百分比，作为财务报表整体的重要性。某会计师事务所规定的确定重要性的财务报表基数及相应的计算比率取值范围如表 3—1 所示。

表 3—1　　确定重要性的财务报表基数及计算比率取值范围

财务报表基数	计算比率取值范围
资产总额	0.5%～1%
收入总额	0.5%～1%
利润总额	3%～5%
净利润	3%～5%
销售毛利	1%～2%
净资产	3%～5%
费用总额	0.50%

计算重要性水平适用的财务报表基数因客户的经营特点而异。例如，金融机构的总收入作为上述经验法则中的基数常常太小。再如，如果一个企业接近盈亏平衡点，那么净利润作为财务报表基数就太小了，这种情况下，审计人员通常选择其他财务报表基数或使用以前年度净利润的平均值。

审计人员经常使用“浮动计算法”计算总体的重要性水平。例如，对于小型企业，他们可能确定总销售额的1%为重要性水平，而对于大型企业，重要性水平为总销售额的0.5%。这是因为重要性水平的绝对金额同样重要。以收入为2 000 000元的小型企业为例，如果以总收入的0.5%来确定重要性水平，则计算的总体重要性水平为10 000元。然而，10 000元不大可能影响财务报表使用者基于公司财务状况和运营结果作出的决策；同时，在这种精确水平上审计该企业难以真正发挥重要性水平的作用。

（二）将总体重要性分配到单个财务报表项目及其相应账户

一旦审计人员确定了计划的财务报表总体重要性水平，他们就可将重要性分配到各财务报表项目，进而分配到所属具体账户。当审计抽样用于一个或多个账户时，这种分配常被频繁地用于确定实质性程序的范围。重要性水平分配到某一账户的金额，称为账户实际执行的重要性水平。在单个审计测试水平上，这一金额可能进一步调整为可容忍错报金额。假设审计人员使用统计抽样进行应收账款账户的若干测试，同时假设计划的财务报表总体重要性水平为600 000元。为了有助于审计测试，审计人员可能确定750 000元是应收账款实际执行的重要性水平，而600 000元是应收账款单个测试中的可容忍错报金额。

需要说明，如果只是简单地将计划的总体重要性水平完全分配到单个财务报表项目及账户，也就是说，使各账户分配到的重要性水平或分解的可容忍错报加总等于计划的总体重要性水平，这样就太过谨慎了，因为不同账户间的错报往往相互抵消。也就是说，一项资产的高估可能被另一项资产的低估抵消。此外，复式记账系统本身使得注册会计师可以通过审计相关账户来发现某一账户的错报。

实践中可以运用许多方法将重要性水平分配到单个账户，这里将介绍两种方法。第一种方法，审计人员将计划的总体重要性水平乘以某一系数，通常为0.5～2之间，然后这一金额将被分配到各资产负债表账户。

第二种方法是将重要性水平分配到要进行审计抽样的账户中。使用这种方法时，审计人员通常从总体的重要性水平中减去未被发现的错报估计总额，从而得出实际执行的重要性水平。每一项审计中都要预期一定金额的未被发现的错报，因为审计人员设计审计测试仅仅是为了发现重大错报，较小金额的错报往往检测不出。最后，审计人员基于账户实际执行的重要性水平来确定特定审计测试的可容忍错报。可容忍错报可能等于或低于账户实际执行的重要性水平，这取决于所使用的审计抽样技术。在本书第七章，我们将介绍在使用各种审计抽样技术的实质性程序中如何结合可容忍错报。

五、审计重要性举例说明

审计重要性水平的计算一般采用固定比率法，在作出的判断基础上，按照一定的比率来确定。

例 3—2

某公司的资产负债表与利润表见表 3—2 和表 3—3。

表 3—2　　资产负债表

编制单位：　　年　月　日　　单位：万元

资产	年初数	期末数	负债和股东权益	年初数	期末数
流动资产：			流动负债：		
货币资金	5 250	2 000	短期借款	12 000	13 625
交易性金融资产	3 250	3 000	应付票据	3 950	4 600
应收票据	5 175	9 290	应付账款	6 300	5 900
应收账款	6 750	8 500	应付职工薪酬	4 000	4 500
其他应收款	325	210	其他应付款	125	275
存货	34 250	39 000	应交税费	6 875	7 100
流动资产合计	55 000	62 000	流动负债合计	33 250	36 000
非流动资产：			非流动负债：		
持有至到期投资	500	300	长期借款	9 875	7 250
长期股权投资	2 500	7 250	应付债券	4 625	4 750
固定资产	129 000	125 800	非流动负债合计	14 500	12 000
无形资产	10 000	9 800	负债合计	47 750	48 000
其他资产	7 500	4 350	股东权益：		
非流动资产合计	149 500	147 500	股本	145 000	145 000
			资本公积	5 250	7 150
			盈余公积	1 500	3 850
			未分配利润	5 000	5 500
			股东权益合计	156 750	161 500
资产总计	204 500	209 500	负债和股东权益总计	204 500	209 500

表 3—3　　利润表（简易）

编制单位：　　年度　　单位：万元

项目	上年实际	本年实际
一、营业收入	177 000	192 000
减：营业成本	103 675	113 000
税金及附加	9 575	8 750

续前表

项目	上年实际	本年实际
销售费用	9 850	9 250
管理费用	8 725	7 500
财务费用	1 200	3 000
加：投资收益	1 750	2 500
二、营业利润	45 725	53 000
加：营业外收入	500	875
减：营业外支出	2 700	6 000
三、利润总额	43 525	47 875
减：所得税费用	13 025	14 375
四、净利润	30 500	33 500

要求：请按照审计实务中常用的财务报表基数及相应的计算比率并结合该公司的实际情况，确定该公司上述报表的重要性水平。

回答：按照上文介绍的计算审计重要性常用的财务报表基数及相应的计算比率计算出的财务报表层次的重要性水平如表3—4所示。

表3—4 报表层次的重要性水平 单位：万元

选择基数	报表数额	经验法则	计算系数	计算结果	重要性水平
利润总额	47 875	5%～10%	8%	3 830	推算
资产总额	209 500	0.5%～1%	0.8%	1 676	参考下述计算
收入总额	192 000	0.5%～1%	1%	1 920	1 900
净资产	161 500	1%	1%	1 615	1 600

在进行了上述计算和选择，确定了公司财务报表层次的重要性水平之后，公司又制定了各类交易、账户余额、列报层次的重要性水平，即可容忍错报。考虑和计算的过程如表3—5和表3—6所示。

表3—5 重要性水平的分配（资产负债表） 单位：万元

分配项目	基数数额	按约定系数分	重要性水平	调整原因、系数与结果
货币资金	2 000	16	10	按原系数（0.8%）计算
交易性金融资产	3 000	0	无意义	非属抽样账户
应收款项	18 000	144	270	按系数（1.5%）计算
存货	39 000	312	585	按系数（1.5%）计算
固定资产	125 800	1 006	630	按系数（0.5%）计算
其他长期资产	21 700	174	105	按系数（0.5%）计算
合计	209 500	1 652	1 600	按照可能出现差错的概率调整

注：表中的约定系数为1 600/209 500×100%=0.8%。

说明：表中的“按约定系数分”是按照平均数进行的分配，但在实际工作中，应收款项和存货容易出现差错，而固定资产和其他长期资产出现差错的概率相对较低，因此在确定实际执行的重要性水平时，应根据实际情况进行调整。

表 3—6　　重要性水平的分配（利润表）　　单位：万元

分配项目	基础数额	按约定系数分	重要性水平	调整原因、系数与结果
营业收入	192 000	1 920	1 900	按原系数（1%）计算
营业成本	113 000	1 130	110	按原系数（1%）计算
销售费用	9 250	93	90	按原系数（1%）计算
管理费用	7 500	75	75	按原系数（1%）计算
财务费用	3 000	30	30	按原系数（1%）计算
营业外支出	6 000	60	60	按原系数（1%）计算

注：表中的约定系数为 1 900/192 000×100%=1%。

第三节　计划审计工作

一、计划审计工作的内容与要求

计划审计工作首先要确定业务约定的要求，包括需审计的财务报表、其他要求（如监管备案）以及业务约定的时间规划等。在这一阶段，注册会计师应了解将提供给客户的服务的性质以及双方的责任。同时，他们将制定总体审计策略、具体审计计划以及审计方案。

虽然审计计划被认为是审计工作的第一步，但是，审计计划中的重要部分只有在注册会计师充分了解客户及其环境后才能确定。因此，在对新客户的初次审计中，计划过程中的许多工作将在注册会计师了解客户及其环境后执行。在对客户的连续审计中，注册会计师已经了解客户，因此大部分的审计计划可以在开始审计时制定。

正如上面所述，注册会计师在编制审计计划时应当以风险为基础，即要持续考虑财务报表发生重大错报的可能性。这样的结果是，审计过程中随着审计调查结果和风险相关信息的获得，可能需要修改审计计划。例如，如果审计程序发现某一账户存在错报，就可能会导致注册会计师对特定账户追加审计程序。

二、审计约定的形成

注册会计师开展审计工作，首先要求满足审计的前提条件和注册会计师的目标，之后，注册会计师要与客户签订业务约定书，指明双方应当承担的责任。

（一）审计的前提条件

审计的前提条件，是指管理层在编制财务报表时采用可接受的财务报告编制基础，管理层对注册会计师执行审计工作的前提表示认同。

此处提及的管理层应当理解为管理层和治理层，即股份有限公司的董事会和股东（大）会。股东（大）会是公司的权力机构，董事会是公司权力机构的执行机构。

（二）注册会计师的目标

注册会计师的目标是，只有通过实施下列工作就执行审计工作的基础达成一致意见，才承接或保持审计业务：（1）确定审计的前提条件存在；（2）确认注册会计师和管理层已就审计业务约定条款达成一致意见。

为了确定审计的前提条件是否存在，注册会计师应当：(1) 确定管理层在编制财务报表时采用的财务报告编制基础是不是可接受的；(2) 就管理层认可并理解其责任与管理层达成一致意见。

（三）管理层的会计责任

管理层的会计责任包括：

1. 按照适用的财务报告编制基础编制财务报表，并实现公允反映。

2. 设计、执行和维护必要的内部控制，以使财务报表不存在由于舞弊或错误导致的重大错报。

3. 向注册会计师提供必要的工作条件，包括允许注册会计师接触与编制财务报表相关的所有信息（如记录、文件和其他事项），向注册会计师提供审计所需要的其他信息，允许注册会计师在获取审计证据时不受限制地接触其认为必要的内部人员和其他相关人员。

当然，如果管理层或治理层在拟议的审计业务约定条款中对审计工作的范围施加限制，以致注册会计师认为这种限制将导致其对财务报表发表无法表示意见，注册会计师不应承接该项审计业务，除非法律法规另有规定。

另外，如果审计的前提条件不存在，注册会计师应当就此与管理层沟通，否则，注册会计师不应承接拟议的审计业务。

（四）注册会计师的审计责任

注册会计师应当就审计业务约定条款与管理层或治理层（如适用）达成一致意见，并应当将达成一致意见的审计业务约定条款记录于审计业务约定书或其他适当形式的书面协议中。审计业务约定条款应当包括下列主要内容：(1) 财务报表审计的目标与范围；(2) 注册会计师的责任；(3) 管理层的责任；(4) 编制财务报表所适用的财务报告编制基础；(5) 注册会计师拟出具的审计报告的预期形式和内容，以及对在特定情况下出具的审计报告可能不同于预期形式和内容的说明。

（五）审计业务约定书的内容总览

综上所述，审计业务约定书的框架性内容有 11 个方面：(1) 业务范围与审计目标；(2) 甲方的责任与义务；(3) 乙方的责任和义务；(4) 审计收费；(5) 审计报告和审计报告的使用；(6) 约定书的有效期间；(7) 约定事项的变更；(8) 终止条款；(9) 违约责任；(10) 适用法律和争议解决；(11) 双方对其他有关事项的约定。

三、注册会计师计划审计工作的重要意义

首先要说明的是：计划审计工作不是一般的审计工作计划，而是将总体审计策略和具体审计计划包括在一起的整套工作方案。

计划审计工作有利于注册会计师执行财务报表审计工作，具体包括：(1) 有助于注册会计师关注重要的审计领域；(2) 有助于注册会计师及时发现和解决潜在的问题；(3) 有助于注册会计师恰当地组织和管理审计业务，以有效的方式执行审计业务；(4) 有助于选择具备必要的专业素质和胜任能力的项目组成员应对预期的风险，并向项目组成员分派适当的工作；(5) 有助于指导和监督项目组成员并复核其工作；(6) 在适用的情况下，有助于协调注册会计师和专家的工作。

按照上述要求，在计划审计工作之初，会计师事务所就要考虑针对保持客户关系和将实施的具体审计业务实行审计质量控制，要评价此项审计业务遵守相关职业道德要求（包括独立性要求）的情况，在此基础上就审计业务约定条款与被审计单位达成一致意见。

四、总体审计策略和具体审计计划

计划审计工作首先要形成关于审计工作实施、组织和人员安排的总体审计策略。审计计划的性质、时间安排和范围因被审计单位的特点和注册会计师的相关经验而异。当然，对新客户的审计计划通常更为困难。然而，对于所有的审计业务而言，计划从一开始就要做，并且是一个持续的、不断修正的过程，贯穿于审计工作的全过程。当注册会计师在审计过程中识别出新的情况，要相应地修改计划的审计程序。

（一）与客户相互了解

注册会计师应当与客户形成对于审计业务约定条款的了解。这一了解应当包括：（1）审计的目标和范围；（2）注册会计师和管理层的责任；（3）审计的固有限制；（4）财务报告框架的应用（如通用会计准则）；（5）预期注册会计师发表的审计报告的形式和内容。这些了解应当以书面业务约定书的形式（或其他适合的书面合同）记录。

在跨年度连续审计业务中，注册会计师应当评估上述业务约定条款是否需要修改。导致这种修改的因素可能包括：有迹象表明管理层误解了审计目标和范围；高级管理人员发生变动；客户的性质或规模发生重大变动；报告要求发生变化。如果这些情况存在，而客户方没有提出修改审计业务约定条款，注册会计师应当确定是否要为当年度审计递送新的业务约定书。

（二）制定总体审计策略

在充分了解被审计单位后，注册会计师要制定总体审计策略。总体审计策略主要涉及以下事项：（1）考虑被审计单位的行业报告要求、经营地点和所遵循的报告基础等，确定审计范围；（2）确定审计的时间安排、报告截止日以及取得管理层有关信息的关键日期等事项；（3）对重大错报的高风险领域、重要审计地点和账户进行初步判断，确定考察内部控制的方法，考虑近期重要的客户和行业因素等。

制定总体审计策略的基础是对审计风险的判断，在制定审计策略时，既要考虑审计风险，又要考虑重大错报风险。审计风险是一个贯穿于审计业务全部过程的重要概念，指注册会计师在财务报表存在重大错报时未能适当修正其审计意见的可能性。重大错报风险是指财务报表在审计前存在重大错报的可能性。总体审计策略就是按照审计风险的基本含义对客户进行各种分析后，为了降低审计风险而制定的基本工作方针。

（三）形成具体审计计划

在制定总体审计策略后，注册会计师开始制定具体审计计划。审计计划比审计策略更为详细，包括审计团队成员为获取充分的审计证据，将要执行的审计程序的性质、时间和范围。不同的会计师事务所在审计计划的形式和内容上有所不同，典型的审计计划包括对审计性质、时间和范围的描述：

1. 为充分评估重大错报风险而计划的风险评估程序；

2. 为不同的重大交易类型、账户余额和披露计划的进一步审计程序，包括控制测试和实质性程序；

3. 遵循审计准则执行的其他审计程序。

（四）提出具体的审计方案

审计方案更为详细地列示审计过程中计划执行的审计程序。注册会计师基于最初的风险评估形成暂定审计方案，这一方案在审计执行的过程中可能需要不断修改。例如，实质性程序的性质、时间和范围受到注册会计师最终评估的重大错报风险的制约。因此，最终的审计方案只有在控制测试完成后才能确定。但是如果注册会计师修改了初步估计的重要性水平或审计风险，或在实质性程序中发现了未预期事项，如增加的舞弊风险因素，最终的审计方案仍然可能需要修改。

会计师事务所通常根据工时向客户收费，详细的时间安排有助于注册会计师估计审计费用。审计的时间预算需要估计审计方案的每个步骤中不同等级审计人员所需的工时，然后加总得出总工时数。时间预算除了提供估计审计费用的基础，还可以向注册会计师传递信息。时间预算显示了经理或合伙人认为具有高风险和需要花费更多时间的领域，同时它也是高级审计师衡量员工效率、确定每一阶段工作进度是否满意的重要工具。

在此阶段，注册会计师可能还会考虑利用被审计单位的雇员或者是内部注册审计师的工作；考虑是否要利用其他会计师事务所、相关专家的工作等。

（五）对被审计单位进行初次审计的考虑

在对被审计单位进行初次审计时，注册会计师应当获取充分适当的审计证据，以确定各账户的期初余额是否包含影响当期财务报表的重大错报。例如，为确定当年折旧费用以及资产负债表日固定资产账户余额的适当性，注册会计师应当计划检查固定资产账户期初余额的正确性。再如，如果没有充分、恰当的证据证实原材料、库存商品等账户的期初余额，注册会计师可能无法对销货成本获取充分的证据，因此可能对利润表无法表示意见。

初次审计除了查阅前任注册会计师有关期初余额的工作底稿之外，注册会计师还将评估当期计划的审计程序能否提供有关期初余额的审计证据。基于这一评估，注册会计师将决定是否有必要执行追加的审计程序以获得关于期初余额的审计证据。如果客户近期没有结果满意的审计，注册会计师有必要对以前年度的交易进行大量分析以确定到本期期初为止的账户余额。

第四节 对被审计单位及其环境的了解和识别，评估重大错报风险

一、此阶段工作的内容和要求

了解被审计单位能够帮助注册会计师计划审计工作，并识别和评估财务报表和相关认定层次的重大错报风险。注册会计师应当获取充分的背景信息，以评估财务报表的重大错报风险，并设计进一步审计程序的性质、时间和范围。风险评估程序用于收集此类背景信息，包括对管理层的询问、分析性程序、观察和检查以及其他程

序。在审计的这一阶段，注册会计师试图获得对被审计单位及其环境的总体了解，包括经营目标和战略以及相关的经营风险，管理层衡量和评价财务业绩的方法，以及内部控制等。这些了解有助于注册会计师识别有重大错报风险的交易、账户余额和披露。

了解被审计单位内部控制的性质是这一过程的基本内容，因为它使注册会计师能够识别可能发生错报的账户和交易类型并根据现有的内部控制系统制定审计程序。为获取有关内部控制的信息，注册会计师需要采访被审计单位员工、观察具体控制的运行情况、检查文件和记录、在信息系统中追踪交易，同时查阅以前年度工作底稿。

注册会计师根据对被审计单位及其环境的了解来识别可能发生重大错报的交易、账户余额和披露。在认定层次，注册会计师应当考虑：哪些领域可能发生错报？发生错报的可能性有多大？错报可能涉及多大金额？

信息收集程序为注册会计师提供了有关重要认定的固有风险和控制风险的审计证据。固有风险是在不考虑内部控制时某一认定发生重大错报的风险。许多固有风险来自管理层面临的经营风险，包括舞弊导致重大错报的可能性。

注册会计师考虑控制风险包括分析内部控制的设计和运行，评价内部控制系统是否能够充分防止或发现并纠正重大错报。例如，如果注册会计师认为某一重要领域的固有风险较高且内部控制薄弱（即控制风险高），他们可能会将重大错报风险评价为高。相反，如果固有风险较低而相关控制看起来能够防止或发现并纠正错报，注册会计师可能会决定执行控制测试以支持其低控制风险的评价；如果测试显示控制运行有效，注册会计师可能得出重大错报风险为低的结论。

基于对不同账户余额、交易类型和披露评估的错报风险，注册会计师会相应设计和执行进一步审计程序。

二、风险评估程序

风险评估程序是指注册会计师为了解被审计单位及其环境，以识别和评估财务报表层次和认定层次的重大错报风险（无论该错报是由于舞弊还是错误导致）而实施的审计程序。具体包括：询问管理层以及被审计单位内部其他人员；分析程序；观察和检查（被审计单位的活动、运营、文档、报告等）；其他风险评估程序，如询问被审计单位外部组织（法律顾问、评估专家等）和查阅外部来源（分析员、银行、评级组织、行业期刊等）的信息。此外，注册会计师还应当执行进一步审计程序，包括控制测试和实质性程序，以获取充分的审计证据对财务报表发表审计意见。

在审计实务中，注册会计师可做的工作包括：

1. 了解有关被审计单位经营及其环境的信息，比如被审计单位的性质，包括被审计单位的会计政策；行业法规以及其他影响被审计单位的外部因素；被审计单位的目标和战略以及相关的经营风险；被审计单位衡量和评估绩效的方法；被审计单位的内部控制。

2. 利用多种手段获取信息。比如，注册会计师可能采用询问的方式确定销售交易的主要类型以及被审计单位顾客的性质。注册会计师可能结合询问和检查来确定销售合同的内容以及确认合同收入时采用的会计政策。他们也可能询问被审计单位内部的其他员工，例如，生产人员可以让注册会计师对产品流程有更详细的了解。此外，注册会计师与关键高管人员的非正式讨论可以提供有关企业历史、规模、运营、会计记录和内部控制的信息。最后，注册会计师可能需要进行大量询问以识别和评估舞弊风险。

注册会计师这些工作的目标是，通过了解被审计单位及其环境，识别和评估财务报表层次和认定层次的重大错报风险（无论该错报是由于舞弊还是错误导致），为设计和实施针对评估的重大错报风险采取的措施提供基础（见表3—7）。

表3—7　财务报表重大错报的风险评估程序

风险评估程序 风险因素与风险点	程序：询问管理层；分析程序；检查凭证或资料；观察；穿行测试	可能的风险与错报	影响领域：财务报表层次；认定层次	风险类型及程度评估：1. 高；2. 中；3. 低		实际业务执行情况	
				固有风险	控制风险	人员	时间
1. 客户及其环境 A. 行业状况 (1) 所在行业市场供求与竞争 (2) 季节性经营和周期性 (3) 生产技术变化情况 (4) 能源与成本 (5) 行业关键指标与统计数据 B. 客户单位的性质 …… C. 会计政策运用 …… D. 财务绩效衡量和评价 ……							

项目合伙人和项目组其他关键成员应当讨论被审计单位财务报表存在重大错报的可能性，以及如何根据被审计单位的具体情况运用适用的财务报告编制基础。项目合伙人应当确定向未参与讨论的项目组成员通报哪些事项。

三、了解被审计单位及其环境

注册会计师应当从以下几个方面了解被审计单位及其环境：

1. 相关行业状况、法律环境和监管环境及其他外部因素，包括适用的财务报告编制基础。

2. 被审计单位的性质，包括经营活动、所有权和治理结构、正在实施和计划实施的投资（包括对特殊目的实体的投资）的类型、组织结构和筹资方式。了解被审计单位的性质，可以使注册会计师了解预期在财务报表中反映的各类交易、账户余额和披露。

3. 被审计单位对会计政策的选择和运用，包括变更会计政策的原因。注册会计师应当根据被审计单位的经营活动，评价会计政策是否适当，并与适用的财务报告编制基础、相关行业使用的会计政策保持一致。

4. 被审计单位的目标、战略以及可能导致重大错报风险的相关经营风险。此处的经营风险，是指可能对被审计单位实现目标和实施战略的能力产生不利影响的重要状况、事项、情况、作为（或不作为）而导致的风险，或由于制定不恰当的目标和战略而导致的风险。

5. 对被审计单位财务业绩的衡量和评价。财务业绩是企业战略及其实施是否为最终的经营业绩作贡献的重要衡量标准，主要通过经营能力、获利能力、偿债能力和抗风险能力等相对指标来表示。

四、了解被审计单位的内部控制

注册会计师应当了解与审计相关的内部控制。虽然大部分与审计相关的控制可能与财务报告相关，但并非所有与财务报告相关的控制都与审计相关。确定一项控制单独或连同其他控制是否与审计相关，需要注册会计师作出职业判断。在了解与审计相关的控制时，注册会计师应当综合运用询问被审计单位内部人员和其他程序，以评价这些控制的设计并确定其是否得到执行。

注册会计师应当了解被审计单位的控制环境。作为了解控制环境的一部分，注册会计师应当评价：(1) 管理层在治理层的监督下，是否营造并保持了诚实守信和合乎道德的文化；(2) 控制环境总体上的优势是否为内部控制的其他要素奠定了适当的基础，这些要素是否未被控制环境中存在的缺陷所削弱。

注册会计师应当了解被审计单位是否已建立风险评估过程，包括：(1) 识别与财务报告目标相关的经营风险；(2) 估计风险的重要性；(3) 评估风险发生的可能性；(4) 决定应对这些风险的措施。

如果被审计单位已建立风险评估程序，注册会计师应当了解风险评估程序及其结果，并且评价是否存在这类风险，即注册会计师预期被审计单位的风险评估程序应当识别出而未识别出的风险。如果存在这类风险，注册会计师应当了解风险评估程序未能识别出风险的原因，并评价风险评估程序是否适合被审计单位的具体情况，或者确定与风险评估程序相关的内部控制是否存在值得关注的缺陷。如果被审计单位未建立风险评估程序，或具有非正式的风险评估程序，注册会计师应当与管理层讨论是否识别出与财务报告目标相关的经营风险以及如何应对这些风险。注册会计师应当评价风险评估程序是否适合具体情况，或确定是否存在值得关注的内部控制缺陷。

五、了解与财务报告相关的信息系统

注册会计师应当从以下几个方面了解与财务报告相关的信息系统（包括相关业务流程）：(1) 在被审计单位经营过程中，对财务报表具有重大影响的各类交易；(2) 在信息技术和人工系统中，被审计单位的交易生成、记录、处理、必要的更正、结转至总账以及在财务报表中报告的程序；(3) 用以生成、记录、处理和报告（包括纠正不正确的信息以及信息如何结转至总账）交易的会计记录、支持性信息和财务报表中的特定账户；(4) 被审计单位的信息系统如何获取除交易以外对财务报表而言重大的事项和情况；(5) 用于编制被审计单位财务报表（包括作出的重大会计估计和披露）的财务报告过程；(6) 与会计分录相关的控制，这些分录包括用以记录非经常性的、异常的交易或调整的非标准会计分录。

六、了解被审计单位如何沟通，与财务报告相关人员的角色和职责，以及与财务报告相关的重大事项

注册会计师应当了解被审计单位如何沟通，与财务报告相关人员的角色和职责，以及与财务报告相关的重大事项。这种沟通包括：（1）管理层与治理层之间的沟通；（2）外部沟通，如与监管机构的沟通。

注册会计师应当了解与审计相关的控制活动。与审计相关的控制活动，是注册会计师为评估认定层次重大错报风险并设计进一步审计程序以应对评估的风险而认为有必要了解的控制活动。审计并不要求了解与财务报表中每类重大交易、账户余额和披露或与其每项认定相关的所有控制活动。在了解被审计单位控制活动时，注册会计师应当了解被审计单位如何应对信息技术导致的风险。

注册会计师应当了解被审计单位用于监督与财务报告相关的内部控制的主要活动，包括了解针对与审计相关的控制活动的监督，以及被审计单位如何对控制缺陷采取补救措施。如果被审计单位设有内部审计部门，注册会计师应当了解下列事项，以确定内部审计是否可能与注册会计师审计相关：（1）内部审计的职能范围以及内部审计在被审计单位组织结构中的地位和作用；（2）内部审计已实施或拟实施的活动。注册会计师应当了解被审计单位监督活动所使用信息的来源，以及管理层认为信息对于实现目的足够可靠的依据。

七、识别和评估重大错报风险

注册会计师应当在下列两个层次识别和评估重大错报风险，为设计和实施进一步审计程序提供基础：（1）财务报表层次；（2）各类交易、账户余额和披露的认定层次。

（一）财务报表层次的重大错报风险

财务报表层次的风险与总体财务报表相关并且潜在地影响多个单独认定。例如，与无效的控制环境及薄弱的总体信息技术控制相关的风险；缺乏充足资本持续运营；夕阳产业；与选择和运用重要会计政策相关的风险等。

评估这样的风险通常需要有相当的判断力。例如，IT系统控制薄弱可能使未授权人员不恰当地变更数据，从而影响多项不同的交易类型和账户余额；有关管理层诚信问题可能引起各种有关财务报表金额和披露的事项。由于财务报表层次风险的特点，注册会计师应当进行总体应对，例如，指派更有经验的注册会计师或专业技术人员；对注册会计师进行更多监督并强调保持职业怀疑；在选择拟实施的进一步审计程序时融入更多不可预计的因素；扩大总体审计程序的范围。

（二）相关认定层次的风险

大多数错报风险涉及一个或几个与重要交易、账户余额或披露相关的认定。相关认定是指有合理可能性包含重大错报的认定（不考虑相关控制的情况下），具体包括：

1. 发生：记录的交易或事项已经发生，且与被审计单位有关。
2. 完整性：所有应当记录的交易和事项均已记录。
3. 准确性：与交易和事项有关的金额及其他数据已恰当记录。
4. 截止：交易和事项已记录于正确的会计期间。

5. 分类：交易和事项已记录于恰当的账户。

例如，与存货期末的错误计数相关的风险影响存货计价和销货成本的准确性。对于这类风险，注册会计师应当考虑风险本身和相关控制，并评估对于每个相关认定风险的量级和发生的可能性。然后，注册会计师将调整审计程序的性质、时间和范围以发现错报。在这种情况下，如果注册会计师认为由于错误的存货计数导致财务报表的重大错报风险增加，可能需要指派更多的注册会计师观察客户员工的存货计数活动。

注册会计师对认定层次重大错报风险的评估，可能随着审计过程中不断获取审计证据而相应变化。但是，如果实施进一步审计程序获取的审计证据或获取的新信息与注册会计师之前作出评估所依据的审计证据不一致，注册会计师应当修正风险评估结果，并相应修改原计划实施的进一步审计程序。

（三）需要特殊审计考虑的特别风险

作为审计准则所述风险评估的一部分，注册会计师应当根据职业判断，确定识别出的风险是否为特别风险。在进行判断时，注册会计师不应考虑识别出的控制对相关风险的抵消效果。在判断哪些风险是特别风险时，注册会计师应当至少考虑以下几个方面：（1）风险是否属于舞弊风险；（2）风险是否与近期经济环境、会计处理方法或其他方面的重大变化相关，因而需要特别关注；（3）交易的复杂程度；（4）风险是否涉及重大的关联方交易；（5）财务信息计量的主观程度，特别是计量结果是否具有高度不确定性；（6）风险是否涉及异常或超出正常经营范围的重大交易。

这类特别风险通常会在每个审计过程中识别出一个或多个。特别风险通常与非常规交易及预计交易有关。例如，对于珠宝连锁店的审计，贵金属或宝石等重要存货的估价可能存在特别风险。在其他交易中，特别风险可能来自异常收入交易或必须依靠管理层主观判断的关键应计事项。此外，特别风险可能来自舞弊风险。为了应对这样的特别风险，注册会计师应当谨慎考虑相关控制的设计和实施；不应信赖以前年度获取的关于相关控制的运行有效性的审计证据；不应仅靠分析性程序获取财务报表相关认定的审计证据。

正如前文所述，特别风险经常与舞弊有关。由于舞弊的严重性和特殊性，国外的一些审计机构通常会为注册会计师评估舞弊造成的财务报表特别错报风险提供更为规范、详细的指导。

（四）识别和评估重大错报风险的审计程序

在识别和评估重大错报风险时，注册会计师应当实施下列审计程序：（1）在了解被审计单位及其环境（包括与风险相关的控制）的整个过程中，结合对财务报表中各类交易、账户余额和披露的考虑，识别风险；（2）评估识别出的风险，并评价其是否更广泛地与财务报表整体相关，进而潜在地影响多项认定；（3）结合对拟测试的相关控制的考虑，将识别出的风险与认定层次可能发生错报的领域相联系；（4）考虑发生错报的可能性（包括发生多项错报的可能性），以及潜在错报的重大程度是否足以导致重大错报。

八、与本阶段工作相关的审计工作底稿

鉴于识别和评估重大错报风险在整个审计过程中的重要意义，上述各项工作应当

作为审计工作底稿认真保留下来。具体来说，注册会计师应当就下列事项形成审计工作底稿：

1. 审计准则要求项目合伙人和项目组其他关键成员应当讨论被审计单位财务报表存在重大错报的可能性，以及如何根据被审计单位的具体情况运用适用的财务报告编制基础。项目合伙人应当确定向未参与讨论的项目组成员通报哪些事项。因此，项目组进行的讨论以及得出的重要结论应作为审计工作底稿保存。

2. 了解被审计单位及其环境过程中各项要素了解的要点、获取上述了解的信息来源，以及实施的风险评估程序，也应作为审计工作底稿保存。

3. 根据上一部分所述的对财务报表层次和认定层次的重大错报风险识别的要求，在财务报表层次和认定层次识别和评估的重大错报风险，更应作为审计工作底稿保存。

4. 对于某些风险，注册会计师可能认为仅从实质性程序中获取充分、适当的审计证据是不可能或不可行的。这些风险可能与对日常和重大类别的交易或账户余额作出的不准确或不完整的记录相关，对这些交易或账户余额通常采用自动化处理，不存在或很少存在人工干预。在这种情况下，被审计单位针对这类风险建立的控制与审计相关，注册会计师应当了解被审计单位已经识别出的与控制相关的风险并了解相关控制。毋庸置疑，这样的事项也应保留在审计工作底稿之中。

九、评估重大错报风险的举例说明：财务报表层次的总括分析

例3—3

甲公司的年度利润表如表3—8所示。

表3—8　利润表

编制单位：甲公司　201×年度　单位：万元

项目	上年实际	本年实际
一、营业收入	177 000	197 000
减：营业成本	103 675	163 000
税金及附加	13 575	3 750
销售费用	10 500	21 250
管理费用	7 775	16 500
财务费用	1 000	3 000
加：投资收益	5 250	20 500
二、营业利润	45 725	10 000
加：营业外收入	500	28 750
减：营业外支出	2 700	1 800
三、利润总额	43 525	36 950
减：所得税费用	13 025	4 375
四、净利润	30 500	32 575
（其他略）	……	……

补充资料如下：

（1）该公司为一国有控股公司，已经上市5年。

（2）该公司从201×年1月份开始，由于税法变动，取消了产品应交的消费税。

（3）该公司201×年有在资本市场再融资的要求。

要求：请对此利润表项目进行分析，指出可能存在的重大错报风险。

回答：本例中对财务报表层次的总体分析的各个实施步骤按照以下几个部分说明：

1. 报表层次的初步分析与重大错报的风险评估。

A会计师事务所对甲公司的利润表实施了报表层次的初步分析程序，审计工作底稿见表3—9。

表3—9　　财务报表重大错报的风险评估程序工作底稿

风险评估程序／风险因素与风险点	程序：询问管理层；分析程序；检查凭证或资料；观察；穿行测试	可能的风险与错报	影响领域：财务报表层次；认定层次	风险类型及程度评估：1. 高；2. 中；3. 低		实际业务执行情况	
				固有风险	控制风险	人员	时间
1. 客户及其环境				总：高	总：中	张×	××
A. 行业状况	公司行业竞争激烈。						
（1）所在行业市场供求与竞争	市场面临供大于求的状况，且较为严重。		报表层次	高	低	张×	××
（2）季节性经营和周期性	……						
（3）生产技术变化情况	关键零部件依赖进口，价格处于上升阶段。		报表层次	高	低	张×	××
（4）能源与成本	……						
（5）行业关键指标与统计数据		三大费用数额	认定层次	高	低	张×	××
B. 客户单位的性质 ……	国有控股				低	李×	××
C. 会计政策运用 ……	《企业会计准则》	投资收益；税收减免	认定层次	中	高	李×	××
D. 财务绩效衡量和评价 ……	销售利润率：去年17.2%；今年16.5%；销售成本率：去年58.6%；今年82.7%。	营业外收入	报表层次 认定层次	中 高	高 低	刘× 刘×	×× ××

2. 计算各种指标，延伸至认定层次可能的风险。

除此之外，注册会计师还计算了利润表中各项目的变动数额及其变动比率。计算结果及对认定层次做出的初步判断如表3—10所示。

表3—10　　各认定层次风险评估程序工作底稿

数额变动水平	去年数额	今年数额	变动数额	变动百分比	认定层次可能的风险
营业收入	177 000	197 000	20 000	11.3%	控制测试，原抽样水平
营业成本	103 675	163 000	59 325	57.2%	控制测试，进一步分析程序，加大抽样量
销售费用	10 500	21 250	10 750	102.4%	控制测试，进一步分析程序，加大抽样量

续前表

数额变动水平	去年数额	今年数额	变动数额	变动百分比	认定层次可能的风险
管理费用	7 775	16 500	8 725	112.2%	控制测试，进一步分析程序，加大抽样量
财务费用	1 000	3 000	2000	200.0%	细节测试
投资收益	5 250	20 500	15 250	290.5%	细节测试
营业外收入	500	28 750	28 250	5 650.0%	细节测试
营业外支出	2 700	1 800	−900	−33.3%	细节测试，原抽样水平
所得税费用	13 025	4 375	−8 650	−66.4%	细节测试
净利润	30 500	32 575	2 075	6.8%	

通过识别和评估财务报表和相关认定层次的重大错报风险，注册会计师对如何进行甲公司的财务报表审计工作有了较为明确的工作方针，为下一步的审计工作提供了方向和目标。

第五节 执行进一步审计程序

一、执行进一步审计程序的内容与要求

进一步审计程序包括关于账户余额、交易和披露的额外的控制测试和实质性程序。执行控制测试是为了确定关键控制的设计是否恰当且有效运行。例如，被审计单位的内部控制要求会计部门在编制相关会计分录前核实货运单据的连续编号，这项控制的目的是确保所有装运的货物都已进行会计记录（即确保销售记录和应收账款的完整性）。为测试这一控制运行的有效性，注册会计师可以复核客户确认货运单据顺序编号的证据，并抽样选取本年中不同时间编制的货运单据以检查相关的记账分录。

应当注意，对某一项控制的测试是为了衡量其防止或发现错报的有效性；它并不证明某一账户的期末余额。而且，一项特定的控制可能影响多个财务报表账户。例如，如果前文描述的控制显示会计部门并没有有效地核实货运单据的连续编号，注册会计师应当警惕销售收入、应收账款、销货成本以及存货发生错报的可能性。内部控制将在本书第五章进一步描述。

执行实质性程序是为了控制检查风险，即注册会计师没有进行重大错报评估而存在的风险。如本书第六章所述，实质性程序包括对账户余额、交易和披露的细节测试以及实质性分析程序。在本书的以后章节，我们将论述针对不同财务报表账户的进一步审计测试，并提供详细的例子。

二、注册会计师应做的工作

（一）明确进一步审计程序的工作目标

注册会计师在这一阶段的工作目标是，首先针对评估的财务报表层次重大错报风险，设计和实施总体应对措施；然后，针对评估的认定层次重大错报风险，设计和实施进一步审计程序，包括审计程序的性质、时间安排和范围。

这里的应对措施或者进一步审计程序应该是财务报表审计开始后的最主要阶段的工作，即关于账户余额、交易和披露的控制测试和实质性程序。

（二）执行进一步审计程序应考虑的问题

在设计拟实施的进一步审计程序时，注册会计师应当：（1）考虑形成某类交易、账户余额和披露的认定层次重大错报风险评估结果的依据；（2）评估的风险越高，越需要获取有说服力的审计证据。形成某类交易、账户余额和披露的认定层次重大错报风险评估结果的依据包括：（1）因相关类别的交易、账户余额或披露的具体特征而导致重大错报的可能性（即固有风险）；（2）风险评估是否考虑了相关控制（即控制风险），从而要求注册会计师获取审计证据以确定控制是否有效运行。

三、控制测试

（一）注册会计师实施控制测试的条件

当存在下列情形之一时，注册会计师应当设计和实施控制测试，针对相关控制运行的有效性，获取充分、适当的审计证据：（1）在评估认定层次重大错报风险时，预期控制的运行是有效的（即在确定实质性程序的性质、时间安排和范围时，注册会计师拟信赖控制运行的有效性）；（2）仅实施实质性程序并不能提供认定层次充分、适当的审计证据。在设计和实施控制测试时，对控制有效性的信赖程度越高，注册会计师越应当获取有说服力的审计证据。

（二）对控制测试的进一步解释

我们可以对控制测试的实施与否进行这样的解释：审计的总体目标是确定期末财务报表余额是否正确，有两种方法可以采用，一是测试对本年发生业务的控制；二是直接测试期末报表余额。也就是说，如果对入账业务的控制是有效的，我们便获得了关于期末账户余额的合理保证，就可以以此为基础对账户的期末余额进行测试，或者说进行实质性程序。或者，注册会计师不对控制情况进行测试，而是直接测试账户的期末余额。在特殊情况下，注册会计师结合使用这两种方法。实际上，即使注册会计师判断内部控制十分有效，仍应当对所有重大财务报表账户执行实质性程序。

（三）控制测试的实施要求

注册会计师在设计和实施控制测试时，应当：（1）将询问与其他审计程序结合使用，以获取有关控制运行有效性的审计证据。（2）确定拟测试的控制是否依赖其他控制（间接控制）。如果依赖其他控制，确定是否有必要获取支持这些间接控制有效运行的审计证据。

注册会计师获取的有关控制运行有效性的审计证据应当包括：（1）控制在所审计期间的相关时点是如何运行的；（2）控制是否得到一贯执行；（3）控制由谁或以何种方式执行。

如果已获取有关控制在期中运行有效性的审计证据，注册会计师应当：（1）获取这些控制在剩余期间发生重大变化的审计证据；（2）确定针对剩余期间还需获取的补充审计证据。

在确定利用以前审计获取的有关控制运行有效性的审计证据是否适当，以及再次测试控制的时间间隔时，注册会计师应当考虑下列因素：（1）内部控制其他要素的有效性，包括控制环境、被审计单位对控制的监督以及被审计单位的风险评估过程；（2）控制特征（人工控制还是自动化控制）产生的风险；（3）信息技术一般控制的有效性；（4）控制设计及其运行的有效性，包括在以前审计中发现的控制运行偏差的性质和程度，以及是否发生对控制运行产生重大影响的人员变动；（5）是否存在由于环境发生变化而特定控制缺乏相应变化导致的风险；（6）重大错报风险和对控制的信赖程度。

如果拟利用以前审计获取的有关控制运行有效性的审计证据，注册会计师应当通过获取这些控制在以前审计后是否发生重大变化的审计证据，确定以前审计获取的审计证据是否与本期审计持续相关。注册会计师应当通过询问并结合观察或检查程序，获取这些控制是否发生重大变化的审计证据，以确认对这些控制的了解，并根据下列情况作出不同处理：（1）如果已发生变化，且这些变化对以前审计获取的审计证据的持续相关性产生影响，注册会计师应当在本期审计中测试这些控制运行的有效性；（2）如果未发生变化，注册会计师应当每三年至少对控制测试一次，并且在每年审计中测试部分控制，以避免将所有拟信赖控制的测试集中于某一年，而在之后的两年中不进行任何测试。

如果确定评估的认定层次重大错报风险是特别风险，并拟信赖针对该风险实施的控制，注册会计师应当在本期审计中测试这些控制运行的有效性。在评价相关控制运行的有效性时，注册会计师应当评价通过实施实质性程序发现的错报是否表明控制未得到有效运行。但通过实质性程序未发现错报，并不能证明与所测试认定相关的控制是有效的。如果发现拟信赖的控制出现偏差，注册会计师应当进行专门查询以了解这些偏差及其潜在后果，并确定：（1）已实施的控制测试是否为信赖这些控制提供了适当的基础；（2）是否有必要实施追加的控制测试；（3）是否需要针对潜在的错报风险实施实质性程序。

四、实质性程序

（一）实质性程序与认定层次的关系

实质性程序是指用于发现认定层次重大错报的审计程序，包括下列两类程序：（1）对各类交易、账户余额和披露的细节测试；（2）实质性分析程序。

由于实质性程序是注册会计师针对评估的重大错报风险实施的直接用以发现认定层次重大错报的审计程序，因此其工作内容主要就是前面提到的发生、完整性、准确性、截止和分类五个认定。换句话说，这五个认定是在实质性程序环节完成的。

（二）实质性程序的工作内容

审计方案中旨在证实财务报表金额的部分按照交易类别和主要财务报表项目列示，如货币资金、应收账款、存货、营业收入以及各类长期资产等。执行实质性程序的目的是降低财务报表项目及相关账户的检查风险。从这一点来看，无论评估的重大错报风险结果如何，注册会计师都应当针对所有重大类别的交易、账户余额和披露，设计和实施实质性程序。如果认为评估的认定层次重大错报风险是特别风险，注册会计师应当专门针对该风险实施实质性程序。如果针对特别风险实施的程序仅为实质性程序，这些程序应当包括细节测试。具体来说，注册会计师实施的实质性程序应当包括下列与财务报表编制完成阶段相关的审计程序：（1）将财务报表与其所依据的会计记录进行核对或调节；（2）检查财务报表编制过程中作出的重大会计分录和其他调整。

（三）对实质性程序在其他方面的要求

如果注册会计师在会计年度期中实施了实质性程序，则应当针对剩余期间实施下列程序之一，以将期中测试得出的结论合理延伸至期末：（1）结合对剩余期间实施的控制测试，实施实质性程序；（2）如果认为对剩余期间拟实施的实质性程序是充分的，仅实施实质性程序。如果期中检查出注册会计师在评估重大错报风险时未预期到的错报，注册会计师应当评价是否需要修改相关的风险评估结果以及针对剩余期间拟实施的实质性程序的性质、时间安排和范围。

在实质性程序中，并非所有证实利润表账户的审计证据都与资产负债表项目的审计无关。比如，一个主要资产负债表项目经常涉及计算或以其他方式证明与之密切相关的利润表账户，如利润表中的固定资产折旧，就是在对资产负债表的固定资产的审计中完成的。又如，在证实客户拥有的有价证券时，要同时计算与此相关的利息收入、分红收入和销售证券的利得或损失。

第六节 完成审计工作和出具审计报告

一、完成审计工作、出具审计报告的工作内容与要求

注册会计师在接近审计末期要执行一系列审计程序，包括完成对未记账负债的调查、确认偶然性损失和期后事项，以及获得管理层声明。最后，评价所有的审计证据并对财务报表是否遵循通用会计准则得出审计结论。

审计过程中的最后一步是基于先前步骤得出的结论，确定应出具的审计报告的意见类型和措辞，编制并递送审计报告。审计报告的具体内容将在本书第十四章具体说明。

完成审计工作和出具审计报告是注册会计师审计工作终结阶段的事项。完成审计工作是指取得审计证据和完成工作底稿之后，出具审计报告之前处理好各种事项。编制与出具审计报告，是指注册会计师按照规范的要求撰写审计报告、与被审计单位交换意见，并将撰写完成的审计报告交给审计委托人。这是审计工作结束的标志。

二、出具审计报告前的工作

在出具审计报告阶段，注册会计师应当以经过核实的审计证据为依据，得出审计结论，形成审计意见，出具审计报告。按照年度财务报表审计的一般情况，出具审计报告前的工作主要是审计期后事项、审计或有事项和关注被审计单位的持续经营能力。

1. 审计期后事项。期后事项的审计策略有两种：一是结合年末账户审计进行的审计；二是专为发现审计年度必须弄清楚的事项而进行的审计。对期后事项进行审计的目的是获取必要的补充依据，以保证发表适当的意见。

2. 审计或有事项。或有事项审计的目的在于确定或有损失及或有负债是否存在

或发生，因此，审计的重点是发现未记录的业务或事项。它往往作为其他审计事项的一个组成部分，而不是在临近审计工作结束时单独作为一项工作来做。一般来说，或有损失较少且较易确认，或有负债较多且难以确认，因此，注册会计师应特别关注或有负债。

3. 关注被审计单位的持续经营能力。注册会计师应根据财务报表项目的审计结果及对期后事项、或有事项的检查，对被审计单位的持续经营能力进行评价。如果被审计单位缺乏持续经营能力，应重新考虑财务报表项目的分类及计价基础是否需作调整。

三、编制与出具审计报告

一般情况下，在完成审计外勤工作后，应当根据获取的审计证据撰写审计总结，概括说明审计计划及审计目标是否实现。此外，注册会计师在出具审计报告之前，应向被审计单位索取声明书，以明确会计责任和审计责任。如果被审计单位拒绝提供注册会计师认为是必要的声明，注册会计师应考虑这一拒绝对审计报告可能产生的影响，并重新考虑应发表审计意见的类型和措辞。

审计报告的初稿形成后，应征求被审计单位的意见，同时交换双方对审计结果、意见和建议的看法，必要时可以进行修改。审计报告应由审计组织的业务负责人进行审核，并提出修改意见。当审计证据不足以发表审计意见时，应要求注册会计师追加审计程序，以确保审计证据的充分性、适当性。

审计报告经复核、修改后，由注册会计师签章，加盖审计组织公章后，连同已审财务报表送达委托人，委托人及使用者应按照审计业务约定书的要求使用审计报告。

审计工作结束后，注册会计师应对审计文件进行分类整理，形成审计档案。审计档案的所有权属于执行该项业务的审计组织。审计组织应建立审计档案保管制度，确保审计档案的安全与完整。

思考题

1. 注册会计师审计程序主要包括哪些步骤的工作？各步骤工作的重点内容是什么？相互关系怎样？

2. 何为审计重要性？何为重要性水平？二者间关系怎样？在计划审计阶段怎样运用审计重要性分析问题？怎样对其进行不同层次的量化计算？

3. 在财务报表总体层次量化重要性水平的经验数据怎样？采用什么样的方法进行计算？怎样将重要性水平分配到各单个账户？怎样认识可容忍错报？

4. 计划审计工作包括什么内容？各自的重点何在？有何重要意义？审计业务约定书包括哪些内容？签约各方的责任如何？具体的格式是什么？注册会计师在与客户确定审计业务约定条款时应该了解什么？跨年度时怎样进行？

5. 何为总体审计策略？何为审计风险与重大错报风险？总体审计策略与具体审计计划的关系怎样？二者与审计风险的关系怎样？

6. 何为具体审计方案？其与审计计划的关系怎样？与审计收费的关系又怎样？

注册会计师在拟定审计方案时要考虑什么？为什么？

7. 何为风险评估程序？包括什么内容？怎样开展工作？目标何在？

8. 怎样了解被审计单位及其环境？怎样了解被审计单位的内部控制？怎样了解与财务报告相关的信息系统？它们都包括什么内容？还要了解什么？

9. 重大错报风险体现为哪两个层次？请举例说明两个层次的风险该怎样认定。何为需要特殊审计考虑的特别风险？它来自何处？怎样应对这样的风险？以什么样的程序开展工作？

10. 执行进一步审计程序的目标是什么？应当考虑什么？何为控制测试？何为实质性程序？二者的关系怎样？

11. 完成审计工作和出具审计报告各需要做些什么样的工作？与上面所述各步骤工作之间的关系怎样？

练习题

1. 在计划审计工作时，注册会计师应当考虑审计的重要性水平。以下列示的是两个公司的财务报表数据。

被审计单位报表数据

单位：元

报表项目	福天公司	运乐公司
资产总额	34 900 000	2 700 000
收入总额	29 600 000	4 500 000
所有者权益	13 800 000	1 000 000
利润总额	1 600 000	90 000

要求：

(1) 为福天公司确定适当的计划重要性水平的估计金额，并解释你如何确定这一估计。

(2) 为运乐公司确定适当的计划重要性水平的估计金额，并解释你如何确定这一估计。

(3) 试描述微小错报可能在性质上具有重要性的特征。

2. 天成会计师事务所对泗峰股份公司的年度财务报表进行审计。泗峰公司的资产负债表、利润表和一些其他资料如下：

资产负债表

编制单位：泗峰公司　　201×年12月31日　　单位：元

资产	期末数	年初数	负债和股东权益	期末数	年初数
流动资产：			流动负债：		
货币资金	44 000	32 000	短期借款	21 000	18 000
交易性金融资产	0	1 100	应付票据	39 500	46 000
应收票据	500	600	应付账款	73 000	99 000

续前表

资产	期末数	年初数	负债和股东权益	期末数	年初数
应收账款	55 000	85 000	应付职工薪酬	81 250	47 750
其他应收款	100	2 000	应交税费	28 750	13 700
存货	210 000	180 000	其他应付款	47 000	2 100
流动资产合计	309 600	310 600	流动负债合计	290 500	226 550
非流动资产：			非流动负债：		
长期股权投资	800	400	长期借款	10 000	42 500
可供出售金融资产	3 000	0	应付债券		
固定资产净值	271 000	208 000	非流动负债合计	10 000	42 500
无形资产	400	2 800	负债合计	300 500	269 050
其他资产			股东权益：		
非流动资产合计	275 200	211 200	股本	145 000	145 000
			资本公积	44 000	51 500
			盈余公积	55 000	41 150
			未分配利润	40 300	15 100
			股东权益合计	284 300	252 750
资产总计	584 800	521 800	负债和股东权益总计	584 800	521 800

利润表

编制单位：泗峰公司　　201×年度　　单位：元

项目	本年实际	上年实际
一、营业收入	332 200	211 500
减：营业成本	240 000	160 000
税金及附加	28 000	19 600
销售费用	7 000	4 000
管理费用	6 800	3 700
财务费用	1 500	1 100
加：投资收益	1 150	850
二、营业利润	50 050	23 950
加：营业外收入	3 000	1 800
减：营业外支出	950	750
三、利润总额	52 100	25 000
减：所得税费用	15 750	7 500
四、净利润	36 350	17 500

对上述部分资料的说明：

(1) 其他应付款的期末余额主要是预提性质的维修费用。

(2) 应付职工薪酬足额计算了个人所得税。

(3) 其他应收款主要是待摊性质的消耗性支出。

(4) 固定资产按照原值计算比期初增加了130 000元。

（5）无形资产的本年摊销额主要是商标权等的减值。

泗峰公司的其他情况是：

（1）泗峰所在行业处于生长期，公司是高科技企业、行业的领头兵。

（2）市场对该公司产品的需求量增大，原材料暂时处于平稳状态，但存在价格上涨的市场风险。

（3）泗峰公司准备明年增加发行股票并申请股票上市。

要求：按照上述资料和教材中给出的财务报表重大错报的风险评估程序工作底稿的格式，对泗峰公司的资产负债表和利润表进行初步分析，寻找可能存在重大错报风险的影响因素，并计算各种相关指标，将可能的风险分析范围延伸至认定层次。

第四章

Chapter 4 审计证据与审计工作底稿

学习目标

1. 理解审计风险与审计证据之间的关系。

2. 掌握审计风险的内涵及其构成要素；熟练掌握固有风险、控制风险和检查风险的内涵、影响因素及其相互关系；掌握并能够熟练运用审计风险的量化公式。

3. 理解审计证据的内涵和构成；深入理解和掌握判断审计证据可靠性的一般原则；深入理解审计证据的充分性和适当性的内涵；熟练掌握审计证据的类型及其在审计实务中的具体表现；熟知注册会计师在审计实务应当特别注意的几类审计证据。

4. 熟知注册会计师获取审计证据的各种程序及其主要内容；深入理解和掌握分析程序的作用和内容、要求、步骤和范围及其在实际审计案例中的应用。

5. 深入理解和掌握审计工作底稿的内涵和主要表现形式；理解编制审计工作底稿的目的；了解编制审计工作底稿的要求和对审计工作底稿归档的规定。

第一节 审计风险的评估与应对

一、审计风险与审计证据之间的关系

在执行财务报表审计时，注册会计师需要收集充分、适当的审计证据，形成和整理审计工作底稿，以作为提出审计意见的基础，对财务报表是否遵循适当的原则（通常为企业会计准则）进行评价。只有这样，注册会计师才能将审计风险控制在一定的范围之内。

如前所述，审计风险是指当财务报表存在重大错报时，注册会计师发表不恰当审计意见的可能性。结合审计标准而言，它是注册会计师对与企业会计准则的要求有重大背离的财务报表发表无保留意见的风险。就此而论，从审计证据的角度分析，注册会计师需要获取的审计证据的数量受重大错报风险和审计证据质量水平的影响：重大

错报风险越大，所需审计证据的数量越多；审计证据质量越精确，所需审计证据的数量越少。

注册会计师应当获得充分、适当的审计证据，以将审计风险降至低水平。当获取的审计证据不足以将审计风险降至低水平时，注册会计师通常采取以下措施来降低审计风险：(1) 扩大审计程序的范围，即获得更多的审计证据；(2) 执行更有效的审计程序，例如，获取外部生成的证据以替代内部生成的证据，或在资产负债表日前后而非更早日期执行审计程序以获得审计证据。

二、账户余额、交易类型与信息披露层面的审计风险

本书第三章提及审计风险，主要是对重大错报风险进行了解释说明。在结合审计证据讨论问题时，重大错报风险又可划分为固有风险和控制风险。进一步讲，当我们谈论整体的审计风险时，经常还要考虑与此密切相关的检查风险。

(一) 固有风险

固有风险是指在考虑被审计单位的内部控制之前，某一认定发生重大错报的可能性。影响固有风险的因素主要有被审计单位的性质及其环境，以及某一特定财务报表项目的性质等。

被审计单位的经营特点及其环境从整体上影响固有风险，因而会影响多项财务报表账户的认定。例如，下列经营特点通常意味着固有风险较高：相对于行业内其他公司，被审计单位有着盈利能力方面的矛盾；运营结果对经济因素高度敏感；持续经营存在问题；以前审计中发现了大量已知和可能发生的错报；大量的周转额、可疑的信誉或管理层不胜任等。由于这些因素加大了总体审计风险，因此它们对于注册会计师是否接受委托至关重要。

固有风险因账户性质不同而有别。假设某企业存货账户余额仅是机器设备账户余额的1/5，这是否意味着注册会计师只需花费相当于机器设备账户审计1/5的时间进行存货账户的审计呢？显然不是。与机器设备相比，存货更容易出现差错或被偷窃，且大量的存货交易为隐藏错报提供了机会。固有风险也因某一特定账户的认定类型而不同。例如，资产计价认定的审计往往比存在认定的审计更困难。

通常，固有风险较高的认定包括：难以审计的交易和余额；复杂的计算；困难的会计事项；管理层的重要判断；大量基于经济因素的估值计价。在评估固有风险时，通常把交易划分为三类：常规交易、非常规交易和预计交易。

1. 常规交易。包括会计账簿中记录的正常经营活动业务循环，如销售、采购、现金支付、现金收入和职工薪酬等。企业内部控制要求对常规交易必须有适当的记录，这可以在一定程度上降低固有风险。

2. 非常规交易。包括定期发生的活动，如实物盘存、折旧计算以及外币汇兑损益计算等。非常规交易的固有风险可能很高，因为它们不是企业的常规交易，并且交易发生时可能需要专业技能和会计估计。

3. 预计交易。即由于会计估计而产生的经营业务活动，如计提坏账准备、设置保证金以及资产减值的估计等。这些活动涉及管理层的判断和假设，因此固有风险很高。通常固有风险最大的事项就是预计交易。

注册会计师根据对被审计单位行业及其运营特点的了解，以及从以前年度审计中

获取的信息，来评估财务报表层次的固有风险。

（二）控制风险

控制风险，是指某类交易、账户余额或披露的某一认定发生错报，该错报单独或连同其他错报可能是重大的，但没有被内部控制及时防止或发现并纠正的可能性。控制风险与被审计单位在实现与编制财务报表有关的目标时所设计和运行的内部控制有效性有关。

固有风险和控制风险必然存在于财务报表审计之中，又经常不可分割地交织在一起。无论是否执行审计，固有风险和控制风险综合反映的重大错报风险总是存在的。因此，注册会计师既可以分别评估这两类风险，也可以总体评估相关认定的重大错报风险。

（三）检查风险

检查风险是指注册会计师执行审计程序后没有发现相关认定存在重大错报的风险。检查风险与审计程序及其执行的有效性有关。相应地，与固有风险和控制风险不同，注册会计师不执行审计时就不存在检查风险。注册会计师通过执行实质性程序而非“评估”以限制检查风险。

由于审计抽样技术等因素的影响，注册会计师的实质性程序并非100%有效，因此检查风险总是存在。正如本书后面的章节所讨论的，注册会计师通常需要执行两类实质性程序以降低控制风险：（1）针对账户余额、交易和披露的细节测试；（2）实质性分析程序。

（四）检查风险与重大错报风险的关系

审计风险取决于重大错报风险和检查风险。在既定的审计风险水平下，可接受的检查风险水平与评估的重大错报风险水平呈反向关系：评估的重大错报风险越高，可接受的检查风险越低；评估的重大错报风险越低，可接受的检查风险就越高。

三、审计风险的量化

审计风险与固有风险、控制风险和检查风险的量化关系如式（4—1）所示：

$$AR = \underbrace{IR \times CR}_{RMM} \times DR \tag{4—1}$$

式中，AR为审计风险；IR为固有风险；CR为控制风险；DR为检查风险；IR与CR的结合即为RMM，即重大错报风险。

在确定审计风险水平时，注册会计师可以直接评估重大错报风险，也可以单独评估固有风险和检查风险。

例如，假设注册会计师评估某一认定的固有风险为0.50，控制风险为0.40。同时，注册会计师已经执行了审计程序，确定其检查风险为0.20。关于该认定的审计风险计算如下：

$$AR = IR \times CR \times DR = 0.50 \times 0.40 \times 0.20 = 0.04$$

因此，注册会计师面临0.04的审计风险。请注意，这一模型表达了各类风险之间的一般关系，但审计实务中并非一定采用数学公式以精确衡量影响审计风险的因素，注册会计师不一定用具体数字量化各种风险水平，而是用“高”“中”“低”等文字对风险水平进行定性描述。

综上所述，关于审计风险的内容可以概括为以下几点：（1）注册会计师收集证据以评估固有风险和控制风险，并将检查风险限制在适当的水平；（2）固有风险和控制风险与被审计单位及其运营环境有关，因此注册会计师需要收集证据以评估固有风险和控制风险的水平；（3）检查风险可以分解为与交易或账户余额细节测试相关的检查风险和与实质性分析程序相关的检查风险，与注册会计师执行的审计程序的有效性相关，如果注册会计师想要降低检查风险，就需要获取更多的适当的审计证据。

第二节 审计证据

一、审计证据及其构成

审计证据，是指注册会计师为了得出审计结论和形成审计意见而使用的所有信息。审计证据包括财务报表依据的会计记录中含有的信息和其他信息，或者说，审计证据包括会计账簿中的财务报表基础信息和其他信息。

此处的会计记录，是指对初始会计分录形成的记录和支持性记录。例如，支票、电子资金转账记录、发票和合同；总分类账、明细分类账、会计分录以及对财务报表予以调整但未在账簿中反映的其他分录；支持成本分配、计算、调节和披露的手工计算表和电子数据表等。审计证据的大部分内容由会计记录构成。

二、审计证据可靠性的判断

审计证据的可靠性受其来源和性质的影响，并取决于获取审计证据的具体环境。判断审计证据可靠性的一般原则包括：

1. 从被审计单位外部独立来源获取的审计证据比从其他来源获取的审计证据更可靠。

2. 相关控制有效时内部生成的审计证据比控制薄弱时内部生成的审计证据更可靠。

3. 直接获取的审计证据比间接获取或推论得出的审计证据更可靠。

4. 以文件记录形式（包括纸质、电子或其他介质）存在的审计证据比口头形式的审计证据更可靠。

5. 从原件获取的审计证据比从复印件、传真件或通过拍摄、数字化或其他方式转化成电子形式的文件获取的审计证据更可靠。

具体来说，在通常情况下，注册会计师以函证方式直接从被询证者处获取的审计证据，比被审计单位内部生成的审计证据更可靠。通过函证等方式从独立来源获取的相互印证的信息，可以提高注册会计师从会计记录或管理层书面声明中获取的审计证据的保证水平。

三、审计证据的充分性和适当性

（一）审计证据的充分性

审计证据的充分性，是对审计证据数量的衡量。注册会计师需要获取的审计证据的数量受其对重大错报风险评估的影响，并受审计证据质量的影响。一般来说，重大错报风险越高，所需审计证据的数量越多。它也会受到审计证据可靠性的影响，大部分情况下，注册会计师有必要依赖劝导性的而非结论性的审计证据。注册会计师很少毫无疑问地相信财务报表的所有方面都被恰当表述。

（二）审计证据的适当性

审计证据的适当性，是对审计证据质量的衡量，即审计证据在支持审计意见所依据的结论方面具有的相关性和可靠性。换言之，在评价审计证据的适当性时，注册会计师需要考虑其在支持或发现财务报表认定存在错报时的相关性和可靠性。相关性涉及认定的种类。例如，与被审计单位核实其应收账款，可能提供与应收账款存在有关的审计证据，但很难证明被审计单位是否完全记录了全部应收账款。在实际审计工作中，尽管难以精确总结并且一般都会存在例外情况，但是审计证据的可靠性仍要依据其获取时的具体环境来判断。

（三）各审计证据的相互印证

除上述情况外，与单独考虑单一审计证据相比，注册会计师将不同来源和不同性质的审计证据综合考虑，可以提供更多的保证。例如，注册会计师可能通过观察员工打开邮件并处理现金收入的过程来评价关于现金收入控制的运行有效性。但是，由于观察只是针对某一时点的行为，注册会计师会对被审计单位相关人员进行询问或检查记录相关控制执行情况的文件来获取更加可靠、综合的审计证据。相反，如果不同来源获得的审计证据不一致，注册会计师就无法提供关于内部控制运行有效性的保证。

四、审计证据的类型及其表现

按照审计工作中的实际情况，我们一般将审计证据分为六大类，即实物证据，函证证据，书面证据，计算证据，分析证据，口头证据。

（一）实物证据

实物证据包括所有可以计算、检查、观察或查验的事项；它属于直接证据，为审计目标提供主要支持。例如，注册会计师在年末监盘现金，并与现金收入日记账和银行对账单记录相核对，以确认现金收支事项已经正确计入会计当期。再如，注册会计师检查被审计单位保管的有价证券，以确认资产负债表中列报的“交易性金融资产”“可供出售金融资产”“持有至到期投资”等与实物相符。又如，注册会计师对被审计单位的存货进行监盘，检验被审计单位的实盘数量，并与存货记录作比较，以便得到记录中的存货存在性和状态的证据。

注册会计师还可以通过观察被审计单位内部控制系统的功能获得实物证据。对内部控制的观察要先于实质性测试，观察结果将作为确定在该条件下进行实质性测试的性质、时间和范围的基础。例如，存货监盘的范围就反映了对外购商品和存货的内部控制的质量。

（二）函证证据

函证证据是指直接从被审计单位外部第三方获取的有关存在性、所有权或估价的证据。这类证据最常见的例子是应收账款函证。在函证应收账款时，被审计单位在注册会计师的指导下，向被审计单位的债务人发送由被审计单位提供的客户声明，并要求客户对声明里的余额无论是否同意都直接向注册会计师答复。因为这类证据是注册会计师直接从第三方取得的，所以它的证明力较强。

除了应收账款函证，审计中还涉及许多其他账户的函证。应收票据和应付票据数额分别由出票人和受票人证实；委托代销商品由代销方证实；放置在公共仓库的存货和托管有价证券由各自的代理商证实；应付账款余额由销售方证实。

注册会计师直接从被审计单位外部的法律顾问取得的律师函也是一种函证证据。这种函证是为了提供证据证明已披露或未披露的未决诉讼，也包括可能需要账簿或报表附注反映的已公布或未公布的事项。

（三）书面证据

书面证据包括会计记录以及支持这些被记录的交易和事项的所有原始单据。购货发票、销货发票副联、账簿记录都属于这类书面证据。

取得书面证据是审计实务中最常见的事项。一般来说，书面证据包括：分类账和日记账，辅助工作底稿，购货订单、请购单、入库单、购货发票和付款凭证，销货订单、销售发票、发运单、提货单和运费单，工时卡、加班卡、员工收入记录和工资摘要，存货标签和清单，现金收入清单，汇款通知，现金存单，付讫支票和银行对账单，被审计单位的各种往来信件，被审计单位与供应商或客户等签订的合同，每月的财务报表等。

书面证据与函证证据不同，它属于内部证据。书面证据也与实物证据不同，大部分的书面证据是推论证据，而不是事实证据；也就是说，通常不能从这类证据中直接得出结论。尽管书面证据的证明力较弱，但它在大多数审计实务中仍然扮演着重要的角色。这些书面单据构成一套完整的审计轨迹，可以使注册会计师从交易和事项追踪至分类账账户，抑或反之，根据分类账账户核实交易和事项。追踪支持的是完整性目标，指从某一交易或事项（原始单据）顺查至相关的分类账账户。核实支持的是存在性目标，指通过追查过账过程，从分类账账户逆查至交易或事项。追踪与核实交易和事项在任何审计方案中都是十分重要的一环。因为书面的原始单据提供交易起始的证据，所以足够的资料和单据对追踪和核实是很有必要的。

（四）计算证据

计算证据包括由注册会计师制作的计算表、复算表、调节表等。例如，在审计被审计单位期末存货金额时，必须测算存货清单中存货的金额（价格×数量）和计价基础。这些测算提供了计算证据。因为注册会计师是在有关数据的基础上进行计算的，所以计算证据是一种直接的审计证据。

在审计分摊金额和应计金额是否正确时，常常要用到一类计算证据。例如，计算利息、折旧、税金、应付职工薪酬，以及资产处置的收益或损失等的表格。

如果调节表中包括数字计算，那么调节表也属于计算证据。例如，银行存款余额调节表、明细分类账和总分类账核对调节表，公司内部以及公司与客户之间的调节计算表，公司与分部、分支机构间的调节计算表等。就像存货的计价和截止测试一样，使明细分类账和总账核对一致也包括数字计算，注册会计师可以应用计算机软件自动完成这一过程。

（五）分析证据

分析证据是指经过分析程序可以得到的计算数据和表格等。分析程序是指通过研究和比较数据之间的关系而得到会计信息的一种实质性测试程序，主要用于审计计划阶段和主要的实质性程序实施之前。在审计计划阶段执行分析程序，其目的是帮助注册会计师确定审计的高风险区域。被审计会计期间内或几个期间之间的数据关系不正常，以及与注册会计师的预期数有重大差异的未审计数，都提示这是高风险区域。如果发现无法解释的重大异常情况，注册会计师就会对该区域实施较多的实质性测试程序。在审计外勤工作的末期，分析程序也可以作为整体审计复核程序的一个组成部分，注册会计师应对已经审计的事项和余额的合理性进行评价。例如，审计完产成品后，注册会计师可以使用历史毛利率对期末存货进行估计。

常用的分析证据主要来自分析程序的工作，而这样的工作主要应用于审计的计划阶段或复核阶段。例如，要求检查跨期资料的变化情况的趋势（水平）分析；在共同比财务报表中进行的共同比（垂直）分析；常用的对账户余额之间的关系进行比较而形成各种财务指标的比率分析等。

（六）口头证据

口头证据是指被审计单位人员针对注册会计师的提问进行口头答复所形成的一类证据。口头证据是审计证据中证明力最弱的一种，往往需要得到其他相关证据的印证和支持。然而，在审计过程中，它是注册会计师使用较多的一类证据。例如，在研究与评价内部控制的过程中，注册会计师会问被审计单位人员有关义务和职责，以及内部控制程序的特殊运行方式等问题。注册会计师经常还会询问关于或有负债、存货过时、委托代销商品、承诺、债务担保、相关当事人、违法行为和期后事项等的问题。如同分析程序一样，注册会计师往往可以通过口头证据发掘出一些重要的线索，从而有利于对某些需要审核的情况作进一步调查，以搜集到更为可靠的证据。

有时分析程序的结果会引出一些问题。例如，存货周转率大幅下降促使相关人员考虑存货是否已经过时。同样，应收账款周转率的降低提示注册会计师应该询问赊销经理赊销条件是否发生变化，或是否存在坏账等问题。

五、应当特别注意的几类审计证据

在收集审计证据时，注册会计师应当特别关注会计估计、公允价值和关联方交易三个方面。因为这三个方面需要管理层和注册会计师的职业判断，具有较强的主观性，因此也被称为主观的审计证据。

（一）关于会计估计的审计证据

注册会计师应当谨慎考虑受到管理层估计影响的财务报表账户（通常指会计估计），尤其是可以采用多种会计方法计量的账户。如前文所述，会计估计通常由预计交易产生。常见的会计估计包括坏账损失准备、存货损失准备以及预计担保责任等。会计估计是管理层的责任，这种估计通常比其他有确定金额的财务报表项目更可能发生重大错报。审计这些账户时，注册会计师应当了解管理层如何形成会计估计，并采用以下一个或多个审计方法：(1) 复核和测试管理层形成估计的过程，通常包括评价管理层估计过程的合理性；（2）独立对金额进行估计并与管理层估计对比；（3）复核与估计有关的期后事项或交易，如年度结束后对预计金额的实际支付。

涉及会计估计的交易可使用多种会计方法记录，这使得审计工作更为复杂。例如，退休金、租赁以及长期建造合同等，被审计单位一般根据不同的合同性质和具体环境而采用不同的会计方法记录。注册会计师的责任是评价特定环境下遵循的会计规则是否恰当，因此，应当对重要会计估计进行复核分析，以获取关于部分管理层偏见的证据；如果发现以前年度的会计估计存在偏见，将在本期审计中评价管理层估计时考虑这一因素。

（二）关于公允价值的审计证据

近些年来，会计准则的变化要求企业在计量、列报和披露资产、负债和所有者权益时大量采用公允价值计量。例如，公允价值广泛应用于对外投资的金融资产、无形资产、资产减值和衍生金融工具中。同时，财务会计准则允许企业对一些会计事项选择公允价值计量。

注册会计师在进行涉及公允价值的审计业务时应当记住，审计被审计单位的公允价值的目标是：获得上述公允价值；确定估值技术是持续使用的，或者如果需要变更，该变更作为会计估计的变更处理；获得被审计单位应用估值技术时输入的信息（假设）。我国《企业会计准则第 39 号——公允价值计量》提供了以下三个层级的信息输入结构：

层级 1：完全相同的资产或负债在活跃市场上可观察到的报价。（例如，一项投资在股票市场上的收盘价。）

层级 2：其他可观察的报价，通常是活跃市场上类似的资产或负债。（例如，一家公司对非公开交易的债券使用其公开交易债券的必要报酬率进行未来现金流量折现。）

层级 3：不可观察到报价的资产或负债。（例如，一家私营企业使用实际利率对其非公开交易债券未来现金流量进行折现。）

注册会计师应当留心管理层在层级结构内不恰当衡量公允价值的情况。例如，使用层级 2 计量公允价值时，管理层在财务报表附注中可能会不恰当地披露为层级 1。同时，注册会计师应当确定所有要求的关于公允价值的披露内容均已披露。

在计划和执行有关公允价值计量的审计程序时，注册会计师应当了解企业确定公允价值计量和披露的流程，包括相关的控制。同时，注册会计师应当：（1）评价管理层关于信息输入值的假设是否合理、经得起推敲或与市场信息一致；（2）如果管理层依赖历史财务信息形成相关信息的输入值，考虑这种依赖在多大程度上是合理的；（3）评价公司确定公允价值计量的方法是否持续使用，如果是，在当前情况下持续使用是否恰当。

当有活跃市场的公开报价时，公允价值是最容易确定的。当不存在活跃市场公开报价时，公允价值的确定开始变得困难。例如，某些房地产投资和复杂的衍生金融工具的公允价值就很难确定。对不存在活跃市场的资产，公允价值可能通过类比其他存在的市场或使用估值模型来确定（例如，基于预测和未来现金流量折现的模型）。公允价值审计的方法与其他估计类似，也是采用前述三种方法中的一种或多种：（1）复核和测试管理层形成公允价值估计的过程；（2）独立形成估计；（3）复核期后事项。

（三）关于关联方交易的审计证据

注册会计师应当如何对待企业以明显过高的价格购买其高管人员所拥有的房地产？这种情况阐述了当被审计单位存在关联方交易时注册会计师可能遇到的问题。常见的关联方包括总裁、经理人员、主要所有者及其直系亲属成员；附属公司，如子公司。关联方交易是企业与这些关联方之间的交易，而非正常的补偿安排、预算拨款以及正常业务范围中发生的其他类似交易。由于关联方交易并非公平进行，注册会计师应当留心这些交易的经济实质可能与它们的形式有别。关联方交易广泛用于编造虚假财务报告。相应地，注册会计师应当确定所有重要或异常的关联方交易发生的商业目的。

此外，即使交易已经被恰当记录，注册会计师还应当考虑重大关联方交易是否在被审计单位的财务报表或相关附注中充分披露。对关联方交易的披露应当包括关联方关系的性质、对交易的描述（包括交易金额）、交付或来自关联方的金额以及交割的方式和期限。

在对关联方关系及其交易进行审计时，注册会计师面临的主要挑战是识别管理层没有披露的关联方交易，因为这些交易在会计记录中可能与其他交易一同计入。确定关联方交易的一般方法包括询问管理层，查阅向证券交易所的申报、股东名单和从被审计单位获得的其高级管理人员的利益冲突声明书。在审计开始时，注册会计师应当编制已知关联方清单以便在业务约定期间识别关联方交易。这份清单将作为注册会计师的永久性审计底稿存档，用于在以后业务约定期间参考和更新。执行审计业务时，注册会计师应当留意关联方交易，关注是否有可能显示关联方协商的异常事项的交易。

第三节 获取审计证据的方法

一、获取审计证据的审计程序

注册会计师要执行下述一系列审计程序以获取审计证据，包括：检查文件和记录；询问内部或外部的知情人员；函证；检查实物资产；观察程序执行的过程；重新计算；重新执行；分析程序。

（一）检查文件和记录

前已述及，通过检查文件和记录获得的以纸质或电子形式存在的审计证据被称为书面证据，如支票、发票、合同以及会议纪要等。书面证据的可靠性一定程度上取决于它是企业内部产生的（如企业内部的发货单）还是外部产生的（如供应商发票）。一些文件在企业内部产生（如支票）并被交至外部单位背书或处理；由于外部单位的审查，这些文件比其他在被审计单位内部产生的文件更可靠。在评价书面证据的可靠性时，注册会计师应当注意文件可能是伪造的。

1. 由被审计单位外部产生并直接传送给注册会计师的书面证据。有些文件由被审计单位以外的单位编制并直接传送给注册会计师，例如涵盖被审计单位资产负债表日后指定天数的银行账户信息的截止性银行对账单，注册会计师根据这张清单可以判断年末银行对账单上显示的应调节项目的完整性和准确性。注册会计师通常被允许接触由第三方维护的电子记录（如电子银行对账单和由银行维护的支票电子档案）。在这样的情况下，注册会计师应当评价记录的安全性并考虑其是否接触到所有相关的记录。

2. 由被审计单位外部产生并由被审计单位持有的书面证据。注册会计师检查的许多外部文件由被审计单位持有，例如，银行对账单、供应商发票和声明、财产税税单、应付票据、合同、客户订购单以及债券等。在评价这些证据的可信赖程度时，注册会计师需要考虑这些文件是否容易被被审计单位虚构或改动。例如，注册会计师在接受图片、传真件或其他有可能以任何方式改动的文件作为审计证据时，尤其应当谨慎。图片和传真件都很容易改动且在某种程度上难以察觉，改动文件是为了谎报事实和误导注册会计师或其他信赖文件的人。然而，由被审计单位持有的外部产生的文件仍被注册会计师大量使用且通常被认为是相对可信赖的证据。

3. 被审计单位内部产生的书面证据。在可获得的情况下，被审计单位内部产生的最值得信赖的单件书面证据一般是付讫支票。这些支票（或其电子扫描件）由收款人背书和银行签章或打孔以示支付。由于这一过程由被审计单位外部执行，注册会计师通常将付讫支票视为强有力的证据。付讫支票（或其电子扫描件）被视为资产按一定的代价取得、负债偿清或费用发生的证明。

相较于付讫支票，大多数被审计单位内部产生的文件可靠性较低。这些文件通常只在被审计单位内部流转而不接受外部的审核，例如被审计单位的销售单复印件、装运通知单、订购单、收货单和贷项通知单等。当然，销售单或订购单的原件要交给客户或供应商，可供注册会计师检查的复印件由被审计单位持有。

被审计单位内部产生并只在内部流转的文件的可靠性取决于被审计单位内部控制的有效性。如果内部控制的设计使得这些文件由一个人生成而必须由另一个人复核，或所有的文件由计算机系统控制或一系列完整的数字连续编号，这些文件可合理视为可靠的证据。适当的内部控制同时保证大量的职责分离，使得没有员工单独处理交易的全过程。若一个员工负责维护记录或生成文件，如贷项通知单，他就不应该接触现金。只有这样，员工才不会有动机伪造文件，因为生成文件的员工不保管资产。

相反，如果内部控制薄弱，注册会计师就不能完全信任这些被审计单位内部产生并且不受外部复核的文件。如果一个员工既有权生成销售发票或贷项通知单，又可以接触现金，他便有动机伪造文件以隐藏错误或发生偷窃行为。如果文件没有连续编号，很可能说明注册会计师没有获得所有文件，或有重复的文件用以支持虚构交易。虚构的文件意味着被审计单位不仅有员工掩盖偷窃的风险，而且管理层有可能故意编制误导性财务报表和虚假文件以欺骗注册会计师。

4. 电子数据交换。电子数据交换通过电子手段在组织内传递数据，在没有人为干预的情况下可在公司间传递电子文件或经营数据。电子交换过程中，只有在纠正错误、审核或其他特殊情况下，才会有人为干预。例如，购买交易开始时，被审计单位的计算机会自动发送电子信息给供应商计算机系统，这一电子信息可以替代传统的订单。此外，购买交易电子数据交换中供应商计算机系统还会生成电子发票和运输提单等文件。为评价此类电子文件的可信赖程度，注册会计师应当测试对计算机系统的控制有效性。

（二）询问内部或外部的知情人员

注册会计师应当从被审计单位员工和外部组织（如被审计单位的顾客、供应商、金融机构以及律师等）获取各类声明作为审计证据。在某些审计实务中，还可能需要通过询问专家获得审计证据。口头或书面的询问可以获得口头或书面的答复。

在审计过程中，注册会计师会向被审计单位的管理层和员工询问大量问题。口头询问通常不限定话题范围，可能涉及记录和文件的存放位置、先行采用特殊会计处理的原因、回收长期逾期应收账款的可能性等。在询问时，注册会计师应当考虑被询问者的知识、主观性、经验、职责和被询问的资格，仔细设计质询题目以解决相关问题，还应当仔细评估被审计单位的回答，在合适的情况下进行进一步质询。

通常情况下，被审计单位的口头声明本身不具有充分性，但它们有助于发现需要由其他形式的审计证据调查或证实的情况。例如，在详细分析所有逾期应收账款后，注册会计师通常会与信用部经理讨论回收特定款项的可能性。如果信用部经理的预期值与注册会计师独立估计的坏账金额一致，这一口头证据就构成了对所形成结论的支持。在对被审计单位经营的连续审计中，基于以前年度坏账估计的准确性，注册会计师能够更好地评价信用部经理对坏账预期的准确性。

1. 获取管理层声明书。在得出审计结论时，注册会计师向被审计单位管理人员获取管理层声明书，以总结管理层在审计期间作出的所有重大口头声明。管理层声明书应当包括许多特定事项，例如，管理层通常声明所有已知存在的负债都反映在财务报表上。管理层的声明通常包括以下内容：（1）注册会计师可以获得所有的会计记录、财务数据、董事会会议纪要；（2）财务报表是完整的，并且按照企业会计准则编制；（3）管理层认为引起注册会计师注意的或未记录的调整分录单独或汇总起来低于重要性水平；（4）管理层了解并认可其设计和执行内部控制程序以防止和发现舞弊行为，以及向注册会计师披露关于识别出的或怀疑存在的舞弊的信息的责任；（5）所有要求信息披露的事项（如或有损失、违反法律法规的行为以及关联方交易）已恰当披露。

我国注册会计师审计准则要求注册会计师在审计业务约定中获取管理层声明书，并提供有关声明书格式和内容的建议。声明书的日期应当以审计报告日为截止日，并且由被审计单位的首席执行官和首席财务官签字。

管理层声明书不能替代注册会计师执行的其他审计程序。由于财务报表已经构成被审计单位的书面声明，因此，声明书的作用不过是强调原始声明是正确的而已。

尽管声明书不能替代其他必要的审计程序，但它们确实服务于许多重要的审计目的，例如，提醒被审计单位的管理层对财务报表的个人责任，在审计工作底稿中记录管理层对于业务约定期间注册会计师提出的重要问题的答复等。此外，管理层声明也可能是唯一可获得的关于管理层未来意图的证据。例如，到期债务被归类为流动负债还是非流动负债取决于管理层是否有意图和能力为债务再筹资。

2. 获取律师询证函。关于被审计单位未决诉讼的主要信息来源是律师函。为获取律师函，注册会计师会请求被审计单位让其律师直接向注册会计师提供他们对被审计单位未决诉讼的评估，或与管理层共同对未决诉讼作出评估。

3. 询问专家。在执行某些技术性很强的审计工作时，注册会计师可能缺乏相关的专业知识，如高度专业化的存货的估值、退休福利的精确计算、艺术品或受限制证券的估值、法律法规或合同的解释、复杂金融工具和其他资产的估值和精算、石油和天然气储量的估算以及环境负债的估价等。这时，注册会计师审计准则认可注册会计师咨询专家的必要性，如果恰当，可将其作为获取充分、适当的审计证据的一种方式。专家可以由被审计单位聘请（“被审计单位的专家”），也可以由注册会计师聘请（“注册会计师的专家”）。

注册会计师的责任是执行程序以评价专家的专业资格和声誉，例如检查专家的证书和询问相关经验。当利用专家工作以寻求相关领域的支持时，注册会计师不应当盲目接受专家的看法。注册会计师应当充分理解专家使用的假设和方法，评价专家工作的相关性和合理性，以及与注册会计师其他调查结果和结论的关系。同时，如果专家工作涉及使用重要的原始数据，注册会计师应当评价数据的可靠性、完整性和准确性。注册会计师不应当在审计报告中谈及专家，除非专家的调查结果不支持被审计单位在财务报表中的声明，由此导致注册会计师修改其审计意见。

尽管注册会计师通常倾向自己聘请专家，被审计单位的专家也是可以接受的，甚至可以是被审计单位的员工。然而，注册会计师应当评估由于这一关系导致损害专家客观性的可能性。如果认为专家的客观性可能受损，注册会计师应当实施追加的审计程序或聘请其他专家。

（三）函证

函证广泛用于许多账户余额的审计，如银行存款、应收账款和应收票据、负债以及股本。例如，在应收账款审计中，被审计单位要求顾客直接向注册会计师寄送回函，确认其对被审计单位的欠款。在审计工作中，函证可用于某一特定财务报表金额的认定，但并不适用于所有认定的审定。通常函证对有关账户余额存在的认定是有效的，但对完整性和恰当计价的认定缺乏有效性。例如，返回的应收账款询证函提供了关于债权存在的可靠证据，但它无法证明债务人是否能实际支付债务。而在这种情况下，应收账款金额实际上是没有价值的。

为确保函证程序的可靠性，注册会计师应当仔细设计询证函以获取适当的信息并使被询证方易于回答。注册会计师应当考虑是否有必要将询证函寄送给外部组织机构中有权确认信息的具体个人。例如，对金融机构的函证中有关债务协议条款的信息最好寄送给金融机构的信贷员。

为确保询证函回函直接寄给注册会计师而非被审计单位，注册会计师应当在询证函中附上注明注册会计师办公地址的回函信封。如果给注册会计师的回函地址是被审计单位的经营地，被审计单位的员工就有机会拦截询证函回函并修改回函信息，或者毁坏文件。同时，询证函的信封上应当附上给注册会计师的回函地址。这样，如果函证地址有误，邮局可直接将询证函退给注册会计师。另外，如果信息是电子化确认的，应当有相应程序确保函证流程是安全的。

（四）检查实物资产

通常，检查实物资产可以获取有关资产存在的最佳证据。资产和设备（例如汽车、建筑物、办公设备以及厂房机器等）的存在，可以通过检查这些资产来最终确认。同样，有关库存现金存在的证据也可以通过检查获得。

检查实物资产似乎能验证与账户相关的所有认定，但事实上并非如此。例如，检查厂房机器可能无法得出资产是否准确计价的结论（如计提的累计折旧额是否恰当或某一机器是否应当报废）。与此相同，注册会计师检查实物资产也无法提供资产所有权的证明。例如，销售人员和公司高管使用的汽车可能是租赁的而非企业所有的。此外，实物检查也无法证明资产成本。

总之，检查能够提供关于某项资产存在的高质量证据，但通常需要补充其他证据来证明所有权、资产计价以及资产状况。对于有些类型的资产，如应收账款或无形资产，则无法通过实物证据证实资产的存在。

（五）观察程序执行的过程

观察是指注册会计师观看其他人执行流程或程序。例如，注册会计师对被审计单位执行的存货盘点或控制活动进行观察。观察提供的审计证据仅限于观察发生的时点，并且相关人员知道在被观察。这样，如若相关人员从事活动或执行程序与日常的做法不同，就可能会影响注册会计师对真实情况的了解。因此，注册会计师有时有必要获取其他类型的佐证证据。

（六）重新计算

重新计算是指注册会计师独立进行的计算，以证明被审计单位的数学计算的正确性。总体而言，重新计算应当确定会计记录（如总分类账的记录）是否正确并与财务报表一致。具体地说，注册会计师的计算可能包括加总销售日记账或分类账中的一列数字以证明账栏合计数的正确性。独立计算可用以证明被审计单位计算的准确性，包括每股收益、折旧费用、坏账准备、完工百分比法下的利润以及应交所得税等。某些计算可能会利用专家的工作。例如，因为被审计单位的员工退休福利负债涉及保险精算，不属于注册会计师的专业领域，注册会计师通常要依赖保险精算员的服务来计算该项负债。

（七）重新执行

重新执行是指注册会计师独立地执行原本由被审计单位执行的程序或活动，这些活动通常是被审计单位内部控制的一部分。例如，注册会计师可能会对比发票和经批准的商品价目表上的价格，或重新计算应收账款账龄。

（八）分析程序

分析程序，是指注册会计师通过分析不同财务数据之间以及财务数据与非财务数据之间的内在关系，对财务信息作出评价。分析程序还包括在必要时对识别出的与其他相关信息不一致或与预期值差异巨大的波动或关系进行调查。数据的内在联系有赖于财务和非财务数据间可能存在的关系。例如，对于某制造业企业，每年的销售空间面积与零售额之间可能存在关系。

注册会计师执行分析程序，要广泛、深入地浏览被审计单位的相关数据。浏览是指注册会计师运用职业判断复核会计数据，以识别和测试重大或异常事项的一类分析程序。例如，注册会计师可能会在会计记录中搜寻金额重大或异常的事项（如非标准日记账登记的业务）中错报的迹象。

表4—1总结了不同类型的审计程序并给出相应举例。

表 4—1 审计程序及举例

审计程序	举例
检查——检查文件或记录。	● 检查特定的文件证明所有权（如土地）。 ● 对检查文档记录适当授权的控制测试。
询问——向组织内部或外部知情人员搜寻信息；询问可以是口头或书面形式。	● 向车间主任询问运营情况。 ● 向律师询问有关法律事项。
函证——针对某一特定事项从第三方（如债务人或债权人）获取书面答复。	● 应收账款函证。
检查实物资产——实地检查某项资产。	● 检查存货项目的状况。
观察——观察一项流程或程序被企业员工执行或观察控制活动的执行。	● 观察被审计单位的工作人员执行生产职能。 ● 观察被审计单位对存货计数。
重新计算——测试文件或记录的数学准确性。	● 重新计算总数，例如使用计算机辅助审计技术来确定被审计单位的某个文档是否正确汇总。
重新执行——独立执行原本由被审计单位执行的程序或控制（通常为被审计单位内部控制的一部分）。	● 重新执行人工应收账款账龄分析或使用计算机辅助审计技术。
分析程序——通过分析不同财务数据之间或财务数据和非财务数据中可能存在的关系，评价财务信息；浏览是一种分析程序，注册会计师运用职业判断，复核会计数据，以识别和测试重大或异常事项。	● 计算期末的日销售应收账款并与以前年度数据对比。 ● 浏览期末所有的利润表账户余额，并与以前年度或本年预算对比。 ● 浏览薪资登记簿中的非正常付款额。

二、对分析程序的专门说明

（一）分析程序的作用与内容

分析程序是通过对被审计单位财务信息与前期可比信息、预计结果、类似行业信息等的比较，研究财务信息要素之间、财务与非财务信息之间可能存在的关系，以此评价财务信息。分析程序是审计工作中一种很重要的工作，可发生于审计工作的多个环节。

具体来说，分析程序是对被审计单位重要的财务比率或趋势进行分析，包括调查异常变动以及这些重要比率或趋势与预期数据和相关信息的差异，以发现存在的不合理因素，进而确定审计重点，控制审计风险，提高工作效率，保证审计质量。在现代审计中，分析程序将发挥越来越重要的作用，其地位不容忽视。

应用分析程序的基本假设是：可以合理预测数据间可能存在的关系以及在缺少已知条件情况下的相反关系。因此，注册会计师可以利用这些关系来获取关于财务报表金额合理性的审计证据。就此而论，注册会计师执行分析程序的目标是：(1) 在实施实质性分析程序时，获取相关、可靠的审计证据；(2) 临近审计结束时，设计和实施分析程序，帮助注册会计师对财务报表形成总体结论，确定财务报表是否与其对被审计单位的了解一致。

执行分析程序时采用的技术在复杂程度上各有不同，既包括直接的趋势和比率分析，也包括涵盖许多关系和以前年度数据的复杂数学模型。例如，比较当年和以前年度的收入费用比率以发现重大差异，就是一个简单的分析程序。一个更加复杂的分析程序可能涉及建立一个多元回归模型，使用经济和行业数据来评估当年的销售收入。分析程序也涉及财务报表上不同项目之间百分比关系的计算，例如毛利百分比等。通过这些方法，注册会计师试图识别预期外的差异以及预期内应有而未有的差异。这些差异可能预示着财务报表上需要注册会计师充分调查的错报。

（二）执行实质性分析程序的要求

1. 实质性分析程序。在设计和实施实质性分析程序时，无论是单独使用还是与细节测试结合使用，注册会计师都应当：（1）考虑评估的重大错报风险和针对认定实施的细节测试（如有），确定特定实质性分析程序对于所涉及认定的适用性；（2）考虑可获得信息的来源、可比性、性质和相关性以及与信息编制相关的控制，评价在对已记录的金额或比率作出预期时使用数据的可靠性；（3）对已记录的金额和比率作出预期，并评价预期值是否足够精确以识别重大错报（包括单项重大的错报和单项虽不重大但连同其他错报可能导致财务报表产生重大错报的错报）；（4）确定已记录金额与预期值之间可接受的且无须按《中国注册会计师审计准则第 1313 号——分析程序》的要求作进一步调查的差异。

2. 有助于形成总体结论的分析程序。临近审计结束时，注册会计师应当设计和实施分析程序，对财务报表形成总体结论，以确定财务报表是否与其对被审计单位的了解一致。

3. 调查分析程序的结果。按照《中国注册会计师审计准则第 1313 号——分析程序》的规定，若实施的分析程序识别出与其他相关信息不一致或与预期值差异重大的波动或关系，注册会计师应当采取下列措施调查这些差异：（1）询问管理层，并就与管理层答复相关的事项获取适当的审计证据；（2）根据具体情况在必要时实施其他审计程序。

（三）执行分析程序的步骤

执行分析程序的流程包括以下四个步骤：形成对某一账户余额或财务比率的预期；确定可容忍误差；将被审计单位的账户余额和财务比率与预期比较；调查和评估偏离预期的重大差异。

1. 形成预期。注册会计师在形成预期时可以采用不同类型的信息，包括：以前可比期间的财务信息；预期结果，如财务预算和业绩预测；同一期间内不同财务信息间的关系；来源于行业内相似公司的信息，如行业均值；财务信息和相关非财务信息间的关系。

在审计过程中，被审计单位会产生可能在执行分析程序时使用的内部财务信息，例如以前年度财务报告、业绩预测、产品报告、月度执行报告等，它们都可能是与财务报表金额有可预期关系的数据源。注册会计师可以采用金额、实物量、比率或百分比来表示这些关系。为了提高程序的准确性，可能需要计算每个部门或产品线的独立关系。

行业均值可以通过一些行业数据库获得，比如，同行业上市公司的商业数据，以及国内专门咨询机构的相关信息。这些均值为建立预期提供了潜在的、丰富的信息源。与行业统计数据的比较可以使注册会计师发现分类错误、会计准则的不恰当运用或其他被审计单位财务报表上特定事项的错报。同时，与行业统计数据的对比可能揭示被审计单位相比于类似公司的强项和弱势，从而形成注册会计师向被审计单位提出建设性建议的基础。

在分析程序中使用行业均值可能会遇到一些问题，比如公司之间可能缺乏可比性或无法获得当前的行业数据。与被审计单位相比，同行业的其他公司可能规模不同，也可能涉及其他业务领域而影响了相关比率，或采用了不同的会计方法。此外，收集行业均值需要一段时间，能够取得的最新行业均值也往往是一年以前的。因此，注册会计师基于与行业均值的比较而得出结论时应当慎重考虑数据的可比性和及时性。

注册会计师可以采用大量不同的技术来形成预期，包括趋势分析、比率分析、回归分析以及合理性测试等。趋势分析是对账户余额随时间变化的复核性分析。例如，对被审计单位过去三年销售情况的复核可能显示年均7%的持续增长。这一信息将有助于注册会计师形成对今年销售情况的预期。

比率分析是对两个或两个以上财务报表账户之间关系的比较，或账户余额与非财务数据（如平均销售订单收入）的比较。传统的财务比率通常分为以下四类：流动性比率，如流动比率和速动比率；杠杆率，如负债与产权比率和长期负债与产权比率；收益率，如毛利百分比和总资产报酬率；经营比率，如存货周转率和应收账款周转率。

由于比率分析是对两个或两个以上变量间关系的检查，并且可能涉及行业数据，因此比率分析较趋势分析有更丰富的分析形式。比率分析有两种基本方法，水平分析和横截面分析。水平分析是分析被审计单位随时间变化的比率和趋势。而横截面分析则是将某一时点被审计单位的财务比率与类似公司的比率相比较，也就是说，横截面分析是将被审计单位的比率与行业均值相比较。

横截面分析常用的基本方法是编制共同比利润表和共同比资产负债表。共同比利润表列示各项收入、成本和利润占销售净额的百分比，而共同比资产负债表则列示各项资产、负债和所有者权益占总资产的百分比。编制共同比财务报表也就是所谓的垂直分析。

如果注册会计师决定采用更为复杂的分析方法，通常可以采用回归分析。回归分析是用统计模型量化注册会计师对财务报表金额或比率的预期。例如，注册会计师可以采用与广告费、销售规模以及个人可支配所得有关的模型，形成对被审计单位本年销售的预期。相比其他形式的分析，回归分析的优势在于预测财务报表余额时使用了更多的变量，预期的可靠性和准确度可以精确衡量。对财务报表余额形成更为准确预期的方法是合理性测试。合理性测试与回归分析类似，使用财务或非财务数据计算得出对财务报表金额的准确预期。例如，注册会计师可能采用一家旅馆的平均入住率和平均房间价格来估算该旅馆的本期收入。

2. 确定可容忍误差。可容忍误差，也称为可接受的差异额，亦即可接受而无须进一步调查的财务报表余额或比率与预期值之间的差异，主要取决于认定的重大错报金额。然而，这一金额应当与从分析程序中获取的保证水平一致。如果采用回归分析，基于确定的准确度和可靠性水平建立的统计模型可以识别出需要调查的事项。当采用趋势或比率分析时，注册会计师一般需要运用职业判断来确定需要调查的差异绝对值或百分比。

3. 将账户余额和财务比率与预期比较。一旦确定了预期和可容忍误差，注册会计师就可以进行对比，识别重大差异。一般来说，就是将去年各账户的余额与本年账户余额进行对比；也包括按照今年数据计算的各指标（财务的和非财务的）之间的对比。

4. 调查和评估重大差异。注册会计师应当调查被审计单位财务报表金额或比率与预期值之间的重大差异，确定是否有错报。这可能需要考虑形成预期时采用的方法和纳入的相关因素。在这点上，询问管理层可能会有所帮助。然而，管理层的解释通常应当与其他审计证据相互印证。如果无法印证管理层的解释，或管理层没有做出解释，注册会计师一般需要扩大对相关财务报表金额的测试，以确定是否发生重大错报。表 4—2 提供了一些注册会计师调查重大错报时采用不同分析程序发现的一些错报或问题。

表 4—2 分析程序揭示的潜在错报

分析程序	潜在错报
1. 对比本年和以前年度的存货量。	存货发生错报；存货过时问题。
2. 对比实际发生的研发费用和预算金额。	研发费用发生错报。
3. 对比本年和以前年度的应收账款周转率。	应收账款发生错报；坏账准备发生错报。
4. 对比被审计单位和公布的行业平均毛利率。	销售和应收账款发生错报；销售成本和存货发生错报。
5. 对比销售单位的产品记录。	销售发生错报；存货发生错报。
6. 对比利息费用和付息债务平均余额。	负债的低估；利息费用发生错报。

（四）分析程序的范围

在决定执行分析程序的范围时，注册会计师应当充分考虑成本效益问题。由于计算机技术的应用以及人工程序的简化，分析程序的成本往往较低，但其有效性在不同审计项目之间差别很大。

衡量分析程序有效性的主要指标是准确度。准确度取决于许多因素，包括各种关系的可预测性、形成预期所使用的技术以及使用的基础数据的可靠性等。如果变量间存在许多“噪声”（如销售收入和销货成本），分析程序很可能无法识别存在的重大差异。通常，执行更为详细的分析可以提高精确度。例如，采用月度数据而非年度数据执行分析程序可以提高精确度。

在评价分析程序中使用的基础数据的可靠性时，可以考虑数据的来源。如果数据由被审计单位生成，注册会计师将考虑在数据产生过程中采取的控制。有些情况下，注册会计师在执行分析程序前需要先实施测试数据可靠性的审计程序。

三、分析程序的举例：认定层次的成本因素分析

在本书第三章中我们对甲公司利润表进行了初步分析，或者说是报表层次的分析程序，这里我们对甲公司实施认定层次的分析程序。

例4—1

在本书第三章，我们对甲公司的利润表执行了初步分析程序，即对甲公司的重大错报风险进行了评估，并提出了进行下一步审计工作的基本安排。请分步骤对甲公司的盈利状况及其形成原因进行深入的分析。

回答：分步骤展开认定层次的成本因素分析。

1. 计算指标的整理。先进行甲公司报表总体情况的直观分析，再进行三个指标的分析（见表4—3）。

表4—3 **计算指标整理表**

比较内容	上年数据	本年数据	差异	备注
销售毛利率	40.24%	13.07%	相差悬殊	获利空间小
销售净利率	17.58%	17.37%	基本持平	一定有原因
成本费用利润率	32.72%	18.67%	相差较大	
分析结果	指标正常	指标不正常	异常波动太大	

2. 添加产品数量和单位成本数据后的分析。注册会计师进一步了解得知，甲公司本年销售毛利率大幅下降的主要原因是行业内产能过剩而形成的供大于求导致销售成本率上升。注册会计师收集了产品销售量及价格和成本数据，具体见表4—4。

表4—4 **单位价格与成本比较表**

比较内容	上年数据	本年数据	结论
销售量	86 750	100 000	销量增加了
单位价格	2 000元	1 875元	售价降低了
单位成本	1 195元	1 630元	成本反而提高了
采取的措施	增加设备、加大产量	加大促销	致使成本费用上升

注册会计师再加入几组单位成本的相关数据（见表4—5）。

表4—5 **单位成本变化原因分析表**

比较内容	上年数据（元/件）	本年数据（元/件）	原因分析
原材料（进口）	800	1 200	进口原材料价格上涨
辅助材料（国产）	200	250	辅助材料价格上涨
工资与福利	100	90	工资水平略有下降
制造费用	95	90	制造费用略有下降
合计	1 195	1 630	
单位售价	2 000	1 875	同类产品竞争激烈
单位毛利	805	245	

3. 对本年净利润水平与上年持平原因的深入分析。销售毛利率的大幅下降使甲公司的产品失去了在市场上的竞争力，形成这种状况的最主要原因是原材料进口价格上涨，这是甲公司无力扭转的客观情况。除了单位成本的上升之外，甲公司还有哪

些经营中的风险因素？此外，为何在今年形成了不低于去年水平的账面净利润？通过实质性程序进一步分析账户数据的审计工作见表4—6。

表4—6　工作底稿　单位：千元

账户名称	报表数额	重要性水平	控制测试	实质性程序安排	人员	时间
销售费用	21 250	213	适用	编制分项目、月份的工作底稿，对关键月份进行细节测试，对各项目按高风险进行实质性程序的抽样	（略）	（略）
管理费用	16 500	165	适用	（同上）	（略）	（略）
财务费用	3 000	30	适用	（同上）	（略）	（略）
投资收益	20 500	205	不适用	细节测试（逐笔验证）	（略）	（略）
营业外收入	28 750	300	不适用	细节测试（分层抽样）	（略）	（略）
应交所得税	4 375	×	不适用	细节测试（直接验证）	（略）	（略）

具体工作的实施过程略。

第四节　审计工作底稿

一、审计工作底稿及其表现形式

（一）审计工作底稿

审计工作底稿，是指注册会计师对制定的审计计划、实施的审计程序、获取的相关审计证据，以及得出的审计结论作的记录。

对审计工作底稿有以下两点解释：

1. 在现代科学技术发展水平下，审计工作底稿可以有多种形式，即可能是一个或多个文件夹或其他存储介质，以实物或电子形式存储审计工作的记录。

2. 编制审计工作底稿的人员都是有经验的专业人士，即会计师事务所内部或外部具有审计实务经验，并且对审计过程、审计准则和相关法律法规的规定、被审计单位所处的经营环境，以及与被审计单位所处行业相关的会计和审计问题有合理了解的人士。

（二）审计工作底稿的表现形式

审计工作底稿记录了注册会计师获取的各种信息和实施的各种审计工作，因此有许多类型。然而，审计工作底稿总体上可以分成几大类，包括：（1）审计管理工作底稿；（2）工作试算平衡表和索引表；（3）调整分录和重分类分录汇总表；（4）明细表、分类账分析报告、调节表和计算工作底稿；（5）证实文件。

1. 审计管理工作底稿。审计是一项复杂的活动，包括计划、监督、控制和协调。某些工作底稿专门用于协助注册会计师计划和管理业务约定事项。这些工作底稿包括审计计划和审计方案，内部控制调查问卷和流程图，业务约定书和时间预算等。计划过程的备忘录以及与被审计单位管理层的重要讨论也包括在审计管理工作底稿中。

2. 工作试算平衡表。工作试算平衡表列示了本年和以前年度总分类账的账户余额，同时也列示了注册会计师针对财务报表最终金额建议的调整和重分类事项。工作试算平衡表是整套审计工作底稿的核心，也是控制和汇总所有支持性底稿的关键明细表。表4—7展示了工作试算平衡表的一部分。

表4—7 工作试算平衡表（节选）

被审计单位： 编制人：
财务报表截止日：20×5年12月31日 复核人：
第1页

科目代码	科目名称	上年余额 20×4年12月31日	本年调整前余额	索引号	审计调整	本年调整后余额
			借（贷）		借（贷）	借（贷）
1001	库存现金	398 743.00	481 413.00			481 413.00
1101	交易性金融资产		167 890.00			167 890.00
1122	应收账款	2 053 914.00	2 298 722.00			2 298 722.00
1231	坏账准备	(45 325.00)	(56 984.00)	AJE-11	(10 456.00)	(67 440.00)
1403	原材料	2 567 665.00	2 701 814.00	AJE-12	(129 799.00)	2 572 015.00

在许多审计工作中，被审计单位在会计期末所有正常的记账凭证均已过账后会提供给注册会计师试算平衡表。在接受被审计单位的试算平衡表前，注册会计师应当对比总分类账余额，确定试算平衡表编制的准确性。

3. 索引表。独立的索引表（也叫综合表或汇总表）用于链接所有以单一金额出现在工作底稿中的类似总分类账户。例如，现金的索引表可能链接了以下总分类账户：小额备用金500元；一般银行账户196 240元；应付职工薪酬账户500元；应付股息存款账户1 000元等。其他类似的索引表包括应收账款、存货、所有者权益、净销售额以及其他资产负债表或利润表项目。

4. 调整分录和重分类分录汇总表。在开展审计业务时，注册会计师可能在被审计单位的财务报表和会计记录中发现不同类型的错报。这些错报金额可能有大有小，可能由于交易漏报或是金额错误，也可能源于不恰当的分类或截止，或者源于对交易的误解。通常这些错报都是偶然性错误，但注册会计师也可能发现财务欺诈导致的错报。为了纠正财务报表和会计记录中的重大错误或欺诈，注册会计师会起草调整分录，建议被审计单位调整会计记录。此外，有些事项的会计记录虽然金额正确，但为了公允反映被审计单位的财务报表，需要将其重分类，注册会计师会相应地编制重分类分录。例如，应收账款的贷方余额较大时，应当重分类为资产负债表的负债。重分类分录仅仅影响财务报表列报，因此，它们不在被审计单位的会计记录中反映，仅出现在会计工作底稿上。

5. 明细表。尽管广义的明细表可以包括所有类型的工作底稿，但注册会计师更倾向使用这个词来描述在特定日期组成一项资产或负债账户余额的详细资料清单。例如，反映应付账款账户余额构成的一览表就是应付账款明细表。

6. 分类账分析报告。分类账分析报告是另一类常见的审计工作底稿。分析报告的目的是显示一项资产、负债、权益、收入或费用账户在审计期间的变化。如果一些变化单独来看是不重要的，则可以在分析报告中合并记录为一项。有些账户在会计年度内对其产生影响的交易类型相对较少，例如固定资产、应付债券、实收资本和留存收益等，账户分析对证实这些账户是最有用的。分析一个账户，注册会计师首先要列出该账户的期初余额以及构成这一余额的所有事项的性质。随后，注册会计师应列出并分析本期该账户发生的所有借贷分录的性质。期初余额与这些分录汇总产生了审计截止日的账户余额。如果在账户分析过程中发现任何重大错报或遗漏，必要的调整分录经被审计单位同意后会记入工作底稿，进而计算出将在财务报表中列示的调整后余额。

7. 调节表。通常，注册会计师希望证实从不同来源获得的金额间的关系。为此，他们需要获得和比较一些工作底稿，也就是调节表。调节表能够证明金额的准确性，因此对于银行存款、应收账款和原材料等账户的审计十分重要。

8. 计算工作底稿。另一类支持性工作底稿是计算工作底稿。注册会计师核实某些账户或其他数字的方法是进行独立计算，并与被审计单位提供的记录核对。例如，利息费用、折旧费、工资税、所得税、退休金负债和每股收益等，都需要通过计算核实其金额。

9. 证实文件。审计不仅限于检查财务记录，工作底稿也不仅限于表格和分析报告。在审计期间，注册会计师可能获取许多纯粹的说明文件来证实他们的报告。常见的证实文件有：董事会和股东会议的会议纪要复印件；公司营业执照和公司章程的复印件；重要合同的复印件；债券契约和抵押贷款文书；相关检查记录的备忘录；审计询证函；来自被审计单位及其法律顾问的声明书等。

二、编制审计工作底稿的目的

在符合《中国注册会计师审计准则第 1131 号——审计工作底稿》和其他相关审计准则要求的情况下，编制审计工作底稿能够实现以下目的：(1) 提供充分、适当的记录，作为出具审计报告的基础；(2) 提供证据证明注册会计师按照审计准则和相关法律法规的规定计划和执行审计工作。

根据审计工作的进行情况，审计工作底稿还可以实现下列目的：(1) 有助于项目组计划和执行审计工作；(2) 有助于负责督导的项目组成员按照《中国注册会计师审计准则第 1121 号——对财务报表审计实施的质量控制》的规定，履行指导、监督与复核审计工作的责任；(3) 便于项目组说明其执行审计工作的情况；(4) 保留对未来审计工作持续产生重大影响的事项的记录；(5) 便于会计师事务所按照《质量控制准则第 5101 号——会计师事务所对执行财务报表审计和审阅、其他鉴证和相关服务业务实施的质量控制》的规定，实施质量控制复核与检查；(6) 便于监管机构和注册会计师协会根据相关法律法规或其他要求，对会计师事务所实施执业质量检查。

三、编制审计工作底稿的要求

(一) 及时编制审计工作底稿

注册会计师应当在各种条件具备时及时编制审计工作底稿。

（二）记录实施的审计程序和获取的审计证据

这涉及审计工作底稿应当发挥的作用，即注册会计师编制的审计工作底稿应当使得未曾接触该项审计工作的有经验的专业人士清楚了解：（1）按照审计准则和相关法律法规的规定实施的审计程序的性质、时间安排和范围；（2）实施审计程序的结果和获取的审计证据；（3）审计中遇到的重大事项和得出的结论，以及在得出结论时作出的重大职业判断。

（三）编制审计工作底稿时的其他要求

按照上面所述的对审计工作底稿的要求，在记录已实施审计程序的性质、时间安排和范围时，注册会计师应当记录：（1）测试的具体项目或事项的识别特征；（2）审计工作的执行人员及完成审计工作的日期；（3）审计工作的复核人员及复核的日期和范围。

注册会计师应当记录与管理层、治理层和其他人员对重大事项的讨论，包括所讨论的重大事项的性质以及讨论的时间、地点和参加人员。当然，如果识别出的信息与针对某重大事项得出的最终结论不一致，注册会计师应当记录如何处理这种不一致的情况。

此外，在极其特殊的情况下，如果认为有必要偏离某项审计准则的相关要求，注册会计师应当记录实施的替代审计程序以及偏离的原因。在某些例外情况下，如果在审计报告日后实施了新的或追加的审计程序，或者得出新的结论，注册会计师应当记录：（1）遇到的例外情况；（2）实施的新的或追加的审计程序，获取的审计证据，得出的结论，以及对审计报告的影响；（3）对审计工作底稿作出相应变动的时间和人员，以及复核的时间和人员。

编制审计工作底稿的文字应当使用中文。少数民族自治地区可以同时使用少数民族文字。中国境内的中外合作会计师事务所、国际会计师事务所可以同时使用某种外国文字。会计师事务所执行涉外业务时可以同时使用某种外国文字。

四、对审计工作底稿的其他说明

（一）审计工作底稿的保密性

为进行令人满意的审计工作，注册会计师必须不受限制地接触被审计单位经营的全部信息。这些信息很多都具有保密性，如单个产品的边际利润，与其他企业合并的初步计划，以及高管和核心员工的薪酬等。被审计单位的高管不愿意让注册会计师接触到这些对竞争对手、员工和其他人保密的信息，除非他们相信注册会计师对这些信息会保持职业沉默。

注册会计师获取的许多保密信息都记录在工作底稿上，因此，审计工作底稿具有保密性。正常情况下，注册会计师把保密信息视为不能对被审计单位外部泄露的信息。但审计工作底稿的保密性还有另一层含义：不能向被审计单位内部泄露信息。例如，如果被审计单位不想让某些员工知道高管的薪酬水平，显然注册会计师不应打破这一政策而将工作底稿透露给未经批准的被审计单位工作人员。同时，工作底稿可能列出了注册会计师需要测试的特定账户、分支机构或期间，允许被审计单位员工提前知悉这些内容将弱化这些测试的意义。

（二）审计工作底稿的权属

审计工作底稿归属于注册会计师而非被审计单位。任何情况下被审计单位都没有权利要求接触审计工作底稿。完成审计后，工作底稿由注册会计师保存。在有些情况下，被审计单位可能发现参考以前年度审计工作底稿的信息是有用的。注册会计师通常愿意提供信息，但是，使用注册会计师整理的审计工作底稿，一定要经过注册会计师的同意，并规定严格的手续，以使审计工作底稿符合上述保密性的要求。

（三）审计工作底稿的复核

工作底稿由会计师事务所中每个对应监督级别的人员复核。高级审计员复核审计助理的工作底稿，部门经理复核助理和高级审计员编制的所有工作底稿，业务约定的主管合伙人要复核全套工作底稿。许多会计师事务所还要求合伙人二次复核。

所有的复核人都关注工作底稿是否恰当记录了审计工作，但他们复核的性质有所不同。高级审计员的复核专业技术最强，通常在个别工作底稿完成后立即执行。高级审计员主要关注审计助理是否执行了恰当的审计程序，调查结果和结论是否清楚陈述。部门经理和合伙人的复核通常在审计工作末期，可在检查整套工作底稿时进行。他们主要关注审计是否按照通用审计准则执行，以及工作底稿是否充分支持将和财务报表一起发表的审计报告。“合伙人二次复核”制度除了再次确保审计按照通用审计准则执行之外，也保证了会计师事务所内部质量控制政策的执行，因此常被称为“质量复核”。

（四）信息化条件下的电子工作底稿

传统的工作底稿是手工写在纸上的，如今许多工作底稿都是在注册会计师携带到工作地点的笔记本电脑上完成的。当一项调整分录输入电子工作底稿时，它会即时出现在相应的索引表、调整表和工作试算平衡表上，必要的交叉引用也会自动输入到每一张表上。具体来说，如果这项调整影响了被审计单位的应税所得额，所得税费用账户和应交税费账户会根据被审计单位的边际税率自动调整，工作底稿中所有的小计、金额栏总计和交叉总计也将立即调整。

因此，计算机消除了编制工作底稿中许多“动笔”和“数字颠倒”的过程。在现今的审计工作中，会计师事务所充分利用了个人电脑文件浏览、数据链接、网络办公和远程沟通的功能。这些事务所生成各种电子工作底稿，实现了近乎“无纸化审计”。

五、审计工作底稿的归档

《质量控制准则第 5101 号——会计师事务所对执行财务报表审计和审阅、其他鉴证和相关服务业务实施的质量控制》和《中国注册会计师审计准则第 1131 号——审计工作底稿》对审计工作底稿的归档作出了具体规定，涉及归档工作的性质和期限、审计工作底稿保管期限等方面。注册会计师应当在审计报告日后及时将审计工作底稿归整为审计档案，并完成归整最终审计档案过程中的事务性工作。审计工作底稿的归档期限为审计报告日后六十天内。但是，如果注册会计师未能完成审计业务，审计工作底稿的归档期限为审计业务中止后的六十天内。在完成最终审计档案的归整工作后，注册会计师不应在规定的保存期限届满前删除或废弃任何性质的审计工作底稿。

会计师事务所应当自审计报告日起，将审计工作底稿至少保存十年。反之，如果注册会计师未能完成审计业务，会计师事务所应当自审计业务中止日起，将审计工作底稿至少保存十年。另外，注册会计师在完成最终审计档案的归整工作后，如果发现有必要修改现有审计工作底稿或增加新的审计工作底稿，无论修改或增加的性质如何，注册会计师均应当对修改或增加审计工作底稿的理由，修改或增加审计工作底稿的时间和人员，以及复核的时间和人员等进行记录。

思考题

1. 如何理解审计风险与审计证据之间的关系？什么是审计风险？其构成要素包括哪些？各要素之间的关系如何？

2. 什么是固有风险？固有风险受什么因素影响？在评估固有风险时如何对企业的交易进行分类？什么是控制风险？它与什么相关？控制风险与固有风险有什么关系？

3. 什么是检查风险？它与重大错报风险的关系如何？注册会计师通常怎样降低检查风险？如何理解审计风险的量化公式？在注册会计师审计实务中如何运用此公式？

4. 什么是审计证据？其构成内容有哪些？判断审计证据可靠性的一般原则有哪些？什么是审计证据的充分性和适当性？审计实务中注册会计师如何判断审计证据是否充分和适当？

5. 审计证据包括哪些类型？试举例说明。在审计实务中，注册会计师需要特别注意哪几类审计证据？为什么？应注意哪些方面的内容？

6. 注册会计师取得审计证据需要执行哪些审计程序？请举例说明。注册会计师通过检查文件和记录可以获取哪几类不同的书面证据？它们的可信赖程度和证明力有何不同？

7. 审计实务中注册会计师主要询问被审计单位内部和外部的哪些人员？分别可以取得哪些不同的审计证据？

8. 函证程序主要适用于哪些账户的审计？执行函证程序可以证实所有的认定吗？如何确保函证程序的可靠性？

9. 检查实物资产能够验证与实物资产账户相关的所有认定吗？为什么？请举例说明。

10. 什么是分析程序？注册会计师执行分析程序的目标是什么？分析程序在审计工作中有何作用？审计准则对注册会计师执行分析程序有哪些要求？注册会计师执行分析程序分哪几个步骤？请举例说明。

11. 什么是审计工作底稿？它有哪些具体表现形式？编制审计工作底稿能够实现哪些目的？注册会计师编制审计工作底稿应该符合哪些要求？审计准则对审计工作底稿有哪些规定？

练习题

1. A注册会计师在执行甲公司20×5年度财务报表审计时，为实现特定审计目标收集到如下6组审计证据：

(1) 银行存款询证函回函和银行对账单；

(2) 购货发票和入库单；

(3) 工资计算单和银行工资发放对账单；

(4) 销货发票副本和产品出库单；

(5) 现金盘点表与现金监盘记录；

(6) 领料单和材料成本计算表。

要求：请分别说明每组中哪个审计证据可靠性更高，并简要说明理由。

2. 甲公司是ABC会计师事务所的常年审计客户。A注册会计师负责审计甲公司20×5年度财务报表。审计工作底稿中与分析程序有关的部分内容摘录如下：

(1) 甲公司所处行业20×5年度市场需求显著下降。A注册会计师在实施风险评估分析程序时，以20×4年财务报表已审数为预期值，将2015年财务报表中波动较大的项目评估为存在重大风险的领域。

(2) A注册会计师对营业收入实施实质性分析程序，将实际执行的重要性水平作为已记录金额与预期值之间可接受的差异额。

(3) 甲公司的产量与生产工人工资之间存在稳定的预期关系。A注册会计师认为产量信息来自非财务部门，具有可靠性，因此在实施实质性分析程序时据以测算直接人工成本。

(4) A注册会计师对运输费用实施实质性分析程序，确定已记录金额与预期值之间可接受的差异额为150万元，实际差异为350万元。A注册会计师就超出可接受差异额的200万元询问了管理层，并对其答复获取了充分、适当的审计证据。

(5) A注册会计师在审计过程中未提出审计调整建议，已审财务报表与未审财务报表一致，因此认为无须在临近审计结束时运用分析程序对财务报表进行总体复核。

要求：针对上述第(1)至(5)项，逐项指出A注册会计师的做法是否恰当。如不恰当，请提出改进建议。

3. ABC会计师事务所负责审计乙公司20×5年度财务报表。审计项目组确定财务报表整体的重要性水平为100万元，明显微小错报的临界值为5万元。审计工作底稿中与函证程序相关的部分摘录如下：

(1) 审计项目组在寄发询证函前，将部分被询证方的名称、地址与乙公司持有的合同及发票中的对应信息进行核对。

(2) 乙公司应付账款年末余额为550万元。审计项目组认为应付账款存在低估风险，选取了年末余额合计为480万元的两家主要供应商实施函证程序，未发现差异。

(3) 审计项目组成员C跟随乙公司出纳S到银行实施函证程序。出纳S到柜台办理相关事宜，审计项目组成员C在等候区等候。

(4)“应收账款——客户丙公司”年末余额100万元，丙公司回函确认的金额为

90 万元。因差异金额高于明显微小错报的临界值，审计项目组提出了审计调整建议。

（5）客户丁公司回函邮戳显示发函地址与乙公司提供的地址不一致。乙公司财务人员解释是由于丁公司有多处办公地址所致。审计项目组认为解释合理，在审计工作底稿中记录了这一情况。

（6）客户戊公司为海外公司。审计项目组收到戊公司境内关联公司代为寄发的询证函回函，未发现差异，结果满意。

要求：针对上述第（1）至（6）项，逐项指出审计项目组的做法是否恰当。如不恰当，请简要说明理由。

第五章 Chapter 5 企业内部控制与控制测试

学习目标

1. 深入理解内部控制的定义和构成要素，了解内部控制在近期国内外的发展状况，熟知内部控制的现状及其与审计之间的关系。

2. 掌握我国企业内部控制规范体系的具体内容，了解其总体层次和详细层次的目标，及其与财务报表审计最为相关的内容。

3. 熟练掌握内部控制实施方式的五个要素，理解它们的具体内容和相互关系，以及内部控制实现的过程和方式。

4. 熟练掌握注册会计师对内部控制进行了解与评价的内容与意义，熟知企业生产经营过程的交易循环；熟练掌握对企业内部控制的描述方法；在两种层次风险的基础上，掌握对内部控制进行风险评估的要求和内容。

5. 熟练掌握控制测试及其应用条件、执行程序、时间安排、实施范围及取得证据的要求；掌握控制测试结果及其后续事项的处理要求；熟知取得审计证据与整理工作底稿的相关内容。

6. 掌握内部控制缺陷及其处理要求，明确注册会计师沟通的方式与内容。

7. 了解小企业内部控制的特殊性以及适用于小企业的具体控制活动。

第一节　内部控制的定义及其产生与发展

一、内部控制的定义

（一）西方国家的内部控制定义

西方国家的内部控制定义形成于 COSO（the Committee of Sponsoring Organizations）——由美国注册会计师协会（AICPA）、美国会计联盟、财务执行官协会、内部审计师协会（INN）以及管理会计师协会创建的组织。该组织发布的研究成果《内部控制——整合框架》对内部控制的定义如下：内部控制是指受企业董事会、管理层及其他人员影响的一个过程，目的是为实现以下类别的目标提供合理保证：财务报告的可靠性；运营的效果和效率；对适用法律法规的遵循。

COSO 的定义强调内部控制是一个过程或实现目的的手段，而非目的本身。这一过程不仅受方针手册、文件和表格的影响，也受到组织个体的影响。该定义意味着内部控制无法为实现组织目标提供绝对保证。合理保证意味着组织内部控制的成本不应当超过预期获得的收益。

（二）我国相关机构提出的内部控制定义

我国 2008 年由财政部、审计署、证监会、银监会、保监会共同印发的《企业内部控制基本规范》对内部控制的定义为：内部控制，是由企业董事会、监事会、经理层和全体员工实施的、旨在实现控制目标的过程。内部控制的目标是合理保证企业经营管理合法合规、资产安全、财务报告及相关信息真实完整，提高经营效率和效果，促进企业实现发展战略。

《中国注册会计师审计准则第 1211 号——通过了解被审计单位及其环境识别和评估重大错报风险》对内部控制的解释是：为了合理保证实现被审计单位的目标，即财务报告的可靠性、经营的效率和效果以及对法律法规的遵守，由治理层、管理层和其他人员设计、实施和维护的过程。控制是指内部控制要素的一个或多个方面。

我国各种教材、论文一般把内部控制解释为：企业内部控制是一个单位为了实现其经营目标，保护资产的安全完整，保证会计信息资料的正确可靠，确保经营方针的贯彻执行，保证经营活动的经济性、效率性和效果性而在单位内部采取的自我调整、约束、规划、评价和控制的一系列方法、手续与措施的总称。

对上述内部控制定义，可从以下几个方面理解：

1. 内部控制的设置主体：一般是指某一企业、单位。

2. 设置内部控制的目的：实现经营目标，保护资产的安全完整，保证会计信息资料的正确可靠，确保经营方针的贯彻执行，保证经营活动的经济性、效率性和效果性。

3. 内部控制的实现手段：通过自我调整、约束、规划、评价和控制来促使其发挥作用。

4. 内部控制的表现形式：一系列的管理方法，一系列的执行手续，一系列的应对措施。这些方法、手续、措施可以是书面的，也可以是约定俗成的，还可以是各种有效力的口头约定。

二、西方国家的内部控制状况

（一）西方国家内部控制的产生与早期发展

在西方国家，关于内部控制的意义和目标的意见分歧长期存在。20 世纪 90 年代以前，许多学者将内部控制视为企业预防资产盗用和虚假财务报告等舞弊的措施。另一些学者在认同内部控制在预防舞弊发生方面的重要性的同时，认为内部控制对确保生产和其他流程的控制同样重要。这些解释上的差异同样存在于美国注册会计师协会、内部审计师协会以及金融高管研究所研究基金会的专业刊物上。直到 20 世纪 90 年代初，不同专业机构才共同合作确定了内部控制的性质和范围。

上述的“共同合作”有其内在原因，即20世纪70年代到80年代初在美国出现了大量虚假财务报告。为了应对这种局面，美国几大主要会计组织发起了全美反虚假财务报告委员会（也称特雷德韦委员会），以研究虚假财务报告的根本原因并就如何减少财务造假的发生提出建议。该委员会提出一系列直接针对内部控制的建议，例如，强调了胜任并参与的审计委员会以及活跃且客观的内部审计职能在预防舞弊实践中的重要性。它也促使发起组织整合内部控制的理念和定义，形成评价内部控制的通用标准。COSO有方向地进行了一项研究，即《内部控制——整合框架》，该研究确立了内部控制的通用定义，明确其应服务于不同当事人的需要，并提供企业或其他实体用以评价其控制系统并制定改进方案的标准。

（二）美国近期内部控制发展的状况

经过安然公司事件之后，美国于2002年推出了《萨班斯-奥克斯利法案》，要求上市（发行人）公司管理层和注册会计师提供有关内部控制的报告。对注册会计师提供报告的要求远远超出了前文所述的对管理层和治理层报告的要求，即注册会计师提供的报告必须建立在内部控制审计的基础上。《萨班斯-奥克斯利法案》的第404部分包含两个子部分。404（a）部分要求每个在美国证券交易委员会登记备案的年度报告都应当包括一个声明，以表示管理层：（1）认可其建立和维持充分的财务报告内部控制（后来指内部控制）的职责；（2）提供在最近会计年度与财务报告相关的内部控制有效性的评估。此外，为给出具报告提供充分的基础，管理层应当：承担对内部控制有效性的责任；使用适当的控制标准评价内部控制的有效性；用充分的证据支持评价结果。404（b）部分要求注册会计师证实并报告企业与财务报告相关的内部控制。该法案推出后，市值达到或超过75 000 000美元的上市公司应用了404（b）部分的条款，即进行专门的内部控制审计。美国公众公司会计监督委员会（PCAOB）为注册会计师如何满足法案的要求提供了指导，不仅介绍了同时针对财务报表和内部控制的整合审计，也对内部控制审计提出了具体要求。

三、我国内部控制的发展与现状

我国的会计、审计学界对内部控制的介绍和探讨是伴随着对审计学的研究开始的。一般来说，学术界多是从西方国家的翻译作品中了解并探讨内部控制及其在国内外的表现。具体来说，我国会计、审计界较大范围和深度的对内部控制的研究，或者说我国关于内部控制的相关规范的建立和实施经历了两个阶段。

第一阶段是《内部会计控制规范》的发布与执行。2001年财政部发布了《内部会计控制规范——基本规范》，该规范从内部会计控制及其目标和原则、内部会计控制的内容（即货币资金、实物资产、对外投资、工程项目、采购与付款、筹资、销售与收款、成本费用、担保等）、内部会计控制的方法（不相容职务相互分离控制、授权批准控制、会计系统控制、预算控制、财产保全控制、风险控制、内部报告控制、电子信息技术控制等）和内部会计控制的检查几个方面对内部会计控制问题进行了规范。此后，又根据基本规范中内部会计控制的内容，先后发布了货币资金、实物资产、对外投资、工程项目、采购与付款、筹资、销售与收款、成本费用、担保等共11个具体的内部会计控制规范。现在看来，当时发布的《内部会计控制规范》对行业会计制度规范条件下的手工记账会计确实产生了一定的效果。

第二阶段是《企业内部控制基本规范》的发布与实施。从会计界发生的大事来看，随着2001年美国安然公司破产事件的发生，西方各国对内部控制的关注程度极大提高，先后发布了不少企业内部控制的法规。我国于2006年发布了新《企业会计准则》。也就在那时，我国刚刚建立起来的资本市场出现了较为严重、性质恶劣的会计造假事件，所有这些都对与内部控制相关的管理活动提出了新的要求。我国现行的内部控制规范是财政部会同证监会、审计署、银监会、保监会等五部委于2008年发布的《企业内部控制基本规范》，内容包括：总则，包括内部控制的定义、建立与实施内部控制应遵循的原则、有效内部控制应包括的要素等；按照有效内部控制的构成要素展开的规范的具体内容，即内部环境，风险评估，控制活动，信息与沟通和内部监督。在《企业内部控制基本规范》的基础上，财政部等五部委又及时发布了内部控制应用指引、评价指引和审计指引；其中的应用指引包括的内容更加详细，包括组织构架、发展战略、人力资源、社会责任、企业文化、资金活动、采购业务、资产管理、销售业务、研究与开发、工程项目、担保业务、业务外包、财务报告、全面预算、合同管理、内部信息传递和信息系统共十八项内容。仔细研读这些规范和指引，能够为我们提高审计、会计水平提供一定的帮助。

在我国的资本市场上，也对较大的上市公司进行内部控制审计，对一些小型的上市公司则是各年度进行内部控制报告评价。

第二节　企业内部控制制度及其实施方式

一、企业内部控制实现过程概述

（一）企业内部控制活动的实施方式：日常经营活动方面

内部控制的定义是复杂的，原因是它要服务于财务报告、运营和对法律法规的遵循三个领域目标的实现。内部控制不仅包含高层管理代表在销售、购买、会计和生产等职能上的授权和职责分配，也包括编制、核实和分配给不同管理层级现状分析报告的程序，使执行层能够对大型企业执行的各种活动和职能保持控制。预算方法的使用、生产标准的考核、检查试验设备、时间和运动研究、包括工程师在内的人员培训程序以及许多其他与会计和财务无关的活动都是内部控制的一部分。

在内部控制的三个领域——财务报告、运营和合规性中，应用指引表示存在一系列控制目标和子目标。为阐述这一概念，内部控制在总体层次的目标是编制和公布可信赖的财务信息；而在详细层次，如应用到应收账款上，内部控制应用指引阐述了以下控制目标，即子目标：

（1）所有发出的货物均已准确记录于恰当的期间；

（2）发货单上准确记录且仅记录了所有批准的发货；

（3）有且仅有批准的销售退回和准备被准确记录了；

（4）应收账款持续的完整性和准确性是有保证的；

（5）应收账款的账簿记录被完好保护。

这些控制目标与前面章节陈述的管理层认定相似，因为财务报告的内部控制总体目标是按照企业会计准则编制财务报表。然而，控制目标和认定之间的主要差异是控制目标的范围更广，它们不仅与财务报告有关，也与运营和合规性有关。

哪些控制与财务报表审计最为相关？答案是，与审计相关的控制活动，也就是那些影响为对外报告编制财务信息的控制活动，它们通常与财务报告的可靠性有关。然而，其他控制活动如果影响注册会计师执行审计程序时所使用数据的可靠性，这些活动也可能是相关的。例如，应用于注册会计师执行分析性程序时使用的非财务数据（如产品数据）的控制可能就与审计相关。或者，用于保护组织资产的控制活动若影响财务报告的可靠性就与审计相关。例如，限制接触公司存货的控制可能与财务报表审计相关，而预防生产中原材料超额使用的控制活动则通常不相关。只要财务报表反映了所耗费原材料的成本，注册会计师一般就不会直接关注生产的低效性。

（二）企业内部控制活动的实施方式：特殊控制活动方面

上述内部控制活动也经常用于特殊管理方面。比如，美国国会于 1977 年通过《反海外贿赂法》，其中的反行贿条款特别强调禁止所有美国企业以获取经营为目的对海外官员行贿的行为。为防止高管宣称对行贿不知情，该法案包括了对内部控制的规定。这些规定要求所有受美国证券交易委员会管辖的企业（不论是否为国际经营企业）的内部控制系统要对以下内容提供合理保证：交易的进行由管理层认可和授权；以必要的交易记录来编制可靠的财务报表并保持对资产的经营责任；资产的接触仅限于经过授权的个人；资产的会计记录要以合理的时间间隔与存在的资产对账，针对出现的任何差异采取适当措施。

美国企业若违反《反海外贿赂法》，可导致高达 100 万美元的罚款和对负有责任的高管的监禁。由此，美国联邦法律要求企业拥有有效的内部控制系统，这一直被认为对大型企业的运营至关重要。

（三）企业内部控制在实施过程中的不同表现及其原因分析

不同企业的内部控制有很大不同，这取决于组织规模、运营性质以及目标等因素，但几乎在所有组织中，恰当的内部控制都具有某些基本特点。在所有系统中，控制的设计必须实现控制目标，对财务报告的控制活动通常被归为预防、检查或纠正的控制活动。

预防性控制旨在避免财务报表错报的发生。预防性控制的例子包括职责分离和期末调整分录要求的审批。检查性控制的设计是为了发现已经发生的错报。要求编制每月银行对账单，以发现现金收入或支出存在的错报，就是一种检查性控制。当检查性控制发现了错报，通常需要纠正性控制进行补救。备份关键交易和主文件副本以纠正数据输入错误就是纠正性控制的常见例子。应当认识到，预防性控制通常在单个交易层面执行，而检查性控制可能在交易层面或更高层面执行。

用于实现一个控制目标的各类控制活动常常交叉使用。也就是说，控制活动是互补的并且共同运作以实现同样的控制目标。例如，所有现金支付必须经过授权和相应的银行对账就是互补性控制。这些控制共同运作以确保预防或及时发现未经授权的交易。如果多个控制活动针对同样的财务报表认定或控制目标被认为是冗余的，则不符合成本效益原则。最后，补偿性控制减少了现存或潜在的控制缺陷将导致错报的风险。例如，小型企业可能没有足够的人员实现充分的职责分离，但企业的所有者或经理可以通过仔细查阅会计记录和报告来弥补这一缺陷。

二、企业内部控制的实施方式

企业建立与实施有效的内部控制应包括五个要素：（1）内部环境；（2）风险评估；（3）控制活动；（4）信息与沟通；（5）内部监督。

（一）内部环境

内部环境是企业实施内部控制的基础，一般包括治理结构、机构设置及权责分配、内部审计、人力资源政策、企业文化等。这些是其他内部控制要素的基础。就其性质来看，内部环境的形成应当基于以下原则：对诚信和道德价值观念的承诺；董事会管理的独立性以及对内部控制的有效监督；有效的组织结构，包括恰当的汇报关系以及适当的授权和责任分配；对吸引、发展和保留有能力员工的落实；内部控制的问责制度。

（二）风险评估

风险评估是指企业及时识别、系统分析经营活动中与实现内部控制目标相关的风险，合理确定风险应对策略。企业通常会面临来自外部和内部的各种风险，它们威胁企业实现运营、财务报告以及合规性方面的组织目标。因此，企业应当根据设定的控制目标，全面、系统、持续地收集相关信息，结合实际情况，及时进行风险评估。风险评估是管理层识别、分析和应对这些风险的过程。为执行有效的风险评估，企业应当：明确组织目标，以识别和评估与这些目标相关的风险；识别实现组织目标的风险；考虑与实现组织目标相关的潜在舞弊风险；识别和评估可能影响内部控制的变化。

（三）控制活动

控制活动是指企业根据风险评估结果，采取相应的控制措施，将风险控制在可承受限度之内。就此而论，控制活动是企业实施的政策和程序，用以减少企业无法实现组织目标的可能性。管理层实施控制活动的基本原则是：选择并实施控制活动，将风险降到可接受的水平；在技术层面选择并实施总体控制活动以支持组织目标；安排具体控制活动以发挥政策效果。因此，控制措施一般包括：不相容职务分离控制、授权审批控制、会计系统控制、财产保护控制、预算控制、运营分析控制和绩效考评控制等。

（四）信息与沟通

信息与沟通是指企业及时准确地收集、传递与内部控制相关的信息，确保信息在企业内部、企业与外部之间有效沟通。需要补充说明的是，从国外的情况来看，此处的信息与沟通所具有的进一步含义是：信息主要指与财务会计报告相关的经济信息；沟通主要指通过会计信息系统，亦即计算机信息系统进行的沟通。即一个有效的内部控制系统必须提供相关、及时的信息和沟通；该系统应该能够发现信息需求，并创造一个可以提供所需数据资料和报告的信息系统。在对信息系统的适当性进行评价时，企业应该考虑以下几个方面：获取外部和内部信息并对企业在既定目标下的业绩报告进行管理；向正确的人提供详细及时的信息，使他们可以高效且富有成果地完成任务；根据需要开发或改进信息系统；管理层对开发信息系统的支持，通过提供所需资源来证明。应注意的是，这些因素既包括内部信息需求，又包括外部信息需求。

（五）内部监督

内部监督是指企业对内部控制建立与实施情况进行监督检查，评价内部控制的有效性，发现内部控制缺陷，应当及时加以改进。企业应当根据内部控制规范及其配套办法，制定内部控制监督制度，明确内部审计机构（或经授权的其他监督机构）和其他内部机构在内部监督中的职责权限，规范内部监督的程序、方法和要求。对内部控制的监督是内部控制的最后一个要素，它是评价内部控制执行情况的过程。监督的基本原则是组织应当：选择、发展和执行持续和独立的监督评价，以确定内部控制的要素存在并发挥作用；评价并与包括高级管理层、董事会及审计委员会在内的适当层级沟通内部控制缺陷，及时采取纠正措施。上述持续的监督评价包括定期执行的监督和管理活动，如顾客投诉的持续监督，或管理层报告的合理性复核；而独立的监督评价是非例行的监督活动，如内部注册会计师针对某一事项进行的专项审计等。

三、企业内部控制的实现过程

严格说，企业内部控制的实现过程属于企业内部管理的实际业务，由各个单位按照自身的实际情况灵活执行。这样，首先要求各个企业按照内部控制基本规范的要求，参照各个实际指引，制定出适合自身的内部控制制度，并以企业最高管理层文件的方式发布，必要时还要求企业的相关单位、人员研究企业内部控制制度。其次，企业内部要开展扎实的贯彻内部控制的活动，绝不能使制定的内部控制制度形同虚设，而要在企业管理中真正发挥作用。不仅如此，对企业控制制度负有责任的内部审计部门，或者是近期设置的风险控制管理部门（一般简称“风控部”）要根据变化的内外部情况，对内部控制制度进行维护、调整等。最后，按照国家相关部门的要求，股票上市公司在一定的条件下要定期进行企业内部控制制度的自我评价，出具自我评价报告，并由注册会计师查验；规模大的上市公司（如我国的主板上市公司）还要按照证监会的要求，定期由注册会计师执行内部控制审计。

第三节　对内部控制的了解、描述与评估

一、对企业内部控制了解的作用、方向和方式

（一）内部控制与财务报表审计相联系时的作用

回顾前述的审计程序可知，财务报表审计所采用的总体方法包括以下步骤：（1）计划审计工作；（2）通过对客户及其所处环境的了解评估错报风险，包括内部控制；（3）执行进一步审计程序；（4）完成审计工作并出具审计报告。

内部控制与上述步骤（2）至（4）最直接相关。这就是说，注册会计师通过采用风险评估程序以获得对内部控制的了解，连同其他审计证据，注册会计师即可评估重大错报风险。

回顾一下，错报风险由固有风险和控制风险构成：

重大错报风险=固有风险×控制风险

风险评估的结果将用于确定进一步审计程序的性质、时间安排和范围，而可能的进一步审计程序包括控制测试和实质性程序。进一步审计程序的设计取决于了解内部控制和评估重要错报风险时取得的结果，注册会计师要确定控制测试（使评估的控制风险处于更低的水平）和实质性程序（限制检查风险）的适当组合。

（二）注册会计师对内部控制了解的方向

一般来说，在所有审计中，注册会计师对内部控制的了解都应当涵盖内部控制的每个要素——内部环境、风险评估、控制活动、信息与沟通、内部监督。

1. 注册会计师应对内部环境有深入的了解。应当充分了解管理层关于控制的态度、认识和行动，要透过内部环境关注控制的实质而非形式。例如，被审计单位对实际发生的问题是怎样处理的。企业会计信息的真实可靠对注册会计师尤为重要，因此注册会计师要评价企业的各种控制程序是否设计合理并执行，包括用以预防、阻止和发现舞弊的总体程序以及具体控制。

2. 注册会计师应了解被审计单位的风险评估流程，以评估和应对经营风险。这种了解包括管理层如何识别这些风险，评估风险的重要性，以及决定需采取的行动。如果客户运行了企业风险管理系统，注册会计师应当了解该系统中运行的程序和控制。对风险评估程序的了解有助于注册会计师识别重大错报风险，因为这些风险多由客户所面临的经营风险导致。

3. 在获取对其他内部控制要素（内部环境、风险评估、信息与沟通、内部监督）的认知时，注册会计师必须对被审计单位的控制活动有所了解。例如，在了解与现金业务相关的文件时，注册会计师可能会关注被审计单位的银行账户是否经过对账，可能认为有必要了解和测试某些控制活动以完成审计特定认定。例如，当审计收到慈善机构的大量捐款时，注册会计师若不了解和测试与现金收入相关的内部控制，就可能无法有效地计划关于现金捐赠的完整性认定的审计。因此，了解控制活动最有效的做法就是增加检验并测试被审计单位的内部控制。

4. 在了解被审计单位的会计信息系统和沟通能力时，将系统整体分为若干个主要交易循环是很有用的。"交易循环"一词指处理某一特定类型交易时的政策和一系列程序。例如，制造业的会计系统可以分为以下主要交易循环：

（1）销售和收款循环——包括获取顾客订单，信用批准，发货，编制售货单（账单），记录收入和应收账款以及处理和记录现金收入的过程、程序和政策。

（2）采购和付款循环——包括计划购买存货、其他资产和服务，确认订单，检查货物和收据，编制收货报告，记录对供应商的负债，授权支付，以及处理和记录现金支付的过程、程序和政策。

（3）生产循环——包括材料存放，产品生产，分配生产成本以及记录销货成本的过程、程序和政策。

（4）薪酬循环——包括聘用、解雇和确定工资水平，计时，计算工资总额、福利费用和代扣代缴金额，记录薪酬数额，以及编制和分发工资单的过程、程序和政策。

(5) 融资和投资循环——前者包括授权、执行、记录银行贷款、租赁、股份支付、实收资本等交易的过程、程序和政策；后者包括授权、执行和记录固定资产和证券投资的过程、程序和政策。

企业具体的交易循环取决于公司经营活动的性质。例如，银行可能没有生产循环，但有贷款循环和存款需求循环。另外，不同的注册会计师可能采取不同的方式确定企业的交易循环。例如，销售和收款循环可能被定义为两个独立的交易循环：赊销的过程和记录；现金收入的记录。将内部控制按照交易循环划分，注册会计师由此能够关注影响财务报表特定账户的认定可靠性的控制。

5. 最后，注册会计师应当充分了解被审计单位与财务报告相关的监督方法，以确定被审计单位如何采取措施应对不良业绩。这就是内部控制系统中的内部监督，一般是就企业内部审计师在内部控制方面发挥的重要作用而言的。

除上述内容之外，企业总是存在这样或那样难以了解的内部控制方面。或者说，企业中有某些领域管理层很难控制。如果这些领域有潜在重要性，就需要给予特殊的审计考虑。在审计风险模型中，这些领域中的某些认定的重大错报风险相当高，这种需要特殊审计考虑的认定往往涉及非常规交易或会计估计。非常规交易是由于规模或性质非同寻常而较少发生的交易。同样，许多会计估计由于需要主观判断或性质复杂，或需要假设对未来事项的影响，具有高风险。例如，以公允价值计量的会计科目，以及基于不同解释进行估计的收入科目（如销售的实际收回金额很难衡量）。

就此而论，在确定已识别的错报风险是否需要特殊审计考虑时，注册会计师需考虑以下因素：涉及计算的复杂性；舞弊风险；会计政策的选择和应用；引起经营风险的内部或外部环境（如行业内技术变革）；行业和经济的最新进展。

（三）注册会计师对客户内部控制了解的方式

注册会计师如何获取对内部控制的了解？获取设计和执行相关控制的审计证据的程序可能包括询问企业员工、观察具体控制的运行、检查文件和报告，以及通过财务报告信息系统追踪交易。注册会计师通常使用这些程序中的一个或多个来获得对内部控制的了解。然而这些方法存在一个限制，即询问本身不能为评价控制的设计和执行提供充足的证据。在连续审计中，注册会计师会重点关注以前年度存在控制问题的领域。注册会计师必须认识到，企业的经营模式处于不断变化之中，以前年度充分的控制可能如今变得无效。

注册会计师对内部控制的了解不仅包含控制的设计，也包括确定其是否被执行。执行意味着控制活动确实存在并正在发挥作用，也就是说，控制并非仅仅存在于理论或书面中。

注册会计师可以通过检查组织结构图和职位描述或采访企业员工，确定企业员工的工作职责。许多客户企业使用程序手册或流程图描述企业运营各方面应当遵循的操作规范。另一个良好的信息来源是客户内部审计师的审计报告、工作底稿以及审计程序。

二、对内部控制的描述

当注册会计师获取对内部控制的了解后，他们应当将这些信息记录于审计工作底稿。记录的形式和范围受到被审计单位的规模、复杂性以及内部控制性质的影响，通常采用内部控制调查问卷、文字描述或系统流程图的形式。

（一）调查问卷法

调查问卷法也称为书面调查法，或称填表法，是采用书面形式间接搜集研究材料的一种调查手段。由于这种方法是填写标准的内部控制调查问卷，因此，会计师事务所都形成了自己的调查问卷。对每个主要的交易循环，调查问卷通常都包含相应的独立内容，使得调查问卷工作可以方便地分配给若干审计人员。

大多数内部控制的设计使得对问题回答“不”意味着内部控制存在缺陷，注册会计师应当识别由此引起的潜在错报的类别。此外，问卷调查可能提供了重大或微小控制缺陷的区别、回答问题的信息来源，以及关于控制缺陷的解释说明。这种方法的优点是能够突破时空限制，对众多被调查对象同时进行调查，或是进行匿名调查，节省人力、时间和财力。缺点是缺乏灵活性。问卷对于特定系统往往包含许多“不适用”的问题，尤其是对于小公司的系统而言。同时，内部控制的优点能够弥补控制缺陷的情形在使用完整的调查问卷时也不明显。一些会计师事务所倾向使用文字描述或系统流程图替代调查问卷，或与调查问卷结合使用，用于大规模的抽样调查和定量分析。表5—1列示了关于企业现金收入和销售循环内部控制的调查问卷。

表5—1

内部控制调查问卷
（现金收入—销售循环）

被审计单位： 审计日期： 200×年12月13日

受访员工的姓名和职位：

问题	回答					
	不适用	是	否	缺点		备注
				主要	次要	
1. 是否为所有负责现金收入和支出的员工购买忠诚保险？						
2. 所有收款的信件是否由不进行会计记录的员工负责打开？						
3. 负责接收收款信件的员工是否要编制现金和支票收款清单？						
4. a）收款信函的清单副本是否要转发给应收账款部门进行顾客信用检查？						
b）清单的副本是否需要交给出纳以外的员工进行现金收款记录的复核？						
5. 现金销售以及其他直接销售交易的票据是否由销售登记簿或销售终端记录？						
6. 收银机或其他机器设备的日总额是否由不能接触现金的员工进行清点？						
7. 用于收款和现金记录的设施和机器设备是否对控制充分有效？						
8. 来自投资、租赁、特许权以及其他相似来源的收入是否被提前确定，以至于到期日没有收入需要立即调查？						
9. 销售废料的程序是否在直接向会计部门报告的同时将收入交给出纳？						
10. 证券和其他可转让资产是否由出纳以外的人保管？						
11. 分公司每日收款是否存入特定的银行且只能由总公司提取？						

续前表

问题	回答					
	不适用	是	否	缺点		备注
				主要	次要	
12. 每日收到的货款是否由应收账款记录员以外的员工立刻直接存入银行账户?						
13. 存款单副本是否由银行返回并由出纳及应收账款记录员以外的员工负责与现金收款记录及邮件收发室收据核对?						
14. 存款单副本是否立即归档并供审计人员检查?						
15. 存款不足的支票或银行退回的其他单据是否直接交给出纳以外的员工并被及时调查?						
16. 办公室的位置安排及会计记录的设计是否能够防止处理现金的员工接触会计记录?						
编制人______ 日期______ 经理复核______ 日期______						
高级审计师复核______ 日期______ 合伙人复核______ 日期______						

(二)文字描述法

文字描述法是使用描述业务循环流程的备忘录，以明确员工执行的各项工作、生成的文件、维持的记录以及职责的划分。下面展示了一个与以支票方式获得现金收入相关的内部控制的文字描述。

云海通公司现金收款程序

201×年2月13日

所有的支票通过信函接收。出纳员王健每天早晨去邮局取信并在拆封前送到助理会计师丁尚手中。

丁尚负责拆封和整理信函。她将从王健处拿到的支票成批纳入现金收款处理程序，填写一式两份的存款单，记录现金并过入应收账款明细分类账。王健将完好的支票存入工商银行并取回验证过的存款凭条副本，交由丁尚按顺序装订。

任何由银行收取的顾客支票将由丁尚交给经理章毅，他负责转存支票。丁尚同时将每月收到的银行对账单转交给章毅拆封。章毅进行月度银行对账，对比银行存款账中记录的日期和金额，并查看记录在应收账款日记账中的销售折扣是否经过授权。

王健、丁尚和章毅都有相应的员工担保。

注册会计师 刘欣岚

由上面的描述可知，文字描述法是将企业内部控制制度的实际情况以文字说明的形式记录下来，因此又称为文字说明法。由于内部控制制度的各个控制环节和控制方式都需要用文字详细加以描述，因此，此方法一般用于内部控制程序比较简单、容易描述的小企业。

文字描述法的优点是可以对调查对象做比较深入和具体的描述，可以描述内部控制制度中的任何特殊情况。其不足在于，文字叙述较为冗长，对业务处理流程及其控制的反映不够直观，特别是对于比较复杂的业务，有时不易说明清楚，一定程度上阻碍了审计人员从总体上对被审计单位的内部控制进行分析评价。

（三）系统流程图法

许多会计师事务所认为，系统流程图能够比调查问卷或文字描述更有效地记录对客户会计信息系统和相关控制活动的了解。系统流程图是一种图解——用符号表示系统或一系列顺序发生的程序。对于有经验的读者，流程图是系统的缩影，展示了程序的性质和秩序，职责的划分，文件的来源和分布，以及会计记录和文档的类型和位置。图 5—1 展示了系统流程图中使用的标准符号，不同会计师事务所使用的符号及流程图的绘制技术有所不同。

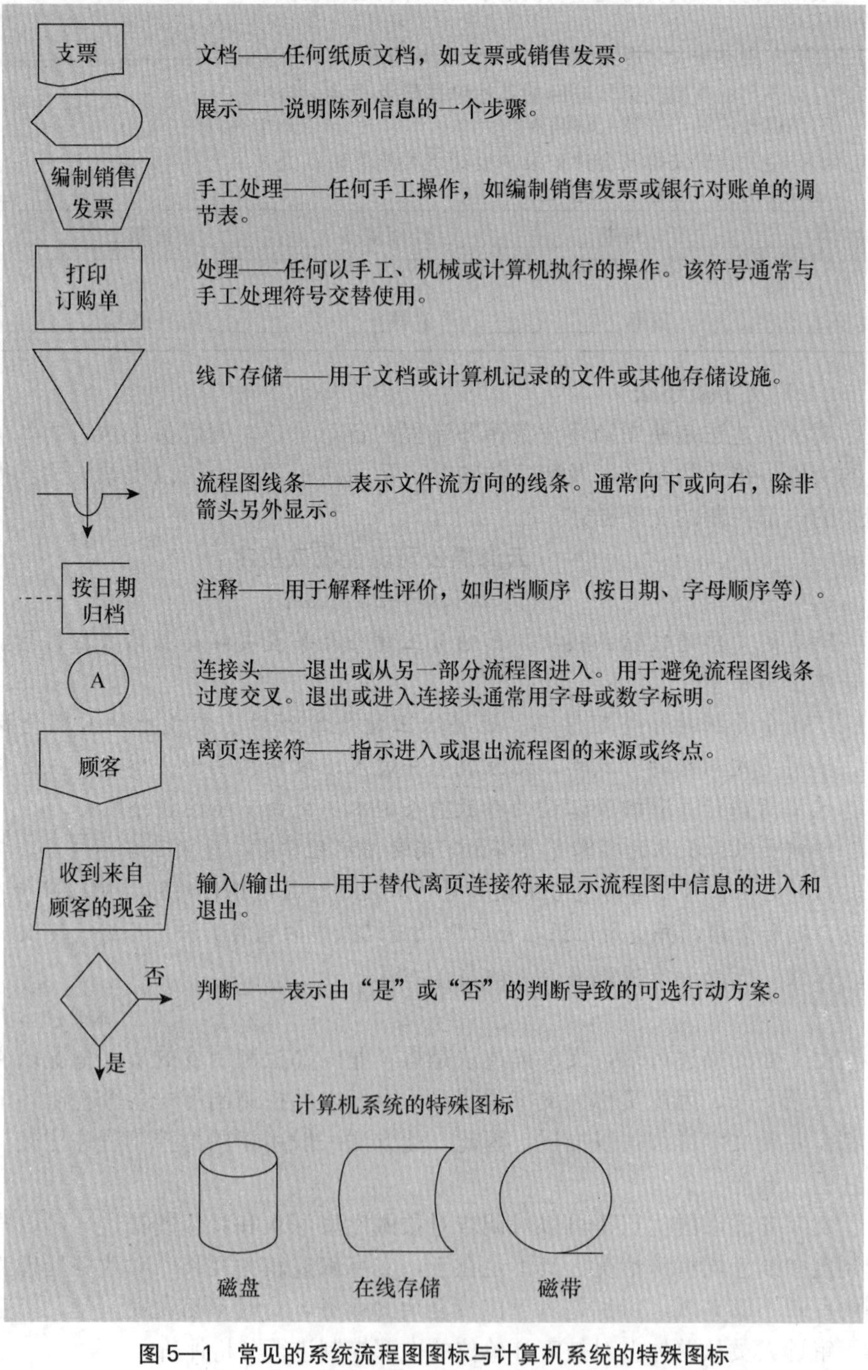

图 5—1　常见的系统流程图图标与计算机系统的特殊图标

每个主要的交易循环都要绘制独立的系统流程图。每个流程图都被分为若干个竖列，代表处理交易时涉及的不同部门（或员工），各部门下相关的流程图符号展示了该部门对程序、文件和记录的职责。流程图通常从左上角开始，线条的方向展示了活动的顺序；正常的工作流是自上而下、从左到右。图 5—2 是一个销售与收款业务的系统流程图，展现了系统流程图的基本概念。

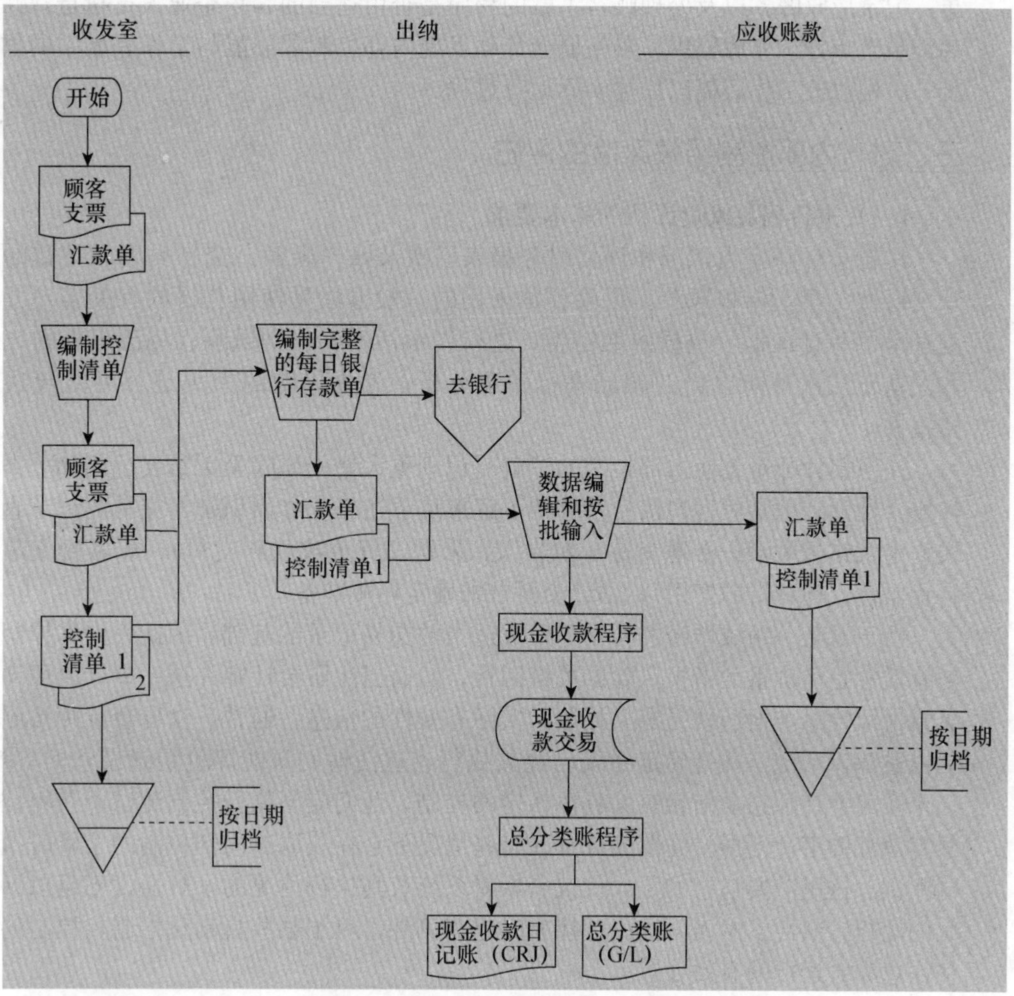

图 5—2　销售与收款业务的系统流程图

系统流程图相对于调查问卷或文字描述的优点是提供对客户系统更为清晰、具体的描述。当使用线条或符号而非文字来描述内部控制时，误解、遗漏某些领域或表述含糊的可能性更小。而且，在后续年度审计中，更新系统流程图的过程简单，只需注册会计师增加或改变一些线条或符号即可。

系统流程图的缺点是对内部控制缺陷的识别不如问卷调查那么显著。内部控制调查问卷中“否”的回答是显著的危险信号，而流程图可能无法对某一特定控制缺失或没有恰当执行提供如此清晰的信号。因此，一些会计师事务所同时使用系统流程图和调查问卷来描述内部控制。流程图清楚地描绘了内部控制，而调查问卷则可提醒注册会计师应当存在的控制。

（四）穿行测试

在审计工作底稿中记录内部控制后，注册会计师通常需要对每个交易循环执行穿行测试，以证实内部控制已经被执行。穿行测试是指追踪一两个交易在循环中的每一步。例如，为执行销售和收款循环的穿行测试，注册会计师可能选择若干销售订单，通过客户顺序发生的程序追踪交易。注册会计师要确定如信用审批、发货、编制销售单、记录应收账款以及处理顾客汇款的程序是否由适当的客户企业人员执行，并按顺序记录于审计工作底稿中。若注册会计师发现内部控制的职能与工作底稿中的描述不符，应当修改工作底稿以描述实际运行过程。

三、对与内部控制相关风险的评估

（一）进行相关风险评估的基本要求

注册会计师应当识别和评估财务报表层次及账户余额、交易类别和披露的相关认定层次的重大错报风险。风险评估采用的一般方法是使用获得的有关客户及其所处环境的审计证据，包括内部控制，进行以下活动：识别风险；将已识别的风险与相关认定层次可能出错的领域进行关联分析；考虑风险的大小是否可能导致重大错报。

注册会计师对企业内部控制的了解对识别重大错报风险至关重要。例如，大多数注册会计师利用其对客户信息系统的了解来从下述三个方面识别与交易的记录直接相关的重大错报风险：常规交易（如收入、采购、资金收款和支付）；非常规交易（如存货监盘、计算折旧费用）；估计交易（如确定坏账准备）。

由于对某一领域严密的控制是形成适当的交易记录的基础，因此，内部控制的预期有效性是评价重大错报风险的关键因素。然而当注册会计师在这一审计阶段评估重大错报风险时，他们缺乏有关控制的实际有效性的信息。通常，注册会计师按照员工的描述认识系统，并且确定系统已经被执行，这使他们只能评价系统设计的有效性。如果注册会计师想要信赖有关具体认定的控制，他们应当执行控制测试以获得控制实际有效性的审计证据。注册会计师在有些情况下会在获取对内部控制的了解时执行控制测试。这里需要强调的是，仅仅获取对系统及其执行情况的了解通常不足以评价系统的运行有效性。然而，这一规律有时也有例外，对于某些自动化控制，控制的执行往往意味着运行的有效性。

（二）评估财务报表层次的风险

财务报表层次的风险是与财务报表总体相关的风险，它潜在地影响多个认定。以下是财务报表层次风险的表现：编制财务报表，包括形成重大会计估计和附注的编制；选择和应用重大会计政策；信息技术的一般控制；控制环境。

如果这些风险不能被有效隔绝，将会潜在影响多个相关认定。这些风险增加了注册会计师工作的难度，因为评价相互关联的风险往往需要大量判断。例如，信息技术系统薄弱的访问控制可能导致未经授权的人员进入系统并不恰当地更改许多类型的数据。有关管理层诚信的问题也可能引起各种与财务报表相关的问题。由于财务报表层次风险的这些特点，通常需要注册会计师采取总体风险应对措施。这些应对措施包括：分配更多有经验的注册会计师或有业务专长的人；实施更多监管并强调保持职业怀疑的需要；在选择拟实施的进一步审计程序时融入更多不可预见的因素；扩大审计程序的总体范围，包括审计程序的性质、时间安排和范围。

（三）评估相关认定层次的风险

有些错报风险与一个或多个相关认定有关。例如，与无法识别长期资产减值损失相关的风险仅影响计价认定以及与该资产相对应的减值损失，与年终存货计数错误相关的风险会影响存货计价以及销货成本的准确性。

当注册会计师评估相关认定层次的风险时，他们要考虑内部控制的设计和执行。如果设计本身存在缺陷，考虑控制是否得到执行就没有意义，因为控制不可能有效。然后，注册会计师通常会考虑这一情况是否会导致重大错报风险，以及实施实质性程序以确定是否存在重大错报的必要性。

当控制的设计看起来很有效时，注册会计师应当确定控制是否已经执行，而不是只存在于“纸上”。确定控制是否得到执行通常涉及观察程序的运行。注册会计师也可能决定执行进一步审计程序，以确定控制是否有效运行，这些程序即控制测试。

控制测试的执行要考虑控制是否可能有效运行，以及测试这些控制是否符合成本效益原则。换句话说，注册会计师应当考虑，从导致实质性程序范围减小的结果来看，为证明评估的控制风险处于更低水平而执行的控制测试所花费的时间是否合理？只有当注册会计师通过控制测试获得了关于控制运行有效性的审计证据，降低评估的控制风险（或重大错报风险）水平才是合理的。

注册会计师的审计方法也可能由其他可获得的审计证据或客户信息系统的性质决定。例如，若客户使用复杂的信息技术系统，注册会计师可能发现实质性程序本身无法提供充分的审计证据。在这种情况下，注册会计师除结合使用控制测试和实质性程序之外可能没有其他选择。

第四节 控制测试

一、对控制测试的基本解释

控制测试指的是测试控制运行的有效性。控制运行有效性强调的是控制能够在各个不同的时点按照既定设计一贯执行。具体来说，控制测试应当解决的问题是：控制是如何应用的；控制应用的持续性如何；控制由谁执行或以什么方式（如自动化）执行。

既然控制测试是为了确定被审计单位控制政策和程序的设计与执行是否完整有效而实施的审计程序，那么在一般情况下，注册会计师在了解被审计单位的内部控制之后，只有对那些准备依赖的内部控制执行控制测试，并确信其得到正确的执行，才能减少实质性程序，从而减少审计取证工作，提高审计工作的效率。

在实际业务工作中，当存在下列情形之一时，注册会计师应当实施控制测试：(1) 在评估认定层次重大错报风险时，预期控制的运行是有效的。(2) 仅实施实质性程序并不能提供认定层次充分、适当的审计证据。换句话说，在认为仅通过实施实质性程序不能获取充分、适当的审计证据的情况下，注册会计师必须实施控制测试，且这种测试不再是单纯出于成本效益的考虑，而是为了获取一类审计证据。

正如前面所述，在执行程序以了解内部控制并确定控制已经执行时，注册会计师可能已经获得了一些关于控制有效性的审计证据。例如，在评价控制环境的设计时，注册会计师可能询问了管理层对预算的使用，观察了管理层对比月度预算与实际业绩的活动，或检查了差异分析报告。出于成本效益的考虑，注册会计师可能在获取对内部控制了解的过程中几乎执行了所有控制测试。然而，在许多审计中，注册会计师会执行额外的控制测试以支持计划评估的控制风险水平。注册会计师将根据对客户内部控制的了解来设计这些额外的控制测试。

二、控制测试的执行程序

（一）控制测试的基本过程

用于测试内部控制有效性的审计程序包括：询问恰当的客户企业员工；检查文件和报告；观察控制的应用；重新执行控制。

控制测试集中于控制的运行而非财务报表金额。例如，假设客户已经执行了一项控制，对数量、价格、账单延期和每单销售合计进行二次复核。这项控制的目的是防止在给顾客的账单和销售业务的记录上出现重大错误。为了测试这项控制的运行有效性，注册会计师可能会询问客户的员工并观察程序的运行。他们也可能抽取一个样本，例如本年中生成的 20 个销售单。他们将检查销售单副本上复核人的签名并重新执行程序，包括核对销售单与相关发货单上的数量、对比商品单价与客户价格清单上的数据，以及证实账单延期和合计金额。测试的结果给注册会计师提供了关于记录的销售和应收账款存在和计价认定的审计证据。如果控制中发现了大量偏差，注册会计师将扩大针对应收账款和销售交易的存在和计价认定的实质性程序。例如，财务报表金额的实质性测试可能包括选取销售交易记录样本，以确定销售交易均已适当记录并包括在当年的销售总额中。

以上描述的控制的实际执行需要留下书面证据，即复核人签名，使得该控制可以进行抽样测试；不留下执行的书面证据的控制应当通过注册会计师观察或询问客户员工完成测试。例如，对职责划分的测试是通过观察客户员工履行职责以及询问履行职责的员工来完成的。注册会计师也应当确定当员工因病假或休假离开岗位时，其他员工是否执行了不相容的职责等。

（二）控制测试的时间安排

执行控制测试的时间安排取决于注册会计师的目标。若注册会计师的测试控制在某一时点运行，其审计证据通常只与那一时点相关（如期末存货监盘时执行的计数程序的测试）。然而，另一些控制的测试提供了整个期间运行有效性的审计证据（如与修正和使用计算机程序有关的一般控制的测试）。对于许多控制，注册会计师希望通过抽样审计获取有关运行有效性的审计证据。

（三）控制测试的实施范围

从控制测试中获取更多审计证据的一般方法是扩大控制测试的范围（如提高测试项目的数量），但自动化控制除外。由于自动化控制运行的固有连续性，注册会计师通常只需确定该控制在某一时点运行并且在整个期间对程序没有不恰当的变更即可。在这种情况下，确定控制已经执行足以证明运行的有效性。我们在下面的章节中将讲述如何确定控制测试的样本量等。

（四）来自以前年度控制测试的审计证据

注册会计师可能会从以前年度审计执行的控制测试中获取有关运行有效性的证据。如果注册会计师计划使用这些证据，他们应当确定该具体控制在以前年度审计之后是否发生变更。如果存在变更，新的控制应当在当期审计中测试，以作为减少控制风险的依据。然而，如果注册会计师确定控制未发生变更，他们可能会信赖以前年度审计获得的运行有效性的审计证据。但是注册会计师应当在多大程度上信赖它们？我国对于大型公司的要求是每年由注册会计师执行一次对内部控制的审计。美国公众公司会计监督委员会的规定是，当信赖控制时，每年都应获取一些有关运行有效性的审计证据。

三、控制测试的结果及后续事项

（一）基于控制测试结果的对重大错报风险的修订

注册会计师执行控制测试后，应当确定是否需要根据测试的结果修订评估的控制风险水平（或重大错报风险）。如果结果显示控制运行的有效性与预期相同，则无须进行修订，原定的审计计划依然适用。然而，如果结果显示控制的运行不如预想的有效（如控制风险比原先设定的要高），注册会计师要修改计划的评估结果并认真考虑财务报表可能存在的错报。然后，注册会计师将针对增加的错报风险设计额外的实质性程序。

（二）设计和实施实质性程序

实质性程序是指注册会计师针对评估的重大错报风险实施的直接用以发现认定层次重大错报的审计程序。其与控制测试之间的区别主要体现在：控制测试主要针对被审计对象的内部控制，实质性测试则主要针对其账户余额；注册会计师要先进行控制测试，看看拟信任的控制到底是不是有效，风险是高还是低，这样可以调整风险评估阶段所做的工作例如重要性水平等，然后再根据修改后的结果设计实质性程序对交易、账户余额和列报进行检查，这后面的工作才是实质性程序。

注册会计师对重大错报风险的评估（或分别评估的固有风险和控制风险）决定了针对财务报表不同认定的实质性程序的性质、时间安排和范围。对于重大错报风险高的认定，注册会计师将计划大量的实质性程序；另一方面，对于重大错报风险较低的认定，只需使用有限的实质性程序，对于有些认定甚至无须使用。本书后面的章节中将更为详细地陈述注册会计师为各个账户和认定设计实质性程序的方法。

（三）取得审计证据与整理审计工作底稿

注册会计师对内部控制的考虑应当作为总体风险评估和证据收集过程的一部分记录于底稿中。除了记录对内部控制的了解，注册会计师还应当记录：针对评估的财务报表层次的重大错报风险的总体措施；进一步审计程序的性质、时间安排和范围；相关认定层次上审计程序与评估的风险的联系；审计程序的结果；以前年度审计已经获取了控制运行有效性的审计证据，当期审计中使用这些审计证据所得出的结论。

（四）对是否调整原有审计方案作出决策

当考虑重要性水平和固有风险等因素时，针对各个层次的控制风险修改审计方案会涉及复杂的判断。诸如：针对高控制风险，注册会计师应当额外测试多少项目？某一具体认定的重大错报风险是否足够低，使得仅测试中期某一时点而非期末的认定是可行的？不同的注册会计师对这些问题可能会有不同的结论。事实上，对这些审计判断的研究也仅止步于此，不同注册会计师在审计方案的决策上存在较大的差异。

最初，会计师事务所应对这一问题的方式是制定政策限制注册会计师个人的审计决策，如确定某一特定类型测试的最低样本量。最近，会计师事务所试图通过使用决策辅助工具使审计方案决策更加结构化。审计决策辅助工具是注册会计师使用的备忘录、标准表格或计算机程序，能够确保注册会计师考虑了所有相关的信息或协助他们整合信息以供决策。通过减少注册会计师判断的差异性，决策辅助工具提升了审计质量，从而达到了事务所和职业准则的要求。

（五）对内部审计师工作的考虑

许多内部审计师执行的审计程序在性质上与聘请的外部注册会计师相似，这使得人们需要考虑内部审计师的工作如何影响外部注册会计师的工作。此外，内部审计职能是被审计单位内部控制监督要素的重要方面，因此，外部注册会计师应当在评估控制风险时考虑该职能的存在和作用。尽管内部审计服务于内部控制，但内部审计师的工作可能减少外部注册会计师执行审计测试的数量。

外部注册会计师首先应当获取对内部审计师工作的了解，以确定其与审计工作的相关性。他们可以询问内部审计师的活动和审计计划等事项。如果外部注册会计师判断内部审计工作与自己的工作相关，且内部审计工作能提高审计效率，他们应当评估内部审计师的胜任能力和客观性，并评价其工作质量。

在评价内部审计师的胜任能力时，外部注册会计师应当考虑内部审计师的受教育水平、工作经验以及职业资格。他们也应当调查内部审计师的政策、方案、程序、工作底稿和报告，以及内部审计师的活动受到监督和复核的程度。客观性的评价应当考虑内部审计主管的地位，包括主管直接报告对象的层级是否足以保证广泛的审计覆盖范围，以及是否能直接接触审计委员会。内部审计师执行审计工作的独立性也应当被复核。

除了缩小外部注册会计师实质性程序的范围之外，内部审计工作还可能影响外部注册会计师获取对内部控制的了解和评估风险的审计工作。例如，外部注册会计师可能使用内部审计师关于内部控制的记录。

除了利用内部审计师的工作外，外部注册会计师也可能需要他们的直接帮助。例如，内部审计师可能会帮助外部注册会计师执行控制测试或实质性程序。然而，外部注册会计师不应当过度信赖内部审计工作；他们应当获取充分、适当的审计证据，以支持其对财务报表的审计结论。不论内部审计工作的范围多大，外部注册会计师都应当对具有高重大错报风险的财务报表认定执行直接测试。评估的固有风险和控制风险、错报的重要性水平、执行测试的充分性都应当由外部注册会计师独立判断。同时，外部注册会计师应当直接参与评价需要大量主观判断的审计证据。

（六）对将部分业务外包给服务机构的考虑

一些服务组织可以为采取职能外包的企业（客户主体）提供服务。例如，会计师事务所的客户（客户主体）可能将其薪酬职能外包给服务组织。一般情况下，相关管理机构要求注册会计师了解客户主体如何利用服务组织的服务，包括服务的性质和重要性以及对内部控制的影响。如果注册会计师无法从客户主体获取充分的了解，则应当通过执行以下一个或多个程序获取了解：通过客户主体联系服务组织，以获取更为详细的信息；拜访（或委托其他注册会计师拜访）服务组织并对服务组织的相关控制执行必要的审计程序；获取服务组织注册会计师的报告并考虑服务组织的控制。

当客户主体的控制与服务组织的控制互动程度较低时，注册会计师可能认为客户主体采用的控制足以确保交易中的重大错误或舞弊被发现。例如，客户主体可能采取了输入总计控制并将其与服务组织的输出作对比，也可能出于测试目的重新执行计算。如果这些控制是充分的，注册会计师只需测试客户的控制活动以获取适当的审计证据即可，对服务组织无须执行审计程序（如控制测试）。

随着服务组织与客户主体间的互动增加，注册会计师可能需要联系服务组织，并在必要时执行程序以获得所需的了解。此外，如果审计计划中假定某些控制运行有效，注册会计师应当获取关于这些控制运行有效性的审计证据，无论这些控制是由客户主体还是服务组织实施。

四、对内部控制缺陷的考虑和处理

（一）内部控制缺陷及其处理要求

内部控制缺陷，是指在下列任一情况下内部控制存在的缺陷：（1）某项控制的设计、执行或运行不能及时防止或发现并纠正财务报表错报；（2）缺少用以及时防止或发现并纠正财务报表错报的必要控制。我们强调的值得关注的内部控制缺陷，是指注册会计师根据职业判断，认为足够重要从而值得治理层关注的内部控制的一个缺陷或多个缺陷的组合。

建立和维持有效的内部控制是管理层的重要责任，而对内部控制和公司的财务报告过程进行独立的监督则是审计委员会或其他由治理层控制的组织的责任。通过与管理层和审计委员会交流在审计过程中识别的内部控制缺失和重大弱点及其潜在影响，注册会计师可以协助管理层和审计委员会更好地履行职责。这是除审计报告的合理保证之外的一项服务。为履行这一职责，注册会计师应当了解内部控制缺失、重要缺陷以及重大弱点的概念。审计准则要求注册会计师对后两者进行沟通。

（二）注册会计师沟通的方式与内容

注册会计师应当根据已执行的审计工作确定是否识别出内部控制缺陷。如果注册会计师识别出内部控制缺陷，则应当根据已执行的审计工作确定该缺陷单独或连同其他缺陷是否构成值得关注的内部控制缺陷。注册会计师应当以书面形式及时向治理层通报审计过程中识别出的值得关注的内部控制缺陷。注册会计师还应当及时向管理层通报下列内部控制缺陷：（1）已向或拟向治理层通报的值得关注的内部控制缺陷，除非在具体情况下不适合直接向管理层通报；（2）在审计过程中识别出的、其他方尚未向管理层通报而注册会计师根据职业判断认为足够重要从而值得管理层关注的内部控制其他缺陷。

值得关注的内部控制缺陷的书面沟通文件应当包括以下内容：（1）对缺陷的描述以及对其潜在影响的解释；（2）使治理层和管理层能够了解沟通背景的充分信息。

在向治理层和管理层提供信息时，注册会计师应当特别说明下列事项：（1）注册会计师执行审计工作的目的是对财务报表发表审计意见；（2）审计工作包括考虑与财务报表编制相关的内部控制，其目的是设计适合具体情况的审计程序，而并非对内部控制的有效性发表意见（如果结合财务报表审计对内部控制的有效性发表意见，应当删除“并非对内部控制的有效性发表意见”的措辞）；（3）报告的事项仅限于注册会计师在审计过程中识别出的、认为足够重要从而值得向治理层报告的缺陷。

（三）对内部控制缺陷的其他表述与处理

内部控制的缺陷分为重要缺陷和重大弱点。重要缺陷是指财务报告的内部控制缺陷（或组合缺陷），其严重程度低于重大弱点，但足以引起负责监督财务报告人员的注意。重大弱点是指财务报告内部控制缺陷（或组合缺陷），很可能导致财务报表重大错报无法被及时防止或发现。除这两种缺陷之外的缺陷为非重要缺陷。重要缺陷和重大弱点需要注册会计师与管理层和治理层进行沟通。

注册会计师应当与管理层和治理层沟通低于重要性水平的内部控制缺陷以及其他缺陷（如与运营效率有关的事项）。这些事项通常以管理建议书的方式与管理层沟通。管理建议书为管理层提供了富有价值的参考，同时能在挪用公款或其他由内部控制缺陷导致的损失中最大限度地减轻注册会计师的法律责任。许多会计师事务所对管理建议书十分重视，要求给客户提供详细周到的管理建议书。它们认识到，这样的建议书对客户运营的效率和效果极具价值和贡献。注册会计师所提出建议的质量反映了他们的专业技能、创造力以及调查的周密性。

第五节　对小企业内部控制的考虑

一、小企业内部控制的特殊性

以上对内部控制及注册会计师考虑事项的讨论都是针对大型企业。大型企业可以通过明确的职责划分杜绝员工单独处理交易完整过程的现象，从而实现良好的内部控制；而小企业只有一到两个办公室的员工，很可能无法进行职责划分。因此，小企业即便存在内部控制也相对薄弱，除非所有者或经理认识到内部控制的重要性，并且参与到关键活动中，否则一些因内部控制薄弱而出现的弊端难以完全避免。

由于小企业缺乏完善的内部控制，相比大公司的审计，注册会计师必须对账户余额和交易使用更多的实质性程序。尽管认识到小企业几乎没有完善的内部控制是有必要的，但这不是忽略可能适用的控制方式的理由。注册会计师在适当情况下可以鼓励小企业建立简易可行但充分有效的内部控制。

二、对小企业内部控制的建议

以下具体的控制活动通常对小型企业适用：

1. 在签发支票之前检查全部单证。业主或者经理的经营知识应该使他们能够辨认出伪造、篡改或用其他方法代表企业完成交易的单证。因此，通过邮寄已签字的支票，业主或经理就可以防止会计人员因接触金融资产（已签字的付款支票）而发生不正当挪用并加以掩盖的行为。

2. 在认真复核之后直接寄给客户对账单。复核客户对账单的目的是首先确定重大的过期应收账款余额，之后再采取进一步行动。无论这笔过期应收账款余额是否真的由拖欠账款或相关人员挪用所致，业主或经理的复核以及采取的后续行动都能揭示出原因。业主或经理的复核知识以及采取的后续行动可以使会计人员打消企图欺骗公司挪用客户汇款的念头，并鼓励员工努力催收拖欠的货款。

3. 在将订货单发送给供应商之前认真检查。在将订货单发送给供应商之前进行检查，业主或经理可防止或发现滥用购货职权损害公司利益的行为，例如购买劣等质量的产品或服务，买价过高（无论是否包括回扣），或没有按照预先确定成本的订单及其数量购货。

4. 使用分析性复核程序并调查异常关系。根据每月的财务报表和业绩报告编制预算，业主或经理可以使用分析性复核程序，这使他们能够发现重大的异常情况并查找原因。详细的相对数指标包括毛利率、预算差异率、流动比率、速动比率、应收账款周转率、存货周转率和已获利息倍数等。无论这些比率的变化是否由经济状况恶化、竞争加剧、错误或舞弊所致，通过调查原因并进行改正，业主或经理可以实现对经营活动的有效控制。

5. 控制现金收入且每日与从银行取得的现金解款单进行数额对比。为了确保全部新到的现金收入被分毫不差地存入银行，业主或经理应该作出以下几个规定：限制不接触会计记录的人（如业主或经理的秘书、接待员）在新到的支票上背书，除此之外，每期列出清单以便与银行的回执比较；业主或经理或负责取得新到支票的人每日审查现金日记账；每日将现金登记磁带和销售单据转交给会计；支票和现金收入由背书支票和登记现金日记账的人存入银行，并将取得的回执和现金解款单转交业主或经理；业主或经理比较每一张现金解款单或回执上的总额，检查是否与现金收入分录、现金登记磁带上的金额和通过电子邮件收到的支票清单一致。

6. 调节银行存款账户，或由其他不是出纳或会计的人编制余额调节表并调节该账户。作为发现与现金有关的错误或不正当行为的进一步控制，业主或经理应该调节每月的银行存款账户，或将这个工作分配给既不接触现金收入也不接触会计记录的人去做。

7. 所有应收账款的注销都必须经过批准。为了防止过早地注销未收回的账款以及防止不诚实的员工为了掩盖被挪用的汇款而注销应收账款，业主或经理应该在批准注销预计无法收回的账款之前与客户或代理收款机构联系。

8. 定期测试盘点存货并将结果与永续记录比较。实地盘点和永续盘点记录之间的重大差异可能是因存货储存出现了问题，也可能是由于永续记录不充分。如果存货出现短缺，可能是舞弊或浪费所致。无论什么原因，结果都是对存货的控制失效。通过重复测试盘点和比较，业主或经理可以迅速发现短缺并对原因进行调查。这个控制鼓励人们认真维持永续记录以便将错误最小化，也可以加强存货的核算。

9. 在签发工资支票之前进行复核并检查工资支票中偶然出现的异常支付。在小公司中，业主或经理应该熟悉企业的人力资源状况，以及正常的工时和工资率。

通过在签发工资支票之前检查工资支票，应该能够发现与工时、工资率、虚构的员工和（或）用工合同已终止但仍然出现在工资表上的员工有关的错误和舞弊。如果员工人数比准备确认的人数多很多，作为自己不熟悉人力资源的代价，业主或经理可以一次性地支付一笔赔偿金解雇多余的员工，保留未签发的支票以备后续之用。

10. 为会计系统及其相关的财务报表的重复检查保留一位独立的注册会计师。尽管小企业不是独立审计的重点，但是检查却经常发生。尽管检查在范围上比审计有较多限制，但是它对财务报表提供了一定程度的保证。尽管在检查中不要求注册会计师研究和评估内部控制，但是对于受过专业训练的人来说，严重的控制漏洞应该是显而易见的，应将此情况告知业主或经理。

从本质上看，在开展上述活动的过程中，业主或经理充当的是内部审计师的角色，因此可以强化控制环境并在岗位不能分离的情况下提供补偿性控制。实施这些活动不会占用业主或经理很多时间，同时又可以提供许多公司资产和会计系统急需的控制。

思考题

1. 何为内部控制？它由哪些因素构成？它与注册会计师审计的关系怎样？在外国和我国，内部控制发展的状况如何？

2. 我国的内部控制规范体系由哪些具体规范构成？不同规范发挥着什么样的作用？

3. 企业内部控制在实施方面效果怎样？通常划分为哪三种不同的活动？它们之间的关系怎样？

4. 内部控制的实施方式由哪几个要素构成？各个要素的具体内容怎样？相互关系怎样？内部控制是怎样实现的？对上市公司有什么特殊要求？

5. 注册会计师对内部控制需要了解些什么？它与企业各交易循环的关系怎样？可以用哪三种方法描述被审计单位的内部控制及其执行情况？各种方法的内容、方式、优缺点怎样？三种方法之间的关系怎样？怎样进行穿行测试？

6. 内部控制与企业两个层次的相关风险是什么样的关系？怎样进行风险的评估？

7. 何为控制测试？其实施条件怎样？控制测试的基本过程、时间安排、实施范围的具体内容是什么？需要什么样的审计证据？

8. 控制测试的结果一般涉及什么样的内容？在内部控制测试阶段，控制测试与实质性程序之间的关系怎样？注册会计师在此阶段要做些什么？

9. 注册会计师在进行与控制测试有关的审计工作时，与被审计单位、内部审计部门、相关服务机构之间的关系怎样？

10. 何为内部控制缺陷？注册会计师应当怎样对内部控制缺陷进行认定与应对？怎样与被审计单位管理当局进行沟通？沟通些什么？

11. 怎样对小型企业的内部控制提出适当的建议？包括什么内容？

练习题

1. 某大型商业企业的经营场所分为四个楼层。一楼经营鲜活、冷冻食品和包装、瓶装小食品等，采用条形码技术、电子收银的超市管理方式。三楼主要是五金电器、箱包用品和儿童玩具，四楼主要是服装鞋帽、卧室用品和珠宝首饰等，采用的是百货商场的计算机数据处理和手工票据相结合的管理方式。二楼则经营化工日用品、文化用品和家居用品，采用一楼与三、四楼结合的管理方式，即既可在市场出口付款，也可在本层收银台付款。为了实施对商场总体的有效管理，该商业企业采取在商场出口电子收银和门卫查核顾客付款凭单、商品的综合管理方式。

顾客在商场三、四楼购买商品的程序如下：(1) 在柜台挑选商品，如服装鞋帽，选好后暂留在柜台，由服务员开出一式三联的纸质内部凭证（第一联为白色，第二联为绿色，第三联为粉色）。(2) 顾客持一式三联的单据到本楼层收银台付款（现金或支票、银行卡或网银、微信等），收银员对一式三联单据盖收款章之后留下第一联（白色联），将单据的第二、三联，以及用计算机打出的连续两份收款流水作业单交给顾客。(3) 顾客再回到柜台，柜台服务员留下纸质单据的第二联（绿色联）和一份收款流水作业单，将商品交给顾客。(4) 顾客离开商场时，在非电子收银台的出口处向值班门卫出示已付款单据与商品，门卫在付款单上做已经查验的标示（通常是盖章或画线）。如有需要，顾客可凭自制凭证的第三联（粉色联）和流水作业单，到门口的总服务台开具报销发票。

每日经营结束后，柜台服务员要清点柜台里各种货物的数量，并结合前一晚经营结束时的单据、当日本柜台进货的单据，以及当日晚上柜台里仍存在商品数量，用“倒挤”的方法计算出本柜台各种商品的销售数量（即当日销货＝前一晚结存货物＋当日新进货物－当晚结存货物），然后再用既定的售价计算应当收取的货款。注意：商场二楼的货款一是要与开具单据的本层楼收银台核对，二是要和在门口电子收银台开具的对账单数量核对，即 $\sum$ 商品数量×单价＝本层楼收银台收取的货款＋电子收银台收取的商品款。不仅如此，柜台售货员还要将盘点的在柜商品数量与仓库记录的商品数量进行核对。

与此同时，各楼层收银台的收银员、电子收银员要将当日收取的现金、支票、银行卡等结算的金额通过计算机与商场财务科核对准确，将收取的现金、支票等单据，以及顾客签字后的收款凭据交给商场财务科，并取得财务科开具的内部收款单据。

要求：

(1) 请分别采用文字描述法、系统流程图法对上述商场每日营业结束时的内部控制流程进行描述，并描述关键控制环节的控制方式。

(2) 作为注册会计师，请你根据本商场的内部控制模式设计一份内部控制调查表，以在具有相同管理方式商场的审计中使用。

2. 绘制内部控制流程图。

(1) 某小型制造业单位采用“账卡合一”及计算机加手工的方式核算存货。在采购业务开始时，采购员按照采购部门经理的安排，到财务科领取支票，进行采购。

（2）原材料采购完成时，经办人员要持支票结算存根、销货方开具的增值税专用发票到财务部门办理结算手续。财务部门核对内容后，由计算机自动开具并打印出一式三联的入库单（自制原始凭证），将第一联交由经办人员。财务部门持第二联，连同支票结算存根和专用发票编制记账凭证，即做会计分录：

借：物资采购　　×××
　　应交税费（应交增值税）　　×××
　贷：银行存款　　×××

自制凭证的第三联作为入库单，在材料入库时存放在仓库保管员处。

（3）待会计期末，仓库将自制原始凭证的第三联交与财务部门。财务部门要将仓库转来的入库单与实际采购报账的第二联相核对，对于核对相符的部分，与计算机数据相验证后转为库存材料，由计算机自动生成并打印出记账凭证，分录为：

借：原材料　　×××
　贷：材料采购　　×××
　　　材料成本差异　　×××

（4）如果核对发现有上月购入、本月入库的单据，也转为原材料；而未能与本月报账部分核对相符的部分，作为期末的在途材料，仍留在“材料采购”账户中（期末余额）。有时也会发现已入库但尚未报账的原材料，这时要单独制作记账凭证，另行核算。即核对出这样的数据时，计算机自动生成并打印出记账凭证，分录为：

借：原材料（计划价）　　×××
　贷：应付账款　　×××

待下月开始时再将这笔业务用红字冲转，等收到款项时重新记录。

要求：请按照上述要求，画出公司物资采购过程的内部控制流程图。

第六章

Chapter 6

财务报表的认定与实质性程序

学习目标

1. 掌握实质性程序的含义、内容和类型；理解针对特别风险实施的实质性程序；深入理解和掌握实质性程序与控制测试的区别；了解双重目的测试。

2. 深入理解和熟练掌握认定的概念和财务报表认定的具体内容；理解财务报表认定与实质性程序构成内容之间的关系。

3. 理解和掌握细节测试的适用性和具体类型；理解和掌握实质性分析程序的性质、设计时应考虑的主要因素以及选择标准和实施要点；掌握细节测试和确定实质性分析程序范围各自需要考虑的主要因素，以及二者均应考虑的情况。

4. 了解注册会计师设计审计方案时应遵守的原则；理解和掌握在审计工作的不同阶段考虑重要性水平的具体思路和方法；熟练掌握设计实质性程序的定量方法。

5. 深入理解和掌握主要以资产负债表为线索的审计程序及间接证明利润表项目的实质性程序的基本思路和方法，并能在审计实务中正确应用。

6. 理解实质性程序对审计目标的修正效果，了解审计方案中实质性程序部分的具体内容；理解中期审计的内容和特点。

第一节　实质性程序及其与控制测试的关系

一、实质性程序的进一步解释

（一）实质性程序及其构成

前已述及，实质性程序是指注册会计师针对评估的重大错报风险实施的直接用以发现认定层次重大错报的审计程序。实质性程序包括对各类交易、账户余额和披露的细节测试以及实质性分析程序。

由此可知，注册会计师实施的实质性程序应当包括下列与财务报表编制完成阶段相关的审计程序：（1）将财务报表与其所依据的会计记录核对；（2）检查财务报表编制过程中作的重大会计分录和其他会计调整。注册会计师对会计分录和其他会计调整检查的性质和范围，取决于被审计单位财务报告过程的性质和复杂程度以及由此产生的重大错报风险。

由于注册会计师对重大错报风险的评估是一种判断，因此可能无法充分识别所有的重大错报风险，并且由于内部控制存在固有局限性，无论评估的重大错报风险结果如何，注册会计师都应当针对所有重大的各类交易、账户余额和披露实施实质性程序。

（二）实质性程序的两种类型

一般认为，实质性程序包括细节测试和实质性分析程序两种基本类型。细节测试是对各类交易、账户余额和披露的具体细节进行测试，目的在于直接识别财务报表认定是否存在错报。实质性分析程序从技术特征上看仍然是分析程序，主要是通过研究数据间的关系评价信息，即识别各类交易、账户余额和披露及相关认定是否存在错报。

（三）针对特别风险实施的实质性程序

如果认为评估的认定层次重大错报风险是特别风险，注册会计师应当专门针对该风险实施实质性程序。这里所说的特别风险，是指注册会计师识别和评估的、根据判断认为需要特别考虑的重大错报风险。特别风险是需要注册会计师异常关注的特别的重大错报风险，一般与非常规交易和预期交易相关，而不涉及那些日常的、不复杂的、正规处理的交易。例如，如果从各方面考虑，认为管理层面临实现盈利指标的压力而可能提前确认收入，这就会构成一种特别风险。针对这种情况，注册会计师在设计询证函时不仅应当考虑函证应收账款的账户余额，还应当考虑询证销售协议的细节条款（如交货、结算及退货条款），还可考虑在实施函证的基础上针对销售协议及其变动情况询问被审计单位的非财务人员。

如果针对特别风险仅实施实质性程序，注册会计师应当使用细节测试，或将细节测试和实质性分析程序结合使用，以获取充分、适当的审计证据。作此规定的考虑是，为应对特别风险需要获取具有高度相关性和可靠性的审计证据，仅实施实质性分析程序不足以获取有关特别风险的充分、适当的审计证据。

二、实质性程序与控制测试之间的区别

（一）二者在时间上的区别

在审计业务中，控制测试在前，实质性程序在后。即，首先要对被审计单位的内部控制进行了解，如果认为被审计单位的内部控制是有效的，那么在审计过程中可以扩大对内部控制的测试，证明内部控制是有效的，这样可以缩小实质性程序的范围（但不能取消），降低审计成本。反之，如果认为内部控制不可信赖，就可以减少内部控制测试，扩大实质性程序，或者完全依赖实质性程序。

（二）二者在目的上的区别

控制测试的目的是获取审计证据证明已经设计并正在运行的某认定相关的内部控制是否有效，即是否防止或发现并纠正了财务报表重大错报。具体来讲，了解内部控制的目的是获取审计证据证明针对某认定是否设计了相关内部控制；如果已经设计相关控制，这些控制是否正在运行；如果已设计的内部控制正在运行的话，是否能够防止或发现并纠正财务报表重大错报。注册会计师在以下两种情形下应当实施控制测试：（1）在评估认定层次重大错报风险时，预期控制的运行是有效的；（2）仅通过实

施实质性程序并不能提供认定层次充分、适当的审计证据。

实施实质性程序的目的是发现认定层次重大错报。前已述及，实质性程序包括下列两类程序：(1) 对各类交易、账户余额和披露的细节测试，目的在于直接识别财务报表认定是否存在错报。细节测试被用于获取与某些认定相关的审计证据，如存在、发生、计价、准确性等。针对特别风险必须实施细节测试。(2) 实质性分析程序主要是通过研究数据间关系评价信息，以识别某类交易、账户余额和披露及相关认定是否存在错报，通常更适用于在一段时间内存在预期关系的大量交易，比如，可以根据"收入/固定资产"公式推算折旧与营业收入的预期关系等。

此外，注册会计师在设计和实施实质性分析程序时应当考虑以下因素：(1) 考虑针对所涉及认定评估的重大错报风险和实施的细节测试，确定特定实质性分析程序对这些认定的适用性；(2) 考虑可获得信息的来源、可比性、性质和相关性以及与信息编制相关的控制，评价在对已记录的金额或比率作出预期时使用数据的可靠性；(3) 对已记录的金额或比率作出预期，并评价预期值是否足够精确以识别重大错报（包括单项重大的错报和单项虽不重大但连同其他错报可能导致财务报表产生重大错报的错报）；(4) 确定已记录金额与预期值之间可接受的且无须作进一步调查的差异额。

(三) 二者在审计方法上的区别

由于控制测试关注的是企业的内部控制，因此所使用的主要审计方法是询问、观察、检查和重新执行。而实质性程序关注的则是认定层次是否还存在重大错报，所使用的审计方法除了观察、检查之外，还有询问、函证、重新计算和分析程序。这说明二者在实际操作上有所不同。

(四) 二者关系的总结

我们将上述控制测试与实质性程序之间的区别用表格的方式进行总结归纳，具体见表 6—1。

表 6—1　　**控制测试与实质性程序之间关系的总结**

比较项目	控制测试	实质性程序	二者关系的特殊说明
时间	控制测试在前。	实质性程序在后。	控制测试的结果决定实质性程序的性质、时间和范围。
目的	证明已经设计并正在运行的某认定相关的内部控制是否有效。	发现认定层次重大错报，包括对某类交易、账户余额和披露的细节测试以及实质性分析程序。	若控制有效，可以减少实质性程序；反之，则不可减少。
方法	询问、观察、检查、重新执行。	观察、检查、询问、函证、重新计算和分析程序。	实质性程序比控制测试的内容要多。

通过上述比较可以看出：虽然本教材后面的审计实务章节主要是从控制测试和实质性程序两个层次对审计实务进行分析说明，但实质性程序是审计实务中的"重头戏"，是财务报表审计过程中最重要的部分。因此，本章与其他教材的有别之处之一在于，此处对实质性程序进行更深入的解释；不仅如此，本章还要把不进行内部控制测试的一些特殊项目审计包括进来。

(五) 二者关系的举例说明

下面举例说明控制测试和实质性程序二者之间的关系。

例6—1

A企业说明，为了加强货币资金的内部控制，如果企业有超过20万元的资金支付事项，则需要三位经理同时同意方能支付。该企业的货币资金本期实际收入额为1 200万元，支出为1 800万元，期末余额为1 100万元。注册会计师对A企业本期的货币资金运用情况进行了审计。

要求：请结合控制测试和实质性程序二者间的关系来分析这一问题。

回答：本例可以从以下三点来说明。

一般来说，A企业设计了有关货币资金的内部控制，若有超过20万元的资金支付事项，就应该检查企业是否采取了集体决策制度，即由三位经理一致同意并签字才能通过。

要辨明具体情况，即进行这样的测试要求将条件进一步细化，对于超过20万元的资金支付事项，是三位经理都签字，还是三位经理同意后由其中一位经理签字。其原因是，控制测试的对象必须留有轨迹，如果被审计单位仅仅设计了“同意”，而没有“签字”环节的控制要求，就无法实施是否签字的控制测试。

进一步讲，如果A企业期末货币资金账面余额为1 400万元，注册会计师直接将货币资金项目重新计算以核实其余额准确性，其中自然包括经理们签字的业务。这种做法就属于实质性程序。

三、双重目的测试

简言之，双重目的测试是指某项测试既有控制测试的目的，即监测内部控制是否存在、是否有效执行；又有实质性程序的目的，即发现认定层次的重大错报。换句话说，控制测试的目的是评价控制是否有效运行，细节测试的目的是发现认定层次的重大错报，尽管两者目的不同，但注册会计师可以考虑针对同一交易同时实施控制测试和细节测试，以实现双重目的。例如，注册会计师通过检查某笔交易的发票可以确定其是否经过适当的授权，也可以获取关于该交易的金额、发生时间等细节证据。当然，如果拟实施双重目的测试，注册会计师应当仔细设计和评价测试程序。

第二节　实质性程序的具体内容

既然实质性程序是注册会计师针对评估的重大错报风险实施的直接用以发现认定层次重大错报的审计程序，那么我们在分析问题时首先要对认定有更清晰的认识。

一、财务报表认定的具体内容

所谓认定，是指管理层在财务报表中作出的明确或隐含的表达，注册会计师将其用于考虑可能发生的不同类型的潜在错报。认定与审计目标密切相关，注册会计师的基本职责就是确定被审计单位管理层对其财务报表的认定是否恰当。被审计单位的管理层和治理层应当对依照《企业会计准则》公允反映的财务报表负责。这一责任体现在管理层有责任提供财务报表，包括在不同账户合理列示金额，以及恰当地记录交易和披露信息（如财务报表附注）。财务报表的主要组成要素包括：（1）账户余额；

(2) 所审计期间各类交易和事项；(3) 列报和披露。当管理层声明财务报表已按照适用的财务报告编制基础（例如《企业会计准则》）编制，在所有重大方面作出公允反映时，就意味着管理层对财务报表各组成要素的确认、计量、列报以及相关的披露作出认定。管理层对财务报表的认定有些是明确表达的，有些则是隐含表达的。例如，管理层在资产负债表中列报固定资产及其金额，就意味着作出如下明确的认定：(1) 记录的固定资产是存在的；(2) 资产负债表中的固定资产金额恰当，与之相关的计价或分摊调整已恰当记录。同时，管理层也作出下列隐含的认定：(1) 所有应当记录的固定资产均已记录；(2) 记录的固定资产均由被审计单位拥有或控制。

着眼于我国审计准则，也参考国外的审计学教材，财务报表认定可分为三大类：(1) 与各类交易和事项相关的认定：发生、完整性、准确性、截止、分类；(2) 与期末账户余额相关的认定：存在、权利和义务、完整性、计价和分摊；(3) 与列报和披露相关的认定：发生以及权利和义务、完整性、分类和可理解性、准确性和计价。

进一步讲，这三类认定能反映出下述内容：(1) 与各类交易和事项相关的认定，是一个期间量，亦即企业一定期间的动态考核，企业的利润额就是这样。通常，利润表项目涉及的认定就是与各类交易和事项相关的认定，比如营业收入的发生等。(2) 与期末账户余额相关的认定，是时点的考量，是对期末这个时点的静态值的考量，由此可知，资产负债表项目涉及的认定就是与期末账户余额相关的认定，比如存货的存在。(3) 与列报和披露相关的认定，表达的是上述这两个认定最终是如何在财务报表上列报的，通常特指附注的披露是否公允和完整等。

因此，认定的具体内容及其运用可从不同角度来阐述，它们之间的关系总结如表6—2所示。

表6—2　　认定具体内容的分类解析及相互关系总结

认定	与各类交易相关	与账户余额相关	与报表披露相关
发生	记录的交易与事项已经发生，且与被审计单位无关。		
发生以及权利和义务			披露的交易和事项以及其他情况已发生，且与被审计单位有关。
存在		记录的资产、负债和所有者权益是存在的。	
权利和业务		记录的资产由被审计单位拥有或控制，负债是被审计单位应履行的偿还义务。	
完整性	所有应当记录的交易和事项均已记录。	所有应当记录的资产、负债和所有者权益均已记录。	所有应当包括在财务报表中的披露均已包括。
准确性	与交易和事项有关的金额及其他数据已恰当记录。		

续前表

认定	与各类交易相关	与账户余额相关	与报表披露相关
分类和可理解性			财务信息被恰当地列报和描述，且披露内容表述清楚。
准确性和计价			财务信息和其他信息已公允披露，且金额恰当。
截止	交易和事项记录于正确的会计期间。		
计价和分摊		资产、负债和所有者权益以恰当的金额包括在财务报表中，与之相关的计价或分摊调整已恰当记录。	
分类	交易和事项记录于恰当的账户。		

二、实质性程序的类型和范围

在设计实质性程序时，考虑实质性程序的性质（类型和形式）、时间（何时执行）和范围（获取审计证据的数量）是很有用处的。

（一）细节测试与实质性分析程序

实质性程序包括细节测试和分析程序。因为这二者的性质、时间和范围是基于风险评估程序的结果而确定的，所以这些程序和测试是注册会计师执行进一步审计程序的一部分。

1. 对细节测试的解释。细节测试适用于对各类交易、账户余额以及列报和披露认定的测试，尤其是对存在或发生、计价认定的测试，注册会计师应当针对评估的风险设计细节测试，以获取充分、适当的审计证据，达到认定层次所计划的保证水平。这就要求注册会计师根据不同认定层次的重大错报风险设计有针对性的细节测试。例如，在针对存在或发生认定设计细节测试时，注册会计师应当选择包含在财务报表金额中的项目，并获取相关审计证据。又如，在针对完整性认定设计细节测试时，注册会计师应当选择有证据表明应包含在财务报表金额中的项目，并调查这些项目是否确实包括在内。例如，为应对被审计单位漏记本期应付账款的风险，注册会计师可以检查期后付款记录。

我们可以按照认定的具体内容，把细节测试分为三种类型：（1）账户余额测试；（2）交易类型测试；（3）信息披露测试。账户余额细节测试可以直接认定某个账户的期末余额是否发生错报（如应收账户期末余额的函证）。交易细节测试（也称为交易的直接测试）可以认定本期特定类型的交易（如设备的更新）是否被恰当记录。信息披露细节测试可以认定财务报表的信息披露是否恰当陈述。

例 6—2

注册会计师进行年终报表的财务费用审计，被审计单位本年向借款银行支付借款利息一般是按季支付，总共有专门记录财务费用的记账凭证 7 份，所附与银行交付款往来的原始凭证 32 份，总额为 870 万元。

要求：请说明注册会计师怎样组织这一项目审计。

回答：进行这样的审计既要考虑所审项目的重要性程度，又要考虑审计工作的成本效益。被审计单位的财务费用虽然数额较大，但涉及的记账凭证和原始凭证并不是很多，因此注册会计师决定对财务费用进行具有双重目的的细节测试，即按照详细审计的要求进行诸张凭证的审计，并将审计结果记录在下述审计工作底稿之中（见表 6—3）。

表 6—3　注册会计师财务费用审计工作底稿

凭证号数	附带原始凭证张数	进行检查并记录发现的问题	应调整金额（元）	应调整账户的数额与方向	调账记录
1	2				
2	3				
3	5	其中一张原始凭证的手续费计算错误。	—187.00	冲减财务费用	已调
4	2				
5	4				
6	4				
7	12	一张原始凭证打印不清楚，不能辨认。		补换凭证	已办
合计	32				

2. 对实质性分析程序的解释。注册会计师在设计实质性分析程序时应当考虑的因素包括：（1）对特定认定使用实质性分析程序的适当性；（2）对已记录的金额或比率作出预期时，所依据的内部或外部数据的可靠性；（3）作出预期的准确程度是否足以在计划的保证水平上识别重大错报；（4）已记录金额与预期值之间可接受的差异额。考虑到数据及分析的可靠性，当实施实质性分析程序时，如果使用被审计单位编制的信息，注册会计师应当考虑测试与信息编制相关的控制，以及这些信息是否在本期或前期经过审计。

例 6—3

注册会计师在对某服装公司进行审计时，发现公司销售费用中的“三包”费用数额较大，且发生的次数较多。注册会计师对相关的凭证进行整理，发现在本年内这样的业务发生了 227 笔，涉及金额 3 721 785 元。该数额之大引起了注册会计师的关注。审计业务考虑的重要性水平为总金额的 5%，即±180 000 元；风险程度为 10%。

要求：你认为注册会计师该如何进行“三包”费用的审计？请作出解释。

回答：注册会计师既要对此业务相关制度进行了解，即调查和观察“三包”费用的发生及其赔付条件、过程，以查明制度管理是否存在漏洞；又要查明涉及的金额是否准确，即为报表数据提供有限保证。换句话说，注册会计师既要测试财务报表上的数据是否正确，又要对公司内部控制制度存在的问题进行分析。

注册会计师根据被审计单位的凭证数量及金额，决定采用分层的方式取得样本并进行“三包”费用的审查。该服装公司的凭证与金额的具体数据见表6—4。

表6—4　业务金额分层及样本数量表

	分层数额	凭证数量	金额（元）	选样标准	样本量
1	100 000元及以上	6	810 319	100%	6
2	50 000～100 000元	26	1 742 680	50%	13
3	10 000～50 000元	82	1 100 964	10%	8
4	10 000元以下	113	67 822	5%	6
合计		227	3 721 785		33

注册会计师对上述样本逐个进行严格的检查。由于需要双方认证后再行支付包赔款项，选取的33张凭证只有轻微的数据记录错误，没有发现业务处理中的明显纰漏，因此注册会计师有90%的把握认为“三包”费用的差错率在5%以下。

注册会计师对企业制度建设、执行方面的审计结果如下：

（1）在管理制度上，公司存在各分厂、部门都可办理退货、换货的情况，致使这类业务繁多、零碎，控制无力；

（2）退货手续无制度约束，且赔付费用与退换发运、邮寄费用相互混淆；

（3）公司内部的仓库、车间存货管理漏洞多，产品批号、尺寸、颜色等较为混乱，差错较多。

注册会计师根据公司的具体情况，提出了三项加强管理的建议：

（1）退货由销售部门统一管理，专人办理，并要查明原因，由销售和发运货物的部门承担部分责任；

（2）进行退货费用的划分，赔付费、运送（含邮寄）费、退换费要分别处理，并与存货管理的记录相互核对；

（3）对公司内部的存货混乱情况进行根治，采用分工序及车间、产品类型的条形码技术进行存货管理。

注册会计师在第二年进行审计时，对公司采纳上述建议的情况进行了了解，认为公司在这方面取得的管理效果非常显著，基本上消除了原来的缺陷和不足。

3. 实质性程序选择的标准及其实施要点。审计中采取的实质性程序的性质取决于评估的重大错报风险，因此应当有效获取充分适当的审计证据，在每个审计领域实现计划的保证水平。注册会计师在高风险领域执行审计的一种方式是选择更为有效的审计程序。例如，如果注册会计师想提高针对应收账款存在获取的保证水平，可以通过函证应收账款来直接测试期末余额，而非依赖对内部文件的检查。在实际工作中，实质性程序是针对不同企业主要业务循环的不同阶段，或者是不同业务循环的各个环节展开的。比如，实质性程序可以从以下六个方面展开：货币资金与金融资产，销售与收款循环，采购与付款循环，存货，长期资产与折旧、折耗，经营过程与其他损益事项和收益分配。这就形成了实质性程序执行过程以交易类型为重要线索的几个重要的切入点。

（二）细节测试与实质性分析程序的范围确定

在实质性程序的性质和时间等因素不变的情况下，重大错报风险越大，所需的实质性程序的范围越大。注册会计师扩大交易和账户余额实质性测试范围的主要方式是测试更多的项目。出于成本效益原则，注册会计师应当采用抽样方法，但样本量应当足以将审计风险控制在低水平。由于实质性程序由细节测试和分析程序构成，这里的分析也根据两种具体情况而定。

1. 细节测试的范围确定。由于细节测试完全是依据适用于对各类交易、账户余额、列报和披露认定的测试，因此，细节测试的范围要考虑以下几个方面：（1）从样本量的角度考虑测试范围，即对某一事项的细节测试需要多大的样本量才能保证测试结果在需要的风险保证范围内，这样必然导致有的事项范围大，而有的事项范围小；（2）考虑选样方法的有效性，从总体中选取大额或异常项目，而不是进行代表性抽样或分层抽样；（3）考虑各种不同认定的特点，例如，针对存在或发生认定设计细节测试和针对完整性认定设计细节测试，测试范围会有不同。

2. 实质性分析程序的范围确定。一般情况下，注册会计师应当在制定审计计划时对实质性分析程序的范围有所考虑，但那时计划的实质性分析程序是在对企业内部控制进行测试之前的预计。当注册会计师完成了内部控制的测试后，可能有两种不同的判断：其一是原定的内部控制有效性可以被信赖，实质性分析程序按照原来预定的范围执行；其二是原定的内部控制有效性由于某种原因不能保证防止重大错报风险，原先计划的实质性分析程序的范围必须扩大，以保证重大错报风险在可控制的范围内，此时要重新考虑实质性分析程序的范围。

具体来说，在确定实质性程序的范围时，注册会计师应当考虑以下因素：（1）评估的认定层次的重大错报风险越高，需要实施实质性程序的范围越广，反之亦然；（2）如果对控制测试结果不满意，注册会计师应当考虑扩大实质性程序的范围。

3. 二者均应综合考虑的情况。确定实质性程序范围时要考虑重大错报风险和实施控制测试的结果：（1）注册会计师评估的认定层次的重大错报风险越高，需要实施实质性程序的范围越广，这是保证审计结果质量的重要措施。（2）如果通过内部控制得出了被审计单位内部控制严密有效的结论，则可保持原有审计计划中的实质性程序的范围；反之，如果对控制测试结果不满意，注册会计师应当考虑扩大实质性程序的范围。

第三节　实质性程序中的重要性

一、考虑重要性水平时的实质性程序

本书第三章对审计重要性进行了介绍，提及在设计实质性程序时，要根据风险评估的结果调整重要性水平，也就是说，实质性程序的性质、时间和范围取决于注册会计师对重要性水平和风险水平的判断。在设定了重要性水平、评估出固有风险与控制风险之后，注册会计师就掌握了设计实质性程序的必要信息。在设计程序时，注册会计师应该遵守下列原则：

1. 对于高审计风险区域应该相应地分配较多的审计资源，而高审计风险区域的确定基于注册会计师研究企业的经营情况和行业状况，执行分析性复核程序与舞弊评估（固有风险评估），以及研究和评价内部控制系统（控制风险评估）。

2. 重要的交易和账户余额应当比不重要的交易和账户余额实施更多的实质性程序。

3. 根据对企业经营情况的研究、分析性复核的执行情况和舞弊评估，注册会计师怀疑收益被夸大，就应该降低单个项目的重要性水平，而且应该更加依靠外部证据，减少对内部证据的依赖。

4. 与较强的内部控制相比，对于内部控制较差且预计存在大量错误的交易循环子系统，应该将累积的重要性水平设得低一些。其目的是降低忽视大量小错误的可能性，因为这些小错误累积起来可能会超过单个项目的重要性水平。因此，注册会计师应该获取更多数量的外部证据以满足具体的审计目标。

二、重要性在不同阶段情况的举例说明

（一）在财务报表总体层次量化计划的重要性水平

如何在财务报表总体层次量化计划的重要性水平，本书已在第三章第二节讨论过，此处不再赘述。

（二）对控制测试后重要性水平的考虑

假设注册会计师在初步评估内部控制后对内部控制比较满意，将利润表的累计和单个项目的重要性起点分别设为 2 万元和 20 万元。金额等于或超过 20 万元的错误被认为是重要的，并纳入建议的审计调整之中；金额在 2 万元和 20 万元之间的错误将在审计工作底稿中进行汇总以备未来对累积的重要性水平的评估；金额低于 2 万元的错误一般可以忽略不计。这里，累积的重要性水平 2 万元就是设定的明显微小错报的临界值，低于该临界值的错报被视为明显微小的错报，可以不累积。

进一步假设，在对给定的内部控制子系统有所了解并执行控制测试之后，注册会计师将对控制的评估从满意降低到较差，导致控制风险的评估水平增加，并需要相应降低累积的重要性水平。在较差的内部控制条件下，更有可能发生错误，因而，低于 2 万元的错误累积后达到或超过 20 万元（单个项目的重要性起点）的可能性就会增加。因此，注册会计师应该考虑按照预计的错误数量成比例地降低累积的重要性水平。假定在满意的内部控制条件下，累积的重要性起点是 2 万元，单个项目的重要性起点是 20 万元，注册会计师估计 10 个或 10 个以下的错误累积不会超过 20 万元。如果发现内部控制较差，注册会计师可以选择 1 万元这个更低的重要性水平（假定错误的发生率从 10 个或低于 10 个增加到 20 个或低于 20 个）。这将导致在工作底稿中记录更多的较小错误，这样才能降低累积后超过 20 万元的小错误被忽视的可能性。

在根据风险评估和重要性水平设计实质性审计方案时，注册会计师通常需要修改初步审计方案中审计程序的性质、时间和范围。在确定必要的修改时，注册会计师可以采用定量或定性方法。

（三）其他情况的说明

此处的其他情况主要是指本书在前面第三章第四节中提到的“财务报表层次的重大错报风险”和“需要特殊审计考虑的特别风险”。这样的风险类型往往需要注册会

计师特别关注，以使重要性水平的设置和运用能够在审计过程中真正发挥作用。

三、设计实质性程序的定量方法

既然对固有风险和控制风险的评估可以帮助注册会计师修改执行的实质性程序的范围，那么，它们应该能够进行量化计算。审计风险量化公式如下：

AR(审计风险)=IR(固有风险)×CR(控制风险)×DR(检查风险)

注册会计师可以通过研究被审计单位及其所在行业状况、执行分析性复核程序和评估舞弊风险，来评估特定审计业务的固有风险（IR)。因为整个审计风险（AR）是注册会计师发表审计意见的基础，所以应该将它设得低一些。本书第五章介绍了通过评价与财务报表认定有关的内部控制系统要素来评估控制风险（CR）的方法。在设定好等式四个变量中的三个之后，注册会计师就可以通过计算确定检查风险（DR)。

例如，假设已知等式中以下三个变量：

IR=70%　　　CR=50%　　　AR=10%

可以按照下列公式计算 DR：

DR=AR÷(IR×CR)=10%÷(70%×50%)=28.57%≈29%

这样，计算出来的检查风险 29%可以用于确定为了评价某一具体的财务报表要素的合理性而需要的样本量。

继续本例的分析，假设在检查单证期间，注册会计师发现被审计单位将固定资产修理和维护费用记入固定资产账户，对固定资产处置损益的计算错误没有说明。在这种情况下，可以将支出循环的固定资产子系统的控制风险评估为 100%，而不是起初设定的 50%。这将使计算的检查风险降到 14%［10%÷（70%×100%)]，而不是 29%。为了将检查风险控制在 14%的水平，在实质性程序中就需要扩大检查的样本量。换句话说，财务报告控制越差，为了使整个审计风险保持在预先确定的水平，所需的实质性测试的范围越大。

第四节　实质性程序的一般执行方式

注册会计师经常会根据对被审计单位内部控制的了解和控制测试的结果，对审计方案中的实质性程序部分进行适当的修改。例如，通过控制测试得知适当记录销售业务的内部控制薄弱，注册会计师可能会评估应收账款的存在性认定的控制风险（或整体重大错报风险）为高，进而进行额外的应收账款函证。相反，如果被审计单位的内部控制有效，注册会计师可能会执行较少的实质性程序。

一、主要以资产负债表为线索的实质性程序

审计方案中旨在证实财务报表金额的部分按照交易类别和主要财务报表项目列示，如货币资金、应收账款、存货、营业收入以及各类长期资产等。执行实质性程序

的目的是降低财务报表项目及相关账户的检查风险。以资产负债表中的应收账款项目为例，可选的审计程序包括向债务人函证债权余额，复核销售业务的期末截止，以及分析期末应收账款的后续收回情况等。

审计实务中，大多数会计师事务所会围绕资产负债表项目账户计划审计方案中实质性测试的主要部分。然后，注册会计师通过额外的审计程序证实利润表项目账户和财务报表附注中的信息。这种主要以资产负债表为线索的审计组织方式的优点之一是：高度可靠的证据通常用于证实资产和负债。例如，应收账款的期末余额通常采用以下程序直接证明：检查外部生成文件，函证，以及查看后续的现金收回。其他资产，如存货，可能会检查实物。负债可以通过检查外部生成文件、函证以及在负债偿清后检查已兑现支票等来查证。

例 6—4

A 会计师事务所对甲公司进行年度财务报表审计，注册会计师所做的与财务报表数额有关的第一件事就是对报表实施初步分析性程序。被审计单位的资产负债表见表 6—5。

表 6—5 **资产负债表**

编制单位：甲公司 20××年 12 月 31 日 单位：千元

资产	本年末	上年末	前年末	负债和所有者权益	本年末	上年末	前年末
流动资产：				流动负债：			
货币资金	4 400	3 200	1 400	短期借款	2 100	1 800	350
交易性金融资产				应付票据	3 950	4 600	1 690
应收票据	50	60	40	应付账款	7 300	9 900	3 400
应收账款	11 500	8 500	6 400	应付职工薪酬	10 125	4 775	2 310
存货	23 000	18 000	11 000	应交税费	2 875	1 370	100
其他应收款	10	1 300	160	其他应付款	8 700	210	60
流动资产合计	38 960	31 060	19 000	流动负债合计	35 050	22 655	7 910
				长期借款	1 000	4 250	2 200
非流动资产：				负债合计	36 050	26 905	10 110
长期股权投资	80	40	40	所有者权益：			
固定资产原价	36 000	24 000	18 000	股本	14 500	14 500	14 500
减：累计折旧	6 600	3 200	2 600	资本公积	4 400	5 150	5 250
固定资产净值	29 400	20 800	15 400	盈余公积	6 500	4 115	3 110
无形资产	40	280	130	未分配利润	7 030	1 510	1 600
非流动资产合计	29 520	21 120	15 570	所有者权益合计	32 430	25 275	24 460
资产总计	68 480	52 180	34 570	负债和所有者权益总计	68 480	52 180	34 570

注：报表中的其他应收款中主要是待摊费用；而报表中的其他应付款中主要是预提费用。

要求：作为注册会计师，请分析此资产负债表，确定进一步审计的方向和线索。

回答：注册会计师首先应该对被审计单位的经营状况进行分析；然后，对报表中有异常波动的特殊数据提出疑点，并结合进一步的分析程序提出进一步审计的线索。根据上述资产负债表中的数据，注册会计师应当判明和建议的事项如下：

第一，该公司连续两年来的盈利状况都很好。相比较而言，本年的效益状况更好。这一点可以从公司的所有者权益部分看出。

第二，由于其他应付款与其他应收款的波动性大，应当对其他应付款中的预提费用进行细节测试，同时对其他应收款中的待摊费用进行细节测试。

第三，结合应交税费账户的个人所得税明细，重点审查本年应付职工薪酬的期末余额。

第四，结合各费用成本账户的固定资产折旧栏，重点审查本年固定资产的增减变动及其折旧计提情况。

第五，结合各费用成本账户的无形资产摊销栏，重点审查本年无形资产的增减变动及其费用摊销情况。

第六，对应收账款和存货进行控制测试，以控制测试的结果来确定实质性程序的性质、时间和范围。

从国际上的做法来看，针对销售和收款业务的实质性程序一般如表 6—6 列示内容展开。

表 6—6 对应收账款和销售收入执行实质性程序的说明

资产的总体审计目标	应收账款的具体审计目标	重大错报风险：什么可能出错	审计程序示例
资产的存在状况	所有记录的应收账款都确实存在。	记录的应收账款可能不存在。 管理层可能通过不恰当的调整分录虚假夸大收入和应收账款。	直接向债务人函证应收账款。 复核每个月可疑项目的调整分录。
资产的权属情况	应收账款归属于被审计单位。	会计人员可能错误地将应收账款的销售当成一项负债。	查看负债询证函，确定应收账款是否被销售或抵押。
资产的完整性	所有的应收账款均已记录。	管理层可能在期末之前已经发货，但是直到下一会计期间才记录销售收入和相关的应收账款。	抽取下一会计期间的销货单，并检查相关的发货单上的发货日期。
交易截止	销售和现金收入业务均被记录于恰当的期间。	下一会计期间的销售收入和应收账款被记录于当期。	对接近期末时发生的销售和现金收入业务进行核单。
资产计价	应收账款以可实现净额列报。	管理层可能错误估计了坏账准备。 管理层可能错误估计了销售退回与折让。 编制应收账款账龄分析表的软件程序可能存在错误。	调查逾期和大额应收账款的信用评级。 对比下一期间给予客户的信用额度与管理层估计的金额。 获取应收账款账龄分析表，测试抄账准确性，并与分类账核对。
资产在财务报表中的列报和披露	应收账款在资产负债表上恰当列报和披露。	会计人员可能不能识别关联方交易。	为审计项目组全体成员提供一份关联方清单以识别关联方。

二、间接证明利润表项目的实质性程序

与前述主要以资产负债表为线索的实质性程序相反的处理方式是考虑复式记账法下收入和费用的性质。记录收入或费用的分录有两个部分：(1) 收入或费用的确认；(2) 资产或负债账户的相应变动。收入或费用没有有形形态，只存在于客户的会计分录中并代表所有者权益的变动，所以支持收入或费用存在的最好方式常常是证实相关资产或负债账户的变动。因此，许多利润表项目账户可以通过审计相关资产负债表项目账户来间接证实。表6—7是对现金业务及其与财务报表关系执行实质性程序的说明。

表6—7　　对现金业务及其与财务报表关系执行实质性程序的说明

利润表项目		现金业务		资产负债表项目			
财务报表间关系	收入	＝	从顾客处收取的现金	−	应收账款期初余额	＋	应收账款期末余额
	销售成本	＝	给供应商的现金付款	−	应付账款期初余额	＋	应付账款期末余额
				＋	存货期初余额	−	存货期末余额
	期间费用	＝		−	应计费用期初余额	＋	应计费用期末余额
				＋	预提费用期初余额	−	预提费用期末余额
	↑		↑		↑		↑
用以证实的审计方法	通过等式右边来间接证明，也可以使用分析性程序、直接计算、交易测试		通过测试交易证实，也可执行现金账户对账		通过查阅上一年度审计工作底稿证实		通过当年的实质性测试证实

注册会计师在查证资产负债表上的固定资产和累计折旧的同时，也可以通过计算检查折旧费用，而坏账损失可以和资产负债表中的坏账准备项目一起查证。除了这些计算，注册会计师的分析性程序提供了关于各项收入和费用合理性的直接证明。

收入等某些利润表账户对于审计十分重要，因此注册会计师实际上通过执行对交易样本的细节测试和实质性分析程序获得关于金额公允性的直接证据。

例6—5

B会计师事务所对S公司年度财务报表进行审计。S公司年末资产负债表和年度利润表及现金流量表分别如表6—8、表6—9和表6—10所示。注册会计师对S公司的资产负债表、利润表和现金流量表进行了初步的分析性复核，并对表内各要素之间的关系进行了初步分析。

表6—8　　资产负债表

编制单位：S公司　　20××年12月31日　　单位：万元

资产	年初数	年末数	负债和股东权益	年初数	年末数
流动资产：			流动负债：		
货币资金	5 250	2 000	短期借款	12 000	13 625

续前表

资产	年初数	年末数	负债和股东权益	年初数	年末数
交易性金融资产	3 250	3 000	应付票据	3 950	4 600
应收票据	5 175	9 290	应付账款	6 300	5 900
应收账款	6 750	8 500	应付职工薪酬	4 000	4 500
其他应收款	325	210	其他应付款	125	275
存货	34 250	39 000	应交税费	6 875	7 100
流动资产合计	55 000	62 000	流动负债合计	33 250	36 000
非流动资产：			非流动负债：		
持有至到期投资	500	300	长期借款	9 875	7 250
长期股权投资	2 500	4 250	应付债券	4 625	4 750
固定资产净值	129 000	128 800	递延所得税负债		
无形资产	10 000	9 800	非流动负债合计	14 500	12 000
其他资产	7 500	4 350	负债合计	47 750	48 000
递延所得税资产			股东权益：		
非流动资产合计	149 500	147 500	股本（实收资本）	145 000	145 000
			资本公积	5 250	7 150
			盈余公积	1 500	3 850
			未分配利润	5 000	5 500
			股东权益合计	156 750	161 500
资产总计	204 500	209 500	负债和股东权益总计	204 500	209 500

表 6—9　　利润表

编制单位：S公司　　20××年度　　单位：万元

项目	上年实际数	本年累计数
一、营业收入	177 000	197 000
减：营业成本	103 675	163 000
税金及附加	13 575	3 750
销售费用	10 500	21 250
管理费用	7 775	16 500
财务费用	1 000	3 000
加：投资收益	5 250	20 500
二、营业利润	45 725	10 000
加：营业外收入	500	28 750
减：营业外支出	2 700	1 800
三、利润总额	43 525	36 950
减：所得税	13 025	4 375
四、净利润	30 500	32 575

表 6—10　　现金流量表（部分）

编制单位：S公司　　20××年度　　单位：万元

项目	行次	金额
一、经营活动产生的现金流量		
销售商品、提供劳务收到的现金		164 200

续前表

项目	行次	金额
收到的税费返还		—
收到的其他与经营活动有关的现金		24 300
现金流入小计		188 500
购买商品、接受劳务支付的现金		92 700
支付给职工以及为职工支付的现金		31 900
支付的各项税费		11 300
支付的其他与经营活动有关的现金		28 900
现金流出小计		164 800
经营活动产生的现金流量净额		23 700
二、投资活动产生的现金流量（内容略）		－33 525
三、筹资活动产生的现金流量（内容略）		13 075
四、现金及现金等价物净增加额		－3 250

要求：根据上述财务报表中的数据对现金业务及其与利润表、现金流量表、资产负债表之间的关系进行解释说明。

回答：这是一个较为复杂的问题，下面分别根据财务报表项目之间的关系公式进行说明。

1. 根据“收入＝从顾客处收取的现金－应收账款期初余额＋应收账款期末余额”，三大财务报表内的数额应有这样的相互关系：如果本期利润表中的“营业收入”大于（或小于）本期现金流量表中的“销售商品、提供劳务收到的现金”，其差额应是本期资产负债表中应收项目的增加（或减少）额。但是，一般的经验表明，若被审计企业有将应收票据等背书或贴现的情况，这种对应关系就可能被否定。

2. 根据“销售成本＝给供应商的现金付款－应付账款期初余额＋应付账款期末余额＋存货期初余额－存货期末余额”，三大财务报表内的数额应有这样的相互关系：如果本期利润表中的“营业成本”大于（或小于）本期现金流量表中的“购买商品、接受劳务支付的现金”，其差额应是本期资产负债表中应付项目及存货项目的减少（或增加）额。但是，一般的经验表明，若被审计企业有用非货币性资产偿还应付账款等的情况，这种对应关系就可能被否定。

3. 根据“期间费用＝应计项目期末余额－应计项目期初余额……”，资产负债表中各项负债总额的年末数大于（或小于）年初数的差额，将是本期期间费用的影响因素。

必须说明的是：上述计算主要是一种变化趋势分析，很难精确地推导出各项目间准确的数据关系。进一步讲，对利润表的分析会产生对被审计单位的直接判断。比如，本例中的S公司本年的经营状况很不乐观：毛利率下降较快，期间费用快速上涨；企业的净利润水平与上年相当，主要表现为投资收益的上升、营业外收入的上升和应交税费的减少等。

三、实质性程序可产生对审计目标的修正效果

（一）实质性程序与控制测试关系在此的反映

结合本书关于控制测试的阐述可知，控制测试能够证明规定的控制是否在使用且

运行有效；这些测试的结果有助于注册会计师评估重大错报发生的可能性。相对而言，实质性程序旨在发现财务报表中可能存在的重大错报。评估的重大错报发生的可能性将严重影响注册会计师执行的实质性测试的范围和数量。

假设被审计单位的程序手册要求成品仓库保持关闭且只有适当授权的人员才能进入。通过询问和观察等控制测试，注册会计师了解到仓库经常没有上锁，一些未经授权的员工时常在仓库里进餐。由于客户的内部控制程序没有恰当运行，注册会计师认为存货短缺的风险增加了。然而，控制测试并未确认存货短缺是否真实存在。

发现存货短缺的主要实质性程序是观察客户的存货实物。注册会计师对多个项目进行抽点以作为观察程序的一部分。对于仓库未上锁的情况，注册会计师的测试显示不能信任内部控制可以预防存货短缺。因此，注册会计师应当增加抽点数量以证实存货的存在。

（二）财务报表审计与财务报表认定关系在此的反映

财务报表审计与财务报表认定之间的关系在此也有所反映，如表 6—11 所示。

表 6—11　　财务报表审计与财务报表认定之间的关系

财务报表		管理层认定		审计目标		审计程序		审计证据
遵循企业会计准则	→	存在、发生、权利和义务、完整性、截止、计价、列报和披露	}	基于管理层的认定而设计	→	取决于认定（记录于审计目标中）层次的重大错报风险（固有风险和控制风险），审计程序记录于审计方案中	→	记录于审计工作底稿中 ↓ 审计报告

（三）反映在审计方案中的实质性程序部分

1. 针对每个财务报表账户制定的审计方案应当涵盖该账户的潜在错报。现金的潜在错报与应收账款的潜在错报不完全相同，例如，对应收账款可收回净额恰当性的质疑导致应收账款计价的风险更大。然而，每个审计方案一般都会采用基本相同的方法来识别资产负债表项目和相关的利润表项目金额，认识到这一点十分有用。基于注册会计师风险评估的不同等级，每个资产账户的实质性程序的审计方案需要包括适当程序以实现审计的基本目标。

资产账户实质性程序的总体目标是：确定资产的存在；确定公司对资产的权属情况；确定所记录资产的完整性；验证交易的截止；确定资产计价的适当性；确定资产的财务报表列报和披露的适当性。

例如，某公司应收账款账户的期末余额为 500 万元，有 200 个明细账。这样的记录就意味着：这 500 万元的债权是存在的，没有丢失、短缺等；债权确实属于该公司所有，没有异议；应收账款数额记录正确，没有差错；不存在跨会计期的不正确截止；采用的计价方法符合企业会计准则的要求（具体来说，交易性金融资产和可供出售金融资产必须是公允价值等）；对应收账款的信息披露符合企业会计准则的要求。注册会计师可根据这样的认定提出有怀疑的看法，并采用大家公认的办法对相关数据予以证明。

2. 各资产账户余额的验证。注册会计师风险评估程序的核心目标是确定验证账户所必需的审计工作的性质、时间和范围，包括对控制风险的评估。现在我们先来讨论实质性程序的目标：

（1）资产的存在状况。验证一项资产的第一步是证实资产的存在。对于库存现金、有价证券以及存货等资产，证实资产的存在可以通过实物观察或检查，以及将记账凭证中的会计分录与取得资产时生成的原始凭证相核对。在资产由他人保管的情况下，如银行存款和存货委托，恰当的审计程序可能是直接向外部组织函证。证实应收账款的存在，注册会计师通常可以向顾客函证应收账款金额。而验证无形资产的存在，注册会计师应当收集证据证明有关成本已经发生且未来经济利益很可能流入。

（2）资产的权属情况。通常，验证存在的程序同样可以证实公司对资产的权属情况。例如，函证银行存款账户余额可以同时验证资金的存在以及公司对该资金的所有权。同样，检查有价证券同时证实了资产的存在和所有权，因为登记持有人的姓名往往会出现在有价证券的券面上。但对于有些资产，如厂房和设备等，实物检查可以证实资产的存在，但不能证明权属关系。厂房和设备可能是企业租用的。为了验证客户对固定资产的所有权，注册会计师应当检查有关书面证明，如购买时的发票、其他购买文件以及契约文书等。

3. 完整性的验证。有效的内部控制为购买行为的记录提供了保证，并能帮助注册会计师验证所记录资产的完整性。当这种控制无效时，应当扩大实质性程序的范围，但这通常很困难。当注册会计师测试资产的完整性时，他们要寻找企业获得但没有进行会计记录的资产，因此许多对未记录资产的测试要从取得资产时生成的原始文件追踪到会计分录。例如，未记录的应收账款测试，注册会计师可以选取与本年销售相关的装运单据的样本，检查是否恰当记录了相应的应收账款。观察和实物检查是测试实物资产记录完整性的重要方法。在观察被审计单位的存货实物时，注册会计师可能会留意到不进行计数或不包括在存货汇总表中的存货项目。设备的实物检查可能会发现没有恰当资本化的购买行为。分析性程序也可以用于发现资产记录不完整的情况。例如，与以前年度相比本年较低的毛利率可能显示客户有大量数额的存货未记录。

4. 截止的验证。截止是指确定资产负债表前后发生的业务被记录于合适的会计期间的过程。财务报表应当反映截止到本期末的所有业务，而不能包括期后发生的业务。为了确定会计记录的完整性和记录资产的存在，作为审计程序的一部分，注册会计师需要证实包含在本期内的被审计单位交易的截止。错误的截止对财务报表的影响因错误的性质而异。例如，记录固定资产取得的截止错误影响资产负债表但可能不影响利润表，因为在年末几天内取得的固定资产不需要计提折旧。相反，记录商品发货的截止错误则会同时影响资产负债表中的存货和利润表中的营业成本。为了提高企业的财务业绩，一些客户可能在年末“保持系统中账簿打开”，这样当年利润表中不仅包含当年的现金收入，还会包含下一会计期间的部分收入。为验证被审计单位的业务截止日期，注册会计师应当查阅资产负债表日前后的业务记录，以确定这些业务被记录于恰当的期间。由于支票、验收单和货运单等文件通常是连续编号的，关注本期内使用的顺序编号的最后一张单据将有助于注册会计师确定记录交易的截止是否适当。下面举例说明截止的验证问题。

例 6—6

下个月将有税制的变动，某企业的产品按现在的税制要缴纳消费税，但再等一个月就不用了，所减去的税金将完全变成本企业的利润。可在这时偏偏来了一个大客户，要在月底前购买一大批货。货肯定是要卖的，企业主管人员将怎样处理税收事项？

（1）与客户协商，让他等下个月税制改革后再来买。

（2）先卖给客户，让他等到税制改革后再结算。

假设现在是 12 月份，今年预算的利润额是 1 000 万元，董事会表示如果达到这样的数据，总经理就可以拿到50 万元的年薪，否则只有 30 万元。但是临近年末，实现的利润只有 950 万元。恰在这时，一个客户与你签订合同，要在明年 1 月份购买较大数额的产品。更为凑巧的是，如果这笔采购事项在 12 月份进行，本年利润就可达到 1 000万元。这时总经理将怎么办？

（1）与客户协商让他现在就买，甚至可以先办手续，先拉货，晚交钱。

（2）让他先答应，哪怕是日后再给点“优惠条件”。

（3）反正这笔生意要成交，早几天记下来没什么关系。

要求：请你分析在这种情况下注册会计师应当表示的态度。

回答：这里的内容与正确截止与否直接相关。这也是注册会计师在进行销售收入、成本费用、应收款项以及应付款项审计时应当特别关注的问题。正确的答案应该是：这样的业务最核心的关系方是处于产品销售方或者是债权方地位的企业，而销售、债权的截止正确与否，要依据企业会计准则中销售的条件而定。因此，若确定销售、债权，或者相反的成本、债务不符合销售确认的条件，截止就不能说是正确的。

5. 资产的估值。确定资产的适当估值需要对企业会计准则有详尽的了解。注册会计师不仅应当确定对特定资产的估值所采用的会计方法符合企业会计准则的规定，还应当确定估值方法适用于当时的环境。一旦认可估值方法的适当性，注册会计师应当执行程序以测试被审计单位应用资产估值方法的准确性。会计实务中，许多资产按照成本计价，因此，常用的审计程序是将资产的取得成本和支付的支票以及其他书面证据核对。如果取得成本发生了折旧或摊销，注册会计师应当评估成本分配程序的合理性并验证摊余成本的计算是否正确。从现在的情况看，企业会计准则对资产以公允价值计量提出了越来越多的要求。以公允价值或采用成本与市价孰低法计量的资产，必须将账面价值与公允价值比较，以确定其价值是否受损而需要进行公允价值的测量。公允价值的审计是通过与现有市场价格的比较或检测用以形成价值的估值模型来实现的。最后，财务报表上显示的资产余额很多是多个具体项目的总计。例如，资产负债表中存货项目的金额是多项原材料、在产品、库存商品等的成本总和。注册会计师应当测试原始凭证记录的准确性以确定其累计数等于分类账的总数，进而等于财务报表的合计数。当前审计实务中，注册会计师经常使用审计软件执行关于数额记录准确性的测试。

6. 财务报表的列报和披露。即使验证了所有的金额，注册会计师仍应当执行审计程序以确保财务报表列报符合企业会计准则的要求以及充分披露的基本原则。针对这一范畴的实质性程序包括查看期后事项，查找关联方交易，调查或有损失，查看有关会计政策、租赁、补偿性余额、抵押资产等事项的披露，以及考虑财务报表项目的分类和描述。

四、审计工作的时间安排

经过审计的财务报表如果在年终之后能够及时提供给报表使用者，其价值将会提高。为尽早对外公布审计报告，注册会计师通常在资产负债表日之前就开始审计。资产负债表日之前的这一期间叫做中期。通常可以在中期开始的审计工作包括对内部控制的考虑，以及对发生在中期的交易的实质性测试。

某一财务报表余额也可以进行中期测试，如应收账款，但这要求注册会计师必须控制额外的风险。从执行中期测试到资产负债表日之间的剩余期间，这些账户可能存在由错误或舞弊引起的重大错报。因此，为信赖重要账户余额的中期测试结果，注册会计师应当对剩余期间执行额外的测试。

在中期执行审计工作除了有助于及时对外公布经审计的财务报表外还有许多优点。比如，注册会计师可以在审计期间内的不同时点进行观察和控制测试，从而更加有效地评估内部控制。同时，他们可以较早地考虑会计问题。另一个优点是中期审计的工作量更为均衡。一些大客户可能会在办公楼内给注册会计师提供办公室，便于他们在整个审计期间执行审计程序。

思考题

1. 什么是实质性程序？它包括哪些内容？可以分为哪些不同类型？实质性程序与控制测试之间有哪些主要区别？

2. 什么是特别风险？注册会计师针对特别风险应当如何实施实质性程序？

3. 什么是双重目的测试？试举例说明。

4. 什么是认定？财务报表认定可以分为哪三大类？各自包括哪些具体内容？

5. 细节测试分为哪三种类型？注册会计师如何根据不同认定层次的重大错报风险设计细节测试？试举例说明。

6. 试阐述实质性分析程序的性质。注册会计师在设计细节测试和实质性分析程序时应当分别考虑哪些因素？二者均应综合考虑的情况有哪些？

7. 注册会计师在计划审计工作、控制测试和执行实质性程序等不同阶段如何考虑审计重要性？

8. 为什么大多数会计师事务所都倾向于以资产负债表为线索实施实质性程序？注册会计师应如何设计间接证明利润表项目的实质性程序？审计方案中的实质性程序应包括哪些具体内容？

9. 什么是中期审计？它对于注册会计师合理安排审计工作时间有何意义？中期审计通常涉及哪些内容？与年终审计如何衔接？

练习题

1. 下列（1）至（5）项列示的是审计人员在执行资产账户的实质性程序时的总

体目标：

(1) 证实资产的存在；

(2) 确定被审计单位对资产的所有权；

(3) 验证所记录资产的完整性；

(4) 确定资产计价的适当性；

(5) 确定财务报表中资产列报和披露的适当性。

要求：分别指出下表中各项审计程序的总体目标。

实质性程序	审计目标
a. 进行存货监盘。	
b. 检查房屋所有权证书和保险单。	
c. 检查财务报表附注中长期股权投资明细及其核算方法的说明。	
d. 检查机器设备购买合同、结算单据；重新编制固定资产折旧计算表。	
e. 检查原材料购货发票和入库单并与原材料明细账和总账核对。	
f. 将选取的证券购买样本与经纪人报单核对。	

2. 甲公司是一家电子元件生产企业。其内部控制制度规定：当收到来自顾客的订购单时，销售员编制顺序编号的销售单并将副本交给运输和会计部门。商品发货后，运输部门编制顺序编号的发货单并将副本交给会计部门。会计部门基于收到的相应的单据编制产品销售的会计记录。所有的货物运输在离岸点确认。

要求：(1) 审计人员如何确定甲公司销售交易的年末截止是恰当的？(2) 假设下一年前五天的所有商品发货都记录到了当年，如果不更正，这一截止错误将对当年的财务报表造成什么影响？

3. 乙公司是ABC会计师事务所的常年审计客户。A注册会计师负责审计乙公司20×5年度的财务报表，确定财务报表整体重要性水平为120万元。

A注册会计师在审计工作底稿中记录了乙公司的财务数据，部分内容摘录如下。

金额单位：万元

项目	20×5年未审数			20×4年已审数
	A产品	B产品	C产品	A产品
营业收入	5 875	300	0	4 000
管理费用——污水处理	75	50		
管理费用——租赁费	225	300		
管理费用——研发费	0	100		
营业外收入——政府补助	100	0		
利润总额	90	50		
应收账款	250	130	0	200
存货——产成品	450	40	875	400
存货——存货跌价准备	0	0	125	0
无形资产——非专利技术	150	0		

A注册会计师在审计工作底稿中还记录了所了解的乙公司的情况及其环境，部分内容摘录如下：

（1）乙公司原租用的办公楼月租金25万元。自20×5年10月1日起，乙公司租用了新的办公楼，租期一年，月租金40万元，免租期3个月。

（2）20×4年度，乙公司直销了50件A产品。20×5年，乙公司引入经销商买断销售模式，对经销商的售价是直销价的90%，直销价较20×4年基本没有变化。20×5年度，乙公司共销售75件A产品，其中20%销售给经销商。

（3）20×5年10月，乙公司推出新产品B产品，单价60万元。合同约定，客户在购买产品一个月后付款；如果在购买产品后三个月内发现质量问题，客户可以退货。截至20×5年12月31日，乙公司售出5件B产品，因上市时间较短，管理层无法合理预计退货率。

（4）20×5年10月，乙公司与丁公司签订销售合同，按每件150万元的价格销售10件C产品，约定20×6年2月交货，如不能按期交货，乙公司需支付总价的20%作为违约金。签订合同后，原材料价格上升导致C产品成本上升。截至20×5年12月31日，乙公司已生产5件C产品，单位成本175万元。

（5）20×5年12月，乙公司首次获得100万元政府补助。相关文件规定，该补助用于补偿历年发生的污水处理支出。

（6）乙公司自20×3年起研发一项新产品技术，于20×5年12月完成技术开发工作，并确认无形资产150万元。乙公司拟将其出售，因受国家产业政策影响，市场对该类新产品尚无需求。

要求：针对上述资料，假设不考虑其他条件，在下表中逐项指出资料所列事项是否表明存在重大错报风险。如果认为可能表明存在重大错报风险，请简要说明理由，并说明该风险主要与哪些财务报表项目的哪些认定相关。

事项序号	可能表明存在重大错报风险（是/否）	理由	财务报表项目名称及认定
（1）			
（2）			
（3）			
（4）			
（5）			
（6）			

第七章 Chapter 7 审计抽样

学习目标

1. 熟知审计抽样，以及总体、抽样单元等定义，熟知审计抽样的分类以及各组分类之间的关系。

2. 熟练掌握审计抽样的样本抽取方法，能够灵活使用包括计算机辅助抽样在内的各种方法；理解与审计抽样相关的审计风险及其应对措施。

3. 理解抽样的异常偏差、分层、可容忍错报、可容忍偏差率的确切含义，理解它们之间的相互关系，能够熟练进行相关计算。

4. 熟练掌握属性抽样的基本过程，熟练使用各种数据表格，能够对样本结果进行评价；熟知属性抽样过程各环节的具体内容和实施方法。

5. 熟知属性抽样的其他方法，能够利用属性抽样的其他方法对内部控制及其实施状况进行判断并安排下一步审计工作。

6. 熟练掌握变量抽样的定义、应用条件，理解变量抽样可能遇到的风险类型及其应对措施；能够清楚地解释变量抽样与属性抽样之间的相互关系。

7. 熟知变量抽样的三种方法以及各种方法的适用条件，掌握三种方法之间的异同；能熟练应用这三种方法。

8. 理解变量抽样中的非统计抽样，能够熟练地进行应用计算。

第一节 审计抽样基础

一、审计抽样的定义与分类

（一）审计抽样的定义

审计抽样（即抽样），是指注册会计师对具有审计相关性的总体中低于百分之百的项目实施审计程序，使所有抽样单元都有被选取的机会，为注册会计师针对整个总体得出结论提供合理基础。

定义中的总体，是指注册会计师从中选取样本并期望据此得出结论的整个数据集合；抽样单元，是指构成总体的个体项目。

举例来说，如果审计抽样的总体是一个企业数量较多、金额较大的应收账款，具体来说，明细账的数量达到 10 000 个以上，金额大于 8 000 万元，可以想象，若对这样的应收账款总体进行详细审计，会消耗相当多的人力与时间。在这种情况下，若按照概率论的知识，将每个应收项目按照重大错报风险的影响程度进行排列，抽取一定数量的应收账款作为样本，注册会计师就可以按照一定的规律推论总体，从而得出总体数额的估计值。由于总体具有审计相关性，因此注册会计师可以合理预计样本代表总体的某些特征。这样的完整过程即为审计抽样。

随着企业规模的不断扩大，注册会计师对抽样程序的依赖程度越来越大，因为这是唯一能够获取充分、适当的审计证据的可行方法。事实上，审计报告之所以被视为注册会计师意见的表达，而非对财务报表公允性的绝对保证，一个主要的原因便是注册会计师需要依赖审计抽样开展审计工作。

（二）审计抽样的分类及其相互关系分析

1. 详细审计与抽样审计。一般说来，审计的方法可分为详细审计和抽样审计两种。详细审计是指实施审计程序时，对审计对象总体中的全部项目进行审计，以查明全部会计记录是否正确、真实和恰当。抽样审计则是在实施审计程序时，从审计对象总体中选取一定数量的样本进行测试，并根据测试结果推断审计对象总体特征的一种方法。

在早期审计阶段，较为普遍的是详细审计，它要求注册会计师检查所有的业务交易事项。随着被审计单位的规模不断扩大，其业务交易量变得如此之大以至于详细审计的成本过高。正因为如此，注册会计师开始意识到内部控制制度对于预防和发现重大差错和舞弊的重要作用，审计工作也逐渐由详细审计演变为以审计抽样为基本手段的制度基础审计。同时，审计报告从保证账户的准确性演变为对财务报表的总体公允性提供合理的保证。作为现代审计最主要、最普遍的方法，抽样审计一般可用于逆查、顺查、函证等审计程序，也可用于控制测试和实质性程序，但注册会计师在进行询问、观察、分析性复核时不宜运用抽样审计。

2. 统计抽样与非统计抽样。一般的解释是，若抽样方法同时满足以下两个条件：一是采用随机方法选择样本；二是依据概率论推断总体，这样的抽样方法就是统计抽样。具体来说，统计抽样涉及在与要求的可信赖程度和精确度相关的参数给定的情况下，计算样本规模、总体金额和精确度范围；在确定样本规模、抽取样本以及评价抽样结果时，要求使用一个一致而又有序的方法。因此，在运用统计抽样方法时，设定精确度范围和可信赖程度水平是非常重要的。相对而言，在国外教材中常常采用排除法来解释非统计抽样，即在介绍统计抽样之后加上这样一句："不同时具备前面提及的两个特征的抽样方法为非统计抽样。"为了更清晰起见，我们对非统计抽样做如下解释："非统计抽样是一种较为主观的推断方法，在这种抽样方法中，确定样本规模、抽取样本以及评价抽样结果时所使用的数学方法并不一致，而注册会计师在实施这些行为时更多按照专业判断来做决定。"

无论在统计抽样还是在非统计抽样中，注册会计师都需要运用职业判断作出决定。职业判断可以帮助注册会计师衡量和控制抽样风险。在统计抽样中，注册会计师可以预先设定一个抽样风险水平，然后计算出能够将风险控制在这一水平上的样本规模。由于统计抽样方法以概率论作为理论基础，因此注册会计师可以根据抽样结果设法控制抽样风险水平。统计抽样可以帮助注册会计师设计更高效的样本、衡量所获取的审计证据的充分性并客观地评价抽样结果。然而，与这些好处相伴的是额外的成本，如培训注册会计师、设计抽样计划、选取用于检查的项目等。因此，非统计抽样被注册会计师广泛使用，尤其是当被审计的总体规模较小时。事实上，统计抽样和非统计抽样均可以为注册会计师提供充分、适当的审计证据。针对统计抽样与非统计抽样在审计业务中的实际运用状况，本章只简单介绍非统计抽样方法在分析性程序中的运用。

3. 属性抽样与变量抽样。对统计抽样进行估计时，可以分为发生率与数额两类。与这两类估计相关的抽样方法分别称为属性抽样和变量抽样。属性抽样是在精确度和可靠程度一定的条件下，为了测定总体特征的发生频率而采用的一种方法。根据控制测试的目的和特点所采用的审计抽样通常称为属性抽样。变量抽样是用来估计总体金额而采用的一种方法。根据实质性程序的目的和特点所采用的审计抽样称为变量抽样。二者的区别在于测试的种类、目标不同。属性抽样测试采用控制测试，目标是估计总体既定控制的偏差率（次数）；而变量抽样测试采用实质测试，目标是估计总体金额或者总体中的错误金额。

在实际应用中，属性抽样可以细分为固定样本量抽样、发现抽样、停—走抽样。固定样本量抽样也叫固定样本规模抽样，是一种基本的、使用最为广泛的属性抽样方法。这种方法根据公式或表格确定固定的样本数量进行审查，并以全部样本审查结果推断总体，常用于估计审计对象总体中某种偏差发生的比例，并以比例来回答问题。停—走抽样从预计总体偏差率为零开始，通过边抽样边评估来完成审计工作。具体实施中，注册会计师先抽取一定量的样本进行审查，如果结果可以接受，就停止抽样得出结论；如果结果不能接受，就扩大样本量继续审查直至得出结论。发现抽样就是按照预期总体偏差为零来测验内部控制，如果审完以后确实是零就信赖这个内部控制，如果不是零就不信赖这个内部控制。发现抽样主要用于查找重大非法事件。按照一般解释，属性抽样的具体步骤较多，分别是：明确审计测试目标；定义属性和偏差状态；定义总体；定义抽样单位；确定可容忍偏差率；确定可接受的过度信赖风险；估计总体偏差率；确定初始样本量；选取样本；实施审计手续；根据样本推断总体；分析偏差和决定总体的可接受性。

变量抽样可以细分为均值估计抽样法、差异估计抽样法、分层抽样法。在变量抽样中，通过抽查确定样本的平均值来推断总体的平均值及总值的统计抽样技术，称为均值估计抽样法。此法常被用来验证账户余额或发生额的正确性。差异估计抽样法是利用审查样本所得到的样本平均差错额来推断总体差错额或正确额的一种统计抽样方法。而分层抽样法则是将总体按照一定标志分成若干层，分别从各层中抽检一定数量的样本，最后汇总推算所需的总体估计量的一种统计抽样技术。

还有一种具有双重目的的审计抽样方法，即概率比例规模抽样（PPS）。这种方法将审计对象总体的单元货币单位定义为抽样单位，根据抽出的货币单位选择其所对应的物理单位作为审计样本，根据样本的审查结果来推断总体特征。从性质上看，PPS是一种运用属性抽样原理对货币金额而不是对发生率得出结论的统计抽样方法。

4. 抽样风险和非抽样风险。这里的抽样风险和非抽样风险都是审计风险相对于审计抽样的特殊类型。抽样风险是指注册会计师根据样本得出的结论可能不同于对整个总体实施与样本相同的审计程序得出的结论。非抽样风险则是指注册会计师由于任何与抽样风险无关的原因而得出错误结论的风险。

按这样的解释，抽样风险可能导致两种类型的错误结论：(1) 在实施控制测试时，注册会计师推断的控制有效性高于其实际有效性；或在实质性程序的细节测试时，注册会计师推断某一重大错报不存在而实际上存在。注册会计师主要关注这类错误结论，原因是其影响审计效果，非常有可能导致发表不恰当的审计意见。(2) 在实施控制测试时，注册会计师推断的控制有效性低于其实际有效性；或在实施细节测试时，注册会计师推断某一重大错报存在而实际上不存在。这类错误结论会影响审计效率，原因是其通常导致注册会计师实施额外的工作，以证实初始结论是错误的。通常，我们称前一类错误为“误受风险”，也将其称为低估风险（将控制风险评估得过低）或者是β风险；而将后一类错误称为“误拒风险”，也将其称为高估风险（将控制风险评估得过高）或者是α风险。两种风险之间的关系如表 7—1 所示。

表 7—1　　低估风险与高估风险之间的关系

根据控制测试样本得出的结论	满足计划中评估的控制风险水平	不满足计划中评估的控制风险水平
控制运行足够有效	得出正确结论	得出错误结论（信赖过度风险）
控制运行不够有效	得出错误结论（信赖不足风险）	得出正确结论

在属性抽样中，注册会计师往往还使用置信水平作为信赖过度风险的补充指标。如果信赖过度风险为 5%，则置信水平为 95%。因此注册会计师如果称某项控制运行有效的置信水平为 95%，便等同于说信赖过度风险为 5%。在现行的执业准则中，这两个指标都可以用来衡量抽样风险。

二、样本的抽取方法

在抽取样本时是否遵循随机原则非常重要，这关系到审计的成败。而要想获取随机样本，就意味着在抽样时不能对选取过程施加有意或无意的影响。为了得到真正的随机样本，人们开发出了一些能够保证抽样过程不偏不倚的工具和方法，常用的有随机数表、随机数生成器和系统选样等。

1. 随机数表。使用随机数表实施抽样是获取随机样本最简便的方法。表 7—2 就是随机数表的一部分，可以看出它是一个由大量五位数组成的数表。除表头中起标示作用的数字之外，表内全是完全随机的、无特别意义的数字，即随机数。不过随机数表并不是仅仅展示一些五位数那么简单。

在使用随机数表时，首先需要将总体中的项目与表中的数字建立一一对应的关系。当总体中的项目本来就有连续的编号时，这一步骤就很简单了；而如果总体中的项目事先并没有编号，注册会计师需要先对其进行编号，然后将其与随机数表中的数字联系起来。例如，如果交易记录是按照 A-001、B-001 这样的代码进行编号的，那么注册会计师首先需要用数字取代原有编号中的字母。接下来注册会计师需要从随机

表 7—2 随机数表

行	列				
	(1)	(2)	(3)	(4)	(5)
1	04734	39426	91035	54839	76873
2	10417	19688	83404	42038	48226
3	07514	48374	35658	38971	53779
4	52305	86925	16223	25946	90222
5	96357	11486	30102	82679	57983
6	92870	05921	65698	27993	86406
7	00500	75924	38803	05386	00721
8	34862	93784	52709	15370	96727
9	25809	21860	36790	76883	20435
10	77487	38419	20631	48694	12638

数表中选择一个随机起点和一个选号路线。选号路线可以任意选择，一经选定不得改变。

例如，假设被审计单位的应收账款项目已按 1 至 5000 连续编号，注册会计师准备从中选择 50 个项目构建一个随机样本以对其进行函证。注册会计师拿到形如上面的随机数表后，决定从该表的第一行第二列开始，使用表中随机数的前 4 位数字，逐行向下查找。这样，注册会计师会依次将总体中编号为 3942，1968，4837 的项目选入样本；鉴于应收账款项目中最大的编号是 5000，表中第四行第二列的 8692 将跳过，接下来编号为 1148，0592，2186 的项目又将被注册会计师选入样本，依此类推。

在使用随机数表实施抽样的过程中，注册会计师可能会不止一次地选中同一个数字。如果注册会计师在抽样时跳过已经被选中的数字，只挑选之前尚未被选中的数字，则称为不放回抽样。不放回抽样意味着某个项目一旦被选中，便不会被重新放回到用于抽样的总体中，因此一个项目最多只可能在样本中出现一次。

与不放回抽样相对，审计也可以使用放回抽样。放回抽样指的是某个项目被选中后，立刻被放回到用于抽样的总体中，因此就可能被再次选中。当利用随机数表实施放回抽样时，一旦表中的数字被选中，其对应的项目就要被纳入后续的分析中。

注册会计师可以利用统计学公式计算出实施放回抽样或不放回抽样时所需的样本规模。与放回抽样相比，不放回抽样所需的样本规模略小，而且在评价抽样结果时避免了对同一个项目进行多次分析的问题，因此大多数情况下，注册会计师会使用不放回抽样。

2. 随机数生成器。倘若注册会计师需要选取一个规模较大的样本，即使总体中的项目在事前就已经拥有连续的编号，依靠随机数表来实施抽样依然非常费时。在这种情况下，注册会计师会使用一种名为“随机数生成器”的计算机程序。这种程序能根据总体的规模生成任意数量的随机数。通过适当的编程，可以让随机数生成器只生成具有某种特征的随机数，使这些随机数都能在总体中找到对应项。注册会计师使用的通用审计软件和电子制表软件（如 ACL，IDEA，Excel 等）中均安装有随机数生成器。

3. 系统选样。系统选样是在随机确定一个或几个起始点后，按照相同的间隔从总体中等距离地选取样本的一种选样方法。例如，注册会计师想从 10 000 个已付支票项目中选取 200 个进行检查，在确定了一个随机起始点后，注册会计师将从该点开始，以 50（10 000÷200）为抽样间距，从总体中选取样本。他们将从前 50 个项目中随机选取一个作为起始点。如果随机起始点是编号为 37 的项目，则编号为 37，87（37+50），137（87+50）的项目将被选入样本，依此类推。

倘若注册会计师准备使用 5 个起始点实施抽样，他需要从这 5 个起始点开始分别选取 40 个样本（200÷5）。这时，抽样间距为 250（10 000÷40），起始点通过在编号为 1 至 250 之间的项目中随机选择 5 个来确定。

然而，如果总体中的项目并不是按照随机顺序排列的话，利用系统选样方法便无法得到随机样本。例如，如果贵重存货的编号的末位数均为 9，那么系统选样将得到严重偏误的样本，这样的样本会包括太多的贵重存货或廉价存货。

为防止使用系统选样得到的样本是非随机的或存在偏误，注册会计师首先应当确认总体中的项目是否按照随机顺序排列。如果不是，注册会计师应当选择多个随机起始点进行系统选样。

系统选样方法的优点在于可以帮助注册会计师从没有编号的文件或交易中选取样本。与使用随机数表进行选样不同，在系统选样中，即使总体中的项目事前没有编号，注册会计师也无须为其编号。只要注册会计师能计算出抽样间距，系统选样法就可以实施。注册会计师使用的通用审计软件中包含用于实施系统选样的计算机程序。

4. 计算机辅助抽样。如果借助计算机和统计软件，本章中所描述的许多抽样程序可以得到更有效的执行。此外，现有的大多数统计软件都可以在计算机上使用，因此拓宽了其审计可用性。这些软件可以用于：(1) 计算样本量；(2) 抽取样本项目；(3) 评价抽样结果。

在计算样本量的时候，大多数统计软件只要求注册会计师确定置信水平和要求的精确度。对于属性抽样，精确度可以用百分比的形式表示；对于变量抽样，精确度可以用金额的形式表示。

计算机还可以帮助注册会计师抽取样本项目。举例来说，有一组预先编号的文档是审计对象总体，注册会计师输入其编号的最大值和最小值，然后输入利用样本量计算程序所获得的样本量，计算机就能生成一个列有被选中作为检查对象的样本项目的工作表。

在对样本项目进行检查和审计之后，统计软件能够计算诸如总体价值的最佳估计、精确度范围、可接受程度范围、误差上限之类的变量值。

统计软件除了可以加速审计抽样程序的执行，还能够保证注册会计师在没有或很少有统计抽样培训的情况下也可以进行审计抽样，因为这些计算主要是由计算机完成的，注册会计师的输入工作非常有限。当然，注册会计师必须对抽样结果进行解释，并判断是否有必要修改评估的控制风险水平，是否有必要在抽样结果的基础上进行审计调整。

三、与统计抽样相关概念的解释

1. 异常偏差是指对总体中的错报或偏差明显不具有代表性的错报或偏差。错报或偏差，是指某一财务报表项目的金额、分类、列报或披露，与按照适用的财务报告编制基础应当列示的金额、分类、列报或披露之间存在的差异。错报可能是由于错误或舞弊导致的，比如：（1）收集或处理用以编制财务报表的数据时出现错误；（2）遗漏某项金额或披露；（3）由于疏忽或明显误解有关事实导致作出不正确的会计估计；（4）注册会计师认为管理层对会计估计作出不合理的判断或对会计政策作出不恰当的选择和运用。当这种情况明显与具有代表性的错报和偏差不一致时，就可以定义为异常偏差。

例 7—1

某公司的利润表的相关数据如表 7—3 所示。

表 7—3　　某公司利润表中的数据　　单位：元

项目	上年数额	本年数额
营业收入	173 500	187 500
营业成本	98 700	119 000
税金及附加	12 000	3 200
营业利润	62 800	65 300

要求：请在上面表格的数据中找出异常偏差。

回答：本例中有两个异常偏差。一是税金及附加，它所发生的数额应该随着营业收入的高低而上下波动，在例题中，营业收入比上年有所上升，可与此同时税金及附加反而在减少。二是收入成本率指标。按照管理会计本量利分析的原理，在一定的规模内，营业收入上升，营业成本应当相对降低，但是，例题中的数字却在朝相反的方向变动。上年的收入成本率为 56.9%（98 700/173 500×100%），本年虽营业收入上升 8.1%，但收入成本率达到 63.5%（119 000/187 500×100%），比上年上升了 6.6%（63.5%−56.9%）。

2. 分层是指将总体划分为多个子总体的过程，每个子总体由一组具有相同特征（通常为货币金额）的抽样单元组成。

在利用审计抽样执行实质性测试时，注册会计师通常都会运用分层。例如，对于那些足以导致总体出现重大错报（如账面余额超过可容忍错报金额）的单个项目，由于仅对其进行抽样测试会产生无法接受的抽样风险，因此注册会计师需要逐个加以测试；而对于其他层中的项目，注册会计师只需要实施抽样测试即可。

在计算所需的样本规模并选取样本之前，注册会计师通常会对总体进行分层。分层使具有相同特征的项目被包含在同一个“层”中。注册会计师对各层分别实施抽样。对抽样结果的评价可以在各层中分别进行或一并进行，从而帮助注册会计师对总体特征作出估计。

例 7—2

乙公司年末的应收账款以 1 000 元为底限设置，共有 893 个明细账户，账面价值总计 10 235 457 元。在选取用于函证的应收账款项目时，注册会计师可以对全部应收账款项目进行分层和测试。该公司各账户的金额及其层级情况如表 7—4 所示。

表 7—4　乙公司各账户的金额及其层级情况

层	各层级的构成	记账凭证数量	总金额（元）
1	50 000 元以上余额的账户	11	890 900
2	10 000～50 000 元之间余额的账户	267	5 724 800
3	1 000～10 000 元之间余额的账户	615	3 619 757
合计		893	10 235 457

按照注册会计师的审计计划，财务报表层次的重要性水平为 1%，各认定层次中应收账款的重要性水平为 0.5%。

要求：考虑如何在确定样本数据的情况下制定抽样方案。

回答：注册会计师参考应收账款的重要性水平及货币资金收支的其他相关因素制定了抽样方案，如表 7—5 所示。

表 7—5　按货币金额考虑的抽样方案

层	各层账户构成	层样本数量（选样方法）
1	50 000 元及以上的账户	全部账户均为样本共 11 个
2	10 000～50 000 元的账户	45 个样本（使用随机数生成器选样）
3	1 000～10 000 元的账户	60 个样本（使用随机数生成器选样）

按照这个方案进行抽样，注册会计师总共抽取样本 116 个。

3. 可容忍错报是指注册会计师设定的货币金额，注册会计师试图对总体中的实际错报不超过该货币金额获取适当水平的保证。

简单来讲，如果错报的偏差很小，就能容忍；如果偏差太大，就不能容忍。对此的解释有："在运用审计抽样实施细节测试时，注册会计师可以将可容忍错报的金额设定为等于或低于实际执行的重要性水平。"需要说明，此处的实际执行的重要性水平是各账户余额层次的重要性水平，即一定的金额。实际执行的重要性水平，一般为计划重要性水平的 50%～75%。由此可知，可容忍错报是运用审计抽样进行细节测试时使用的一个概念，是总体最大的可接受的错报水平。如果总体超过这个错报，则是重大错报；否则就是可以接受的，然后考虑下一步工作。

按例 7—2 的情况，我们可计算乙公司的可容忍错报。具体来说，按照本书的解释，各认定层次的重要性水平即可容忍错报，它是一个数据的概念。例 7—2 的应收账款可容忍错报应为 50 000 元（10 235 457×0.5%）。

4. 可容忍偏差率，或称为可容忍误差率，是指注册会计师设定的偏离规定的内部控制程序的比率，注册会计师试图对总体中的实际偏差率不超过该比率获取适当水平的保证。

按照这样的解释，可容忍偏差率是注册会计师想将控制风险评估为低于最大值的水平时可以接受的最高偏差率。它与样本规模成反比关系，即可容忍偏差率越小，则样本规模越大。所谓审计偏差率是指审计人员在一定期间内总计审计的数量或者一项审计中的总量与其中有错误的数量的比例。如果说可容忍偏差率是预先设定的标准，那么审计偏差率是实际执行的结果。

例 7—3

某会计师事务所正在执行的审计项目中，有 100 项需要审计的内容，可容忍偏差率为 6%。还有一项工程造价审计，原来报送工程结算值是 1 600 万元，可容忍偏差率为 2%。审计实际执行结果为，在这 100 个项目中有偏差的为 5 个，经过审计，施工单位误报 35 万元。

要求：考虑会计师事务所的审计偏差率。

回答：从执行的审计项目来看，有偏差的为 5 个，这意味着审计项目的偏差率是 5%，也可以说准确率为 95%；实际偏差率低于可容忍偏差率。从工程造价审计来看，35 万元/1 600 万元=0.021 9，即这个项目审计额与原报送额的偏差率是 2.19%；实际偏差率高于可容忍偏差率。

由此可看出，任何事情的错误数与总量数的比例都可以称为偏差率。

第二节 控制测试中的审计抽样

一、控制测试的起点

(一) 对企业内部控制的了解

在进行内部控制有效性的测试时，注册会计师应当对财务报表审计单位的内部控制的表面情况进行初步了解。

在存在可观察的审计线索的情况下，注册会计师通过审查适当的资料来确认内部控制的有效性。在审查过程中，注册会计师应当收集审计证据以了解业务交易是否按照管理当局的授权进行操作，并按照企业会计准则的要求进行记录。

但是，若被审计单位缺乏审计线索，注册会计师必须观察控制环境和控制行为，可能的话还可以挑选一些交易进行穿行测试。注册会计师在观察过程中可以确认管理当局对内部控制是否支持、职责分离是否充分、员工的能力和品格是否存在问题、是否存在周期性存货现象等。在进行穿行测试时，可以检查密码的安全性、用户的身份识别码是否已经输入编辑控制等。此处的穿行测试是注册会计师了解被审计单位业务流程及其相关控制时经常使用的审计程序，具体做法是，在正常运行条件下，将初始数据输入内控流程，穿越全流程和所有关键环节，把运行结果与设计要求对比，以发现内控流程的缺陷。

(二) 抽样方法的选择

抽样方法一般用于第一种形式的控制测试，即验证恰当的审查文档、批准文档和记录文档的存在性，这些文档是审计线索的存在形式。对内部控制的有效性进行观察时，通常不要求使用审计抽样。虽然进行业务交易的穿行测试时可能会涉及某种抽样方法，但是注册会计师在检查那些被挑选出来用以检验内部控制的业务交易时，使用的是发现抽样而不是比率抽样。所采用的抽样方法是属性抽样，这种抽样方法可以在以下几个方面帮助注册会计师对书面文档证据进行检查以测试内部控制：在测试一个特定的属性时确定所要检查的文档数量；选取所要检查的文档；评价抽样结果；进一步评估控制风险。

二、审计抽样在控制测试中的实施

（一）对控制测试属性的检查

控制测试的目标是判断注册会计师所要检查的内部控制在审计期间是否有效运作。一些控制是通过观察进行测试的，一些控制的测试以业务穿行测试的形式进行，还有一些控制的测试采用检查文档的方法。统计抽样方法适用于最后一种情况。

注册会计师在检查文档时所关注的一些属性（控制特征）如下：

- 购货发票的付款是否有适当的授权？
- 会计记录（借记或贷记）是否正确？
- 记账凭证是否附有必需的原始凭证？
- 工资计算单中所使用的计算依据是否合理？
- 工资计算单中的工时记录与工时卡的记录是否一致？
- 所有的销售发票是否有适当的授权？是否附有运货单和装货单？
- 销售价格是否与产品价目表上的价格一致？

统计抽样技术可以帮助注册会计师确定每项属性检查所需的文档数量，抽取这些文档并评价抽样的结果。

（二）确定样本规模

在进行统计抽样时，注册会计师通过检查总体中的一部分项目来对总体做出结论。由此产生的问题是，注册会计师需要总体中的多少项目？在控制测试的属性抽样中，样本规模受到以下因素的影响。

1. 总体规模。对于属性抽样而言，只有在总体中包含的项目数量小于 1 000 时，总体规模（例如被审计期间处理的凭单数量、呈送的员工工时卡的数量、开出的销售发票的数量等）才对样本量有重大影响，具体见表 7—6。实际上审计中使用的所有属性抽样方法涉及的样本规模都超过 1 000，因此在确定样本规模时不用考虑总体的规模。

表 7—6　　总体规模对样本规模的影响

总体规模	样本规模
50	45
100	64
500	87
1 000	90
2 000	92
5 000	93
100 000	93

2. 预计偏差率。预计偏差率就是注册会计师估计差错发生的概率。例如，控制测试中关注的一个事项是特定的账户是否按照记账凭证进行了正确的记录。在这个测试中，预计偏差率就是含有错误记录的记账凭证的百分比。在估计这个偏差率时，可以以对内部控制制度的观察和分析为基础，如果是连续审计，也可以以前期审计情况为基础，还可以通过抽取一个初始样本来估计总体的预计偏差率。

3. 可容忍偏差率。如前所述，可容忍偏差率是注册会计师将控制风险评估为低于最大值的水平时可接受的最高偏差率。这个偏差率设定的是高还是低取决于审计专业判断。在设定可容忍偏差率时，注册会计师会考虑被测试属性的重要程度：一个属性对于与审计相关的内部控制制度而言越关键，可容忍偏差就越低。例如，对于财务报表的精确性而言，账户记录错误被认为比购买行为的授权证据更重要。在检查凭单的错误记录时，将可容忍偏差定得越低，就越要求增加样本规模以确认与记账偏差相关的控制薄弱程度。

4. 精确度。使用预计偏差率和可容忍偏差率可以对精确度进行定义，精确度是真实答案最有可能落入的范围。精确度范围越窄（即两个比率之间越接近），样本量就越大。在预计偏差率一定的情况下，可容忍偏差率越小，样本量就越大。相似地，在可容忍偏差率一定的情况下，预计偏差率越大，样本量就越大。它们之间的关系如表 7—7 所示。

表 7—7 精确度与样本规模表

预计偏差率（%）	可容忍偏差率（%）	精确度（%）	样本规模
1	4	3	156
1	5	4	93
1	6	5	78
1	7	6	66
1	8	7	58
2	8	6	77
3	8	5	95
4	8	4	146

5. 可接受风险水平。审计风险可以分为存在的重大错报风险（固有风险和控制风险），以及注册会计师因未能发现这些重大差错或舞弊而出具了不恰当的审计意见的风险（检查风险）。注册会计师通过对被审计单位的基本情况和行业情况进行分析并执行分析程序来评估固有风险，通过对内部控制制度进行分析和评价来评估控制风险，并通过设计实质性程序来将检查风险降到可以接受的水平。在这种情况下，检查风险反映了注册会计师愿意接受的，其程序不能发现内部控制系统之外的差错的风险水平，亦即本节前面说过的低估风险（β风险）。作为一种惯例，大多数注册会计师将低估风险设在小于或等于10%的水平上。

将低估风险与预计偏差率、可容忍偏差率结合，通过样本量表可以查到所需的样本数量，各参数对样本规模的影响如表 7—8 所示。

表 7—8　　各参数对样本规模的影响

参数	对样本规模的影响
总体规模	正向
预计偏差率	正向
可容忍偏差率	负向
可接受的低估风险	负向

一般来说，注册会计师根据上述基本原理，将各种数据之间的关系固定为一张张表格，通过查表的方式确定样本量（见表 7—9）。

表 7—9　信赖过度风险为 5%时的控制测试中的统计抽样样本规模（括号内是可接受的偏差数）

预计总体偏差率(%)	可容忍偏差率										
	2%	3%	4%	5%	6%	7%	8%	9%	10%	15%	20%
0.00	149(0)	99(0)	74(0)	59(0)	49(0)	42(0)	36(0)	32(0)	29(0)	19(0)	14(0)
0.25	236(1)	157(1)	117(1)	93(1)	78(1)	66(1)	58(1)	51(1)	46(1)	30(1)	22(1)
0.50	*	157(1)	117(1)	93(1)	78(1)	66(1)	58(1)	51(1)	46(1)	30(1)	22(1)
0.75	*	208(2)	117(1)	93(1)	78(1)	66(1)	58(1)	51(1)	46(1)	30(1)	22(1)
1.00	*	*	156(2)	93(1)	78(1)	66(1)	58(1)	51(1)	46(1)	30(1)	22(1)
1.25	*	*	156(2)	124(2)	78(1)	66(1)	58(1)	51(1)	46(1)	30(1)	22(1)
1.50	*	*	192(3)	124(2)	103(2)	66(1)	58(1)	51(1)	46(1)	30(1)	22(1)
1.75	*	*	227(4)	153(3)	103(2)	88(2)	77(2)	51(1)	46(1)	30(1)	22(1)
2.00	*	*	*	181(4)	127(3)	88(2)	77(2)	68(2)	46(1)	30(1)	22(1)
2.25	*	*	*	208(5)	127(3)	88(2)	77(2)	68(2)	61(2)	30(1)	22(1)
2.50	*	*	*	*	150(4)	109(3)	77(2)	68(2)	61(2)	30(1)	22(1)
2.75	*	*	*	*	173(5)	109(3)	95(3)	68(2)	61(2)	30(1)	22(1)
3.00	*	*	*	*	195(6)	129(4)	95(3)	84(3)	61(2)	30(1)	22(1)
3.25	*	*	*	*	*	148(5)	112(4)	84(3)	61(2)	30(1)	22(1)
3.50	*	*	*	*	*	167(6)	112(4)	84(3)	76(3)	40(2)	22(1)
3.75	*	*	*	*	*	185(7)	129(5)	100(4)	76(3)	40(2)	22(1)
4.00	*	*	*	*	*	*	146(6)	100(4)	89(4)	40(2)	22(1)
5.00	*	*	*	*	*	*	*	158(8)	116(6)	40(2)	30(2)
6.00	*	*	*	*	*	*	*	*	179(11)	50(3)	30(2)
7.00	*	*	*	*	*	*	*	*	*	68(5)	37(3)

注：本表假设总体规模极大。* 表示样本规模太大以至于在大多数审计应用中不符合成本效益原则。如果信赖过度风险为 10%或其他数据，亦存在与之相吻合的数据表。

资料来源：美国注册会计师协会（AICPA）. 审计指南：审计抽样. 纽约，2001.

（三）抽取样本与评价抽样结果

在对样本项目执行完测试程序并汇总所有控制偏差之后，注册会计师需要评价抽样结果。这时，注册会计师不仅要考虑实际观察到的偏差数量，还要考虑偏差的性质。注册会计师对抽样结果的评价包括以下四个步骤：

1. 确定偏差率。偏差率可以由观察到的偏差数除以样本规模计算得出。

2. 确定实现的偏差率上限。注册会计师将利用计算机程序或表格确定实现的偏差率上限（亦可称为实现的精确度上限）。这一偏差率反映了注册会计师根据抽样结果对总体偏差率得出的最大预计值。

3. 考虑偏差的性质。除考虑样本偏差率之外，注册会计师还需要考虑偏差的性质及其对审计工作其他阶段的影响。因故意行为（舞弊）造成的偏差比由于误解指令或粗心大意造成的偏差更值得关注。

4. 得出一个全面的结论。注册会计师将综合考虑样本提供的证据与其他相关控制测试的结果，以确定测试结果是否能够支持注册会计师评估的控制风险水平。如果不能，注册会计师将提高评估的控制风险水平，进而扩大计划的实质性测试的范围。对抽样结果的评价依据的是以表格方式固定下来的数据集（见表 7—10）。

表 7—10　控制测试中的统计抽样结果评价表：信赖过度风险为 5%时实现的偏差率上限

样本规模	实际发现的偏差数										
	0	1	2	3	4	5	6	7	8	9	10
25	11.3	17.6	*	*	*	*	*	*	*	*	*
30	9.5	14.9	19.6	*	*	*	*	*	*	*	*
35	8.3	12.9	17.0	*	*	*	*	*	*	*	*
40	7.3	11.4	15.0	18.3	*	*	*	*	*	*	*
45	6.5	10.2	13.4	16.4	19.2	*	*	*	*	*	*
50	5.9	9.2	12.1	14.8	17.4	19.9	*	*	*	*	*
55	5.4	8.4	11.1	13.5	15.9	18.2	*	*	*	*	*
60	4.9	7.7	10.2	12.5	14.7	16.8	18.8	*	*	*	*
65	4.6	7.1	9.4	11.5	13.6	15.5	17.4	19.3	*	*	*
70	4.2	6.6	8.8	10.8	12.6	14.5	16.3	18.0	19.7	*	*
75	4.0	6.2	8.2	10.1	11.8	13.6	15.2	16.9	18.5	20.0	*
80	3.7	5.8	7.7	9.5	11.1	12.7	14.3	15.9	17.4	18.9	*
90	3.3	5.2	6.9	8.4	9.9	11.4	12.8	14.2	15.5	16.8	18.2
100	3.0	4.7	6.2	7.6	9.0	10.3	11.5	12.8	14.0	15.2	16.4
125	2.4	3.8	5.0	6.1	7.2	8.3	9.3	10.3	11.3	12.3	13.2
150	2.0	3.2	4.2	5.1	6.0	6.9	7.8	8.6	9.5	10.3	11.1
200	1.5	2.4	3.2	3.9	4.6	5.2	5.9	6.5	7.2	7.8	8.4

注：本表中的偏差率上限以百分数表示。此外，本表假设总体规模极大。如果信赖过度风险为 10%或其他数据，亦存在与之相吻合的数据表。* 表示实现的偏差率上限超过 20%。

资料来源：美国注册会计师协会（AICPA）. 审计指南：审计抽样. 纽约，2001.

三、属性抽样举例

属性抽样以抽样样本规模表和抽样结果评价表为基础，如果利用的是其他表格，仅需对该方法做细微修改即可。属性抽样为固定样本量法，是根据表格确定固定的样本量进行审查，并以全部样本审查结果推断总体的一种审计抽样方法。

例 7—4

B 公司聘请乙会计师事务所继续进行年度财务报表审计。王辰会计师在审计组负责采购与付款业务。B 公司本期在采购业务方面的单据共有 3 653 张，时间范围为全年。

要求：王辰根据他自己对B公司内部控制制度的认识和以前年度的数据，按照属性抽样要求的各个步骤和方式对B公司采购业务的全过程进行控制测试。

回答：按照属性抽样的步骤描述王辰的工作过程。

1. 确定测试目标。王辰测试的目标是B公司在核对验收单据与采购发票之后才授权支付采购原材料货款这一控制的有效性。

2. 定义属性和偏差构成条件。对于每张采购发票和相关的验收单据，王辰将以下一种或几种情况定义为偏差构成条件：(1) 未附验收单据的任何发票；(2) 发票虽附有验收单据，但该验收单据应当附属于其他发票；(3) 发票与验收单据所记载的数量不符。在这项测试中，王辰需要执行的唯一程序是检查凭证并将验收单据与发票进行核对。

3. 定义抽样总体。由于客户已将购买原材料的记账凭证按顺序编号，并在每张凭证后附上验收单据和发票，因此，这一测试的抽样单元是单个凭证，具体来说是购买原材料的3 653张凭证中的任意一张。

4. 确定信赖过度风险和可容忍偏差率。一般地，如果验收单据与采购订单之间的核对出现错误，会导致多支付给供应商货款以及采购与应付账款出现错报，最终影响财务报表。但是，乙会计师事务所去年对B公司进行了审计，将采购、存货和应付账款的存在、发生和计价认定的控制风险评估为低水平，据此，王辰将可容忍偏差率确定为7%，将信赖过度风险确定为5%。

5. 估计预计总体偏差率。在之前三个年度的审计中，乙会计师事务所对B公司审计的异常事项分别形成了1.2%，1.3%，1.1%的偏差率。因此，王辰保守地将预计总体偏差率确定为1.5%。

6. 确定样本规模。在确定信赖过度风险为5%后，王辰利用查表的方式确定样本规模。在可容忍偏差率为7%这一列与预计总体偏差率为1.5%这一行的交汇处，可以查得所需的样本规模为66（见表7—9），样本中可以接受的最大偏差数为1。

7. 选取样本。由于凭证是顺序编号的，王辰利用审计软件程序生成一系列随机数来选取用于测试的样本。

8. 测试样本项目。接下来，王辰对所抽取样本逐一进行检查，看各类凭证中是否包含前文定义的各类偏差。不仅如此，他还对异常事项（如有关舞弊的证据）保持警惕。

9. 评价抽样结果。在评价抽样结果时，王辰既要考虑实际观察到的偏差数量，又要考虑偏差的性质，他提出了三种可能的情形：(1) 实际偏差数等于或小于可以接受的最大偏差数；(2) 实际偏差数大于可以接受的最大偏差数；(3) 发现一个或多个包含蓄意操纵或规避内部控制的证据的偏差。他要根据这三种情形对样本审查结果进行推论。

首先，假设王辰没有发现任何偏差。回想一下，从表中查得的可以接受的最大偏差数为1。由于偏差数（这种情况下是0）没有超过可以接受的最大偏差数，因此他可以推断总体偏差率超过7%（即可容忍偏差率）的风险小于5%。此时，抽样结果支持他计划中评估的控制风险水平。王辰也可以参考表7—10使用另一种评价抽样结果的方法，在设定样本规模为65（表7—10中小于实际样本规模的最大样本规模）、实际发现的偏差数为0时，可以查得实现的偏差率上限为4.6%。这一比率能够支持他计划中评估的控制风险水平。

其次，假设样本中观察到的偏差数为3，且这些偏差中没有包含蓄意操纵或规避内部控制的证据。利用前述第一种方法评价抽样结果，由于3个偏差超过了可以接受的最大偏差数（即1个偏差），王辰可以简单地推断实现的偏差率上限大于7%。如果他希望利用第二种方法评价抽样结果，则可利用表7—10查得实现的偏差率上限为11.5%。根据这些结果，他应当提高这一领域计划中评估的控制风险水平，并扩大实质性测试程序的范围（也即降低检查风险）。在对审计计划做出任何修改之前，注册会计师应当调查出现异常的高偏差率的原因。

最后，假设王辰发现的一个或多个偏差中存在规避内部控制的情况，则暗示着可能存在舞弊行为。在这种情形下，他需要执行其他的审计程序。换句话说，王辰应当评价偏差对财务报表的影响，并执行专门用于检查此类偏差的审计程序。事实上，偏差的性质可能比它的发生率更为重要。

10. 记录抽样程序。最后，作为注册会计师，王辰应当将前述9个步骤作为形成总体结论的基础记录于工作底稿之中。表7—11是工作底稿的一种表达方式，它记录了这项控制测试及采购循环其他控制测试的结果。

表7—11　控制测试结果的记录

B公司属性抽样总结——采购业务　R-22　WEB

20×2年12月31日至20×3年1月23日

测试目标：(1) 测试核对验收单据与采购发票这项控制程序的运行有效性；(2) 测试核对采购订单与采购发票这项控制程序的运行有效性；(3) 测试验证采购发票的填制准确性的控制程序的运行有效性。					
总体：审计年度全部凭证登记记录　规模：3 653					
抽样单元：单张凭证					
随机选取程序：随机数生成器					
信赖过度风险：5%					
	计划中的参数			抽样结果	
被测试的属性	可容忍偏差率	预计总体偏差率	样本规模	偏差数	实现的偏差率上限
1. 验收单据上的数量及其他内容与采购发票一致	7%	1.5%	66	1	7.1%
2. 采购订单上的价格及其他内容与采购发票一致	10%	1%	46	0	6.5%
3. 已经验证过采购发票的填制准确性	7%	0%	42	0	7.3%
结论：抽样结果支持将采购、存货和应付账款账户的存在及计价认定的控制风险评估为低水平。					

四、其他属性抽样方法

（一）发现抽样

发现抽样实际上是一种修正的属性抽样。发现抽样的目的是在既定的信赖过度风险并假定总体偏差率超过设定的可容忍偏差率的情况下，至少发现一个具有特定特征的项目（如怀疑的舞弊问题），以便确认存在令人怀疑的情况。因此，发现抽样的重要用途是查找可能存在的舞弊事项。但发现抽样不是对样本作出判断，不能看作是样本的审计结果，而是对总体发表意见。

尽管发现抽样的目的是查找相对稀少的项目，但它也无法做到大海捞针。如果仅有极少量的偏差（例如0.1%或更少）存在于总体中，那么任何规模的样本都无法保证一定能够遇到偏差事项。不过发现抽样能够（在很高的置信程度下）确保查出发生率在0.3%～1%之间的偏差。

发现抽样主要用于查找关键偏差。如果一项偏差是关键的，比如有关舞弊的证据，那么任何水平的偏差率都是不能容忍的。因此一旦发现此类偏差，注册会计师就会停止抽样程序，转而对总体进行全面彻底的审查。如果发现抽样没有找到任何偏差，则注册会计师可以得出这样的结论（在信赖过度风险既定的情况下）：在既定的可容忍偏差率范围内不存在关键偏差。

使用发现抽样时，注册会计师必须确定他们能够接受的信赖过度风险和可容忍偏差率，然后假设预计总体偏差率为零，并参考相应的属性抽样表格，即可确定所需要的样本规模。

例 7—5

某注册会计师在进行年度财务报表审计时一直怀疑被审计单位的员工伪造采购订单、验收单据以及采购发票，造成支付现金的假象以虚构采购交易。为确定这样的舞弊是否存在，注册会计师需要从被审计单位的支付凭证中查出一组不实凭证。

要求：描述注册会计师采用发现抽样的过程。

回答：在实施过程中，假设注册会计师设定在总体中包含2%及以上的欺诈性项目的情况下，在样本中未查出不实凭证的风险为5%。参考表7—9，注册会计师发现在预计总体偏差率为零、可容忍偏差率为2%时，所需要的样本规模为149。注册会计师选取并审查了149张凭证后未发现伪造的凭证。经过检查，注册会计师可得出这样的结论：总体中包含超过2%的伪造凭证的风险仅为5%。

（二）停—走抽样（顺序抽样）

停—走抽样（顺序抽样）从预计总体偏差率为零开始，通过边抽样边评估来完成审计工作。采用这种方法时，注册会计师先抽取一定量的样本进行审查，如果结果可以接受，就停止抽样得出结论；如果结果不能接受，就扩大样本量继续审查直至得出结论。

在停—走抽样中，审计样本分几个阶段选取。注册会计师先审查一个小样本，然后以初始抽样结果为基础，决定是将控制风险评估为计划水平还是高于计划水平，或是检查额外的样本项目以获得更多的信息。如果抽样结果没有提供足够的信息以做出关于内部控制的最终决策，注册会计师应当审查额外的项目并且重复上述过程，直到可以就控制风险的评估水平作出决策为止。

与固定样本规模的抽样方法相比，停—走抽样法的主要优点是，偏差率很低的总体所需要的样本规模也较小。停—走抽样法的缺点是，中等偏差率的总体所需要的样本规模可能偏大，而且分阶段选取样本的过程可能不如其他抽样方法那么有效率。

例 7—6

C 会计师事务所对某大型机械制造厂年末财务报表进行审计，在对第一分厂制造费用账户进行审计时，需要进行维修用材料的内部控制测试。该分厂全年的领料单为 5 329 份，测试的属性是申领人签字是否完善。该项工作主要由实习生负责。

要求：请描述李赟作为有经验的注册会计师，怎样采用停—走抽样法布置好这项工作。

回答：作为有经验的注册会计师，李赟应该告诉实习生怎样确定各相关参数，并结合各参数使用固定样本量表。设公司的可容忍偏差率为 5%，风险水平也是 5%。按照 5%的信赖过度风险利用停—走抽样固定样本量表确定应抽取的样本量。具体见表 7—12。

表 7—12　　停—走抽样初始样本量表（预计总体偏差率为零）

样本量 / 可容忍偏差率	风险水平		
	10%	5%	2.5%
10%	24	30	37
9%	27	34	42
6%	40	50	62
5%	48	60	74
4%	60	75	93
3%	80	100	124
2%	120	150	185
1%	240	300	270

应抽取的样本量为 60。李赟会计师会给实习生一张决策表，要求他们按照决策表的数据抽取、查验样本，具体见表 7—13。

表 7—13　　停—走抽样决策表

步骤	累计样本量	若累计误差等于以下数字就停止	若累计误差等于以下数字就增加样本量	若累计误差等于以下数字就转到第 5 步
1	60	0	1～4	4
2	90	1	2～4	4
3	126	2	3～4	4
4	156	3	4	4
5	以样本误差作为预期总体误差采用固定样本量抽样			

按照这样的安排有以下结果：

1. 如果抽取的 60 个样本没有发现错误，则停止抽样，按照原计划实施实质性程序。

2. 如果抽取的 60 个样本发现有 1 个错误，再抽取 30 个样本，若在抽取样本后没有查出错误，则停止抽样，按照原计划实施实质性程序。

3. 如果抽取的 60 个样本发现有 2 个错误，则要考虑增加样本量（见表 7—14）。

表 7—14　　样本量扩展及总体误差评估表

差错＼风险	0	1	2	3	4	5	6	7	8	9	10
2.5%	3.7	5.6	7.3	8.8	10.3	11.7	13.1	14.5	15.8	17.1	18.4
5%	3.0	4.8	6.4	7.7	9.2	10.6	11.9	13.2	14.5	16	17
10%	2.4	3.9	5.4	6.7	8	9.3	10.6	11.8	13	14.3	15.5

这时，按照表格中的数据可推断出总体误差率为5%，当抽取60个样本有2个错误时，风险系数为6.4%，可容忍误差不能接受，因此注册会计师决定将样本量增至126个，即在原有的基础上增加66个。经审查，若这66个样本没有再发现误差，即可停止抽样，按照原计划实施实质性程序。

（三）非统计属性抽样

在属性抽样中，统计抽样与非统计抽样之间的主要区别在于确定样本规模和评价抽样结果的步骤不同。与利用统计抽样方法类似，注册会计师在利用非统计抽样方法确定样本规模时，也需要考虑信赖过度风险和可容忍偏差率；不同之处在于，在非统计抽样中这些因素不需要量化。在评价抽样结果时，注册会计师也应当比较样本偏差率和可容忍偏差率。如果样本规模适当，且样本偏差率低于可容忍偏差率，注册会计师通常可以断定信赖过度风险处于一个可以接受的水平。样本偏差率越接近可容忍偏差率，总体偏差率低于可容忍偏差率的可能性就越小。注册会计师应当利用职业判断，确定在何种情况下应当将评估的控制风险提高至计划的水平之上。

第三节　实质性程序中的审计抽样

一、实质性程序与常用方法的选择

注册会计师在执行控制测试时采用属性抽样，它可以帮助注册会计师估计错误比率并评估控制风险。但是，在执行实质性程序时，注册会计师的目标是判断客户账户记录中的金额是否按照企业会计准则进行公允列示。因此，注册会计师在实施实质性程序时最常使用的抽样方法是变量抽样法，又称变量抽查法，是对审计对象总体的货币金额进行实质性测试所采用的抽查方法。换句话说，变量抽样法主要用于确定账户金额是多还是少，是否存在重大误差等；通常用于检查应收账款的金额，检查存货的数量与金额，检查工资费用，检查交易活动，以确定未经适当批准的或者是有其他方面错误的交易金额。

与控制测试中的抽样风险类似，实质性程序中也存在两方面的抽样风险，具体包括：（1）误拒账户风险（误拒风险），是指抽样结果表明账户余额存在重大错报而实际上不存在重大错报的概率。（2）误受账户风险（误受风险），即指抽样结果表明账户余额不存在重大错报而实际上存在重大错报的概率。这些风险的性质与控制测试中的抽样风险相同。如果注册会计师犯了第一种错误，不恰当地拒绝了某一账户余额，就会导致审计工作缺乏效率，因为注册会计师将执行额外的审计程序，但最终会发现该账户并不存在重大错报。因此，误拒风险与审计的效果无关。如果注册会计师犯了第二种错误，不恰当地接受了某一账户余额，审计的效果就会受到损害。因此，误受风险是注册会计师主要关注的风险，因为未查出的一个重大错报很可能导致注册会计师被控有过失，甚至会承担更严重的法律责任。表7—15阐释了实质性测试中的两种抽样风险。

表7—15 实质性程序中的抽样风险

根据实质性程序的样本得出的结论	总体的实际情况	
	不存在重大错报	存在重大错报
总体中不存在重大错报	得出正确结论	得出错误结论（误受风险）
总体中存在重大错报	得出错误结论（误拒风险）	得出正确结论

二、变量抽样方法比较

在进行实质性测试时，注册会计师的目标是判断客户账户记录中的财务数据是否按照企业会计准则进行公允列示。为此，注册会计师要进行检查、确认、计算和询问。被称为传统变量抽样的比例估计法和差异估计法都是通过对样本进行检查并将检验结果推及总体来估计业务交易和账户的金额。这种抽样方法一般用于检查诸如应收账款和存货之类的资产负债表类科目，因为这些账户有大量发生额。具体来说，注册会计师在进行变量抽样时有两种方法可以选择：单位平均估计抽样和差额估计抽样。单位平均估计抽样（MPU）是通过计算样本的均值，并用其乘以总体项目数量以获得总体的实际价值的一种变量抽样方法。差额估计抽样要计算样本的实际价值和客户账面价值之间的平均差额，并用其乘以总体项目数量，得到的结果是估计的实际价值和账面价值的总体差额。差额估计抽样使用的样本量要少于单位平均估计抽样所使用的样本量，因此更具有成本优势。

概率比例规模抽样（PPS）是以货币单位作为抽样单元进行选样，运用属性抽样原理对货币金额而不是对发生率得出结论的一种统计抽样方法，有时也称为金额加权抽样、货币单位抽样、累计货币金额抽样、综合属性变量抽样等。在该方法下总体中的每个货币单位被选中的机会相同，所以总体中某一项目被选中的概率等于该项目的金额与总体金额的比率。项目金额越大，被选中的概率就越大。但实际上注册会计师并不是对总体中的货币单位实施检查，而是对包含被选取货币单位的余额或交易实施检查。注册会计师检查的余额或交易称为逻辑单元或实物单元。

除上述三种变量抽样方法之外，注册会计师会在某种情况下采用非统计抽样方法进行审计。非统计抽样方法也称为判断抽样，或者是任意抽样，是根据调查人员的主观经验从总体样本中选择那些被认为最能代表总体的单位作为样本的抽样方法。

三、单位平均估计抽样

（一）实质性程序的抽样风险

在进行单位平均估计抽样时，注册会计师在对风险和重要性给予应有的考虑后必须确定样本量的大小。检查风险是确定单位平均估计抽样的样本量时考虑的一个重要因素，它是被审计单位内部控制制度不能预防或觉察的错误和舞弊未被注册会计师发现的风险。审计风险是控制风险、固有风险和检查风险的函数，即

$$AR=IR\times CR\times DR$$

式中，AR——审计风险；IR——固有风险；CR——控制风险；DR——检查风险。

我们也可以变换审计风险和检查风险的位置，得出下面的公式：

$$DR=\frac{AR}{CR\times IR}$$

统计学者将检查风险称为β风险，它是指错误接受的风险。在审计实务中，这个风险指的是错误地接受了被重大误报的账面价值。对应于β风险的是α风险，它指的是错误拒绝的风险（例如，错误地拒绝了被公允报告的账面价值）。这两种风险合称为实质性程序的抽样风险，即注册会计师对于一个总体所做的结论是不正确的风险。

与实质性测试相关的β风险和α风险可以按假设检验的类型列示如下（见表7—16）。

表7—16 β风险和α风险之间关系的解释

	S_0正确的账面价值	S_1有重大误报的账面价值
H_0接受账面价值	√	β风险
H_1拒绝账面价值	α风险	√

零假设（H_0）认为账面价值是公允呈报的，而备选假设（H_1）认为账面价值存在重大误报。如果选择了零假设而账面价值确实是公允呈报的（情况S_0），这就是一个正确的判断。另一方面，如果账面价值被重大误报了（情况S_1），那么这个判断就是错误的。当备选情况成立时，接受零假设的风险就是β风险。当公允呈报的情况成立时，接受备选假设的风险就是α风险。

（二）审计风险与审计效果、效率的关系

如同我们在控制测试部分所述，β风险是低估风险，而α风险是高估风险。就审计效果和审计效率而言，低估控制风险和（或）高估检查风险可能会导致注册会计师在形成审计意见时收集的证据不够充分，从而对审计效果造成负面影响。最糟糕的结果可能是注册会计师对于重大误报的财务报表出具了标准的无保留审计意见。相反，高估控制风险和（或）低估检查风险会影响审计效率，因为这会促使注册会计师收集许多不必要的审计证据，增加了审计时间和精力，从而增加了不必要的审计成本。这些风险因素与审计效果、效率之间的关系如表7—17所示。

表7—17 β风险和α风险及其与审计效果、审计效率之间的关系

	降低审计效果	降低审计效率
β风险：		
低估控制风险	√	
接受有重大差错的总体	√	
α风险：		
高估控制风险		√
拒绝合理报告的总体		√

这个分析再次证明了在评估风险时应当加倍小心。牺牲审计效率的危害要小于牺牲审计效果的危害。换句话说，审计证据过多要好于审计证据不足。

（三）计算样本量

注册会计师应当设定β风险和α 风险，以确定样本量。正如在控制测试部分讨论的那样，β风险（在那里指的是检查风险）是注册会计师的基本情况分析、分析性复核的执行、内部控制制度的分析和评价的函数。它连接着审计计划和实质性测试。除了将检查风险替换为β风险外，控制测试中的这两种风险与实质性程序中的两种风险有相通之处（见表 7—18）。

表 7—18 β 风险确定表（假定审计风险为 5%）

偏差率上限（%）	内部控制评价	控制风险（%）	固有风险（%）				
			10%	30%	50%	70%	100%
$\chi\leqslant1\%$	很好	10	*	*	*	70	50
$1\%<\chi\leqslant3\%$	好	30	*	55	33	24	16
$3\%<\chi\leqslant5\%$	一般	50	*	33	20	14	10
$5\%<\chi\leqslant7\%$	差	70	71	24	14	10	7
$\chi>7\%$	很差	100	50	16	10	7	5

* 允许的 5%的审计风险水平大于 CR 和 IR 的乘积，因此没有必要进行详细的实质性测试。
资料来源：SAS 第 39 号准则。

α 风险是指样本的结果使注册会计师将正确的账面价值判断为错误呈报的风险，它是审计风险的函数。大多数注册会计师简单地将α 风险等同于审计风险，并将其值设定在小于等于 10%的水平上。

除了β风险和α 风险外，还有一些因素会影响单位平均估计抽样中的样本量，包括：

1. 总体项目数量。总体项目数量（如应收账款明细账中客户账户的数量，或存货列表中项目的数量）会对样本量产生正向影响，即总体项目数量越大，样本量也越大。

2. 标准离差。标准离差反映的是总体的变化程度。具体而言，标准离差是指个体的数值偏离总体均值的程度。我们从图 7—1 可以看出，总体的数值分布越狭窄，其标准离差就越小。

与总体项目数量一样，标准离差也会对样本量产生正向影响，即标准离差越大，样本量也越大。样本的标准离差可以通过下面的公式来计算：

$$SD=\sqrt{\frac{\sum(\bar{x}-x_i)^2}{n-1}}$$

式中，$\bar{x}$——平均值；x_i——个体数值；n——样本量。

在图 7—1 中，C3（曲线 3）既平又宽，表示其有较大的标准离差。而 C1（曲线 1）又陡又窄，这反映了其与均值的偏离度较小。变量抽样试图利用总体的均值和标准离差来对总体进行描述。

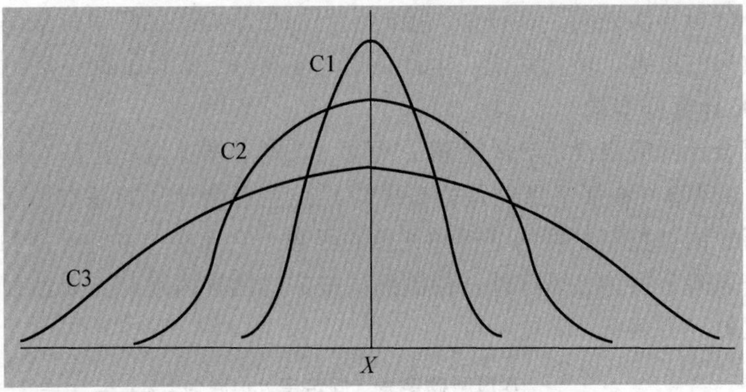

图 7—1 总体的均值和标准离差情况图

3. 精确度。精确度是指正确值最可能落入的范围。注册会计师将精确度设定为重要性水平与可接受的 β 和 α 风险水平的函数。精确度对样本量的影响是负向的。精确度的范围越小，样本量就越大。较小的精确度范围往往与风险厌恶和保守的重要性概念联系在一起。

4. 可信赖程度。可信赖程度一般也称为置信水平，是指样本范围包含正确值的可能性。可信赖程度取决于审计风险，即注册会计师对样本结果的信任程度。如前所述，审计风险和 α 风险一般控制在小于等于 10%的水平上。置信水平是对审计风险或 α 风险的减数。举例来说，如果 α 风险是 5%，那么置信水平就是 95%。与总体项目数量和标准离差一样，置信水平会对样本量产生正向影响，即注册会计师设定的置信水平越大，要求的样本量就越大。

概括而言，以上讲述的参数对样本量的影响如表 7—19 所示。

表 7—19 各种因素对样本量的影响

影响因素增大	样本量增大	样本量减少
总体项目数量	√	
标准离差	√	
精确度	√	
可信赖程度	√	
重要性水平		√
β 风险		√
α 风险		√

（四）单位平均估计抽样的样本量计算公式

给定了样本量的决定因素之后，单位平均估计抽样的样本量计算公式可表示为：

$$n=\left(\frac{N\times SD\times U_r}{A}\right)^2$$

式中，

N——总体项目数量（客户账户数量、存货项目数量等）。

SD——标准离差（可以通过检验由随机选取的 30～40 个项目组成的初始样本的标准离差进行估计；或使用账面价值和一套计算标准离差的计算机程序来估计）。

A——计划的精确度（见下面公式的解释）。

U_r——与选定的置信水平相关的可信赖程度系数。

在审计过程中最常用的可信赖程度系数见表7—20。

表7—20 审计过程中最常用的可信赖程度系数表

可信赖程度	审计风险	U_r 系数
0.99	0.01	2.58
0.95	0.05	1.96
0.90	0.10	1.65

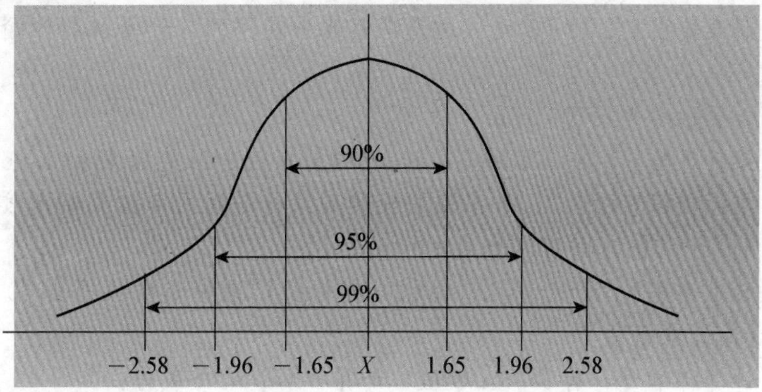

图7—2 最常用的可信赖程度系数的相关数据

（五）计划的精确度

计划的精确度即前述公式中的"A"，也被称为计划抽样误差。这是一种以重要性水平和可接受风险水平为基础进行的审计判断，可以通过下面的公式进行计算：

$$A=M\left(\frac{1}{1+\frac{Z_b}{Z_a/2}}\right)$$

式中，M——以金额形式表现的重要性水平；Z_b——与可接受的β风险水平相对应的Z值；Z_a——与可接受的α风险水平相对应的Z值。

Z值与α风险和β风险的相关性见表7—21。

表7—21 Z值与α风险和β风险的相关性

$\alpha/2$或β（%）	1	2	3	4	5	6	7	8	9	10
Z值	2.33	2.06	1.89	1.76	1.65	1.56	1.48	1.41	1.35	1.29
$\alpha/2$或β（%）	11	12	13	14	15	16	17	18	19	20
Z值	1.23	1.18	1.13	1.09	1.04	1	0.96	0.92	0.88	0.85

（六）单位平均估计抽样举例

例7—7

张谦是兴南会计师事务所的注册会计师，他负责对一家玩具制造商玩家公司进行存货审计。他决定采用单位平均估计抽样法来估计玩家公司存货中原材料的价值。这些存货由玩家公司来盘点，张谦和他的同事进行了监盘。他们还进行了许多清点工作。张谦对于存货标签上所列示的存货数量表示满意。

这些标签记录的原材料数量被输入计算机并打印输出。除了数量记录外，计算机打印输出的还包括价格和存货成本（价格×数量）。玩家公司的财务总监王曼负责对这些存货成本进行记录并登记到总账中。玩家公司对原材料或产成品不作永久保留的记录。

要求：在抽样的时候，张谦打算通过计算一个样本的平均值来推及总体，以此估计原材料存货的价值。请就上述情况描述张谦的工作过程。

回答：

1. 总体项目数量。计算机打印输出记录中共有 20 000 个项目。

2. 账面价值：2 000 万元。这是从总账中获得的，计算机打印输出记录上也有这个总数。

3. 重要性水平：100 万元。

4. 审计风险：5%（因此置信水平和 U_r 系数分别是 95%和 1.96）。

5. 重大错报风险：7%。张谦发现购买原材料的内部控制制度较薄弱，因此将控制风险评估为 70%，固有风险为 100%。

6. 标准离差：370 元。从计算机打印输出记录中随机挑选出 40 个项目组成初始样本，计算标准离差。

7. 计算样本量。有了以上数值，计算样本量的公式为：

$$n=\left(\frac{20\,000\times370\times1.96}{569\,768}\right)^2=648$$

分母 569 768 是用下面的精确度计算公式计算的：

$$A=1\,000\,000\times\left(\frac{1}{1+1.48/1.96}\right)=569\,768(\text{元})$$

Z 值是从表 7—21 中获得的。一旦样本量计算公式产生的样本量大于等于总体项目数量（N）的 5%，就应当使用下面这个有限调整因子：

$$n'=\frac{n}{1+n/N}$$

使用有限调整因子是很有必要的。为了简化起见，样本量计算公式假设抽样是放回抽样，这样计算出来的样本量要大于利用不放回抽样公式（这个公式更为复杂）计算出来的样本量。为了避免可能会出现的重复检查问题，注册会计师在选取了一个样本后并不将其放回总体中，因此有必要对较大的样本量进行有限调整以将样本量减少到可以接受的水平。

在本例中，样本量 648 小于总体项目数量 20 000 的 5%，因此不用进行调整。

8. 样本抽取。紧接着上面的步骤，注册会计师还需要从计算机记录中再抽取 608 个项目。原先为了估计标准离差所抽取的初始样本可以作为最终正式样本的一部分。假设张谦采用一套随机数表来抽取 40 个初始样本，对于剩下的样本，他可以从随机数表中这 40 个样本抽取停止的地方开始，直到 608 个样本都已抽取时停止。

在实际进行单位平均估计抽样时，注册会计师一般会对总体进行分层，从而可以对总体中不同层次的项目采取不同的检查方法。

9. 抽样结果评价。一旦抽取了样本，下一步就是计算其实际价值并推及总体。这要求注册会计师按照审计目标（如存在性、所有权、计价等）的要求对每个项目进行仔细的检查。在本例中，张谦主要关注玩家公司原材料存货的以下几个方面：

（1）存货列表中的项目类型和数量记录是从存货标签中正确转录过来的。

（2）存货项目计价遵循了企业会计准则，并且和上一年度采取的计价方法一样。

（3）单位成本与数量的乘积是正确的，乘积的总额进行了正确的脚注记录。

一旦样本的每个项目都按照以上这些方面进行了审计，样本的均值就可以通过以下公式来计算：

$$\overline{y}=\frac{\sum y_i}{n}$$

假设样本已审计的实际均值为 990 元，估计的总体价值以如下方式进行确定：

$$Y=\overline{y}\times N=990\times 20\,000=19\,800\,000(\text{元})$$

评价样本结果的最后一步是计算实际的精确度并得出结论。实际的精确度是总体的真实价值最有可能处于的范围。计算实际的精确度（A'）的公式为：

$$A'=N\times U_r\left(\frac{SD}{\sqrt{n}}\right)$$

假设样本实际的标准离差是 360 元，则有

$$A'=20\,000\times 1.96\times(360/\sqrt{648})=554\,372(\text{元})$$

实际的精确度（A'）必须小于等于计划的精确度（A），否则，实际的β风险会高于抽样计划时设定的值，并且需要进行进一步的抽样以将风险降到可以接受的水平。在这个例子里，554 372＜569 768，因此，β风险在可接受的范围之内。

张谦将样本的结果推及总体并且计算了精确度，因此他可以得出这样的结论：“我有 95％的概率相信玩家公司原材料存货的真实价值是 19 800 000±554 372 元。”这个结论也可以用以下的范围形式来表达（见表 7—22）。

表 7—22　　精确度区间数据表　　单位：元

$Y-A'$	Y	$Y+A'$
19 245 628	19 800 000	20 354 372

10. 推断总体。在计算了精确度范围之后，张谦接着应当判断可接受水平的范围，这是注册会计师可以接受的账面价值的可能范围。这个范围的下限（即可接受的最低账面价值）等于精确度范围的上限减去重要性水平（M）。这个范围的上限（即可接受的最高账面价值）等于精确度范围的下限加上重要性水平（M）。在这个例子中，这个范围可以按照以下形式来表示（见表 7—23）。

表 7—23　　可接受水平范围表　　单位：元

$Y+A'-M$		$Y-A'+M$
19 354 372 (20 354 372－1 000 000)	20 000 000 （账面价值）	20 245 628 (19 245 628＋1 000 000)

由于账面价值处于可接受水平的范围之内，因此张谦可以认为玩家公司的存货价值是公允列报的。如果存货的账面价值处于可接受水平的范围之外，则有必要进行审计调整以使账面价值落在不大于可接受水平上限和不小于可接受水平下限之间的范围内。举例来说，如果账面价值为 20 500 000 元，则要求调减 254 372 元（20 500 000－20 245 628）。相反，如果账面价值为 19 000 000 元，则要求调增 354 372 元（19 354 372－19 000 000）。

四、差额估计抽样

（一）对差额估计抽样的说明

差额估计抽样是单位平均估计抽样的一种变形，用来推断总体的错误总额。其做法是比较样本的实际价值（AV）和账面价值（BV）的差额，然后将该差额推及总体。如果 AV 减 BV 大于 0，即为正的差额（实际价值＞账面价值），表示账面价值被低估；反之，如果 AV 减 BV 小于 0，则为负的差额（实际价值＜账面价值），表示账面价值被高估。差额估计抽样不仅实用，而且由于其使用的样本量较小，因此与单位平均估计抽样相比在成本方面更具有优势。差额估计抽样之所以使用较小的样本量，其原因是差额的标准离差小于个体项目数值对均值的标准离差。

（二）执行差额估计抽样的条件

在执行差额估计抽样时，抽样过程必须符合以下条件：

1. 可以获得总体中的每一个项目（如应收账款明细账中各客户账户的余额）的账面价值。

2. 账面价值的总额应当等于各个体项目账面价值的合计数（即明细账的合计数应当等于总账的总数）。

3. 样本量应当足够大，以生成一个正态分布。

4. 应当有很大的非零差额样本量，这些差额在高估和低估之间均匀分布。

（三）执行差额估计抽样的步骤

1. 加总个体项目的账面价值并将其与账面价值总额进行比较。

2. 抽取一个初始样本，该样本至少包括 30 个差额项目，并利用下面的公式来估计标准离差：

$$SD_d=\sqrt{\frac{\sum(\bar{d}-d_i)^2}{n-1}}$$

式中，SD_d——差额的标准离差；d_i——个体项目的差异；$\bar{d}$——差额的平均值；n——初始样本的项目数量。

为了估计差额，应当按照以下公式进行计算：

$$d_i = AV - BV$$

式中，AV——实际价值；BV——账面价值。

如前所述，正值表示的是低估，负值代表的是高估。

3. 在估计了实际值和账面值之间差额的标准离差之后，按以下公式计算样本量：

$$n=\left(\frac{N\times U_r\times SD_d}{A}\right)^2$$

注意，差额估计抽样中使用的样本量计算公式和单位平均估计抽样中使用的公式基本一样，区别是前者 SD_d 的值较小，并且替代了 SD。同单位平均估计抽样一样，如果 n 大于等于 N 的 5%，就要求使用有限调整因子：

$$n'=\frac{n}{1+n/N}$$

4. 随机选取剩余的样本项目。
5. 对样本进行审计，列示出所有的差额，并计算差额的平均值：

$$\overline{d}=\frac{\sum d_i}{n}$$

式中，$\overline{d}$——差额的平均值；d_i——个体项目的差异。

6. 计算差额的标准离差（SD_d）：

$$SD_d=\sqrt{\frac{\sum(\overline{d}-d_i)^2}{n-1}}$$

7. 计算实际的精确度（A'）：

$$A'=N\times U_r\left(\frac{SD}{\sqrt{n}}\right)$$

8. 计算估计的总体差额（D）：

$$D=N\times\overline{d}$$

9. 计算估计的审计价值（EAV）：

$$EAV=BV\pm D$$

10. 得出结论。

这与单位平均估计抽样采用的方法一样，只是样本量较小。

（四）差额估计抽样举例

例 7—8

白兰公司是一家大型的家用器具和浴室用具的批发分销商，它向遍布全国的零售商分销其产品。注册会计师赵珺是凯华会计师事务所的合伙人，她被指派负责白兰公司的审计工作。白兰公司有 14 000 个客户账户，其应收账款的账面价值总和为 2 240 万元。张帅是赵珺的审计助理，他验证了这些账面价值的总和等于总账中应收账款账户的余额。

要求：根据差额估计抽样的要求，对赵珺和张帅的工作过程进行描述。

回答：赵珺和张帅为了查明上述情况，进行了下列各项具体工作。

赵珺分析了与收入循环相关的内部控制制度，认为销售和应收账款账户的内部控制处于中等水平，因此她将控制风险评估为 50%。由于执行的分析性复核程序并没有发现异常数字，因此赵珺将固有风险确定为 50%。假设 α 风险是 5%，则 β 风险是 20%。

为了评价白兰公司应收账款账户账面价值的公允性，赵珺决定对一些样本项目进行函证并执行差额估计抽样。函证包括一张由被审计单位填写的寄给其客户的书面函证，要求客户直接向注册会计师反映被审计单位所记载的余额是否正确。

在计算样本量之前，赵珺必须估计实际价值和账面价值之间差额的标准离差。为此，他随机抽取了75个客户账户并进行函证。对回函结果进行仔细的审查后，得出标准离差为464元。现在可以计算样本量：

$$n=\left(\frac{14\,000\times 1.96\times 464}{A}\right)^2$$

假设赵珺将应收账款的重要性水平定为800 000元，精确度可以计算如下：

$$A=M\left(\frac{1}{1+\frac{Z_b}{Z_a/2}}\right)=800\,000\times 0.7=560\,000(\text{元})(\text{见}\,Z\,\text{值表})$$

将A的值代入样本量计算公式中，得到样本量为：

$$n=\left(\frac{14\,000\times 1.96\times 464}{560\,000}\right)^2=517$$

为了将样本补齐，赵珺还要再随机抽取442个客户账户进行函证，并且要对回函进行仔细的审查。如果有些客户在进行了第二遍和第三遍函证后仍然没有回函，就应当采用替代程序（如检查运输单、装货单和汇款通知书）以获取关于计价、存在性和分类方面的满意证据。

假设赵珺的检查结果表明差额均值为−61.34元，则要引入下面的公式：

$$\bar{d}=\frac{\sum d_i}{n}$$

通过$D=N\times\bar{d}$这个公式来计算总体差额，可以估计应收账款的高估额为858 760元（61.34×14 000）。

现在可以计算估计的审计价值（EAV）：

$$EAV=BV\pm D=22\,400\,000-858\,760=21\,541\,240(\text{元})$$

假设全部的517个样本的差额的标准离差（SD_d）为410元，实际的精确度可以按下面的公式计算：

$$A'=14\,000\times 1.96\left(\frac{410}{\sqrt{517}}\right)=494\,792(\text{元})$$

由于$A'<A$，因此不必进行进一步的抽样。

赵珺现在可以得出结论，认为在95%的置信水平上，白兰公司年末应收账款的真实价值是21 541 240±494 792元。这个结论可以用表格的形式表示（见表7—24）。

表7—24 应收账款的真实价值 单位：元

$EAV-A'$	EAV	$EAV+A'$
21 046 448	21 541 240	22 036 032

可接受水平的范围如表7—25所示。

表 7—25 可接受水平的范围

$EAV+A'-M$		$EAV-A'+M$
21 236 032 (22 036 032－800 000)	22 400 000 (账面价值)	21 846 448 (21 046 448＋800 000)

就此，为了将账面价值减少到可接受水平的上限，至少要进行 553 552 元(22 400 000－21 846 448)的审计调整。这个审计调整可以通过调整样本中发现的个体客户账户的实际错误来进行。为了使调整的总额达到 553 552 元，可将剩余的未调整额记入坏账准备账户的贷方。

五、概率比例规模抽样

(一) 概率比例规模抽样的评价

在进行概率比例规模抽样时，注册会计师通过检查样本的错误额来估计总体的错误金额(而不是错误比率)，并在抽样结果的基础上计算总体的错误上限。

与两种传统变量抽样方法相比，概率比例规模抽样的优点在于简便易行，更具有成本方面的优势：不需要计算标准离差，因而不用抽取初始样本；由于总体是自动分层的，大额错误被发现的可能性更大；样本量一般要小于单位平均估计抽样和差额估计抽样。

概率比例规模抽样的一个重要缺陷是，它的总体主要是那些注册会计师认为很少发生差错的项目，或者即使有差错也只是高估的差错的项目。由于总体是自动分层的，因此被低估的项目(即账面价值较低)包括在高估项目样本中的概率较小。

下列情况适合采用概率比例规模抽样方法：注册会计师预计存货计价中包含的错误很少，但这些错误是高估错误；注册会计师通过分析性复核程序和对被审计单位基本情况的了解怀疑应收账款被高估；注册会计师在过去经验的基础上，确信一大部分修理和维护费用被资本化了。

(二) 概率比例规模抽样的步骤

概率比例规模抽样的对象应当是金额形式的。这些金额的总和组成账户的余额(如应收账款账户)或审计期间发生的业务交易的总额(如固定资产账户借方发生额)。由于进行的是随机抽样，总体中的每一个金额都有同等的机会被选取到样本中。

此方法的逻辑样本单位是随机抽取的金额所附着的项目。这种项目称为账簿项目，可以是一个客户账户、一项存货或一个固定资产账户。

1. 计算样本量。样本量按照下面的公式进行计算：

$$n=\frac{BV\times RF}{TE-(AE\times EF)}$$

式中，

BV——总体的账面价值。

RF——可信赖程度系数，它对应于注册会计师设定的 β 风险水平，并假设零误差。

TE——注册会计师可以接受的可容忍误差(以金额的形式表示)。

AE——预计误差，这是注册会计师预计的误差，也以金额的形式表示，它是注册会计师对固有风险和控制风险进行判断的函数。

EF——扩展系数，它与可信赖程度系数相关，并假设只有当误差在预计范围之内才取正值。当一些误差在预计范围之内时，扩展系数提供了附加的抽样误差值。

样本量计算公式的分母决定着预期精确度，它是审计专业判断的函数。

2. 抽取样本。样本抽取的第一步是计算样本间距（SI）。样本间距是两个连续样本之间的距离，它的计算公式为：

$$SI=\frac{BV}{N}$$

一旦确定了样本间距，就应当采用系统抽样法来抽取样本。从 1 和 SI 之间随机抽取一个数，并将其作为样本的第一个项目。随后，每含有 SI 金额的逻辑单位都会被抽取出来，直至完成整个样本抽取过程。比样本间距大的逻辑单位有 100%的概率被选中，而其他逻辑单位被选中的概率取决于其金额大小。

3. 评价样本结果。注册会计师可以按照下面三个步骤来评价样本结果：计算预计误差；计算精确度；确定错误上限。

预计误差与样本中包括的逻辑单位中所发现的错误相联系，包含一个或多个错误的逻辑单位被认为是有“瑕疵”的。此外，如果逻辑单位的账面价值小于样本间距，必须使用“瑕疵率”来预计包含逻辑单位的整个样本间距的误差。

计算的精确度包括以下组成部分：

（1）基准精确度（BP），其计算公式为：

$$BP=RF\times SI$$

式中，RF——对应于误受风险的可信赖程度系数；SI——样本间距。

（2）递增精确度备抵（IA），它指的是在小于样本间距的逻辑单位中发现的错误。BP 和 IA 的和等于抽样风险备抵。

现在，注册会计师可以确定错误上限（UEL），它等于计划误差加上抽样风险备抵。为了使账面价值能够被注册会计师接受，错误上限应当小于可容忍误差。

（三）概率比例规模抽样举例

例 7—9

何莉负责杰奥乐公司的审计工作，该公司制造并回收消声器。何莉怀疑杰奥乐公司有相当大一部分修理和维护费用在固定资产账户中进行了资本化。她的怀疑被分析程序所验证，该程序发现修理和维护费用显著减少。这项费用与销售额的比率从 20×1 年的 8%减少到 20×2 年的 4%。此外，她对公司的基本情况和行业情况进行分析后发现在该年度有严重的“利润缩水”现象，这可能会促使公司故意将修理费用在固定资产账户中进行资本化。杰奥乐公司通常执行的政策是在购买修理和维护的零部件及配件时将其费用化。

杰奥乐公司与处理卖方发票相关的内部控制程序被认为是良好的，这导致何莉认为问题可能源自管理当局越权行事，而不是无意的差错。

要求：根据概率比例规模抽样的要求，对何莉的工作过程进行描述。

回答：何莉为查明上述情况，进行了下列各项具体工作。

何莉决定使用概率比例规模抽样方法来判断20×2年费用被不正确地资本化的程度。此时的样本单位是该年度每一笔借记固定资产账户的记录的发生额（之所以选取固定资产账户，是因为注册会计师怀疑该账户的高估是由于将普通的修理费用记入该账户）。逻辑抽样单位是该账户的每一笔借记记录。由于许多卖主的发票既包括修理项目也包括资本化项目，因此在登记账簿时一张发票通常既要用于借记维修费用账户也要用于借记固定资产账户。

20×2年固定资产账户的借方发生额总计350万元，包括该年度中3 980笔单项记录。借方发生总额（350万元）就是概率比例规模抽样中的账面价值（BV）。何莉在评价卖方发票处理内部控制程序、执行分析性复核程序，以及发现利润缩水问题的基础上，决定将误受风险定为5%，将预计误差定为60 000元。她根据对重要性水平的最佳判断，将可容忍误差定为111 000元。换句话说，如果计算出的错误上限超过111 000元，就可以被理解为对固定资产账户的重大高估，应当要求调减。

样本量的计算如下：

$$n=\frac{BV\times RF}{TE-(AE\times EF)}=\frac{3\,500\,000\times 3}{111\,000-(60\,000\times 1.6)}=700$$

在5%的误受风险情况下，相关数据见表7—26。

表7—26　5%的误受风险情况下的可信赖程度和扩展系数

高估错误	误受风险								
	1%	5%	10%	15%	20%	25%	30%	35%	50%
	可信赖程度								
0	4.61	3.00	2.31	1.90	1.61	1.39	1.21	1.00	0.70
1	6.64	4.75	3.89	3.38	3.00	2.70	2.44	2.14	1.68
2	8.41	6.30	5.33	4.72	4.28	3.93	3.62	3.25	2.68
3	10.05	7.76	6.69	6.02	5.52	5.11	4.77	4.34	3.68
4	11.61	9.16	8.00	7.27	6.73	6.28	5.90	5.43	4.68
5	13.11	10.52	9.28	8.50	7.91	7.43	7.01	6.49	5.58
6	14.57	11.85	10.54	9.71	9.08	8.56	8.12	7.56	6.67
7	16.00	13.15	11.78	10.90	10.24	9.69	9.21	8.63	7.67
8	17.41	14.44	13.00	12.08	11.38	10.81	10.31	9.68	8.67
9	18.79	15.71	14.21	13.25	12.52	11.92	11.39	10.74	9.67
10	20.15	16.97	15.41	14.42	13.66	13.02	12.47	11.79	10.67
	扩展系数								
	1.90	1.60	1.50	1.40	1.30	1.25	1.20	1.15	1.00

样本间距为：

$$SI=\frac{BV}{N}=\frac{3\,500\,000}{700}=5\,000(\text{元})$$

在样本量为700、样本间距为5 000元的情况下，何莉可以在1～5 000之间随机挑选一个数（假设是2 124），随后每隔5 000元的间隔就选取一个逻辑单位。表7—27列示了所选取的前6张发票的情况。注意，有一张发票既包括修理的支出也包括购买设备的支出，而有一张发票全部是修理用的零部件支出。

表 7—27　样本的选取（选取前六张）　单位：元

抽样金额	供应单位	交易金额	账面金额		审定金额	
			固定资产	维修费用	固定资产	维修费用
2 124	东风机械制造公司	6 382	6 382	0	6 382	0
7 124	信维设备供应公司	4 247	4 257	0	4 257	0
12 124	大力神工具公司	3 112	3 112	0	3 112	0
17 124	宙斯机械设备公司	1 217	1 217	0	800	417
22 124	东华设备	4 985	4 985	0	0	4 985
27 124	建设建筑设备公司	2 786	2 786	0	2 786	0

下面的表格概括了所有含有记账错误的发票。下一步是计算预计误差。对于每一个有错误记录并且其账面价值小于样本间距（5 000 元）的逻辑单位，何莉必须计算一个瑕疵率并用其乘以样本间距，由此计算整个间距之间的预计误差，见表 7—28 和表 7—29。

表 7—28　误差汇总　单位：元

抽样金额	供应单位	固定资产账户记录的金额		
		账面金额	审定金额	错报金额
17 124	宙斯机械设备公司	1 217	800	417
22 124	东华设备	4 985	0	4 985
52 124	锐华光电	12 863	3 456	9 407
962 124	西南设备公司	72 350	0	72 350
2 102 124	远光机械制造公司	2 134	1 100	1 034
3 222 124	方圆机械公司	3 260	900	2 360

表 7—29　预计误差　单位：元

抽样金额	供应单位	账面金额	审定金额	错报金额	瑕疵率（%）	样本间距	预计误差
17 124	宙斯机械设备公司	1 217	800	417	34.26	5 000	1 713
22 124	东华设备	4 985	0	4 985	100.00	5 000	5 000
52 124	锐华光电	12 863	3 456	9 407	N/A	N/A	9 407
962 124	西南设备公司	72 350	0	72 350	N/A	N/A	72 350
2 102 124	远光机械制造公司	2 134	1 100	1 034	48.45	5 000	2 423
3 222 124	方圆机械公司	3 260	900	2 360	72.39	5 000	3 620
合计				90 553			94 513

注：(1) 瑕疵率是指某一项目发生错报的金额百分比，等于错报金额除以该项目的账面金额。

(2) 预计误差的确定：对于账面金额小于样本间距的项目，预计误差等于该项目的瑕疵率乘以样本间距；对于账面金额大于或等于样本间距的项目，预计误差就是该项目的实际错报金额。

计算了预计误差之后，最后一个步骤是计算抽样风险备抵和错误上限。其过程如下：

1. 计算基准精确度（BP）。

$BP=RF\times SI=3\times 5\ 000=15\ 000$(元)

2. 计算递增精确度备抵。只有当逻辑样本单位中发现的错误额小于样本间距时才需要进行该计算。表 7—30 计算了杰奥乐样本的递增备抵。注意预计误差是从高到低进行排列的。这是因为在特定的置信水平下概率比例规模抽样会产生最大的误差率。我们从下面的表格中可以找到递增的可信赖程度系数，它首先假设有一个高估误差。一个高估误差和 5%的误受风险下的可信赖程度系数（4.75）减去 0 误差下的可信赖程度系数（3.00）等于 1.75；该递增系数减去 1 得到表格中第 4 列的第一个数值（0.75）。由此，第二个高估误差和 5%的误受风险下的可信赖程度系数（6.30）减去 1 个误差下的可信赖程度系数（4.75）等于 1.55；该递增系数减去 1 得到表格中第 4 列的第二个数值（0.55）。第三个高估误差和 5%的误受风险下的可信赖程度系数（7.76）减去 2 个误差下的可信赖程度系数（6.30）等于 1.46；该递增系数减去 1 得到表格中第 4 列的第三个数值（0.46）。第四个高估误差和 5%的误受风险下的可信赖程度系数（9.16）减去 3 个误差下的可信赖程度系数（7.76）等于 1.4；该递增系数减去 1 得到表格中第 4 列的第四个数值（0.40）。

表 7—30　递增精确度备抵

抽样数额	供应单位	排列的预计误差 (1)	递增可信赖程度系数－1 (2)	递增备抵 (1) × (2)
22 124	东华设备	5 000	0.75	3 750
3 222 124	方圆机械公司	3 620	0.55	1 991
2 102 124	远光机械制造公司	2 423	0.46	1 115
17 124	宙斯机械设备公司	1 713	0.40	685
				7 541

3. 计算抽样风险备抵。基准精确度加上递增精确度备抵等于抽样风险备抵。对于杰奥乐公司的机器设备账户，抽样风险备抵的计算如下：

$$ASR=BP+IA$$

式中，ASR——抽样风险备抵；BP——基准精确度；IA——递增精确度备抵。

$ASR=15\ 000+7\ 541=22\ 541$(元)

4. 计算错误上限并将其与可容忍误差进行比较。

$$UEL=PE+ASR$$

式中，UEL——错误上限；PE——预计误差；ASR——抽样风险备抵。

$UEL=94\ 513+22\ 541=117\ 054$(元)

由于错误上限（117 054 元）超过了可容忍误差（111 000 元），何莉认为固定资产账户被显著高估，而管理费用账户被显著低估。用统计学的术语来说，何莉有 95%的把握认为账面价值的高估不超过 117 054 元。

在进行了 90 553 元（样本的高估总额）的审计调整之后，何莉认为她可以将固定资产账户的实际价值降到可以接受的范围之内。

六、非统计抽样在实质性程序中的应用

（一）对实质性程序中非统计抽样方法的说明

在实质性程序中，统计抽样与非统计抽样的主要区别在于确定样本规模和评价抽样结果的程序不同。采用非统计抽样时，注册会计师可以不量化用于确定样本规模的因素，但仍会考虑在确定样本量时归纳的那些关系。在评价抽样结果时，注册会计师仍会以样本错报来推断总体错报并考虑抽样风险，但同样不会量化风险水平。虽然注册会计师可以仅利用独立判断来确定样本规模和评价抽样结果，但许多会计师事务所已经开始采用以统计方法为基础的结构化方法来实施非统计抽样。这种方法提高了会计师事务所中不同注册会计师对抽样结果所作的判断的一致性。

（二）实质性程序中非统计抽样举例

例 7—10

华信会计师事务所在财务报表审计时执行一项存货计价测试，通过参考供应商发票检查一个存货样本的定价情况。存货由 2 000 个项目组成，其账面金额为 300 万元，此项工作由程睿会计师负责。程睿会计师准备采用结构化的非统计抽样方法进行审查，总体的实物是年末实有的全部存货项目，单个产品被确认为抽样单元。他使用如下公式计算所需要的样本量：

样本量＝总体账面价值×可靠性因子÷可容忍错报

公式中的可靠性因子从表 7—31 中选取，是以注册会计师对固有风险和控制风险的综合评估结果以及对其他实质性程序未能检查出认定中存在的重大错报的风险的评估结果为基础确定的。这两种风险都由注册会计师定性评估，从最高风险（100%）到低风险不等。

表 7—31　非统计抽样计划中的可靠性因子

固有风险和控制风险的综合评估结果	其他实质性程序（如分析程序）未能检查出错报的风险		
	高水平	中等水平	低水平
最高水平	3.0	2.3	1.9
略低于最高水平	2.7	2.0	1.6
中等水平	2.3	1.6	1.2
低水平	1.9	1.2	1.0

注：本表适用于注册会计师预计总体中错报很少的情形。

要求：根据上述情况，对程睿会计师采用非统计抽样的原因及过程进行描述。

回答：程睿为查明上述情况，进行了下列各项具体工作。

在本例中，假设程睿会计师将固有风险和控制风险的综合水平评估为略低于最高水平。他对存货账户执行了分析程序，认为未能检查出存货计价认定中存在的重大错报的风险为中等水平。利用这些风险评估结果，他查得可靠性因子为 2.0。他将存货账户的可容忍错报确定为 100 000 元。样本量计算如下：

样本量＝3 000 000×2.0÷100 000＝60

在抽取样本时，注册会计师既可考虑采用分层的方法，也可以采用随机的方法。采用前者时，抽样结果更可靠一些。由于对存货账户有所了解，程睿采用随机的方法抽取了样本，并检查了选取的产品样本所附的供应商发票。假设程睿会计师抽取样本的总账面金额为110万元，发现有两个产品的计价不正确，导致存货账户出现6 600元的多报错报。

在评价抽样结果时，注册会计师首先要利用样本错报推断总体错报，这里有多种方法，既可以用比率估计法，也可用差额估计法。在本例中，程睿决定采用比率估计法推断总体错报，计算如下：

总体推断错报＝抽样误差额÷样本的账面价值×总体的账面价值
＝6 600÷1 100 000×3 000 000＝18 000(元)

计算出总体推断错报之后，注册会计师可将该金额与可容忍错报相比较，然后利用职业判断评价该账户的重大错报风险水平是否足够低。在本例中，程睿会计师将18 000元与100 000元相比较，推断错报仅为可容忍错报的18%（18 000/100 000），他当然会认为这个账户余额是可以接受的。

一般来说，推断错报越接近该账户的可容忍错报，注册会计师越可能得出重大错报风险过高的结论。如果注册会计师判断错报风险很高，便不会接受审计客户的账面余额。此时，注册会计师或者要求被审计单位调整其账面金额，或者对总体执行额外的审计测试。注册会计师还会对总体中发现的错报的性质进行评价，以确定其是否会对审计工作的其他方面产生影响。蓄意错报相较于书写错误对审计有更大的影响。注册会计师最后的工作是，将审计工作中的非统计抽样程序以类似于统计抽样的方式记录于审计工作底稿之中。

思考题

1. 何为审计抽样？何为审计抽样中的总体与个体项目？二者的关系怎样？完整的审计抽样过程是怎样的？

2. 何为详细审计和抽样审计？何为统计抽样与非统计抽样？何为属性抽样与变量抽样？何为抽样风险与非抽样风险？上述四组对应概念各自间的关系怎样？

3. 在审计抽样中怎样取得样本？有哪些可供使用的方法？请比较几种方法的异同。

4. 请说明异常偏差、分层、可容忍错报、可容忍偏差率的概念及其应用的方向，以及它们各自具有的特征。举例说明它们的实际应用。

5. 什么是属性抽样？这种审计抽样的具体应用过程怎样？有哪些主要环节？可能会遇到什么样的风险？怎样应对？

6. 其他属性抽样方法有哪几种？各种方法的应用有什么样的特征？分别描述各种方法的应用过程，并比较它们之间的异同。

7. 何为实质性程序中的变量抽样？变量抽样主要用于哪些方面？与属性抽样的

差别何在？二者间的关系怎样？在审计风险方面有何异同？

8. 何为变量抽样中的单位平均估计抽样？这种方法怎样计算样本量？有哪些影响因素？采用什么样的计算公式？能够得出什么样的结论？

9. 何为变量抽样中的差额估计抽样？应用这种方法的条件怎样？有哪些必要的执行步骤？采用什么样的计算公式？能够得出什么样的结论？这种方法与单位平均估计抽样有何异同？

10. 何为变量抽样中的概率比例规模抽样？这种方法的优点与缺点是什么？有哪些必要的执行步骤？采用什么样的计算公式？能够得出什么样的结论？这种方法与单位平均估计抽样、差额估计抽样有何异同？

练习题

1. 前兴会计师事务所负责对丰硕百货公司 20×5 年度财务报表进行审计。在针对库存商品实施细节测试时，注册会计师决定采用传统变量抽样方法实施统计抽样。丰硕百货 20×5 年 12 月 31 日存货账面余额合计 5 000 万元。A 注册会计师确定的商品数量的总体规模为 1 000 种，准备抽取的样本数量为 75 种，样本账面余额合计 400 万元，样本审定金额合计 300 万元。

要求：代前兴会计师事务所分别采用均值估计抽样、差额估计抽样和比率估计抽样三种方法计算推断的总体错报金额。

2. A 注册会计师负责审计甲公司 20×5 年度财务报表。在针对销售费用的发生认定实施细节测试时，A 注册会计师决定采用传统变量抽样方法实施统计抽样，相关事项如下：

（1）A 注册会计师将抽样单元界定为销售费用总额中的每个货币单元。

（2）A 注册会计师将总体分成两层，每层的均值大致相等。

（3）A 注册会计师在确定样本规模时不考虑销售费用账户的可容忍错报。

（4）A 注册会计师采用系统选样的方式选取样本项目进行检查。

（5）在对选中的一个样本项目进行检查时，A 注册会计师发现所附发票丢失，于是另选一个样本项目代替。

（6）甲公司 20×5 年销售费用账面金额合计 75 000 000 元。A 注册会计师决定采用传统变量抽样中的差额估计抽样方法，确定的总体规模为 4 000，样本规模为 200，样本账面金额合计 4 000 000 元，样本审定金额合计 3 600 000 元。

要求：针对上述（1）至（5）项，逐项指出 A 注册会计师的做法是否存在不当之处。如果存在不当之处，简要说明理由。

3. 北盛会计师事务所承接了韵达股份 20×5 年度财务报表的审计工作。韵达股份的下属各分支机构直接使用银行存款对外结算，本年度各分支机构的银行存款账户数保持为 66 个。韵达股份的财务制度规定，每月末由与银行存款核算不相关的另一位会计人员负责对每个银行存款账户编制银行存款余额调节表。北盛会计师事务所的注册会计师决定运用统计抽样方法测试该项规定，即由非货币资金核算人员编制银行存款余额调节表这一控制措施在全年的运行有效性。相关事项如下：

(1) 由于韵达股份的各个分支机构营业规模基本相等，所以注册会计师计算了各银行存款账户在20×5年12月31日余额的平均值，将高于或低于平均值10%的余额单位确定为抽取样本的依据，共抽取了45个样本。

(2) 在确定样本规模后，注册会计师采用随机数表的方式选取样本。由于选取的一个银行存款账户余额极大，因此注册会计师另选了一个余额较小的银行存款账户予以代替。

(3) 在对选取的样本项目进行检查时，注册会计师发现，虽然有担任出纳工作的会计人员编制的银行存款余额调节表，但没有发现该表格存在错误，而一些微小的差错反倒是由非担任出纳的财会人员造成的，注册会计师复核后将发现差错的银行存款余额调节表作为应选取的样本。

(4) 在对选取的样本项目进行检查后，注册会计师将样本中发现的偏差数量除以样本规模得出的数值作为该项控制运行总体偏差率的最佳估计。

(5) 假设北盛事务所的会计师确定的可接受的信赖过度风险为10%，测试样本后发现1例偏差。当信赖过度风险为10%、样本中发现的偏差为1时，控制测试的风险系数为3.9。

要求：

(1) 计算确定总体规模，并简要回答在运用统计抽样方法对某项手工执行的控制运行有效性进行测试时，总体规模对样本规模的影响。

(2) 针对事项(1)至(4)，假设上述事项互不关联，逐项指出注册会计师的做法是否正确。如果不正确，简要说明理由。

(3) 针对事项(5)，计算总体偏差率上限。

(此题根据中国注册会计师2009年考试题改编。)

第八章 Chapter 8 货币资金与金融资产

学习目标

1. 能够从总体框架上理解货币资金与金融资产审计的脉络，能够结合计算机进行实际业务操作；掌握货币资金审计的目标，理解货币资金审计在企业审计中的重要地位。

2. 掌握货币资金内部控制的程序和要求；深入理解企业货币资金内部控制的原则，了解其在企业信息系统环境下的应用与表现。

3. 熟知现金收入与支出内部控制所涉及的各类经济活动，熟练掌握与现金收支相关的各种经济活动的各个控制环节与控制方式。

4. 熟知货币资金审计所需文件、审计步骤、控制测试与实质性程序的具体内容，理解实质性程序与主要审计目标的关系。

5. 理解货币资金审计时的各种风险及了解内部控制的方式，理解需评估的重大错报风险及其在现金收入、支出活动中的表现；掌握实施控制测试和实质性程序的方式和方法。

6. 理解金融资产审计的目标，对内部控制特殊性的考虑，评估重大错报风险的考虑，以及实质性程序的具体内容。

第一节 货币资金审计基础

一、货币资金的范围

我国资产负债表上的货币资金由库存现金、银行存款和其他货币资金构成。除银行及一些特殊的金融机构的特殊事项之外，现金流量表上的现金及现金等价物也就是资产负债表上的货币资金。若没有特殊情况，本部分所说的货币资金就是构成资产负债表上货币资金的三项内容。

面对信息技术的发展状况，货币资金业务无论是在表现形式上还是在支付手段上都发生了巨大的变化，从根本上改变了原来的手工货币资金核算与审计的情况。

二、货币资金审计的目标

货币资金业务的审计目标是：(1) 根据对被审计单位及其环境的了解，考虑货币资金相关的固有风险，包括舞弊风险。(2) 获得对被审计单位货币资金内部控制的了解。(3) 评估货币资金的重大错报风险并设计控制测试和实质性程序，包括：确定记录的货币资金确实存在；确定货币资金业务确实发生；确定货币资金业务的准确性；确定货币资金收支业务的完整性；验证货币资金收支业务的截止；确定客户是否有权把货币资金记录入账；确定货币资金的列报是恰当的，包括限制性基金（比如补偿性最低存款额和公司偿债基金）。

除了以上所列事项，注册会计师可能增加估值目标、与总分类账记录结果调节相关的程序，以及确定外币折算的价值是否合适。此处之所以舍弃估值目标，是因为一般企业仅有少量与货币资金有关的价值问题（例如，不需要考虑应收账款的净变现价值问题，或者存货的成本与市价孰低的价值问题）。

三、货币资金审计的时间

相对于其他资产而言，货币资金审计占用的时间一般会多一些。具体来说，像审计的其他方面一样，货币资金审计也要考虑重要性问题，而单从数额上来看，货币资金有时因数额并不是很大而对整个公司的财务状况不重要，对于完成对财务状况发表意见的审计目标几乎没有影响。尽管如此，注册会计师在货币资金审计上用的时间比重还是远大于货币资金账户在整个资产负债表中的比重。

以下几个原因可以解释注册会计师为什么历来重视货币资金业务：

首先，负债、收入、费用和其他大部分资产都是通过货币资金账户流转的。也就是说，这些账户要么由货币资金业务开始，要么结束于货币资金业务。因此，对货币资金业务的检查有助于注册会计师印证财务报表上的众多其他项目。

其次，货币资金是流动性最强的资产，而且最易被盗窃、挪用、滥用。流动资产的固有风险很高，注册会计师需动用更多的调查来应对这种高风险。但是，仅当舞弊在数额上具有重要性的时候，对舞弊的检查才与报表的整体公允性相关。

有时候，注册会计师会遇到程度很轻的员工舞弊情况。在确定这种舞弊对财务报告是否有重大影响的时候，注册会计师应该在进一步调查之前把这种情况反馈给管理层和董事会的审计委员会。这有利于提醒被审计单位，使其避免承担玩忽职守的责任，并且可以避免将审计时间浪费在对财务报告没有重大影响的事情上，而这些事情可以由被审计单位更好地解决。

第二节 货币资金的内部控制要求

一、货币资金交易的内部控制

大部分货币资金处理的程序都是由财务主管主导下的财务部负责，这些程序包括处理货币资金收入，把货币资金收入存入银行，签署支票，投资闲置资金，保管货币资金，处理好市场证券和其他可转让资产。另外，财务部必须预测货币资金的需求并做出短期和长期的财务安排。

财务部和会计部应该协作一致，保证做好以下工作：（1）所有应当收到的货币资金确实已经收到并准确地予以记录，及时将现金存入银行；（2）货币资金支出经过授权，并且被恰当地记录；（3）根据日常经营中预测的货币资金收入与支出水平，使货币资金余额维持在充足但不过量的程度，可以及时获知对贷款和投资额以外货币资金的需求。

对交易流程的详细研究对建立最有效的控制程序是非常必要的。存在一些各行各业通用的良好的货币资金控制准则，此处总结如下：（1）禁止任何员工从头到尾处理一项货币资金收支业务；（2）使货币资金处理（保管）和记录岗位分离；（3）在可操作的限度内进行集中收付；（4）按时记录货币资金收入；（5）鼓励顾客索取收据，并严格监控收款机的“收现总额”；（6）每天把现金收入存入银行；（7）除了来自零用金的特别小的支出，其他所有的支出都使用支票或电子转账支付系统；（8）由负责货币资金支付与保管的人之外的员工每月编制银行存款对账单，并且由合适的主管部门负责及时核查已完成的对账单；（9）通过比较实际记录的数额与预测数额监控货币资金收支，并对不一致的地方进行调查。

随着科学技术的发展，不同类型的企业，特别是银行和非银行金融机构，在货币资金的收入、支出方面有了很大的变化，出现很多新的问题。着眼于此，此处分别按照货币资金收入和支出的不同方面，对货币资金的内部控制进行更深入全面的阐释。

二、货币资金收入的内部控制

不同行业的企业在货币资金管理方面的差别很大，因此也就有了形成货币资金收入的不同方式和类型。

（一）货币资金销售

如果有两个或两个以上的员工（通常是一个销售员和一个出纳员）参与每项与顾客的交易业务，这时对货币资金的内部控制是最强的。餐馆和自助餐厅通常安排固定地点的收银员根据另一个员工开的销售票据从顾客那里收取货币资金。剧院通常有一个收银员出售预先标号的票，当顾客进入时，门口的员工会把这些票收集起来。如果门票和销售票据连续编号并且所有号码都完整无遗漏，那么这种职责分离的方法可以有效地防止舞弊。

许多零售店的业务模式是，一个员工必须同时完成柜台销售、发货、收取货币资金和记录交易。在这种情况下，合理利用收银机或者电子销售点系统可以防止舞弊行为。收银机具有以下功能：（1）可以直观显示对所有顾客的销售量；（2）鼓励顾客随商品一起获取打印的发票；（3）可以显示一天累计的销售额。

（二）电子销售点系统

许多零售店使用各式各样的电子货币资金收款机，包括网络计算机终端。通常，电子屏幕可以读取通用产品代码。销售员只需要扫一下代码，就可以按照存储在电脑里的价格记录产品销售。因此，销售员按照错误价格进行销售记录的风险显著降低。

除了发挥强大的货币资金控制作用，电子销售点系统还可以设计出大量的其他控制功能。在线收款机可以验证赊账顾客的信用状况，更新应收账款和永续存货记录，还可以根据销售种类、生产线、销售员、部门的累计销售提供专门的打印件。

（三）信用客户的收款

许多制造业和批发公司的货币资金收据包括通过信件收到的支票。除非允许同一个员工既收取和存入货币资金，又同时记录顾客的赊销，否则很少会出现侵吞公款的情况。典型的对通过信件收到的货币资金收入的内部控制如下：收到的信件通常在收发室打开，那里会有员工在支票上注明“仅用于存款到公司账户”并且编制一张货币资金收据的控制清单（见图8—1），这个清单列示了每个客户的收入额并且根据姓名和账号识别客户；尽可能给财务主管一份复印件；尽量把控制清单和货币资金收据复印件给出纳员一份；支票和控制清单的复印件也要给负责顾客账户的人员一份。

控制清单		
金额	付款人	客户编号
¥¥¥¥¥.¥¥	××××××××	#######
¥¥¥¥¥.¥¥	××××××××	#######
¥¥¥¥¥.¥¥	××××××××	#######
¥8 085.00	鼎好电子城	12654
¥¥¥¥¥.¥¥	××××××××	#######
¥¥¥¥¥.¥¥	××××××××	#######
¥¥¥¥¥.¥¥		

中国招商银行
转账支票存根
1746120

附加信息

出票日期： 2016年 9月 6日

收款人：	神州软件有限责任公司
金　额：	¥8085.00
用　途：	货款

单位主管　　**会计**

此支票存根交给销售方

图8—1 信用客户收款时的原始凭证

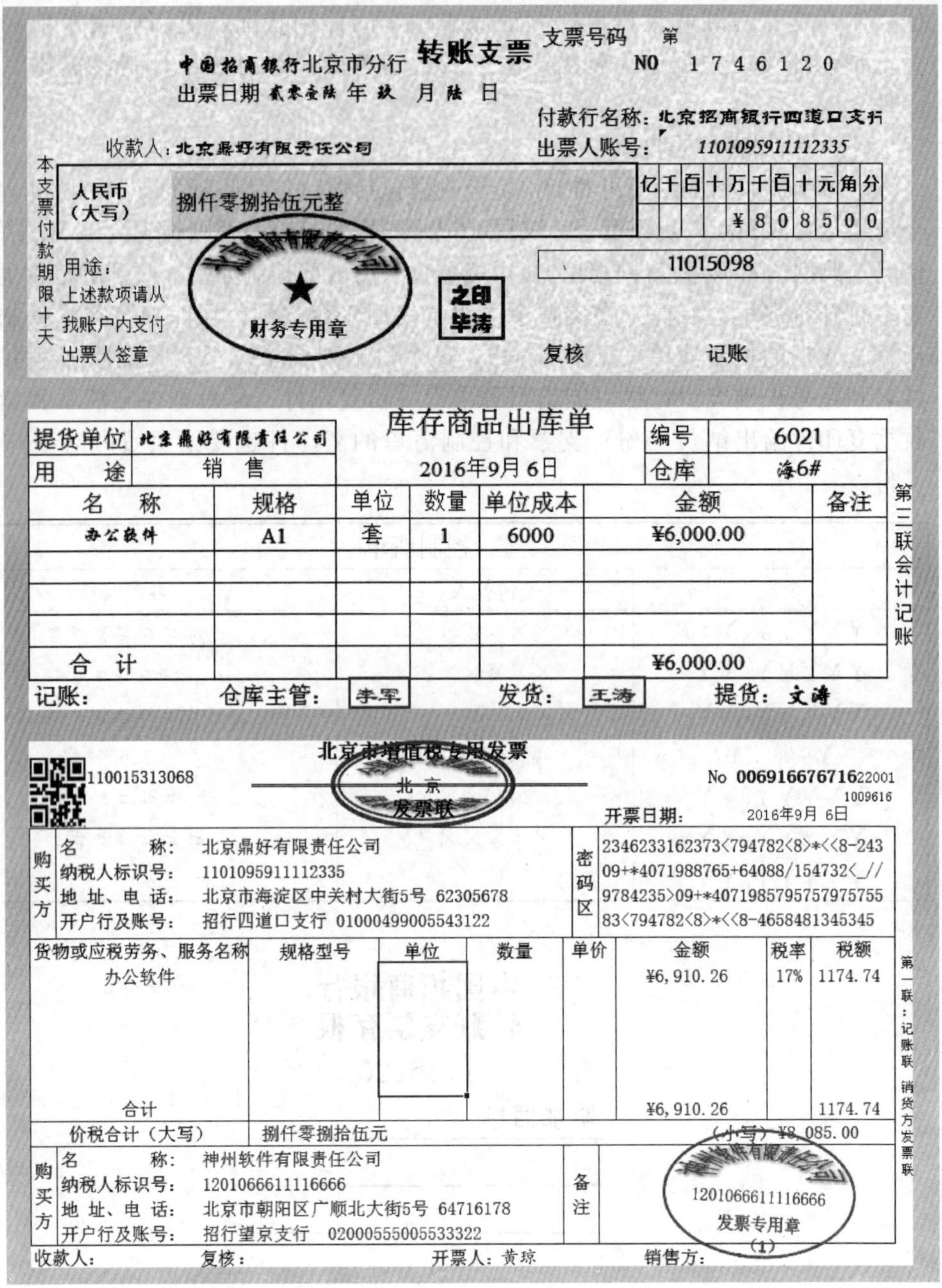

中国招商银行北京市分行 转账支票 支票号码 第 NO 1746120

出票日期 贰零壹陆 年 玖 月 陆 日

付款行名称：北京招商银行四道口支行

收款人：北京鼎好有限责任公司 出票人账号：1101095911112335

本支票付款期限十天

人民币（大写）	捌仟零捌拾伍元整	亿	千	百	十	万	千	百	十	元	角	分
						¥	8	0	8	5	0	0

11015098

用途：

上述款项请从我账户内支付

出票人签章 财务专用章 之印 毕涛

复核 记账

库存商品出库单

提货单位	北京鼎好有限责任公司	编号	6021
用途	销售 2016年9月6日	仓库	海6#

名称	规格	单位	数量	单位成本	金额	备注
办公软件	A1	套	1	6000	¥6,000.00	
合计					¥6,000.00	

记账： 仓库主管：李军 发货：王涛 提货：文涛

第二联 会计记账

北京市增值税专用发票

110015313068 北京 发票联 No 00691667671622001 1009616

开票日期：2016年9月6日

购买方	名称：北京鼎好有限责任公司 纳税人标识号：1101095911112335 地址、电话：北京市海淀区中关村大街5号 62305678 开户行及账号：招行四道口支行 01000499005543122	密码区	2346233162373<794782<8>*<<8-243 09+*4071988765+64088/154732<_// 9784235>09+*40719857957579757 55 83<794782<8>*<<8-4658481345345

货物或应税劳务、服务名称	规格型号	单位	数量	单价	金额	税率	税额
办公软件					¥6,910.26	17%	1174.74
合计					¥6,910.26		1174.74
价税合计（大写）	捌仟零捌拾伍元				（小写）¥8,085.00		

购买方	名称：神州软件有限责任公司 纳税人标识号：1201066611116666 地址、电话：北京市朝阳区广顺北大街5号 64716178 开户行及账号：招行望京支行 02000555005533322	备注	神州软件有限责任公司 1201066611116666 发票专用章 (1)

收款人： 复核： 开票人：黄琼 销售方：

第一联：记账联 销货方发票联

图 8—1 信用客户收款时的原始凭证（续）

哪些控制能防止收发室的员工抽出一些收据、销毁汇票通知、从控制清单上删除这些收据呢？首先，传入的货币资金收据包含抬头为公司的支票。其次，如果不能赊销，客户会抱怨公司。如果这些客户能够填制已付支票或者拿出电子支票的复印件作为他们付款的证明，并且这些支票没有出现在收发室的控制清单上，那么抽离的责任会落到收发室员工身上。

然后这些支票会连同控制清单的复印件移交给出纳员，出纳员会把每天的货币资金收入原封不动地存入银行。由此，核对收发室控制清单的复印件与货币资金收入日记账和从银行收取的详细的有效存款凭条，是对出纳员进行内部控制的有力措施。

（四）金融机构直接收到的货币资金

在销售过程中，通常由客户的金融机构直接收款，这些金融机构通过各种方式来处理收款业务，包括密码箱系统、信用卡、借记卡，以及顾客资金的电子转移。

针对通过邮递收到的大量货币资金收入，可以使用密码箱系统来加强内部控制和加速货币资金收入的保存。密码箱实际上是一个被公司的金融机构控制的邮政信箱。金融机构的员工每天数次从信箱里取走邮件，贷记到公司支票账户的货币资金收入，并且把汇票通知送到公司。由于金融机构无法接触公司的会计记录，因此这种方式的内部控制是强有力的。

使用信用卡和借记卡记录收益的企业，一般由参与其中的银行采用相同的方式处理，最终的结果是将收益存入企业的货币资金账户。

（五）电子资金转账系统

在使用电子资金转账系统处理与资金相关的交易时，客户可以不用支票付款而是通过资金转账系统支付。电子数据交换系统（EDI）允许将一家公司计算机中的电子数据交换至另一家公司的计算机，这样的交换被越来越多地用于不同公司银行账户间的资金电子转账。这种系统可以减少文件流，从而降低处理成本，缩短时间延迟。然而，这种系统需要一个计算机网络控制扩展机（以便进行系统访问和录入数据）以及一个应对系统故障的控制备份。

（六）记录货币资金收入

负责记录顾客总分类账的员工分批将货币资金收入的详细资料输入计算机。货币资金收入程序生成一个货币资金收入交易文件，该文件用于更新总分类账和应收账款主文件。该程序还生成控制总额及说明无效顾客账号和非正常付款金额详情的例外报告。然后，由运行控制小组进行例外报告的人工追踪以及控制总额的复核。

图 8—2 说明了现金销售和顾客收款业务的职责分工、流程和内部控制情况。

三、货币资金支出的内部控制

从实际工作的角度可知，货币资金支出通过支票支付、电子资金转账系统支付或备用金支付（小额项目）方式进行。

（一）支票账户支付

支票支付最主要的优点是可以通过支票背书获得收款人收到付款的证据。此外，支票支付还有以下优点：（1）将付款权限集中在少数几个经授权的管理者手中，只有经授权的人员才能签发支票；（2）保留付款的永久记录；（3）减少库存货币资金持有数额。

为充分保证支票使用中内部控制的优势，一个基本要求是，所有支票都要预先编号并保证编号的连续性。未签发的预先编号的支票要安全保管以防盗窃或滥用。作废支票要做出作废记号以杜绝任何继续使用的可能性，并且和已付款支票顺序归档。所有支票都要用计算机或支票保护机打印金额，这使得任何人都很难篡改支票金额。

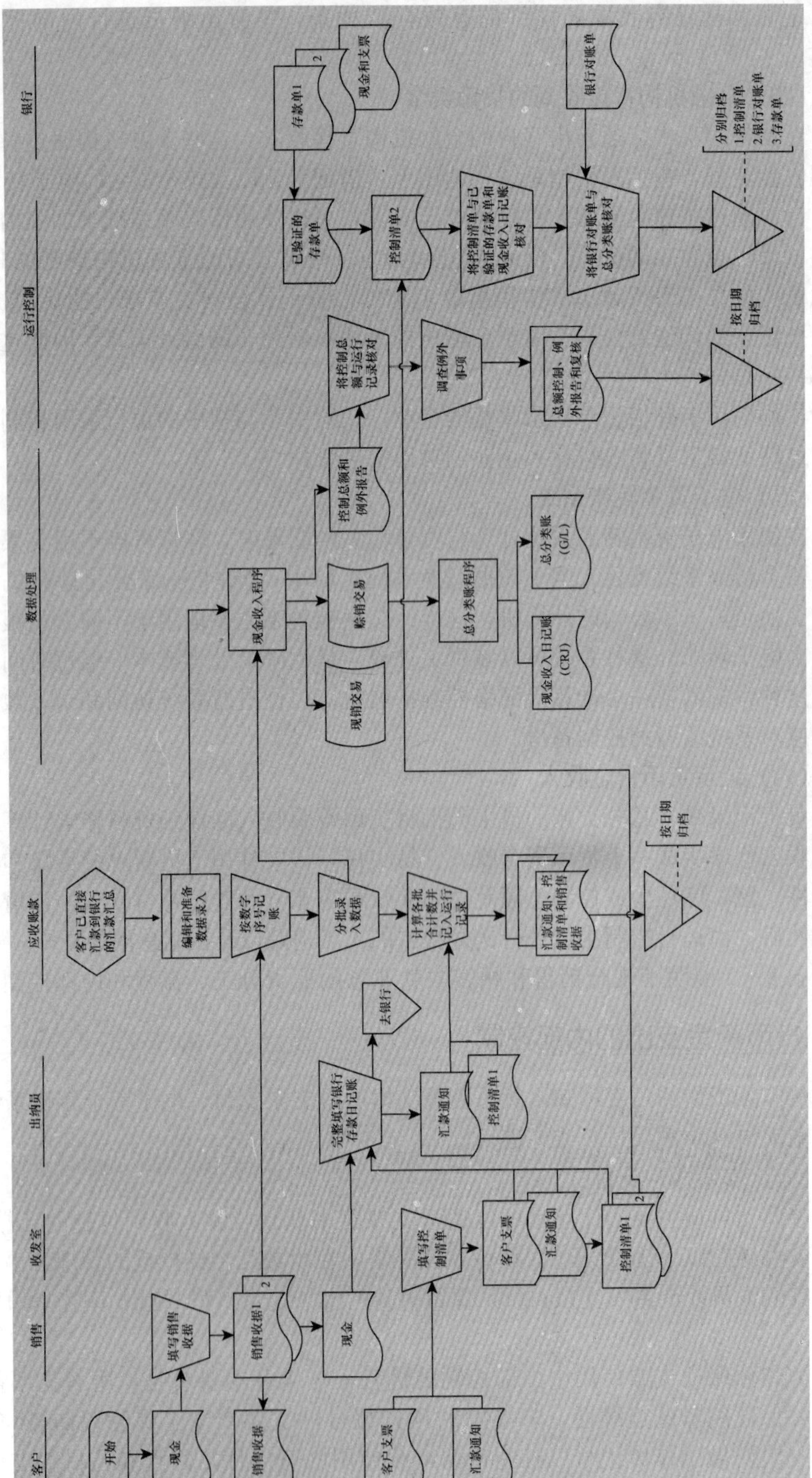
客户
销售
收发室
出纳员
应收账款
数据处理
运行控制
银行
开始
现金
销售收据
客户支票
汇款通知
填写销售收据
销售收据1
2
现金
填写控制清单
客户支票
汇款通知
控制清单1
2
完整填写银行存款日记账
汇款通知
控制清单1
去银行
客户已直接汇款到银行的汇款汇总
编辑和准备数据录入
按数字序号记账
分批录入数据
计算各批合计数并记入运行记录
汇款通知、控制清单和销售收据
按日期归档
现金收入程序
现销交易
赊销交易
控制总额和例外报告
总分类账程序
现金收入日记账(CRJ)
总分类账(G/L)
将控制总额与运行记录核对
调查例外事项
总额控制、例外报告和复核
按日期归档
已验证的存款单
控制清单2
将控制清单与已验证的存款单和现金收入日记账核对
将银行对账单与总分类账核对
存款单1
2
现金和支票
银行对账单
分别归档
1.控制清单
2.银行对账单
3.存款单

图 8—2 现金收入循环图

经授权签发支票的管理者在签发支票时应当复核所有付款支持文件，同时用穿孔或涂画等方法在这些文件上做记号以防文件被二次提交。他们在签发时还要保持对支票的控制，直至支票被邮寄。通常，除签名外，支票要保存完好。为减少伪造支票等舞弊行为的发生，已签发的支票不应当再返回到填写支票的会计部门。

大部分印发大量支票的公司会用计算机或支票签发机印发支票，授权签名（通常是财务主管的签名）可能会被自动印制在每张支票上。如果计算机生成带有签名的支票，那么就会用到财务部门员工复核的项目数、控制总额和货币资金总额等，以确保只为经授权的货币资金支付印发支票。如果使用支票签发机，必须使用锁和钥匙或密码来保证机器的安全。除此之外，还要为大额支票建立额外的控制，例如，要求人工二次签名。

每月一次的银行对账是充分保证货币资金收支内部控制的基本要求。银行对账工作应当由一名既不参与货币资金核准和记账也不经手现金和银行存款的员工来负责。银行对账单应当密封交给该员工。每月填制完成的银行调节表应当由一名公司管理者复核并书面批准。

在国外广泛应用的付款凭单制度有助于实现加强货币资金支付内部控制的目标，该制度可以保证所有的货币资金支付均经过适当核准和复核才能签发支票。典型的付款凭单制度中，会计部门负责收集支持每笔货币资金付款的相关文档。例如，在核准支付商品采购款之前，会计部门要收集采购订单、验收报告、供应商的销售发票，并确定这些凭证相互一致。确定交易得到合理支持后，会计部门的一名员工填制一张付款凭单，按待支付日期归档在一个备忘录文件夹中。

在付款凭单制度中，一张付款凭单就是一张授权表，为执行各种授权职能的员工留出了签名空间。授权职能包括如下程序：扩展计算并加总供应商发票金额；确定发票、采购订单和验收报告的一致性；在账户中进行交易记录等。交易记录在付款凭单登记簿（通常取代采购日记账）中，借记有关资产、负债或费用账户，贷记应付凭单账户。另一个防范差错和舞弊的方法是将发票验证和批准职能与货币资金支付职能相分离。到付款日，付款凭单和支持性文件从备忘录文件夹中取出，支票填制完毕但尚未签发；经过核准后，付款凭单、支持性文件和填制完整只差签名的支票被送至财务部门签发。

在计算机采购系统中，付款凭单发票信息由会计应付账款部门输入计算机，计算机会将其与其他部门输入的采购订单和验收信息匹配。如果信息匹配成功，计算机会批准付款并自动记录应付凭单。信息不一致的交易不会被处理，而是被列入例外报告，供运行控制小组复核和追踪。为防止对一张发票重复付款，公司必须保证在交易中使用的付款凭单采用适当的唯一的发票编号系统，并且应付账款部门执行相应程序保证供应商名称、编号和发票编号输入正确无误。发票付款到期日之前，计算机会生成支票或电子资金转账支付凭证。如果支票已由计算机签发，则无须送至应付凭单部门邮寄。为进一步加强控制，计算机软件应设计为可识别非正常付款以供复核。

注册会计师希望在一个管理良好的应付账款部门看到的另一个控制程序是，按月将应付账款（或应付凭单）账户明细账与总分类控制账户进行试算平衡。调整结果可以作为程序运行成效的证据保存，有助于以后查找差错或舞弊。

对每月收到的供应商报表，公司都要及时与应付账款分类账或付款凭单清单核对，对存在的任何差异都应当全面调查。有些行业的惯例是给供应商预付款，然后可以得到发票金额一定百分比的折扣。如果存在预付款的情况，注册会计师应当执行相关程序以保证确实依据协议的条款给予发票金额的折扣。

图 8—3 描述了付款凭单制度下的支票签发付款流程。该流程图描述的是支票支付的情形，信用卡支付、借记卡支付和电子转账支付的流程与之类似，只要将支票替换为特定支付类型的相关文件即可。

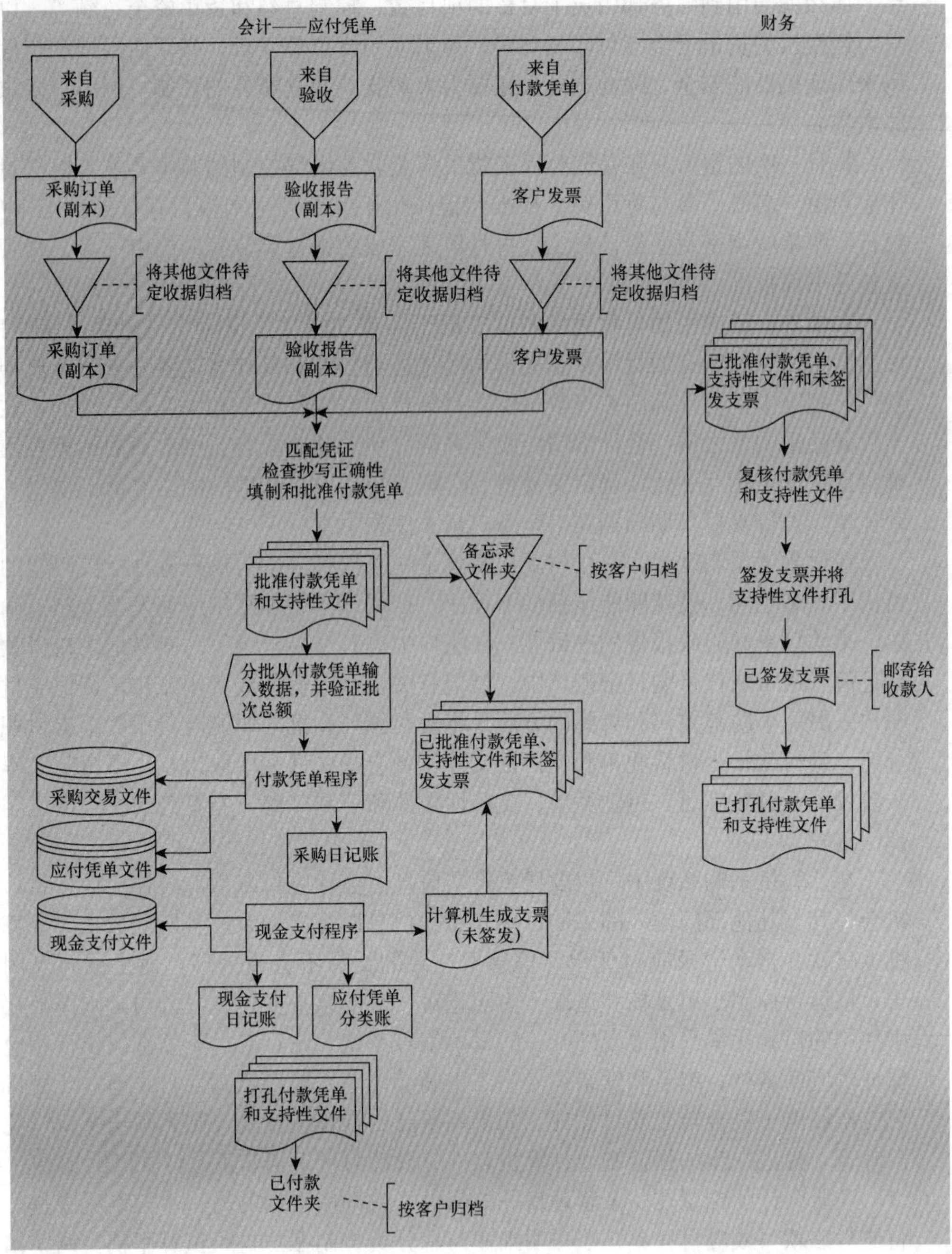

图 8—3 支票签发付款流程图

（二）员工费用报销的内部控制

当员工代表公司发生了商务费用时，公司必须建立有效的员工报销内部控制。许多公司要求员工上交费用报告，并附上收据和费用说明。报告由员工上级批准并且交给会计部门处理。这些文件用来证明这些费用是通过公司正常的支付系统进行报销的。员工通常通过直接转账到其银行账户进行报销。

许多公司会给那些代表公司发生大额支出的员工发放商业信用卡。员工需要用文件证明和解释其信用卡的花销，可能还需要保留信用卡收据来证明其支出。

（三）备用金的内部控制

定额备用金的内部控制是通过保管人审核员工提供的报销其代表公司花费的小额支出的证明文件来实现的。进一步的控制是，当保管人申请补充备用金时，由另一个人审核证明文件的完整性、真伪以及是否无损，以防文件被重复使用。

备用金有时会存入独立的银行账户。公司会书面告知银行，该账户不接受任何支付给公司的支票存款，仅接受补充备用金的支票存款和拨付给备用金托管人的存款。禁止接受支付给公司的支票存款，是为了防止货币资金收入流入备用金账户，因为这违背限额支付的基本条件以及在补充备用金时审核的要求。

第三节 货币资金审计

一、货币资金审计文件

典型的货币资金审计工作底稿包括一个货币资金内部控制流程图或是文字描述。内部控制问卷调查也经常用到，尤其是在大型公司。相关的工作底稿会对控制测试的结果和财务报告关于货币资金认定的风险评估做出总结。

货币资金审计工作底稿还包括风险评估文件、审计计划、总体纲要、货币资金盘点表、银行函证、银行对账单、重大支票清单、调查的支票清单、改进被审计单位内部控制的建议，以及涉及被审计单位资产负债表恰当列报的注释。

需要说明的是：我国的货币资金审计一般都是按照库存现金、银行存款和其他货币资金进行的。以前库存现金管理与审计的框架主要针对的是封闭式制造业企业。随着信息技术的发展，库存现金无论是在使用范围还是在数额上均大大减少。我国较多企业已实行的“零库存现金制”可以说明这一情况。

二、货币资金审计的步骤及其具体内容

货币资金审计工作的程序由已执行的内部控制的性质和注册会计师进行风险评估的结果来决定。

1. 利用对被审计单位及其环境的了解，考虑货币资金的固有风险和舞弊风险。

2. 了解货币资金的内部控制。

3. 评估重大错报风险并设计进一步审计程序。

4. 执行进一步审计程序——控制测试。

5. 执行进一步审计程序——货币资金交易和余额的实质性程序。

表 8—1 列示了上述实质性程序与主要审计目标的关系。

表 8—1　　货币资金交易和货币资金余额的主要实质性程序和审计目标

实质性程序	主要审计目标
分析货币资金余额并与总账进行核对。	存在和准确性
向金融机构确认货币资金余额。 获取银行存款余额调节表，并考虑调节更多月份的银行活动。 获取银行截止表。 盘点库存货币资金。	存在、发生、准确性、截止和所有权
查验被审计单位货币资金交易的截止。 分析年末的银行转账。	截止、存在、发生、所有权和完整性
调查对关联方的付款。 评价财务报表编制与列报。	列报和披露

（一）利用对被审计单位及其环境的了解，考虑货币资金的固有风险和舞弊风险

固有风险和控制风险结合起来构成重大错报风险。大多数固有风险与被审计单位管理层面临的商业风险有关。在货币资金与金融资产领域，管理层特别关心与这些流动资产可能被盗取相关的商业风险。虚报是注册会计师对错报的重要考虑。

除了考虑货币资金的虚报之外，注册会计师还要警惕货币资金在会计期间被不恰当地抽离掉，尽管在年底货币资金数可能是正确的。为了正确区分这些情况，现假设资产负债表上显示“银行存款 25 000 元”。对大部分被审计单位而言，错报或舞弊风险有以下两种：(1) 创造一种情形，列报的 25 000 元高于实际银行存款数额；(2) 创造一种情形，报告的年末货币资金余额实际上比 25 000 元更高。

首先来看第一种风险，即高估货币资金。可以通过在年底的货币资金中加入虚构支票，或者在年末的银行对账单中忽略大额支票来掩盖货币资金短缺。需要注意的是，对大额支票的忽略可能标志着发生错误或者舞弊。例如，薄弱的内部控制很可能导致产生这种情况，即人为错误致使支票没有记录在货币资金的支出之中；或者，即使记录在货币资金支出之中，这个支票也可能在大额支票清单里被去除掉了，这使得盗用同样数额货币资金的个人可以隐藏其舞弊行为。

下面来看第二种风险，即年末货币资金实际数额比列报的数额更高。注册会计师要考虑的不是错报的货币资金本身，而是舞弊风险及其对其他账户的影响。注册会计师要考虑以下几个问题：(1) 被审计单位的记录是否反映了年度内所有的货币资金交易？(2) 是否所有的付款都得到恰当的授权并具有合法的商业目的。

在查找这些问题的答案过程中，发现的舞弊事项如下：(1) 未记录账户之前截取货币资金收入；(2) 未收到采购的原材料却已付款；(3) 重复支付；(4) 多付款给员工或者付款给虚构的员工；(5) 给上级部门或者关联方支付个人费用。

基于对被审计单位及其环境的了解，注册会计师可能识别出导致重大错报风险的其他商业风险。在某些情况下，注册会计师要特别关注货币资金记录的完整性。例如，个别公司为了把所得税降到最低，可能有动机低估资产（包括货币资金）。再比如，一些被审计单位管理层可能为了特别的目的不将银行存款记录入账。在这些情况下，没有把所有货币资金入账的风险就特别显著。有些情况下，被审计单位收取货币资金的方式反映了明显的商业风险和固有风险。例如，慈善机构可能收到大量的货币资金捐助，因此面临不是所有的货币资金捐助都收到和记录的风险。

注册会计师还可能识别与货币资金交易有关的舞弊风险。此时，注册会计师应该了解管理层用以规避此类风险的程序和控制，并且确定这些控制是否被执行。内部控制的强弱能够帮助规避或者增加舞弊风险的影响。

（二）了解货币资金的内部控制

对于小型企业，注册会计师可以基于对业主和员工的调查问卷以及观察的第一手资料，编制一份对内部控制的文字描述。对于较大的公司，则使用内控流程图或调查问卷描述内部控制。货币资金收入内部控制的问卷调查在本书前面的章节中有图表说明。调查问卷中关于货币资金支出的问题包括：是否所有的支出（除了来自备用金）都使用事先编号的支票，是否所有的已付支票都被标记为“已付”并且保存等。如果存在这些控制，注册会计师可以确定对于期间内所有的支出，会计人员都按照签发或支付支票的顺序予以记录。

调查问卷需要弄清楚的事项还包括：（1）支票签发（电子或手工）的授权是否仅限于不接触会计记录和收据及其他支持待签支票的文件的管理人员；（2）支票签发后是否被直接送给收款人。内部控制调查问卷还应该包括职工薪酬支出、股息利息支出以及银行对账程序等内容。

注册会计师在编制内部控制流程图（或文字描述）后，开始执行穿行测试。穿行测试指按照系统的步骤追踪一项或几项业务，以确定交易确实是按照流程图显示的程序来执行的。通过穿行测试注册会计师可以确定工作底稿上描述的内部控制是否确实得到执行。

当注册会计师确认已经了解货币资金收支循环之后，他们会观察是否存在恰当的岗位职责分离，并且调查年度内由谁执行不同的职能。他们要检查那些对被审计单位的货币资金收支内部控制起到重要作用的各种文件和对账单，还要检查货币资金预测和预算资料，以审核实际执行结果与预算不一致的证据。在某些情况下，注册会计师会审核电脑生成的例外报告及其证据。这些控制测试可以给注册会计师提供证据，支持他们估计的控制风险水平。

（三）评估重大错报风险并设计进一步审计程序

了解被审计单位货币资金收支的内部控制之后，注册会计师应确定货币资金认定的重大错报风险估计水平（或者固有风险和控制风险）。如果需要额外的有效数据来支持这些评估水平，注册会计师应设计额外的控制测试。注册会计师必须确定哪些测试可以有效减少实质性程序，从而判断实质性程序所需的时间。

考虑到风险评估，注册会计师需要识别“哪里出错”造成了货币资金账户出现重大错报。表8—2和表8—3举例说明了注册会计师基于对被审计单位运营过程和环境及其货币资金收支内部控制的了解识别出的货币资金重大错报风险。一旦识别和评估了重大错报风险，注册会计师就可以计划恰当的实质性程序来应对风险。

表 8—2　　潜在重大错报——货币资金收入

错报描述	举例	内部控制缺陷或增加重大错报风险的因素
记录虚构的货币资金收入	舞弊： 通过银行户头间的转账高估账簿上的货币资金收入，但是没有记录这些转账从而掩饰了货币资金的挪用。	缺乏接触货币资金与记账的职责分离；没有有效地检查银行对账。
没有记录来自货币资金销售的收入	舞弊： 出纳没有把款项记入货币资金进出记录机，没有记录货币资金销售业务，并且挪用了这笔货币资金。 错误： 记账人偶尔遗漏对来自当天收款机的货币资金收入的记录。	对出纳的监督力度不够；没有鼓励顾客索取货币资金收据。 对调节收银机纸带和会计记录的控制不足；对银行账户调节的控制不足。
没有记录应收账款收回的货币资金	舞弊： 出纳侵吞了顾客支付的应收账款货币资金，没有把这笔收入记录到该顾客的账户上。 接触货币资金的记账员侵吞了从顾客那里收回的货币资金，并且勾销了相应的应收账款。 错误： 记账员偶尔忘记记录应收账款的支付。	接触货币资金收入的员工与登录应收账款记录的员工缺少职务分离。 应收账款明细账与总账之间没有充分对账。
提前（或推迟）确认货币资金收入——截止问题	舞弊： 在货币资金收入簿上把下一年度的货币资金收入记录为今年发生的收入。 错误： 基于收入日期的错误信息记录货币资金收入。	无效的董事会、审计委员会或内部审计职能；“高层声音”不利于道德行为；美化财务状况的过度压力。 没有及时列示货币资金收入，没有及时存入银行。

表 8—3　　潜在重大错报——货币资金支出

错报描述	举例	内部控制缺陷或增加重大错报风险的因素
错误地记录了一笔采购或支出	舞弊： 记账员自己准备了一张支票并且记录为已经签发给主要供货商。 错误： 货物尚未收到就根据购货发票支付了货款。 差旅费和业务招待费的支出被不恰当地计入商品采购款。	会计记录与填制货币资金支出单的职能未分离，或者支票签发人没有复核和对原始凭证盖“付讫”章。 在支付得到审批之前将发票与收货单匹配的内部控制无效。 无效的会计编码程序，可能源于不能胜任的会计员工、不适当的会计科目表或者对过账过程缺乏控制。

续前表

错报描述	举例	内部控制缺陷或增加重大错报风险的因素
重复记录和支付采购款	错误： 从卖家收到发票时，采购被记录一次，当收到发票副本时，又重复记录一次。	对发票输入的控制无效，因为允许来自同一个商家的具有相同编号的发票被记录一次以上。
没有记录支出	舞弊： 员工未记录一项货币资金收入（但是已存入银行），同时签发并兑付一张未记录的支票，二者金额相同。	对会计记录与接触货币资金的控制无效。

较多的商品零售企业一般会设置营业收入日记账，采用每日结清的方式进行营业收入的管理。在这种管理方式下，将营业收入日记账上的每日记录与银行存款日记账核对，可以揭露截留挪用的舞弊行为。截留挪用指通过推迟记录货币资金收入从而隐瞒资金短缺的行为。

如果从 A 顾客处收回的现金被出纳截留，后续从 B 顾客处收回的现金可能被登记在 A 顾客账户的贷方。直到从 C 顾客处收回的资金被记录在 B 顾客账户的贷方之前，B 顾客账户都不会显示为已收。除非被出纳截留的资金已放回原处，否则应收账款总体上是被高估的。如此精明地将高估金额在应收账款不同明细账之间转移，可以避免按月收到对账单的顾客的抗议。表 8—4 清晰描述了截留资金活动是如何实现的。在那些出纳可以接触会计总账的公司里，以这种方式造成的短缺有时候被转移到存货账户或任何可以短暂隐藏的记录里。

例 8—1

某公司收取顾客付款的员工同时负责应收账款收款的记账和过账，注册会计师在进行货币资金审计之前就提出看法，认为这样的制度安排容易导致截留挪用货币资金。在进行审计时，注册会计师将年度内 12 月份的银行存款日记账中的相关部分与银行对账单进行了核对，并编制了下面含有错误处理的审计工作底稿（见表 8—4）。

表 8—4 银行存款日记账与银行对账单核对表 单位：元

日期	实际收自	银行对账单	记录显示收自	企业银行存款日记账	截留的收入
12 月 1 日	艾天勤 柯　岭	750 1 035	 柯　岭	 1 035	750
12 月 2 日	白思乐 何欣德	750 130	艾天勤 何欣德	750 130	
12 月 3 日	楼福德 米　鑫	1 575 400	白思乐 米　鑫	750 400	825
		4 640		3 065	1 575

要求：对上述表格中的数据进行分析，并指出表格中数据所反映的事项会形成什么样的后果。

回答：注册会计师通过对比银行存款日记账与银行对账单可以发现以下持续的行

为。例如，在12月2日的记录中，银行存款单里包含一张来自白思乐的750元的支票，而企业的银行存款日记账显示这个付款来自艾天勤。

由这样的事件可看出，若不相容职务没有正确地实施工作岗位的分离，则会产生很大的弊端。不仅如此，在这样的控制环境下，挪用公款或者是截留私用等也很难杜绝。

（四）执行进一步审计程序——控制测试

1. 进行控制测试的基本要求。针对内部控制有效性的测试有助于评价被审计单位的内部控制，确定注册会计师计划的重大错报风险评估水平是否得到支持。具体的控制测试在注册会计师了解被审计单位内部控制之后执行。我们在讨论控制测试程序时已经对此作过描述，以下主要说明进行货币资金审计时对控制测试的基本要求。

（1）通过重新执行程序来测试货币资金的会计记录和对账单。要确定被审计单位会计程序运行的有效性，注册会计师就要对被审计单位日记账和总账的准确性进行测试。在计算机会计系统里，货币资金的日记账和总账会同时从原始凭证中生成。注册会计师可以选择采用计算机辅助审计技术测试会计记录的准确性。在手工记账系统里，原始凭证的信息首先记录在记账凭证和日记账上，随后会被汇集起来从日记账转记到总账上。注册会计师必须确定该笔凭证是否准确登记到日记账上，日记账是否有准确的注释，从日记账到总账和明细分类账的记录过程是否准确无误。注册会计师还可能测试被审计单位的银行（金融机构）对账程序。可以选择一个当年编制的对账表作为样本，要注意是谁完成的这个对账单，并且根据会计记录、银行对账单和已付票据重新执行一遍对账程序。

（2）详细核对一个样本的货币资金收入清单与日记账、应收账款和已验证的存款单。理想的货币资金收入内部控制要求把每天的收入在不迟于下一个银行工作日之前全部存入银行。为了确保货币资金收入完好地存入银行，注册会计师要对比初始货币资金收入清单详单（收发室清单和收银机纸带）和每日送款单明细。货币资金收入清单详单是指列明每日货币资金收入中每张支票的金额以及当日总金额的清单。

（3）把货币资金支出日记账里记录的支出样本与应付账款、订购单、验收单、采购发票和已付支票核对。理想的货币资金支出内部控制要能保证支出都得到恰当的授权。对货币资金支出的测试包含从货币资金支出日记账追溯到原始凭证，包括收据、订购单、验收单、采购发票和已付支票。检查这些凭证时，注册会计师要测试有关货币资金支出的大部分控制。比如，他们会关注已付款凭证和原始单据是否已经被穿孔和作“付讫”标记，原始凭证之间是否存在一致性并具备所必需的授权签字。注册会计师还可以复核已付支票文件以便测试被审计单位的连续编号的会计记录程序。

2. 如有必要，根据控制测试的结果修改重大错报风险。注册会计师完成前面部分描述的所有程序之后，应该重估每张财务报表上货币资金认定的控制风险。注册会计师要决定是否修订计划的审计方案中对货币资金交易和余额的实质性程序，以及如何修订。

（五）执行进一步审计程序——货币资金交易和余额的实质性程序

1. 分析货币资金余额并与总账进行核对。注册会计师要编制或获取一个列示被审计单位所有货币资金账户的表格。对于银行账户上的存款资金，这张表格通常列示银行名称、账号、账户种类以及每个账簿的余额。注册会计师要追踪所有账户并与总账核对。

2. 向金融机构函证货币资金余额。货币资金审计的目标之一就是证实资产负债表上货币资金金额的存在状况。达到目标的直接方法就是函证各种存款余额并且获取或者编制银行对账单与会计记录的调节表。在大多数审计业务中，注册会计师都要通过直接与金融机构联系获得存款余额的函证。确认账户或贷款及其余额的信息通常包含在询证函里，用来帮助金融机构完成回函工作。因此，这种形式主要是用来证实已记录信息的存在。然而，函证还可能发现额外的账户或贷款，因此，它也可以为证实记录金额的完整性提供有限证明。尽管金融机构的员工不会详细地搜索记录，但是回函时会包含他们所注意到的额外的存款或贷款信息。

目前，注册会计师越来越多地以电子方式向金融机构函证账户余额，也经常使用票据交换所的核对方式。金融机构的员工会向经被审计单位授权的注册会计师提供路径，使其可以登录包含函证信息的安全网页。或者，由一个可信的第三方服务商控制和维护的网站提供信息。当网页定位和访问信息由金融机构或可信的第三方服务商提供时，它应当满足由第三方提供书面函证的定义，并且被认为是适当的。而如果网页定位和访问信息来自被审计单位员工，就不能认为是来自第三方的证明。在这种情况下，就存在被审计单位员工建立一个虚假网页或账户来错报待函证的余额的风险。

使用单独的询证函，寄给金融机构负责被审计单位金融合约或熟悉这些金融合约的个人，可以函证其他金融合约的细节。例如，注册会计师可以发送一个单独的询证函证实补偿性余额合约或授权支票签署人，以获得对该业务事项的进一步证明。

3. 获取或编制资产负债表日的银行（金融机构）存款余额调节表并且确定是否需要核对更多月份的银行业务。要确定一家公司期末的货币资金状况，需要将当天银行对账单的余额与公司会计记录的余额核对。如果注册会计师在会计年度结束之后无法开始现场工作，他们会编制一张截止到资产负债表日的银行存款余额调节表或者对被审计单位编制的银行存款余额调节表进行验证。如果被审计单位已经编制了年末银行存款余额调节表，就不需要再重复这项工作，但是，相对而言，注册会计师要详细核查调节表以确认其正确性。检查被审计单位编制的调节表包括验证算术准确性，对比银行对账单和银行存款日记账的余额，并且调查调节项。货币资金的短缺可以通过忽略未付支票清单上的一张支票或故意在调节表上出错来证实，这一事实足以证明仔细复核被审计单位编制的银行存款余额调节表的重要作用。

银行存款余额调节表有多种格式。注册会计师最常用的格式是从银行对账单余额开始，到未经调整的会计记录上的余额结束。利用这种格式，注册会计师可以把影响货币资金的调整分录直接过到银行存款余额调节表的工作底稿上，并将调整后余额与银行存款流向计划单和试算平衡表进行对比。

银行存款日记账与银行对账单调节机制不是注册会计师对银行存款的验证工作的全部。注册会计师必须结合相关原件才能证明银行存款余额调节表上各项目的可信度。例如，银行对账单上的余额不是按照账面价值得到的，而是通过银行的直接回函来证明，这种函证在前文叙述过。

注册会计师要对长期未付的支票（比如 6 个月）进行调查。如果支票长时间未付，说明对货币资金支出的内部控制很薄弱。如果员工意识到某些支票长期未付并且可能不会被要求承兑，那么他就有机会通过从银行对账单里直接删掉时间很久的未付支票来隐瞒货币资金的短缺。这种删除未付支票的行为可以增加银行存款的账面余额，并且可能诱使员工抽取相应数额的库存现金。对于被审计单位来说，通过借记货币资金账户并贷记营业外收入或其他特定负债账户来消除这类性质的长期未付支票，是一个很好的做法。这能减少银行存款余额调节表的工作量，也能减少舞弊的机会。

如果认为被审计单位记录现金收支的内部控制比较薄弱，注册会计师就要执行额外的程序。例如，编制货币资金证明，除调节账户余额外，还可以调节在特定期间内发生的货币资金交易。具体来说，这种技术用于识别这样的问题：现金收入和支付已在会计记录中记录，但是未在银行对账单中记录；银行存款和支付已在银行对账单中记录，但是未在会计记录中记录；现金收入和支付在银行对账单和会计记录中以不同金额记录。

4. 获取至少包含资产负债表日之后 7 日内交易的截止性银行对账单。截止性银行对账单是包含顾客一个会计年度结束后特定营业日（通常是 7～10 天）的对账单。被审计单位会要求银行编制这种对账单，然后直接邮寄给注册会计师。注册会计师还可以从银行的网页上获取这类电子化的截止信息。如果要把它当做适当的审计证据，注册会计师需要接纳这个网页的有效性。这一信息用来测试年末公司的银行存款余额调节表的准确度。它使得注册会计师可以直接检查列示为未付的支票（一般通过计算机）以及调节表上在途存款的细节。

关于在年末列示为未付的支票，注册会计师应该确定银行在哪天支付这些支票。检查这些支票的支付日期，注册会计师可以确定支票日与银行实际支付日的间隔时间是否合理。如果这些支票的支付出现不合理的延迟，则暗示在本年度结束之前被审计单位没有邮寄这些支票。对此，适当的调整分录是贷记银行存款账户并且借记负债账户。

检查截止性银行对账单时，注册会计师需要注意在资产负债表日或之前签发但是没有在年末银行存款余额调节表上列示为未付的已付支票。截止性银行对账单可以保证资产负债表上的现金数额没有因为忽略一张或更多来自未付支票清单上的支票而夸大。

5. 盘点并列示库存现金。库存现金一般包括未存入银行的现金收入、备用金和零用金。备用金和零用金可以在资产负债表日前后的任何时候进行盘点。有些注册会计师更喜欢临时突击盘点这些资金。

在对银行或其他金融机构的审计中，盘点库存现金具有极为重要的作用。无论什么时候盘点现金，注册会计师都要求资金保管人盘点全程都在现场，盘点完成后，注册会计师要立刻获取来自保管人的带签名和日期的证明书，承认盘点现金时保管人在场，并且盘点结束后注册会计师立即归还了所有资金。这个程序用来防止当出现资金亏空时，员工辩解说资金是一分不少地交给注册会计师的。

验证库存现金的第一步是对所有的可转让资产实施控制措施，如现金基金、证券和其他投资、应收票据以及账单。除非同时对所有的可转让资产进行验证，否则不诚实的管理者或员工就有机会通过将其从一个资产类别转移到另一个类别来掩盖资产短缺。库存现金监盘表的格式见表 8—5。

表 8—5　　　　　　　×××会计师事务所库存现金监盘表

被审计单位：　　　　　　　　　　　　　　　索引号：
项目：　　　　　　　　　　　　　　　　　　财务报表截止日/期间：
编制：　　　　　　　　　　　　　　　　　　复核：
日期：　　　　　　　　　　　　　　　　　　日期：

检查盘点记录					实有库存现金盘点记录						
项目	项次	人民币	美元	某外币	面额	人民币		美元		某外币	
上一日余额						张	金额	张	金额	张	金额
盘点日计入					1 000						
盘点日支出					500						
应有账面金额					100						
实有账面金额					50						
差异额					10						
					5						
差异原因					2						
					1						
追溯调整					0.5						
					0.2						
					0.1						
					合计						
本位币合计											

出纳：　　　　　　会计主管：　　　　　　监盘人：　　　　　　检查日期：

为方便上级、员工和顾客，企业财务人员将一些个人支票包括在库存现金中的情况并不少见。这些支票不应当记入现金收入日记账，因为在存入银行之前这些支票可能只是先前库存现金的替代品。注册会计师应该确定这些支票的有效性和可收回性，以及是否能够列入资产负债表的现金项目。

6. 验证被审计单位货币资金收入和支出的截止。准确的年末货币资金收入（及货币资金支出）截止对资产负债表中货币资金的恰当报告至关重要。资产负债表上的货币资金应该包括截至当年最后一天收到的所有货币资金，而不包括随后收到的任何货币资金。如果注册会计师能在会计年度最后一天的营业时间结束时安排人员守在被审计单位办公室，就能通过盘点未存入银行的货币资金收入来验证截止。这样，对被审计单位来说，在截止时点之后把任何收入包括进来而且不被注册会计师发现都是不可能的。

当然，注册会计师不可能在会计年度的最后一天到访每一家被审计单位的营业地，通常他们也无须在这个时候出现以保证货币资金验证的理想效果。作为资产负债表日盘点货币资金的替代方法，注册会计师判断年末银行存款余额调节表上的在途存款会在来年的第一个营业日出现在银行对账单的贷方，以此来验证货币资金收入截止。注册会计师对内部控制的鉴定结果决定实施这些程序的范围。

注册会计师应当警惕与货币资金业务相关的“装门面”行为。比如，如果货币资金收入不是按日存入银行，那么一年截止日之后几日收到的货币资金收入可能包括在年末的存款之中，因而夸大了资产负债表日的货币资金余额。

其他一些粉饰的方法会改善但不会歪曲公司的货币资金状况。例如，一个管理者从公司借了一笔钱，会赶在年末之前还给公司，过完年再借。这种情况下，应当在公司年报附注中进行披露。

其他形式的粉饰行为不需要注册会计师采取行动。许多公司费尽全力在年末达到一个更好的财务状况，它们通过对顾客突击交货，敦促应收账款的收回，有时还会突击偿债来把债务降至极低的水平，这些改善企业财务状况的努力没有什么不合适。在确认资产负债表上列示的货币资金之前，注册会计师要进行职业判断，以确定被审计单位是否存在本质上会导致财务报表错报的粉饰行为。

7. 分析审计年度最后一周和次年第一周的银行转账。分析银行转账是为了发现挪用造成的货币资金高估。许多公司都在多家银行开立了银行账户，并且经常需要把资金从一家银行转到另一家银行。当把一张某家银行开出的支票送存另一家银行时，支票通常要经过几天（称作浮存期）才能被付款银行支付。在这期间，支票上的金额作为存款同时存在于两个银行的账户上。挪用补空是指利用暂时的银行存款余额高估来隐瞒货币资金短缺或为满足短期货币资金需求的操纵行为。相对于使用纸质支票而言，在不断增长的账户间电子转账的环境下，挪用补空变得越来越困难。这是因为在电子转账环境下，浮存期实质上消失了。

8. 调查任何支付给关联方的大额或者异常支票。注册会计师要仔细复查任何支付给公司董事、管理者、员工以及下属公司的支票或货币资金以确定这些交易是否被恰当地授权和记录并在财务报告上披露。要保证对关联方的货币资金支出交易得到授权和恰当记录，注册会计师应确定每项交易都记到恰当的账户上，有充分的收据或其他单据证明，并且事先得到收到资金的人以外的管理者的批准。

本书后面的章节将讨论在财务报表中披露关联方交易的必要性。要确定这些交易是否得到充分披露，注册会计师应该获取与实体之间的关系、各项交易的实质（可能不同于其形式）以及各项交易对财务报告的影响相关的证据。关联方交易披露的内容应该包括关联方关系、交易情况说明和交易涉及的金额。

9. 评价货币资金列报和披露是否恰当。资产负债表上的货币资金金额只包括目前经营可以使用的货币资金，不应当包括限定用途的银行存款，例如受托管的仅用于偿付长期债务的银行存款，但持有补偿性余额的协议应当予以披露。注册会计师应当确保被审计单位资产负债表上的“货币资金”或者“现金等价物”的范畴与被审计单位的现金流量表一致。

例 8—2

注册会计师在对不同的公司进行审计时，会对不同货币资金的期末报告情况进行分析。表 8—6 和表 8—7 是某会计师事务所 20×5 年审计两个公司的情况。

表 8—6　　丙公司年末货币资金表（财务报表附注中）

项目	20×5 年 12 月 31 日	20×4 年 12 月 31 日
库存现金	383 680.31	237 349.18
银行存款	69 823 675.93	20 220 283.53
其他货币资金	58 663 956.26	30 726 250.07
合计	128 871 312.50	51 183 882.78

注：(1) 表格中的其他货币资金全部为本公司开具银行承兑汇票保证金存款和开具信用证保证金存款。(2) 截至 20×5 年 12 月 31 日，除上述其他货币资金外无抵押或冻结等对使用有限制、存放在境外、有潜在回收风险的款项。(3) 期末较期初大幅增加，是因为期末销售回款增加及短期借款增加。

表 8—7　　丁公司年末货币资金表（财务报表附注中）

项目	20×5 年 12 月 31 日	20×4 年 12 月 31 日
库存现金	25 609.87	40 926.78
银行存款	167 740 202.53	160 070 763.98
其他货币资金	0	300 692.33
合计	167 765 812.40	160 412 383.09

注：公司期末无因抵押、质押或冻结等对使用有限制、存放在境外、有潜在回收风险的款项。

要求：假设你是该事务所刚刚入职的审计人员，请对上述两张报表的货币资金情况进行分析。

回答：根据上述两张表格的情况，对丙公司和丁公司的货币资金及其反映的公司财务情况分析如下。

第一，丙公司的其他货币资金不能使用。这从侧面表明，丙公司的财务环境更差一些，其开户银行对担保等要求更为严格。但是，丁公司没有上述情况。

第二，丙公司在会计期末可能有较多的闲置货币资金，而丁公司没有这样的迹象。

若要全面了解公司的货币资金情况，需要与应收、应付等事项结合才能得到更完整的结果。

第四节　金融资产审计

一、金融资产的内容与特征

对注册会计师来说，从表现形式来看，金融资产最重要的组成部分包括上市交易的股票和债券，也会有基金和权证。具体来说，即在资产负债表中列为流动资产的“以公允价值计价且公允价值变动计入本期损益的金融资产”，亦即交易性金融资产，以及列为长期资产的可供出售金融资产。在一般企业，这两类资产最为常见，持有的金额也较多。注册会计师还应该考虑那些用来套期保值从而规避各种财务与经营风险的金融衍生品或者用来投机的衍生品。金融衍生品是指其价值衍生自其他金融工具、标的资产或指数的金融工具。例如，一个简单的金融衍生品可以包含一个公司在将来某一时点以固定的价格购买一件商品的承诺。其他衍生品更加复杂，例如，涉及市场利率波动与金属价格关系的金融工具等。

金融资产审计可能非常复杂，在执行审计任务时，需要专业技能与知识，例如：鉴定为被审计单位提供财务服务并且是被审计单位信息系统的一部分的服务机构的内部控制；获取对高度依赖计算机技术的证券和衍生工具信息系统的了解；熟悉各种金融资产适用的复杂的会计准则；了解用来确定金融资产公允价值的方法，尤其是那些使用复杂的模型来估值的金融资产；评估与套期保值的衍生金融工具的认定相关的固有风险和控制风险。因此，在审计复杂的金融资产时，注册会计师可以决定是否需要公司内外部专家的协助。

二、金融资产的审计目标

注册会计师对金融资产的审计目标是：（1）了解被审计单位及其环境，并评估包括舞弊风险在内的固有风险。（2）了解投资的内部控制。（3）评估投资的重大错报风险并且设计进一步审计程序：证实金融资产记录的存在和投资交易的发生；证实金融资产和投资交易的完整性；证实投资交易的截止；确定被审计单位对记录的投资交易的所有权；确定金融资产的计价是适当的，即确定这种价值符合成本、公允价值或者会计权益法，并且所有未实现的增值或减值都已适当地记录；确定金融资产、已实现损益和未实现损益的列报和披露是恰当的。

与金融资产审计相联系，注册会计师也要验证与投资的利息收入和股利、应计利息收入以及已实现损益和未实现损益相关的账户。

上市交易的金融资产的流动性导致潜在的高舞弊风险，注册会计师应该整合货币资金与有价证券审计程序，以发现任何可能的涉及账户之间未经授权的替换的舞弊行为（例如，为了隐藏货币资金亏空而出售证券）。

三、金融资产的内部控制及其调查问卷

（一）金融资产内部控制应包括的内容

完善的金融资产内部控制的主要内容包括：（1）正式的投资政策，限制投资证券和其他金融工具的性质；（2）董事会设立的投资委员会，授权和复核投资活动是否遵守投资政策；（3）授权购买与销售证券和衍生工具的执行总监、证券托管人、维护投资记录的人员的职责分离；（4）详细记录拥有的证券和衍生工具以及相关规定和条款；（5）以公司的名字进行证券注册登记；（6）定期由内部注册审计师或者不负责投资的授权、托管或记账的管理者对库存证券监盘；（7）由胜任的员工确定复杂金融工具会计处理的恰当性。

（二）保管代理公司的工作及其要求

在很多情况下，被审计单位可以通过使用独立的保管代理公司来实现保管与记账功能的分离，如股票经纪人、银行或信托公司等。由于独立代理公司不直接接触负责维护证券投资会计记录的员工，因此，可以大大降低通过伪造账目隐瞒舞弊的可能性。如果以证书形式存在的证券未由独立代理人保管，则应该将其存放在由公司两名或两名以上管理者联合控制的银行保管箱里。联合控制是指除非二者同时出现，否则没有任何一个保管人可以单独接触这些证券。保险箱内应该保留一份箱内证券清单，证券的存取应该登记在清单上，并附上所有在场人员的签名与日期。保管箱应该以公司的名义租赁，而不是以保管证券的管理者的名义租赁。

（三）投资金融资产的记录

对拥有的所有证券和衍生工具进行全面详细的记录，是内部控制的基本要求。记录通常包括每项证券和衍生工具的明细记录，如名称、票面金额或面值、证书编号、股数、购买日、经纪人名称、成本、条款以及收到的利息或股利等。要将实际利息或股利与预算数对比，并调查存在的显著差异。投资的实际买入卖出活动应由财务总监负责，并由董事会所属的投资委员会进行复核。

（四）对内部审计师或服务机构工作的了解

内部审计师或者其他责任人应该经常检查库存证券，将证券编号和其他识别数据与会计记录核对，将证券明细记录与总账账户核对。如果被审计单位从事衍生工具业务，责任人还应该审查衍生工具的条款是否符合投资政策以及财务会计信息披露政策。

有时注册会计师还需要考虑服务机构的内部控制，因为它提供的服务也是被审计单位信息系统的一部分。这些服务包括影响交易发起、会计处理或会计记录以及财务报表编报的服务。例如，注册会计师应该关注发起投资买卖并向被审计单位报告结果的股票经纪人的内部控制。注册会计师获取有关服务机构内部控制的信息，可以通过审查用户手册或其他系统文件，检查服务合同，获取服务机构的审计报告，或者亲自访问服务机构。

（五）内部控制调查问卷

注册会计师评估金融资产相关内部控制时使用的调查问卷包含以下问题：被审计单位是否制定了反映适当的风险管理的投资政策？证券和类似金融工具是否由责任管理者联合控制？所有能够接触证券的人员是否恰当绑定？是否有独立的保管代理人？是否有胜任的人员对复杂衍生工具进行复核和会计处理？是否所有的证券和衍生品买卖都得到财务总监的授权，并经董事会所属的投资委员会的复核？

（六）金融资产的重大错报风险

证券的流动性很大，这增加了金融资产的舞弊风险。另外，金融资产的会计处理非常复杂，这增加了投资不能准确计价的风险。如果被审计单位员工试图投机，他们就有可能利用各种技术来隐匿或延迟报告损失。衍生工具的使用增加了财务报表的重大错报风险。评估重大错报风险时，注册会计师会一并考虑固有风险以及通过了解被审计单位及其环境和对投资进行控制测试而识别出的控制风险。

注册会计师识别出的某些重大错报风险可能被视为需要特别考虑的重大错报风险。例如，如果被审计单位使用外汇期货合约对冲其境外投资的风险敞口，但是没有熟知相关会计准则的会计人员，注册会计师可能决定评估会计期间发生的所有或大部分交易的会计处理。

表 8—8 举例说明了注册会计师在审计金融资产的过程中可能识别和评估出的典型的错误和舞弊。此类错报可能由以下事项引起：不恰当的估值，未授权的交易，对衍生工具交易等活动的披露不充分。

表 8—8　　潜在的错报——金融资产投资

错报描述	举例	内部控制缺陷或增加重大错报风险的因素
错报投资账面价值	错误： 未记录投资市场价值的变化。 舞弊： 错报少数股东持有的投资的价值。 记录虚构的证券。	不恰当的会计手册；不胜任的会计人员。 无效的董事会、审计委员会或内部审计职能；“高层声音”不利于道德行为；实现预算收入的过度压力。
未经审批的投资交易	舞弊： 可以接触证券的员工把证券转移给个人使用。	证券记账与保管的职责分离不充分。
投资记录不完整	错误： 未记录被嵌入其他合约的衍生工具合约。	不恰当的会计手册；不胜任的会计人员。 内部审计监督不充分。

四、金融资产审计的实质性程序

从国外的情况来看，美国注册会计师协会提供了对金融资产的审计指导，包括执行的典型的实质性程序（见表8—9）。

表8—9 金融资产的主要实质性程序和审计目标

实质性程序	主要审计目标
获取或编制投资账户以及相关收入、利得和损失账户分析表，并与总分类账进行核对。	存在、发生、所有权
检查库存证券并审查衍生工具合约。 向持有者及交易对手函证证券及衍生工具。 抽查年度内发生的金融资产买卖业务，证实被审计单位投资业务的截止。	存在、发生、准确性、完整性、截止、计价
复核投资委员会记录和报告。 执行分析性程序或独立计算。	截止、存在、发生、完整性
检查管理层意图把衍生品交易分类为套期保值活动的文件。 评估投资的会计处理方法并测试金融资产计价。	计价、列报
评估金融资产在财务报表上的列报和披露。	列报

（一）获取或编制投资账户以及相关收入、利得和损失账户分析表，并与总分类账进行核对

对金融资产的分析能显示年初和年末的余额、年内投资的买卖、赚取的利息和股息以及已实现和未实现的利得和损失。注册会计师可以通过参考以前年度审计工作底稿来验证投资年初数。如果在这个年度内有多笔投资交易发生，那么单独的交易表将支持投资汇总表。注册会计师应该确定汇总表上的投资总额等于总账记录的投资总额。

（二）检查库存证券并审查衍生工具合约

注册会计师要盘点被审计单位年末持有的证券，验证证券是以公司的名字登记的，并且在工作底稿上对这些证券进行描述和说明，包括证券的编号。当被审计单位的记录显示上次审计之后又持有一个特定证券，注册会计师应该把证书的编号同前一年审计工作底稿上显示的编号进行对比。注册会计师这么做可以查出年度内未经授权就卖出并在本年审计之前又买入的证券。

从理论上讲，证券盘点应该在资产负债表日，与现金和其他可转让票据的盘点同时进行，但这通常是不可能的。如果不能在资产负债表日盘点证券，并且证券保存在银行的保管箱里，被审计单位应该在资产负债表日以书面方式告诉执行此项工作的银行，除非有注册会计师陪同，否则任何人不得接触保管箱。这种安排使得注册会计师可以在资产负债表日后更方便的时间盘点证券。银行会分配有关人员接触保管箱的记录，注册会计师可以通过检查该记录确定什么人在什么时间接触过保管箱。注册会计师盘点证券时，被审计单位应当派一个代表到现场，并且书面确认证券被完整返还。

注册会计师要检查和分析衍生工具以及可能包含嵌入式衍生工具的合约。例如，一个借贷协议可能包含在特定条件下将固定利率转换为浮动利率的条款。设计这种分析程序的目的是确定所有的衍生工具都在财务报表上恰当地记录和计价。

（三）向持有者及交易对手函证证券及衍生工具

被审计单位持有的证券和其他金融工具通常放在经纪人或银行处保管。此时，注册会计师会向投资保管者寄发有被审计单位签名的询证函，以确定这些资产的存在与所有权。如果经纪人或银行发起投资交易并为之负相关责任，或者记录投资交易和处理相关数据，注册会计师应该考虑获取服务机构交易过程的审计报告。注册会计师也会经常向交易对手——合约义务的另一方函证衍生工具的条款。同来自金融机构的现金信息一样，注册会计师可以通过电子方式获取被审计单位证券的证据。这种方法可以适当保证注册会计师获取的信息来自有效的网页而没有受到被审计单位的操纵。

（四）抽查年度内发生的金融资产买卖业务，证实被审计单位投资业务的截止

为确定会计期间内发生的金融资产的买卖业务已恰当地记录，注册会计师会参考经纪人建议和现金记录抽取交易样本。此外，注册会计师还要检查资产负债表日后一至两周内的交易，以确认交易截止的正确性。被审计单位有时会有这样的情况，在资产负债表日之前不久发生的销售不做记录，而是在下一个会计期初将证券送交经纪人时才记录。检查和函证有助于确保证券交易合适的截止。

（五）复核投资委员会记录和报告

复核投资委员会记录和报告，可以揭露出未记录的证券或其他金融工具的买卖业务。当被审计单位使用衍生工具的时候，这个程序尤其重要，因为涉及衍生工具的交易可能不涉及现金收支。例如，如果被审计单位从事外汇远期合同交易，可能在执行合同的时候不存在现金交换。此外，衍生工具可能嵌入贷款协议等其他金融工具中。

（六）执行分析程序或独立计算

注册会计师可以使用分析程序测试记录的股息和利息收入金额的合理性，也可以通过单独计算验证这些金额。已收到和记录的股息可以参考投资咨询服务公司的股息记录簿来计算，其中显示所有股息分派公告、金额和支付日。注册会计师还可以单独计算债券和票据的已获利息并与被审计单位记录的金额核对。这可以证明投资收益没有被挪用，被审计单位确实拥有会计账簿中记录的证券，并且不存在未被记录的衍生工具。

（七）检查管理层意图把衍生品交易分类为套期保值活动的文件

如果要将一个衍生工具指定为一项资产、负债或权益工具的套期项目，管理层必须一开始就确立套期的意图、实现套期有效性的方法以及确定套期无效部分的计价方法，因此，复核反映管理层意图的文件，对审计被审计单位衍生工具的会计处理至关重要。

（八）评估投资的会计处理方法并测试金融资产计价

一般来看，被审计单位在报告金融资产方面有选择权，我国企业会计准则把证券分成三大类：交易性证券、可供出售证券和持有至到期证券。交易性证券和可供出售证券按现行市价计价；交易性证券的未实现损益计入利润表；可供出售证券的未实现损益在实现前不计入净利润，而是计入股东权益中的其他综合收益项目。但是，有的金融专业标准则允许被审计单位对所有证券按公允价值计量，这将导致未实现收入和损失都被记录且均计入利润表（同交易性证券一样）。

衍生工具的会计处理也有类似问题，依据企业会计准则，所有的衍生工具都以公允价值计量。但未实现损益有不同的会计处理方法，取决于这些工具是否被分类为套期项目。有关资产或负债套期项目的有效部分的未实现损益会被相关被套期的资产或负债的增减所抵消。期货交易的套期项目的有效部分的未实现损益计入被审计单位财务报表中的其他综合收益。当套期交易发生时，这些利得或损失用以调整套期交易的记录。最后，套期衍生工具的无效部分和未套期衍生工具的未实现损益都计入被审计单位财务报表的净利润。与其他证券的处理一样，监管机构允许公司对衍生工具选择公允价值计量。

在很多情况下，证券和衍生工具的公允价值可以参考交易所的售价。如果不存在活跃的市场，公允价值可以利用类似金融工具的活跃市场推算出来。然而，如果利用相似市场的价格，注册会计师必须考虑是否需要调整市场上交易的工具与待估值的工具之间的差异。最后，如果不存在活跃市场据以对证券或衍生工具进行估值，管理层可能不得不使用估值模型，例如布莱克-斯科尔斯期权定价模型。在这种情况下，注册会计师需要评估模型重要假设的合理性。

要审计有价证券或衍生工具的公允价值，可以参考金融出版物（例如《华尔街日报》）的报价或者证券经纪人的说明。如果证券或衍生工具没有活跃的市场，管理层可以从证券评估师处获取公允价值评估值。在这种情况下，注册会计师应该考虑评估师的专业资质及声誉，并且了解其使用的评估方法及其前提假设。当使用诸如期权定价模型等估值模型时，注册会计师应该评估模型的合理性与恰当性，并评价其基本假设的合理性。注册会计师应该确定这个模型是否考虑了所有方面的风险，比如交易对手信用风险、不利的市场变化等。

对于分类为套期项目的衍生工具，注册会计师应该保证衍生工具有持续的套期效果，并且确定来自套期项目有效和无效部分的利得和损失能够合理区分。

如果公司有肯定的意图和能力将债务性有价证券持有至到期，它们可以被分类为持有至到期投资并且按摊余成本计价。不可流通债券也经常按成本计价。如果使用的是成本法，注册会计师要通过抽查原始采购价格和重新计算未摊销折价或溢价来确定债券投资的价值。注册会计师要获取投资的现行市价来确定投资价值没有发生永久性下跌。

对于能够使得投资方对被投资方的经营与财务政策施加重大影响的普通股投资，需要使用权益法进行会计处理。如果不存在相互矛盾的证据，一般来说拥有被投资方20％有表决权的股票就标志着对其具有影响。投资方代表在被投资方董事会中所占的比重、重要业务往来等因素也表明了施加影响的能力。

当审计按权益法进行会计处理的投资时，审计师应当验证投资一开始就被恰当地记录。审计师还需要获取证据来验证随后的投资收益以及对投资账户的其他调整事项。该证据通常可以从被投资方的已审计财务报告中获取。

如果无法获得涵盖投资方独立审计报告期间的被投资方已审计财务报告，审计师应该对被投资方的财务报告进行充分的调查，以确定投资方记录金额的公允性。有时，审计师还要到被投资方经营地执行审计程序。

如果审计师发现存在投资减值的证据，应将投资的账面价值减记至其可变现净值。

（九）评估金融资产在财务报表上的列报和披露

审计金融资产在财务报表上列报的方法时，需要考虑公司是否选择使用公允价值计价。如果公司没有选择使用公允价值，审计师应该确定投资是否被恰当地区分为交易性金融资产、可供出售金融资产、持有至到期投资和长期股权投资等。另外，企业会计准则要求披露这些证券的会计处理方法以及各类投资组合的总市值，还要求披露已实现和未实现利得和损失的金额，以及流动性投资和长期投资的跌价准备。最后，财务报告还应披露年底持有的债券、权益工具和其他衍生工具的明细资料。

如果公司采用公允价值计价，审计师应该确定其披露是否符合相应的会计准则。要求披露的内容在很大程度上基于应用公允价值层次结构的方式。

思考题

1. 货币资金审计的目标是什么？货币资金审计与其他资产审计在时间上有何区别？区别的原因何在？

2. 货币资金交易的内部控制包括什么内容？应当符合什么样的要求？货币资金内部控制的原则包括哪些内容？这些内容在实际工作中怎样表现？

3. 货币资金收入的内部控制有哪些方式和类型？不同方式和类型的内部控制包括的核心内容是什么？

4. 货币资金支出的内部控制有哪些方式和类型？不同方式和类型的内部控制包括的核心内容是什么？相互间的区别是什么？

5. 货币资金审计的一般模式包括哪些内容？其中的控制测试与实质性程序是怎样的？实质性程序要达到的目标是什么？

6. 货币资金的固有风险以及舞弊风险包括什么内容？请举例说明货币资金收支交易中的重大错报风险有什么样的表现，由什么原因引起。

7. 怎样进行货币资金业务的控制测试和实质性程序？这些活动的具体内容包括什么？请详细说明。

8. 金融资产的审计目标是什么？其内部控制有哪些特殊内容？其潜在的错报有哪些表现？由什么原因引起？

9. 金融资产审计的实质性程序如何展开？有哪些步骤和内容？与要达到的审计目标的关系怎样？

练习题

1. 明光股份公司聘请盛源会计师事务所进行20×5年度的财务报表审计。注册会计师对明光股份的现金收支交易进行了解后发现：公司会计人员在根据支票填制记账凭证之前，没有人事前进行支票的其他记录；收到的邮件要么被出纳拆开，要么被保管应收账款明细账的员工拆开，这完全取决于谁有空闲时间；无论谁拆邮件，都将邮件交到登记库存现金账户的会计人员手中。财务主管强调包括办公室人员在内的20个员工职责安排的灵活性，目的是让所有的员工忙碌起来，实现经营效益最大化。

要求：

(1) 请解释现金收入事前登记如何强化内部控制。

(2) 为了避免员工有机会掩盖其现金收入盗取行为，请指出被指派预编现金收据的员工不能执行的具体职责。

2. 在执行旭阳建筑供应公司审计业务时，作为注册会计师的你收到了被审计单位编制的年末银行存款余额调节表。

单位：元

银行对账单12月31日账面余额	48 734
加：在途存款	4 467
	53 201
减：未付支票	20 758
企业银行账12月31日账面余额	32 443

根据被审计单位的会计记录，总金额为31 482元的支票是在下一会计年度的1月1日至1月14日签发的。你还取得了一份截止日为1月14日的银行对账单，其中包括已付支票金额50 440元。而在12月31日的未付支票中，在截止性银行对账单中尚未返回存根的支票金额为3 600元，会计账面记录中1月份签发的尚未返回存根的支票总金额为8 200元。

要求：

(1) 编制一张工作底稿核对以下金额：1）银行已返回支票总额和未付支票总金额；2）被审计单位账面记录中12月31日的未付支票和1月1日至1月14日签发支票的总金额。

(2) 就你的工作底稿反映的情况，提出四种可能的解释，包括每种情况下你打算采取的行动，以及提出的分录调整建议。

3. A注册会计师确定甲公司2012年度财务报表整体的重要性水平为200万元，明显微小错报的临界值为10万元。A注册会计师实施了银行及应收账款函证程序，相关审计工作底稿的部分内容摘录如下：

询证函编号	是否回函(是/否)	账面余额	回函金额	差异	审计说明
银行询证函：					(1)
Y1	是	3 500	3 500	0	(2)
Y2	是	235	232	3	(3)
……	……	……	……	……	……
应收账款询证函：					
W1	不适用	900	不适用	不适用	(4)
W2	否	1 300	不适用	不适用	(5)
W3	否	850	不适用	不适用	(6)
……	……	……	……	……	……

审计说明：

(1) 对甲公司2012年12月31日有往来余额的银行账户实施函证程序。

(2) 甲公司为该银行重要客户，有业务专员上门办理各类业务。2013年2月18日，A注册会计师在甲公司财务经理的陪同下将函证交给上门办理业务的银行业务专员。银行业务专员当场盖章回函。函证结果满意。

(3) 差异金额3万元小于明显微小错报的临界值，无须实施进一步审计程序。

(4) 该账户已全额计提坏账准备，不存在风险，选取另一样本实施函证。

(5) 询证函被退回，原因为“原址查无此单位”。已实施替代程序，未发现差异。

(6) 未收到回函，已与客户财务人员电话确认余额，无须实施替代程序。

要求：

针对上述审计说明第(1)至(6)项，逐项指出A注册会计师的做法是否恰当。如不恰当，请简要说明理由。

(此题为中国注册会计师2013年考试题。)

第九章

Chapter 9 应收款项与营业收入

学习目标

1. 掌握应收款项与营业收入之间的相互关系，熟知应收款项与营业收入审计的目标。

2. 理解应收款项与营业收入内部控制具体状况，熟练掌握与赊销相关的内部控制须做好的工作，理解这类审计业务的审计档案应包括的内容。

3. 熟练掌握应收款项与营业收入审计的基本程序，尤其是与控制测试和实质性程序相关的内容；明确实质性程序的内容及其与审计目标的关系。

4. 熟练掌握应收款项与营业收入审计的结构框架，并能将审计的具体内容贯穿于结构框架的各个环节；熟练掌握与营业收入相关的潜在错报及其形成原因，并能结合账户认定层次设计这一重要管理环节的控制测试。

5. 熟练掌握应收款项与营业收入环节控制测试的具体内容，能够用举例的方式对这一环节的控制测试进行描述和解释。

6. 掌握对应收款项与营业收入的实质性程序的具体内容，对一些关键环节，如票据与单证的核对、函证的实施与执行要求、替代审计程序、截止的复核与判断、此环节执行的分析性程序等，要达到熟练掌握的程度；理解应收款项与营业收入中期审计的相关内容。

7. 掌握对与营业收入相关的税收审计，能够结合各税种的特点设计和实施审计业务。

第一节　应收款项与营业收入审计基础

一、应收款项

企业的应收款项应当是一个较为独立、完整的体系。其中专门针对企业销售业务的应收款项是企业的应收账款和应收票据。

（一）应收账款的来源和性质

应收账款不仅包括因销售货物或提供劳务而产生的对顾客的要求权，还包括对供应商的预付款项。

应收账款是直接对应企业营业收入以及因垫付运输费等而形成的债权，通常数额较大，并且应当作为流动资产部分下的单独项目，以可实现净值，即扣除坏账准备后的数额，列示在资产负债表上。相对于购销双方而言，一方的债权必然对应另一方的债务，即若有应收账款就必然会有对应的应付账款。因此，注册会计师在进行应收账款的审计时，应当特别关注对应的债务人的应付账款的列报和披露。通常，这些债权债务关系方便了债务人方，而不利于债权人方。只有在债务人方便的时候，这些应收取的货款才能收回。因此，及时披露债权债务方面的数额，以及因债权债务关系处理不当而形成的非正常交易是编制财务报告的基本原则。

（二）应收票据的来源和性质

应收票据是一种在未来特定日期支付特定金额的书面承诺。应收票据通常用于大额交易，因为可以流通，因而应用广泛。在银行和其他金融机构，应收票据通常是最重要的资产。

分期付款票据或合同应用于分期付款交易中。这种交易虽然一开始就转移了商品的所有权，但是销售方仍保留对商品的留置权，直到收回最后一期票据款。从现在的情况来看，在工业机器设备、农业器械和汽车的销售中，分期票据广泛使用。其他可能取得应收票据的交易主要是商品交易，即制造业企业或流通业企业对外销售商品时的结算工具。

二、应收款项与营业收入的审计目标

在我国企业中，营业收入一般划分为主营业务收入和其他业务收入。前面已述，应收账款和应收票据就是企业营业收入的对应，因此，在进行应收款项的审计时，经常是将二者连在一起阐述。

应收款项和营业收入审计的审计目标是：（1）了解被审计单位及其环境，考虑应收款项和营业收入相关的固有风险，包括舞弊风险。（2）了解应收款项和营业收入的内部控制。（3）评估重大错报风险并设计控制测试和实质性程序：证实应收款项的存在和营业收入业务的发生；确认应收款项和营业收入业务的完整性；确定营业收入业务的截止；确定被审计单位对已记录应收款项的权利；确定应收款项计价的合理性以及营业收入业务的准确性；确定应收款项和营业收入的列报和披露是充分的，包括应收款项的恰当分类，应收款项抵押的充分报告，以及关联方销售与应收款项的披露。

从营业收入与应收款项的密切联系来看，确认特定期间的营业收入金额很多是与应收款项密切相关的，包括：主营业务收入和应收账款账户、主营业务收入和应收账款的调整账户、其他业务收入账户、递延收入账户和货币资金账户。而且，它是在特定期间公司报告净利润的一个主要决定因素。因此，对注册会计师来说，应收款项和营业收入审计是具有重大风险的领域。

三、应收款项与营业收入的内部控制

要了解应收款项和营业收入的内部控制，注册会计师应当考虑内部控制的各构成要素，即控制环境、风险评估、监督控制、收入循环中的会计系统，以及控制活动和监控等。

（一）控制环境

因为存在故意错报收入的风险，所以控制环境对于应收款项和营业收入的有效控制极其重要。特别应提及的是，设立独立的董事会审计委员会要监督管理层对收入确认原则和估计的判断，有效的内部审计职能也对此特别关注。管理层应当在组织内树立一种“高层的基调”，鼓励诚实和符合道德的财务报告行为。组织内应当广泛传播和遵守这些道德标准，而那些诱导虚假报告的刺激因素应当被消除，比如，过度强调不切实际的销售和盈利目标。

恰当的收入确认可能包含复杂的会计准则要求、估计和计算。因此，管理层应当作出“胜任能力承诺”，尤其是那些关键的财务和会计人员。当管理层有效确定执行关键职能所需要的技能和培训，并采取有效程序确保这些工作是由具备胜任能力的人员完成时，表明控制水平得到加强。

管理层对待财务报告的态度能够反映其管理哲学和经营风格，这对应收款项和营业收入的内部控制也是很重要的。相关的问题包括：管理层在选择收入确认方法时是激进的还是保守的？对坏账的估计是否谨慎？

关于被审计单位的人力资源政策和实践，管理层应当对未来的员工做一定的背景调查，并为身居要职的员工购买忠诚保险。规定掌管会计记录或现金的员工定期休假，并且定期进行岗位轮换，也有利于改善内部控制。

（二）风险评估

如本书前面章节所述，风险评估包括识别、分析、管理与编制财务报告相关的风险。对于销售与收款循环，管理层应当建立一个正式的程序以监控外部风险，如经济环境、竞争程度、客户需求、法规等的变化，这些变化对实现公司销售目标的风险是有影响的。另外，管理层还应当评估内部因素的影响，比如，会计准则的变更、新产品和服务的推广，以及新型销售模式的使用等。这些因素可能为公司带来新的风险，表明公司有必要建立新的控制模式，以防止收入错报。

（三）收入循环中会计系统的控制活动

对很多公司而言，以赊销方式向顾客销售商品或提供劳务是主要的收入来源。因此，对赊销收入和应收款项的控制无效会给公司造成很大损失。如果对赊销的控制活动不够充分，巨额的信用损失几乎不可避免。例如，可能把商品发给了信用等级未经批准的顾客；商品已发给顾客，但却没有通知开票部门，会造成没有填制销售发票；销售发票可能存在价格和数量错误；另外，如果销售发票没有连续编号，其中有些就会丢失从而无法作为应收账款记录在档。为了避免出现这些情况，对赊销进行强有力的控制是非常必要的。职责分离通常可以加强赊销业务的内部控制，下列职能应当由不同的部门或个人负责：（1）填制销售通知单；（2）信用审批；（3）从仓库发货；（4）运输；（5）填制销售发票；（6）发票审核；（7）总账保管；（8）顾客分类账保管；（9）销售退回与折让的审批；（10）坏账注销审批。当实行这种程度的职责细分时，意外错误就可以通过核对公司各独立单位的原始单据及其数额而被迅速检查出来，造假的机会就会降到最低。尽管我们关于会计系统与控制活动的讨论主要是围绕制造企业的销售程序展开的，但其中大部分原则也适用于服务业组织。

1. 顾客订单控制。要想避免会造成重大损失的错误发生，就需要针对从顾客处收到的订单的控制和处理精心设计处理程序，并且需要进行多项控制。重要的基本步骤包括：登记顾客的订购单，审核其条款与数量要求，确定能否在合理的时间内完成，并且填制销售通知单。销售通知单是将顾客订购单上的条款转换成一系列具体的指令以指导各部门的工作，包括信用部门、产成品仓库、运输部门、开票部门、应收账款部门等。收到销售通知单后，工厂要采取什么样的行动，取决于客户订购的是库存的标准化产品，还是按照顾客的具体要求专门生产的产品。具体内容见表 9—1 和表 9—2。

表 9—1　　产品订购单

编号：89898989

订货方所在省份：北京海淀区		订购日期：2016 年 9 月 28 日	
订货方基本信息			
公司名称	北京求实有限责任公司		
公司地址	北京市海淀区中关村大街 8 号		
联系人姓名	张琼	职务	采购员
手机	13988279820	公司电话	010-62305678
1. 发货时间：2016-9-6 2. 发货方式：顺捷货运 3. 收货地址：北京市海淀区中关村大街 8 号 4. 付款方式：2/20，n/40		订货方盖章/签字： 张琼	

订购产品信息

产品名称型号	图号或样品	数量	单价	总价	付款方式
120 高压发电机#459		100	3 580	358 000	支票
Q 夹钳#2653		200	2 350	470 000	支票

供货方基本信息

公司名称：上海振兴设备有限责任公司	
公司地址：上海市虹口区大连西路 288 号	
公司电话：021-62849608　　传真 021-62849609	
业务员签字/盖章：王春	

表 9—2　　销售通知单

销售人员：王春		联系方式：13598723493					
编号：34567		提货时间：2016-10-9			现销☐赊销☑其他☐		
项目	品种	等级	规格	计划装车数量	实际装车数量	单价	总价
1	120高压发电机		#459	100		3580	358000
2	Q夹钳		#2653	200		2350	470000
3							
合计							828000
赊销信用审批：曾雪莲			同意按信用条件2赊销	信用条件1	1/10，n/20		
				信用条件2	2/20，n/40		
提货人姓名：顺捷 张平			联系方式：13763468900		车辆号码：沪JR867		
客户姓名：张琼			联系方式：13988279820				
收货单位：北京求实有限责任公司							
收货地址：北京市海淀区中关村大街8号							
意见要求	同意按照该价格销售		意见要求		同意		
营销中心负责人（签字）	龚年勇		储运负责人（签字）：		李军		
备注：							

制表人：王春　　2016年10月9日

注：1、赊销由总经理或授权人签章。
2、该通知单同时下发到仓储部、财务部，仓储部见单备货、财务部见单查收销售款。

2. 信用审核。在处理销售通知单之前，信用部门必须确定是否可以在无担保的情况下向顾客发货。信用部门由信用经理负责，并且向财务主管或财务副总监报告。信用部门必须执行管理层的信用政策，并且根据这些政策研究顾客的财务报告和参考信用调查机构的报告，以评估顾客的信用状况。在新顾客被授予一定的信用额度的情况下，对特定销售业务的审核就是简单地确定顾客是否有足够的未使用信用额度。这项工作通常由计算机系统来完成。如果一项交易将会导致顾客信用额度超限，计算机会把这些细节打印出来提交给信用部门，这将会启动下一个程序——确定是否增加顾客的信用额度。当信用状况未通过审核时，会通知客户并积极协商采取其他办法，例如，采用现金交易方式进行交易。

3. 发出商品。生产标准产品的公司设有产成品仓库，由专职的仓库管理员进行管理。只有在信用部门核准之后，仓库管理员才可以根据核准后的销售通知单将商品发出给运输部门。产成品永续盘存记录应当由会计部门而不是仓库管理员来记录和保管。出库单见表9—3。

表9—3 出库单

库存商品出库单

提货单位	北京求实有限责任公司		编号	6021
用途	销售	2016年10月9日	仓库	海6#

名称	规格	单位	数量	单位成本	金额	备注
120高压发电机	#459	台	100	3 580	¥358 000	
Q夹钳	#2653	把	200	2 350	¥470 000	
合计					¥828 000	

第三联会计记账

记账： 仓库主管：李军 发货：王涛 提货：文涛

说明：不同单位采用的出库单有所不同，从三联出库单到五联出库单都有。

4. 运输商品。当货物由产成品仓库转移给运输部门时，运输部门负责安排通过铁路、飞机或汽车进行货物运输。在往汽车或卡车上装载货物时要填制运输单据，如提货单（或发货单）。运输单据通过编号进行控制，并且在递交给开票部门之前要登记在运输登记簿上。使用汽车运输货物时，对“出门证”进行控制也是非常必要的，目的是确保所有运出工厂的商品都已被记录为已发运。运输单据的副本要求提交给门卫。

表9—4 提货单

编号：2325346 2016年10月10日

收货方	名称	北京求实有限责任公司		联系人	张琼
	地址	北京市海淀区中关村大街8号		联系方式	010-62305678，13988279820
发货方信息	名称	上海振兴设备有限责任公司		联系人	王奎
	地址	上海市虹口区大连西路288号		联系方式	021-62849608，13598723493
	销售通知单编号		34567	仓库	3号
品种	等级	规格	数量	单价	总价
120高压发电机		#459	100	3 580	358 000
Q夹钳		#2653	200	2 350	470 000
承运人	名称	北京顺捷货运有限责任公司		联系人	张旭光
	地址	北京市海淀区中关村大街15号		联系方式	010-62305690，13981234658
1.司机必须凭此文件提货。如果没有携带不得提货。					
2.司机签字前，已确认以上所提所有包装信息正确无误。					

5. 填制发票。开发票是为了通知顾客已发送的商品或服务的数量、金额等信息。这种通知是通过填制和邮寄销售发票来完成的。发票应当由不受销售总监控制的部门来填制。公司一般会在会计、数据处理或财务部门中任命一个独立部门来执行这项职能。开票部门负责：(1) 对连续编号的运输单进行会计处理；(2) 将运输单与销售通知单和顾客订购单及变更通知进行核对；(3) 把这些单据上的相关数据输入销售发票；(4) 根据价格清单在发票上注明价格及价格折扣；(5) 进行必要的金额延伸计算和合计；(6) 汇总已开发票总金额。如果签署了正式合同（例如与政府机构交易时的常见情况），合同通常明确规定价格、发货程序、检查和验收规则、预付款清算办法以及大量其他细节。因此，合同是填制发票的一个极其重要的信息来源。发票业务见表 9—5。

表 9—5 增值税专用发票

北京市增值税专用发票

110015313189 北京 发票联 No 006916678989 210915 1008817

开票日期： 2016年10月 10日

购买方	名　　称：北京求实有限责任公司 纳税人标识号：110109591111123546 地 址、电 话：北京市海淀区中关村大街8号 62305678 开户行及账号：工行中关村支行 0100049900568123	密码区	135625537465<794782<8>*<<8-243 09+*4071988765+64088/154732<_//9 784235>09+*40711351513153183<79 4782<8>*<<8-3215475475675667473

货物或应税劳务、服务名称	规格型号	单位	数量	单价	金额	税率	税额
120高压发电机			100	¥3 580.00	¥358 000.00	17%	¥60 860.00
Q夹钳			200	¥2 350.00	¥470 000.00	17%	¥79 900.00
合计					¥828 000.00		¥140 760.00
价税合计（大写）	玖拾陆万捌仟柒佰陆拾元整					（小写）	¥968 760.00

出售方	名　　称：上海振兴设备有限责任公司 纳税人标识号：210101234454356 地 址、电 话：上海市虹口区大连西路288号 62849608 开户行及账号：招行大连西路支行 2100014364376588	备注	上海振兴设备有限责任公司 210101234445435 发票专用章 (1)

收款人： 复核： 开票人： 闫晨 销售方

第一联：记账联，是销货方发票联

销售发票一般由计算机系统依据已录入系统的信息自动生成。运输部门人员输入已发商品的数量等信息，而商品价格在生成销售通知单的时候就已经由销售部门人员录入系统，或者事先已经存储在销售价格主文件里。打印销售发票时，计算机系统会同时生成一个电子销售交易文件，它与现金收款业务相联系，从而更新应收账款主文件。计算机系统会定期更新总账，打印销售日记账和应收账款明细分类账，还会按月生成对账单发给顾客。

发票发送给顾客之前，要建立控制以保证发票的准确性。如果部分会计系统依赖手工操作，上述控制内容还要包括由另一个员工复核其价格、信用条款、运输费用、延伸计算金额和小计等的准确性。当使用电算化发票信息系统时，可以通过实施输入确认（校订）和各种批处理控制来实现这一目标。

6. 应收款项的收回。公司通过邮寄方式或电子传递方式收到顾客的支票或汇款通知书，从而收回其持有的应收款项。出纳员负责对支票进行控制，并且及时将其存入银行。汇款通知书或收款清单会被递交给数据处理部门的应收账款部门，他们将其记录在恰当的顾客分类账中。另外，应当定期编制应收账款账龄分析表，供信用部门在执行其收款计划时使用。在实际工作中，另外一个方面就是通过金融机构收回的现金的有关信息，例如保管箱系统、借记卡和贷记卡销售收入以及其他电子收据。

7. 销售收入与应收款项的调整。所有与销货折让、销货退回以及应收账款注销有关的调整账项都应当附有连续编号的贷项通知单（即实际执行的退货通知单），通知单上要有一名不负责现金管理和顾客分类账维护的经理或负责人的签字。对销货退回贷项的良好内部控制通常要求，在做贷项处理前要接收和检查商品。贷项通知单应当标明退货验收报告的序列编号。退货业务见表 9—6。

表 9—6　　退货通知单

编号: 1234

<table>
<tr><td>客户名称</td><td colspan="3">北京赤实有限责任公司</td><td>客户联系人</td><td colspan="3">张琳</td></tr>
<tr><td>客户地址</td><td colspan="3">北京市海淀区中关村大街8号</td><td>客户联系方式</td><td colspan="3">010-62305678　13988279820</td></tr>
<tr><td>产品问题描述</td><td colspan="7">120 高压发电机运行不稳定</td></tr>
<tr><td>客户要求</td><td>换货</td><td colspan="2"></td><td>质量折扣</td><td></td><td>退货</td><td>√</td></tr>
<tr><td>订单编号</td><td>89898989</td><td colspan="2">产品名称</td><td>120 高压发电机</td><td>数 量</td><td colspan="2">3</td></tr>
<tr><td>发票编号</td><td>110015313189</td><td colspan="2">产品规格</td><td>#459</td><td>备注</td><td colspan="2"></td></tr>
<tr><td>处理意见</td><td colspan="7">产品质量问题有三种处理方式：换货、质量折扣、退货。执行公司《产品质量问题处理制度》，需要退货的，先收货，待质量检验后通知客户。</td></tr>
<tr><td rowspan="2">退货原因及处理建议</td><td colspan="4" rowspan="2"></td><td colspan="2">供应科主管</td><td>签名日期</td></tr>
<tr><td colspan="2"></td><td></td></tr>
<tr><td rowspan="2">检验科意见</td><td colspan="4" rowspan="2"></td><td colspan="2">检验科主管</td><td>签名日期</td></tr>
<tr><td colspan="2"></td><td></td></tr>
<tr><td rowspan="2">技术科意见</td><td colspan="4" rowspan="2"></td><td colspan="2">技术科主管</td><td>签名日期</td></tr>
<tr><td colspan="2"></td><td></td></tr>
<tr><td rowspan="2">生产部门意见</td><td colspan="4" rowspan="2"></td><td colspan="2">生产部门主管</td><td>签名日期</td></tr>
<tr><td colspan="2"></td><td></td></tr>
<tr><td rowspan="2">售后部门最终意见</td><td colspan="4" rowspan="2">给予价格折扣 1000 元</td><td colspan="2">部门主管</td><td>签名日期</td></tr>
<tr><td colspan="2">高英</td><td>2016.10.30</td></tr>
<tr><td>退货接收人</td><td colspan="3">吴玉元</td><td>客户签名</td><td colspan="2">张琳</td><td>2016.10.20</td></tr>
</table>

信用经理应当在得到财务主管的授权之后启动坏账注销程序。已注销的应收账款应当移交给收账代理人，或移交、保留在独立的分类账及控制总账中。这种记录应当是备忘录性质的，不属于常规的记账系统。当款项仍有可能收回时（通常是债务人还在时）仍继续寄送催款声明，要求还款。否则，任何后续收回的款项都有可能被员工截取盗用，而不需要篡改记录以隐藏盗用行为。

图 9—1 的流程图说明了处理赊销业务所涉及的职责分离、操作程序，以及基本的凭证。

（四）监控

管理层的持续监控活动主要是审核各类执行报告，包括按产品、主要顾客、地理区域和销售员分类的销售报告。另外，管理层会仔细检查应收账款的账龄，并且征求顾客关于发票准确性的反馈意见。一旦发现非预期的数量或关系时，管理层应当追踪确认其内在原因。

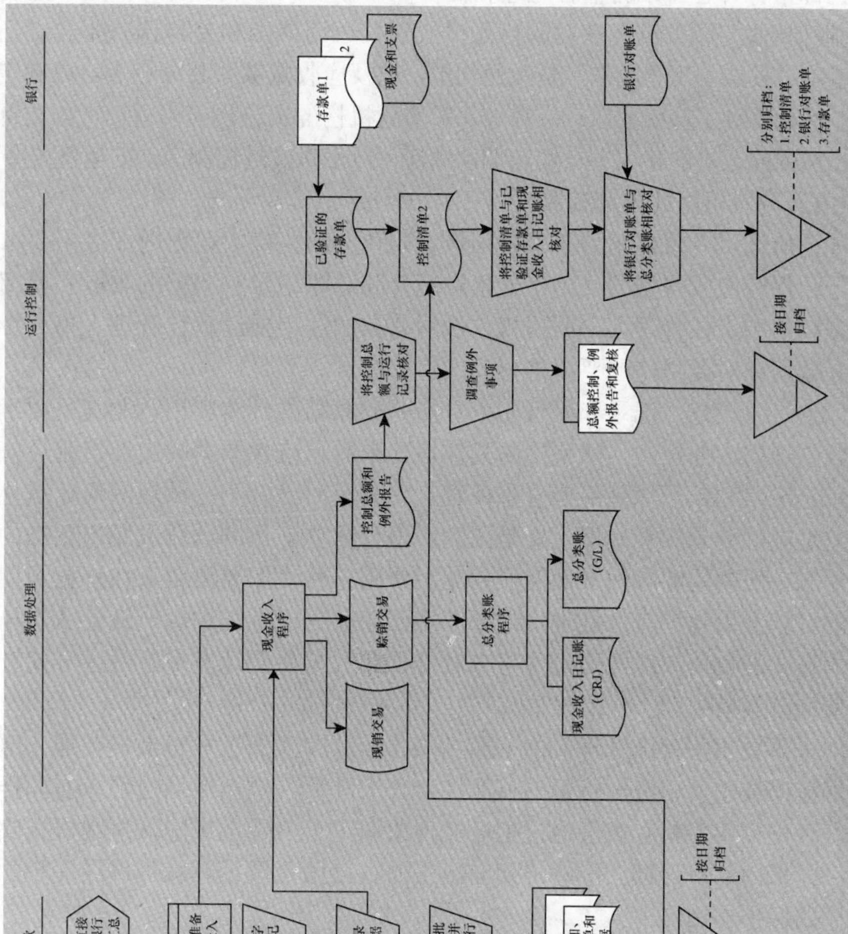
客户
销售
收发室
出纳员
应收账款
数据处理
运行控制
银行
开始
现金
销售收据
客户支票
汇款通知
填写销售收据
销售收据1
2
现金
填写控制清单
客户支票
汇款通知
控制清单1
2
完整填写银行存款日记账
去银行
汇款通知
控制清单1
客户已直接汇款到银行的汇款汇总
编辑和准备数据录入
按数字序号记账
分批录入数据
计算各批合计数并记入运行记录
汇款通知、控制清单和销售收据
按日期归档
现金收入程序
现销交易
赊销交易
控制总额和例外报告
总分类账程序
现金收入日记账(CRJ)
总分类账(G/L)
将控制总额与运行记录核对
调查例外事项
总额控制、例外报告和复核
按日期归档
已验证的存款单
控制清单2
将控制清单与已验证存款单和现金收入日记账相核对
将银行对账单与总分类账相核对
分别归档：
1.控制清单
2.银行对账单
3.存款单
存款单1
2
现金和支票
银行对账单

图9—1　赊销流程图

内部审计师也可以为监控程序作出贡献。作为审计活动的一部分，他们可能定期通过邮件接收与顾客进行核对的对账单或者发送询证函和差异调查报告，还要全面复核运输单、发票、现金收据、贷项通知单，以及应收账款账龄分析表，以确定先前规定的控制活动得到了持续的执行。另外，对监管机构的报告也应当适当考虑内部控制，以便提出加强或改进的建议。这些定期评估还可以用来改进控制活动的运营效率。

（五）应收票据的内部控制

如前所述，有效控制的基本特征包含职责分离。应收票据内部控制要求的职责分离如下：保管应收票据的员工不能接触现金和总账记录；票据的收取和展期应当由保管票据以外的责任管理人书面授权；违约票据的注销要经责任管理人书面授权，并且采取有效程序对此类违约票据进行后续追踪。

以上是对授权、记录和保管职责分离一般原则的具体应用，尤其适用于货币资金和应收款项的内部控制。从我国的具体情况来看，应收票据的内部控制还应当包括对商业承兑汇票和银行承兑汇票分别保管，尤其是对已背书、贴现的商业承兑汇票与商业承兑汇票的分开保管制度。这是因为，银行承兑汇票的承兑人是出票据的银行，在会计期末一般都能够收回；而商业承兑汇票则不然，如果出票人在票据到期时无力偿还货款，就会由客户自己处理，如果汇票已经背书或者是贴现，就会从客户的或有负债转为正式的负债。就此而论，将二者分别保管是在会计期末有效区分或有负债与真实负债的有效措施。

如果需要相关责任管理人的书面批准才能从顾客那里取得票据，那么通过编制虚假票据掩饰盗用货币资金行为的可能性会大大降低。票据展期也要求有同样的检查和批准，否则作案者就有机会通过把已兑现票据记录为展期来隐藏兑现票据收到的货币资金。如果内部审计部门能够定期向出票人直接函证票据，就可以进一步加强票据批准程序的保护作用。

有时舞弊者会对收回的部分票据款不做记录，以此来掩盖其抽取货币资金的行为。为了对分期收回票据款的记录进行有效的控制，管理当局应要求会计系统记录付款的日期和金额以及新的未付余额，并保管维护这些记录。已经作为坏账注销的票据应当由会计机构继续关注、控制，这是因为债务人偶尔也会试图通过偿还以前的未支付的票据来重新树立信用。因此，对所有关于分期收款票据、已注销票据和对有争议票据的调整的贷项通知单或日记账凭单都应经过适当的管理人授权并通过编号控制进行保存。

要实现对有抵押品或信托契约作为担保的票据的充分控制，除了未付利息和贷款本金外，还要有对滞纳财产税和保险费采取即时行动的跟踪控制程序。

许多公司通过编制月度报告汇总当月的应收票据交易以及报告期末持有票据的明细账，以加强应收票据内部控制。这些报告的设计极为关注过期票据，并且要求到期票据的展期要预先审批。另外，应收票据月度报告通常列明当月收回的数额、新收到的票据、贴现票据以及赚取的利息。负责报告票据交易的员工应当由票据保管人以外的员工担任。

（六）应收款项和营业收入的审计档案

除了编制应收款项和营业收入的导引表，注册会计师还要获取或编制以下工作底稿：（1）应收账款账龄分析表（一般由计算机打印出来）；（2）应收票据及其利息分析表；（3）应收账款的坏账准备分析表；（4）按月度、产品或地区进行的销售收入比较分析，或预计收入与实际收入的比较分析；（5）内部控制文件；（6）风险分析和审计方案。

第二节 应收款项与营业收入审计

一、应收款项与营业收入的审计工作模式

以下是应收款项和营业收入审计的一般审计工作模式。对于一项具体的审计业务而言，要以被审计单位实施的内部控制的性质和注册会计师风险评估的结果为指导，选择最合适的审计程序。

1. 了解被审计单位及其环境，考虑与应收款项和营业收入相关的固有风险，包括舞弊风险。

2. 了解应收款项和营业收入的内部控制。

3. 评估重大错报风险并且设计进一步审计程序。

4. 执行进一步审计程序——控制测试。

（1）控制测试举例：a. 检查销售交易样本的所有重大方面；b. 将运输单据样本与相关的销售发票进行核对；c. 复核贷项通知单的使用和授权；d. 将选中的收款机磁带和销售发票与记账凭证和销售日记账进行核对；e. 测试IT应用控制；f. 检查证明营业收入估计已经复核和审批的证据。

（2）必要时，根据控制测试的结果修正重大错报风险。

5. 执行进一步审计程序——应收账款与营业收入的实质性测试。（1）获取应收账款的账龄分析表，并与明细分类账进行核对；（2）获取应收票据及其利息分析表；（3）检查持有的票据并向持票人函证未持有的票据；（4）向债务人函证应收款项；（5）复核销售业务的年末截止；（6）执行应收账款、应收票据和营业收入的分析性程序；（7）复核重大年末销售合同，注意异常条款；（8）评估被审计单位对应收款项和营业收入的会计方法的恰当性；（9）评价与营业收入确认相关会计估计的正确性；（10）确定被审计单位坏账准备计提的充分性；（11）确定是否有应收款项已做抵押；（12）审查所有关联方交易以及来自关联方的应收款项；（13）评价重大和异常销售业务的商业目的；（14）评价应收款项和营业收入在财务报表中的列报与披露是否合规、合理。

表9—7说明了应收款项和营业收入的主要实质性程序与其主要审计目标的关系。

表9—7　应收款项与营业收入主要实质性测试的审计目标

实质性测试	主要审计目标
获取应收款项账龄表，并与分类账核对 获取应收票据及其利息分析表。	计价和准确性
检查持有的票据并函证未持有的票据	存在、发生和权利
向债务人函证应收款项	存在、发生和权利、计价和准确性
复核销售业务的年末截止	存在、发生和权利、完整性、截止
执行分析性程序 复核年末重大销售合同	存在、发生和权利、完整性、计价和准确性
验证赚取的应收票据利息收入	存在、发生和权利、完整性
评价被审计单位对相关交易会计处理方法的恰当性 评价与收入确认相关的会计估计	计价和准确性

续前表

实质性测试	主要审计目标
确定坏账准备计提的准确性	计价
确定是否存在已作为抵押的应收账款 审查来自关联方的应收款项	列报与披露
评价重大和异常销售业务的商业目的	计价和准确性、列报与披露
评价财务报表列报与披露	列报与披露

对注册会计师而言，详细了解被审计单位的经营状况及其行业状况是非常重要的。对于应收款项和营业收入，应了解如下事项：销售产品或提供服务的类型；顾客的层次和类别；业务是否受季节或周期性影响；被审计单位及其行业的典型市场策略；关于定价、销售退回、销售折扣、信用范围以及常用的发货与支付条款的政策；基于记录收入的补偿安排；行业内典型的会计确认原则及其应用方法。

了解这些事项有助于注册会计师确保有效地实施应收款项和收入审计程序。

例 9—1

以数据展示银广夏案例的特殊情况及其具体内容。

银广夏案件触目惊心，其盈利神话让很多中小投资者上当。1999 年，其净利润增长 40%以上；2000 年更是翻番；2001 年年初，银广夏公布与德国某公司签订巨额合同，按此合同，银广夏的净利润将再翻一番。但纸是包不住火的，银广夏财务报表中的相关数据能够将银广夏会计造假的基本情况揭示出来，见表 9—8。

表 9—8 银广夏财务绝对指标表 单位：万元

年份	资产总额	净利润	经营现金净流量	净利润——经营现金净流量	调整后的经营现金净流量	净利润——调整后经营现金净流量	应收账款	存货	总股数（万股）
1998	160 398	8 915	−2 079	10 994	−1 693	10 608	31 692	44 561	22 020
1999	242 990	12 779	−558	13 337	−437	13 216	34 848	40 311	25 263
2000	315 130	41 765	12 410	29 355	12 530	29 235	54 419	40 192	50 526
2001	139 056	−39 444	13 468	−52 912	13 468	−52 912	5 396	10 069	50 526

说明：下划线标出的是违规被发现当年的数据。

银广夏造假的 1999 年和 2000 年，伴随其净利润的上涨，其应收账款也相应上涨。银广夏的造假是通过虚增收入，在无法收到现金的情况下增加了应收账款，尤其在 2000 年应收账款大幅增加；在违规行为被发现后净利润数额急剧回落，与此同时应收账款回落为 1998 年的 17%，存货回落为 23%，两者合计 8 亿元的资产被“蒸发”掉了。从这个指标来看，可以合理地怀疑银广夏的造假从 1998 年之前就已经开始了。

二、应收款项与营业收入审计的具体内容

（一）了解被审计单位及其环境，考虑应收款项和营业收入相关的固有风险，包括舞弊风险

注册会计师利用对被审计单位环境的了解来评估关于应收款项和营业收入相关的固有风险。注册会计师面临许多潜在的与应收款项和营业收入相关的固有风险，其中大多数来自管理层面临的经营风险，比如：由于经济形势下滑、产品过时、竞争的加

剧、对产品或服务需求的转变等导致的销售下滑；无法收回应收款项；不恰当的收入确认；法律法规对销售的限制。

潜在的舞弊也会产生重大错报风险。不恰当的收入确认一直都是涉嫌虚假财务报告的管理层最常采用的办法。因此，对注册会计师而言，应收款项和营业收入是有重大风险的审计领域。这种情况如此常见以至于职业准则规定注册会计师一般要预先假定存在有关收入确认舞弊的重大错报风险。

注册会计师识别关于应收款项和营业收入的舞弊风险时，首先要确保了解管理层建立的风险控制措施；其次要确定这些控制已得到执行；最后注册会计师还要设计应对风险的措施。注册会计师可以选择以下措施中的一项或多项应对风险：

1. 对审计工作开展有总体影响的应对措施。例如，注册会计师可以指派在被审计单位所在行业有丰富经验的员工，去评估其收入确认使用的会计原则。

2. 涉及审计程序设计的应对措施。例如，注册会计师可能要求被审计单位在期末而不是期中执行对应收账款的函证。

3. 涉及执行进一步评估因管理层凌驾于内部控制而导致的重大错报风险的审计程序的应对措施。例如，注册会计师要仔细评估他们遇到的任何非正常的和重大的销售交易的商业目的。他们还要评估坏账准备金的计提以发现存在管理层偏差的证据。

（二）了解应收款项和营业收入的内部控制

注册会计师了解应收款项和营业收入的内部控制可以从描述内部控制开始，可以采用文字叙述、流程图和调查问卷三种方法中的任意一种。营业收入和应收款项内部控制调查问卷一般包括以下典型问题：顾客订单是否由销售部门最早处理和复核？销售发票是否预先编号并且连续编号？是否所有的销售业务在商品发出前都经过信用部门的核准？收入的估计是否由胜任的员工采用恰当的方法做出？

完成内部控制的描述之后，注册会计师要确定被审计单位是否真正执行了这些政策和程序。注册会计师证实了他们对收入循环的了解之后，要观察是否存在恰当的职责分离，并且询问在整个会计年度中由哪些人员来完成各种职能。他们还将审核收入预算及其差异的后续控制；对销售收入循环执行穿行测试；检查各种凭证，如提货单、销售发票、顾客对账单等；检查凭证档案以确定被审计单位对预先编号的凭证都进行了恰当的会计处理。表 9—9 说明了这些凭证及营业收入循环中的主要账户。

表 9—9　　潜在错报——营业收入

错报描述	举例	内部控制缺陷或增加错报风险的因素
记录未赚得的收入。	舞弊： 在未收到客户订单或未发运货物的情况下记录虚假的销售业务。 故意多发运货物。 错误： 根据收取的客户订购单而不是根据发货单进行销售记录。 销售业务的开票记录不准确。 把一项负债的货币资金收入（如收到客户预付款）记为销售收入。	无效的董事会、审计委员会或内部审计职能；“高层基调”不利于道德行为；实现销售目标的过度压力。 无效的开票程序，开票没有与发运信息相联系。 无效的发票测试控制程序，或缺乏确保数据准确性的输入验证检查和计算机核对程序。 不健全的会计指南；不胜任的会计人员。

续前表

错报描述	举例	内部控制缺陷或增加错报风险的因素
期初（期末）收入确认——截止问题。	舞弊： 不正确截止销售日记账，把下年的销售收入记录为当年发生的销售业务。 错误： 因为错误的发运信息导致销售交易的记录期间发生错误。	无效的董事会、审计委员会或内部审计职能；“高层基调”不利于道德行为；实现销售目标的过度压力。 运输部门无效的截止程序。
当存在重大不确定性时，记录了销售收入。	舞弊： 当顾客很可能会退货时，记录了销售。 错误： 当顾客是否付款取决于是否收到融资或是否把货物销售给第三方时（如寄销销售），记录销售收入。	无效的董事会、审计委员会或内部审计职能；“高层基调”不利于道德行为；实现销售目标的过度压力。 管理层对财务报告的态度很激进；不能胜任的会计主管。
高估赚取的收入金额。	舞弊： 建筑公司使用完工百分比法进行收入确认，错报了项目的完工百分比。 建筑公司使用完工百分比法进行收入确认时，高估了工程项目的完工百分比。	无效的董事会、审计委员会或内部审计职能；“高层基调”不利于道德行为；实现销售目标的过度压力。 管理层对财务报表的态度很激进；不能胜任的会计主管。

例9—2

注册会计师在对某上市公司进行年终财务报表审计时，发现该公司的应收账款数额较大，而高端的新产品等则处于滞销的状态。公司的管理层认为，本公司的产品种类较为丰富，销售情况及其结果也会有较大的不同。经了解被审计单位及其环境，注册会计师得知该公司产品销售与同行业其他企业的情况相比存在较大的差异；再对公司的管理方式进行深入了解后得知，该公司的产品完全采用赊销方式，对销售人员的薪酬按照销售货物金额的百分比计提。进而，经审计并经管理咨询后，注册会计师认为是公司的薪酬政策存在问题。

要求：针对上述情况，对被审计单位的实际情况进行深入分析并在可能的情况下提出管理建议。

回答：注册会计师对公司高管层进行了如下的分析：

第一，公司的销售现状是：不同档次产品，折扣高的更好销售，而折扣低的容易滞销；因此，价格高的产品虽能获得高利润，但是销售不畅。

第二，如果对销售回款的条件从严或放松，会导致销售不同货物产生不同结果；所以，销售数量大的产品经常形成坏账，以至于影响公司的财务成果。

面对这种情况，注册会计师认为并建议，改变对销售人员的薪酬确定与支付方式，进而销售状况可能会由于销售人员更加努力工作而得到改变。于是，该公司的管理层经认真讨论后，将原有的按照销售数额计算、发放销售人员薪酬的方式改为按照销售产品的毛利额计算，在销售款项收回后再予支付的计算与支付方式。此方式执行以后，上述两种情况在公司管理层和销售人员的努力下，被较好地纠正了过来。

（三）评估重大错报风险并且设计进一步审计程序

考虑包括固有风险在内的被审计单位及其环境的信息之后，注册会计师要评估与应收账款和营业收入相关的认定层次的重大错报风险。评估时，注册会计师要考虑具体错报与内部控制的联系。表 9—10 举例说明了潜在的收入错报与可能导致错报发生的内部控制的薄弱环节。

表 9—10 与认定相关的控制

控制	典型控制测试	存在或发生	完整性	截止	权利或义务	计价和准确性	列报与披露
销售和应收款项收回的职责分离。	观察和询问各种职能的执行情况。	√	√		√	√	
将销售发票与运输单据、订购单和销售通知单匹配。	选择发票样本，并且与运输单据、订购单和销售通知单详细核对。	√		√	√	√	
第二人复核销售发票填写的准确性。	选择销售业务样本，检查是否存在经过第二人审核的证据。					√	
在货物发运之前获取销售信用核准。	询问信用政策；选择销售样本并认真审查，以取得信用核准的证据。	√				√	
每月向顾客邮寄对账单并且对报告的错误采取后续措施。	观察和询问对账单邮寄情况并且复核采取后续措施的证据。	√	√		√	√	
每月编制银行（金融机构）账户调节表。	复核本年度编制的银行余额调节表样本。	√			√	√	
使用控制清单控制现金收回。	观察、询问控制执行过程，并且将选中的清单与银行记录和会计记录进行核对。	√	√		√	√	
利用预算，并分析其与实际金额的差异。	检查预算及对差异采取后续措施的证据。	√	√		√	√	
使用预先编号的运输单据和发票，并已进行会计处理。	观察并询问预先编号凭证的使用情况，并检查会计处理的有关证据。		√	√			
使用贷项通知单审批销售和应收款项的调整项目。	选择顾客账户贷项记录单样本，检查贷项通知单和其他支持性凭证。		√			√	
使用会计科目表并且独立地复核账户分类。	检查会计科目表及已对账户分类进行复核的证据。						√

注册会计师基于评估的重大错报风险水平（固有风险和控制风险）来设计进一步审计程序，包括控制测试和实质性程序。如果注册会计师根据对控制风险的评估推测控制得到了有效执行，但是通过对内部控制的了解，注册会计师没有获取足够的证据证明控制运行的有效性，此时，进一步审计程序应当包括控制测试。

某些注册会计师识别的风险被认为是“重大风险”，需要特别的审计应对。例如，如果被审计单位执行复杂的销售合同，可能存在销售收入的重大错报风险，这个风险需要专门的审计测试。此时，注册会计师可以决定向被审计单位的顾客核实相关合同条款。以下内容很重要，即对于任何重大风险，注册会计师：（1）应当评估相关控制的设计并且确定控制得到执行；（2）不能仅仅依靠分析性程序来应对风险；（3）不能依赖以前期间获取的关于相关控制运行有效性的证据。

（四）执行进一步审计程序——控制测试

以测试控制有效性为目的的测试程序有助于评价被审计单位内部控制和确定注册会计师计划的控制风险水平是否能够得到支持。注册会计师在了解被审计单位内部控制的同时会执行一些控制测试。这些在前面的讨论中已经讲述。

1. 应收款项和营业收入的控制测试举例说明。即在进行销售和应收款项的控制测试时，应进行以下几方面的工作。

（1）检查销售交易样本的所有重大方面。为了确定流程图中所描述的内部控制在日常经营中被有效执行，审计人员要检查销售交易样本的重要方面。样本的规模及其所包含的交易应当由统计或非统计抽样技术决定。注册会计师经常使用通用的计算机审计软件选取待测试的交易。

在制造企业中，审查样本中供测试的销售业务的审计程序，首先就是核对顾客订购单、顾客销售通知单和销售发票副本。将这三种凭证中各项目的品种、规格和数量进行比较，并追踪到相关的运输单据副本。销售通知单上必须有信用经理对其客户信用状况核准的签名。

样本中每张发票的延伸计算金额和小计都要验证。另外，每张发票的日期应当同其他两个日期比较：（1）相关运输单据上的日期；（2）应收账款明细分类账的记账日期。

稳定的价格和销售折扣政策是对销售交易进行有效内部控制的必要因素。在与管理层讨论这些政策之后，注册会计师通过比较被选中的发票与公司核定的价目表、商品目录或与客户签订的合同，来证实发票中的价格和销售折扣。在验证样本中每一张发票的准确性之后，注册会计师由发票追踪至记账凭证、销售日记账和应收账款明细分类账的过账记录。

当测试销售业务时，注册会计师应当警惕将寄销发货记录为销售业务的情况。一些公司的寄销业务只占其销售额的一小部分，它们不区分寄销与常规销售。有时应收账款明细账户借方金额很大而贷方金额却很小，这种情况告诉注册会计师，货物可能已经按照寄销方式发运，而货款只有当代销方售出商品后才能收回。在明细分类账或销售发票副本中，有时会发现“寄销发运”或“待批准”字样。此外，大量的货物退回也可能暗示出寄销发货。

注册会计师还应调查对关联方销售的控制。对分公司之间或分支机构之间的商品流通的有效控制，通常需要和对外销售相同的开票、运输和收款职能的正式程序。因此，这些货物的转移通常也有发票并记录为销售。然而，当把几个组织单位的经营进行汇总并且编制一张汇总利润表时，应当将内部销售从总销售额中抵销。在对拥有子公司和分支机构的被审计单位的审计中，注册会计师应当调查记录公司各单位之间的货物转移的程序。

（2）将运输单据样本与相关的销售发票进行核对。前述审计步骤要求检查选取的销售业务，并将销售发票与销售记录和运输单进行对比，但是这个程序无法发现已经发出货物但是没开具发票的订单。要确保所有的发货都已开票，注册会计师可以获取年内签发的运输单据样本并且将其与销售发票进行比较。在这项测试中，注册会计师要特别关注所有运输单据是否均连续编号。任何作废的运输单据应当加“已作废”标记并归档保存。如果不进行这类测试的话，在开具销售发票前有意或无意地销毁运输单据的行为就可能无法察觉。

（3）复核贷项通知单的使用和授权。所有因商品退回或商品残次而给予顾客的折让都应当有连续编号的贷项通知单予以支持，贷项通知单应当由一名不负责掌管现金或保管客户分类账的管理或责任人签字。对于因商品退回而发生的贷项，良好的内部控制通常要求在确定贷方记录之前先验收和检查商品。贷项通知单应注明日期和有关销售退回的运输单据及验收报告的编号。

除了确定贷项通知单经过恰当授权外，注册会计师还应当测试那些与销售发票有类似职能的凭证，验证其价格、延伸计算金额与小计，从销售退回日记账或其他会计记录追踪至应收账款分类账下的客户明细分类账，验证过账记录。

（4）将选中的收款机磁带和销售发票与销售日记账进行核对。审计涉及大量现金业务的被审计单位时，注册会计师可以将选中的现金销售日记账的每日合计数与收款机或磁带读数进行对比。在所选期间内使用的所有销售发票都应连续编号，还要检查每张发票的计算准确性并追踪至销售总账或日记账。

（5）测试 IT 应用控制。如果被审计单位为销售业务建立了有效的 IT 应用控制，注册会计师可以直接测试这些控制，而无须对具体的销售业务样本进行审计测试。应用控制测试包括检查运营控制组的销售业务分批控制总数调节表，以及异常报告上列示的所有交易的后续控制。注册会计师还可以观察输入销售业务时的输入验证有效性的应用，甚至可以输入测试数据以获取应用控制执行情况的额外证据。

（6）检查证明收入估计已经复核和审批的证据。当被审计单位使用需要对重大收入金额进行估计的会计原则时，注册会计师要检查对收入估计进行复查与核准的证据。

2. 必要时，根据控制测试的结果修正重大错报风险。当注册会计师全部执行完前面章节描述的程序之后，他们应当对财务报表中每个关于应收款项和营业收入的认定的重大错报风险进行评估。评估结果将决定注册会计师是否要修改他们原计划的财务报表层面关于应收款项和营业收入业务认定的实质性程序。下面的例题解释了这些认定、控制及典型的控制测试之间的关系，对那些影响注册会计师对各种认定的重大错报风险的评估进行了介绍。

（五）执行进一步审计程序——应收账款与营业收入的实质性程序

1. 获取应收账款的账龄分析表，并与分类账进行核对。资产负债表日的应收账款账龄分析表，一般由被审计单位的员工编制并提供给注册会计师，通常由计算机打印出来。由被审计单位编制的账龄分析表可以满足多种目的，例如列示顾客账户的账龄、估计可能发生的坏账损失，以及函证控制信息等。在一张工作底稿中汇总如此多的应收账款检查项目，只有在顾客数量有限的情况下才是可行的。如果被审计单位除了购销应收账款还有其他应收账款，那么注册会计师也要获取类似的账户分析表。

当被审计单位员工把应收账款账龄分析表交给注册会计师之后，注册会计师对所列信息进行独立核查是非常必要的。确定测试的范围需要确保应收款项控制的充分性。注册会计师应当测试合计、交叉总计和账龄。账龄测试，不仅要重点测试过期账户，未到期账户的测试也非常重要。对选取的账户要追查至顾客明细分类账。还要将被审计单位员工编制的明细表合计数与相关控制账户相联系。另外，对于明细分类账余额，应当通过抽测借方和贷方合计数来验证。如果被审计单位应收账款是由计算机系统处理，可以使用计算机审计程序来完成测试。

按照我国上市公司会计信息披露的要求，应收账款账龄分析表及其信息披露的一般格式如下。

（1）应收账款的构成（见表9—11）。

表9—11 ××公司应收账款构成表 单位：元

项目	20×5年12月31日			20×4年12月31日		
	金额	占总额比例（%）	坏账准备	金额	占总额比例（%）	坏账准备
单项金额重大（单项超过总额的10%）	45 723 125.51	12.53	1 371 693.77	28 697 404.34	12.83	860 922.13
单项金额不重大，但按信用风险特征组合后该组合的风险较大				—	—	—
其他不重大	319 248 150.42	87.47	19 056 776.45	195 039 943.64	87.17	14 249 214.75
合　计	364 971 275.93	100.00	20 428 470.22	223 737 347.98	100	15 110 136.88

（2）应收账款账龄分析表（见表9—12）。

表9—12 ××公司账龄分析表 单位：元

账龄	20×5年12月31日				20×4年12月31日			
	金额	比例（%）	坏账准备	净值	金额	比例（%）	坏账准备	净值
1年以内	337 903 288.29	92.58	10 137 098.65	327 766 189.64	190 715 879.47	85.24	5 917 368.00	184 798 511.47
1～2年	11 436 791.55	3.13	1 325 434.26	10 111 357.29	22 326 651.77	9.98	4 458 352.32	17 868 299.45
2～3年	8 214 540.77	2.25	3 127 007.23	5 087 533.54	6 028 123.33	2.69	1 808 437.00	4 219 686.33
3年以上	7 416 655.32	2.04	5 838 930.08	1 577 725.24	4 666 693.41	2.09	2 925 979.56	1 740 713.85
合计	364 971 275.93	100	20 428 470.22	344 542 805.71	223 737 347.98	100	15 110 136.88	208 627 211.10

（3）实际核销的应收账款：20×5年度508 479.74元，20×4年度319 844.00元。

(4) 截至20×5年12月31日止，个别全额计提坏账准备的款项金额为5 409 790.67元，其中账龄1～2年201 950.12元，2～3年946 635.71元，3年以上4 261 204.84元。

(5) 位列前五名的应收账款情况：20×5年12月31日金额合计为112 310 126.78元，占应收账款总额的30.77%；20×4年12月31日金额合计为55 243 018.13元，占应收账款总额的24.69% 。具体情况略。

(6) 期末较期初增加63.12%，主要原因是本期销售大幅增加。

(7) 截至20×5年12月31日止，应收账款涉及有追索权的保理业务情况略。

2. 获取应收票据（及其利息）分析表，并与总分类账进行核对。被审计单位员工应当编制支持总分类账户的应收票据分析表，并提供给注册会计师。分析表通常包括出票人名称、出票日期、到期日、金额（和利率）等信息。除了验证被审计单位编制的分析表的准确性，注册会计师还应当选取部分项目并追踪至会计记录和票据本身。

3. 检查持有的票据并向持票人函证未持有的票据。对持有的应收票据的检查应当与对现金和证券的清点同时进行，目的是防止通过用现金替换被挪用的有价证券或以后者替换前者以隐藏短缺的行为。应当同时检查和列示被审计单位持有的所有作为应收票据抵押物的证券。在完成审查和盘点之前，注册会计师应当保持对所有有价证券的完全控制。

被审计单位拥有的应收票据可能在检查期间被他人持有。持票人的书面回函可以作为检查的替代程序，但是不能排除向票据的出具者函证的必要性。向银行、收账代理商、有担保债权人或其他持票人发出的询证函要包括对开票人名称、票据金额、利率和到期日的证实。

印制的票据格式很容易从银行得到，也可以很容易地用商业软件打印出来。被审计单位公司中不道德的管理者和员工可以通过获得银行票据格式并且填入金额、日期、到期日和签名从而伪造一张虚假票据。伪造或虚构票据如此容易，说明注册会计师对应收票据的实物检查，不能像对现金或有价证券的实物检查那样作为一种重要的、结论性的审计程序。

4. 向债务人函证应收款项。函证（即外部函证），是指注册会计师直接从第三方（被询证者）获取书面答复作为审计证据的过程，书面答复可以采用纸质、电子或其他介质等形式。在验证应收账款和应收票据时，与债务人直接沟通是最本质也是最有决定性的步骤。注册会计师通过获得债务人关于债务情况的书面回复收集的审计证据，不仅有助于确定资产的存在和资产总价值，而且可以在一定程度上保证在资产负债表日不存在对被审计单位持有的应收账款数额的挪用或篡改行为。但是，应收款项的函证几乎不能提供完整性和计价认定的证据，因为只能函证出已记录的金额，并且债务人即使无法偿还债务也会确认该项债务。

简要回顾一下审计史，我们能够更好地理解为什么要重视对应收款项的函证。20世纪40年代晚期，审计目标和审计程序发生了巨大改变。在此之前，审计程序通常不包括验证应收账款是对实际存在的公司的真实债权，也无须验证存货是真实存在的并且盘点无误。当时人们认为注册会计师函证应收账款（或进行存货监盘）的成本太高而且也不是特别重要。早期的注册会计师一般会信赖管理层发表的关于应收账款真实性和存货确实存在的声明。直到一些涉及几百万美元的虚假应收账款和存货的重大舞弊案件发生之后，人们才认识到需要更强有力的审计证据，从此审计方法发生了巨大改变。

我国注册会计师审计准则要求：注册会计师应当对应收账款实施函证程序，除非有充分证据表明应收账款对财务报表不重要，或函证很可能无效。如果认为函证很可能无效，注册会计师应当实施替代审计程序，获取相关、可靠的审计证据。如果不对应收账款进行函证，注册会计师应当在审计工作底稿中说明理由。国际上对此的要求是一致的。比如，美国审计准则也要求，注册会计师应当进行应收账款函证，除非存在以下情况：(1) 应收账款不重大；(2) 函证程序无效；(3) 注册会计师评估认为重大错报风险水平较低，并且注册会计师计划能够通过实施其他实质性程序获取足够和恰当的审计证据。该要求与国际审计准则的区别在于，它承认函证是一个审计程序，但不要求在任何情况下都要进行函证。

函证程序可以通过纸质方式、电子方式或其他媒介来实施。图 9—2 列示了应收账款函证程序步骤，不管使用硬拷贝还是电子方式实施都适用。到目前为止，以纸质形式发送询证函并且以纸质形式收回函证，还是注册会计师最常用的方法，这种来自外部的审计证据提供了非常相关和可靠的证据。然而，无论是采用硬拷贝方式还是电子方式，都存在各种各样的风险，包括：(1) 信息可能被发送到错误的地址并且被未经授权的人员签收。例如，如果提供给会计师事务所的甲公司地址不正确，那么能够通过控制这个地址而收到询证函的人员可能会故意错误地回函。(2) 邮寄地址正确的询证函遭遇不当干预。例如，会计师事务所把询证函放在一个不安全的邮袋里（或者通过一个不安全的渠道传输电子文件），使得一个未经授权的人员介入并且回复。(3) 信息虽然被恰当地交付给债务人公司，但是可能被不合适的人员回复。比如，ABC 公司采购部门的一名员工，不具备关于到期余额的知识，但是很想与供货商维持良好的关系，这时他可能没有加以例外事项就简单地签署了询证函。

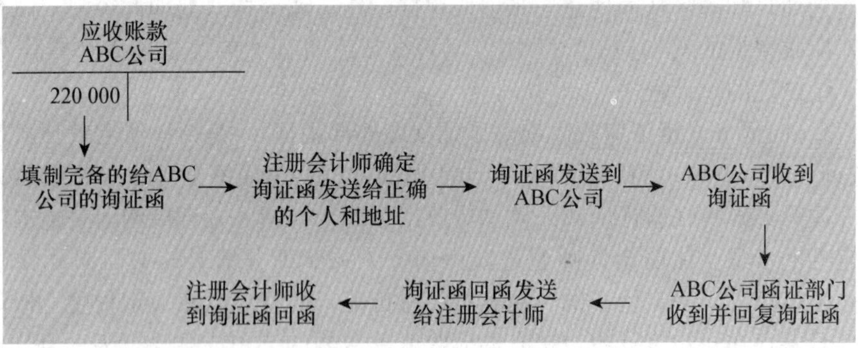

图 9—2　应收账款函证程序

为了控制以上风险，询证函填制完成之后，注册会计师要确定它们被直接发送给恰当的第三方和正确的地址。通常，最好是由顾客应付账款部门的员工来回复询证函，通过互联网或从客户处可以获得的信息（比如，顾客订购单）可以验证地址是否正确。然而，简单地使用被审计单位单独提供的地址信息不能揭露员工伪造虚假应收账款以及相关凭证的舞弊情况。当利用纸质询证函时，注册会计师应当彻底调查任何可疑的情况，例如，个人债务人非常多，并且其地址都是邮政信箱，而这些信箱可能已经被被审计单位公司参与应收账款舞弊的员工以虚构的债务人的名义租用了。通过电子邮箱发送的电子询证函也给注册会计师带来了同样的挑战，即这种方式也要确保电子邮箱地址正确，因此，注册会计师有时需要和预期回复人电话联系，以确认电子邮箱地址正确。

当使用纸质询证函时，所有应收票据和应收账款的询证函都应当装入信封寄出，并且在信封上注明会计师事务所的回函地址；还要装入一个邮资已付的或商业回函信封，写明邮寄地址为注册会计师办公室。询证函应当由注册会计师本人亲自在邮局邮寄或投入政府邮箱。设计这些程序是为了防止被审计单位员工有机会改变或介入询证函或顾客的回复。如果询证函或来自顾客的回复经过被审计单位员工之手，那么应收账款函证的整个过程都有可能被操纵。被邮局退回的询证函对注册会计师来说也是很重要的，因此应当直接退回到注册会计师办公室。

注册会计师还可以采用各种电子方式来函证余额。例如，注册会计师使用有被审计单位签名的凭证扫描复印件通过电子邮箱传送询证函。当使用电子邮箱的时候，注册会计师应当维持对电子询证函及回函的控制。前面已经说过，注册会计师通常要验证管理层提供的电子邮箱地址的准确性。当收到回函时，注册会计师要验证此电子信息的准确性。例如，可以使用加密措施或电子签名进行来源验证。

如本书前面所述，电子函证的回复人或受信任的第三方还可以允许经被审计单位授权的注册会计师登录一个包含待函证信息的安全网页。因为网址和登录信息都是直接来自函证方或受信任的第三方服务商，所以注册会计师可以认为信息已经得到第三方证实。但是如果只能从被审计单位那里获取登录密码，就不能认为其信息已得到第三方证实，因为存在网页和账号被被审计单位操纵的风险。

为了提高询证函的回复率，注册会计师要精心设计询证函以保证收到询证函的人员能够容易地得到函证信息。例如，对现金支出采用付款凭单制度的顾客可以更好地证实单笔未付款的交易，而不是应收账款总余额。注册会计师也应当尽量将交易细节包括在询证函里，例如顾客订购单编号。

在有些审计案例中，函证程序可能包含获取口头回复，通常注册会计师直接给回复者打电话。口头回复不符合外部举证的定义，后者要求获得书面回复。当注册会计师认为有必要获取书面回复时，他们应当要求对方口头回复的同时还要直接进行书面回复。如果无法获取书面回复，并且任何替代程序都无法提供充足和恰当的证据，注册会计师应当确定这对审计过程和审计报告的影响（如涉及审计范围受到限制，如果认为重大，可能导致出具保留意见或者无法表示意见的审计报告）。如果注册会计师最终认为无法获得书面回复，他们应当在工作底稿上恰当记录口头回复的内容，例如，对回复人员身份确认的细节以及谈话的日期和时间。当依赖口头回复时，注册会计师可以实施额外的预防性程序，比如使用独立获取的电话号码给回复者拨电话。

当收到传真回函时，注册会计师要特别小心。因为传真机程序有可能发出错误的发送号和名称，从而误导收件人关于文件来源的信息。例如，不诚实的员工可能发送虚构的、但看上去是来自债务人办公室的传真回函。该风险可以通过以下方法在一定程度上得到控制，比如使用可以验证电话号码的传真机（不同于简单地打印出合法的电话号码）接受回函，或者要求所谓的传送者保证注册会计师收到的函证是有效的。

（1）积极式函证与消极式函证。有两种与债务人直接沟通来函证应收账款的方法：积极式函证和消极式函证。在每种沟通方法中，尽管注册会计师控制整个函证过程，但是要由被审计单位来发出正式的询证函。

积极式函证是指要求被询证者直接向注册会计师回复，表明是否同意询证函所列示的信息，或填列所要求的信息的一种询证方式。正式方式，如图 9—3 所示，包括一个邮寄给债务人的请求书，并且要求给予回复。大多数积极式函证要求债务人直接向注册会计师证实询证函上显示的金额的准确性。其他格式的积极式函证，被称为“空白格式”，这种询证函上不列示金额，而是要求债务人填写债务余额。

企业询证函（积极式）

编号：100168

北京求实有限责任公司：

本单位聘请的诚信理想会计师事务所正在对本单位20×6 年度财务报表进行审计，按照中国注册会计师执业准则的要求，应当询证本单位与贵单位的往来账项等事项。下列数据出自本单位账簿记录，如与贵单位记录相符，请在本函下端“信息证明无误”处签章证明；如有不符，请在“信息不符”处列明不符金额。

回函请直接寄至诚信理想会计师事务所陈诚信注册会计师。

通信地址：北京市海淀区中关村大街 168 号

邮编：100086　　电话：010－82426866　　传真：010－82426867

1. 本单位与贵单位的往来账项列示如下：

截止日期	贵单位欠	欠贵公司	备注
20×6 年		￥968 760.00	

2. 其他事项

本函仅为复核账目之用，并非催款结算。若款项在上述日期之后已经付清，仍请及时核对为盼。

（公司盖章）

上海振兴设备有限责任公司

20×7 年 1 月 20 日

结论：1. 信息证明无误

（公司盖章）

北京求实有限责任公司

20×7 年 2 月 10 日

经办人：刘辛明

2. 信息不符，请列明不符的详细情况

（公司盖章）

年　月　日

经办人：

图 9—3　积极式应收账款询证函（包括顾客回函）

消极式函证是指要求被询证者只有在不同意询证函所列示的信息时才直接向注册会计师回复的一种询证方式。例如，寄一封给债务人公司的信，只有当列示的余额不正确时，才要求债务人回复这封信。消极式函证可以是信件的形式，也可以只是要求被审计单位盖章确认一下与顾客的常规月对账单，见图 9—4。

当使用消极式函证的时候，如果没有收到被询问者的回复，说明是符合要求的证据。但实际上也有可能是被询证者忽略了这个询证函。因为注册会计师不需要追查未回复的原因，所以采用消极式函证的成本要比积极式函证低。因此，使用同样的甚至更低的成本可以联系更多的账户。

企业询证函（消极式）

编号：100188

北京求实有限公司：

本单位聘请的诚信理想会计师事务所正在对本单位20×6年度财务报表进行审计，按照中国注册会计师执业准则的要求，应当询证本单位与贵单位的往来账项等事项。下列数据出自本单位账簿记录，如与贵单位记录相符，则无需回复；如有不符，请直接通知会计师事务所，并请在空白处列明贵公司认为正确的信息。

回函请直接寄至诚信理想会计师事务所陈诚信注册会计师。

通信地址：北京市海淀区中关村大街168号

邮编：100086　　电话：010－82426866　　传真：010－82426867

1. 本单位与贵单位的往来账项列示如下：　　单位：元

截止日期	贵单位欠	欠贵公司	备注
20×6年12月31日		￥968 760.00元	

2. 其他事项

本函仅为复核账目之用，并非催款结算。若款项在上述日期之后已经付清，仍请及时核对为盼。

上海振兴设备有限责任公司
20×7年1月26日

诚信理想会计师事务：

上面的信息不正确，差异如下：

（公司盖章）

年　月　日

经办人：

图9—4　消极式应收账款询证函

积极式函证能够比消极式函证提供更强有力的保证，因为如果没有收到回复，注册会计师会注意实施进一步调查的必要性。然而，当积极式函证要求收件人证实询证函提供信息的准确性的时候，存在的风险就是收件人草草签字并返回，而并没有仔细验证信息。空白格式的询证函需要对方填写信息，因此可以控制这一风险。但是空白询证函的回复率通常较低，因此需要更多的后续程序。

尽管在任何情况下都可以使用积极式函证，但如果审计环境至少具备下列条件之一的，就要单独使用消极式函证：(a) 重大错报风险评估为低水平，而且已经获取了充分恰当的控制运行有效性的证据；(b) 涉及大量余额较小的账户；(c) 预期异常率较低；(d) 注册会计师没有理由认为收件人会忽视询证函。在采用消极式函证时，注册会计师通常还需辅之以其他实质性审计程序。很多时候，注册会计师会将两种函证方式结合使用，积极式函证用于大额账户，消极式函证用于小额账户。

与上述两种形式的函证相关的事项还有未回函和不符事项。未回函，是指被询证者对积极式函证未予回复或回复不完整，或询证函因未被送达而退回。不符事项，则是指被询证者提供的信息与询证函要求确认的信息不一致，或与被审计单位记录的信息不一致。出现这两种情况时，注册会计师需要执行替代审计程序。

（2）样本规模。在大多的审计实务中，应收账款函证程序只限于一组样本。这组样本应足够大，以保证得到关于应收账款总体特征的有效推断。注册会计师通常可以以某种方式对总体进行分层，以便对应收账款余额的大部分进行函证。

如本书前面所讨论的，样本规模因可接受的抽样风险（误拒风险和误受风险）、可容忍错报和总体特征而不同。以前年度函证测试结果也可以作为确定本年样本规模的另一个参考因素，以前年度函证的重大差异表明需要扩大本年度应收账款的函证范围。最后，选择积极式函证还是消极式函证也影响样本规模，当采用消极式询证函时，应当加大样本规模。

按照惯例，选择待函证的账户时，一般要按照分层的要求，确定一个金额，所有超过这个金额的账户都要进行函证。剩下的账户中，再选出一组样本。通用计算机审计程序可用于对计算机处理的应收账款进行分层，以便选择出具有代表性的样本。

（3）管理层拒绝允许注册会计师实施外部函证程序。如果管理层拒绝允许注册会计师实施外部函证程序，注册会计师要询问并且评价其理由，评价其对重大错报风险评估的影响，并且实施能够获取相关可靠的审计证据的替代审计程序。如果注册会计师认为管理层的理由不合理，或者注册会计师无法通过其他审计程序获取相关且可靠的审计证据，注册会计师应当与分管这个事情的负责人进行沟通。注册会计师还要考虑对审计意见的影响，因为这表明审计范围受到限制，因而可能导致出具保留意见或无法表示意见。

（4）顾客回函中的差异。注册会计师应当处理客户回函中的差异。其中大多数差异都是由于记录现金收入或销售业务的正常延迟引起的，或者是因为顾客公司对要求确认的余额的日期的理解错误而造成的。一些回函可能说列示的余额不正确，因为没有记录最近的现金支付；在这种情况下，注册会计师通常要追踪检查回函的付款记录至现金记录。

（5）未获得回函时的替代审计程序。积极式函证预期回复率主要取决于债务人的类型。当使用积极式函证的时候，为了获取回函，注册会计师通常应紧接着发出第二封甚至第三封询证函。如果还无法收到回函，注册会计师应当对该账户采取替代程序，除非存在以下情况：1）如果预计未回函的金额是百分之百错报，它对于应收账款总余额而言是不重大的；2）未回函的应收账款没有什么异常特性。最优替代程序是检查随后的应收账款收现情况。但是，为了确定付款是为了偿还年末之前存在的应收款项，注册会计师还需要检查运输单据和顾客订购单，或者构成这些应收款项的销售业务的销售发票。检查这些销售凭证也是审计在随后的期间里没有回函的应收款项的替代程序。

（6）正确的函证程序。如果依赖函证程序形成应收账款整体公允性的审计意见，那么注册会计师会面临多种风险，包括：一些余额错误的应收账款没有包含在函证样本中的风险；被审计单位人员不恰当介入的风险；没有收到账户余额存在错误的顾客回函的风险；以及顾客只是机械地回复、没有仔细比较双方记录差异的风险，这样的回复会给注册会计师造成一种虚假的安全感。然而，尽管存在以上风险，应收账款函证程序还是提供了有价值的证据，并且成为审计工作的一个重要部分。

（7）复核并确认已作为坏账注销的应收账款。如果当年有大额的应收账款被作为坏账注销了，注册会计师应当确定这些账款的注销是否经过恰当的授权。如果没有恰当的授权程序，不诚实的员工可能只需记录一项应收账款，随后将这项资产注销，即可掩盖其永久性的货币资金盗用行为。

通过获取或编制应收账款坏账准备分析表，就可以很容易地完成对注销的应收账款的系统复核。坏账准备账户的借方记录可以追踪至授权文件以及应收账款注销的控制记录；可以给其中一些顾客邮寄询证函以确定这些应收账款的初始记录是真实的。坏账准备账户的贷方记录应与坏账损失的记录进行核对。注册会计师应当全面调查所有看起来不合理的注销记录。对本公司管理者、股东或董事的应收账款的注销显然是不合理的，注册会计师应保证对其做出最彻底的调查。将当年坏账注销额占销售净额的百分比与坏账费用和坏账准备账户联系起来考虑，可以提醒注册会计师注意任何异常的注销记录。

5. 复核销售业务的年末截止。伪造会计记录的一个很普遍的方法是，将销售日记账的结账延至资产负债表日之后，以虚增本年销售收入。下一年 1 月上旬发出的商品可能被开具日期为 12 月份的销售发票，从而计入 12 月份的销售收入。这种误导性分录是为了粉饰财务报表，使公司的财务状况看上去比实际好。因为销售收入经常被用作计算红利和佣金的基础，所以虚报收入经常发生。一个影响应收账款的做法就是将现金日记账的结账延至资产负债表日之后；检查这些做法的审计程序及现金交易的审计在本书前面的章节讲过。

为了防止销售记录截止错误的错报（无论是有意还是无意），注册会计师应当将资产负债表日前后几天的销售记录与销售发票和运输单据的副本进行核对。该步骤的有效性很大程度上取决于运输、收款以及发票岗位的职责分离程度。如果对仓储、运输、开票、收款很好地进行了独立控制，那么操纵所有这些部门把某期的销售收入伪装成前期的几乎是不可能的。相反，如果一个员工同时控制运输记录和发票单据，那么他就能够同时操纵两方面记录，从而多计本年销售收入。

作为高报财务成果的一种手段，企业有时也会在年末记录虚构的销售收入。因此，注册会计师应当意识到并调查如下事项：(1) 年末对一个或几个顾客的销售收入异常大量增加。这可能意味着是“开票持有交易”，这种交易方式下，开具了发票，但是货物没有发运。根据企业会计准则规定，开票持有交易只有在满足严格的要求时才能确认为销售。(2) 营业收入和应收账款以及销售毛利率同时较大幅度增长，与被审计单位历史数据以及行业平均水平不一致。(3) 企业会计准则的不恰当变化导致收入的增加。(4) 资产负债表日之后大量的销售退回，可能表示在顾客没有下订单的情况下向顾客发货，或者是“填塞分销渠道”，在这种方式下，通过诱惑顾客大量买进货物来使销售收入激增，而这些货物顾客根本无法在短期内销售掉。

6. 执行应收账款、应收票据和营业收入的分析性程序。在审计风险评估阶段，注册会计师审计准则要求注册会计师执行分析性程序以识别潜在的收入重大错报。注册会计师可以通过计算几个比率和关系来反映应收账款、应收票据和营业收入金额的整体合理性。例如：(1) 毛利率（可以按生产线、分店或地区计算）；(2) 上月或上周的销售额占季度或年度总销售额的比率；(3) 与生产能力相关的营业收入；(4) 与营业收入和生产记录相关的已发运商品；(5) 应收账款周转率；(6) 应收账款与本年度内赊销净额的比率；(7) 年度内已注销坏账与应收账款期末余额的比率；(8) 销售退回和折让占营业收入的比率；(9) 坏账费用与赊销收入的比率。这些比率要与以前年度预算、业绩统计或可比的同行业平均水平的相应数据进行比较。

例 9—3

某注册会计师在对某上市公司进行财务报表审计时，对 12 月份的下述会计资料进行了认真的审查。作为审计工作底稿，注册会计师整理、复印了下述资料，见表 9—13、表 9—14 和表 9—15。

表 9—13　　利润表

编制单位：　　20×5 年 12 月　　单位：元

项　目	行次	本月金额	累计金额
一、营业收入		263 692.31	1 252 000.00
减：营业成本		128 420.00	997 082.00
税金及附加		……	……
销售费用		……	……
……		……	……

表 9—14　　现金流量表

编制单位：　　20×5 年 12 月　　单位：元

项　目	行次	本月金额	累计金额
一、经营活动产生的现金流量：			
销售商品、提供劳务收到的现金		104 718.29	979 226.00
收到的税费返还		0	6 388.00
收到其他与经营活动有关的现金		6 332.00	53 881.00
经营活动现金流入小计		111 450.29	1 039 495.00
购买商品、接受劳务支付的现金		……	……
……		……	……

表 9—15　　营业收入日记账

20×5 年		凭证号数	对应科目	摘要	借方金额	贷方金额	方向	余额
月	日							
12	1	银收 118	银行存款			2 999.00	贷	……
12	6	银收 121	银行存款			4 216.80	贷	……
12	8	银收 127	银行存款			7 730.21	贷	……
12	9	银收 131	银行存款			342.90	贷	……
12	12	银收 146	银行存款			1 166.30	贷	……
12	18	现收 69	库存现金			2 654.90	贷	……
12	19	银收 168	银行存款			3 290.16	贷	……
12	29	转账 12	应收账款			8 889.80	贷	……
12	30	银收 176	银行存款			4 436.72	贷	……
12	30	转账 16	应收账款			98 701.80	贷	……
12	30	转账 17	应收账款			61 890.43	贷	……
12	31	银收 183	应收账款			77 883.30	贷	……
12	31	转账 23	应收账款			56 967.20	贷	……
12	31			合计		263 692.31	贷	……

要求：提出注册会计师对上述资料进行的判断及进行的复核分析，直至得出初步

结论。

回答：面对这种情况，注册会计师进行的审计工作应当做出的判断为以下几点：

(1) 进行各账户间数据的复算、验证，以对各账户之间的数据是否登记正确，相关财务报表编制是否正确做出判断。

(2) 实施相关的分析程序，以确定应该从哪个角度入手对公司营业收入，尤其是相关截止是否正确做出判断。

(3) 指出其他需要检查的业务，以防止出现其他方面的差错。

经注册会计师查核，得出的初步结论为以下几点：

(1) 各账户登记准确，报表编制无误。

(2) 初步分析的结果如下：12月份计入应收账款的收入额显著增多，共计226 449.23元，占12月份销售额的86%，全年累计销售收入的18%以上；对比以往年度，此数额属于异常波动。审计组需要对上述销售事项逐笔进行细致测试，主要查核记录为应收账款的销售业务是否能够满足销售的条件，以查明是否存在不正确截止的业务事项。

(3) 现金销售，即"现收69"号凭证登记的内容需要认真检查，以查明是否有违反现金管理条例内容的业务事项。

(4) 从利润表的数据可看到，20×5年12月的营业收入数额较高，占了全年累计营业收入的21%以上；收入成本率为49%，或者说毛利率51%，与全年累计数相差较大，全年的收入成本率为80%，即毛利率为20%；需要进一步查明原因。

(5) 检查20×6年1月份的银行存款账户与营业收入账户和银行存款账户，以切实查明12月份登记为应收账款的销售业务是否符合企业会计准则的要求，以及与此相关的后来的收到款项的业务。

正如本书前文所述，术语"粉饰"指的是在临近资产负债表日为改善财务报告反映的财务状况而采取的行动。大部分粉饰行为是一种合适和恰当的商业行为，比如特别的年末促销以促进销售或努力运出订购的货物。但是，如果上面列示的行为不符合企业会计准则的要求或货币资金管理法规的要求，就会导致财务报告的欺诈性错报。为了防止这种操纵行为，注册会计师应当仔细复核资产负债表日之后发生的所有会影响审计年度内产生的应收账款的重大销售退回。注册会计师还应当考虑利用调整分录反映当年业务中的销售退回。如果应收账款函证是在资产负债表日进行的，注册会计师还应当注意所有大额未授权的商品运输。

7. 复核重大的年末销售合同，注意异常条款。为了提高某一期间的销售收入水平，管理层可能有意在临近年末时修改销售合同的条款。这可能会影响相关应收账款的回收、顾客的退回权利，甚至是销售收入是否满足当期确认的标准。因此，注册会计师应当认真复核重大的年末销售合同，查找异常的价格、发票、发货、退回、费用或承付条款。

8. 测试应收票据估值、利息收入和应收利息计算以及溢折价的摊销。除非一个公司选择使用公允价值记录，否则应收票据都是按其未偿还面值加减未摊销的溢价或折价来计价的。当公司未选择公允价值时，注册会计师可以通过执行对本年度应收票据赚取的利息的独立计算有效地进行计价、利息收入、应收利息及其分摊审计。用来分析应收票据的工作底稿，应当显示每张票据的利率与签发日期。工作底稿的利息部分由四栏组成，分别列示年度内被审计单位拥有的每张应收票据的下列信息：(1) 年初累计应收利息（取自前一年度的审计工作底稿）；(2) 年内已赚得利息（依据票据条款计算得出）；(3) 年内已收到的利息（追踪到现金收款记录）；(4) 年末累计应收利息（注册会计师计算得出）。

这四个项目组成了一个自动平衡体系。累计应收利息的年初余额（第1栏）加上本年度赚取得利息（第2栏），减去收回的利息（第3栏）应当等于累计应收利息的年末余额（第4栏）。这四栏各自的汇总数要进行交叉计算以确保是平衡的；另外，每栏的汇总数应追踪到总分类账的余额。

如果注册会计师计算的年内已赚取利息与被审计单位记录的不符，下一步要分析分类账。应特别注意利息收入账户中无法解释的贷方分录，因为这些贷方分录可能反映那些未记录的票据应收利息。

对于持有大量应收票据的金融机构或其他被审计单位，注册会计师可只对其中一组应收票据样本的计算进行验证。另外，他们应通过使用年内加权平均利息率乘以应收票据分类账年内平均余额，测试当年赚取利息总额的合理性。

9. 评价被审计单位对应收款项和营业收入会计处理方法的恰当性。如前所述，很多财务报表错报的案例都涉及不恰当的营业收入和相关应收款项的确认，经常是提前记录收入或虚构收入。这个审计方案中前面几个步骤通过执行相应的审计程序来应对该风险，例如，考虑销售业务的年末截止是否恰当（第5步），对应收账款、应收票据和收入执行分析性程序（第6步），并且复核重大年末销售合同，注意异常条款（第7步）。在第9步，我们直接验证被审计单位对于应收账款和收入使用的会计方法的恰当性。

应收款项和营业收入可能会因各经营行业间的区别而存在各不同行业的例子，在这样的案例中，注册会计师要深入理解企业会计准则以及被审计单位营业收入业务的形式和实质。注册会计师要仔细检查与交易有关的各种凭证，以确定交易处理遵循了恰当的会计准则。如果他们认为存在合同条款被修改的风险，注册会计师应当向顾客确认合同条款。

10. 评价与收入确认相关的会计估计。注册会计师有责任评价与应收账款和营业收入确认相关的会计估计的合理性，例如，销售退回、用完工百分比法计算的收入以及坏账准备的估计等。注册会计师要通过复核和测试管理层使用的会计估计方法，并通过自身对所审计事项进行独立估计，或者复查后续交易或其他能够提供估计准确性证据的事件，来审计被审计单位的会计估计。由于欺诈性财务报告通常是通过会计估计的故意错报来实现的，因此就要求注册会计师对以前年度的重大会计估计进行回顾性复核，以确定它们是否显示了管理方的偏见。例如，进行建造商审计的注册会计师可以将以前年度已完工项目的费用估计与实际发生的费用相比较。如果这些比较显示出了管理方偏见，那么在审计当前年度的会计估计时，注册会计师要利用这个信息。

11. 确定坏账准备计提的充分性。对大多数组织来说，坏账准备都是一个特别重大的会计估计。因此，我们在此详细解释适用于这个账户的审计程序。上文描述的对会计估计的回顾性分析提供了关于管理层以前年度会计估计质量的整体信息。该信息可能会影响注册会计师审计坏账准备账户的方法，主要包括评估管理层利用会计估计的程序，复核后续交易，以及注册会计师自己的估计方法。

如果注册会计师选择使用评价管理层估计程序的整体方法，他们要同时考虑估计程序的合理性以及相关人员的胜任能力。如果估计程序设计合理并且控制良好，注册会计师可以重点关注控制测试以获取关于坏账准备合理性的大量或全部证据。

因为注册会计师确定应收账款和应收票据可收回性的最佳证据就是，在资产负债表日后债务人全额支付了其所欠款项，因此对后续交易的分析性程序也是一个恰当的整体审计程序。在审计工作底稿中，注册会计师应当记录所有这些账款的收回；在前文所述的购销应收账款账龄分析表中，其中一栏就是为此目的而设计。

注册会计师也可以独立地利用自己的方法估计坏账准备，然后与管理层的估计结果进行比较。注册会计师可以利用下列程序进行会计估计并评价管理层估计的合理性：

（1）将应收账款账龄分析表与以前年度比较。检查在账龄分析表中列示为过期、在资产负债表日之后仍未收回的逾期应收账款，注意付款的金额与最近付款时间、原有余额的处置，以及最近的交易是赊销还是现销等。被审计单位与顾客之间的通信文件可能含有大量此类信息。

（2）调查拖欠账款和金额巨大的顾客的信用等级。当来自一个或几个顾客的应收账款数额占总额的比例较大时，这种调查是非常有效的。财务报表和信用数据能够在被审计单位的信用档案中查到。

（3）复核询证函回函差异，查找有争议的应收账款余额或其他表明应收账款可能无法收回的迹象。

（4）基于上述程序，在工作底稿中归纳那些可回收性存在疑问的应收款项，列明这些可疑客户名称、可疑金额及原因。

（5）与信用主管一起复核重大可疑账户的现状，确定被审计单位采取的收款行动，以及信用主管对账款最终可收回性的意见。在工作底稿中写明信用主管关于所列示的每个账户可收回比例的意见，并且利用这些信息评价具体每一款项的可收回性（如果以前年度审计中也执行了该程序，那么注册会计师在评价信用主管当年答复的合理性时，可以考虑其以前年度答复的正确性）。

（6）计算比率或关系，例如，应收账款的回收天数、坏账准备与应收账款的比例关系、坏账准备与赊销净额的比例关系等。将这些比率与以前年度的可比比率、同行业平均水平进行比较，并调查所有的异常结果。

完成上述程序之后，注册会计师应当确定管理层对坏账准备估计的合理性。此外，还要考虑收到抵偿逾期应收账款的票据。有时被审计单位可能会从顾客那里收到抵偿逾期应收账款的应收票据，因而形成一项附息资产。当发生这种情况时，注册会计师是否不需要再考虑应收账款的可收回性问题？答案是仍然需要考虑，因为票据也同样存在可收回性的问题。首先，接受票据支付而不是现金支付会使人对出票人的财务稳定性产生疑问。如果票据一再展期、分期支付的票据支付延迟或支付不规律、票据已被拖延付款，可知出票公司遭遇财务困难。为了评估应收票据的可收回性，注册会计师要调查出票人的信用状况，被审计单位的信用部门保存的信用评级机构的评级报告以及出票人的财务报表可以满足这一目的。

确定应收票据可收回性的另外一个步骤是对出票人提供的抵押品进行评估。通过参考市场行情或询问经纪公司，注册会计师应当确定被审计单位作为抵押品持有的证券的现行市价。

12. 确定是否有应收款项已做抵押。注册会计师应当直接询问是否有应收账款或应收票据已经被用作抵押，或已经让售。应收账款抵押的证据也可以通过向中介金融机构函证取得，询证函应特别要求说明为银行贷款提供担保的担保品。此外，分析利息费用账户也可以反映出将应收账款抵押给金融机构而产生的费用。

通过对应收账款的编码，可以清楚地识别被抵押的应收账款。在应收账款的初始复核中，注册会计师应对以这种形式标明的应收账款予以识别，并直接与接收抵押的银行联系确认。但是注册会计师不能就此推测，所有被用作抵押的应收账款都已经以编码方式标明了，他们必须警惕所有表明存在未记录应收账款抵押的迹象。

13. 审查所有关联方交易以及来自关联方的应收款项。注册会计师应当特别注意被审计单位与其高管人员、董事、股东或关联公司的交易，因为这些关联方交易不是存在利益冲突的交易双方正常协商的结果。而且，这些交易可能是法律或公司章程禁止的。独立注册会计师对依赖已审计财务报告的相关人员，以及要求充分披露所有重大关联方交易的股东、债权人和其他相关人士负有责任。

要识别关联方交易，注册会计师应当复核：(1) 与证券交易委员会或其他监管机构之间的委托书及其他文件；(2) 公司从其管理层取得的利益冲突声明；(3) 与顾客或供应商进行的含有非常条款的交易；(4) 非常余额或非常交易的会计记录，特别是在临近期末发生的交易。如果发现存在关联方交易，注册会计师应当了解这笔交易，确定交易是否经过董事会或其他恰当管理者的批准，向关联方函证交易条款，评估所有大额应收账款的可收回性，并且评价财务报表附注中对关联方交易细节的披露是否充分。

14. 评价重大和异常销售交易的商业目的。注册会计师要评价他们遇到的任何重大和异常销售交易的商业目的。这样的交易可能预示着财务报告舞弊。

15. 评价应收款项和营业收入在财务报表中的列报与披露。注册会计师应当确定应收账款和应收票据的财务报表列报与相关披露是否遵循了企业会计准则。关联方应收账款应单独列示，并披露被审计单位与关联公司关系的性质和交易金额。应收票据的任何非常条款都应在附注中予以披露。坏账准备的金额应列示为相关应收账款的抵减项目。最后，若应收账款导致的信用风险高度集中，也应当按照企业会计准则和相关披露要求的规定给予披露。

(六) 应收账款和营业收入的期中审计

许多应收账款和营业收入的审计工作可以在资产负债表日之前的一两个月进行。期中审计工作包括对内部控制的考虑，有时还包括应收账款函证。具体要求是，只有当应收账款存在性的重大错报风险较低时，决定在期中而不是期末实施应收账款函证才是合理的。

如果对应收账款和营业收入已经进行了期中审计，就可以考虑修改年末审计工作。例如，如果应收账款函证在10月31日前完成，那么年末审计方案可以包括编制从11月1日至12月31日期间内应收账款总账账户过账记录的汇总分析表，分析表应当列示月度过账记录和日记账来源。这些过账记录将被追踪至相应的日记账，例如销售日记账和货币资金收入日记账。还要将过账金额与前一月份的金额和以前年度相应月份的金额进行比较，其主要目的是要识别在期中审计与资产负债表日之间的期间内应收账款发生的所有重大变化。

除了分析期中审计至年末这段时间应收账款账户记录，年末审计工作还包括：取得 12 月 31 日的应收账款账龄分析表，函证年末试算表中新发生的或已逾期的大额账户，并对销售业务和现金收款业务的年末截止进行常规审查。

第三节 与营业收入相关的税金及附加的审计

我国的增值税和与营业收入相关的其他税收及附加属于企业税收中的流转税。由于流转税都是以企业实际取得的营业收入为税基而计算的，因此将流转税的审计在此处介绍更为合适一些。其他税种及其征收缴纳情况，我们将在流动负债部分介绍。

一、与营业收入相关的税金及附加的审计范围

（一）我国现阶段与营业收入相关的税金及附加

在我国的税收体系中，与营业收入相关的流转税主要是作为价外税的增值税（除非专门说明，否则本章不考虑小规模纳税人的情况），在整体的企业税收中占有最重要的地位。

本章阐述的营业收入，既包括企业存货中产成品销售的主营业务收入，又包括企业存货原材料等销售的其他业务收入；在这些税收中，既包括作为营业收入价外税的企业增值税，又包括作为企业价内税的消费税和资源税，还包括在这几个税种（即本期实际缴纳的增值税额和记录的应交消费税、资源税）基础上附加的城市维护建设税和相关的附加费用，如教育费附加等。

（二）我国现阶段对营业税金的缴纳要求

我国财税部门对企业应缴纳营业税金的管理要求主要是两个方面，即足额和及时。足额是指企业在进行应纳税额的计算时不得发生差错，或者说不能为了少缴税金而减少作为税收基础的营业收入额。及时则与负债的及时偿还相关，意指计算的应交税金额应遵照税法在规定的时间范围内缴纳，不允许有延迟缴税的情况发生。

从审计的角度来看，注册会计师应当从收入审计方面与流转税的计算正确与否紧密相连，保证企业准确地确定税基，使用正确的税率计算流转税及其附加的金额。不仅如此，注册会计师还应当判定企业在正确确定营业收入的同时是否及时确认了相关税收，以及是否在约定的缴纳税收的时点及时缴纳了税款，以保证被审计单位税收缴纳的足额和及时。

（三）“应交税费”账户中营业税金的内容

“应交税费”账户，是我国现阶段会计账户中明细账最多的账户。作为营业税金审计重点内容的增值税就设有应交增值税、未交增值税、预缴增值税、待抵扣进项税额、待认证进项税额、待转销销项税额等明细科目；进一步，在应交增值税二级科目之下，还要再设进项税额、销项税额抵减、已交税金、转出未交增值税、减免税款、销项税额、出口退税、进项税额转出、转出多交增值税、简易计税等作为三级明细科

目。应交消费税、应交资源税、应交城市维护建设税及应交教育费附加等也属于营业税金的范围。这些账户核算的内容一是数额大，即一般占了企业全年缴纳税收的绝大部分；二是业务发生数次较多，即这样的税收一般一个月内就必须缴纳一次，而其他的税种，如各种财产税类、收益税类等则最多是在一段时期，甚至是在年内（一般是年末时）一次性缴纳。还有两种税不通过“应交税费”计算，即印花税和耕地使用占用税。本书也将其他税种统一在负债部分说明。

二、流转税缴纳的内部控制

由于税收工作关乎国家管理运作的方方面面，因此，是各方齐抓共管的最重要工作之一。但即使是这样，对于承负社会经济监督与鉴证工作的注册会计师审计来说，对这样的工作仍是不可懈怠，且这也是社会各方对注册会计师审计的众望。

本书前面曾多次提及，企业内部控制主要包括控制环境、风险评估、控制活动、信息与沟通和内部监督五个方面，这五个方面在流转税缴纳环节都有相对应的体现。

第一，与企业纳税意识相关的控制环境。在这方面，注册会计师要检查被审计单位近期是否存在税收缴纳方面的错误与违规之处；有无适应企业管理层次与水平的与税收会计处理及缴纳相关的合适人才；被审计单位所在地的税务机构的管理水平的状况；当地财政预算“富裕”或“困窘”的状况等，以对被审计单位的税收控制环境做出一定的评价。

第二，企业本期及未来与流转税缴纳相关的风险评估。要做的工作主要包括：了解与企业产品或劳务相关的税种是否会发生变动，比如，是否要增加或者减少某种税收进而加重、减轻企业的税收负担；企业是否存在税收计算困难，以至于难以划分业务类型或其他纳税基础的产品或服务；企业是否有减少税收从而扩大利润范围的倾向、环境和机会；要透彻了解这些内容以完成对企业与流转税相关的风险评估。

第三，对企业税收缴纳的控制活动的调查了解。在这方面主要是要看当地财政、税务机关对企业缴纳流转税的管理松紧程度，如财税大检查等的实施情况；再就是上面所述的关于流转税缴纳的风险评估的实际结果，二者缺一不可。还要考虑的是，被审计单位是否与税务师事务所之间因流转税缴纳等方面建有联系及其相关的业务内容等。

第四，对企业与税收缴纳相关的信息与沟通。比如，有的商品零售企业直接以税控机将取得的营业收入及纳税事项与税务机关直接相连；有的企业的纳税事项可以从网上接受税务机构或上级管理机构的检查和核对。这样的机构与税务机关、上级管理机关经常进行业务联系，能够留下审计线索。这就在信息与沟通方面打下了扎实的基础。

第五，对企业与税收缴纳相关的内部监督。即要了解企业的内部审计机构对被审计单位及其各子公司、分支机构对流转税的计算与缴纳的监督状况与监督力度。这也是企业流转税缴纳情况内部控制的重要组成部分。

应说明的是，对企业流转税缴纳事项的内部控制了解，主要应根据上述情况，遵循税法的要求，采用调查问卷法或文字描述法来完成，较少采用流程图法；进行这样的调查和了解时可考虑与被审计单位的税收管理机构的工作同时进行。

三、增值税的审计

本章在此结合我国最近完成营改增后的情况，对增值税审计进行探讨。

在全面完成“营改增”之后，我国的增值税在企业缴纳的所有流转税中占据了最重要的地位。由于我国当前执行的增值税税率情况如下：适用于一般纳税人，目前有17%，11%，6%和0四档税率。再就是我国增值税的征收率，其适用于小规模纳税人和特定一般纳税人。具体来说，小规模纳税人统一按3%的征收率计征；对一些特定的一般纳税人，则适用6%，5%，4%，3%四档征收率。征收率为6%的项目包括自来水、小型水力发电单位生产的电力、部分建材产品和生物制品；征收率为5%的项目为中外合作开采的原油、天然气；征收率为4%的项目包括寄售、典当和拍卖商品及销售旧货；征收率为3%的项目为公共交通运输等营改增个别应税服务。

面对这样的情况，增值税的审计应当从适用税率是否正确开始。具体包括下述几个方面：

（1）验证企业的纳税文件，并了解企业的经营项目及其他与纳税相关的各种业务。进行这方面的验证主要是查明被审计单位执行的税率是否正确。

（2）对企业增值税缴纳业务的数额进行分析性复核。即分析应税营业收入与实际计算的应交增值税销项税额之间的数据关系是否清晰、合理，符合税法的要求；采用分析性复核中的连环替代法检查本期和前期与增值税缴纳相关的各种数据之间的关系是否符合一般的变动规律。

（3）对增值税相关事项及容易混淆的业务是否遵循了《企业会计准则》的要求进行核查。比如，《企业会计准则》及相关的税收法规都强调：企业与其他企业签订的合同或协议包括销售商品和提供劳务时，销售商品部分和提供劳务部分能够区分且能够单独计量的，将提供劳务的部分作为提供劳务处理；销售商品部分和提供劳务不能够区分的，或虽能区分但不能够单独计量的，应当将销售商品部分和提供劳务部分全部作为销售商品处理。究其实质，这样的规定是在增值税存在多种不同档次税率情况下“从重”原则的体现，应当严格贯彻执行。这就要求，当被审计单位存在这样的业务时，要对不同税种、不同税率的业务分账核算，以满足纳税划分的需要。

（4）核查增值税抵扣事项及其相关凭证。我国增值税缴纳业务的具体情况是：在销项税额的确定方面，有增值税专用发票的按照专用发票上的数额直接确定，在有专用发票时使用普通发票，则要进行价税分离的计算并完成销项税额的记录；但是，在进项税额的抵扣方面，有专用发票的直接按照专用发票上的数额递减，但对于小规模纳税人等不能开具专用发票的情况，则是不准抵税。这也就要求注册会计师在进行增值税审计时对所有抵税事项进行认真的核查与验证。

（5）核对相关已处理纳税文件，形成与增值税计算、缴纳情况相关的审计工作底稿。由于增值税的计算与缴纳涉及的相关环节及其要求较多，因此，在进行了上述的主要内容检查之后，应根据当年税法的变化情况，或者是被审计单位与应税项目相关的情况的变化之后，对减免税收、视同销售业务、各种转出事项等的核对后，根据取得的审计证据（含各种核对表格）形成与增值税计算、缴纳情况相关的综合工作底稿，再与其他税收的情况汇总，为提供审计报告做好准备。

下面对增值税审计情况进行举例说明。

例 9—4

盛东会计师事务所对甲公司年末财务报表进行审计，实习人员发现甲公司的账户记录中有这样的会计分录：

借：应收账款——××股份公司　　128 700
　贷：主营业务收入——××产品销售收入　　100 000
　　其他业务收入——为产品销售提供运输收入　　10 000
　　应交税费——应交增值税（销项税额）　　18 700

实习人员就此会计处理的疑问请教了注册会计师王云。

要求：假设你是王云，请对这样的业务进行解释，并指出进一步审计及调整等的审计处理意见。

回答：应当对此笔业务进行下述的审计处理：

检查该笔会计处理，以查明被审计单位的会计人员是否对新执行的增值税率有不清楚之处。这是因为，在营改增之前，对于应计为制造业企业其他业务收入的运输服务收入执行的是营业税；在营改增后虽改成了增值税，但应执行11%的增值税率，与本企业产品的17%的增值税率仍有一定的差别。经了解的情况证明，注册会计师的判断是正确的。

注册会计师应当针对该笔业务进行进一步的审查。即审查类似业务是否在被审计单位的销售合同上予以说明，对销售产品的主要业务收入，与该计为其他业务收入的运输费收入是否单设明细账户进行了分别核算（这也会涉及进一步的其他业务成本的正确性问题）。

在增值税专用发票方面是否还存在需要明确之处。即不同的税目要使用不同规定的增值税系列发票，这也是保证增值税业务的会计处理准确无误的一个重要方面。

注册会计师应根据上述查核的结果提出账务处理调整的建议，并同时对以增值税缴纳为基础的城市维护建设税、教育费附加同时进行调整。如企业类似情况较为普遍，注册会计师亦应当就此情况对甲公司的管理当局提出管理建议。

四、其他营业税金的审计

其他营业税金即记录在利润表内的“税金及附加”，具体内容为企业经营主要业务应负担的消费税、资源税、城市维护建设税和教育费附加、土地增值税等。

由于税金及附加的内容较为琐碎、零散，企业会计准则中对它们会计处理的要求也不尽一致，表 9—16 对各种税金及附加的计税依据及会计处理要求做了比较。

表 9—16　　其他营业税金的会计处理要求

税金种类	计税依据	应记入的借方账户	应记入的贷方账户
消费税	从价定率——产品售价 从量定额——产品销量	税金及附加	应交税费——应交消费税
资源税	对外销售产品数量 企业自用产品数量 收购未税矿产品金额	税金及附加 生产成本、制造费用 物资采购	应交税费——应交资源税

续前表

税金种类	计税依据	应记入的借方账户	应记入的贷方账户
城市维护建设税	缴纳的流转税金额（大城市一般按 7%的比率计算）	税金及附加	应交税费——应交城建维护税
教育费附加	缴纳的流转税金额（一般按 3%的比率计算）	税金及附加	应交税费——应交教育费附加
土地增值税	转让房地产取得的收入减除规定的开发成本、费用等支出后的余额（累进税率）	税金及附加	应交税费——应交土地增值税

从具体的审计业务处理来看，上述营业税金主要是以企业的营业收入为基础计算的，虽也有从量定额计征的消费税和资源税，但主要的税收项目仍是以从价定率征收。因此，在进行营业收入审计，对营业收入额进行认定的同时，也检查和认定营业税金以及以营业税金（此处含实际缴纳的增值税）为基础计算的附加费。这样做也是合理而切实可行的，符合成本效益原则的要求。

另外，由于其他营业税金为价内税，直接列示在利润表的固定栏目中，因此，对税金及附加项目可直接进行业务数据管理角度的计算分析，以求出变动异常的数据，直至查到业务的原始凭证。这也是行之有效的审计方法。

例 9—5

盛东会计师事务所对甲公司的年度财务报表进行审计时，看到了该公司利润表上的相关数据如下，见表 9—17。

表 9—17　　甲公司利润表的相关数据　　单位：元

项目	上年实际	本年实际
营业收入	173 500	187 500
营业成本	98 700	119 000
税金及附加	12 000	3 200
营业利润	62 800	65 300

注册会计师王云针对表中的数据对实习人员安排了下一步审计工作的具体内容。

要求：假如你是王云会计师，你将怎样对助手布置工作。

回答：上面表格中的数据在利润表中是非常重要的，可以分步进行审计分析并做出判断。

从总的利润完成情况来看，甲公司的数据是比较好的，本年的营业利润额大于上年。即本年的营业利润比上年增长 3.98%（65 300/62 800−1）。

完成的营业利润中有很大一部分，即 8 800 元，占全年利润额的 13.48%（8 800/65 300），是由于少缴纳税金及附加形成的。应当严格检查本年该公司应税产品的相应税制是否发生变化。若税制未发生变化，即应着力检查被审计单位本身的产品结构是否发生了大的变化，本年有无重大的减免税事项发生。

注册会计师需在甲公司成本管理方面做较为细致的分析。甲公司本年的营业收入增长了 8%（187 500/173 500−1），但是成本增长的幅度为 21%（119 000/98 700−1）。关于成本变化的原因，应当进一步审查料、工、费等具体的资料数据。

总之，从上面的数据来看，注册会计师首先要查明与税金及附加有关的问题，然后再对甲公司是否在经营上遇到了一定的困难做出判断。

思考题

1. 应收款项与营业收入审计的目标是什么？评估重大错报风险并设计控制测试和实质性程序的具体内容是什么？怎样理解应收款项和收入审计是具有重大风险的领域？

2. 与其他业务环节相比较，应收款项与营业收入的内部控制有何特殊之处？请结合赊销业务的内部控制予以说明。这个环节的内部控制会有哪些关键之处？

3. 应收款项和营业收入的审计档案会涉及哪些内容？请结合上述的内部控制，对审计工作底稿每一类的具体内容予以说明。

4. 应付款项与营业收入审计的一般模式，或者说一般程序怎样？特别是其中的控制测试与实质性程序包括哪些具体内容？实质性程序与主要审计目标的关系怎样？

5. 与应收款项和营业收入相关的固有风险主要是什么？注册会计师应当怎样识别关于应收款项和营业收入的舞弊风险？

6. 在对被审计单位应收款项与营业收入相关的内部控制进行描述时，遇到的典型问题包括哪些？怎样进行控制测试的穿行测试？与营业收入相关的潜在风险及其形成原因是什么？

7. 与应收款项和营业收入相关的关键控制点有哪些？要进行哪些控制测试？要完成哪些认定？

8. 应从哪些方面进行应收款项与营业收入的控制测试？怎样进行单据与票据的核对？为什么和怎样进行函证？可采取哪些及什么样的函证方式？怎样执行应收账款、应收票据和营业收入的分析性程序？

9. 应收账款和营业收入的期中审计与期末审计关系怎样？怎样进行这个环节的期中审计？

练习题

1. 建筑行业通常使用完工百分比法确认长期合同的收入。使用这种方法时，承建方要计算每一项在建工程的完工进度。例如，如果合同在年末已经完成 70%，并且维持在目标成本之内，承建方将确认 70%的合同收入、成本和毛利。尽管在建筑行业早就使用了这种确认方法，注册会计师还是应当仔细考虑承建方对完成合同成本的估计是否合理，是否有可能发生合同损失等问题。

要求：你作为进行建筑行业审计的注册会计师，请说一下在对这些问题作出判断的过程中，应当怎样考虑问题，应考虑些什么。

2. 在对一个商品供给企业的初次审计中，注册会计师向所有账户余额超过 1 000

元的顾客发出了询证函。除了一个账户余额为30 000元的顾客外，所有的顾客都发回了符合要求的回函。注册会计师又向该顾客发出了第二封询证函，仍未获回复；但是在注册会计师进一步调查之前，负责赊销业务和应收款项的会计告诉他们这个账户已经全额付款。注册会计师要求检查顾客的支票和汇款通知书，但被告知，支票已存入银行，汇款通知书已损毁。进一步询问与该顾客交易的情况，得到同样含糊不清的回答。注册会计师决定同这位负责会计就这一账户进行沟通。此时，负责会计承认这个账户是伪造的，用来隐藏赊销货款短缺的事实以使注册会计师认为他已经“收回”了款项，实际上他是将从另一个账户余额已经被证实的客户那里收取的款项转入这个虚假账户里。

要求：请根据上述情况，谈谈注册会计师在不同的经营环节应怎样取得证据，取得什么样的证据，并根据上述审计证据做出简单的审计工作底稿。

3. Y注册会计师负责对X公司20×8年度财务报表进行审计，相关资料如下：

资料一：X公司主要从事A产品的生产和销售，无明显产销淡旺季。产品销售采用赊销方式，正常信用期为20天。

在A产品生产成本中，a原材料成本占重大比重，a原材料在20×8年的年初、年末库存均为零。A产品的发出计价采用移动加权平均法。

资料二：20×8年度，X公司所处行业的统计资料显示，生产A产品所需a原材料主要依赖进口，汇率因素导致a原材料采购成本大幅上涨；替代产品面市使A产品的市场需求减少，市场竞争激烈，导致销售价格明显下跌。

资料三：X公司20×8年度未经审计财务报表及相关账户记录如下：

(1) A产品20×7年度和20×8年度的销售记录。

产品名称	20×8年度（未审数）			20×7年度（未审数）		
	数量（吨）	营业收入（万元）	营业成本（万元）	数量（吨）	营业收入（万元）	营业成本（万元）
A产品	900	50 000	40 000	800	40 000	34 000

(2) A产品20×8年度收发存记录。

日期及摘要	入库			出库			库存		
	数量（吨）	单价（万元）	金额（万元）	数量（吨）	单价（万元）	金额（万元）	数量（吨）	单价（万元）	金额（万元）
年初余额							0	0	0
1月3日入库	80	60	4 800				80	60	4 800
1月4日出库				70	60	4 200	10	60	600
2月9日入库	80	55	4 400				90	55.56	5 000
（略）									
11月30日出库				75	52	3 900	75	30	3 900
12月2日入库	75	48	3 600				150	50	7 500
12月9日出库				150	50	7 500	0	0	0
年末余额							0	0	0

（3）与销售A产品相关的应收账款变动记录。

日期及摘要	借方（万元）	贷方（万元）	余额（万元）
20×8年年初余额			3 000
20×8年1月2日收款		2 700	300
20×8年1月4日赊销	5 000		5 300
（略）			
20×8年11月30日收款		2 500	600
20×8年12月9日赊销	9 000		9 600
20×8年年末余额			9 600
20×9年年初余额			9 600
20×9年1月25日赊销	3 000		12 600
20×9年1月31日余额			12 600

要求：

（1）根据上述资料，假定不考虑其他条件，运用分析程序识别X公司20×8年度财务报表是否存在重大错报风险，并列示分析过程和分析结果。

（2）在要求（1）的基础上，如果X公司20×8年度财务报表存在重大错报风险，指出重大错报风险主要与哪些财务报表项目的哪些认定相关。

（3）假定X公司存在财务报表层次重大错报风险，作为审计项目组负责人，Y注册会计师应当考虑采取哪些总体应对措施。

（4）假定评估的X公司财务报表层次重大错报风险属于高风险水平，指出Y注册会计师拟实施进一步审计程序的总体方案通常更倾向于何种方案。

（5）针对评估的财务报表层次重大错报风险，在选择进一步审计程序时，Y注册会计师可以通过哪些方式提高审计程序的不可预见性？

（6）假定X公司20×8年度财务报表存在舞弊导致的认定层次重大错报风险，Y注册会计师应当考虑采用哪些方式予以应对？

（7）根据上述资料，假定不考虑其他因素，在审计X公司20×8年度财务报表时，如果对销售实施截止测试，Y注册会计师应当以检查何种文件记录为起点安排审计路径？简要说明理由。

（本题为中国注册会计师考试2008年考试题。）

第十章 Chapter 10 存货和营业成本

学习目标

1. 理解存货和营业成本的审计目标，深入理解审计目标中第三项的具体内容。

2. 掌握存货和营业成本中的控制环境、风险评估、监督控制、会计系统和控制活动包括的具体内容，理解会计系统和控制活动中不同环节的具体内容。

3. 熟知存货与营业成本重大错报风险的构成及其相关因素，理解内部控制各环节的特征，熟练掌握和会计系统与控制活动方面相关的内容。

4. 熟练掌握存货和营业成本审计的程序，尤其是控制测试与实质性程序的具体内容；熟知存货与营业成本审计的实质性程序和审计目标之间的关系。

5. 理解存货与营业成本存在的风险类型及其影响因素，掌握存货错报的表现及其产生原因；熟练掌握存货与营业成本控制测试的过程和要求，及其与重大错报之间的关系。

6. 熟练掌握存货与营业成本审计实质性程序的步骤、内容、应形成的审计证据，特别是存货监盘的相关内容；熟知采购与销售年终截止的相关内容。

7. 理解与存货计价相关审计业务的过程和内容，掌握初次审计与存货期初余额的审计要求。

第一节 存货和营业成本审计基础

一、存货和营业成本的范围

本章所说存货主要指制造业、流通业的存货，包括：(1) 待售的库存商品，包括用于交易的商品和制造商生产的产成品；(2) 生产过程中的在产品；(3) 在生产过程中直接或间接耗用的物品，如原材料、外购零部件和物料。

本章所说营业成本也主要是制造业和流通业的营业成本，与利润表中的营业成本项目一致，既包括销售产品、商品的主营业务成本，又包括制造业企业对外销售非产品及劳务等的其他业务成本。

二、存货和营业成本的审计目标

存货和营业成本的审计目标包括：（1）利用对被审计单位及其环境的了解考虑与存货及营业成本相关的固有风险，包括舞弊风险；（2）了解存货和营业成本的内部控制；（3）评估重大错报风险和设计相关控制测试和实质性程序。

上述审计目标的最后一项包括的具体内容为：证实存货的存在和影响营业成本交易的发生；确定记录的存货的完整性；验证影响营业成本的交易的截止；确定被审计单位对记录的存货拥有所有权；确定存货估价的恰当性以及影响营业成本交易的准确性；确定存货和营业成本信息的列报和披露是恰当的，包括存货的分类、采用的会计方法以及承诺作为债务担保的存货等的披露。

与存货和营业成本审计相关，注册会计师也要获取相关的采购、销售、购货退回和销售退回等账户的证据。

三、对存货和营业成本审计的回顾

注册会计师对存货有效性的责任，可以通过早期在美国发生的令人震惊的麦克森·罗宾斯欺诈案得到最好的证明。美国证券交易委员会（SEC）指导的听证会在1939年通报了麦克森·罗宾斯公司的已审计财务报表，该公司是一家在纽约证券交易所上市的制药公司，虚构了1 900万美元的资产，占资产负债表上所示总资产的1/4。虚构资产中包括1 000万美元不存在的存货。为什么注册会计师进行了审计却没有发现这个巨大的骗局，并发布了一个无保留意见的审计报告？该案中存货审计使用的审计程序是20世纪30年代的审计实践惯例。很重要的一点是，依照当时的惯例，存货审计工作仅限于对存货记录进行检查，不需要任何观察、实地盘点或其他实际接触存货的方式。

直到麦克森·罗宾斯的案子发生之前，注册会计师都不用负责核实存货数量的准确性和货物是否实际存在。许多注册会计师认为他们在处理数据和分析会计记录方面是专家，但不能胜任识别和测量各种各样存放在被审计单位的工厂、仓库和商店中的原材料和制成品的工作。

麦克森·罗宾斯案件很快终结了这种注册会计师有限责任的观点。1939年，美国发布了审计程序第1号（SAS 1），作为美国会计师协会（AICPA）签署的第一份正式的审计准则，确认了注册会计师对存货实地观察的重要性，但是也授权注册会计师在某种情况下可以使用其他的审计替代程序。SAS 1继续把公司区分为两种，一种是完全通过年度盘点决定存货数量（定期盘存制）的公司，一种是良好维持永续盘存制的公司。后者通常有很强的存货内部控制，并且可能采用抽样技术来验证存货记录，在全年之内临时测试计数，而不是对所有存货进行年终盘点。对于这些被审计单位，注册会计师对存货实地观察的可能被限制在他们认为合适的盘点范围，盘点可能发生在被审计会计期间或会计期结束后。

注册会计师验证存货和营业成本，不仅应考虑普遍存在的确定存货数量和金额出现的随机误差，还应当意识到舞弊的可能性。对存货的欺诈性错报经常是为了逃避所得税、隐瞒各种非法行为引起的亏空，以及误导股东或其他不活跃业主对公司利润和财务状况的了解。

第二节 对存货和营业成本的内部控制

从管理层和注册会计师的角度来看，存货和营业成本的内部控制的重要性无论如何强调都不过分。在一些公司，管理层强调对货币资金和证券的控制，但是很少关注对存货的控制。因为许多类型的存货都不是特别容易被盗窃的物品，管理层可能认为控制是不必要的。这种想法忽视了一个事实，就是对存货的控制几乎会影响公司与产品生产和处置相关的所有活动。

一、控制环境

控制环境反映了管理层和董事会整体对于控制的重要性及其在实体内贯彻执行的方法的整体态度、意识和行为。与注册会计师考虑存货和营业成本最相关的控制环境包括销售价格方面的内容。

（一）关于胜任能力和人力资源政策及其实践的承诺

这些政策和实践有助于确保恰当、合格并经过培训的人员被指派负责采购商品和服务，以及验收和储存货物。与工厂人员的胜任能力相关的承诺非常重要，其可以确保生产过程的效率和效果，以及事先规定的控制活动的有效执行。

（二）诚信和道德价值观

从某些方面来看，企业的采购和货币资金支出活动为员工以及管理层欺诈提供了较多的机会。管理层向员工传达诚信和道德价值观，有助于确保资金支付是经过授权的，实际收到的是合法商品，对采购的会计处理是合适的。胜任能力和诚信的重要性毋庸置疑，以公司负责与各供应商商谈采购条款的采购代理商为例，如果这些人是不能胜任的，他们可能会使公司按照不利的条款大量购买；如果采购代理接受回扣，公司不仅将损失其接受的回扣金额，还可能会购买到劣质商品或支付过高的价格。

（三）组织结构和权力与责任的分配

如果被审计单位的组织结构是合适的，并且采购和生产活动的权力和责任明晰且对等，内部控制就会得到改善。这对于涉及采购、验收和生产活动的员工理解他们执行相关控制的责任是非常关键的。

二、风险评估

如果管理层能够评估、管理与采购和生产商品、服务相关的风险，财务报表发生重大错报的风险会减少。注册会计师关注管理层涉及以下方面的风险评估：（1）商品、服务和熟练工人的可获得性；（2）价格和人工费率的稳定性；（3）拥有足够的现金流来支付采购款；（4）影响制造过程的技术变化；（5）存货的新旧状态。

三、内部监督

与采购循环相关的内部监督包括管理层复核从各供应商采购的报告、存货报告和应付账款余额报告。管理层也可以构建一个从供应商获得反馈（包括对延迟付款的抱怨）的机制。监督生产循环的控制包括生产部门主管观察各种活动和功能的执行情况，复核生产质量和绩效。管理也应该有一个正式的程序考虑内部注册审计师有关改善采购和生产职能的建议和相关的控制活动。

四、采购和生产循环——会计系统和控制活动

采购、验收、仓储、出库、生产和运输是直接与存货相关的实物管理活动。成本会计系统和永续盘存记录构成了存货记录活动。因为注册会计师对记录活动的最终结果感兴趣，所以了解和评估成本会计系统和永续盘存记录，以及各种控制活动和生成财务数据的原始凭证，对他们来说是很必要的。

（一）采购活动

对采购活动强有力的内部控制，通常会包括一个组织构架，授权公司的一个独立部门全权负责所有材料和服务的采购。应该明确划分采购、验收和记录职能，分别由单独的部门负责。在小型企业中，这种职责拆分可能不易操作，但即使在非常小的企业，派一个适当的受监督的人负责所有采购事务通常也是可行的。

购买交易从签发经批准的请购单开始，请购单由仓储部门或其他需要商品或服务的部门签发。请购单的副本递送到采购部门，作为编制连续编号的订购单的基础。请购单应当包含对所需商品或服务的类型和数量的精确描述。请购单和订购单的具体内容见表 10—1 和表 10—2。

订购单副本要送到会计部门和验收部门。送给验收部门的副本上面的数量要涂黑，这样可以增加验收人员独立清点所收到商品的可能性。即使买方可能通过电话下订单，也应该填制和传送正式的订购单。在许多大型组织中，必须在一系列的程序后才可以签发订购单：(1) 确定所需存货项目；(2) 获得竞争投标；(3) 相关债务已获得财务方面的批准。

表 10—1　　请购单

北京完美制造公司请购单　　　　编号　16690

请购日期　2016 年 10 月 10 日　　　　需用日期　2016 年 11 月 10 日

<table>
<tr><td rowspan="3">请购内容</td><td>物料编码</td><td>物料名称</td><td>物料规格</td><td>单位</td><td>数量</td><td>预估单价</td><td>金额</td><td>预算编号</td><td>库存量</td><td>可用日数</td><td rowspan="6">第1联采购部联</td></tr>
<tr><td>#278473</td><td>钢板</td><td>2×8，1/2</td><td>片</td><td>9 000</td><td>50</td><td>450 000</td><td>材预 85</td><td>24 000</td><td>30</td></tr>
<tr><td></td><td></td><td></td><td></td><td></td><td></td><td></td><td></td><td></td><td></td></tr>
<tr><td rowspan="3">审批</td><td colspan="3">请购用途</td><td colspan="2">请购部门</td><td colspan="2">甲原材料仓库</td><td>财务经理</td><td colspan="2">侯立建</td></tr>
<tr><td colspan="3" rowspan="2">生产 A 产品的原材料</td><td colspan="2">请购人</td><td colspan="2">万剑</td><td rowspan="2">总经理</td><td colspan="2" rowspan="2"></td></tr>
<tr><td colspan="2">部门主管</td><td colspan="2">管丽</td></tr>
</table>

1. 本请购单一式三份：请购人、财务部、采购部各一份。
2. 非预算内的大额采购需要经过总经理审批。

表 10—2 订购单

北京完美制造公司订购单

供应商：武汉钢铁有限责任公司　　订购单编号：16601

联系人：宏志　　手机：13923456789　　请购单编号：16690

电　话：027—23764598　　传真：　　订购日期：2016 年 10 月 15 日

序号	物料编码	物料名称	物料规格	单位	数量	单价	金额	交货日期
1	＃278473	钢板	2×8，1/2	片	9 000	52.00	468 000.00	2016-11-5
2								
人民币肆拾陆万捌仟元整							¥468 000.00	
送货要求	付款期限	2/10，n/30			付款方式		支票	
	承运企业	北京火箭头运输公司			联系方式		010—23458721，18892354901	
	送货地址	北京市中关村大街 1212 号			联系人及电话		姜军　13457567566	
	发票要求	增值税专用发票：√			税率：17%			
		增值税普通发票：			审批人：			
采购员		秦宏伟			联系方式		010—82426745、18653478286	

第 1 联 采购部联

1. 本订购单一式三份：采购部、会计部门和验收部门各一份。
2. 使用普遍发票需要经过财务经理审批。

（二）验收活动

公司收到的所有货物，无一例外，必须由独立于采购、仓储和运输部门以外的验收部门来清点。验收部门负责：（1）确定收到的商品的数量；（2）检测损坏或有缺陷的商品；（3）填制验收单；（4）及时将收到的货物传送到仓储部门。验收单见表 10—3。

表 10—3 货物验收单

采购单编号：16601　　编号：16588　　填写日期：2016 年 11 月 8 日

编号	名称	规格	订购数量	规格符合 是	规格符合 否	位	实收数量	单价	总价
＃278473	钢板	2×8，1/2	9 000	√		片	9 000	52.00	468 000.00
检查方式	抽样	＿%不良	验收结果	合格		检查员	黄俊	检查主管	黄忠
	抽样	＿个不良							
财务部			仓储部				采购部		
曹丽			10 号仓库洪军				秦宏伟		

（三）仓储活动

货物送到仓库时，要清点、检查和签收。然后仓储部门告知会计部门货物的验收数和仓储数。执行这些职能的过程中，仓储部门对存货的全面控制发挥着重要作用。通过货物的签收，仓储部门可以明确自己的责任，通过通知会计部门实际的货物仓储数，又提供了验证验收部门工作的证据。

（四）出库活动

仓储部门要对其控制下的所有物品负责，因此有理由坚持所有从其手上发出的物品都要签发预先编号的请领单，作为有关部门接受货物签署的收据。请领单通常一式三联。填写请领单的部门保留一联，另一联作为仓储部门的收据，第三联用来通知会计部门以完成成本的分配。为了防止别有用心乱写请领单，有些组织制定制度要求，必须有经批准的材料清单、工程订单或销售订单，才能对请领单发货。在批发或零售业，也常把运输单而不是工厂请领单作为批准出库的依据。见表10—4。

表 10—4 北京完美制造公司定额领料单

编号：A161003

领料单位	碾磨 ＃23				仓库		10 号仓库		
日期	2016 年 10 月 17 日—2016 年 10 月 21 日				物料用途		生产 A 产品		
计划生产量	1 000				实际生产量				
物料编号	物料名称	物料规格	单位	领用限额	调整后的领用限额	实际耗用量			
						数量	单价	金额	
＃278473	钢板	2×8，1/2	片	4 000					
领料记录									
领料日期	请领数量	实际发放量			退料数量			限额结余	
		数量	发料人	领料人	数量	发料人	领料人		
10 月 17 日	800	800	洪军	张健				3 200	
10 月 18 日	800	800	洪军	张健				2 400	
生产部	尹春牛		仓储部	洪军		领料单位	张健		

（五）生产活动

在制造业企业，总产量要受到反映特定时期内产品总需求量的主生产计划控制。因为主生产计划基于对公司产品的需求预测，因此有助于确保满足需求，不会让特定的产品库存过剩。主生产计划还确保原材料和劳动力可以随时获得，以满足生产要求。一旦确定所需的资源可以获得，就要填制生产通知单以授权特定产品的生产。

企业必须明确货物生产的责任，通常由工厂主管或负责人负责。原材料请领单和移转券记录货物在生产过程中的流转和相关责任。因此，从原材料被送到工厂，直到生产完成并发送去往产成品仓库，一个指定的主管应该全面把控，时刻掌握它们的位置和处置情况。

企业也可以通过填制工作时间券来记录用于特定的生产工作的人工或机器工作时间。每张工作时间券在进入成本核算系统之前都应当由部门主管复核和批准，见表10—5。

在产品的控制通常包括定期检查程序以发现有缺陷的工作。这有助于揭示生产系统的低效率，也有助于防止因营业成本积累导致的在制品存货过剩，而这些货物最终会被废弃。如果报废的原材料实际上还有残值，应该将其进行分离、控制和仓储。

表 10—5 完美制造公司工作时间记录卡

部门：碾磨车间 2016 年 10 月 10 日—2016 年 10 月 14 日 部门编号：23

员工信息	编号	姓名	小时工资	工种				
	2954	李敬	100	切割成形				
	上班时间	下班时间	正常上班时间	加班时间	完成数量		工资总额	记录人
					产品	数量		
星期一	上午 6：00	上午 11：30	5		阀门零件	600	500	周 奇
星期二	上午 6：00	下午 5：30	8		阀门零件	800	800	周 奇
星期三	上午 6：00	下午 5：30	8		阀门零件	750	800	周 奇
星期四	上午 6：00	下午 5：30	9		阀门零件	900	950	周 奇
星期五	上午 6：00	下午 5：30	8		阀门零件	850	800	周 奇
备注：加班工资按照国家法定比例加倍计算								

说明：随着信息技术的广泛采用，工作时间可通过指纹打卡等方式记录。

（六）运输活动

只有在获得适当授权后才能运输货物，这种授权通常是信用部门批准的销售单。运输活动也包括把残次品退还给供应商，在这种情况下，运输的授权来自采购部门主管。

运输部门会填制或者由计算机系统自动生成一个预先编号的一式五联的运输单，列明运输的货物。运输单的第一联作为装运的证据留存在运输部门；第二联作为装箱单在货物装运时附上；第三联送交结算部门，与被审计单位的订购单和销售单一起作为向被审计单位开发票的依据。进行了这几联的处理后，第四联和第五联即交与承运货物的司机和承运单位；这里的第四联作为提货单交与仓库保管员，而第五联则是离开供应商大门时的出门证。见表 10—6。

表 10—6 北京完美制造公司运输单

编号：1611987 2016 年 11 月 2 日

收货方	名称	上海惠佳有限责任公司		联系人	倪仁琼	
	地址	上海市闵行区中关大街 8 号		联系方式	021－68743078，13988670326	
发货方	联系人	付笛		联系方式	010－62849608，13512873493	
	销售通知单编号		1610683	仓库	3 号	
品种		等级	规格	数量	单价	总价
A 产品			＃459	1 000	660.00	660 000.00
承运人	名称	北京顺捷货运有限责任公司		联系人	张旭光	
	地址	北京市海淀区中关村大街 15 号		联系方式	010－62305690，13981234658	

本凭证一式五联，配送部门、商品包装、财务、承运人（作为提货单）、门卫各一联。

在实际工作中，当货物由运输公司运送时，运输单的第四联需要作为提货单提供给承运人。此外，送交到结算部的副联还要包括额外的运输凭证，如运费账单等。随后的相关人员就可以很方便地把所有的单据放在一起，显示运输已得到适当的授权和执行。

所有类型的运输都应遵循公司确立的运输流程，包括废料的销售、退回有缺陷的货物、运输材料和零部件给分包商等。

（七）成本会计系统

一个适当的成本会计系统对于核算原材料和物料的使用情况、确定在产品存货的内容与价值以及计算产成品存货的价值都是很必要的。该系统包含会计处理所需要的全部记录、订单和请领单等，会计处理涉及从原材料进入生产流程，直至它们在工厂的生产过程中最终加工成为成品。成本会计系统也可以归集在产品和产成品耗用的人工成本和间接成本。成本会计系统因此构成了存货内部控制的必要组成部分。

成本会计系统产生的数据应由总分类账户控制。直接材料和人工成本在执行每个生产通知单或程序的过程中直接记录在各个作业和流程账户中。而制造费用则要定期分配到各作业或流程并且记录在相应的账户中。

工厂记录与总账之间的这种生产控制的基础是一系列生产通知单、材料请领单、工作券或其他人工分配单以及制造费用分配表。验证生产记录准确性的各种程序会对控制产生影响。即要重新计算直接材料和人工成本的分配，并与材料记录和工薪记录相核对。期末，要把按照预定费用分配率分配的制造费用调整为实际成本。

许多公司建立了标准成本制度，通过研究实际成本与标准成本之间的差异，来识别低效率和浪费的原因。标准成本制度对存货即时定价和经营控制做了规定。所有类型的成本会计系统都是类似的，因为它们的设计目的都是为了通过追踪工厂管理指令的执行情况、提供可靠的存货数据以及保护公司资产，以增强内部控制的有效性。

（八）永续盘存制

永续盘存存货记录构成内部控制的一个极其重要的部分。这些记录可以随时反映企业所持有的各种物品的数量，从而为制定采购、销售和生产计划决策提供必要的信息。通过设定每个项目储备量的最大数和最小数，这种记录可以用来指导采购工作。

公司采用永续盘存制度，既可以控制因持有存货过多而导致的高成本，又可以把缺货的风险降到最低。公司可以利用再订货点和经济订购数量来控制存货，包括应用即时订购系统将存货数量维持在最低水平。

要使永续存货记录发挥其内在的控制功能，其明细记录对所有货物都要同时记录数量和金额，明细记录要受总账控制，并且每隔一段时间就要编制一次试算平衡表。此外，每当进行实物盘点的时候，明细记录和总分类账账户应当调整为实际盘点的结果。

永续盘存记录可以阻止存货的盗窃和浪费。这是因为，仓库保管员和其他员工会意识到对存货的责任，存货的验收、出库和持有情况都会被持续地记录下来。这些记录必须定期通过实物盘点进行验证。

（九）IT 系统

IT 存货系统可以使被审计单位对存货、采购和生产过程的控制更加容易。当存货水平达到预定的再订货点时，IT 系统会自动生成请购单和订购单。被审计单位的采购系统甚至可以与供应系统相联系，实现电子数据交换系统（EDI）对生产与采购活动的全面协调。当物品在生产流程中流转时，IT 系统还可以维护对物品责任的记录。输入直接人工和原材料的明细资料，计算机会把这些直接成本分配给各作业或流程，按照预定的分配率分配间接制造成本，并且维护在产品、产成品和已销售产品的永续记录。IT 存货系统还能生成各种财务报告，包括反映实际成本、标准成本和相关差异的责任会计报告。

使用 IT 技术还可以改进存货追踪。例如，很多公司使用条形码技术，所有产品或容器都要贴上条形码，当装运这些货物或盘点存货的时候，可以扫描条形码。还有些公司使用无线射频识别技术（RFID）追踪存货，产品或容器被镶嵌上一个微芯片，使它们在视线范围之外时也能被读取到。另外，RFID 可以实时追踪存货。使用 IT 存货追踪系统可以减少存货在处理和运输过程中的错误，可以促进对存货的控制和盘存。

IT 系统中良好的内部控制，要求将采购、验收、仓储、加工和运输职能相分离。此外，被审计单位应当建立合适的 IT 控制，以改善数据录入的准确性，并保证录入数据的完整性。

五、存货和营业成本的审计工作底稿

在验证存货和营业成本的过程中，注册会计师会编制各种各样的工作底稿。这些工作底稿形式多样，既包括采取的各种存货实物盘点方式的书面意见，也包括对产成品和在产品成本的详细分析。本章后面的部分会结合审计程序选取部分工作底稿进行讨论。

第三节 存货和营业成本的审计

以下步骤是注册会计师在验证存货和营业成本时采取的一般工作模式。在特定的审计业务中，要根据被审计单位实施的内部控制的性质，以及注册会计师风险评估的结果，选择最合适的审计程序。

1. 利用对被审计单位及其环境的了解考虑与存货及营业成本相关的固有风险，包括舞弊风险。

2. 了解存货和营业成本的内部控制。

3. 评估重大错报风险并设计进一步审计程序。

4. 执行进一步审计程序——控制测试。（1）控制测试举例：a. 检查一个采购交易样本的重要方面；b. 执行成本会计系统测试。（2）如果有必要，根据控制测试的结果修改重大错报风险。

5. 执行进一步审计程序——存货和售货成本的实质性程序。具体包括：（1）获取存货清单并与分类账进行核对；（2）评估被审计单位的存货盘点计划；（3）进行存货监盘并进行抽点；（4）复核采购和销售交易的年终截止；（5）获取一份完整的存货盘点副本，测试其准确性并追踪测试项；（6）评估存货计价的依据和方法；（7）测试存货计价；（8）执行分析性程序；（9）确定是否有存货已经抵押出去，复核采购和销售承诺；（10）评估存货和营业成本在财务报表中的列报，包括信息披露的充分性。表 10—7 列示了存货和营业成本审计的主要实质性程序及其主要审计目标。

表 10—7 存货和营业成本主要实质性程序的审计目标

实质性程序	主要审计目标
获取存货清单并与分类账进行核对。	存在、发生和权利
评估被审计单位的存货盘点计划。 存货监盘。 复核采购和销售交易的年终截止。 获得一份完整的存货盘点副本并测试其准确性。	存在、发生和权利 完整性 计价 截止
评估存货计价的依据和方法。	计价
测试存货计价。	计价 准确性
执行分析性程序。	存在和权利 完整性 计价 准确性
确定存货是否被抵押并且检查承诺书。	计价 列报与披露
评估财务报告列报与披露。	列报与披露

一、利用对被审计单位及其环境的了解考虑固有风险，包括舞弊风险

一般来说，存货属于具有重大固有风险的资产。这些风险来自交易面临的管理风险，如由于产品质量差、陈旧或因盗窃而遭受损失的风险。影响存货重大错报风险的其他因素包括：

1. 存货通常是企业流动资产的主要组成部分，很容易发生错误和舞弊行为。

2. 会计准则允许采用多种存货计价方法，各种类型的存货可以采用不同的计价方法。

3. 存货价值的确定直接影响营业成本，并对年度净利润产生重大影响。因此，如果管理层倾向于参与财务报告舞弊，可能会涉及高估存货价值。

4. 与反映企业财务状况的大部分其他元素相比，确定存货的质量、状态和价值本身是一个更加复杂和困难的工作。许多存货项目，如宝石、精密电子零件和在建工程等，识别和计价是个重大难题。

注册会计师要识别存货舞弊风险，必须做到以下三点：首先，注册会计师要确保他们理解管理层为控制风险而制定的方案和控制程序；其次，他们要确定这些控制已经得到执行；最后，注册会计师要设计合适的程序应对这些风险。

二、了解存货和营业成本的内部控制

如前所述，了解内部控制可以采用填写调查问卷、撰写叙述性文字和绘制流程图等方法。了解内部控制，注册会计师应该透彻地了解以下程序：采购、验收、仓储、发出商品和对生产的控制，他们应了解成本会计系统和永续盘存记录。

注册会计师也应该考虑存货的实物保管。任何可能导致天气、火灾、洪水或盗窃等损失的储存设施、保安服务等方面的缺陷，都应当引起管理层的注意。

下面的问题可以很好地说明在注册会计师考虑控制存货和销售成本时要调查的事项：

（1）每一个类别的存货都是使用永续盘存制记录的吗？

（2）每年都通过实物盘点的方式验证永续盘存记录了吗？

（3）存货盘点程序使用事先编号的标签，并且标签是连续编号的吗？

（4）在永续盘存记录被调整之前，调查实地盘存数与永续盘存记录之间的差异了吗？

（5）是否由一个独立的部门来负责采购所有材料、物料和机器设备？

（6）是否有独立的验收部门处理运来的货物？

（7）是否由独立的仓储部门负责保管材料和物料，并且仅当收到经过授权批准的请领单后才会发出？

注册会计师编制完内部控制流程图（或其他描述）之后，应该确定被审计单位是否正在使用这些程序；也就是说，他们应该确定控制是否得到执行。这些信息可以通过以下方法获取：询问被审计单位的员工，检查文档资料，观察被审计单位业务活动（通常与会计循环中的穿行测试一起执行）。了解被审计单位的内部控制之后，注册会计师要观察是否存在不相容岗位的分离，并且调查在全年内都是谁执行各种职责。他们还要检查各种凭证，如请购单、订购单、材料请领单、转移单、计时券和发货通知单等，并且复核文档文件，确定被审计单位已对预先编号的系列单据进行了恰当的处理。注册会计师还要检查存货、产品和责任会计报告，并复核后续的有关脱离标准成本的差异的证据。

例 10—1

某会计师事务所，在12月份对某钢铁公司的钢丝分厂进行年末前的初步审计（属于安排的非期末审计），汇总了本年与产量等相关的统计数据资料。注册会计师在将这些资料与会计数据核对时，发现该分厂存在产成品（即钢丝）数量大于原材料消耗量的不正常问题。具体数据为，该分厂11月份以来生产1吨钢丝仅消耗0.93吨线材；而该分厂下半年生产的钢丝近2万吨。注册会计师认为这是需要重点核查的环节，并要针对此事项进行后续的审计工作。

要求：假如你是注册会计师，在这种情况下该怎样进行后续的审计工作。

回答：在后续审计中，注册会计师应该从以下两个方面考虑问题并展开工作。

第一，参加该分厂的期末存货盘点工作，重点观察原材料（即线材）的盘点过程。这样的考虑是，如果此种情况是由于误计原材料数量所致（即多计数量），期末应出现较大数量的原材料盘盈。

第二，了解总公司（上市公司）本年的财务状况及可能存在的财务负担。这样的考虑是，此事项的结果是使企业虚降成本、虚增利润，总公司是否存在这方面的压力？

正如注册会计师所料，该公司的期末盘点确实盘盈了为数较大的线材，证实了注册会计师的判断。进一步了解，此事项是该分厂改变了线材的购买厂家，而新厂家线材的捆重高于原厂家所致。该分厂自此以后修改了内部控制中的相关条款，加强了对原材料和产成品计量方面的控制工作。

三、评估重大错报风险并设计进一步审计程序

了解被审计单位及其环境（包括内部控制）的信息之后，注册会计师要评估存货和营业成本认定层面的重大错报风险。为此，注册会计师必须考虑具体的错报与控制之间的关系。表10—8说明了存货的潜在错报和可能导致错报发生的内部控制的

缺陷。

表 10—8 潜在错报——存货

错报描述	举例	内部控制缺陷或增加错报风险的因素
存货成本重大错报	舞弊： ● 故意把生产成本错误地分配到存货。 ● 故意错报存货价格。 错误： ● 分配到存货项目的直接人工成本、直接材料成本和间接制造费用不准确。 ● 存货定价错误。	● 无效的董事会、审计委员会或内部审计功能；“高层基调”不利于道德行为，实现盈利目标的过度压力。 ● 无效的成本会计系统；未能及时更新标准成本。 ● 无效的存货成本数据库输入验证控制；将成本输入最终存货表的人员的监督失效。
存货数量重大错报	舞弊： ● 物品被盗，但没有会计分录反映。 ● 审计师没有访问到的位置的存货数量被系统地高报。 错误： ● 参与存货盘点的人员盘点错误。	● 无效的存货实物控制。 ● 无效的董事会、审计委员会或内部审计功能；“高层基调”不利于道德行为，实现盈利目标的过度压力。 ● 对存货盘点无效的控制或监督。
提前（推后）采购的确认——截止问题	舞弊： ● 故意把采购记录在下一个会计期间。 错误： ● 把当期的采购记录在下一个期间。	● 无效的董事会、审计委员会或内部审计功能；“高层基调”不利于道德行为，实现盈利目标的过度压力。 ● 无效的会计程序，不能把采购与实际验收的数据联系起来。

注册会计师根据评估的重大错报风险（包括固有风险和控制风险）设计进一步审计程序，包括控制测试和实质性程序。如果注册会计师在评估控制风险时假定控制运行有效，但根据对被审计单位的内部控制的了解，注册会计师并没有获得足够的证据表明控制运行有效，那么进一步审计程序必须包括控制测试。

一些风险被注册会计师认为是重大风险，需要特别审计考虑。例如，被审计单位可能拥有过时风险很高的存货。这种重大风险可能需要注册会计师在识别被高估的存货上执行更多的审计程序，比如执行详细分析性程序。重要的是，对于任何重大风险，注册会计师：(1) 必须评估相关的控制设计并确定它们得到执行；(2) 不能仅仅依靠分析性程序来应对风险；(3) 不能仅仅依赖以前期间评估相关控制运行效率时获取的证据。

四、执行进一步审计程序——控制测试

有关控制有效性的测试，有助于评估被审计单位的内部控制和确定注册会计师可以支持他们计划的关于存货和营业成本账户认定的控制风险评估水平。为了解被审计单位的内部控制，注册会计师要执行一定的控制测试。

(一) 控制测试的过程和要求

1. 检查采购交易样本的重要方面。恰当地记录采购交易和现金支出对保证会计记录的可靠性是十分必要的。因此，注册会计师会测试被审计单位采购交易循环的关键控制程序，具体包括以下步骤：(1) 选择一个采购交易样本；(2) 检查每笔采购交

易的请购单或其他授权文件；（3）检查样本里每个订购单相关的供应商发票、验收单以及付款支票，追踪交易到付款凭单登记簿和支票登记簿；（4）检查供应商的发票，查证价格审批、运费、信用条款和账户分配，验算综合计算金额和合计数；（5）将发票、订购单和验收单上列示的数量和价格相核对；（6）追踪从付款凭单登记簿向总分类账和所属明细分类账过账的情况。

例 10—2

某会计师事务所在年末对某公司的财务报表进行审计，在进行原材料购入与保存方面的内部控制测试时，发现该公司在存货购入与入库方面存在脱节状况。即原材料必须验收入库后，采购员才能持有仓库保管员签字的一式三联的原始凭证第二联到财务处报销；而作为第三联的入库单要作为仓库平时保管的原始凭证，月末送交财务处。相对而言，虽然在内部控制制度上要求每月进行第二、三联的相互核对，但是制度执行不够严格。注册会计师以此为发生错误的属性进行控制测试，发现差错率高于要求的控制水平。注册会计师认为，这就难免会出现仓库保管员原材料未入库也签字，从而形成未入库也报销的情况。

要求：描述注册会计师针对这样的状况应当怎样进行后续的审计工作。

回答：此例中的注册会计师按照下述程序进行工作，并根据了解的情况提出建议。

第一，抽查年度内 12 月份的原始凭证，即全面进行该公司 12 月份内入库单第二联与第三联的核对工作。经查核，该公司确实发现仓库保管员未见货物入库也为采购员签字的事项；在 12 月份，发现有 3 份期末已报销，但原材料尚未入库的情况。

第二，根据上述查核的结果，再扩大查核范围，查出了多起已报销未入库，以及入库数量少于报销数量的事项。

注册会计师对此事项提出的内部控制制度建议是：专设“在途材料”项目，记录和处理月末已付款、单据已到但货物未到的采购事项；同时，调整银行存款的支票管理方式，即若支票已付但货未到，允许采购员按照在途材料先予报销，货到时再从“在途材料”转入库存材料。制度调整后，该公司在这方面的管理水平有了很大的提高。

2. 执行成本会计系统测试。对于制造业领域的被审计单位，注册会计师应当熟悉被审计单位的成本会计系统。审计实务中可能遇到各种不同的产品成本计算方法。成本会计记录可以受总分类账户控制，也可能独立于总账会计系统之外运行。如果成本会计系统独立运行，完工产品的成本可能很难或者不可能验证，也可能只不过是一个合理的猜测。因为成本会计方法差别很大，即使是处在同一行业的制造企业也各不相同，因此成本会计系统审计程序的设计也必须适合每个审计案例的具体环境。

在所有成本会计系统中，制造成本的三要素都是直接材料、直接人工和间接制造费用。成本会计系统按照流程或作业归集实际成本或标准成本。注册会计师通过测试被审计单位的成本会计系统，来确定分配给特定作业或流程的成本被恰当地归集。

为了实现这一目标，注册会计师要测试直接材料的数量和单位成本、直接人工工时和小时工资率以及制造费用分配率和分配基础的适当性。归集于各项作业或流程的直接材料数量可以通过材料请领单来查证核实，材料单位成本可以追踪至原材料永续盘存记录或采购发票。注册会计师可以检查能够证明直接人工工时合计的工作时间券或时间汇总表，并且追踪雇员合同或个别员工人事档案来查证直接人工小时工资率。

注册会计师必须认识到，各不同企业存在多种间接制造费用分配方法。许多制造企业使用按照机器工时、直接人工费用、直接人工工时或一些类似的基础预定的制造费用分配率。会计界一般认为，变动制造成本应该依据业务活动的实际水平分配到各种产品；相反，固定制造费用应该基于生产设备的正常生产能力来分配。

企业会计准则要求，必须区分制造费用和销售费用及管理费用，因为销售费用和管理费用在发生的期间就被作为费用列支。对制造费用和非制造成本的会计处理的差异意味着这两种成本费用之间的根本差异。不过，实务中存在的一个问题是，我们经常不能断言，一项具体开支（例如负责生产的副总裁的工资）有多大比例应该归类为制造费用，多大比例应该归类为一般行政管理费用。尽管有这种困难，审计制造企业营业成本的一个关键程序就是确定制造费用成本合理分配到各账户。如果未能将制造费用正确地分配到各账户，会导致被审计单位预定制造费用分配率的重大失真以及多分配或少分配制造费用。注册会计师可能发现有必要获取或编制制造费用明细分类账户分析表，并且验证有关费用的适当性。然后，注册会计师必须确定机器工时、直接人工工时或公司用来预先确定制造费用分摊率及其他基础的总量的适当性。

如果使用标准成本，需要将它与有代表性产品的实际成本进行比较，以确定采用的标准是否反映了目前的材料和人工的消耗量和单位成本。还要复核制造费用的构成、制造费用在部门或产品间分配的基础以及年内分配基础变化的影响。对于所选产品的标准成本要进行查证，方法包括测试计算、综合计算金额和合计，以及追踪人工费用、材料费用和制造费用至原始资料。

注册会计师在研究制造企业的成本会计系统时，应该特别注意在会计年度内成本计算方法的变化及其对营业成本的影响。注册会计师还应密切关注完工产品成本归集方法和分批装运成本的记录程序。

例 10—3

某生产地毯、挂毯的公司财务报表显示，本年度实现的利润能够满足股东大会对管理层的利润要求。但是，在注册会计师对公司的成本费用进行审计时，发现该公司在年度内的 11 月份开始，改变了其产品成本计算方法，由原来的约当产量法改为计划成本法。改变方法后的在产品成本显著高于改变方法前的数额。

要求：如果你是注册会计师，应该怎样进行此业务的后续审计工作？

回答：注册会计师的后续审计工作及其结果如下：

第一，进行与在产品相关数据的重新计算。即若该公司不改变在产品计算方法，实际计算的在产品成本及其与本年利润的情况怎样。

第二，进行该公司所在行业情况的分析。即该公司所在行业对在产品核算后是否有专门要求，以及同行业其他企业的经营、效益状况，包括所采用在产品成本计价方法的选择。

经查询，该公司的高管人员也承认：若不改变在产品成本计算方法，即仍按照约当产量法计算在产品成本，本年的利润计划就无法完成；改变在产品成本计算方法虽有点儿勉强，但也有一定的道理，其他单位有这样做的，上述做法也征求过相关各方和大股东的意见。面对这种情况，注册会计师要求该公司将变换在产品计算方法的原因及其对当期损益的影响在信息披露中按照规范的方法说明，公司管理层按照注册会计师的要求进行了处理。

（二）如果有必要，根据控制测试结果修改重大错报风险

对被审计单位存货和营业成本内部控制的控制测试和描述为注册会计师提供了评价控制系统优缺点的证据。一旦控制测试显示有问题，注册会计师必须重新评估财务报告中关于存货和营业成本的认定层次的重大错报风险。表10—9说明了认定与各种控制之间的关系，展示了这些政策和程序的测试方法。然后，注册会计师根据其重大错报风险的评估结果来设计对这些账户的实质性程序。

表10—9 与认定相关的控制

内部控制制度或程序	对控制制度或程序的典型测试	存在和发生	完整性	截止	权利和义务	计价和准确性	列报和披露
存货采购和保管职责相分离。	观察并且询问各职能单位的执行情况。	√	√		√	√	
使用预先编号的请购单、订购单、验收单，并说明单据的顺序。	观察和询问预先编号单据的使用情况，并且检查说明单据顺序的证据。		√	√			
建立程序审批采购业务，将采购发票与订购单和验收单核对，验证采购发票的准确性。	观察和询问采购程序，通过检查授权和对账、核对经批准的订购单和验收单的具体内容以及验算发票金额来测试采购交易样本。	√			√	√	
建立原材料、在产品和产成品存货的总账控制，定期与生产记录相核对。	检查会计和生产记录以及所选的对账单。	√			√	√	√
建立成本会计系统控制，以工作通知单或生产工序为基础准确归集存货成本。例如，独立复核成本归集。	检查独立复核成本归集的证据，参考请购单和采购发票验算材料成本，参考劳动时间和工薪记录以及制造费用分配率验算直接人工成本。					√	
分析并追踪与标准成本的差异。	检查存货报告，检查追踪差异的证据。	√	√			√	
使用永续盘存制控制存货。	询问存货永续盘存的程序，参考采购发票、验收单和生产记录测试存货记录的正确性。	√	√	√		√	√
使用合适的程序进行存货实物盘点。	复核存货指令，观察存货盘点过程。	√	√	√	√	√	
建立适当的存货实物控制。	观察和询问存货实物控制制度及程序。	√			√		

五、执行进一步审计程序——存货和营业成本的实质性程序

（一）获取存货清单并与分类账进行核对

注册会计师要获取一个存货清单汇总表，并且把它与总分类账和明细分类账进行核对。清单的性质会有所不同，这取决于被审计单位是从事制造业还是只是简单地从事商品零售业务。注册会计师执行这个步骤的目的是保证存货记录与财务报表上的记录相一致。

（二）评估被审计单位的存货盘点计划

要保证存货盘点的效率和效果，需要预先细致地计划。注册会计师和被审计单位人员共同制定盘点所遵循的程序，能够防止不必要的混乱并有助于实现一个完整的、控制良好的盘点目的。首先，被审计单位管理层要指定一名员工负责盘点，负责从程序的起草开始一直到最后确定所有存货的金额。

在制定存货盘点计划时，被审计单位应该考虑多个因素，例如：（1）选择最佳日期；（2）工厂的某些部门暂停生产；（3）分离陈旧的产品和残次品；（4）通过使用标签或库存表建立盘点过程控制；实现适当的销售和采购交易截止；（5）安排工程师或其他专家进行服务，以确定某些货物或材料的数量和质量。

一旦计划形成，必须作为审计证据归档，并且以书面指令的形式与负责盘点的员工进行沟通。这些指令通常由被审计单位起草，由注册会计师复核并判断其充分性。表10—10 是一家大型服装店的财务主管编制的一组盘点指令，供监督员使用。为了评估盘点指令的充分性，注册会计师应该考虑存货的性质和重要性，以及存在的内部控制。通常，注册会计师会建议存货盘点在接近资产负债表日进行，但是，如果被审计单位具备有效的内部控制和永续盘存记录，注册会计师也可以观察被审计单位在会计期内进行的存货盘点，无须修改审计报告。如果被审计单位打算采用统计抽样技术估计存货数量，注册会计师应当评估抽样方法的统计有效性、抽样风险的适当性以及可接受的抽样风险。

表 10—10　　存货盘点指令

智德百货商店 存货盘点指令 201×年 12 月 18 日
全体主管： 各仓库的所有部门将在星期天（201×年 12 月 25 日）进行全面盘点，从上午 8：30 开始直到完成盘点为止。员工要在上午 8：15 报到，领取盖章的最终盘点指导。 在 12 月 25 日之前的一周内，各部门主管应该确保每个部门的货物整理有序。具有相同物料编号的货物应该存放在一起，已损坏的货物应该分离出来，在盘存表上单独列示。 每个盘点小组由一名主管负责，主管应该定期观察，以确保在盘点和编写盘点清单的过程中遵守盘点指导。 12 月 25 日上午 8：00，一批预先顺序编号的盘存表将发给每个主管，然后发放给各盘点小组。各主管要对所有的盘存表负责，包括已用的、未用的和无效的。每个主管会得到一份所负责盘点小组的清单。 当一个盘点小组完成部门盘点时，该小组的主管要陪同来自会计师事务所的独立注册会计师代表进行抽点。每张盘存表上都会留空，供主管复核后签名。独立注册会计师完成一个部门的监盘工作后，责任主管应该收回盘存表。所有存货盘点完成后，要把所有完成的盘存表按顺序号整理后交给我。 星期六（12 月 24 日）晚上，各位主管和员工离开仓库之前，要确保每个部门内务管理秩序良好，所有的商品都贴上价签。

> 如果你对本指令或有关存货盘点的其他方面有任何疑问，请与我沟通。
>
> 总会计师：马勇来
> 201×年 12 月 18 日

注册会计师的预定计划对保证在存货盘点时有效使用审计员工也是非常必要的。注册会计师应该确定监盘日期、抽点的范围、需要的被审计单位的协助、每个位置需要的审计人员人数以及估计需要的时间。当涉及多个地点时，注册会计师必须确定评估的重大错报风险是否允许忽略对特定位置的监盘。当仅需要监盘部分特定位置时，注册会计师应该考虑不提前通知被审计单位具体要监盘的位置。另外，制定监盘计划时，应当保证被审计单位员工不知道被注册会计师抽点的物品的具体种类。

预先计划也可能提醒注册会计师需要信赖专家的建议，以免除自己对存货测试的责任。例如，零售珠宝商的注册会计师可能雇用一个独立的宝石专家验证被审计单位存货中的宝石和金属品。同样，化学品生产商的注册会计师可能依赖于一个独立的化学专家的意见来验证被审计单位存货的成分。当会计师事务所为参与特殊业务审计的员工编制书面指令时，该指令不能提供给被审计单位。该指令的目的是确保所有的注册会计师了解他们的任务并能够高效地完成存货盘点工作。表 10—11 是一个存货监盘书面指令的例子。

表 10—11　**存货监盘指令**

智德百货商店
审计人员存货监盘指令
201×年 12 月 18 日

我们将于 201×年 12 月 25 日对智德百货商店的以下仓库进行存货监盘：

仓库	仓库管理者	事务所员工
电料五金	张欣	张静莉，武庄
服装鞋帽	王宝柱	宋瑞祥
文化用品	刘利刚	卢珊珊

上午 8：00 及时到指定仓库报到。附件是被审计单位公司给负责进行存货盘点的员工和负责监督的主管的详细盘点指令。这些指令看起来是完整和适当的，我们应该通过观察证明这些指令的遵守情况是令人满意的。

所有盘点过的货物都要列示在预先编号的盘存表上。我们应该抽点存货项目的大约 5%，以保证存货盘点的准确性。主要抽点价值较高的存货项目，具体见所附清单。抽点情况要记录在工作底稿中，包括如下信息：

部门编号
盘存表编号
存货编号
存货项目品种
数量
价格标签标示的售价

我们应该确定对发出的预先编号的盘存表保持充分的控制。我们还应该编制一个用于各部门或仓库存货转移、减价或涨价使用的最后编号的清单。在我们确认“通过”之前，盘点表不能从部门拿走。我们不可以延误这个操作。

每个员工的工作底稿都应该包含对存货盘点充分性的评价，以及监盘所用时间汇总。

不需要执行现金或其他截止程序作为存货监盘的补充。

（三）观察存货盘点，并进行抽点

存货盘点及其控制和监督都不是注册会计师的职责，这是管理层的责任。注册会计师的责任是观察存货的盘点。然而，存货监盘意味着更多的是要扮演积极的角色而不仅仅是一个旁观者。

1. 我国注册会计师审计准则对存货监盘的要求。按照我国注册会计师审计准则的要求，如果存货对财务报表是重要的，注册会计师应当实施下列审计程序，对存货的存在和状况获取充分、适当的审计证据：（1）在存货盘点现场实施监盘（除非不可行）；（2）对期末存货记录实施审计程序，以确定其是否准确反映实际的存货盘点结果。

在存货盘点现场实施监盘时，注册会计师应当实施下列审计程序：（1）评价管理层用以记录和控制存货盘点结果的指令和程序；（2）观察管理层制定的盘点程序的执行情况；（3）检查存货；（4）执行抽盘。

此外，我国注册会计师审计准则还要求：如果存货盘点在财务报表日以外的其他日期进行，注册会计师除实施监盘规定的审计程序外，还应当实施其他审计程序，以获取审计证据，确定存货盘点日与财务报表日之间的存货变动是否已得到恰当的记录。如果由于不可预见的情况，无法在存货盘点现场实施监盘，注册会计师应当另择日期实施监盘，并对间隔期内发生的交易实施审计程序。如果在存货盘点现场实施存货监盘不可行，注册会计师应当实施替代审计程序，以获取有关存货的存在和状况的充分、适当的审计证据。如果不能实施替代审计程序，注册会计师应当按照中国注册会计师审计准则的规定，在审计报告中发表非无保留意见。如果由第三方保管或控制的存货对财务报表是重要的，注册会计师应当实施下列一项或两项审计程序，以获取有关该存货存在和状况的充分、适当的审计证据：（1）向持有被审计单位存货的第三方函证存货的数量和状况；（2）实施检查或其他适合具体情况的审计程序。

2. 注册会计师存货监盘的实际工作要求。注册会计师的职责是参加被审计单位的存货实地盘点，并且：（1）检查存货，确定它们的存在，评估它们的状况，并进行抽点；（2）观察存货盘点是否遵循管理层的盘点指令；（3）获取关于盘点程序可靠性的审计证据。通过这个程序，注册会计师设法确定被审计单位拥有的所有可用的存货都包括在盘点统计中，同时要警惕存货中包括陈旧或已损坏的物品的可能性。

原材料存货上有过多的灰尘或锈迹可能暗示其已报废或销售极少。被审计单位应将这些物品分离并且减记至其可变现净值。

注册会计师还要将盘点之前发出的最后一张验收和货运单据的序列号记录下来，便于在以后确定截止的准确性。对于在盘点过程中发生的发货或验收货物的行为应该给予密切观察并且进行必要的核对。注册会计师的存货监盘还要着重确定被审计单位控制着存货标签或盘存表的适当性。存货标签和盘存表都应该被预先编号，以便所有的标签和表单都能得到解释。

在存货监盘的过程中，注册会计师要对所选的存货项目进行抽点。抽点范围会因重大错报风险水平和被审计单位存货的重要性不同而存在很大差异。抽点的代表性编号应该在审计工作底稿中记录，以备之后与完成的盘点清单进行核对。

在存货盘点期间，通常将连续编号的（或计算机生成的）盘点标签附在每批货物上面。设计和使用标签的目的是防止两种常见的陷阱：（1）意外遗漏的货物数量；（2）物品的重复计数。

许多公司委派由两名以上员工组成的小组去盘点存货。每个小组会得到一系列连续编号的标签，并且需要把无效的或未使用的标签退还给盘点主管。

实际盘点、填写存货标签以及撕掉标签，都是由被审计单位的员工完成的。如果物品上还贴着存货标签，注册会计师就可以在他们认为适当的情况下进行抽点。注册会计师要在他们的底稿上列示抽点到的物品的标签编号。通常，只有当注册会计师表示他们对盘点准确性满意后，被审计单位员工才会收集（撕掉）存货标签。

将他们的抽点结果与存货标签进行核对时，注册会计师不仅要警惕数量错误，还要警惕部件编号、品种、计量单位以及存货项目的其他方面出现的错误。抽点在产品存货时，注册会计师应当确定存货标签显示的完成百分比或进度是否恰当。

一旦注册会计师的抽点结果与盘点数不一致，需要被审计单位员工立即进行重新盘点并纠正错误。如果发现过多的错误，整个部门甚至整个公司的存货都应该重新盘点。

被审计单位经常把存货标签上列示的信息抄到连续编号的盘存表上，并根据盘存表进行存货计价和汇总存货价值总额。在收集存货标签后，负责存货盘点的被审计单位员工要确定所有的标签都是按照序列号排列的，注册会计师应该确定被审计单位对存货标签和盘点表的编号保持了控制。

使用电子设备管理存货的被审计单位可以通过机器可读的存货标签进行存货盘点和汇总。盘点前，对标签进行编码，注明标签编号、零件编号、存货品种和单位价格。盘点结束后，标签的信息扫描进电脑，将每项存货的数量乘以单位价格计算出总金额，并打印出一个完整的存货汇总表。

3. 对注册会计师存货盘点工作底稿方面的要求。注册会计师工作底稿上列示的抽点和标签编号要追踪至被审计单位的存货汇总表。存在的差异不应视为盘点错误，而是作为从标签复制数据的错误、蓄意修改的标签或者虚构标签。

在存货监盘过程中，注册会计师应进行询问，以确定被审计单位持有的材料或物品中是否有他人的财产，例如寄售品或委托加工材料等。

适用于被审计单位持有的寄售品的审计程序包括：比较盘点记录与被审计单位寄销品记录；复核寄售合同和被审计单位与寄售人的往来信件；直接与寄售人进行书面沟通。执行这些程序的目的是：（1）确认资产负债表日持有的物品的数量和价值；（2）披露被审计单位对其持续提供销售收入的责任或无法收回应收寄售款的可能性。

所有参与存货监盘的注册会计师都要编制工作底稿，载明抽点的范围，描述注意到的差异，并且对存货盘点是否正确地遵循了被审计单位盘点指令得出一个结论。主管注册会计师应该编制一个简明的备忘录，载明监盘的整体范围以及抽点存货的价值占存货总价值的比例。备忘录还可能包括对仓库质量和条件因素考虑的评价、对所持有寄售品的处理以及在盘点过程中对发运和验收的控制。表 10—12 是一个存货监盘备忘录的例子。

表 10—12　　存货监盘备忘录

威盛服装公司
存货监盘评价　　D—9

1. 存货盘点的预定计划。被审计单位于20×5年12月31日进行了存货盘点。在此两周之前，我们复核了总会计师王林蓝写的书面存货盘点指令。这些指令看起来非常充分并且反映出被审计单位在以前年度的盘点过程中积累的经验。计划要求工厂在12月31日全面停工，因为以前年度的盘点在执行过程中受到了移动生产资料的干扰。王林蓝主持了所有被指定参加存货盘点的员工的培训大会，会上解释和讨论了书面盘点指令。

2. 存货监盘。20×5年12月31日存货盘点期间，我们一直在现场。盘点前，所有的材料都已摆放整齐，贴上标签，并且按类别分别存放。两名员工组成一个盘点小组，一人负责盘点和报数及描述货物，另一人负责在连续编号的存货标签上填写数据。盘点货物时，盘点小组会撕掉存货标签"第一次盘点"的部分。之后，第二次盘点由独立于第一盘点小组的另一个组进行，第二小组在标签的"第二次盘点"部分记录下盘点数量。

我们对大量物品做了抽点，覆盖了存货总价值的大约60%。抽点结果记录在我们的工作底稿中并按照下面注明的方式使用。我们在工厂的观察表明，盘点指令要求的第一次和第二次盘点都是以系统和谨慎的方式执行。员工细心和警觉的态度表明，盘点前的培训会议对员工理解准确盘点的重要性是相当有效的。在存货标签的"第二次盘点"部分被撕掉之前，我们与王林蓝一起视察了公司的所有部门，并且确信所有的货物都被贴上标签并实施了盘点。

12月31日没有发出货物。我们确定收货部门在这天收到的所有货物都有验收单。我们记录了20×5年度最后的验收单和最后发货通知单的序列号，比较了盘点数量与永续盘存记录数，发现无显著差异。

3. 材料的质量和状况。有一些陈旧零部件在盘点之前就已经被移出仓库并且减记至废料账面价值。根据我们的个人观察和对监管者的询问，我们有理由相信存货中没有包含任何陈旧和有缺陷的材料。在存货监盘的过程中，我们通过比较库存数量和最近月份使用的数量，测试了10个存货项目库存数量的合理性，占存货总价值的40%。我们没有发现在任何一个项目存货的库存数量超过3个月的正常使用量。

会计师：陈吉河
20×6年1月3日

4. 与存货监盘相关的其他事项的汇总说明。除了上述集中盘点的情况外，还会有下列具体的事项与工作。

（1）外部存货盘点公司。一些被审计单位会雇用专业公司进行存货盘点。例如，零售连锁店通常雇用专业公司盘点公司各商店的存货。这些存货盘点公司通常在盘点日对被审计单位持有的存货进行清点、列示、定价和估值。尽管这些公司相对于被审计单位员工是独立的，但是他们的盘点不能作为关于被审计单位存货足够充分的审计证据。注册会计师应该评估外部公司使用的程序的有效性，并且执行前面章节提出的充分的审计程序。

（2）存放在公共仓库的存货和寄售的存货。把存货存放在公共仓库的公司通常会收到这些货物的收据。只检查这些收据不足以证明货物存放在公共仓库。一般的做法是，如果存放在公共仓库的存货金额占公司流动资产总资产的比重很大，注册会计师应当直接对外部托管人进行函证和执行补充程序，例如，复核被审计单位对仓库的调查，评估保管被审计单位货物的仓库的性能。注册会计师还应该考虑获取会计人员对仓库与保管货物相关的控制的报告。如果金额重大，或存在值得怀疑的理由，注册会计师可以决定视察仓库并监盘被审计单位存放在仓库的货物。

查证承销人持有的货物，首先要从被审计单位处获取一份承销人的清单和全部寄售合同副本。要密切关注有关运费和其他手续费的支付、信用延期、佣金的计算、报告和汇款的频率等合同条款。在复核寄售合同和被审计单位寄售品的发货和收款的记录之后，注册会计师应当直接与承销人沟通，并获得有关资产负债表日的寄售品、应收账款、未汇款收入以及应计费用和佣金的完整的书面信息。被审计单位经常会拥有一些先由分包商进行加工后再用于本公司生产的原材料。注册会计师应当确认分包商拥有的财产中属于被审计单位的材料的数量和品种。

（3）注册会计师在年后进行审计时的存货查证。如果打算进行独立审计，则应当在年底之前雇用注册会计师，这样他们就可以参与盘点的预先计划并做好实际监盘准备。然而，有些时候，注册会计师到年后才被雇用，因此就会导致在资产负债表日后稍晚些时候雇用新的注册会计师。

在这种情况下，注册会计师可能会得出这样的结论：因不能获得关于存货的充分适当的证据，从而无法对财务报表的整体公允性发表意见。但是，在一些情况下，注册会计师可以通过替代审计程序获得关于存货的满意结果。理想的环境包括：具有强有力的内部控制，具有永续盘存记录，可获取盘点指令和其他记录显示被审计单位在年末或接近年末进行了精心组织的存货盘点，并且新任命的注册会计师进行了抽点。如果注册会计师打算发表标准无保留意见，他们对存货的调查必须包括实际接触存货实物，必须足够彻底以弥补他们不在存货盘点现场的缺憾。这样的替代审计程序是否可行以及能否令注册会计师满意，取决于特定审计业务的具体情况。

（四）复核采购和销售交易的年终截止

准确的采购截止是验证年末存货的存在和完整性的最重要要素之一，要求公司将截止到年末拥有权利的项目都包括在存货中，并登记相关账户。

例 10—4

假设某公司在 12 月下旬从一个供应商处收到一批价值 10 000 元的货物，但是采购发票直到 1 月 2 日才收到，并且收到的发票被作为 1 月份的交易入账。如果该批货物也没有被包括在 12 月 31 日的盘点记录里，而是直接计入了成本费用，但是没有把这笔采购和负债记在 12 月份的账目上，会形成什么样的结果？或者是反过来看，如果采购发票在 12 月 31 日收到并且入账，但是发票涉及的货物直到几天后才收到，并且没有包括在年末的存货盘点记录中，结果又会怎样？

要求：请作为注册会计师的你，回答以上问题。

回答：符合要求的回答包括以下几点：

第一，如果在年底已经收到货物，但发票后到，结果将是低报年终存货，低报应付账款，错误金额即为 10 000 元。但是，若该批货物（或劳务）已经用于生产经营，则该公司为高报年度净利润和年末留存收益，低报应付账款，错误金额仍是 10 000 元（忽略所得税）。

第二，如果采购发票在 12 月 31 日收到并且入账，但是发票涉及的货物直到几天后才收到，并且没有包括在年末的存货盘点记录中，则会发生相反的情形。记录了采购业务却没有把货物包括在存货中，这时就要正确地了解企业关于在途材料账户的设置与记录情况，以判断此笔业务的账务处理是否正确。

由上例可知，注册会计师如何确定被审计单位对包含在存货中的所有货物都已记录了对供应商的负债，他们采用的方法是抽检在盘点日之前和之后几天的采购发票和验收单。文件中的每张采购发票都应该附有验收单；如果发票记录日期为 12 月下旬，而所附的验收单日期为 12 月 31 日或更早，那么货物一定是在库的，并已经包含在年终存货盘点记录中。相反，如果验收单日期为 1 月份，货物就不包括在 12 月 31 日的盘点记录中。

检查采购发票与验收单是否匹配的补充程序是检查验收部门的记录。对于每笔临近年末时收到的货物，注册会计师都应确定相关的采购发票是否记录在同一时期。

如果相关的负债在下一个会计期间才入账，那么未把年末在途采购作为存货盘点的一部分，对财务报表的影响通常不严重。换句话说，影响采购截止准确的一个关键点是，购买交易的两个方面必须在同一会计期间记录。如果一批货物包括在采购方的年末盘点中，则必须同时借记存货账户和贷记应付账款账户。如果货物没有包含在采购方的年末盘点中，采购发票就必须在下一个会计期间入账。

当然，为实现采购准确截止而进行的会计调整，要由被审计单位的员工来做。注册会计师的职能应该是复核采购截止并且确定是否已做必要的调整。

本书在上一章讨论了确定销售截止准确性的审计程序。这里再次提到的销售截止，是要强调它对于确定被审计单位的存货和营业成本的公允性的影响与对应收账款和销售的公允性的影响同样重要。

（五）获得一份完整的盘点副本，测试其准确性并追踪抽点

测试存货盘点清单中的单项金额和合计金额，可能会揭示出存货盘点的错报。通常，测试包括目测存货清单金额的百位和千位数，也可以运用通用审计软件来测试综合计算金额和合计金额。

在测试单项金额时，注册会计师应警惕两个重大错误来源：一是放错小数点；二是计量单位与单位价格相乘的错误。例如，一张存货清单显示，将 1 000 单位乘 1 元（正确的做法应是乘 10 元），综合计算金额计为 1 000 元，结果低报了 9 000 元。再如，如果每片钢板的重量超过 10 千克，那么将 1 000 片钢板按照 1 000 千克乘以每千克 5 元的单价得出的金额，显然会大大低报钢板的价值。

注册会计师还应将他们在存货监盘期间所做的抽点追踪至完整的存货盘点记录。追踪时，注册会计师要警惕任何存货标签被更换或虚构标签的迹象。注册会计师还要将被审计单位盘点清单上的存货标签编号序列和监盘工作底稿上标注的标签编号进行核对。设计这个程序是为了确定被审计单位没有遗漏清单上的存货项目，也没有将盘点时并不存在的存货列入清单。

另一个测试存货盘点记录准确性的方法，是将实物盘点结果与存货账面记录相核对。存货项目的数量和金额都要与公司的永续盘存记录进行比对。各类存货的合计金额也要与相应的总账账户的数额进行核对，对所有重大差异都要全面调查。通过对比发现的编号、种类差异，以及产生差异的原因等，对评估存货的控制风险是相当重要的。

注册会计师要负责确定存货计价的依据和方法是否遵守了企业会计准则。对存货计价的调查通常强调以下三个问题：（1）被审计单位使用的存货计价方法是什么？（2）使用的计价方法与以前年度相同吗？（3）被审计单位所选择的计价方法是否得到一致而准确的应用？

对于第一个问题，计价方法，存在一系列可行的方案，包括成本法、成本与市价孰低法、零售价格法和市场价格法（适合在有组织的交易所交易的金属和大宗商品）

等。当然，成本法包括许多不同的方法，如先进先出法（FIFO）、个别计价法、加权平均法和标准成本法。要特别提醒，国际会计准则和我国企业会计准则不允许采用后进先出法（LIFO）进行发出存货计价。第二个问题，关注存货定价方法在年度之间的变化。例如，假设被审计单位存货计价方法由先进先出法改为加权平均法，需要披露存货估价方法改变的性质和合理性以及对收入的影响。另外，注册会计师应当在审计报告中加入一个解释性段落，说明这两年的存货计价方法缺少一致性。第三个问题涉及被审计单位采用的计价方法在实践中是否得到一致准确的应用。要回答这个问题，注册会计师必须对足够多的存货项目的计价进行测试。

（六）测试存货计价

制造企业的原材料、外购零部件和物料的计价测试方法与商业企业的商品定价测试方法类似。在这两种情况下，不论存货发出计价方法是先进先出法、加权平均法还是个别计价法，存货成本都要通过参考采购发票予以证实。表 10—13 是一个注册会计师在执行原材料存货和外购零部件存货的计价测试时编制的电子工作底稿。

表 10—13 存货计价测试

腾达公司
计价测试——原材料和外购零部件 D—5
20×6 年 12 月 31 日

存货编号	品种	账面存货数量及单价	供应商名称	日期	发票编号	供应商发票 数量及单价	
8Z 182	铝材 48×144×0.025	910 片 @ 10.10	希望公司	20×6.12.18	5415	1 000 @ 10.10	y
8Z 195	铝材 45/72×0.032	804 片 @ 9.01	瑞豪制造公司	20×6.11.28	3201	500 @ 9.01	y
				20×6.12.22	3456	400 @ 9.01	y
K1125	不锈钢板 0.025×23	80 625 片 @ 0.80	健林钢材公司	20×6.12.3	K182	100 000 @ 0.80	y
K1382	不锈钢板 0.031×17	65 212 片 @ 0.82	健林钢材公司	20×6.12.3	K182	75 000 @ 0.82	y
XL3925	10 H.P. 电子电动机	50 个 @ 400.00	丰盛制造公司	20×6.11.18	D2532	100 @ 400.00	y
XJ3824	3/4 H.P. 电子电动机	645 个 @ 30.50	龙跃公司	20×6.12.29	E9215	650 @ 30.50	y

选定进行计价测试的原材料和外购零部件存货价值：301 825.56 元
选定进行计价测试的原材料和外购零部件价值占总额的比例：301 825.56/503 615.10=60%
进行计价测试的原材料和外购零部件的选取方法，见审计方案 B—4。
y=接受供应商发票价格

结论：基于我们的测试结果，我们认为原材料和外购零部件计价实质上是正确的。

陈明辉
20×6.1.4

验证在产品和产成品存货价值的审计程序不像原材料和外购商品那么简单和准确，因为后者可以很容易获取采购发票。要确定被审计单位使用的存货计价方法得到正确应用，注册会计师必须对所选产成品和在产品项目的计价进行测试，测试必须参照被审计单位归集直接材料、直接人工和间接制造费用的成本会计记录。为使测试涵盖存货总价值的大部分，注册会计师会选择总价值较大的项目进行测试。

例 10—5

H 酿酒公司，作为原料的高粱等系在年内一次性购入。该公司在 20×5 年有重要的融资活动，因此对会计信息有高盈利水平的愿望。在年末之前，华兴会计师事务所进行审计时，首先对被审计单位全年的经营状况进行了报表分析：今年的收入成本率有较大的变动，毛利率上升；而恰在这一点上，H 公司与同行业的毛利率普遍减低存在差别。注册会计师进一步对成本因素进行了分析，结果见表 10—14。

表 10—14　　成本要素分析表

成本项目	上期金额	上期比重	本期金额	本期比重	差异额	差异率
直接材料	8.94 元	59.72%	6.83 元	50.67%	−2.11 元	
直接人工	3.77 元	25.18%	4.02 元	29.82%	0.25 元	
制造费用	2.26 元	15.10%	2.63 元	19.51%	0.37 元	
单位成本	14.97 元	100%	13.48 元	100%	−1.49 元	

要求：根据上述资料对被审计单位的年末成本资料的正确性进行评价。

回答：注册会计师经分析得出的初步结论是 H 公司本期成本有所降低，关键是原材料成本有了较大幅度的降低。针对上述初步分析的结果，注册会计师对 H 公司存货管理系统先进行了下述控制测试：

第一，进行原材料单位成本的进一步分析，以检查原材料成本降低的原因是由于量差还是价差。这样做的思路是，由于被审计单位公司的原材料是在全年一次性购入，因此年内的成本比重变动主要是量差原因。

第二，进行原材料成本结转的会计处理工作查核，看是否存在原材料结转价格差错的情况。这样做的考虑即为，如果 H 酿酒公司没有技术上的较大突破或者是产成品种类变动，那么，原材料成本的降低很可能是发生了材料价格错计的情况。

经查核，该公司确实存在为了追求满意的盈利水平数据而调整原材料单价的问题。在注册会计师的要求下，H 酿酒公司对不正确的会计处理进行了调整。即做如下会计分录：

借：库存商品（假设该产品已完工入库，此处补记少计原材料的部分）

　贷：原材料（即经过核实后应补记的原材料数额）

相关的净利润、提取公积金、期末未分配利润的调整略。

（七）成本与市价孰低测试

按照一般规则，存货账面价值不应该超过其可变现净值。依据我国企业会计准则，成本与市价孰低法用于计量存货价值的跌价损失。成本与市价孰低测试通常是将存货项目的账面成本与其净变现价值（上限是可变现净值，下限是可变现净值减毛利）进行比较。同样，若依据国际会计准则，也要将存货项目的账面成本与其可变现净值进行比较；并且，如果以后存货价值回升，要在原减记的范围内恢复存货价值。

（八）执行分析程序

通过分析程序确定存货数据的整体合理性可以揭露存货的重大错报风险。例如，对各类存货与以前年度金额相比主要的增减状况，要进行识别和调查。

在某些行业，尤其是零售和批发公司，每年的毛利率可能变动不大。根据毛利百分比法估计的期末存货和年末盘点的存货之间如果出现重大差别，应该进行全面调查。如果被审计单位的存货存放在多个仓库中，其中一些仓库注册会计师没有到访，那么比较各仓库的毛利可以揭示那些没有到访的仓库是否存在高估现象。

根据年度营业成本与月度财务报表中披露的存货平均余额之间的关系，计算存货周转率（最好是按单个产品计算），也是一种很有用的测试方法。可以把周转率同以前年度的一般水平进行对比，周转率的降低表明有可能存在陈旧存货或不必要的大量存货。浏览永续盘存记录也可能发现陈旧的存货。

注册会计师对存货交易的分析程序往往会包括比较各期采购交易量。按供应商和产品类别进行交易分类比较，可以揭示出异常的购买数量的变化或异常的从特定商家集中购买，表明可能存在利益冲突。

注册会计师还要查看所有与营业成本有关的总分类账户，确保他们不包含明显的错报。例如，注册会计师可能发现杂项收入和费用被误记为营业成本。

制造商的注册会计师应该从被审计单位获取或编制一张分月的营业成本分析表，具体分解为直接材料、直接人工和间接制造费用项目。分析还应该说明营业成本的所有异常和一次性的增加或减少。

还应注意的是，注册会计师在执行审计业务时要充分利用非财务信息。使用非财务信息建立分析性程序的预期值对存货审计而言是非常有效的。例如，如果被审计单位的存货存放在多个仓库中，注册会计师可以按存放在每个仓库中的存货的占地面积来比较其总量，也可以比较存货的金额和实物单位。对于制造企业，存货和营业成本金额可以与各种生产统计数据进行比较，例如直接人工小时、机器工时等。

（九）确定是否有存货已经抵押出去，复核采购和销售承诺

注册会计师验证存货，还要确定是否有货物被抵押或留置。在函证银行存款余额和债务时，可以查出作为银行贷款保障的存货抵押。

未支付采购承诺记录通常是比较容易取得的，因为这一信息对管理层维护对公司存货状况和现金流的控制是至关重要的。

有些行业的惯例是，刚好在预定的交货日期之前签订商品或材料采购合同。注册会计师通过比较承诺报价与在资产负债表日供应商的最终价格，可以指出如果公司销售合同不能保障采购承诺所导致的实质损失，这些损失应该反映在财务报表中。

注册会计师应当根据当前和未来的需求量复核购买承诺的数量，考虑过去的交易情况、销售订单的积压以及当前在行业所处的状况。如果订单上的数量超过这些标准，注册会计师应该搜集该经营阶段的全面信息。购买承诺可能需要在财务报表中披露。

可以通过被审计单位积压的未发货销售订单来发现销售承诺。销售承诺引起的损失通常采用成本与市价孰低法确认，其中市价被定义为应用于承诺销售的产成品或在产品的可变现净值。另外，积压的订单可能还包括截止到资产负债表日还没有开始生产产品的销售订单。注册会计师必须复核被审计单位对这些销售订单的成本估计，如果估计生产订单货物的总成本超过固定销售价格，其损失及相关负债应在被审计单位当期的财务报表中记录。

（十）评估存货和营业成本在财务报表中的列报，包括信息披露的充分性

在财务报表中正确列报存货的一个重要内容就是披露所采用的存货计价方法。除此以外，还应披露以下重要内容：存货估价方法的变更，及其造成的金额影响和变更的理由；存货的各种类别，如产成品、在产品和原材料；所有与存货抵押相关协议的具体内容；存货跌价损失准备的减少；存货采购承诺和条款。注册会计师要复核被审计单位对这些事项的披露，以确定他们是否遵循了企业会计准则的要求。

例 10—6

B会计师事务所于2月份对丙公司上一年度的财务报表进行审计，注册会计师林毅负责成本费用情况审计。他在实施分析程序后发现，相对于所在的行业，丙公司的利润情况要差一些，而在其中最鲜明的是丙公司的原材料成本在本年的成本中不降反升，为此他准备对原材料成本上升最快的上年12月份的原材料成本实行特别关注的细致测试。他取得的12月份的原材料发出单据情况见表10—15。

表 10—15 丙公司原材料购入发出单 金额单位：元

日期	摘要	收入			发出			结存		
		数量	单价	金额	数量	单价	金额	数量	单价	金额
1	结存							200	50	10 000
5	购入	600	60	36 000				600	60	36 000
19	发出				400	60	24 000	200	50	
								200	60	22 000
26	购入	500	70	35 000				200	50	24 000
								200	60	35 000
								500	70	
29	发出				500	70	35 000			
					200	60	12 000	200	50	10 000
31	合计	1 100		71 000	1 100		71 000	200	50	10 000

注：丙公司原材料发出采用先进先出法。

林毅因此项业务询问了编制记账凭证和登记账户的会计人员，他们的回答是依据原始凭证编制的记账凭证。林毅记录了几位会计人员的谈话内容，复印了这张账页及作为记账依据的记账凭证和原始凭证，以作为审计证据。

要求：请解释林毅会计师这样查证的原因和计算过程。

回答：根据进一步的对丙公司所处行业的调查了解，及进行本期的成本分析程序后，林毅认为，由于丙公司本年利润较高，因此存在变换原材料的计价方法，为下一年度做“准备”的不正确做法。面对这种情况，林毅要求丙公司的会计人员按照先进先出法调整本年12月份的账项，将账页登记的内容调整为如表10—16所示。

表 10—16　　丙公司采用先进先出法时原材料购入发出单　　金额单位：元

日期	摘要	收入			发出			结存		
		数量	单价	金额	数量	单价	金额	数量	单价	金额
1	结存							200	50	10 000
5	购入	600	60	36 000				600	60	36 000
19	发出				200 200	50 60	10 000 12 000	400	60	24 000
26	购入	500	70	35 000				400 500	60 70	24 000 35 000
29	发出				400 300	60 70	24 000 21 000	200	70	14 000
31	合计	1 100		71 000	1 100		67 000	200	70	14 000

丙公司按照林毅的要求，作了下面的会计分录：

借：原材料　　4 000

　贷：生产成本　　4 000

同时，丙公司的会计人员也调整了其他应调整事项及其相关会计信息披露方面的内容。所作的会计分录为：

借：本年利润　　4 000

　贷：营业成本　　4 000

同时：

借：应交税费——应交所得税　　1 000

　　盈余公积——法定盈余公积　　400

　贷：所得税费用　　1 000

　　　利润分配——提取盈余公积　　400

六、初次审计中与存货相关的问题

注册会计师需要在现场观察期末存货的盘点，审计文献对此都一致强调。然而，期初存货的数据对于确定当年营业成本和净利润同样重要。初次审计一个被审计单位时，注册会计师可能并没有现场观察当年年初的存货盘点。为了获取存货的期初数是否被公允列报的证据，他们能够采取哪些审计程序呢？

要考虑的第一个因素是，是否有其他的会计师事务所在上一年对被审计单位实施了审计。如果复核前任会计师事务所的工作底稿的结果表明其遵循了公认审计标准，那么新的注册会计师可以接受存货期初余额，只需要做最低限度的调查，主要包括以下步骤：(1) 研究被审计单位采用的存货计价方法；(2) 复核存货记录；(3) 复核上年存货盘点时的盘存表；(4) 比较各类存货的期初余额和期末余额。

如果对上一年的审计结果不满意，对期初库存的调查除上述程序外还应包括以下步骤：(1) 与被审计单位负责上年资产负债表日存货盘点的员工进行讨论；(2) 研究制定盘点计划时使用的书面指令；(3) 追踪多项存货的存货标签或盘点表至最终的存货汇总表；(4) 通过参考验收和退货的原始凭证，测试上期的永续盘存记录；(5) 与销售收入、毛利润和存货周转率相联系，测试期初存货的总体合理性。这样的调查有时能让注册会计师确信期初存货记录细致、数量合理；然而，有时调查的结果可能会引起注册会计师对期初存货数据正确性的极大怀疑。在后一种情况下，注册会计师不能对本年的利润表和现金流量表出具无保留意见；然而，他们可以对资产负债表发表无保留意见，因为期末存货应是经过盘存后确定的数据。

思考题

1. 存货和营业成本的审计目标是什么？目标中评价风险与设计控制测试及实质性程序包括哪些具体内容？与什么样的审计证据相关？

2. 存货与运营成本的内部控制在控制环境方面有何特色？在评估风险中应注意什么？在连接采购和生产的循环过程中会计系统和控制活动包括哪些具体内容？取得的审计工作底稿应当包括什么内容？

3. 何为存货与营业成本审计的程序？其中的控制测试和实质性程序都包括什么内容？实质性程序与审计目标之间的关系如何？

4. 怎样考虑存货与营业成本审计的固有风险、舞弊风险相关的因素？怎样了解存货与营业成本的内部控制？怎样认识存货潜在错报的表现及其形成因素？

5. 怎样进行存货与营业成本的控制测试？具体过程和内容是什么？

6. 怎样进行存货与营业成本的实质性程序？怎样进行存货监盘？全部的过程和内容怎样？如何取得审计证据和编制审计工作底稿？

7. 怎样复核采购和销售交易的年终截止？怎样测试存货计价？这样的工作有何重要意义？

8. 怎样处理初次审计时遇到的期初存货余额问题？请举例说明。

练习题

1. 日尚会计师事务所负责对源胜股份公司201×年度财务报表进行审计。在对公司12月31日的存货进行监盘时，发现部分存货的财务账、仓库账、实物盘存记录的数量不符。相关数据如下表所示：

序号	存货名称	财务明细账数量	仓库明细账数量	实物监盘数量
1	甲产品	15套	12套	12套
2	乙产品	27套	25套	27套
3	A材料	100千克	80千克	70千克
4	B材料	200千克	200千克	110千克

要求：

(1) 根据上述监盘记录，假定不考虑舞弊以及财务明细账串户登记、仓库明细账串户登记的情况，逐项分析存货数量差异可能存在的主要原因。

(2) 针对存货的财务明细账数量与实物监盘数量不一致情况，简要说明应当实施哪些必要的审计程序。

2. A注册会计师负责审计甲公司2011年度财务报表。在针对存货实施细节测试时，A注册会计师决定采用传统变量抽样方法实施统计抽样。甲公司2011年12月31日存货账面余额合计为150 000 000元。A注册会计师确定的总体规模为3 000，样本规模为200，样本账面余额合计为12 000 000元，样本审定金额合计为8 000 000元。

要求：代A注册会计师分别采用均值估计抽样、差额估计抽样和比率估计抽样三种方法计算推断的总体错报金额。

(此题为中国注册会计师2013年考试题。)

3. 甲公司主要从事家电产品的生产和销售。ABC会计师事务所负责审计甲公司2013年度财务报表。审计项目组在审计工作底稿中记录了与存货监盘相关的情况，部分内容摘录如下：

(1) 审计项目组拟不信赖与存货相关的内部控制运行的有效性，故在监盘时不再观察管理层制定的盘点程序的执行情况。

(2) 审计项目组获取了盘点日前后存货收发及移动的凭证，以确定甲公司是否将盘点日前入库的存货、盘点日后出库的存货以及已确认为销售但尚未出库的存货包括在盘点范围内。

(3) 由于甲公司人手不足，审计项目组受管理层委托，于2013年12月31日代为盘点甲公司异地专卖店的存货，并将盘点记录作为甲公司的盘点记录和审计项目组的监盘工作底稿。

(4) 审计项目组按存货项目定义抽样单元，选取a产品为抽盘样本项目之一。a产品分布在5个仓库中，考虑到监盘人员安排困难，审计项目组对其中3个仓库的a产品执行抽盘，未发现差异，对该样本项目的抽盘结果满意。

(5) 在甲公司存货盘点结束前，审计项目组取得并检查了已填用、作废及未使用盘点表单的号码记录，确定其是否连续编号以及已发放的表单是否均已收回，并与存货盘点汇总表中记录的盘点表单使用情况核对一致。

(6) 甲公司部分产成品存放在第三方仓库，其年末余额占资产总额的10%。

要求：

(1) 针对上述第(1)至(5)项，逐项指出审计项目组的做法是否恰当。如不恰当，简要说明理由。

(2) 针对上述第(6)项，列举三项审计项目组可以实施的审计程序。

(此题为中国注册会计师2014年考试题。)

第十一章 Chapter 11 长期资产及其折旧、折耗

学习目标

1. 了解本章关于长期资产的内容，如各类别的内容、资产计价、价值转移等。

2. 熟练掌握固定资产审计的目标，熟知评估重大错报风险并设计控制测试和实质性程序的相关内容及其审计中还需获取的审计证据。

3. 理解固定资产审计与流动资产审计的区别，固定资产内部控制的特征及其重点内容，了解固定资产审计工作底稿的内容和要求，以及在初次审计、连续审计时的工作要求。

4. 熟知固定资产审计的基本模式或程序，熟练掌握固定资产控制测试与实质性程序的具体内容；理解实质性程序与主要审计目标之间的关系。

5. 掌握固定资产内部控制有特色的内容，熟练掌握固定资产可能的潜在错报及其形成错报风险的因素、原因。

6. 熟练掌控固定资产控制测试的方式和要求；结合固定资产项目的认定，熟练掌握固定资产实质性程序的具体内容；掌握固定资产实物检查的要领以及对修理费用账户审计的要求；理解与固定资产审计相关的其他内容。

7. 掌握折旧审计的目标、理解折旧审计方案和掌握累计折旧的测试技术。

8. 理解自然资源资产审计的要求、程序和内容；理解无形资产和商誉审计的要求、程序和内容。

第一节 长期资产包括的内容

此处的长期资产包括固定资产、无形资产和以自然资源为表现的资源性资产。

固定资产指被审计单位的厂房建筑物、机器设备等使用寿命超过一年、为正常经营活动所使用的、不是为了转售为目的取得的所有有形资产，有的也包括经营用土地。这类资产主要包括：建筑物、机器设备和土地改良工程，如栅栏和停车场，也包括企业经营活动中使用的非包装物、低值易耗品等周转材料的其他长期财产等。这些资产的一个鲜明特征是其使用寿命有限，需要计算其价值转移过程，即提取折旧并逐

步转移到生产成本、费用中去。

无形资产是指企业拥有或者控制的没有实物形态的可辨认非货币性资产，主要包括专利权、非专利技术、商标权、著作权、土地使用权、特许权等。一般认为，商誉的存在无法与企业自身分离，不具有可辨认性，不属于本章所指无形资产。上述的各类无形资产也具有使用期限有限的特征，也需要计算价值转移过程，即提取和分配折耗。

以自然资源为表现的资源性资产（由于这种资产大部分具有不可再生性，因此也称消耗性资产），是由人们发现的有用途和有价值的物质，由于资源具有量、质、时间和空间等多种属性，因而它应当是一个动态的概念。在可持续发展理论的指导下，系统研究自然资源的生态循环及与之相适应的经济循环规律便成为我国经济学科领域的一个新课题。由于自然资源资产的不可再生性，计算这类资产的折耗，有着非常重要的意义。

第二节 固定资产审计基础

一、固定资产审计的目标

固定资产审计的目标包括：(1) 通过了解被审计单位及其环境评估与财产、固定资产有关的固有风险（包括舞弊风险）；(2) 了解固定资产的内部控制；(3) 评估重大错报风险并设计控制测试和实质性测试程序。

上述最后一项目标的具体内容包括：证实固定资产的存在和相关交易的发生；检查固定资产记录的完整性；证实会影响固定资产的交易的截止；确定被审计单位拥有登记入账的固定资产的所有权；确定对固定资产合适的估值、分配以及会影响其账面价值交易的准确性；确定固定资产的列示和披露，包括折旧方法的披露，是恰当的。

结合固定资产的审计，注册会计师还需要获取折旧费用、累计折旧、维修和保养费用等相关账户的审计证据。

二、固定资产审计与流动资产审计的区别

在许多公司，固定资产占总资产的50%甚至更多。但是，对这些固定资产进行审计所花费的时间在整个审计业务时间中所占的比重要小得多。由于固定资产审计具有流动资产审计所没有的特征，因此固定资产审计要相对容易一些。

第一，单项固定资产具有较高的价值，在资产负债表上有较大的余额，但涉及的业务量却很少。第二，固定资产账户在各年内很少发生变动。土地账户通常许多年都保持不变。建筑物及设备的耐用性质也使得关于它们的会计处理很少。相反，像应收账款、原材料等这些流动资产账户在一年内可能会整体周转很多次。第三，固定资产审计与流动资产交易年末截止对净利润的重要性不同。对于流动资产，年末截止是一项非常重要的工作；而对于固定资产来说，年末截止就不那么重要。例如，在本书第十二章中的讨论，我们强调了商品买卖交易的年末截止的重要性。如果在商品买卖交

易中年末截止出现一个50 000元的错误，就会引起本年税前净利润产生50 000元的错误。由于在年末发生大笔商品交易很正常，因此发生这类错误的可能性是很大的。相反，对于厂房等固定资产来说，在记录采购资产时发生的年末截止错误不会影响本年的净利润，并且，许多公司在年末并没有关于固定资产的交易。当然，关于采购或处置固定资产的截止错误会使折旧的计提、处置利得和损失的入账时间产生微小错误。但是与流动资产的审计相比，厂房等固定资产的年末截止问题相对没那么重要。

三、固定资产的内部控制

在很多制造业企业，固定资产占总资产很大的比重。对这些资产的保养、重新安装及折旧的计提是利润表中的主要费用项目。这些资产的总支出和相关费用的重要性使得拥有强有力的内部控制系统对于出具可信赖的财务报表极其重要。如果资产报废了，却没有从账面上冲销其成本，或者对资本性支出和收益性支出的区分前后没有一致性，那么收益的计量就会存在很大的错误。不受控制的固定资产购置、维护和报废方法带来的损失通常比现金处理中舞弊带来的损失要更大一些。

对一些大型企业，注册会计师可能会通过查看其编制的年度固定资产预算来预测和控制其关于固定资产的取得和处置。许多小型企业也会预测厂房等固定资产的支出。要想成功地利用厂房等固定资产的预算，前提是要有关于固定资产的详细可靠的会计记录。详细地了解现有设备的种类、数量和状况是正确预测是否需要代替或增加现有固定资产的基础。

对固定资产的其他重要内部控制如下：

1. 在明细分类账中对每项固定资产单独记录。一个充分详细的固定资产账户可以简化注册会计师的许多工作，如分析资产的增加和报废、验证折旧政策和修理费用、比较实际支出与核定支出之间的差异。

2. 一个审核批准系统，要求预先对所有取得的固定资产进行审批，无论是通过购买、租赁还是建造的方式取得。连续编号的工程工作通知单是一种记录审批的有效方式。

3. 一项报告程序，以保证及时地披露和分析固定资产建造等时的核定支出与实际支出之间的差异。

4. 公司管理层关于如何区分资本性支出与收益性支出的政策的书面声明，通常会确定一个资本化最低金额，任何少于这一金额的支出将会被自动划分为与当期收入配比的费用。

5. 有一项政策规定，所有固定资产的采购必须经由采购部处理，并且需要经过接受、检验和支付等常规手续。

6. 定期进行实地盘点，以确定账面列示的所有资产的存在性、存放地点和资产状况，并披露是否存在未入账的固定资产。对于价值很高的可移动资产，通常用射频识别技术或全球定位系统来跟踪资产的移动，并防止被盗。

7. 一套系统的报废程序，包括连续编号的工程报废工作通知单，以声明报废原因以及经过适当批准。报废通知单参见表11—1。

表 11—1 **永恒建筑有限责任公司固定资产报废申请表**

申请部门：铣工车间 编号：161009 2016年10月20日

卡片编号	名称	规格型号	购买日期	使用日期	设计寿命	已用年度
040399	钻床	95型	2008.4	2008.5	20	8.5
账面原值	累计折旧	减值准备	账面净值	预估报废市值	报废方案	
1 000 000元	720 000元	150 000元	13 000元	10 000元	拆解作为金属废品变卖	
报废原因	设备老旧，无法使用，特申请报废 申请人：王昂 2016年10月20日					
申报科室	设备已无法使用，同意报废 部门负责人：姜嘉伟 2016年10月20日					
技术鉴定	由于已经完全无法使用，也无法卖给其他企业使用，同意报废，同意作为金属废品的变卖方案 技术鉴定人：马义华 2016年10月25日					
资产管理科	同意报废，报废价格合理 纪伟 2016年10月25日			财务科	价格合理，同意报废 蒋伟 2016年10月25日	
审计科意见	同意报废 尹春 2016年10月26日			副经理意见	同意 尹春 2016年10月26日	
				总经理意见		

第一联申请科室

1. 由使用部门负责人和保管人详细说明报废原因（特殊情况另附材料说明）。
2. 资产管理科室技术鉴定人意见由科室组织专业技术人员鉴定后填写。
3. 申请报废的固定资产应保持完整，未经资产管理科室同意，任何单位或个人均不得擅自处理或拆卸零部件。
4. 此表一式三联，第一联申请科室存档，第二联资产管理部门保存，第三联财务部门销账。

四、审计工作底稿

固定资产审计的主要工作底稿是一张汇总分析表，如表 11—2 所示。此工作底稿采用的方法就是我们之前提到过的“在审计年度强调变动”。首先，该工作底稿列示了各类固定资产的期初余额，即上一年审计工作底稿期末余额。其次，工作底稿列示了本年度固定资产的增加和报废情况。这些是注册会计师应特别关注的业务。最后一栏列示了年末余额，它必须等于期初余额加上本年增加额减去本期报废额后的余额。累计折旧账户也有一套类似的四栏式工作底稿，用来汇总本年度所发生的变动。

表 11—2 **固定资产、累计折旧及减值准备明细表**

被审计单位：永恒建筑有限责任公司 项目：固定资产、累计折旧及减值准备 编制人：崔娟 编制日期：20×7.01.17	索引号：Z02 财务报表截止日/期间：20×6.12.31 复核人：阎灿祥 编制日期：20×7.01.25

项目名称	期初余额	本期增加	本期减少	期末余额	备注
一、原价合计	327 718 617	146 397 388	5 654 408	468 461 597	
1. 房屋、建筑物	B 112 431 679	50 370 816	1 362 294	161 440 201 F	
2. 机器设备	B 203 389 770	94 543 028	4 292 114	293 640 684 F	
3. 运输工具	B 6 506 601	296 581		6 803 182 F	
4. 电子设备	B 5 390 567	1 186 963		6 577 530 F	
二、累计折旧合计	129 530 174	26 310 770	2 833 695	153 007 249	

1. 房屋、建筑物	B 30 918 670	5 394 663	392 340	35 920 993 F	
2. 机器设备	B 92 197 536	19 267 426	2 441 354	109 023 608 F	
3. 运输工具	B 3 690 324	910 093		4 600 417 F	
4. 电子设备	B 2 723 644	738 587		3 462 231 F	
三、减值准备合计	2 537 993	0	2 537 992	0	
1. 房屋、建筑物	B 901 839		901 839	0 F	
2. 机器设备	B 1 636 154		1 636 154	0 F	
3. 运输工具	B			0 F	
4. 电子设备	B			0 F	
四、账面价值合计	195 650 450	120 086 618	282 721	315 454 347	
1. 房屋、建筑物	B 80 611 170	44 976 153	68 115	125 519 208 F	
2. 机器设备	B 109 556 080	75 275 602	214 606	184 617 076 F	
3. 运输工具	B 2 816 277	(613 512)	0	2 202 765 F	
4. 电子设备	B 2 666 923	448 375	0	3 115 298 F	
说明：备注栏可填列固定资产的使用年限、剩余使用年限、残值率和年折旧率等情况。					
审计结论： B 表示与前一年度工作底稿一致。 F 表示合计所有固定资产明细账卡片，无一例外。 结论：据我们对财产、厂房与设备以及相关折旧账户的审计，我们认为 20×6 年 12 月 31 日的余额是公允的。					

固定资产的其他审计工作底稿包括：本年度固定资产的增加与报废分析工作底稿、修理及维护费用分析工作底稿及折旧测试工作底稿。如表 11—2 所示，固定资产的增加及报废工作底稿、折旧测试工作底稿与汇总分析工作底稿交替索引。在审计较大的公司时，注册会计师通常会让被审计单位提供一份本年度增加的固定资产清单和一份本年度处置固定资产清单的一览表。此外，注册会计师需要编制关于固定资产的内部控制和风险评估的文件。

五、初次审计与连续审计

本章后续列示的审计程序适用于连续审计，因此只关注当年的交易。如果注册会计师是对变更委托注册会计师的新客户进行初次审计，复核前任注册会计师的审计工作底稿可以提供关于期初余额的充足的审计证据，并保持会计政策的一致性。但是，审计工作的性质、时间选择和审计范围的确定以及审计结论的得出仍然是继任注册会计师的责任。虽然如此，如果以前年度是由声誉良好的会计师事务所执行审计的，它们的审计工作将会给继任的注册会计师提供极大的帮助。

如果初次审计的客户以往从未经过任何审计或无法取得以前的审计工作结果，理想的方法是对其财产账户进行全面的历史性分析。通过彻底审查自财产账户建立起发生的与其对应的所有重大费用和负债，注册会计师可以确定固定资产及累计折旧期初余额的准确性。

如果被审计单位已经经营某项业务很多年，为保证在合理的时间限制内完成工作，注册会计师有必要通过抽样测试复核往年的业务。但是，仍需要强调对以前年度业务进行分析的重要性。只有通过这种方法，注册会计师才能对本年度折旧的适当性发表正确意见。如果修理和维护费用被资本化，或资产的获得被记录为经营性支出，或财产的报废没有被记录，无论怎么认真选择折旧率，折旧费用都会被错报。注册会计师应该向客户说明在对厂房与设备的初始检查中所执行的审计步骤不会在以后的审计程序中重复。

第三节 固定资产审计

以下是固定资产的一般审计模式包括的主要步骤。累计折旧的审计程序后面单独阐述。特定审计业务应选择的最适当的审计程序，根据已经实施的控制的性质和固定资产的风险评估的结果而定。

1. 根据对被审计单位及其环境的了解评估固有风险，包括与固定资产有关的舞弊风险。

2. 了解与固定资产有关的内部控制。

3. 评估重大错报风险并设计进一步审计程序。

4. 执行进一步审计程序——控制测试。具体包括：(1) 控制测试的性质；(2) 如果有必要，可以根据控制测试的结果修改重大错报风险。

5. 执行进一步审计程序——固定资产的实质性程序。具体包括：(1) 取得对持有固定资产变动的汇总分析，并与总账核对；(2) 审核本年度增加的固定资产；(3) 对取得的主要固定资产进行实物检查；(4) 分析修理和维护费用账户；(5) 调查本期未使用、不需用固定资产的状态；(6) 测试被审计单位计提的折旧费；(7) 调查固定资产的潜在减损；(8) 调查本年度固定资产的报废；(9) 检查固定资产法定所有权的证明文件；(10) 复核由被审计单位拥有但出租给他人使用的厂房、建筑物和设备带来的租金收入；(11) 检查租出或租入的固定资产的租赁协议；(12) 实施对固定资产的分析性程序；(13) 评价固定资产及与之相关的收入和费用在财务报表上的列示与披露是否恰当。表11－3总结了固定资产审计的实质性程序及相应的主要审计目标。

表11—3 固定资产和折旧主要实质性审计程序的目标

实质性程序	主要审计目标
取得对持有的固定资产变动的汇总分析，并与总账核对。	计价
审核本年度固定资产的增加额。 对取得的主要固定资产进行实物检查。	存在、发生和权利 计价或分摊 准确性 截止
分析修理和维护费用账户。	计价或分摊
调查本期未使用、不需用的固定资产的状况。	计价或分摊 列报和披露
测试被审计单位计提的折旧费。 调查潜在减损。	计价或分摊
调查本年度固定资产的报废情况。 检查法定所有权的证明文件。 复核租金收入。	存在、发生和权利

续前表

实质性程序	主要审计目标
检查租赁协议。 执行分析性程序。	存在和权利 完整性 计价或分配
评价财务报表的列报和披露。	列报和披露

一、通过了解客户及其环境评估固有风险，包括舞弊风险

注册会计师在了解客户及其环境之后，即开始确定和评估与固定资产有关的固有风险。如果注册会计师识别的任何固有控制风险含有欺诈的可能，他们会确保他们了解管理层建立的程序和控制，从而控制这种风险。同时他们会确保这些控制被实际执行。最终，注册会计师将会设计出合理的风险应对措施。

二、了解固定资产的内部控制

注册会计师可以利用书面声明、流程图或内部控制调查问卷来了解客户固定资产的内部控制。调查问卷中的典型问题如下：固定资产明细分类账是否定期与总分类账核对相符？固定资产实物清单是否定期与固定资产明细分类账核对相符？房屋的实际支出与预算之间的差异是否经过执行主管的审核和批准？设备的销售、转移或报废是否需要高级管理人员在连续编号的工程报废工作通知单上进行书面审批？是否有书面规章规定资本支出与收益支出的区分标准？

在完成对内部控制的描述之后，注册会计师需要确定描述的内部控制是否真正得到执行。注册会计师为了证实其对这些政策和程序的理解是正确的，通常会观察在取得固定资产的过程中是否有合理的责任分离，并询问在整个过程中分别由谁执行各种职能。他们还会审查固定资产的明细分类账、连续编号的工程工作通知单以及厂房和设备预算，并检查与预算存在差异的事项的证明文件。这些程序可以给注册会计师提供充足的证据，帮助其评估与固定资产有关的财务报表认定的控制风险，将其控制在可接受范围之内。

三、评估重大错报风险并设计进一步审计程序

注册会计师了解客户内部控制及其环境后，需要评估与固定资产有关认定的重大错报风险。他们需要通过考虑具体错报与控制之间的关系做出评估。表 11—4 提供了与固定资产有关潜在错报的例子和增加其发生概率的内部控制缺陷。

表 11—4　　潜在的错报——固定资产投资

错报的描述	举例	增加错报风险的内部控制缺陷或因素
对固定资产取得的错报。	舞弊： 将修理与维护费用记作固定资产以高估收益。 错误： 将采购设备的支出错误地记入修理与维护费用账户。	减轻完成利润目标的压力。 会计手册内容不适当；会计人员不胜任工作。

续前表

错报的描述	举例	增加错报风险的 内部控制缺陷或因素
未记录固定资产的报废。	错误： 一项已被重置的资产由于没有价值而被处置，但没有做会计分录。	会计政策不适当，例如，未使用报废工作通知单。
对特殊业务的不恰当报告。	错误： 对一笔没有商业实质的非货币性资产交换业务记录“交换损益”。	会计手册内容不适当；会计人员不胜任工作。

注册会计师评估重大错报风险（固有风险和控制风险）是为了设计进一步审计程序，包括控制测试和实质性程序。如果注册会计师的控制风险评估假定被审计单位正有效地执行控制，但是在了解被审计单位的内部控制时，注册会计师并没有获得充分的证据证明被审计单位内部控制有效运行，进一步审计程序应当包括控制测试。

注册会计师识别的一些风险可能是重要的风险，需要特别的审计关注。注册会计师设计的审计程序必须集中在这些重要的风险上。此外，注册会计师需要注意以下几个方面：（1）需要评估相关控制的设计并确定这些控制是否被执行；（2）评估风险可能不仅仅依靠分析性程序；（3）前期收集的相关控制执行有效性的证据在本期可能不适用。

四、执行进一步审计程序——控制测试

（一）控制测试的性质

为了研究内部控制的有效性而进行的测试有助于评价被审计单位的内部控制，帮助注册会计师确定其计划的关于固定资产相关认定的控制风险的评估是否正确。某些控制测试在注册会计师了解被审计单位的内部控制的过程中就已经执行，我们在讨论第二步时已经介绍过这些测试。追加控制测试可能包括：选择一个固定资产采购的样本来测试与交易的授权、验收、合理记录有关的控制；也可以选择一个已入账的报废样本来测试合理的授权和支持性报废工作通知单的使用。这些测试通常会与下面提到的增加额和报废额的实质性测试结合起来。

（二）如果有必要，可以根据控制测试结果修改重大错报的风险

如果控制测试的结果显示固定资产控制的执行有效性没有达到预期，注册会计师就需要重新评估重大错报风险。这样他们才能确定应当执行的实质性程序。

五、执行进一步审计程序——固定资产实质性程序

（一）对持有的固定资产的变动汇总分析，并与总账核对（主要审计目标：计价）

通过参考以前年度的审计工作底稿，注册会计师可以审核固定资产账户的期初余额。除了期初余额，汇总分析表还会列示审计年度固定资产账户的增加额和报废额。随着审计过程的进一步推进，注册会计师会在这些增加额和报废额中抽取一个样本进行检查。记录这些审核过程的详细工作底稿将会支持汇总分析工作底稿并与之建立起交叉索引。

在对本年度固定资产账户的变动做详细分析之前，注册会计师需要确定明细分类

账户余额的合计数与总分类账户的余额是否一致相符。明细分类账和总分类账的对账工作可以通过通用审计软件很快地完成。

（二）审核本年度增加的固定资产（主要审计目标：存在、发生、权利、计价、准确性和截止）

审核年度固定资产的增加是最重要的实质性测试之一。审核的程度依据注册会计师对固定资产存在性和估价的控制风险的评估水平而定。审核过程需要使用一张工作底稿来分析总分类账控制账户，并需要从日记账开始追查分录直至原始凭证，如合同、契约、建筑工程通知单、发票、已兑现的支票和适当人员的审批。

调查本年度固定资产增加额的具体步骤通常会包括以下几个方面：

1. 在测试的基础上审核固定资产的采购，并一直追踪到发票、契约、合同或其他配套文件。重新计算小计、合计和折扣处理。确保修理和维护费用（或其他费用）没有被资本化。

2. 审查所有实际采购成本大大超出授权金额的交易事项，确定这些超出的支出是否经过适当人员的分析和批准。

3. 全面检查不是由实物资产的取得而引起的固定资产账户借方的增加。

4. 确定所有分期购买的固定资产的总成本已在资产账户中反映，并且尚未支付的款项已作为负债入账。

5. 审核在建工程账户在本年度的变动，并检查相关的工作通知单，包括未完工的项目和已结清的项目。

6. 追踪从在建工程到固定资产的过账，并注意观察分类是否恰当。确定所有已完工的项目都已经过账。

企业会计准则的相关条款专门规定了在非货币性资产交换中取得的房产资产的会计处理方法。这类资产通常以公允价值计量，除非公允价值无法获得、交易是为了照顾客户或交易缺乏商业实质。

公司自建自用的固定资产按直接材料、直接人工和应分担的间接费用的成本入账。但是，注册会计师也可能执行追加测试，将自建资产的总成本与外部供应商对类似设备的竞标价格或估计买价作比较。自建资产的超额成本必须在项目完工期间作为费用入账。

例 11—1

某会计师事务所对某市啤酒厂进行年末财务报表审计，注册会计师注意到该公司的在建工程期末数额为 1 743 万元。在对在建工程实地观察时，注册会计师发现，该工程与账记数额严重不符，即工程属于刚刚投建阶段，初步估计该公司可能有严重的虚增工程成本问题。

要求：谈谈你对该事项的看法，描述你准备进行的审计工作。

回答：经对公司其他方面事项的查核，注册会计师了解并弄清了该公司明年将有再融资计划，因此为了提高公司的获利能力，有意混淆了资本性支出和收益性支出，加大建造成本的数额为 1 500 万元。

注册会计师对公司提出了账项调整的要求，公司按要求调整了账项。该公司所得税税率为 25%，期末按照税后利润的 10%计提了法定盈余公积金，未对外分配利润。调整分录如下：

借：主营业务成本——××产品	15 000 000	
贷：在建工程——××工程		15 000 000
借：本年利润——所得税	3 750 000	
贷：应交税费——应交所得税		3 750 000
借：盈余公积——法定盈余公积	1 125 000	
贷：利润分配——提取盈余公积		1 125 000

此处应当注意的事项是关联方交易：从联营公司、发起人、股东处或其他不涉及买卖双方正常讨价还价的关联方交易中取得的资产通常会以脱离实际的金额入账。注册会计师需要询问确定销售价格的方法、卖方的财产成本、买方拥有所有权的时间以及其他可获得的任何可证明任意定价的证据。重要的关联方交易必须在财务报表附注中披露。

（三）对主要固定资产的购置进行实物检查（主要审计目标：存在性、发生、权利、计价、准确性和截止）

注册会计师通常会对审计年度购置的固定资产进行实物检查。这一步骤有助于注册会计师更好地了解客户的经营活动，以及理解记录增加额和报废额的会计分录。

实物检查程序可以从固定资产实物向固定资产记录检查，也可以从固定资产记录向固定资产实物检查。从固定资产明细分类账追查到实物资产，注册会计师可以证明会计记录中显示的固定资产的确是存在的并且正在使用中。另一种测试程序是从固定资产中选择几样资产进行检查，并从这些资产实物追查到详细的会计记录。这种测试证明了现有的资产都已入账。

检查的资产实物可能仅限于本年度取得的主要资产，也可能扩展至旧设备的测试。在某些情况下（尤其当重大错报风险非常大时），注册会计师认为有必要进行一次全面的实物检查。但应记住的是，对固定资产的全面的实物盘点很少见。如果需要进行这种盘点，注册会计师的职责是观察实物盘点。

下面举例说明在何种情况下注册会计师认为有必要对设备进行全面的实地盘点。假定被审计单位从事的是商业建筑工程，并且拥有和经营大量昂贵的移动设备。这些设备通常在现场监督人员授权后就可以被报废或出售。在这些情况下，注册会计师可能认为有必要对厂房和设备进行一次全面的实物盘点。同样，在审计拥有大量汽车和卡车的客户时，注册会计师可能会要求在检查法定权利的同时进行实物盘点。

作为内部控制的一部分，一些大公司偶尔会在特定地点或选定的部门进行固定资产的实物盘点。进行这种实物盘点的往往是被审单位内部的审计人员，而不是独立的注册会计师。

例 11—2

某会计师事务所对某公司进行期末财务报表审计，发现该公司本期后院仓库附近一堵墙未计入该年度的固定资产账户。注册会计师认定，这应是一项固定资产盘盈。经询问当事人员，修盖围墙时使用的是建造仓库领用的建筑材料及其人工等。

要求：谈谈你对这件事的看法及处理意见。

回答：此事项应属于对形成财产的记录不当，即漏记。注册会计师据此情况提出建议，对围墙进行估价，并以所估价格冲减仓库的固定资产原值，单设围墙账户进行登记；不必调整与本期损益有关的其他事项。

（四）分析大修理和中小修理维护费用账户（主要审计目标：计价）

注册会计师分析大修理和中小修理、维护费用账户（以下称维护费用账户）主要目的是发现固定资产的费用支出或其他应该资本化的项目。在执行这项程序时，注册会计师应该清楚公司关于资本化的最小支出的政策规定。例如，公司政策可能会做出这样的描述，不管购买项目的使用寿命有多长，任何小于5 000元的支出都不可以资本化。在这种情况下，注册会计师会分析大修理和维护费用账户，以确定这项政策被一贯执行且遵从企业会计准则。为了确定账户中记录的大修理和维护费用是合理的，注册会计师会从较大支出额追查至该交易的书面授权批准。根据卖方发票、领料单和工时记录，注册会计师可以验证客户对支出的会计处理是否正确。

识别费用应该资本化而错误地记入修理和维护费用账户的一个有效方法是分析每个月的费用并与上一年相同月份列支的费用作比较。若本年度月与月之间或不同年度同一月份列示的费用有显著差异，注册会计师都应该做充分的调查。如果维护费用是在接受服务的部门之间分摊的，这种变动尤其应该引起注册会计师的注意。

例 11—3

某会计师事务所对某公司财务报表进行审计。注册会计师首先注意到被审计单位本期A产品成本中的成本维修费用比率大幅度地高于上年数据，有多计维修费用之嫌。本期的相关数据如表11—5所示。

表11—5 设备维修提存额表

项目	上年产品成本	设备维修预提额	成本比率	设备原值	计提比率
上年数额	2 113.84万元	162.33万元	8%	1 319万元	12%
本年数额	3 227.41万元	410.77万元	13%	1 862万元	22%
差异	53%	153%	63%	41%	

要求：对此事项进行分析，并根据了解的结果提出处理意见。

回答：注册会计师询问了该公司的管理人员，根据了解的情况做出了下述结论：

第一，设备维修费用预提额本年偏高，主要表现在计提比率的变动方面，由此导致本期成本偏高；而预提费用大部分构成了期末其他应付款账户的余额。

第二，考虑到单位成本的维修费比重，上年销售产品112件（生产全部卖出），单位产品成本的维修费含量为1.45万元/件（162.33/112）；今年149件（全部卖出），单位产品成本的维修费含量为2.76万元/件（410.77/149）。

第三，该产品生产设备未到老化阶段，没必要多计提维修费用。

注册会计师建议将多计提的维修费用进行调整，冲减本期多增计的费用。

（五）调查本期未使用、不需用固定资产的状态（主要审计目标：计价和列报与披露）

注册会计师应该全面调查本期未使用、不需用的厂房、建筑物及设备等，以确定它们在未来经营中发挥作用的可能性。暂时闲置的房产资产不需要重分类，可以按照正常的折旧率继续计提折旧。另一方面，闲置的设备已被拆除或者由于某些原因该设备不适合在未来经营中使用，应将其账面价值减至估计的可变现价值并从房产及设备这一大类中剔除。如果备用设备或者其他财产在现阶段或预期的经营水平下不会被使用，注册会计师应该考虑其账面价值是否可通过未来的经营使用收回。

（六）测试客户的预提折旧费（主要审计目标：计价）

参见此审计程序后单独介绍的折旧部分。

（七）调查固定资产潜在的减值损失（主要审计目标：计价）

我国企业会计准则规定，当有事项或环境变动显示资产的账面价值无法收回时，就要检查长期资产是否有减值损失。这时，如果资产的预期未来现金流量小于它的账面价值，需要确认亏损。亏损金额等于资产的账面价值与市场公允价值之间的差额。国际财务报告准则也有类似的要求，但是国际财务报告准则允许当资产的价值恢复时按可回收的损失调增其账面价值。我国企业会计准则和美国会计准则不允许在未来期间将损失转回。

注册会计师需要十分警惕可能会影响固定资产和其他长期资产的回收能力的环境变化。导致减损测试的环境变化的例子包括：资产的市场价值大幅下降，资产的用途发生明显变化或资产的物理状态发生显著改变。如果某项资产被记减值损失，注册会计师需要证实管理人员做出的减损决定是合理的。

减值损失金额的确定包含了对资产公允价值的主观判断。回顾一下我们在本书前面章节中对公允价值的定义：公允价值是计量日市场参与者在有序交易中出售一项资产收到的或转移负债支付的价格。当资产有活跃市场时其公允价值的证据最有力，且资产价值可以参照市场上同类资产的售价。但是在很多情况下，某些资产根本不存在活跃市场，且公允价值的确定需要运用估值模型，包括现金流量折现法。公允价值估价的准确性取决于模型假设的合理性。

审计公允价值的估值包含了极大的重大错报风险。对于某项估价来说，风险水平受到很多因素的影响，例如预计未来产生现金流量的时间长度、重大假设的数量、这些假设的主观程度以及客观数据的可获得性。在审计由估值模型计算出的价值时，注册会计师需要评估以下内容：使用的估值模型的合理性；重大假设是否合理，与经济条件、现有的市场信息、管理人员的计划和战略、过去的经验、其他财务报表假设以及现金流量的风险是否一致；作为公允价值计量基础的重要数据的准确性、完整性以及相关性。

注册会计师需要通过考虑管理层的工作程序和控制来做出估计，并检查支持重大假设的内部和外部数据。注册会计师还需要考虑是否存在其他信息或证据表明某些重大假设不合理。在某些情况下，注册会计师需要通过比较自己估计的公允价值和管理人员的估值来确定其合理性。

作为实质性程序的一部分，注册会计师可能会利用资产评估师的工作。不管注册会计师是被管理者还是被注册会计师雇用，注册会计师都应当评估资产评估师的专业资格和经验，并了解该专家的工作性质和结论。

（八）调查本年度固定资产的报废（主要审计目标：存在性、发生和权利）

这一程序的主要目的是查明是否有些资产被处置、出售、拆除或废弃但却没有在会计记录中反映。几乎每次对固定资产进行全面实物盘点时都会发现财产的丢失，即财产已被清理但却未从相应账户中注销。

如果一台机器被出售或者以旧换新，这项交易通常会涉及诸如现金收据或订购单等凭证，对这些凭证的处理会引起会计人员对资产报废的注意。但是，厂房可能是报废了，而不是出售或以旧换新，就不存在书面文件来证明设备的减少。此时，当资产报废时，会计部门又怎么会知道呢？

就像之前提到的一样，防止资产报废却没有做相应记录的一种方法，是让公司实行一项政策，规定所有的厂房在报废前都必须经过批准，并且这种批准需要记录在连续编号的工程报废工作通知单上。报废工作通知单的复印件都会报送到会计部门，因此保证了所有的资产报废都会在会计记录中有所反映。

注册会计师需要采取哪些步骤来发现未入账的资产报废？以下方法往往比较有效：如果本年度固定资产增加较多，确定原来的设备是否被以旧换新或者被新设备替代；分析营业外收入账户以找到由于销售固定资产带来的现金收入；如果公司的某种产品停止生产，审查以前用于生产该种产品的厂房设备的处置情况；询问行政管理人员或监管人员本年度是否有固定资产报废；审查适当人员在报废工作通知单或其他源文件上做出的授权批准；调查任何保险责任范围的缩减以确定这是否由厂房的报废引起。

（九）检查固定资产法定所有权的证明文件（主要审计目标：存在性、发生和权利）

为了确定固定资产确实是被审计单位的财产，注册会计师通常会搜集一些证据，如契约、产权保险单、财产税账单、付款给受押人的收据和火灾保险单。此外，不必支付租金也能证明所有权。

有时注册会计师会查阅公共记录来证实财产的所有权和不存在留置权的情况。但这一步骤很少采用。检查之前列出的文件就已经可以提供足够的关于所有权的证据。如果对客户是否对财产拥有清晰的产权关系仍有怀疑，注册会计师应该征询客户的法律顾问的意见或要求产权保险公司对公司执行产权调查。

持有一张契约并不能证明现有的所有权，因为不动产被出售时，新契约会产生但出售方仍留有旧契约。产权保险单也是如此。证明拥有持续所有权的更好的证据是以客户名义制作的财产税单和火险单、来自承租人的租金收据和定期向受押人或受托人支付的本金及利息。

一般在审计负债时才会考虑披露财产留置权，但是进行固定资产审计工作时，注册会计师也需要注意那些表示存在留置权的证据。在审核财产成本过程中检查购买合同有可能揭示未付余额。保险单可能会包含支付给被担保方的损失赔偿背书。

根据产权证书和注册文件，注册会计师可以很容易地确认汽车和卡车的所有权。汽车设备的产权很容易转移，而且它常用作贷款的担保品，因此注册会计师检查此类财产的产权尤其重要。

（十）复查由被审计单位拥有但出租给其他人的建筑物和设备带来的租金收入（主要审计目标：存在、发生和权利）

在测试厂房和建筑物的租金收入时，注册会计师通常需要取得或绘制一张固定资产分布略图，并对每项固定资产进行实物盘点。通过这种测试，注册会计师可能会发现一些报告的空闲房屋实际被承租人占有并产生收入，而这项收入并没有在会计记录中反映。如果客户的固定资产包括办公楼和公寓，注册会计师需要取得建筑物的建筑平面图和租赁合约的复印件。通过这种方式，注册会计师就能查找出可供租赁或闲置的房屋，并在资产负债表日通过实物检查证实报告的闲置房屋。如果执行的是期中审计，也需要通过检查并与管理层讨论来证实本年的闲置房屋。

检查租约可以明确承租人是否真正承担电费、水费、煤气费以及电话费等，而租约中的规定必须与公共事业费用账户中的要求一致。注册会计师在任何情况下都应该分析租金收入账户，并与租赁合约和货币资金记录核对。

（十一）检查租出或租入的固定资产的租赁协议（主要审计目标：存在、完整性、权利和计价）

前一步主要解决了租赁收入问题。注册会计师还需要知道企业会计准则要求对经营租赁和融资租赁采用不同的会计处理方法。注册会计师需要仔细检查租赁合约来确定涉及的资产的会计处理是否恰当。例如，注册会计师需要对以下可能使用的不恰当的会计处理方法保持警惕：租赁资产的会计处理不恰当（例如符合资本化条件的租赁资产被当作经营租赁资产处理）；经营租入的建筑物改良支出按改良后的估计使用寿命而不是按较之更短的租赁期限计提折旧；对有免租期间的租赁的会计处理不恰当，例如，如果一项租赁提供六个月的免租期，那么这项利益应该在整个租赁期间分配。

（十二）执行固定资产的分析性程序（主要审计目标：存在、完整性、权利和计价）

评价固定资产金额的总体合理性需要用到特定的趋势和比率，这些趋势和比率会因客户的经营性质的不同而异。注册会计师经常使用的比率和趋势包括：厂房的总成本与按货币金额“元”或其他计量单位计量的年产出量的比率；厂房的总成本与货物销售成本的比率；比较各月的修理和维护费用并与以前年度同期水平相比较；本年度资产增加额与上一年度相比较；本年度资产报废额与上一年度相比较。

资产增加额与报废额年与年之间可能差别很大，但是注册会计师需要清楚这种变化并根据客户以往及现在的经营状况的发展趋势判断变化的合理性，这很重要。作为折旧审计方案的一部分，对折旧的分析性程序将在本章后面予以讨论。

（十三）评价固定资产及与之相关的收入和费用在财务报表上的列示与披露是否恰当（主要审计目标：列报与披露）

资产负债表或附注应该披露主要折旧资产类别的余额。累计折旧应该按主要类别或总额显示，并且需要说明折旧方法。折旧总额应该在利润表或附注中披露。

此外，恰当的财务报表列报和披露一般会反映以下原则：明确说明估值基础，目前，成本法一般公认为固定资产的评估基础；不再使用的财产应该按成本与估计可变现价值孰低原则计价；应当清楚列示作为担保贷款的抵押品的财产；当期不使用的财产应当在资产负债表中单独列示。

（十四）固定资产审计的综合举例

例 11—4

中诚会计师事务所对庚公司年终财务报表进行审计，注册会计师钱铠负责进行固定资产等长期资产的审计。钱铠对庚公司的固定资产按照明细分类进行了计算和整理，完成了对固定资产的综合分析，见表 11—6。

表 11—6　　庚公司固定资产的具体项目及其相关数据

项目	期初数（万元）	期末数（万元）	增长变动
生产一线用资产	11 033	13 450	22%
生产辅助用资产	672	881	31%
办公用资产	320	610	91%
生活用资产	8 130	5 544	−32%
合计	20 155	20 485	2%
已提折旧	7 255	7 605	5%
成新率	64.00%	62.88%	−2%

要求：请你对上述资料进行分析，并对钱铊会计师的看法是否正确做出判断。

回答：钱铊对收集到的数据解释如下：

第一，庚公司固定资产的情况总体是好的，即生产性资产有所增加，主要是增加了信息管理系统（ERP），即办公用资产增加的91%，生产辅助用资产增加31%和生产一线用资产的22%。

第二，本期减少固定资产，主要是减少了非生产性资产，即生活用资产减少了32%；经调查是本期房改将部分原属于公司的职工宿舍过户给本企业的部分职工。经查核，此事项符合国家政策的要求。

第三，对本期退废的资产和本期新增的资产进行了实物查验，没有发现异常情况。

第四，折旧率没有变化，提取时间正确，提取折旧数额没有异常变动。

第四节　折旧及其他事项审计

一、注册会计师的折旧视角

确定年度折旧额需要被审计单位做出两个决定：第一，估计各类资产的经济使用年限；第二，选择折旧方法，不同的折旧方法会带来不同的结果。每年的折旧费用会因为客户选择的折旧政策的不同而发生很大的变化，这意味着注册会计师应该观察折旧费用的总体合理性。特别地，年度折旧费用的总体测试是非常重要的。

最常用的折旧方法是直线法。虽然可以接受但是不普及的方法是以单位产量或单位使用年限为基础的计算方法。最广泛采用的加速折旧法是双倍余额递减法和年数总和法。加速折旧法的重要特征是第一年的折旧额最大并且折旧额在以后年度递减。

二、折旧审计的目标

折旧实际上是一种会计估计。回顾本书前面所述的内容，在评估会计估计合理性时，注册会计师首先应了解被审计单位的工作程序和内部控制。然后，执行下列一种或多种实际程序：（1）审核并测试管理层做出估计的过程；（2）审核与估计有关的期后事项或交易；（3）独立估计金额并与管理层的估计作比较。对于折旧，尽管以上三个方法都可以使用，但一般重点采用第一种方法，即审核并测试管理层计算折旧的处理过程。

正如我们之前讨论过的，计提的折旧和计价与分摊的审计目标直接相关。为了达到这一目标，注册会计师在审查管理层计算折旧的过程中，需要确定以下几点：（1）采用的方法是可以接受的；（2）方法是被一贯执行的；（3）按已选方法计算出的结果是正确无误的。下面介绍的审计方案将更加具体地介绍注册会计师的目标。

三、审计方案——折旧费用和累计折旧

（一）审核公司手册或其他管理层制定的指令中规定的折旧政策

注册会计师要确定被审计单位所使用的折旧方法是否将厂房及设备等的成本在其经济使用年限中进行了系统分配。这要求审查是否有加班或加速生产的情况，这可能成为调整一般折旧率的正当理由。还要与行政管理人员讨论是否有必要确认可能由技术和经济的发展导致的陈旧过时。例如，假设最近一种更高级的新型计算机已经问世，它将更有效地满足公司的需求。鉴于这种技术进步，是否应该重新评估公司现在持有的旧计算机的剩余使用寿命?

（二）根据会计资料编制各种可用于检验的表格

根据总分类账户，获取或编制各大类资产的累计折旧汇总分析表（文前已有展示），列示期初余额、本年度的折旧准备金、报废额以及期末余额。这里要求将期初余额与上一年审计工作底稿的审计金额进行对比；确定厂房及设备的明细分类账中记录的累计折旧金额与相应的总分类账户中的金额相符。

（三）测试累计折旧

此处的测试具体要求的内容包括：一是将本年度使用的各种比率与以前年度的比率做比较，并调查存在的各种差异。二是选取部分具有代表性的资产，测试其累计折旧额的计算并追查至财产分类账户中各项资产的记录。应特别注意已提足折旧的资产是否有继续超额计提折旧的情况。如果客户利用计算机记账，则可以使用一般审计软件来测试客户累计折旧额的计算。三是将累计折旧账户中贷方的本年计提折旧金额与相关折旧费用账户中的借方金额作比较。

例 11—5

某企业，会计处理要求每月末计算本月应计提的折旧，并记入制造费用和管理费用等账户。按照这样的处理要求和时间要求，该公司固定资产折旧的业务只有按月计提折旧和固定资产报废时的累计折旧结转。但是，注册会计师在检查累计折旧账户时，发现本年度在制造费用和管理费用账户中共记录过 14 次按月计提折旧的业务处理。

要求：针对上述资料进行审计分析设想。

回答：经仔细核对 14 张会计凭证，注册会计师认定该公司多计提了应计的累计折旧数额，形成了虚减利润的错误。注册会计师向客户提出了按照核定金额调减本年成本费用、调增本期利润的建议，并处理好与本期损益相关的事项，该公司对错记的账项进行了调整。

（四）测试因资产报废而减记的累计折旧金额

此处要求两点：一是追查减少额直至分析本年度固定资产报废的审计工作底稿；

二是测试到固定资产报废日为止累计折旧金额计算的准确性。

（五）执行折旧的分析程序

分析程序是进行总括判断的基础，在这里也较为重要：其一是将本年度折旧费用与固定资产总成本的比率与以前年度计算的比率进行比较；其二是将本年度累计折旧账户与相关财产账户的百分比关系与以前年度本行业的普遍情况相比较。注册会计师要与适当的管理人员讨论严重偏离一般折旧方案的重大差异。

例 11—6

某会计师事务所在对某公司进行年末财务报表审计时，查到该公司有一道辅助生产线，已经建成并使用了两年，由于记账差错的原因，一直未列入固定资产账户，两年内也一直未计提累计折旧。

要求：针对这样的事项提出你的看法和意见。

回答：对这类错误的调整称为会计差错更正，应当按照企业会计准则的要求，对此事项进行全面追溯调整。

注册会计师在查明事实的基础上，建议该公司按照会计处理差错进行账项调整，即一直追溯到该资产建造完工、投入使用之时。该公司按照注册会计师的要求，遵照企业会计准则对该笔账项进行了全面的追溯调整。

四、查核被审计单位对折旧的相关规定

我们已经强调确定折旧费用金额总体合理性的重要性，因为它是利润表中的重要项目。一项全面的年度累计折旧金额测试要求注册会计师执行以下几个步骤：（1）列示各类固定资产账户的期初余额；（2）减去已提足折旧的固定资产，因为它们已不需要再计提折旧；（3）加上本年度固定资产增加额的一半；（4）减去本年度固定资产报废额的一半（不包括已提足折旧的资产）。

根据这四步计算出的固定资产平均余额可以估算出各大类固定资产的折旧费用，再将之与客户计算的折旧准备金相比较，应该能核查出重大差异部分。

一个更有效的测试折旧费用的方法是利用计算机辅助审计技术。获得各类固定资产的客户端计算机可读的记录后，审计人员可以使用审计软件对客户的折旧计算做详细测试。

五、自然资源资产审计

在审计公司经营性递耗财产（矿山、石油、天然气、林地和其他自然资源）时，注册会计师执行的程序与评估公司的折旧和累计折旧时使用的程序类似。他们需要确认折旧费用是否被一贯地记录入账，是否与企业会计准则相符合，同时也要测试客户计算的数学精确性。

林地的损耗通常以勘察的实物数量为基础来计算，勘察是指为估计出木材总产量而对一片林地进行的观察。但对于矿山企业以及石油天然气储量来说，确定作为损耗基础的实物数量要困难得多。注册会计师经常会咨询采矿工程师和地质学家等的意见，来评价这些资源所使用的损耗比率的合理性。在这些情况下，注册会计师应该遵循审计准则的一般要求与做法，即按照审计准则中的审计中利用专家的工作的要求做

好这样的工作。

如果矿山资产的矿石产量可以准确地确定，那么每一吨的损耗成本等于矿山成本除以可以开采的总吨数。但实际上，矿山的产量只能估计，并且这种估计可能会随着开采活动的进行做很大的修正。

与审计制造企业或商业企业的固定资产采用的方式一样，注册会计师都是通过检查契约、租约、税单、发票、已付支票和其他记录来调查所有权和矿山成本。矿山的勘探开发成本习惯上是要被资本化的，直到商业生产开始为止，之后追加的开发成本一般做费用化处理。大型的石油公司只有在发现油井具有生产能力时才会将钻探油井的成本资本化。在这种“有成效的努力”政策下，开发不具有生产能力的油井的成本将会立即费用化。但是，一些小公司实行的是“完全成本”政策，即所有钻井成本都被资本化，并在未来的几年内摊销。

六、无形资产与商誉审计

资产负债表中的无形资产项目中包含了多种资产。所有无形资产都没有实物形态；此外，它们不符合流动资产的定义；并且是非货币性的，即它们并不代表固定数量的现金要求权。我国企业的无形资产主要包括专利权、商标权、特许权、土地使用权和租赁权。因为无形资产没有实物形态，所以它们的价值取决于由所有权带来的权利或经济优势。由于其“无形”的特征，无形资产比固定资产更难辨认。当客户将一笔费用作为无形资产入账，注册会计师应该搜集客观证据以证明确实有这项资产存在。

注册会计师查证无形资产从分析无形资产分类账户开始。账户的借方金额应该追查到已付款凭证和取得的权利或利益的书面证据。账户的贷方金额应该与客户的摊销方案相一致或追查到注销资产的合理授权证明文件。

商誉一般是一项在金额上庞大但未来的经济利益不确定的资产。但是，由于商誉没有实物形态的特征，也由于人们在财务报告准则修改之前将商誉完全视为无形资产的原因，在这里经常将商誉与无形资产一起解释。在一项企业合并业务中，如果为购入企业付出的价格超过取得的可辨认净资产的公允价值，将产生商誉。当企业合并产生商誉时，注册会计师不仅要审核合并总成本在有形资产、可辨认无形资产和商誉中的分摊情况，还要确定商誉是否在合并取得的各项资产中合理地分配。通常情况下，注册会计师需要使用企业评估专家提供的服务来帮助他们评估计价和分配的合理性。

商誉一旦确认，就维持在购买价格不变，不摊销。但是，指定为报告项目的商誉每年需要做一次减值测试，在某些情况下还需要在年度中间做减值测试。如前所述，减值测试需要确定报告资产的公允价值，用来与它们的账面价值作比较。如果公允价值小于账面价值，那么需要按照这个差异计提减值准备。

作为对使用寿命确定的无形资产分析的一部分，注册会计师应该审核客户摊销方案的合理性。对于使用寿命确定的无形资产，摊销金额一般按直线法计算。和固定资产一样，当有迹象表明无形资产的账面价值将不可回收时，长期使用的无形资产需要检查是否应计提减值准备。

导致无形资产存在潜在损失的事项类似于导致固定资产存在潜在损失的事项。如果特定的无形资产出现减值迹象，注册会计师应该评估管理层对相关资产的公允价值做出的估计的合理性。

七、在资产负债表日前对固定资产和无形资产项目的审计

固定资产及无形资产的审计工作大多都能在资产负债表日之前完成。在对一个新客户初次审计时，需要进行耗时较长的以前年度记录审核工作以及确定本年账户的期初余额，尽管如此，这两项工作也应该在年底前完成。

在初次审计和连续审计中，对内部控制的了解可以在一年内任何方便的时间进行。许多审计公司通过在 10 月和 11 月执行中期审计来减轻年末工作负担，中期审计包括分析前 9 个月或 10 个月的固定资产、无形资产的分类账户。这样，在资产负债表日之后，对固定资产、无形资产账户进行必要的审计工作就仅限于对最后 1 个月或 2 个月的交易进行检查。

思考题

1. 长期资产包括哪些内容？在表现形态、资产计价和价值转移等方面的特征有哪些？

2. 固定资产审计的目标是什么？其评估重大错报风险并设计控制测试和实质性程序包括哪些具体内容？与流动资产审计相比区别何在？

3. 固定资产的内部控制有何特殊内容，尤其是其他重要控制内容？固定资产审计的工作底稿有什么特殊要求？初次审计与连续审计有何特殊要求？

4. 固定资产审计的基本模式或程序是怎样的？其中的控制测试与实质性程序的具体内容是怎样的？实质性程序的具体内容与主要审计目标之间的关系是怎样的？

5. 固定资产审计过程各环节的具体内容是什么？固定资产内部控制的特殊之处何在？潜在错报与内部控制缺陷等因素之间的关系怎样？控制测试有何特点？结合固定资产层次认定的实质性程序各主要环节的内容是什么？请进行全过程的说明。

6. 折旧审计的目标和要求是怎样的？怎样理解累计折旧的审计方案和累计折旧的测试技术？分别包括些什么？怎样执行？

7. 何为公司经营性递耗资产？审计程序是怎样的？怎样实施？

8. 何为无形资产与商誉审计？审计程序是怎样的？怎样实施？

练习题

1. 星城公司花费多笔支出取得了一块土地使用权作为厂房用地。作为对星城公司进行审计的注册会计师，你需要对以下事项进行分析，并做出调整会计分录。假设每笔业务都是重大交易。

业务情形	调整前会计分录与调整后会计分录
A. 星城公司取得了一块土地留待建造厂房。一部分支出是支付给房地产经纪人的佣金。这些佣金被资本化计入土地使用权的成本。 B. 购买的土地使用权价款的一部分是通过从一个金融机构获得的贷款。贷款利息作为土地取得成本的一部分被资本化。 C. 为建造新的大楼，这块土地上现有的一栋建筑物已被拆除。拆除成本将作为新建筑物的成本被资本化。 D. 星城公司继购买土地之后又从卖主处购买了一些设备。卖主已经宣布破产。星城公司的管理层认为该设备的购买价格至少相当于其他卖主出售价格的一半，因此公司按成本记录了这项交易。 E. 星城公司砍伐了这块土地上的一些树并出售了木材。从这项交易中获得的货币资金收入被计入其他收入项目。 这是进行年度财务报表审计时的年度内事项，此处为需要在上述调整分录后再列示的调整分录。	

要求：请对上述业务进行分析，说明按照业务情形可做的会计分录，并分析是否应该对已记录业务进行会计处理调整，如果需要调整，请做出调整分录。

2. W公司主要从事小型电子消费品的生产和销售，产品销售以W公司仓库为交货地点。W公司日常交易采用自动化信息系统（以下简称系统）和手工控制相结合的方式。B注册会计师负责审计W公司20×8年度财务报表。

资料一：B注册会计师在审计工作底稿中记录了所了解的W公司情况及其环境，部分内容摘录如下：

(1) 由于20×7年销售业绩未达到董事会制定的目标，W公司于20×8年2月更换了公司负责销售的副总经理。

(2) W公司主要产品的销售20×8年发生了变化。20×8年之前采用代销模式，在代理商对外销售相关产品后，W公司根据代销清单以低于建议零售价7%的出厂价向代理商开具代销产品的销售发票，代理商有权退回未销售的产品。20×8年初改为经销模式，即由经销商（大部分是原先的代理商）以较优惠的出厂价（平均低于建议零售价13%）买断相关产品，W公司向经销商发货即开具销售发票，经销商不再享有退回未销售产品的权利（产品质量原因除外）。20×8年，W公司主要原材料价格平均上涨约5%，但主要产品建议零售价与上年基本相同。

(3) W公司主要竞争对手为了巩固市场份额于20×8年末纷纷推出降价促销活动，W公司于20×9年元旦开始全面下调主要产品的建议零售价，不同规格的主要产品降价幅度从5%到20%不等。

(4) 20×8年初，W公司将房屋建筑物折旧年限由25～35年变更为20～35年，机器及其他设备折旧年限由8～12年变更为8～10年。残值率仍为3%。

(5) W公司于20×8年7月完工投入使用的一个仓库被有关部门认定为违章建筑，被要求在20×9年6月底前拆除。

(6) 20×8年初，W公司启用新财务信息系统，并计划同时使用原系统6个月。由于同时运行两个系统对W公司相关部门人员的工作量影响很大，2个月后，W公司决定提前停用原系统。

(7) 20×8 年末，W 公司的母公司宣布在未来 2 年内将逐步增加对 W 公司的投资。

资料二：B注册会计师在审计工作底稿中记录了所获取的 W 公司财务数据，部分内容摘录如下：

单位：万元

项目	20×8 年	20×7 年
营业收入	64 750	58 480
营业成本	55 440	46 730
存货账面原价	8 892	8 723
减：存货跌价准备	370	480
存货账面价值	8 522	8 243

项目	20×8 年年初数	本年增加	本年减少	20×8 年年末数
固定资产原值				
房屋建筑物	4 461	150	0	4 611
机器及其他设备	5 589	230	177	5 642
合计	10 050	380	177	10 253
累计折旧				
房屋建筑物	2 031	140	0	2 171
机器及其他设备	3 007	516	167	3 356
合计	5 038	656	167	5 527
固定资产减值准备	0	0	0	0
固定资产账面价值	5 012	380	666	4 726

资料三：B注册会计师在审计工作底稿中记录了所了解的有关销售与收款循环、存货与仓储循环的控制，部分内容摘录如下：

(1) 销售部门在批准经销商的订货单后编制发货通知单交仓库和会计部门。仓库根据发货通知单备货，在货物装运后编制出库单交销售部门、会计部门和运输部门。会计部门根据发货通知单和出库单在系统中手工录入相关信息并开具销售发票，系统自动生成确认主营业务收入的会计分录并过入相应的账簿。销售部门每月末与仓库核对发货通知单和出库单，并将核对结果交销售部经理审阅。

(2) 系统每月末根据汇总的产品销售数量及各产品的加权平均单位成本自动计算主营业务成本，自动生成结转主营业务成本的会计分录并过入相应的账簿。

(3) 会计部门每月末编制存货的结存成本及可变现净值汇总表，将结存成本低于可变现净值的部分确认为存货跌价准备。

资料四：B注册会计师对销售与收款循环、存货与仓储循环的控制实施测试，并在审计工作底稿中记录了测试情况，部分内容摘录如下：

(1) 从 W 公司主营业务收入明细账中选取 20×8 年 12 月的一笔交易，注意到相应记账凭证只附有若干销售发票记账联。财务人员解释，在审核出库单并据以开具销售发票后，已在销售发票的记账联上注明出库单号，并将连续编号的出库单另外装订存档。审计选取了一张注有 2 个出库单号的销售发票记账联，在出库单存档记录里找到了相应的出库单。出库单日期分别为 12 月 14 日和 12 月 16 日，销售发票日期为12月16日。

(2) 在抽样追踪20×8年11月10个主要产品的主营业务成本在系统中的结转过程时，注意到有2笔主营业务成本的金额存在手工录入修改痕迹。财务人员解释，由于新系统的相关数据模块运行不稳定，部门产成品的加权平均单位成本的运算结果有时存在误差，因此采用手工录入方式予以修正，并且只有财务经理有权在系统中录入修正数据。审计检查了相关样本的手工修正后产成品加权平均单位成本，没有发现差异。

(3) 检查了20×8年9月末产成品成本及可变现净值汇总表，发现其中的产成品成本数据与20×8年9月末产成品成本账面余额稍有差异。财务人员解释，该差异是在编制完成9月末产成品成本及可变现净值汇总表后，根据仓库上报的第3季度末盘点结果调整部分产成品账面余额所致。

要求：

(1) 针对资料一（1）至（7）项，结合资料二，假定不考虑其他条件，逐项指出资料一所列事项是否可能表明存在重大错报风险。如果认为存在，简要说明理由，并分别说明该风险属于财务报表层次还是认定层次。如果认为属于认定层次，指出相关事项主要与哪些财务报表项目的哪些认定相关。

(2) 针对资料三（1）至（3）项，逐项指出上述控制主要与哪些财务报表项目的哪些认定相关。

(3) 针对资料三（1）至（3）项，假定不考虑其他条件，逐项判断上述控制在设计上是否存在缺陷。如果存在缺陷，分别指出并简要说明理由，提出改进建议。

(4) 针对资料四（1）至（3）项，假定不考虑其他条件以及资料三中可能存在的控制设计缺陷，逐项指出上述测试结果是否表明相关内部控制得到有效执行，如果表明相关内部控制未能得到有效执行，简要说明理由。

(5) 针对资料一（1）至（7）项，结合资料三和资料四，假定不考虑其他条件，逐项判断资格三所列控制对防止或发现根据资料一识别的认定层次重大错报风险是否有效。如果有效，指出资料三所列控制与资料一的第几个（或者哪几个）事项的认定层次重大错报风险直接相关，并简要说明理由。

（此题为中国注册会计师2009年试题。）

第十二章 负债与权益资本

Chapter 12

学习目标

1. 掌握应付账款审计的目标，熟练掌握其中第三条部分，理解低估负债对企业财务状况影响的道理；了解应付账款内部控制的存在与表现，理解应付账款内部控制的构成内容。

2. 掌握应付账款审计的程序包括的内容，尤其是关于控制测试与实质性程序部分；理解实质性程序与审计目标的关系。

3. 了解应付账款风险的类型与内容，掌握应付账款内部控制的执行过程，熟练掌握应付账款潜在错报的表现及其形成原因；熟练掌握应付账款实质性程序的内容及其执行过程。

4. 能够结合函证的实施完成应付账款的分析程序；切实明确重要性概念在此环节的表现；能够对其他流动负债进行与应付账款相近的结合思考。

5. 掌握长期负债审计的目标，特别是目标第（3）条的内容；理解长期负债内部控制的特殊情况及其实施要领；掌握实质性程序在长期负债审计中的特殊地位及其原因，熟练掌握长期负债审计实用程序的几个步骤，以及长期负债审计实质性程序与审计目标之间的关系。

6. 熟练掌握长期负债审计的12个关键环节的基本内容，能够用这样的过程分析问题，进行基本的实践操作。

7. 掌握权益资本审计的目标，特别是目标第（3）条的内容；熟练掌握业主权益内部控制的特色之处，以及审计程序的特色之处，熟知业主权益审计的程序和方式方法。

8. 了解留存收益与利润的分配、业主权益在财务报表中的列报、合伙企业与独资企业审计的基本内容。

第一节 负债与权益资本审计的范围

本章的内容由三部分构成，即流动负债、长期负债和所有者权益。

流动负债部分的内容主要是应付账款，在主要阐释应付账款审计的基础上，本章也介绍应付票据、应付职工薪酬、应交税费和其他应付款。

长期负债部分的内容通常是指金额巨大且持有时间较长，一般为 1 年或 1 年以上。信用债券（有时用抵押品或信托协议作担保）是本章长期负债的主要形式。信用债券只需要发行公司的信用能力作支撑，不需要特定的资产作抵押。因为信用债券有与其他类型的公司债券相同的特征，我们将信用债券和抵押债券统称为债券。表明债务关系的正式文件称作协议或信托协议。当债权人向债务人提供长期资金时，通常会对举债公司规定一些限制性条件。例如，禁止公司在营运资本低于一定数额时宣告发放股利；购置厂房和设备、提高管理人员薪酬水平也只能在流动比率和净收益高于一定水平时才能进行。另一种保护长期债权人的机制是设立交由受托人管理的偿债基金。如果发生违约，按协议规定，全部债务一经请求即需偿还。

在权益资本部分，主要讲述公司客户股东权益账户的审计，对合伙制和独资企业的业主权益的审计将作简要介绍。公司客户的业主权益包括股本（优先股和普通股）和留存收益。当公司发行或回购股票时，股本账户的金额会发生变动。股东之间的股份转让不会影响股本账户的余额。赚取利润和股利支付的减少会增加留存收益。此外，个别会计分录（如以前年度损益调整）可能会直接影响留存收益。涉及业主权益账户的交易通常来说数量很少，但金额巨大。在一年中，股本账户可能不会发生变化，涉及留存收益账户的分录也可能只有一两笔。

本章的内容琐碎、具体，有的在会计年度内较少发生，但是，本部分的内容在资产负债表项目的审计中是必不可少的。

第二节 流动负债的审计

本章所述流动负债的主要内容是应付账款，此处以应付账款为核心，重点分析说明；对其他流动负债则采用从简的方式，简要说明。

一、应付账款审计的目标

应付账款审计的目标包括：(1) 了解客户及其环境以确定应付账款的固有风险，包括舞弊风险；(2) 了解应付账款的内部控制情况；(3) 评估重大错报风险并设计控制测试及实质性测试程序。

上述审计目标的最后一项包括的内容为：证实应付账款的存在和客户清偿这些债务的义务，并确定这些购买业务是否发生；确定应付账款记录的完整性；验证购买业务的截止；确定应付账款估值的适当性以及购买业务的准确性；确定应付账款相关信息列报和披露是否恰当。

会计师事务所的诉讼案件中经常提到注册会计师未能侦查出公司虚报盈余的情况，这说明，企业的管理层，尤其是上市公司的管理层，经常迫于某种压力而虚报利润，这也成了资本市场屡禁不绝的一种痼疾。我们在前面的章节中已经讨论了注册会计师对高估资产夸大利润的审计，而这样的事项也与本章的负债审计有关，即在审计负债的过程中，注册会计师关心的主要是负债被低估或遗漏的可能性。其道理为，低估负债在夸大公司的财务状况和隐藏舞弊行为方面与高估资产具有同样的作用，而且，低估负债通常伴随着低估费用和高估净利润。例如，将 12 月份应付的营业费用延迟到 1 月份入账会在低估应付账款的同时高估利润。因此，在负债的审计程序中，应当将确定应付账款的完整性作为首要目标。

发现低估负债所使用的审计程序与发现高估资产所使用的审计程序是不一样的。要高估资产账户通常是虚构一项经济业务并在会计记录中相应地记录一条错误的分录，注册会计师可以通过对构成资产账户余额的每条分录进行核实来查出这些错误的分录。相反，低估负债通常是对一项产生负债的经济业务不做分录，而在事实上，遗漏的分录比虚构的分录更难以发觉。即使发现了存在遗漏的分录，也极易将其作为一个偶然的错误而不去注意。长期以来，注册会计师已经认识到，最难以发现的舞弊行为就是不记录经济业务。

如果与应付账款有关的分录已经入账，由于存在财务承诺，使得对应付账款计价的审计目标比资产（现金除外）计价的审计目标更容易实现。但是对一些应计负债的情况就不同了，正如我们以前所介绍的，在许多情况下对应计负债账户的精确计量是很困难的，注册会计师还必须审计管理层的会计估计。

二、应付账款的内部控制

我们在考虑应付账款的内部控制时可以发现，一个公司的应付账款就是另外一个公司的应收账款，这一点很重要。因为客户的债权人一般会完整地记录其应收账款并且在没有收到款项时通知客户付款，所以长期忽略此种错误的可能性很小。这一特征也可以帮助注册会计师发现舞弊，因为舞弊者一定会收到付款请求并且不得不对该请求做出反应。也正因为如此，一些公司选择减少负债的账面记录，都是等收到债权人要求付款的通知再记账。这种做法并不意味着应付账款记录不准确或不完整，只是可显示出债务人的利己构成了对应付账款会计处理的有效掌控，而这种掌控对于应收账款来说是不存在的。

对应付账款内部控制的讨论自然会扩展到整个购货循环。在一个有效的购货系统中，由仓库或存货控制部门填制并审批签发请购单，然后将请购单送到采购部。请购单的一个副联将按编号与随后填制的订购单及最后填制的收货单副联一起归档。

采购部一旦收到请购单就会采取以下行动：（1）确定应该订购的货物；（2）选择合适的卖主，商谈质量和价格，然后签发有连续编号的订购单来订购货物。订购单的副联将被送到仓库、验收部门和应付账款部门。被送到验收部门的副联一般不包括货物的数量以促使验收部门清点货物。但事实上，在收到货物时几乎同时会收到一联卖主的装箱单，从而降低了这种控制的有效性。

验收部门应该独立于采购部门。在收到货物时，应该清点并检查货物，为所有收到的货物填制收货单，收货单应事先进行系统的编号并有足够多的副联从而能迅速地通知仓库、采购部和应付账款部，告知它们货物已收到。

在应付账款（应付凭单）部门，所有的表格上都要盖印收到的日期。该部门内部生成的付款凭单和其他凭证，可以通过连续编号加以控制。在查证发票过程中的每一步都要在发票上填写日期和签名来加以证明。将发票上列示的数量与发货单、订购单上的数量相比较，可以防止所付款项超过所订购和收到的货物的成本。将订货单上所列的价格、折扣和运货条款与卖主发票上所列的相比较，可以防止因价格过高而多支付货款。

将发票审核与批准功能与现金支出功能分离是防止错误和欺诈的另一个有效的方法。在批准支付发票款之前，需要提交证实交易各方面的书面证明。负责签发支票的管理者应该在付款凭单和支持性文件上盖章或打孔，防止它们被二次提交付款。

在 IT 购货系统中，卖主发票信息由会计部门输入并由计算机系统将其与其他信息核对。当收到货物时，将信息输入计算机系统，计算机随后自动编制好一份收货单并更新现有的存货记录。计算机系统可以核对订购单、收货单以及卖主的发票信息，并批准应付账款的适当付款。有 IT 系统的公司应该实施有效的信息技术系统控制来确保系统数据输入、处理和输出的准确性，尤其需要关注二次付款发生的可能性。通常情况下，尤其在发票没有被及时付款时，卖主会再次发送发票或其他要求付款的声明。面对这样的情况，信息技术系统必须设计相关控制程序来防止重复付款的发生，需要特别注意那些服务性收费，例如律师费、咨询费等。公司需要确保它们的卖主有一套特制的发票编号系统，该系统不允许针对同一事项的发票在二次签发时被编以不同的号码。同时，需要建立发票识别和发票编码的标准程序。例如，程序中需要描述在输入发票编码时如何处理前面为零的数组。公司还可以通过软件检查具有相似卖主厂商标识或发票编号的相同金额的账款来发现潜在的重复付款。

注册会计师在审计时会发现应付账款管理良好的部门存在另一种控制，即在每月末检查应付账款总账账户余额与应付账款（或应付凭单）的明细记录是否一致。这些核对的账表应该作为实施这一内部控制的证据加以保存，以用来发现并防止以后的错误。

供应商发出的对账单（见表 12—1）每月都会收到，收到时应立即与应付账款总账或未付凭单表核对，两者之间若出现差异，无论任何原因都应进行全面检查。在一些行业中，通常会预付货款给卖主，这样可以得到按发票金额一定百分比计算的折扣作为补偿。当存在这种预付货款的情况时，注册会计师应采取一定程序来确保折扣金额能够符合双方的协议。

表 12—1 供应商对账单

月对账单
鲁北建材供应公司
德州市第 21 街 1671 号
邮编：253000

顾客：盛源建筑公司
德州市顺联大街 1212 号
邮编：253000

20×5 年 6 月 30 日

日期		金额	余额
6 月 1 日	期初余额		32 785.00
6 月 5 日	发票＃3276485	5 250.00	38 035.00
6 月 9 日	付款	−23 300.00	14 735.00
6 月 12 日	退货通知单＃349944	−235.00	14 500.00
6 月 15 日	发票＃3276678	10 220.00	24 720.00
6 月 26 日	付款	14 500.00	
6 月 30 日	期末余额		10 220.00

采购交易循环的流程如图 12—1 所示：

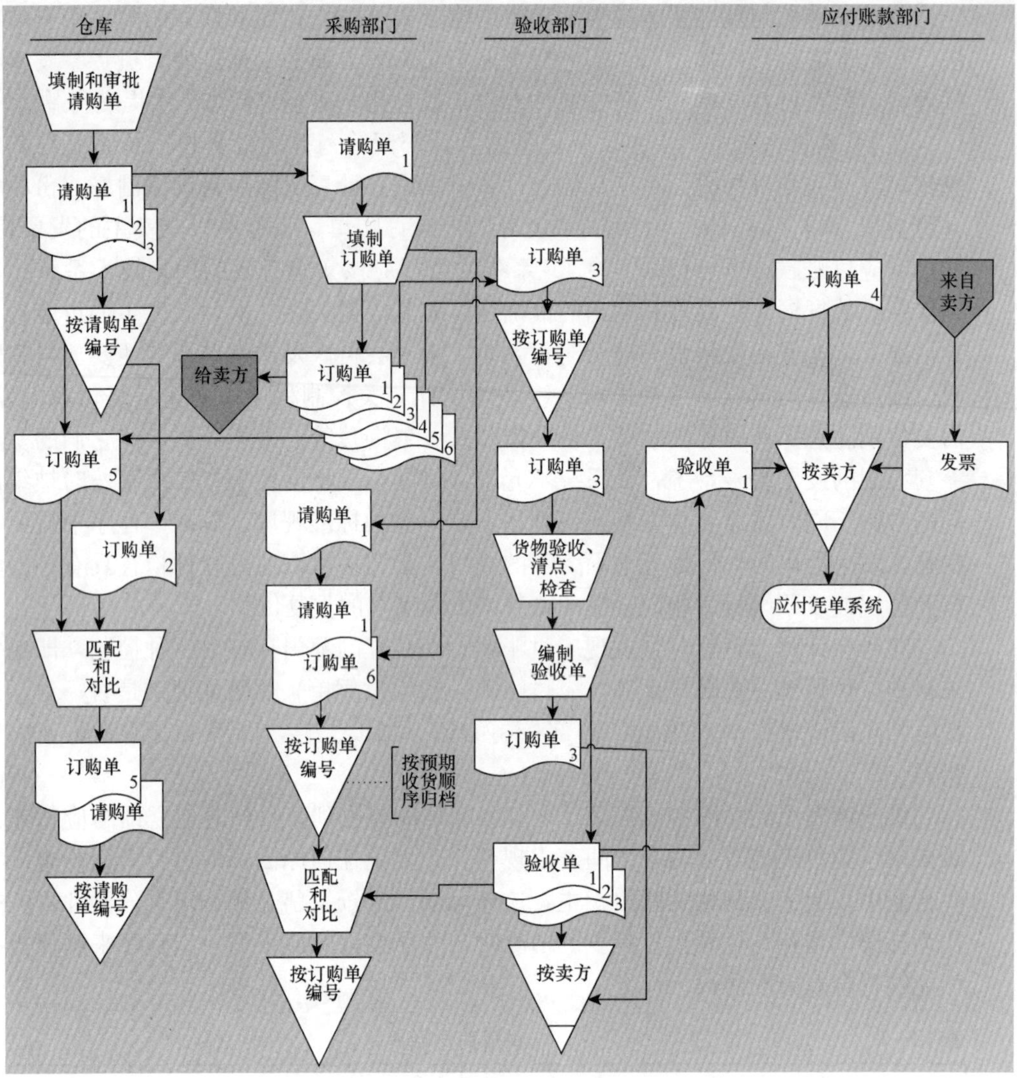

图 12—1 采购交易循环流程图

三、审核应付账款凭证

应付账款审计的主要工作底稿包括应付账款引导表、资产负债表日的各种应付账款试算表及应付账款的确认请求书。试算表通常以电子文件的形式打印出来。此外，注册会计师可以编制一张表记录审计过程中发现的未入账的应付账款，并为应付账款填写内部控制和风险评估的书面报告。

四、应付账款审计

特定审计选取哪种审计程序最合适取决于已实施的内部控制的性质以及注册会计师风险评估的结果。注册会计师审计应付账款的一般模式包括以下步骤。

1. 了解客户及其环境以确定应付账款的固有风险，包括舞弊风险。
2. 了解应付账款的内部控制情况。
3. 评估重大错报风险并设计进一步审计程序。

4. 执行进一步审计程序——控制测试。具体包括：（1）控制测试举例：（a）抽取一个样本审查应付账款统驭账户的过账；（b）在应付账款明细分类账中选择一个，审查其过账，并审核支持性凭证；（c）测试计算机应用控制。（2）有必要的话，可以基于控制测试的结果修改重大错报风险。

5. 执行进一步审计程序——应付账款的实质性测试程序。具体包括：（1）取得或编制资产负债表日应付账款试算表，并与总账核对相符；（2）选择一部分债权人，通过检查其支持性凭证来审核应付账款余额的正确性；（3）将负债与债权人每月发出的声明核对；（4）直接对卖主函证应付账款；（5）对应付账款及相关账户执行分析性程序；（6）查找未入账的应付账款；（7）执行程序确定应付账款是否属于关联方；（8）评价应付账款在资产负债表上的列报与披露是否恰当。

表 12—2 列示了应付账款主要的实质性测试目标与主要的审计目标之间的联系。

表 12—2　应付账款的主要实质性测试的目标

实质性测试	主要审计目标
获得应付账款的试算平衡表并与总分类账核对。	计价及准确性
选择一部分债权人，通过检查应付账款的支持性凭证来证实其余额的准确性。	存在、发生和义务 计价和准确性 截止
将负债与债权人每月发出的声明核对。 函证应付账款。 执行分析性程序。	完整性 存在、发生和义务 计价和准确性
查找未入账的应付账款。	截止 完整性 截止
执行程序以确定应付账款是否属于关联方。 评价财务报表的列报与披露。	列报和披露

（一）了解客户及其环境以确定应付账款的固有风险，包括舞弊风险

注册会计师了解客户及其环境之后，需要确定和评估应付账款的固有风险。这些风险大多数来源于管理层面临的经营风险，例如，未授权的应付账款的付款风险及未能找到与财务报告目的相关的所有应付账款。

如果注册会计师识别出的固有风险与舞弊风险有关，他们需要确保了解管理层建立的程序和控制以便控制风险。他们还需要确保控制程序已被执行。最后，注册会计师需要对舞弊风险和其他重大错报风险设计合理的应对程序。

（二）了解应付账款的内部控制情况

为了熟悉客户的应付账款的内部控制程序，注册会计师通常会自行编制或使用客户提供的控制流程图。在一些审计业务中，注册会计师会采用叙述性的文字描述内部控制的情况，如应付账款部门、验收部门及采购部门之间的独立性。注册会计师还可以通过发放调查问卷来了解应付账款的内部控制情况。问卷中的典型问题包括：是否每月都编制应付账款试算平衡表并与总分类控制账户核对？卖主每月发出的声明是否与应付账款总账金额或未付凭证金额相符？支付给卖主的预付账款是否作为应收款项

入账？预付账款是否得到良好控制从而确保在收到卖主发票时可以抵消？当发票金额、数量或计算存在分歧时，是否签发了借项凭单给卖主？卖主账户的借方余额是否引起了信贷部门和采购部门的注意？

编制好内部控制的流程图（或其他描述）后，注册会计师需要确定客户是否真正执行了其所描述的内部控制。也就是说，他们需要确定内部控制是否真正被执行。注册会计师需要选取几笔采购业务执行穿行测试，以观察各种内部控制的执行情况。图12—2描述了注册会计师在审核采购业务内部控制时会遇到的凭证和账户（凭证进行了简化，主要说明凭证和账户之间的关系）。

注册会计师在了解内部控制时，会观察并询问有关采购部门及货币资金管理部门的职责分离情况。他们也会检查各种凭证和调节表，这些凭证和调节表对于客户的应付账款内部控制而言很重要。例如，检查卖主每月发出的声明并与应付账款总账核对。注册会计师还要检查现金支出预算并审查实际支出与预算存在差异的有关证明文件。这些程序都可以作为内部控制测试为注册会计师提供充分的证据，帮助其评估与应付账款有关的财务报表认定的控制风险是否低于最高水平。

（三）评估重大错报风险并设计进一步审计程序

注册会计师基于对应付账款内部控制的了解，评估应付账款声明的重大错报风险水平。为了支持这些评估，注册会计师还需要获得各种内部控制执行有效性的额外证据。这些证据可以通过实施控制测试得到。在设计这些测试的时候，注册会计师应该确定哪些测试能大量减少实质性程序的工作量，以证明花费时间执行这些测试的合理性。

注册会计师对内部控制风险及固有风险的评估，将会用于确定应付账款实质性程序的性质、时间以及执行范围。在设计实质性程序时，注册会计师需要考虑潜在的错报可能性以及内部控制的弱点或导致错报的其他因素，如表12—3所示。

表12—3 应付账款潜在的错报

错报说明	举例	增加错报风险的内部控制缺陷或因素
购货或现金支付记录错误	舞弊： 记账员填制了一张支票给自己，将其作为签发给主要供应商的支票登记入账。 错误： 未收到货物而支出现金。	记账与填制现金支付凭证的职责划分不适当，或者支票签发人没有审查或注销支持凭证。 在批准支付现金以前核对发票和收入凭证这一内部控制无效。
不适当的购货	舞弊： 订购了货物但被送到不正确的地点或遭窃。	在批准支付现金以前核对发票和收货凭证这一内部控制无效。
重复记录购货业务	错误： 收到卖主的发票时记录了一次购货，当卖主送来发票副本时又记录了一次。	签发支票的人员审查和注销支持性凭证这一内部控制无效。
推迟（或提前）记录购货成本——截止问题	舞弊： 进货日记账提前结平，将本期的购货推迟到下一期入账。	董事会、审计委员会和内部审计部门的控制无效；公司上层管理人员没有进行道德上的引导；要求达到利润目标的不正当压力。

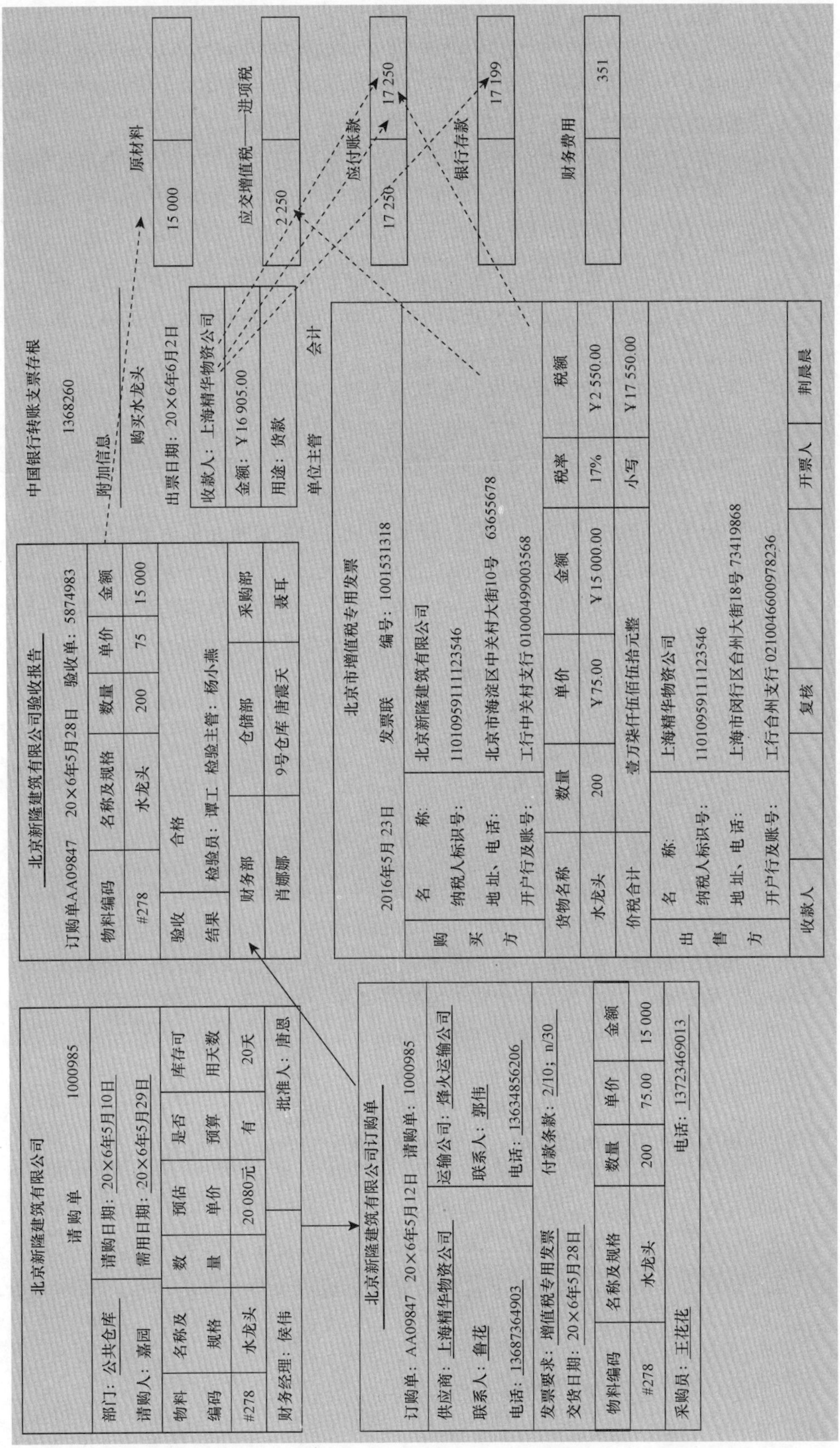

图12—2　采购循环凭证和账户概览

（四）实施进一步审计程序——控制测试

直接对控制有效性进行测试有助于评估客户的内部控制并检验注册会计师对评估的应付账款认定的重大错报风险水平是否合理。与应付账款有关的内部控制测试已经在前面介绍过。在本章，我们只是简要回顾几个重要的测试。

1. 控制测试的一般做法介绍。此处先以举例的形式对应付账款内部控制测试予以说明。

例 12—1

信谊会计师事务所于1月份进行西裕公司的财务报表审计，注册会计师程健负责进行物资采购和应付账款方面的审计工作。西裕公司的主营业务是大宗商品批发兼少量零售。程健先阅读了西裕公司的内部控制制度，按照制度所述，西裕公司在收到供应单位的货物之后，开具应付账款通知单，收到货物一个月内，在购货单位将货物运走后再对供应商进行支付结算。程健对此项业务的内部控制进行初步审查后，认为该套制度的设置适合西裕公司的实际经营状况，制度中的基本精神也在公司内得到了贯彻。程健对此项业务进行的控制测试安排为：

第一，由于公司收到货物后开具的一式四联的应付账款通知单中的第三联、一式三联的货物入库单，连同供货方开具的增值税专用发票是记录采购业务转账凭证的原始凭证，因此，程健将三种单据的内容一致、时间相符、数量一致、正确记账作为判断此项业务内部控制测试正确与否的第一个属性。西裕公司在这个环节做的会计分录是：

借：库存商品——××商品

　　应交税费——增值税（进项税额）

　贷：应付账款——××单位

在收到货物一个月内，在购货单位将货物运走后再对供应商进行支付结算，即

借：应付账款——××单位

　贷：银行存款

第二，由于公司凭借收到购货方的运货单的一式三联的第二联，连同上述应付账款通知单的第四联，进行银行结算，并将取回的银行结算单附在一起做银行付款凭证，因此，程健将三种单据的内容一致、时间相符、数量一致、正确记账作为判断此项业务内部控制测试正确与否的第二个属性。西裕公司在这个环节做的会计分录是：

借：应收账款——××单位

　贷：主营业务收入——××商品

　　　应交税费——增值税（进行税额）

在收到购货方转来的款项时，再做收款的会计分录：

借：银行存款

　贷：应收账款——××单位

第三，由于公司通常将超过一个月未能被购货方购买的货物视作退货，或者是取得折让后再付款，因此，程健将未能及时销售的购买业务作为有特殊风险的业务，准备在实质性程序中直接予以细节测试。西裕公司在这个环节做的会计分录是：

借：库存商品——××商品

　　应交税费——增值税（进行税额）

　贷：应付账款——××单位

要求：仔细考虑程健和他的团队应该怎样进行工作。

回答：面对这样的管理格局，程健和他的团队按照下面的方式展开工作：

(1) 抽取一组样本审查应付账款统驭账户的过账。为了确定应付账款总分类账户金额的正确性，需要从过账追踪到付款凭单登记簿和货币资金支出日记账。这项工作是作为对所有记录的过账正确性总测试的一部分。同时，注册会计师应该详细审查在整个审计过程中过到统驭账户的所有分录，并对异常的分录进行调查。程健的团队初步抽取 60 个样本（样本数量的确定与样本的抽取略）进行检查后，发现收货环节没有错误；付款环节有超时付款、少付货款各一处，少付款项的金额较小；而超过一个月未销售货物却存在较为严重的管理不善、库存短缺和折让差距大的情况。

(2) 继续抽取样本，并审核其支持性凭证。为了确定特定控制的执行有效性，需要从付款凭单登记簿或应付账款总分类账中再取特定项目逆查到货币资金支出日记账、购货日记账和发货日记账，直至原始凭证（如订货单、收货单、发票和付款支票）。程健的团队在第二次又抽取 36 个样本（样本数量的确定与样本的抽取略）。经再次检验，西裕公司采购、验收、核对发票以及支付现金等业务均未发现错误。根据这样的结果，程健认为，西裕公司除库管部门外的其他各责任部门较好地履行了职责，内部控制有效。以此确定，除对存货继续调整数量外，其他部分的实质性程序按照原定的审计计划进行。

在实际工作中，注册会计师可以根据审计线索按相反的方向进行测试。从原始凭证到应付账款总分类账，追查一些分录的代表性样本，注册会计师可以证实应付账款是否及时地进行了完整、准确的记录。再就是，如果客户为采购业务建立了有效的计算机应用控制，注册会计师测试这些控制会比测试采购业务样本更有效率。批次处理控制可以通过检查按控制组调节批次控制总数的证据来测试。此外，当卖主发票与购货和收货信息不一致时，注册会计师既可以检查计算机打印的例外事项的一个样本，也可以追查这些例外事项的证据。

2. 如果有必要，可以基于控制测试的结果修改重大错报风险。完成以上审计程序后，注册会计师可以对应付账款有关的主要财务报表认定的控制风险做出最终的评估。注册会计师根据重新评估的控制风险来确定是否有必要修改计划的实质性测试方案。

如果应付账款控制风险评估为低水平，通常意味着注册会计师发现客户在收到所有货物后会及时地编制按顺序编号的收货单；及时地编制按顺序编号的凭单并在付款凭单登记簿中记录；在到期日前及时付款并立刻在货币资金支出日记账中和应付账款明细账中记录。在每个月月末，会有未参与应付账款处理的职员将应付账款明细账中的每个账户与供应商对账单核对，同时也要核对明细分类账金额与总控制账户是否一致。这种强有力的内部控制可以减少注册会计师对应付账款实质性测试的工作量。

相反，如果应付账款控制风险评估为高水平，通常意味着注册会计师发现客户的应付账款明细账与总控制账户不相符；收货单和凭证的编制及使用杂乱无章；采购业务经常在付款时才登记入账；许多应付账款长期挂账。在这种情况下，如果注册会计师要想确定资产负债表中列示了所有已存在的负债，就应该执行范围更大的实质性程序。

(五) 执行进一步审计程序——应付账款的实质性测试程序

1. 取得或编制资产负债表日应付账款试算表，并与总账核对是否相符（主要审计目标：计价和准确性）。执行这一程序的目的之一在于确定资产负债表中的负债金额是否与详细记录中各个项目金额之和一致。另一个目的在于为实质性程序提供一个起点。注册会计师会利用凭证或应付账款来选择具有代表性的项目进行更为详细的审计。

客户通常会向注册会计师提供年底的试算平衡表。注册会计师应该审核试算平衡表每个项目的合计的准确性。如果各项目明细表中的金额与总账不一致，需要了解存在差异的原因。在大多数情况下，注册会计师会让客户的员工去查找这种错误并做出必要的调整。但是，即使总账与列表中的每个账户的余额合计一致，也不能完全证明整个债务记账没有问题。例如，在接近结算日收到的发票可能在总账和明细账中都没有反映；还可能存在其他类似的不会导致账户余额不一致的错误。

2. 选择一部分债权人，通过检查其支持性凭证来审核应付账款余额的正确性（主要审计目标：存在性、发生性、义务、计价、准确性和截止）。通过检查已选债权人的支持性凭证、发票、购货单及收货单来验证其余额的正确性，这一实质性测试的目标是验证应付账款的存在和计价。对于那些使用付款凭单系统的公司，如果在一个未付凭单档案中归集付款凭单，在资产负债表日审核凭证就会变得十分简单。未付凭证档案的内容每天都在更新，当未付凭证被支付时，就从档案中撤走并按卖主的字母顺序存档。因此，客户保持一份年末未付凭证的清单很重要。这张清单应该包括卖主的姓名、凭证编号、日期和金额。

3. 将负债与债权人每月发出的声明核对（主要审计目标：完整性、存在、发生、义务、计价、准确性和截止）。在一些公司中，常规的做法是每月将供应商对账单与应付账款的明细记录相核对。如果注册会计师发现客户的职员定期进行这种核对，那么不需要再检查供应商对账单就可以确定这种核对工作是令人满意的。如果客户的职员没有核对供应商对账单和应付账款，就需要注册会计师进行抽样核对。如果应付账款的重大错报水平比较高，注册会计师可以控制被审单位收到的信件，以确保可以得到被审单位收到的所有供应商对账单。在核对供应商对账单时，经常发现的差异是卖主已将发运的货物入账而客户未收到或未入账。虽然从理论上来讲，所有权发生转移的所有货物都应包括在购货方存货中（因此在年末在途商品虽未收到，仍然应该包括在客户存货中），但通常的会计处理并不是根据发票确认负债，而是推迟到收到商品时才确认负债。如果存在这种情况，注册会计师就应该督促被审计单位的员工列出所有权已经发生转移的在途货物的清单，并根据其重要性确定是否需要进行年末调整。

4. 直接向卖主函证应付账款（主要审计目标：完整性、存在、发生、义务、计价、准确性和截止）。尽管应付账款的函证是广泛使用的一种方法，但通常认为应付账款函证的必要性没有应收账款那么强。原因之一在于注册会计师可以通过客户保存的卖主发票和供应商对账单等外部凭证来证实应付账款，而在应收账款审计中，注册会计师只能得到有限的外部证据（例如客户的订购单）来证明应收账款金额的可靠性。

认为函证应付账款意义不大的另一个原因在于负债审计的主要风险在于可能存在未入账的负债金额。虽然函证可以提供有关完整性的证据，但它对于确定一个项目的存在和计价更有效。为了使函证在证实应付账款完整性方面更有效，注册会计师通常使用如表12—4所示的空白表格。这种表格要求卖主填写负债的金额而不是单纯证实已记录的金额。

表 12—4　　应付账款函证表

富集莅集装箱公司
舒州市麦运来街 48 号
邮政编码：365221
尊敬的先生：

我们来自天鑫会计师事务所的注册会计师正在对临珺专业包装公司本年度的财务报表进行审计。因此，请您在下面的空格中填入我们公司对贵公司的欠款额。

请逐项列示所欠金额，显示所有未支付款项。请将您的回函直接寄往南安市电视台街 192 号，邮政编码：270128，天鑫会计师事务所收。我们附寄了一个贴好邮票、写好地址的信封便于您回函。谢谢！

注册会计师　詹左江
年　月　日

天鑫会计师事务所：

我们的会计记录显示临珺专业包装公司在 20×4 年 12 月 31 日对我们的欠款额是 266 800 元，具体已在附表中逐项列示。

日期：20×5 年 6 月 6 日

签名：沙宝田
职务：总会计师
年　月　日

此外，注册会计师在函证应付账款时，应该选择那些在本年度作为企业重要供货人的债权人来函证，而不管在资产负债表日其账户余额的大小（即使其账户余额为零）。为了识别这些重要供货人，注册会计师可以参考货币资金支付记录或计算机打印出的每个供应商的购货量，询问采购部门人员，以及检查应付账款明细账。注册会计师需要函证的其他债权人账户包括未收到供应商对账单的账户、反映出异常交易的账户、与母公司或子公司之间交易的账户以及有抵押资产进行担保的公司。

5. 对应付账款及相关账户执行分析程序（主要审计目标：完整性、存在、发生、义务、计价、准确性和截止）。为了确保应付账款总体的合理性，注册会计师可以计算购货对应付账款的比率和应付账款对流动负债的比率，并将这些比率与以前年度的比率进行对比分析。如果变化趋势不合理，则需要进一步调查。

应该审核对每个卖主应付金额的清单，以发现那些没有正常供应货物或服务的债权人。对各个债权人的应付金额还要与以前年度比较。通过研究购货和其他与应付账款密切相关的账户的年度变动，注册会计师可以发现应付账款中的错误。最后，应将应付账款在年末到期的部分与以前年度相应的数字进行比较。

注册会计师还可以计算本期获得的现金折扣占总购货额的比率，并与前期的比率相比较来测试购货折扣。这一比率的显著下降可能表明购货条件的变化、未能享受折扣或存在欺诈性的操作。

6. 查找未入账的应付账款（主要审计目标：完整性和截止）。在审计过程中，注册会计师需要时刻警觉可能发生的未入账的应付账款。例如，执行由核对、函证和分析程序的三步骤检查方案可发现未入账的负债。除了注意未入账的正常交易应付款外，其他应注意的未入账的应付账款包括：记入应付账款贷方的顾客定金、为购买票据而借入的在资产负债表日未还款的债务、审计日存在的在建工程中未开账单的承包人或建筑师费用以及未付的律师费用或保险经纪人费用。

除了上述步骤，注册会计师在查找未入账的应付账款时还应该检查资产负债表日后交易事项。将资产负债表日以后发生的货币资金支出与应付账款试算平衡表对比可以有效地发现未入账的应付账款。所有的负债最终都要支付，因此，它们至少会在还款时在账户上有所反映。每月发生的如租金、公共事业费等常规费用，通常不经过应付账款或其他负债账户，而是直接从货币资金日记账过账到总账。因此，注册会计师经常需要检查客户在资产负债表日后期间发生的超过一定金额的所有货币资金支出。

注册会计师还需要考虑如下未入账应付账款的潜在来源：

（1）增补需匹配的发票与未开账单的收货单。这些凭证在付款凭单制度里称为待补品。注册会计师需要复核这些资产负债表日的未处理凭证，以确保客户已对这些应付账款进行了适当的记录。

（2）在资产负债表日后记入付款凭单登记簿的应付凭单。审查这些记录可以发现在资产负债表日应入账的项目。

（3）客户在资产负债表日后收到的发票。不是所有的卖主会在发出货物或提供服务时立即开具发票。因此，注册会计师复核客户在资产负债表日后收到的发票可能会发现未入账的应付账款。

（4）客户作为承销人的寄销活动。当寄销商品被卖给第三方时，承销人就要承担一项负债。这些销售，特别是在接近年末时发生的，也许还没有被确认为一项对寄销人的负债。尽管注册会计师对这些寄销业务的会计处理的全面了解需要执行适当的程序，但是执行与收入循环相关的程序，例如年末销售业务的测试，可以解释这种由寄销引起的未入账负债。

注册会计师应将发现的未入账的应付账款汇总记入审计工作底稿，格式见表 12—5。

表 12—5 未入账应付账款汇总表

<table>
<tr><td colspan="2">被审计单位：永恒商贸有限责任公司
项目：未入账应付账款
编制人：杨娟
编制日期：20×7.01.17</td><td colspan="2">索引号：FD5
财务报表截止日/期间：20×6.12.31
复核人：牛礼仪
编制日期：20×7.01.25</td></tr>
<tr><td>应付账款单位</td><td>业务内容</td><td>应付金额</td><td>未付及未入账原因</td></tr>
<tr><td>海斯信息处理公司</td><td>物资采购</td><td>10 650.00</td><td>发票和货物都在途</td></tr>
<tr><td>税京通税务代理公司</td><td>未付法律费</td><td>1 000.00</td><td>参见 SE1</td></tr>
<tr><td>阳光有限责任公司</td><td>代销商品</td><td>25 680.00</td><td>12 月 19 日代销商品款</td></tr>
<tr><td>达维有限责任公司</td><td>修理费用</td><td>12 600.00</td><td>机器维修</td></tr>
<tr><td>北京妙思维有限公司</td><td>在建工程已完工但尚未支付的费用</td><td>23 370.00</td><td>参见 ZP1，在建工程相关工作已经完工但尚未支付的费用</td></tr>
<tr><td></td><td></td><td></td><td></td></tr>
<tr><td>合计</td><td></td><td>73 300.00</td><td></td></tr>
<tr><td colspan="4">编制说明：本表用来汇总实施审计程序后发现的未入账的应付账款</td></tr>
<tr><td colspan="4">审计说明：
调整分录 8# 借：物资采购 10 650.00
管理费用 1 000.00
银行存款 25 680.00
生产成本 12 600.00
在建工程 23 370.00
贷：应付账款 73 300.00
记录 20×6 年 12 月 31 日未入账的应付账款
以上应付款项主要是在审计应付账款的过程中发现的。参照审计方案 B—4 中所列的程序，我认为 73 300 元的调整，已经包括了所有重大的未入账应付账款。</td></tr>
</table>

注册会计师发现未入账的应付账款后，接下来的问题是：这种遗漏是否足够重要从而应该建议被审计单位进行相应的调整？这种调整是否会引起财务报表的重大变化，从而导致公司现在的财务情况或盈利能力呈现不同的状况？就像我们在之前讨论供应商对账单与应付账款之间的核对时那样，注册会计师可能不会因为将在途物资加至年末存货而建议调整报表，除非在途商品数量非常大。

为了进一步阐述在确定未入账交易的重要性时需要考虑的因素，我们以一家小型制造公司12月31日的年度审计为例来说明问题。

例 12—2

甲公司的财务状况良好，总资产为300万元，调整前净利润为10万元。注册会计师在执行审计程序过程中发现了以下未入账的负债：

第一，一张金额为1 400元，日期为12月30日，离岸交货的发票。这些货物卖方已在12月30日发货，但直到1月4日才收到。这张发票也是在1月4日收到并登记入账的。

第二，一张金额为4 000元，日期为12月30日，离岸交货的发票。货物在12月31日到达，并在当天实地盘点时已包括在内。发票直到1月8日才收到，并作为1月份的交易事项入账。

第三，一张金额为1 500元，日期为12月31日，为购买新办公室保险箱而收到的发票。这个保险箱在12月31日完成安装，但是发票直到1月15日付款时才被记录。

第四，一张金额为3 000元，日期为12月31日，因10月、11月和12月接受广告服务而收到的发票。这张发票直到1月15日收到时才入账。

要求：请对上述事项进行分析，查找未入账的负债。

回答：对于甲公司的上述事项，注册会计师应当区分其不同的性质而不同处理。

第一，可供参考的是：在考虑这项遗漏单据的重要性时，首先要注意到净利润是不受影响的。如果调整分录，将会同时增加流动资产（存货）和流动负债，因此这将不会改变营运资本金额。这项遗漏只对流动比率有轻微的影响。注册会计师极有可能会认为这笔业务的重要性不大而不必调整。

第二，可供参考的是：这一错误应该予以更正。因为在实地盘点时包括了这批货物但却没有确认相应的负债，这种处理可能会导致当年的资产和负债存在4 000元的误差。由于流动负债被低估，营运资本和流动比率都被高估，所有者权益也被高估了。这些事实表明这项遗漏具有重要性并且建议进行调整。

第三，可供参考的是：因为这项业务中只涉及资产和负债账户，遗漏这项业务对净利润不会有影响。但是，营运资本和流动比率会因此受到影响，因为其借方是非流动资产而贷方是流动负债。绝大多数注册会计师很可能不建议调整该项目。

第四，可供参考的是：这笔业务足够重要，需要进行调整，因为它对净利润有影响，同时也影响了营运资本和流动比率。在这种情况下，注册会计师应强烈建议客户进行调整。

上述例子表明一项未入账业务的重要性主要取决于该业务是否影响净利润。假设有一项业务未入账，该笔业务影响净利润，但是不能确定其金额是否足够大到应该进行调整，这时注册会计师应该注意到错误对净利润的影响的1/4会被公司所得税抵消。换句话说，金额为10 000元的未入账费用在调整后只能使税后利润减少7 500元。如果不进行调整，最终唯一的影响就是在以后连续两年中7 500元净利润的转移。除非客户要求进行调整，注册会计师应该避免建议客户对年末业务的截止错误作调整。但是，需要注意的是，许多不重要的小错误对财务报表的累计影响可能会很大。因此，注册会计师应该计算所有未建议调整分录的累计影响，并将其与其他账户中发现的错误一起考虑。

7. 执行程序确定应付账款是否属于关联方（主要审计目标：列报与披露）。注册会计师需要特别注意客户对公司管理者、董事、股东或联营公司的应付款项，因为这些应付款项不是利益对立的主体间正常议价的结果。注册会计师需要考虑到这些与购买存货或其他资产相关的应付账款可能存在计价问题。独立注册会计师应该查找这些应付账款。所有与关联方相关的重大应付账款应该在财务报表中披露。

8. 评价应付账款在资产负债表上的列示与披露是否恰当（主要审计目标：列报与披露）。应付账款在资产负债表中的合理列报要求任何对关联方（董事、主要股东、管理层和员工）的大额应付款项，应当在资产负债表的附录中专门说明。

重复付款、付款后退货及预付货款等事项可能会导致应付账款借方出现较大余额。如果这些借方余额较大，注册会计师会建议在审计工作底稿中重新编制调整分录，以便将这些借方余额作为资产列示在资产负债表中，而不是直接抵消其他应付账款的贷方余额。

如果被审计单位作为商品的承销人，那么在接近年末销售的寄销商品可能还没有作为对寄销人的负债入账。准确确定被审单位在资产负债表日所欠寄销人的金额是在资产负债表中合理反映负债的重要步骤。

有抵押资产担保的应付账款应在资产负债表（或附注）中列报，并与抵押资产相互对照。

五、其他流动负债

此处的其他流动负债主要指：应付票据、应付职工薪酬、应交税费、其他应付款等。

（一）应付票据

应付票据分析可以显示每一票据的期初余额、本年签发和偿付的票据以及票据的期末余额。分析应付票据账户可以满足很多目的：(a) 证实以前年度审计中列为未付票据的偿还情况和其他处置方式；(b) 确定各账户借方余额和贷方余额的恰当性；(c) 通过逐笔检查账户余额本年内的增减变动来证明年末余额。

对应付票据一般应有函证的程序。应当注意的是：商业承兑汇票的支付对象一般是票据的接收单位，不是金融机构，那么需要由客户填写票据，由会计主管或其他适当执行主管签名而生效。因此在进行商业承兑汇票的函证时，询证函应由注册会计师寄出并由注册会计师收取回函。需要债权人确认的信息包括：票据签发日期、到期日、未付余额、利率（如果是带息的票据）、上一次支付利息的时间及抵押品。当然，若是客户银行承兑汇票已逾期，那时的接收单位是已经兑付款项的银行，此时的函证可随货币资金函证的程序而处理。

如果客户开出的应付票据附有财产抵押事项等，注册会计师可以直接向抵押权人函证，对抵押负债的发生及所涉及的金额进行实质性测试。获取的信息要与客户记录及审计工作底稿中的有关内容进行比较。同时也要让抵押权人对债务进行确认，以了解公司是否履行了抵押或信托协议。注册会计师应该检查客户所持的应付票据和相关支持性凭证，如抵押品和信托协议。原始凭证由债权人所有，但是注册会计师需要确定客户是否保存着债务票据的副本，并且各项细节要与前述的审计步骤中得出的分析结果相符。

再就是，如果资产负债表日未付的应付票据是在后至审计工作结束之前支付的，这一现金支付活动则又为注册会计师提供了有关负债项目的额外证据。如果在资产负债表日后不久，对即将到期的票据进行续约，那么注册会计师就要对负债分类的合理性作重新考虑。

（二）应付职工薪酬

1. 应付工资与奖金。对工薪内部控制的合理性及证实审计期间的工薪支出将在后面介绍。我们在此只讨论资产负债表日测试应计工薪所采用的程序。应计工资薪金总额总会作为账户余额出现在资产负债表上。应计金额的准确性对于总负债的确定以及成本与收入的正确配比是非常重要的。审核程序主要包括将应计金额与下一期实际工资额对比，并复核资产负债表日工资分配采用的方法。检查下一期的第一个发薪日支付的工薪，从而确定在资产负债表日没有重大的未入账的未付工薪负债。

2. 职工福利费、养老基金计划等应计费用。对职工福利费的审计，一是与上面的应付工资与奖金结合，二是本期实际列支数与应交企业所得税相核对，才能符合税法和会计准则的要求。对应付养老基金费用的审计，首先是复核审计资料永久性档案中的养老金计划复印件。然后，注册会计师还需要考虑员工退休工资和福利待遇的相关规定。注册会计师需要确定客户的应计养老金负债的会计处理是否符合企业会计准则及相关法规的要求，包括服务成本、利息成本、跨期分摊和服务成本的摊销以及养老金资产的利得和损失的考虑。在审计这些金额时，注册会计师应利用精算师的报告并向受托人函证养老金计划的内容。在评估精算师提供的证据时，注册会计师应按照注册会计师审计准则的要求并利用专家的工作进行。

3. 应计休假工资。与应计工资和奖金紧密联系的是应计休假工资。这种负债主要出现在两种情况下：（1）根据合同，员工在过去的年度里有权享受休假，但是却由于紧急的工作安排没有享受到休假；（2）员工有权在未来享受休假，为了使成本与收入相配比，必须预计这部分休假成本。注册会计师审核应计休假工资时，首先会复核永久性档案中规定休假条款的雇用合同或协议的复印件。审核应计休假工资计算正确性时不仅要核实数字计算的精确性，还要保证协议符合公司的休假政策。

4. 应付个人所得税及其他社会保险性税收。虽然国内各级税务机关并没有特别规定记录这些负债的准确格式，但要求对职工所领取的工资和扣缴的金额必须作适当记录，使之与税法相符。资产负债表日存在的从职工工资中扣留而未上缴的个人所得税和其他社会保险性税收属于注册会计师应该审计的一项负债，因此注册会计师应该对这些应计应缴的税收进行审核。这种审核通常包括以下步骤：追查扣缴金额直到工资汇总清单；测试扣缴与应计税款的计算；确定税金已经根据税法及其实施细则存入银行的国库窗口；检查每季度的纳税申报。

5. 无人领取工资。如果应付职工薪酬账户长期留有不适当的余额，可能是企业存在无人领取的工资。从这种期末余额本身的性质而言，就是不合理的。因此，注册会计师应该关注此项目内部控制的合理性。在每次工资发放之后都要编制一张无人认领的工资清单。工资支票在工资部门停留的时间不能超过几天，而应该立即被存入特定的银行账户，这样做能很好地改善内部控制。

6. 其他计入应付职工薪酬的事项。职工的长期应付薪酬，如涉及退休计划、失业保险、住房公积金和其他目的通常会导致工资扣款。注册会计师在审计资产负债表日尚未上缴的为职工代扣代缴款的负债的同时，还应该检查扣减程序的合理性，并确定工资扣款是否被适当授权或计算是否正确。再就是与应付职工薪酬相关的、可计入被审计单位成本费用的工会经费与职工教育经费，在审计时也要查核这样的数据计算是否正确，是否按规定的要求而计入成本费用并递减本期应缴纳的企业所得税等。

（三）应交税费的其他部分

应交税费是企业对外的重要债项。我国的各税种对税金缴纳的要求不同，对作为应交税金而形成的负债进行审计也有不同的要求。本书在前面的营业收入部分对税金及附加进行了说明，因此本章主要从负债的角度对税金及附加之外的税收缴纳情况进行分析说明。

按照我国现行税收制度，税金及附加之外的各种税收主要为以下几种，见表12—6。

表 12—6 我国除税金及附加之外的税金及其应记入账户

税金	计税依据	应记入的借方账户	应记入的贷方账户
房产税	房地产原值的扣除后金额（或租金额）	管理费用	应交税费——应交房产税、土地使用税、车船税
土地使用税	实际占用土地的面积	管理费用	
车船税	拥有和使用车船的单位	管理费用	
印花税	合同性质的凭证	管理费用	银行存款
所得税	应纳税所得额	所得税	应交税费——所得税
个人所得税	应计工资与奖金	应付职工薪酬	（已在前面说明）
耕地占用税	实际占用耕地的面积	在建工程	银行存款

1. 应计财产税。应计财产税通常数量少，金额也不大，但是注册会计师有必要在审计工作底稿中分析全年涉及财产税的业务。审核应计财产税应该查阅当地政府机构签发的财产税账单，并参考相关的付款支票。如果在资产负债表日的应计财产税与以前年度相比有较大的变动，那么应该查明变动的原因。注册会计师应该审查确定所有应税财产的财产税账单都已收到或已计算应计税金。

2. 应交所得税。企业所得税是影响企业净利润的一个重要因素。注册会计师在没有得到足够证据证明所得税计算的正确性之前，不能对资产负债表或利润表发表任何意见。在审计中小企业时，审计约定书中通常包括为客户编制年度所得税纳税申报表。如果被审计单位的员工或其他人已经编制好了所得税申报表，注册会计师要想对财务报表的公允性发表意见仍然必须验证税务负债的合理性。注册会计师应该分析应付所得税账户并检查所得税申报表、付款支票或其他支持性凭证上的所有金额。应付所得税账户的期末余额一般等于当年所得税申报表上计算的应交所得税额减去已支付的金额。

3. 递延税款。因为应税所得额与税前会计利润之间存在时间性差异，一个公司应付的税金也经常与实际支付的税金存在差异。由于这些差异的存在，需要设立递延所得税负债或递延所得税资产。注册会计师用应交税费工作底稿来确定递延所得税负债的金额。这些工作底稿需要经过会计师事务所的税务专家的复核。

4. 印花税。按照税法的规定，印花税是企业在签署交易合同等时，应以贴花的方式缴纳的税金，因此，进行审计时，只需注意各种协议、合同上是否贴具了印花税票即可。

由于个人所得税已在应付职工薪酬中说明，而耕地占用税运用的范围较窄，此处略。

(四) 其他应付款项

企业年度的应计费用，如应计利息、应计租金、专业服务费等，包括在资产负债表中的流动负债中，有时合并为一个项目作为其他应付款。若有收入递延贷项部分，如预收的应包括在下期利润中的租金或利息，以及因为预收账款会增加流动资产总额，也包括于此。注册会计师还需要对这样的负债事项进行审计。其中最重要的步骤是检查各种支付事项是否经过授权。应该检查基本的合同并追溯到董事会的会议记录。如果各种应计费用的计算是根据销售总额或其他客观因素计算确定的，注册会计师应该用规定的比率乘以计算基数，以核对其他应计负债计算的准确性。

第三节　长期负债的审计

一、长期负债的审计目标

长期负债的审计目标包括：(1) 了解客户及其环境以确定公司的固有风险，包括与长期负债有关的舞弊风险；(2) 了解长期负债的内部控制；(3) 评估长期负债的重大错报风险并设计控制测试和实质性测试程序。

上述审计目标的最后一项包括的具体内容为：证实负债的存在以及相关交易的发生；确定已入账负债的完整性；验证会影响负债金额的交易的截止；确定客户有义务支付已入账的负债；合理地对负债进行计价，并确定影响负债的交易计价的准确性；确定负债信息的列报和披露（包括借款合同的主要条款的披露）是否恰当。

二、长期负债的固有风险评估

长期负债的一项重大的经营风险在于需要确保被审计单位获得资金的渠道是有效的。这种风险并不代表财务报表的重大错报风险，因此，并不是注册会计师主要考虑的事情。但是，其他经营风险与重大错报风险同样重要。例如，管理层需要考虑与债务协议不相符的经营风险。这也是注册会计师需要考虑的，因为不相符可能会影响长期负债的分类及相关列报。许多与应付账款审计相关的原则同样适用于长期负债的审计。例如，和应付账款一样，由于错误或者舞弊导致的长期负债的低估都被认为是一项重大的潜在固有风险。

同应付账款一样，低估长期负债也是一项潜在的重大审计问题。披露负债时，注册会计师必须确定公司是否遵守了债务协议中的各项要求和限制性条款。在审计长期负债的同时，注册会计师还要获得有关利息费用、应付利息以及债券折价溢价的证据。因此，应付账款的许多原则同样适用于长期负债的审计。

三、长期负债的内部控制

（一）经过董事会授权

对长期负债有效的内部控制起始于借债的授权。公司章程规定举债要由董事会批准。公司的财务主管需要负责撰写筹资建议报告，报告中需要解释筹集资金的原因、预计借款对未来收益的影响、借款前后财务实力的变化及其与同行业其他企业的比较。董事会的授权包括对一些事项的复核和审批过程，如选择银行还是信托公司、抵押资产的种类、在证监会的登记注册、与投资银行签署协议、是否符合公司规定以及列示将在证券交易所上市的债券等。发行长期债券后，应该向董事会提交一份报告，说明筹集到的资金净额及用途，如购置厂房、增加营运资本或用于其他目的等。

（二）利用独立的受托管理人

发行债券所筹集的资金数额巨大——通常达到数百万元。因此，只有大公司才发行债券；小公司一般通过抵押贷款或其他渠道来获得长期资金。能够发行债券且能进入现有证券市场的大公司几乎都选择大银行作为独立的受托管理人。

受托管理人的职责是保护债权人的利益，监督发行公司是否履行协议条款。受托管理人还保存所有记名债券持有人的姓名和地址的详细记录；当债券所有权发生变动时，注销旧债券、重发新债券，严格执行程序防止债券过度发行；分发利息，当债券到期时偿还本金。利用独立的受托管理人在很大程度上解决了对应付债券的内部控制问题。内部控制之所以得到加强是因为受托管理人接触不到发行公司的资产及会计记录，且受托管理人是一个大型金融机构，需要对自己的各种行为负法律责任。

（三）债券的利息支付

许多公司把支付利息的事务委托给受托管理人处理，无论是对无记名债券还是记名债券。因为公司只需要开具一张支票来支付半年或一年的债券利息，因此内部控制高度有效。以无记名债券（息票债券）为例，受托管理人在收到支票后，会立即根据出示的息票支付利息，注销息票，并按编号归档。日后还要对息票进行清点，然后全部销毁，并将销毁证明送交给发行公司。因为息票债券可以随时转让，受托管理人不会保存持有者名单。如果某些息票没有被出示请求支付，受托管理人会将相应的资金持有到法定期限。对于记名债券，受托管理人会保存当前持有人的名单，兑现利息支票的方式与给股东分发股利支票的方式相同。

对于应付债券，一般只存在一个利息支付对象。支付方式与其他现金支付方式相同，不需要利用受托管理人。

（四）审计档案及其保管

贷款协议或者票据发行协议副本应该归入注册会计师的永久性档案。所有限制性条款应从这些文件中摘录出来，以方便注册会计师检查客户是否遵守了债务条款。对应付债券和应付债券总账、有关利息、折价溢价账户的分析材料应收录在当期档案或永久性档案中。此外，注册会计师还需要将内部控制及长期负债风险评估文件归档。长期负债通常不需要导引表。

四、长期负债审计

注册会计师了解客户及其环境（包括内部控制）之后，会评估重大错报风险并为负债设计进一步审计程序。这个审计方案并没有提供控制测试和实质性测试之间的区别，因为涉及大额负债协议的每项交易通常都会被检查。为了记录内部控制情况，注册会计师通常会编制一份书面描述和内部控制问卷调查。典型的问卷调查表中会包含以下问题：（1）新增加的负债是否经过管理当局的合理授权？（2）债券发行过程中是否利用过独立的托管人？（3）公司是否对债务条款的遵守情况进行了监督？

由于交易数量少但金额巨大，注册会计师一般能够对每一笔交易进行实质性测试。因此，控制测试实质上是伴随着双重目的的交易测试进行的。正如本书后面所述，在综合审计中会执行更多的控制测试。

审验长期负债适用的程序包括以下几个步骤：获取或编制对长期负债账户以及相关的利息、溢折价账户的分析表；检查应付债券的副本及支持性凭证；向收款人或恰当的第三方函证债务；将借款和偿还交易与相关支持性凭证相核对；执行分析性程序，测试附息债务与利息费用的总体合理性；测试债务计价以及利息费用、应付利息和溢折价摊销计算的准确性；评价债务条款是否被遵守；检查公司的会议记录，以评价债务的发行是否经过授权；复核资产负债表日后支付或重开的应付债券；执行必要程序以识别开给关联方的应付债券；向金融机构发询证函以获取有关融资安排的信息；评价负债及相关交易在财务报表中列报与披露的合理性。

表 12—7 展示了这些实质性测试程序与主要审计目标的联系。

表 12—7 债务交易和余额的主要实质性程序及目标

实质性程序	主要审计目标
获取负债和相关账户的分析资料。	计价
检查应付债券副本和支持性凭证。 函证负债。 核对借款和偿还交易。	完整性、存在和义务 准确性 截止
执行分析性程序。 测试利息费用、应付利息和折价溢价摊销计算的准确性。	完整性 存在和义务 计价
评估公司是否遵守了债务条款。 审阅公司会议记录，以评价债务的发行是否得到了恰当的授权。 复核资产负债表日后支付或重新开具的应付债券。 执行必要程序识别开给关联方的应付债券。 发询证函获取有关融资安排的信息。 评估财务报表的列报与披露。	列报与披露

（一）获取或编制对负债账户以及相关的利息、溢折价账户的分析表（主要审计目标：计价）

应付债券分析可以显示每一债券的期初余额、本年签发和偿付的债券以及债券的期末余额。另外，应付利息或预付利息的期初余额、利息费用、已付利息，以及应付利息或预付利息的期末余额也可以在工作底稿分析表中列示。

分析应付债券账户可以满足很多目的：(a) 证实以前年度审计中列为未付债券的偿还情况和其他处置方式；(b) 确定各账户借方余额和贷方余额的恰当性；(c) 通过逐笔检查账户余额本年内的增减变动来证明年末余额。

初次审计某一客户时，注册会计师应分析自债券发行日起各年的应付债券、债券发行成本和债券折价（或债券溢价）总分类账。工作底稿作为永久性审计档案保存。在日后的审计中，这些账户中每增加一条记录都要记入分析表。相对而言，筹资循环中的账户很少存在重大错报。如果存在重大错报，其原因可归于：债务报告的不恰当（如记录一笔贷款时，借记了“现金”账户，贷记了“收入”账户）；债务记录不完整（如一笔贷款没有被记录，筹集到的款项留在账外）；与贷款相关的折价和溢价账户的余额摊销不恰当。在某些情况下，与负债相关的附注披露不完整。

当客户的组织结构比较复杂时，例如存在很多特殊的法律实体，或存在与关联方的合同或交易，注册会计师需要考虑相关风险。注册会计师需要询问交易记录的适当性的相关问题。另外，注册会计师应注意到，债务人如果不遵守债务协议条款，债权人有权要求立即清偿。

（二）检查应付债券的副本及支持性凭证（主要审计目标：存在、完整性、义务、准确性和截止）

注册会计师应该检查客户所持的应付债券和相关支持性凭证，如抵押品和信托协议。原始凭证由债权人所有，但是注册会计师需要确定客户是否保存着债务债券的副本，并且各项细节要与前述的审计步骤中得出的分析结果相符。

（三）向收款人或恰当的第三方函证债务（主要审计目标：存在、完整性、义务、准确性和截止）

如果应付债券的支付对象是金融机构，那么应付票据的函证可以作为货币资金余额的函证的一部分。如果应付债券的支付对象不是金融机构，那么需要由客户填写债券信息，由会计主管或其他适当执行主管签名，由注册会计师寄出。需要债权人确认的信息包括：债券签发日期、到期日、未付余额、利率、上一次支付利息的时间及抵押品。

注册会计师可以直接向抵押权人函证，对抵押负债的发生及所涉及的金额进行实质性测试。获取的信息要与客户记录及审计工作底稿中的有关内容进行比较，同时也要让抵押权人对债务进行确认，以了解公司是否履行了抵押或信托协议。

债券交易通常可向受托人直接函证。受托人要对所代理的债券进行详细说明，包括到期日和利率、本年中赎回的债券或转换为股票的债券、资产负债表日仍未偿付的债券，以及偿债基金交易和余额。

（四）将借款和偿还交易与相关支持性凭证相核对（主要审计目标：存在、完整性、义务、准确性和截止）

注册会计师必须获取证据以证明长期债券账户反映的交易是真实的。为了实现这一目标，注册会计师必须从账上记录的自开具债券、发行债券的业务中获得的现金，追踪到银行存款单和银行对账单的有效副本。任何能够证明该项现金收入的汇款通知书也在检查范围内。注册会计师还可以从签署的合同和送交证监会的发起书中找到证据，进一步证实发行债券筹集款项的金额。

应付债券或应付抵押款账户的借方余额通常代表了全部或分期支付的款项。注册会计师应检查相关的已付款的支票；这项检查也可以为应计利息的支付提供证明。分期付款的恰当性可由债券或抵押证明中规定的还款计划来证实。客户手中应持有该计划的副本。

通过比较被注销的应付债券和应付债券账户的借方余额，可以进一步查明本年有些已"支付"的债券实际上是被赎回的。注册会计师在检查这些债券时，应注意比较债券到期日和现金支付日。没有在到期日及时支付债券表明公司的财务状况不良。

已支付的债券丢失是没有合理理由的。债权人开出的收据并不能很好地证明。无论存在什么理由，如果无法对已支付的债券进行检查，注册会计师需要对支票或其他付款凭单进行检查，并与适当的负责人沟通。

在检查注销支票时，注册会计师应该查明债券抵押的处置情况。在债权人返还抵押资产期间，很容易发生被抵押的证券或其他资产被挪用的情况。

（五）执行分析程序，测试附息债务与利息费用的总体合理性（主要审计目标：存在性、完整性、义务和计价）

评估付息债务总体合理性的有效方法之一是检查所记录的利息费用和本年债务本金平均余额的比例关系。如果客户对未记录的债务付息，那么这一比例关系将与客户公司当初借款时的利率不符。因此，注册会计师可以运用这些程序对附息债务的完整性进行测试。

（六）测试债务计价以及利息费用、应付利息和溢折价摊销计算的准确性（主要审计目标：存在性、完整性、义务和计价）

除非管理人员选择公允价值计价法，那么负债的账面价值就等于票面价值加上或减去任何未摊销的溢价或折价，亦即我们一般所说的摊余成本。注册会计师通过测试债务的折价和溢价来测试计价的准确性。此外，注册会计师还需要测试客户对利息费用和应付利息计算的准确性，包括通过检查支票来证明利息的支付情况。分析利息的支付是另一种发现未入账的付息债务的有效方式。

如本书前面所述，那些希望按市场价值计量其金融负债的公司，会选择公允价值计价法。在不同的条件下，公允价值的计量可能基于可观察的数据来源（如市场价格），也可能基于不可观测的数据来源（如折现现金流量）。当客户选择公允价值计价法时，注册会计师应该评估其估值技术以及数据来源的适当性。

（七）评价债务条款是否被遵守（主要审计目标：列报与披露）

在对一个客户进行初次审计或审计新发行的债券时，注册会计师应该获取债券发行协议的副本，并将其归入永久性档案。注册会计师应该仔细研究债券协议，尤其需要注意以下几点：授权发行债券的数额、利息率和付息日、到期时间、对抵押资产的描述、关于债券赎回和转换的条款、受托管理人的职责以及对举债公司的限制。

协议可能要求设立偿债基金、设定营运资本最低限额以及为抵押财产担保等。协议中可能还会有一些限制性规定，如发放的股利不能超过利润的既定比率、限制管理人薪酬、没有特别规定则禁止再度增加长期借款等。注册会计师应当进行测试以评价客户是否遵守了这些条款。例如，注册会计师要检查保险范围以及偿债基金的支付凭证，并将支付给管理人员的薪酬及发放的股利与协议中规定的数额作对比等。

如果客户没有完全遵守协议规定，注册会计师应该将违规情况通知客户及其律师。有些违约情况发生时，发行的所有债券一经请求即需偿还，因此应列为流动负债。当客户违反了协议条款，相应的惩罚措施是债券的偿还，这时，客户往往能取得放弃遵守条款要求的弃权声明书。也就是说，债权人经常选择不对所有的合同条款强制执行。为使该负债仍以长期负债列示，弃权声明书中所放弃遵守条款的期限必须是在资产负债表日后的一年内。这样，客户即使取得了弃权声明书，有关事项也应该在其财务报表附注中披露。而当对此存在疑问时，注册会计师需要取得客户法律顾问的声明书。

（八）检查公司的会议记录，以评价债券的发行是否经过授权（主要审计目标：列报与披露）

发行债券的事宜通常由董事会负责。为确定发行在外的债券都经过了恰当授权，注册会计师需阅读董事会（和股东大会）的会议记录中有关债券发行事项的内容。会议记录通常会引用公司章程与发行债券有关的部分，还包括公司法律顾问对发行活动合法性发表的意见。

（九）复核资产负债表日后支付或重开的应付债券（主要审计目标：列报与披露）

如果资产负债表日未付的应付债券是在后至审计工作结束之前支付的，这一现金支付活动则又为注册会计师提供了有关负债项目的额外证据。如果在资产负债表日后不久，对即将到期的债券进行续约，那么注册会计师就要对负债分类的合理性作重新考虑。

在前面章节对于应收票据的讨论中，我们强调了仔细审议客户对高级管理人员、董事会和子公司交易的必要性，因为这些关联方交易缺少正常议价的基础。在审查应付债券时，虽然出现假公济私的情况要比应收票据中有限得多，但是仍然应当重点检查对内部人员或子公司的应付债券。注册会计师应该浏览资产负债表日至审计工作结束日期间的应付债券记录，以获取特殊交易信息，例如，重新开具一张在资产负债表日前刚刚支付过的内部债券。

（十）执行必要程序以识别转给关联方的应付债券（主要审计目标：列报与披露）

和其他部分的审计一样，注册会计师必须实施程序来检查关联方债务披露的恰当性。需要注意的是，由于债券相关的交易数量比较少，所以发现这些关联方交易并不像应付账款等涉及大量交易的账户那么困难。

（十一）向金融机构发询证函以获取有关融资安排的信息（主要审计目标：列报与披露）

融资安排和交易非常复杂，这些安排和交易的细节必须在财务报表附注中作充分的披露。如果注册会计师认为有必要获取与这些细节相关的额外证据，他们可以向金融机构发出单独的询证函。例如，通过询证函可以获取有关贷款额度、或有负债、补偿性余额、信用证和期货合约等信息。这些询证函由客户签名，并且专门寄送给负责客户信贷的主管或者该金融机构中了解有关信息的其他主管。这种方式缩短了询证函回复的时间，能够提高所获证据的质量。

（十二）评价长期负债及相关交易在财务报表中列报与披露的合理性（主要审计目标：列报与披露）

因为资产负债表中流动负债部分涉及债权人利益，所以进行充分的信息披露很重要。按债权人或者到期日的时间长短对负债进行分类是很有必要的。对银行的负债、对贸易伙伴的负债，以及对高级管理人员、董事、股东以及分公司的负债，无论是流动负债，还是长期负债，都应该单独列示。

担保负债和抵押资产应该相互对照，并在财务报表附注中作出说明。如果发生财务困难或公司解散，债权人则希望按各自的求偿权分得相应比例的资产。如果某些资产，例如流动性应收账款，已经抵押给一位债权人，那么无担保的债权人的风险就会增加。流动负债不应该只包括在 12 个月（或更长的一个经营周期）内到期的票据，还应该包括分期偿还的长期负债，如抵押借款即将到期的部分。

评价长期负债在资产负债表中的列报，最重要的是描述是否充分。每一类长期负债的描述都应当包括负债类型、授权及发行的数额、利息率、到期日，以及可转换性或附属特征。

需要在财务报表列报的长期负债还会有以下几种：

1. 当前应支付的长期负债。除上述的应付债券以外，长期负债包括所有不需要用流动资产偿还的债务。也就是说，任何在最近一个经营周期内到期的，且需要用特种基金偿还或发生再融资的债券或票据，无论其到期日在何时，都应被列为长期负债。在做出这种划分之前，注册会计师必须获得充分的证据来证明客户确实有意图且有能力进行长期性再融资。客户的这种意图和能力表现在：(1) 长期性再融资在财务报表公布之前进行；(2) 在公布日前已签署了融资协议，已明确批准了这种再融资行为。任何即将到期且需要动用流动资产偿还的债务都属于流动负债。

2. 长期负债协议的限制性条款。长期负债协议对公司的重要限制将会对投资者和债权人产生很大影响，因此应该在财务报表中注明限制性条款的性质。

3. 未摊销的债券溢价和折价。未摊销的债券溢价应该与债券或信用债券的面值相加，其总额作为债券的账面价值反映在资产负债表的负债部分。同样，未摊销的债券折价也应从债券面值中扣除。

（十三）关于长期负债审计的业务举例

例 12—3

瑞兴会计师事务所对本地新改制、准备进行非上市股份有限公司进入代办股份系统进行转让试点的 E 公司进行改制的综合审计。E 公司自成立以来，管理基础一直较为薄弱。审计人员在对负债和权益进行审计时，发现在其他应付款中有一笔金额为 50 万元，已延迟三年的未付款项。经认真查询，得知该笔款项是几年前一次纠纷的未结事项。

要求：提出这类问题的解决思路和处理方式。

回答：注册会计师对这样的事项进行了下述处理：

第一，在公司股东大会召开之前，将此事提出，征求大股东的意见。各大股东都一致同意将需要明确的股份予以确权。最后的处理结果是，将 50 万元的款项，按照银行三年期利率计算利息后，按现在的股价折合为本公司的新股份。

第二，针对 E 公司关于股份管理存在的薄弱环节，建议该公司建立零散股权证的管理制度，以满足日后的股权交易之需。

E 公司按照注册会计师提的建议进行了相关股权事项的明细处理，完善了公司内部股权管理制度。

一般说来，有一些未及时偿还的长期负债总是含有需要进一步计算的利息，或者是滞纳金、手续费等，这也是注册会计师在进行这类业务时需了解之处。

五、长期负债的查核时间

由于长期负债的会计分录数量比较少，分析长期负债和利息费用的账户不需要花费太多时间。因此，大多数注册会计师直到年底才开始分析这些账户。

旨在发现未记录负债的审计程序一般不能在资产负债表日前进行。评估对债务条款的遵守情况、测试利息费用、检查已支付的应付债券或资产负债表日前才更新的应付债券等，这些审计程序都应该在结账日后再予进行。因此，资产负债表日前只能在有限范围内对长期负债进行检查，而在之前讨论过的大多数资产组则不是这样。

第四节　权益资本的审计

一、权益资本审计的目标

权益资本，亦称业主权益，其审计目标是：(1) 了解客户及其环境，以确定业主权益的固有风险，包括舞弊风险；(2) 了解业主权益的内部控制；(3) 评估重大错报风险并设计控制测试和实质性测试程序。

上述审计目标的最后一项包括的具体内容为：证实记录的业主权益的存在及相关交易的发生；确定已入账的业主权益的完整性；验证影响业主权益交易的截止；审核业主权益计价的合理性以及影响业主权益的交易的准确性；确定业主权益的列报和披露的恰当性。

在审计业主权益账户的同时，注册会计师还需要获得关于与应付股利相关的账户以及股本折价溢价的证据。

二、业主权益的内部控制

对股本和留存收益强有力的内部控制主要体现在三个方面：(1) 交易经过董事会和公司管理层的合理授权；(2) 交易中的职责相互分离（最好雇用独立代理机构专门负责股票登记、过户和股利发放的事务）；(3) 保存完整的记录。

（一）董事会对股本交易的控制

股本账户发生的任何变动都要经过董事会的事先正式批准。董事会必须确定股份发行数量和每股价格；如果采用分期支付计划，董事会必须对相应条款做出规定。如果用于交换股份的是厂房和设备、劳务或任何非现金对价，董事会必须对非货币资产的价值进行评估。与股利决策一样，若将留存收益转增股本，也要由董事会提议。此外，股票分割和每股面值或设定价值的改变都需要经过董事会的正式批准。所有的股利决策都需要经过董事会批准；宣布发放股利不仅要明确每股股利，还需要确定登记日期和实际发放日期。

（二）独立的股票登记和过户代理机构

在评估对股本的内部控制时，注册会计师首先需要考虑客户是雇用了独立的股票登记代理商和股票过户代理机构，还是自行管理股本交易。雇用独立的股票登记代理商和股票过户代理机构能使内部控制更为有效，这是由于，银行或信托公司在这方面具有丰富的经验，有专门的设施和训练有素的员工来处理这些专门的服务。而且，通过将保存股本证明的责任分配给相互独立的组织，公司的内部控制已经达到了完全意义上的职责分离。国外的一些机构，如纽约股票交易所和许多其他国外的交易所，都规定上市公司必须雇用独立的证券登记代理机构进行公司股本的管理。

（三）股票登记簿和股东分类账

如果公司没有雇用独立的股票登记和股票过户代理机构，董事会通常会指派公司的董事会秘书履行这些职责。董事会通常指派管理人员，并授权他们履行以下职能：(1) 签发股票；(2) 保存股东记录；(3) 保管未发放的股票；(4) 签发股利支票。股票均被机器连续编号，并且从递送至公司直到发行，都应在特定主管人员的严格监督之下。股票业务一般需要两个主管的签名。

股票通常填写完备并从装订成册的股票登记簿中撕下，并留有存根（与支票簿中的存根类似）。每张存根上都有编号，并留有空白处用以填写股票所代表的股份数、股东姓名，以及用于换取新证的旧证编号；股票要按照编号顺序签发且必须到实际发行日时才能签发或会签。当发行在外的股票在股东之间转移时，旧证要交给公司。相应的负责主管要在旧证上打孔并黏在股票登记簿中对应的存根上。

股票登记簿自身不是对现有股本的充分记录。股票是以连续编号的顺序排列的，而一个股东可能拥有列记在不同股票登记簿中的多份股票。股票转移日记账可以用于记录股东间的股票转移。股东分类账为每一股东提供了单独记录，这样一看就能确定每一位股东拥有的股份总数。这个记录也可以用于编制股利支付清单或用于与股东进行其他沟通。

（四）股利的内部控制

与发行股票相同，应付股利内部控制的性质主要取决于公司自己发放股利还是雇用独立的股利发放代理机构。如果公司雇用了股利发放代理机构，公司应该为代理机构提供股利宣告书的副本和股利总额的支票。由于银行和信托公司通常保有股东的详细记录，因此也常被要求代理发放股利。代理机构将股利发放给每一位股东，并将支付清单交给公司。雇用独立的代理机构是从内部控制角度考虑的，它在很大程度上减少了与发放股利相关的欺诈和发生错误的可能性。

对于不雇用股利发放代理机构的公司，其支付股利的责任就落在了财务主管和董事会秘书的身上。董事会宣布发放股利后，董事会秘书将备好股东清单，列明每个股东的股份数及每人应收到的股利。每股股利乘以发行在外的股份总数应该与支付给股东的股利总额一致。

开给每一位股东的股利支票都是连续编号的，其金额是根据上述股东清单填写的。如果股东分类账是在计算机文件中保存的，计算机可由记录直接生成股利支票。股东名单和股利支票都要送交财务主管进行审批和签字。财务主管要将支票和发行在外的股份总数核对相符，并且在邮寄时避免让签发支票的人经手。

然后，股利总金额从银行总账转到一个单独的银行股利账户。当银行支付了股利支票并将其退回后，应将它们与相应的支票存根放在一起或者注上付讫的字样。根据支票登记簿中未兑现存根或未清项目，每月应编制未兑现支票清单，其总额要与银行股利账户的余额相一致。股东较多的公司需要将股利支票编制成可机读的形式，以便用于计算机调节未兑现支票。

（五）业主权益的凭证审核

除了编制业主权益账户的主明细表，注册会计师还需要分析每个权益账户以计入永久性文件。详细的分析对股票期权计划的所有方面至关重要，包括期权的授权、发行和流通。对于没有雇用过户代理机构的股权集中型公司，注册会计师经常会编制股东名单并列出每位股东所持股份数，然后将其归入永久性档案。

三、股本的审计方案

审查股本时需要执行的典型审计程序：（1）了解股本交易的内部控制；（2）检查公司章程、实施细则以及会议记录中有关股本的内容；（3）取得或编制股本账户分析表；（4）说明股票发行收入的用途；（5）向独立的股票登记机构和过户代理机构函证流通在外的股票；（6）对于自己进行股票登记和过户的公司，将股东记录与总分类账核对相符；（7）确定对员工股票薪酬计划进行了合适的会计处理；（8）确定公司是否遵循了有关股本的限制和特惠条款，以及披露是否恰当。

涉及股本的交易一般数量很少。因此，注册会计师在审计非上市公司时通常会对所有的交易进行实质性测试。在对上市公司的整合审计中，注册会计师会依赖于控制测试以证实内部控制的情况。除了以上步骤，注册会计师还需要确定公司是否在财务报表中恰当列报了股本。这将会在本章后面的部分与业主权益其他项目在财务报表中的列示一起讨论。

（一）了解股本交易的内部控制

虽然审查股本主要是通过实质性测试程序完成，但是，注册会计师应该了解客户审批、执行和记录股本交易的程序，即便是对非上市公司的审计也是这样。调查方式可以采取编制系统说明书或绘制流程图，还可以填写内部控制的调查问卷。如果采取调查问卷的方式，那么其中包含的典型问题如下：公司是否雇用了独立的股票登记机构和过户代理机构？是否保存了股东分类账和过户日记账？业主权益账户中的所有记录是否都由负责人定期检查？

（二）检查公司章程、实施细则以及会议记录中有关股本的内容

在初次审计时，注册会计师应仔细阅读获取的作为永久性档案保存的公司章程和实施细则。在每一次股票发行中，注册会计师应该获得的信息包括批准发行的股份数、每股面值或设定价值、股利支付率，如果有的话，还应包括可提前赎回条款和可转换条款、股票分割和股票期权等。注册会计师还应该查阅有关股票交易授权的董事会或股东大会会议记录。收集到这些信息以后，注册会计师就可以确定股票交易和股利支付是否合法，并且是否经过了股东和董事会的审批。此外，他们还能够判断资产负债表附注中是否包含了必要的信息，以对发行的各种股票和公司资本的其他部分进行充分说明。

（三）取得或编制股本账户分析表

进行初次审计时，注册会计师应该从公司创立之初的股本账户开始分析，这样注册会计师就可以对公司的资本情况形成一个完整的认识。对股本的分析包括评估所有发生额的性质以及将发生额与原始凭证和记录相核对。股本账户发生的所有变动都要经过董事会的审批。

分析股本账户也可作为一种附加程序在审计工作后期完成。初次审计完成以后，如果分析材料保存在注册会计师的永久性档案中，则有必要记录当期的增加额和减少额并核对这些交易。然后，注册会计师可以在工作底稿中说明公司自创立以来股本账户的所有变动。

注册会计师还需要分析库存股账户并列清单说明持有的库存股数量。手中的所有证明都要仔细检查。如果没有相关证明，可以向过户代理商函证。

在审查库存股交易时，注册会计师应该根据永久性文件中的董事会会议记录的副本来确定：(1) 库存股的回购和再发行经过了董事会的批准；(2) 支付或收取的价格符合董事会的规定。

(四) 验证股票发行收入的凭证

发行股票及获得的资金在收取和分配时都要经过恰当的会计处理，对这些程序的审计和分析都与股本账户密切相关。所有收入要与现金账和银行对账单核对。给证监会（或股票交易所）的申请上市注册表和与承销商签订的合同也可用作证明股票发行收入的证据。

如果发行股票所获收入是非货币资产，则需要对整个交易进行详细审查。获得的资产和劳务的价值通常要由董事会做出评估。注册会计师必须确定客户做出的会计估计是合理的。

(五) 向独立的股票登记机构和过户代理机构函证流通在外的股票

在资产负债表日，通过与股票登记和过户代理机构的直接交流可以证实流通在外的股票。询证函由客户以自己的名义书写，但是需要由注册会计师寄出。询证函回函也应该直接寄给注册会计师而不是客户，回函中包含的所有信息都要从公司记录中找到根据。总分类账要与股票登记和过户代理机构报告的股票发行数额一致，这一点至关重要。由于对股票交易的控制通常很严格，因此一般无需与每个股东交流来确定发行在外的股票数量。

(六) 自己进行股票登记和过户的公司要将股东记录与总分类账核对相符

当一个公司自己进行股票过户和登记时，注册会计师就不能直接向外部机构函证，而需要实施替代程序来获取相应证据。这些程序包括：(a) 统计股票数量；(b) 检查被注销的股票；(c) 将股东分类账和股票登记簿与总账核对相符。

审计工作底稿包含本年签发的最后一张股票的编码。通过查阅前期的审计工作底稿，以及验证当期所签发的股票的编号，注册会计师就可以根据顺序编号查明所有的股票。

注册会计师在审核一家小型的股权集中型企业的股票登记簿时编制的审计工作底稿在以后的连续审计中都可以利用。它还可能被保存在注册会计师的永久性档案或连续记录的当期审计档案中。此外，注册会计师还应该审查未签发的股票以确定所有声称未发行的股票都确实是保留在公司或者是空白的。

没有雇用独立的股票登记和过户代理机构的公司，基于加强内部控制的要求，所有注销的股票都要被打上孔或做标记以防将来被重复使用。注销的股票要附在股票登记簿中的存根上并永久保留。如果回收的股票没有被恰当地注销，一旦被管理者或雇员用于欺诈目的，进行重新签发，其危险性可想而知。因此，注册会计师要检查手中所有被注销的股票，特别要注意它们是否已经无效。股本的总账账户记录了流通在外的股票的面值总额或设定价值总额以及库存股。股东分类账则为每一位股东做了记录。股票登记簿中保存着所有注销的股票，以及在外流通的股票的存根。注册会计师必须将这三种记录（总账、股东分类账和股票登记簿）相互核对，证实流通在外的股票并排除超额发行的可能性。如果不进行此种检查程序，一个不诚实的主管就有可能无限制地发行股票以谋取收入。

注册会计师应当从客户处取得或自行编制股东明细记录的余额试算表，并将其与总账核对。与此同时，由股票登记簿存根列示的流通在外的股票总额也要与总账及明细账试算表核对。这些程序可用于验证股本总账余额的准确性。

（七）确定对员工股票薪酬计划进行了合适的会计处理

许多公司通过股票期权计划对管理人员和雇员支付股票期权。企业会计准则要求公司确认与这些激励相关的补偿成本。具体来讲，补偿成本由公司授予股票期权当天的公允价值来衡量。这种成本称作股票期权授予期间的补偿性费用。

采用公允价值计量这些激励工具给注册会计师带来了很大的挑战。因为期权并没有在市场上交易，只能通过使用期权定价模型来确定其公允价值，如布莱克—斯科尔斯（Black- Scholes）期权定价模型和二项式期权定价模型。对公司股票价格的公允价值及其变动的估计通常是通过参照同类可比较公司的股票价格变动情况和期权价格做出的。注册会计师应该保证做出的公允价值估计所依据的假设是合理的。此外，他们还应该获得证据来证实其计算是正确的。在实际工作中，注册会计师审计财务报表中以公允价值计量的项目采用的方法和依据可在此处运用。在这一部分，注册会计师也可能会利用专家的工作。

（八）确定公司是否遵循了有关股本的限制和特惠条款，披露是否恰当

当授予股票期权时，公司要持有一部分已经授权但没有实际发行的股票，以便能随时履行期权协议。同样，发行可转换债券和可转换优先股的公司也要持有充足数量的普通股，这样的话，一旦优先股股东和债券持有人选择将其手中的证券转换为普通股，公司也能满足他们的要求。

注册会计师必须特别熟悉股票期权和股票认购计划，以及可转换债券和优先股的转换特征，以便判别计量是否恰当以及其在财务报表中的披露是否充分。注册会计师还需要证实本年通过转换或行使股票期权而发行的股票，并审核确定公司在资产负债表日储备的股份数量没有超过已授权但未发行的股份数量。

（九）公司股本审计的举例说明

例 12—4

瑞兴会计师事务所在对H公司改制上市的审计中，对公司准备上市前几次集资过程的相关会计凭证进行了认真的验证。注册会计师发现了以下事项，并与公司管理层及时交换了意见。情况如下：

第一，该公司在上年年末集资时，控股大股东有增加股本款150万元的记录，但未见交付银行存款的手续凭单。公司管理层解释说，公司实际上进行了分红，控股股东将应分得的现金股利作为股权款项，只是公司财务部门没能及时进行正确的会计处理。

第二，在前一年集资时，控股股东将原材料存货折合为公司的出资增加股东普通股50万股，虽然进行了存货价格和数量的划转，但未见关于存货价值评估的相关文件。公司管理层对此的解释是，将存货进行折价入股时征求了其他各位股东的意见，也有股东愿意出具个人证明。

要求：作为注册会计师，你应该怎样处理这样的问题？

回答：由于上述事项较为复杂，数额较为重大，瑞兴会计师事务所在与公司高管认真交换了看法之后，暂时没有发表审计意见。公司管理层也表示，对上述事项进行认真整改，补充各种手续，征求股东们的意见，消除不利影响，以使公司的行为真正符合公司法的要求。

四、留存收益和股利分配

对留存收益和股利分配的审计工作主要包括两个步骤：（1）分析留存收益和留存收益分配的情况；（2）复核现金股利和股票股利的分配程序。

在初次审计中，分析留存收益及留存收益分配账户要涵盖整个历史时期。分析材料作为永久性文件进行保存，并且在以后每年度的审计中都能用到。留存收益账户的贷方一般记录从收益汇总账户结转的净收益额，借方则记录净损失、现金股利和股票股利以及分拨准备金的建立或增加。留存收益分配需要经过董事会的特别授权，所以此处仅需验证记录的日期和金额是否与董事会的议案相符即可。

注册会计师需要执行以下步骤来验证现金股利：（1）确定授权发放股利的日期和金额；（2）验证已支付的股利金额；（3）确定拖欠的优先股股利；（4）复核无人认领的股利支票的处理。

通过分析股利发放公告，注册会计师可能会发现已宣告但未支付的现金股利。这些股利必须在资产负债表中以负债列示。注册会计师还要检查公司对未领取的股利的处理程序，以证明这些项目已被确认为负债。此外，累计拖欠的优先股股利金额也应该计算出来。在审查股票股利时，注册会计师还有责任确定恰当的金额已从留存收益账户转到了股本账户，而无论股票股利的数量大小。

五、业主权益在财务报表中的列报

在资产负债表中披露股本时应该对每一次发行交易进行全面说明。需要披露的信息有：股票种类；面值或设定价值；股利支付率；普通股股利。如果有的话，还包括优先股股利；可转换和提前赎回条款；授权、发行及库存的股份数额；拖欠的股利；为股票期权或转换权而储备的股票。库存股通常按成本列示在股东权益部分，作为股本和资本公积合计总额的扣减项。

针对留存收益在资产负债表中的列报，有一点需要重点考虑，即是否存在对留存收益使用的限制。我国的企业会计准则以盈余公积来表现这样的安排，而盈余公积的计提，尤其是法定盈余公积的计提都要由董事会和股东会决定。所有这些条款必须在财务报表及其附注中进行充分的披露。

六、业主权益的审核时间

涉及股东权益账户的交易数量通常很少，但金额巨大。由于这些交易很少发生，在期末进行分析会比较有效。在对新客户进行初次审计时，一些前期工作是很有必要的，如取得并审查公司章程、实施细则的副本以及分析股本账户等。

对于持续审计的客户，注册会计师会发现，相对于这些账户的金额来说，所用的审计时间很少，并且远远少于他们审计资产、负债、收入和费用的时间。因此，虽然股本账户的金额高于现金账户，但是审计工作量却少得多。

七、合伙企业与独资企业审计

很多小企业也需要进行独立审计是因为它们在申请银行贷款时需要上交经过审计的财务报表。通常情况下，当银行接收到小公司的所有者申请贷款时，银行会根据企业的财务报表做出贷款决策。

（一）审计合伙人账户的程序

说明合伙组织形式的最重要文件是合伙协议。注册会计师会特别关注对净收益的分配是否遵循了合伙协议的利润分配条款。协议中经常会做出规定，要求合伙人投入资本要保持在特定的水平上，且会限制合伙人抽回资金的数额。注册会计师也需要证实这些条款的遵守情况，从而确定资本账户记录的恰当性。审查合伙人贷款账户时，需要参阅合伙协议中的有关规定。

有时，注册会计师会发现以合伙形式经营的企业并没有书面的合伙协议，这就引发了利润是否按各合伙人的意愿进行分配的问题。注册会计师为了进行自我保护，通常会要求获得每位合伙人的书面声明，每个合伙人都要在书面声明中确认其资本账户的余额并对年度利润的分配方式表示赞同。注册会计师还会建议企业制定一份书面合伙协议。

（二）审计独资企业的程序

一般而言，公司权益资本的审计原理同样适用于对独资企业或合伙企业的资本账户和业主提款账户的审查。独资企业创立以来的所有权益账户都是分析的对象；初始投资和追加投资要追踪到现金和资产记录；同时，本期的净收益或净损失及发生的退股金额也要得到证实。独资企业中存在的一种复杂情况是混合性业务和个人交易，所以注册会计师有必要将个人的净资产从企业的资本中分离出来。如果业主动用了公司的资金用于个人支出，需要将费用账户的相关金额转入业主提款账户以做调整。

思考题

1. 本章为何强调流动负债中的应付账款审计？应付账款审计的目标是什么？最重要的部分在哪里？怎样表述？进行审计时的难点在哪里？

2. 怎样表述应付账款的内部控制制度？怎样进行应付账款内部控制的了解与测试？应付账款内部控制的细节可能会表现在哪里？在计算机系统呢？

3. 应付账款审计的一般模式怎样？控制测试与实质性程序包括什么内容？实质性程序与审计目标之间的关系怎样？

4. 应付账款的审计风险主要包括什么？怎样了解应付账款的内部控制制度的内容？了解些什么？应付账款的潜在错报会有什么样的表现？与内部控制的缺陷关系怎样？还有什么其他原因？

5. 应付账款的控制测试应该按照什么方式进行？如果发现问题，应该怎样进行调整？请举例说明。

6. 应付账款的实质性程序一般应该怎样进行？其中的函证包括哪些内容？与应收账款的函证关系怎样？怎样对应付账款及其他账户执行分析性程序？怎样查找未入

账的应付账款？有何意义？

7. 流动负债的其他部分包括什么内容？对应付票据、应付职工薪酬、应交税费、其他应付款的审计应当注意什么？怎样进行？

8. 长期负债的审计目标怎样？最主要的内容是什么？怎样进行长期负债的风险评估？其内部控制有何特征？怎样进行长期负债的审计？与其他项目相比有何特征？其实质性程序与审计目标的关系怎样？请叙述长期负债审计各环节的基本内容。

9. 权益资本的审计目标是什么？最主要的内容是什么？应获取什么样的审计证据？

10. 业主权益（含股利分配）内部控制的特征何在？怎样设计股本的审计方案？进行业主权益审计主要有哪些环节？各自的具体内容怎样？

练习题

1. 由于计算机信息系统的发展，近几年公司都缩减了应付账款部门的规模。例如，有媒体报道说，某无线通信公司每年要处理1亿张发票，但其应付账款部的员工却从将近700人精简到480人。这种减员得以实施的主要原因在于该公司不再在付款给卖主之前审核发票，而是在支付现金以后才分析应付账款。对此消息，有的分析师认为虽然无线通信公司的薪酬成本降低了，但是重复付款和多付款给卖主的可能性会增加。

要求：假设你是给上述无线通信公司进行年报审计的注册会计师，请根据上述资料谈谈自己的看法。

2. A注册会计师负责审计甲公司2012年度财务报表。与审计工作底稿相关的部分事项如下：

(1) A注册会计师在具体审计计划中记录拟对固定资产采购与付款循环采用综合性方案，因在测试控制时发现相关控制运行无效，将其改为实质性方案，重新编制具体审计计划工作底稿，并替代原具体审计计划工作底稿。

(2) A注册会计师拟利用2011年度审计中获取的有关存货和成本循环的控制运行有效性的审计证据，将信赖这些控制的理由和结论记录于审计工作底稿。

(3) A注册会计师在对销售发票进行细节测试时，将相关销售发票所载明的发票日期以及商品的名称、规格和数量作为识别特征记录于审计工作底稿。

(4) 审计报告日后，A注册会计师对在审计报告日前收到的应付账款询证函回函中存在的差异进行调查，确认其金额和性质均不重大，并记录于审计工作底稿。

(5) 在归整审计档案时，A注册会计师删除了固定资产减值测试审计工作底稿初稿。

(6) 在完成审计档案归整工作后，A注册会计师收到一份应收账款询证函回函，其结果显示无差异。A注册会计师将其归入审计档案，并删除了在审计过程中实施的相关替代程序的审计工作底稿。

要求：针对上述第(1)至(6)项，逐项指出A注册会计师的做法是否恰当。如不恰当，简要说明理由。

(本题为中国注册会计师2013年考试题。)

第十三章

Chapter 13 经营过程与其他影响损益事项

学习目标

1. 理解经营过程审计的意义，掌握经营过程及审计的方法，熟知其他损益事项所指的范围。

2. 熟练掌握经营过程审计的目标，熟知评估收入和费用的重大错报风险及设计进一步审计程序所涉及的具体内容。

3. 熟知资产负债表账户与收入账户间的关系及其与本环节审计相关的其他事项；熟知资产负债表账户与费用账户间的关系及其与本环节审计相关的其他事项；在此基础上熟知编制分析表格的运用。

4. 熟练掌握应付职工薪酬审计方面的相关内容，如内部控制的特殊方式，需要填列的各种单证及其相互核对，计算机环境下的特殊管理要求，内部控制描述时需要考虑的其他方面的内容，以及设计进一步审计程序时需要考虑的具体内容。

5. 熟练掌握应付职工薪酬审计主要实质性程序的审计目标。

6. 掌握以公允价值计价金融资产审计的范围、内容和审计方式，及应注意的方面。

7. 掌握资产减值损失审计的范围、内容和审计方式，及应注意的方面。

8. 掌握其他综合收益审计的范围、内容和审计方式，及应注意的方面。

9. 掌握现金流量审计的基本要求，分析程序的三部分以及相关信息披露的相关内容。

10. 掌握完成审计内容之前，还要做的相关审计工作，特别是或有损失审计的内容和期后事项审计的内容。

11. 理解获得管理层声明书，与被审计单位管理当局沟通错报事项的过程与要求；掌握评价审计结果要求和执行。

12. 理解关于复核审计业务约定书、形成审计意见及出具审计报告、额外沟通事项，以及审计的后续责任等相关事项的要求与实施。

第一节 经营过程与其他损益事项审计基础

一、进行经营过程审计的意义

社会发展到当今时代，作为社会细胞的公司的生产经营活动越来越受到社会各方的关注；公司的生产经营结果更是受到社会各方的极大重视。公司的利润表是其经营结果的最主要表达方式，以至于成为判断公司健康状况、良好表现及对整个社会经济所作贡献的标志。利润表对管理层、股东、债权人、员工和政府相关管理机构至关重要。公司盈余的相对水平通常成为决定工资谈判、所得税税率、子公司和政府财政政策的一项关键因素。由于本书已经强调收入和费用与各种资产负债表账户的关系，此部分将陈述经营过程审计中更多的细节问题。

二、经营过程审计方法

谨慎性有力地影响着收入和费用的确定。谨慎性之所以重要是因为存在大量的会计估计（例如应收账款坏账准备、资产减值准备、产品的售后保障债务等）。资产估价过程中的谨慎性意味着当有两种及两种以上可供选择的计价方式时，会计上选择最低值。对于负债的估值，会计上选择最高值。因此，应用在利润表上，谨慎性导致了更低的或者说更谨慎的利润数字。

大多数注册会计师对谨慎性予以高度重视。在某种程度上，这种态度源于对第三方的法律责任。低估财务状况和经营成果的财务报表几乎从来不会导致针对注册会计师的法律诉讼行为。然而，注册会计师应当意识到过分强调财务报告的谨慎性是迎合社会需要的狭隘和短视的方法。为实现其最大价值，财务报告应当保持中立，而不是低估财务状况和经营成果。比如说，美国财务会计准则委员会（FASB）反对将谨慎性作为会计信息的一项质量特征，认为它与中立性不一致，就是这种观点的典型表现。

注册会计师获取的关于大部分利润表账户的证据都同时与资产负债表账户相关联。例如，折旧费用，是最易被证实与厂房和设备账户相关的。一旦确定了应计折旧资产的存在和成本，折旧费用的验证仅仅是附加的一个步骤。另一方面，在没有确定拥有的资产的性质和金额及该折旧的金额之前确认折旧费用，是一种本末倒置的方法。同理，注册会计师对存货进行审计，尤其是确定存货交易准确截止于会计期末，是验证利润表中销售收入和销货成本金额的重要前提。

三、经营过程和其他损益事项的范围

这里所说的经营过程和其他损益事项主要就是企业的利润表项目，即与企业利润表相关的收入、成本费用在利润表中的表现，以及与损益确定相关的税金、费用、利得、损失等项目。由于在前面的章节中已经对这些事项有所涉及，比如，在阐释应收账款和应收票据时的营业收入，以及在阐释存货时的营业成本等，因此，此处一方面是将前面介绍过的内容通过经营过程连接起来，另一方面是将尚未讲解的内容加以说明。

具体来说，本章阐释的问题主要是收入、费用审计及其与资产负债表项目审计之间的关系，工薪审计，各种期间费用（即企业的销售费用、管理费用和财务费用）的审计，公允价值变动损益、资产减值损失和其他综合收益的审计，现金流量表审计，以及完成审计活动前的其他审计工作。

第二节　经营过程审计

一、经营过程审计的范围和方式

虽然企业经营过程的各种审计事项已经或多或少地与资产负债表审计相关，但是，注册会计师对经营过程的检查远不只是资产负债检查的副产品。他们会综合应用交叉索引、分析程序以及分析特殊交易等方法，以发现资产负债表账户审计中未揭示的错报、漏报和不一致。

收入和费用账户的审计目标包括：（1）利用对客户和环境的了解，考虑固有风险，包括与收入和费用相关的舞弊风险；（2）考虑与收入和费用有关的内部控制；（3）评估收入和费用的重大错报风险，并设计进一步审计程序。

上述审计目标的最后一项包括的具体内容为：确立已记录的收入和费用交易的发生；确定已记录的收入和费用交易的完整性；确立收入和费用交易的准确性；证实收入和费用交易的截止日期；确定收入和费用账户的披露与列报的适当性，包括账户的正确分类和每股盈余数据的正确披露。

（一）收入

注册会计师结合应收账款账户进行收入复核的内容已经在本书前面章节讨论过，在本章中，我们考虑如下内容：（1）收入与各种资产负债表账户的关系；（2）零星收入账户。

1. 收入与资产负债表账户的关系。如前所述，注册会计师对许多收入账户的验证都与相关资产或负债的审计同时进行。表13—1总结了以此种方式验证的收入类型。

表13—1　资产负债表项目与利润表各收入账户间的关系

资产负债表项目	利润表各账户
应收账款	主营业务收入，其他业务收入
应收票据	主营业务收入，其他业务收入
交易性金融资产	投资收益，公允价值变动损益
可供出售金融资产	其他综合收益，投资收益
持有至到期投资和长期股权投资	投资收益
固定资产	其他业务收入（出租）、营业外收入（转让利得）
无形资产	其他业务收入（出租）、营业外收入（转让利得）

2. 零星收入账户。不言而喻，零星收入指的是金额较小的项目、不经常发生的项目以及不定期收到的项目。如果客户的员工收到一笔现金支付，但却不能确定其来源，它将很可能被记录为零星收入。在我国的会计处理中，这样的零星收入常被归为营业外收入和其他业务收入。由于零星收入账户中项目性质的特殊性，注册会计师通常需要获取账户分析表。在这些项目中，注册会计师可能发现以下项目被不恰当地包

括在零星收入中：

（1）收回以前期间被注销的应收账款或应收票据。恰当的处理方法是应当冲减坏账准备或无法收回的票据账户，对应账户应当是主营业务收入。

（2）注销时间较长的未付支票和无人认领工资。一般情况下，这样的事项应计入营业外收入账户；但在许多情况下，无人认领财产应当按照公司法定规定处理。在这种情形下，这些注销应该贷记负债账户而不是零星收入。

（3）残料、废料的销售收入。依据副产品成本会计处理的要求，残料、废料的销售收入通常应冲减销售成本；生产经营单位也多将其计入其他业务收入。

（4）保险费的减少或退还。这些收入退还应该冲减相关的费用或者未到期保险。

（5）零星资产的销售收入。这些收入应当作为计算资产销售利得或损失考虑的因素，将货币资金净收入额计入营业外收入。

注册会计师一般是在其他业务收入、投资收益、营业外收入，以及各成本费用账户的贷方事项中发现和查证零星收入业务。一般的处理方式是，提出调整建议并形成调账分录或总工作底稿，以便对那些之前被客户归为零星收入的项目进行正确分类。在结束收入审计工作之前，注册会计师应当执行分析程序并调查异常变动。若被审计单位存在未记录收入的重大金额，以及影响收入账户的错误分类的显著金额，可能会通过这些程序发现。

（二）费用

1. 费用与资产负债表账户的关系。与存货和营业成本相关的审计工作在本书前面部分已经阐明，我们现在讨论与其他费用相关的审计程序。让我们首先考虑一下在资产负债表专题各章节中已经列出其审计程序的费用账户，见表13—2。

表13—2　　资产负债表项目与利润表各费用账户间关系

资产负债表项目	费用（或成本）
应收账款或应收票据	不可收回账款或票据费用
坏账准备	资产减值损失
存货	购买、销售成本、职工薪酬（非货币性福利部分）
固定资产累计折旧	折旧、修理和维护、损耗
无形资产	摊销
其他应付款等	佣金、服务费、奖金、产品保证费和其他
应付利息等	利息
其他各类资产减值准备	资产减值损失

在下面部分，我们会通过考虑除表13—2所列费用之外的销售费用、管理费用和财务费用的审计目标，完成费用的审计。

2. 销售费用、管理费用和财务费用审计的实质性程序。对于其他没有在资产负债表账户审计时验证的费用，适用下列实质性测试程序：（1）执行与账户相关的分析性程序；（2）获取或编制费用账户分析表；（3）获取或编制所得税纳税申报表上关键费用项目分析表。

上面的第一个实质性程序，即执行与账户相关的分析性程序的具体内容为：构造账户余额的期望值；确定无需调查的可以接受的偏离期望值的偏差；对比公司账户余额与账户余额期望值；调查与余额期望值的显著偏差。

(1) 执行与账户相关的分析性程序。这是注册会计师进行生产经营过程审计的第一步。分以下步骤说明：

a. 构造账户余额的期望值。注册会计师通过考虑预算数、上年审计数、行业平均水平、财务数据之间的关系和相关非财务数据等因素，来构造账户余额的期望值。一个有效的预算计划会减少重大错报风险，因为预算提供了管理层对期望数值的信息。这些期望值的存在会增加错报被管理层甄别出来的可能性，其原因在于任何预算数与实际数之间的显著差别都会得到及时的关注。一个良好的预算计划也会有助于注册会计师的费用账户审计。当预算控制有效时，预算数据为注册会计师的分析性程序提供了一个非常好的期望数值。

如前所述，费用审计的目标之一是确定费用是否正确分类，这些成本的分类可能会影响到净利润。例如，间接制造费用会被结转为存货成本的一部分，而销售费用、管理费用和财务费用则属于期间费用，通常在发生当期直接扣减收入。注册会计师复核费用的分类的正确性可以方便地与不同费用账户金额的对比相联系。年总计数的对比是通过在注册会计师的导引表或者试算平衡表中将本年数与上年数比较来实现的，该程序可以通过费用按月对比分析得以进一步补充。

与收入账户一样，这些费用账户也可以通过将费用账户数据与行业和非财务数据的比较来发现需要调查的情况。注册会计师也可以检查财务与非财务信息之间的关系，例如以吨或千克表示的产品记录和以元表示的销售金额之间的关系。

b. 确定无须调查的可以接受的偏离期望值的偏差。注册会计师运用他们对重要性水平的估计确定哪些差异需要调查，哪些可能是偶然发生的而无须调查。但是，也需要考虑源于分析性程序的保证程度。

c. 对比公司账户余额与账户余额期望值。收入、费用账户与期望值的对比可以揭示出保证要调查的显著差异。因此，注册会计师可编制进行比较的工作底稿进行多方比较，以了解客户当年利润表的主要项目与前一年数据和行业平均值是否存在差异。

例 13—1

众和会计师事务所为迎丰股份公司进行 20×6 年度财务报表审计。为了解迎丰股份公司对本年利润的实现情况，注册会计师比较了迎丰公司两年的利润表情况，见表 13—3（为了解释问题，此处将报表进行了简化处理）。

表 13—3 利润表

20×6 年度

单位：元

项目	本年数	上年数
营业收入	6 107 401	5 487 842
营业成本	4 030 701	3 746 583
毛利	2 076 700	1 741 259
销售费用	856 540	554 841
管理费用	875 570	796 347
营业利润	344 590	390 071
所得税费用	68 693	128 732
净利润	275 897	261 339

要求：请针对此项资料进行迎丰股份公司利润表项目的初步分析。

回答：进行这样的工作需要借助于比较利润表的形式进行，也需要客户所在行业平均值的数据辅助进行分析。注册会计师对迎丰股份公司采用期望值和结构百分比方法进行。

表 13—4 是一个工作底稿示例，该工作底稿将审计当年利润表的主要项目，并与前一年数据和行业平均值进行对比。

表 13—4 迎丰股份公司比较利润表

20×6 年度

单位：元

	20×5 年度		20×6 年度		行业平均值
	金额	百分比	金额	百分比	百分比
营业收入	5 487 842√	100%	6 107 401∮▽	100%	100%
营业成本	3 746 583√	68%	4 030 701∮○	66%	65%
毛利	1 741 259	32%	2 076 700○	34%	35%
销售费用	554 841√	10%	856 540∮△	14%	15%
管理费用	796 347	15%	875 570∮○	14%	12%
营业利润	390 071	7%	344 590○	6%	8%
所得税费用	128 732√	2%	68 693∮§	1%	3%
净利润	261 339	5%	275 897○	5%	5%
	∧		∧		

∧ 纵加核对。

∮ 与总账一致。

√ 与上年工作底稿一致。

○ 相比上年数据和行业水平金额是合理的。

▽ 参见收入执行的审计程序，R-1-2。

△ 销售费用的大幅度增加是由于一名销售人员提升为销售主管。查阅薪酬记录，确认金额增加是合理的。

§ 费率的下降是由于几千元税收抵免。参见实际税收的工作底稿，O-3。

结论：比较性分析没有反映出不可解释的异常波动。

注册会计师 张瑾 20×7.02.22

d. 调查与余额期望值的显著偏差。了解期间费用的显著差异值的起点一般都是询问管理层。注册会计师运用包括账户分析在内的各种手段，来证实管理层对显著差异的解释。在实际工作中，注册会计师对账户分析的细致程度若符合被审计单位的实际情况，就可以起到节约审计成本的作用。具体来说，管理费用中的一些项目是每年发生一次的，比如年末的服务费用、佣金等；而有的事项是按照季节，或者是特殊季节发生的，比如我国职工经常有的取暖费或防暑降温费；另外还有很多是按月发生的，比如每月一次的工资发放、折旧的计提等。将看起来琐碎、杂乱的数据进行分类归纳后，就会大大降低审计工作的难度，节约审计时间。

（2）获取或编制费用账户分析表。即执行上述程序之后，注册会计师再选择一定的费用账户进一步核实。

注册会计师会要求被审计单位提供所选择账户的分析表、相关的凭证和其他支持性文件，以供查阅了解哪些费用账户对注册会计师的分析最为重要。从国外的情况来看，美国注册会计师协会建议调查以下账户：（1）销售费用中的广告费用；（2）管理费用中的研究和开发费用；（3）管理费用中的律师费和其他专业服务费用；（4）管理费用中的维护和修理费用；（5）财务费用、销售费用中的租金和特许权使用费。

律师费和其他专业服务费用的分析可以揭示，相对于股票或债务工具的发行成本或企业合并成本，律师费和其他专业服务费用收费是适当的。对专业服务费用的分析审计也可以提供用于传送未决诉讼和其他或有损失信息的律师的姓名。表 13—5 举例说明了一个专业服务费用账户的分析表。

表 13—5　　专业服务费用分析表

富华科技有限公专业服务费用

凭证号 547　　20×3 年度　　R-3-7

日期	索引	收款人	摘要	金额
多次	多个	王律师和李律师等	按月支付法律服务费用（12×1 000）	12 000
20×3.03.05	CD 411	章疆 & 钱丽，注册会计师	审计费用	22 000 ∮
20×3.05.02	CD 602	裕欣律师事务所	收购丰城厂房实际产权的相关法律服务费用	6 000 ∮
20×3.09.18	DC 1018	裕欣律师事务所	修改安装销售合同的相关法律服务费用	800 ∮
20×3.12.31			分类账余额	40 800
20×3.12.31	调整 41		调整 20×3.05.02 记录，作为土地价值的一部分披露 K—1	6 000
20×3.12.31	调整后余额			34 800 Λ 见 R-3

调整 41

土地　　6 000

专业服务费用　　6 000

调整购买土地所支付的律师费

Λ　纵加核对并与总账核对一致。

∮　检查账单和客户付款支票的复印件。

结论：专业服务费用以调整后的金额 34 800 元公允列报。

注册会计师　钱凤成　20×7.02.25

3．获取或编制所得税纳税申报表上关键费用项目分析表。所得税纳税申报表通常要求列表表示管理层薪酬、董事会费、税金、差旅费和招待费、捐赠支出和意外损失的相关数据。此外，在分析管理层薪酬时还要分析管理层相关费用的花费情况。据此，如果执行其他审计程序没有分析这些费用，注册会计师应当获得或编制这些费用分析表。注册会计师应当牢记，当政府财政税务机关检查客户所得税纳税申报表时，会彻底检查这些费用的详细资料。

（三）关于对资产负债表项目相关本期损益情况的分析举例

例 13—2

万隆会计师事务所在对某有限责任公司进行年度财务报表审计时，首先审阅了公司的资产负债表，见表13—6。

表13—6　××公司资产负债表

编制单位：　××年12月31日　单位：元

资产	本年末	上年末	负债与权益	本年末	上年末
流动资产：			流动负债：		
货币资金	44 000	32 000	短期借款	21 000	18 000
交易性金融资产	0	11 000	应付票据	59 500	46 000
应收票据	500	600	应付账款	93 000	89 000
应收账款	115 000	85 000	应付职工薪酬	81 250	47 750
其他应收款	100	2 000	应交税费	28 750	13 700
存货	230 000	180 000	其他应付款	67 000	12 100
流动资产合计	389 600	310 600	流动负债合计	350 500	226 550
			长期借款	30 000	42 500
长期资产：			应付债券		
长期投资	800	400	负债合计	380 500	269 050
固定资产原价	360 000	240 000	股东权益：		
减：累计折旧	66 000	32 000	股本	145 000	145 000
固定资产净值	294 000	208 000	资本公积	44 000	51 500
无形资产	400	2 800	盈余公积	65 000	41 150
其他资产			未分配利润	50 300	15 100
			股东权益合计	304 300	252 750
资产总计	684 800	521 800	负债与权益总计	684 800	521 800

要求：假设你是万隆会计师事务所的注册会计师，已经注意到了这张资产负债表的数据中关于利润表审计时的异常变动。此处要求你对审计助理提出审计的关注点。

回答：注册会计师应关注及应进一步实施的审计工作为以下几点：

1. 查阅被审计单位其他应付款的明细项目，查出异常变动的事项为，计入其他应付款的预提项目异常变动最大，在年末月份上升了近40 000元。此项目可以导致本期成本费用上升。

2. 查阅被审计单位的应付职工薪酬账户，本月计提的应付工资与奖金有较大的异常变动，在年末月份上升了近35 000元。此项目可以导致本期成本费用上升。

3. 查阅被审计单位其他应收款的明细项目，查出异常变动的事项为，计入其他应收款的待摊费用异常变动最大，在年末月份下降了近2 000元。此项目可以导致本期成本费用上升。

4. 查阅被审计单位的累计折旧账户，本期计提的折旧超出了应计提数，比预计的比率数多了近1 500元。此项目可以导致本期成本费用上升。

5. 查阅被审计单位的无形资产账户，本期计提的折耗超出了应计提数，比预计的比率数多了近2 000元。此项目可以导致本期成本费用上升。

6. 注册会计师也从股东权益各项目的变化注意到，被审计单位本年的利润水平上升很快，使作为留存收益的盈余公积和未分配利润上升近60 000元。

按照上述现象反映出的问题，注册会计师认为被审计单位可能由于本年利润上升快，采取了较为明显的抬高费用、压低利润的手段。为此，注册会计师要求审计助理对上升的费用采取更为严密、细致的测试，加大样本量，对月末的业务全部进行审查，以求将可能形成的重大错报风险降到可接受的水平。

二、职工薪酬审计

在很多公司，特别是人力资源支出占重要地位的公司，职工薪酬是最大的经营成本，因此应该得到管理层和注册会计师的密切关注。在过去，职工薪酬欺诈的事件经常出现而且涉及金额较大。然而，今天这些欺诈则难以隐瞒，这是因为：（1）与职工薪酬相关的职责广泛分离；（2）很多企业都使用计算机编制职工薪酬单；（3）企业需要报送给政府的经常性报告，要列示职工所得和扣缴个人所得税税款。也正是着眼于这一点，本部分对应付职工薪酬的审计进行专门说明。

（一）职工薪酬内部控制

现在，对职工薪酬实施强有力的内部控制依然非常重要。首先，虽然职工薪酬欺诈现在已经不太频繁，但是大规模职工薪酬欺诈的可能性依然存在。例如，在职工薪酬名单上虚构员工，超额支付薪酬，在职工离开公司后继续支付薪酬等。其次，要保证及时无误地向员工支付薪酬，需要快速准确地处理大量的关于工作时间和工资率的具体信息。维持良好的雇员关系，需要直接将工薪款存入员工银行账户，或者及时无误地兑现工资支票。如本书前面章节中所述，内部控制既是保证会计数据准确性和可靠性的重要手段，也是防止欺诈的重要手段。最后，各种工薪税和所得税法律都要求公司保持一定的薪酬记录，并向员工和政府机构报告职工薪酬数据。如果公司要保护自己免于遭受劳动法的法律诉讼，完整准确的工作时间记录是必要的。

控制职工薪酬成本意味着避免浪费，以及从员工服务支出获取有效的产出。作为一种工薪成本控制的手段，许多公司会委派部门领导和其他负责人负责控制其所在业务单元的成本，通过估计下期部门人工成本编制各部门人工成本预算。随着年度内经营活动的进行，编制实际人工成本报告，会计主管向高层管理人员提交月度报告，对比分析各部门的预算人工成本和实际人工成本。这种控制程序的有效性很大程度上依赖于高级管理人员利用这些报告以及对偏离预算的差异采取行动的程度。

工薪控制中最重要的是公司人力资源管理部门和职工薪酬部门（或者是财务部门的下属机构）。职工薪酬活动包括下列功能：（1）雇用员工（人力资源）；（2）记录员工工作时间；（3）编制工薪单和记录工薪；（4）分发员工工薪。为保持工薪内部控制的有效性，公司应该设置独立的部门执行上述各项功能。下面分别讨论职工薪酬活动各阶段的工作。

1. 雇用员工（人力资源）。雇用新员工时，人力资源部门应该实施建立职工薪酬强效内部控制的第一个重要步骤。此时，应在工资率记录上记录批准的该员工工资率。同时，员工也需要签署工资扣减授权表，该表详细列出应该被扣减的金额和预提税免税证明。这些记录应该保存在人力资源部门，但是雇用新员工的通知、工资率和工资扣减金额应该交送职工薪酬部门。客户使用计算机处理系统时，这些信息应该输入职工薪酬主文件。人力资源部门、职工薪酬部门或者数据处理部门将会把数据录入计算机系统中。

在没有收到人力资源部门正式授权通知之前，任何情况下都不能在员工名单中加入新的名字。当员工的工资率发生变化时，应该在工资率记录（通常是电子记录）中记录新的工资率，该记录由人力资源部门保管。在工资率变化生效之前，新的工资率授权书应该送至职工薪酬部门。员工合同期终止时，终止通知应该由人力资源部门送至职工薪酬部门。因此，职工薪酬部门的工作，以及编制工薪单时使用的员工名单和加薪资料的准确性，依赖于源于职工薪酬部门外的正式文件和计算机输入信息。

适当的工薪内部控制要求，工薪单中增加和移除员工姓名、工资率的变化以及员工的重分类，都必须由人力资源部门总裁和相关运营部门的负责人书面审批授权。如果允许职工薪酬部门在未经人力资源部门正式授权的情况下改变工资率或增加人员，会增加在应付职工薪酬方面舞弊的可能性。

2. 记录员工工作时间。记录员工工作时间的功能包括确定需要支付工资的每位员工的工作时间（或产量单位）。电子时间记录设备的使用在建立充分的时间记录内部控制中起到重要作用。另外，部门负责人应与下属保持联系，编制汇总的劳动力使用时间报告。

公司定期将工作时间记录员或部门负责人编制的时间报告与显示员工到达和离开时间的时钟记录进行对比，可以提高内部控制的效果。如果公司实行计件工资制，则应将生产部门的产量报告与存货永续盘存记录上增加的数量相核对。

对接受固定的月薪或周薪的员工，可以不要求使用时间钟。有些公司要求固定薪酬雇员填写周或者半月报告，列示其用于不同工作的时间。如果固定薪酬雇员缺勤，部门负责人有权决定是否应该扣减其工资。

3. 编制工薪单和记录工薪。在人工系统下，工资薪酬部门对计算需要付给员工的工薪金额并编制全部薪酬记录负有责任。很重要的一点是，工资薪酬部门不执行记录员工工作时间、雇用员工、分配员工工资等职能。一般认为工资薪酬部门的工作成果包括：（1）将工资支票或将工资直接存入员工账户（如果工资以现金支付，即工资袋）；（2）计算每位员工的工薪收入和扣除表；（3）登记工薪日记账；（4）编制员工总分类账，汇总每个员工的工薪收入和扣除金额；（5）编制薪酬分配表，显示工薪成本在直接人工成本、间接费用和各部门费用账户的分布；（6）编制向政府提交的季报或年报，显示员工工薪收入和已扣缴税款。如果客户使用计算机集中处理系统，上述许多职能都可以交由数据处理系统执行。

在计算机处理系统下，计算机使用时间记录部门报告的工作时间、人力资源部报告的经批准的工资率和工资扣款，自动计算出工资薪酬。除编制薪酬日记账以外，工资薪酬部门还负责填制工资支票（如果工资以现金支付，则填写工资袋）。然后将支票送至财务主管签发。

无论客户使用哪种处理系统，注册会计师都应当预期客户的系统包括有关工资薪酬的基础记录，如时间卡、工薪日记账、人工成本分配表和职工收入表。在计算机系统下，这些文件中的一部分可能仅以计算机可读的文件形式存在。

4. 分发员工工薪：直接存款、工资支票或现金。通过直接将工资存入银行、工资支票或工资袋（封入现金）等方式分发工资的职能应该由不执行其他薪酬活动的员工负责。如果工资直接打入员工的银行账号，诸如由财务部门员工进行存款授权等控制程序是必要的。如果工资以工资支票或现金袋的方式支付，该项工作应该由工薪出纳员完成。

大部分通过工资支票或者直接存款支付员工工资的公司使用专门的工薪银行账

户。由总会计部门根据工资薪酬部门编制的薪酬汇总表填制每月薪酬（或每周薪酬）总额支付凭证。该凭证送交财务主管，由其按照工薪总额从一般银行账户签发支票，该支票存入专门的工薪银行账户，支付给各个员工的工作支票或直接存款从该账户提取。有些公司也要求在大额支票上实行双重签名制，并且在支票上印上如下表述：如果支票金额超过某一特定数额则此支票无效。

如果以现金方式支付员工薪酬，工薪出纳员应该根据薪酬日记账的复印件和工资袋的信息（两者都是由薪酬部门填制），将现金封入工资袋。向员工分发支票或现金时，工薪出纳员要求员工出示身份证明，并要求他们对收到的现金签收据。所有给缺勤员工的支票或者工资袋都应该被妥善保管，既不能退还给工资薪酬部门，也不能转给其他员工或者邮寄人员。

当工资以现金方式支付时，任何无人领取的工资都应该存入银行，并记入一个特殊的负债账户。这些存款向员工的后续支付应该通过开一张支票和填制支持性文件加以控制。如若允许无人领取的工资袋由工薪出纳员保留，那么舞弊的危险就显而易见了。

（二）职工薪酬内部控制的审计档案

在完成内部控制调查问卷、系统流程图或工薪内控的其他记录之前，注册会计师提出的典型问题如下：员工工薪是以工资支票支付还是直接存入员工银行账户？工薪银行账户的维护是否基于备用金基础？记录员工工作时间、汇总计算工薪、签发工资支票、工资支票分发等活动是否由不同的部门或员工执行？在工资支票分发之前，所有涉及编制工薪表的活动是否都得到独立部门的核实？员工的工作时间报告是否得到部门负责人的批准？工薪银行账户是否由不负责其他工薪工作的员工按月调节？

（三）职工薪酬审计方案

在获得对被审计单位和其环境（包括内部控制）的了解之后，注册会计师将会评估重大错报风险，并设计进一步审计程序，包括：

1. 对选定的工薪支付期间，执行职工薪酬交易控制的测试，包括下列具体的程序：（1）将员工名单和工资率与人力资源部门保存的记录核对相符；（2）将工薪单列示的时间与时间卡和部门负责人编制的时间报告相核对；（3）如果工薪计算基于计件工资率而不是小时工资率，则将职工工资收入与产量记录相核对；（4）确定工薪扣款基础，并与员工授权扣减记录相核对；（5）测试工薪范围和合计数；（6）将工薪合计与签发的工资支票总额相核对；（7）将工薪合计与成本会计部门编制的人工成本总计相核对；（8）如果工资以现金方式发放，将员工签收的收据与工薪记录相核对；（9）如果工资以支票方式发放，将已付支票与工薪相核对，同时核对代扣代缴所得税豁免证书上的授权签名；（10）如果工资是以直接存入员工银行账户的方式发放，将员工工资发放清单与工薪单和直接存入银行授权相核对；（11）观察员工记录工作时间的时间钟的使用情况，并调查没有使用的时间卡。

2. 执行分析程序测试工薪支出的合理性。例如，通过一个工薪支付期间的工薪支出金额乘以一年内支付期间的数量，计算工薪支出的期望值。

3. 调查薪水、工资和佣金的任何异常波动。

4. 获取或编制管理者年度报酬汇总表，并与合同、董事会记录或其他授权书相核对。

5. 测试期末应计工薪支出。
6. 测试在利润共享计划或者红利计划下所获报酬的计算表。
7. 通过检查合同和详细的支持性记录，测试佣金收入。
8. 通过参考经批准的养老金计划和支持性记录，测试养老金支付义务。

表 13—7 列出了这些程序及其审计目标。

表 13—7 工薪审计主要实质性程序的审计目标

实质性程序	主要审计目标
执行分析性程序。 调查薪水、工资和佣金的异常波动。 获取管理层报酬汇总表并追踪授权情况。	存在和发生 完整性 准确性
测试期末应计工薪支出。	存在和发生 完整性 准确性 截止
测试利润共享计划或者红利计划下的报酬计算表。 测试佣金收入。 测试养老金支付义务。	准确性

除了上述程序之外，注册会计师还可能计划对员工常规分发工资支票进行突击检查。注册会计师在常规支付日期对员工支票或现金的分发进行观察，目标是确定公司工薪单上的每个名字都是真实的在工作的员工。如果不同阶段的工薪工作未做到各部门之间充分的职责分离以达到良好的内部控制，那么该审计程序就尤为必要。工薪舞弊的实例告诉我们，如果允许同一个人保管员工雇用记录、时间卡、工资支票和员工收入记录，经常会导致在工薪单上虚构员工姓名和其他形式的舞弊，例如，使用超额工资率，或在员工离职后继续支付工资。执行这些程序时，注册会计师首先应当确定员工们拿到了所有的支票或者全部的工资袋，然后他们会同来自全公司的客户代表一起监督所有支票或工资袋分配给员工的全过程。此外，注册会计师验证每个收到工薪的员工的身份是非常必要的。

第三节 其他损益事项审计

一、公允价值变动损益审计

（一）公允价值变动损益审计的内容

企业的公允价值变动损益是指发生在以公允价值计价，且公允价值变动损益计入当期损益的资产或负债项目的价值变动数额。从一般工商企业的情况来看，这样的情况只是发生在“交易性金融资产”一个项目中。当然，注册会计师要了解被审计单位以公允价值进行会计处理的项目是否包括“投资性房地产”和“生产性生物资产”。其道理为，若这两个项目满足“投资性房地产所在地有活跃的房地产交易市场；企业能够从房地产交易市场上取得同类或类似房地产的市场价格及其他相关信息，从而对投资性房地产的公允价值做出合理的估计”，或者是“生物资产所在地有活跃的交易市场；能够从交易市场上取得同类或类似生物资产的市场价格及其他相关信息，从而对生物资产的公允价值做出合理估计”的条件，投资性房地产和生产性生物资产也可以像交易性金融资产那样，将公允价值变动数额计入本期损益。由于后面的两类资产只是在判断上与“交易性金融资产”有别，因此此处主要介绍交易性金融资产。

（二）交易性金融资产审计

交易性金融资产主要是企业持有的可在证券市场上交易的股票、债券、基金、权证。对其进行审计时，一是要看企业购买此类金融资产所运用的资金是否符合国家政策的要求，即只能用自有资金购买，以求将风险控制在一定的范围之内；二是在会计期末，用以证明资产期末公允价值的原始凭证是否可靠有效。由于现在资本市场进行的都是电子交易，因此以什么样的数据摘取方式取得期末数据（或者是金融资产交易日的数据）并保存起来，供会计期末（或者是金融资产的交易日）等日后的公允价值核对，就显得非常重要。总之，要看被审计单位取得的可作为原始凭证的载体是否能够说明问题，起到会计凭证或者是审计证据的作用。上面所述的投资性房地产和生产性生物资产，与交易性金融资产有相似之处，只是在会计期末，或者是资产交易日的公允价值的确有一定的差别，即前者是从标准的资本市场取得，主要是电子数据；而后两种则主要是看同类资产在会计期末日或者是资产交易日同类交易的计价情况。再就是，与交易性金融资产相同的可供出售金融资产，除了在会计处理上要求不同之外，在计价凭证等方面与交易性金融资产是一致的。公允价值变动损益虽然记录了本期损益，但是在计算应纳税所得额时要作为暂时性差异剔除，这也是在进行所得税审计时应当注意的事项。

（三）交易性金融资产审计的展望

必须要说明的是，这样的审计事项虽在工商企业不够重要，但是在银行，或者是其他金融机构中，或者是运用衍生工具进行套期保值的企业，则有很重要的意义，是进行审计时必须关注的重要事项。随着我国改革开放的深入进行，随着国际交流的扩展，金融国际化环境下这样的事项会逐步增多，我们要对此予以足够的关注。

二、资产减值损失审计

会计准则要求，只要资产的市价低于资产的账面成本，低于成本的价格就要作为本期的资产减值损失而记录于本期损益。由于这样的减值事项只是在财务报表日（主要是年末时）进行核对和记录，因此作为企业的会计处理，一般是在会计期末才进行资产减值的判断及其相应的会计处理。进行资产减值损失的审计关键是取得被审计单位在会计期末编制的资产减值损失计算表，表格上应该对每类资产的减值都有相应的说明。在企业的年度所得税纳税申报表上也可以查到这样的数据。在进行资产减值损失审计时，以下几点是必须注意的重要事项。

（一）注册会计师要进行分析程序对客户资产减值情况的正确性做出判断

这样做的目的是了解被审计单位所做的市价依据是否合适。这是对重要会计估计的再判定，是一项难度较大的工作，平时要多参考同行业企业在这方面的工作情况，再就是在涉及资产减值损失数额较大时可考虑聘请专家工作。

（二）对资产减值计提后又转回的事项予以高度关注

这是着眼于我国会计准则对资产减值后市价又回升，有的资产减值可以转回（如应收账款、存货、可供出售金融资产、持有至到期投资等），而有的资产不允许转回（如固定资产、无形资产、商誉等）的特殊情况而言的。其目的是查核被审计单位有无利用资产减值转回等方式进行盈余操纵的事项。企业若处理计提减值准备后的资产，应同时处理该项资产原先计提的减值准备，这是我国会计准则的具体要求，在审计时也应予以注意。

（三）要关注长期资产减值损失的跟进处理

具体来说，一旦固定资产计提了减值损失，由于减值不可转回，因此计提损失的企业，就要再行计算固定资产剩余使用年限，以及扣除减值损失和已提取折旧后的净值，计算出下一会计年度应当计提的折旧额。进行无形资产摊销的资产减值也有同样的要求。在实际工作中，注册会计师经常是对资产提取减值损失后一年的月折旧额进行演算，以检查计提减值损失后的折旧额是否符合会计准则的要求。在所得税方面的递延所得税项目的计算常是固定资产减值损失处理的伴生事项，在审计时也应引起注意。

三、其他综合收益审计

其他综合收益是需要在利润表上列示的数额，常引起财务报表使用者的关注。从其他综合收益的构成来看，可供出售金融资产公允价值变动时增加、减少的数额记入其他综合收益，就是最常见、最普遍的事项。但从其本源来分析，这样的事项涉及的是“交易发生时既不影响会计利润也不影响应纳税所得额”的资本利得和损失。按照这样的思路考虑问题，类似事项还会发生在下述几个方面，注册会计师应对不同的情况予以关注。

（一）固定资产等转为投资性房地产时公允价值变动数额

按照我国会计准则的要求，自用房地产、无形资产或存货等转换为采用公允价值模式计量的投资性房地产时，或者是持有至到期投资、长期股权投资转为可供出售金融资产等时，应当按照转换当日的公允价值计量；转换当日的公允价值大于原账面价值的，其差额为利得，增加其他综合收益，计入所有者权益。这就要求，如果企业存在这样的业务事项，注册会计师就应当顺此线索跟进审查，以确定企业是否合适地处理了与其他综合收益相关的事项。

（二）以权益结算的股份支付而形成费用的数额

对于权益结算的涉及职工的股份支付，应当按照授予日权益工具的公允价值计入成本费用和其他综合收益；在行权日，企业再根据行权情况，确认股本和股本溢价，同时结转等待期内确认的其他综合收益项目。如果被审计单位有股票期权业务，审计人员就应在进行股票期权审计的同时，进行其他综合收益项目的审查。

（三）利用衍生工具进行套期时属于有效套期部分的数额

我国企业会计准则要求，在资产负债表日，满足运用套期会计方法条件的现金流量套期和境外经营净投资套期产生的利得或损失，属于有效套期的，借记或贷记有关科目，同时增加其他综合收益项目。这需要注册会计师对企业进行的套期保值业务进行判断，以得出套期保值究竟是公允价值套期，还是现金流量套期；进一步，如果是现金流量套期则应判断是否正确处理了其他综合收益项目，并取得证据，得出审计结论。

（四）专项应付款的使用形成固定资产的价值转移的数额

众所周知，专项应付款具有所有者权益和债务两方面的性质，如果企业按照国家的要求使用专项应付款形成固定资产，与资产价值相对应，企业即可将对应数的专项应付款转为其他综合收益。其实进行这方面的审查，还有对专项应付款这项重要负债进行深入检查的含义。

（五）权益法下被投资单位其他所有者权益变动

投资企业在使用权益法核算长期股权投资时，对于被投资单位除净利润以外其他所有者权益的变动，在持股比例不变的情况下，应按照持股比例计算应享有或承担的部分。这样的事项完全存在于上述的几个事项中，即若上述事项出现在各个接受投资公司的业务中，引起了其他综合收益的变动，那么这些接受投资公司若满足采用权益法进行长期股权核算的条件，就应按照上述变动的比例计算并增加自己的长期股权投资和其他综合收益额。按照这样的思路，寻找企业存在的上述业务，即可对其他综合收益项目进行准确、快速的检查。

最后，我们综合上述几类业务指出：这样的业务发生较少，且即使发生也主要是与会计期末的定价等事项相关，但是这样的业务对于被审计单位来说是重要的；在对这样的业务进行审计时，由于事项数量较少且时间集中，注册会计师不用考虑是否抽样，也不用考虑是否控制测试，而是找准业务的关键点，直接执行细节测试，取得审计证据。

第四节　现金流量表审计

一、现金流量表审计的基本要求

现金流量表可以根据货币资金账户本期增加或减少的发生额直接编制，也可以根据其他财务报表以及对特定所选账户余额增加和减少的分析来编制，现金流量表金额的审计与资产负债表和利润表账户的审计有很多相联系之处，因此，很少有必要对现金流量表中的数据实施实质性程序中的细节测试。注册会计师通常只是将现金流量表金额与审计工作底稿中的其他财务报表的金额相比较，完成数据间的核对。

由于货币资金的收入和支付是根据其是来源于经营活动、投资活动，还是筹资活动在现金流量表中进行分类列示，因此，列报和披露的审计目标尤其重要。注册会计师必须确定现金流量表中使用的现金或现金及现金等价物的概念与资产负债表中列示的金额一致。注册会计师应当确定现金流量表的列报年度与利润表相同。从这一点来看，现金流量表的审计主要是进行数据的核对和比较。

二、现金流量表的分析程序

除了上面的对现金流量表数据的核对和比较之外，现金流量表审计的更重要的一个方面是通过分析程序，对被审计单位财务状况进行整体的考虑。在进行这样的分析程序时，注册会计师常从以下几个方面的核对入手。

（一）利润表中营业收入与现金流量表中销售商品、提供劳务收到现金间的比较

这两个数据均取自于利润表和现金流量表的第一行。二者比较，可反映出被审计单位生产经营活动获取现金的能力。二者比较的结果有三种：

1. 货币资金收入数额等于营业收入数额。这说明，本期企业获取货币资金的能力较强，本年的销售全部取得了货币资金。

2. 货币资金收入数额大于营业收入数额。这说明，本期企业获取货币资金的能力比以往年度都强，不仅本年的销售收入全取得了货币资金，还把以往年度（或以后年度）的数额收了回来。这时一般会伴随企业的应收账款减少，或者是应付账款增多，企业进一步增加了融资性的能力。

3. 货币资金收入数额小于营业收入数额。这说明，本期企业获取货币资金的能力较弱，本年的销售收入没有完全取得货币资金。这时一般会伴随企业的应收账款增加，应付账款减少，企业经营中的融资性的能力大大减弱。

通过比较与分析，能够衡量企业经营活动效果，是对企业经营管理水平的重要考核。

（二）利润表中的净利润与现金流量表中经营活动现金净流量之间的比较

企业若在一段较长的时期只有净利润而没有经营活动现金净流量，必然会引起财务报表使用者的怀疑，以至于这成了国外会计学者所谓的“红旗信号”。在我国，会计造假公司的财务报表上也有过这样的数据征兆。

我们在进行这样的分析程序时，首先要认真审阅和认真核对现金流量表的补充资料（现金流量表的附表），按照“净利润＋按权责发生制计算的折旧折耗＋经营性应付的增加额－经营性应收的减少额＝经营活动现金净流量”的计算公式，核查在资产负债表、利润表中存在的各相关数据，以切实找出有利润但没有货币资金收入的真实原因。

根据我们掌握的资料，无论是在国外还是在国内，很多大的会计造假事件都在这方面留下了擦之不掉的痕迹！

（三）现金流量表中经营活动现金流量的“两个其他”的认真分析

现金流量表中经营活动现金流量的“两个其他”是指现金流量表中，经营活动现金流量部分的“收到其他与经营活动有关的现金”和“支付其他与经营活动有关的现金”。这两个项目的数额并不大，亦即收到和支付的现金主要是营业收入和主要支出成本，这是最好理解的；与此相反，也就有了若这两个项目的数额很大，企业与经营现金收支有关的经济活动就处于一个不可思议的状态。或者说，这就等于对企业提出了这样的问题：取得的主要现金流不是从营业收入方面取得，那是从哪里取得的呢？支付的现金主要不是用在购买原料、人工、纳税，又用在了哪里呢？这样的现金收支符合企业生产经营的一般要求和规律吗？以这样的思路进行审计一般是能较快发现问题，取得成效的。

三、现金流量表的会计信息披露

从现在的情况来看，很多上市公司和它们的财务报表使用者都已经认识到了现金流量表经济信息含量的宝贵性。有较多的财务报表使用者还进行了现金流量的收入、支出结构分析，以及企业不同年度间各项目结构变化的动态分析；有较多的公司还专门披露了“两个其他”的年度使用情况。所有这些，都给注册会计师提供了方便，对于将报表层次的风险降到较低程度发挥了作用。

第五节 完成审计活动前其他审计工作

审计报告日期不应当在注册会计师获得充分、适当的审计证据之前。该日期通常为现场工作的最后一天，也可能更晚。因此，注册会计师对财务报表的审计意见是基于截止审计报告日期注册会计师所获取的所有证据，以及在审计报告日和财务报表报出日之间注册会计师发现的任何其他信息。为保证审计工作效率，前面一些章节所描述的特定审计程序不可能在审计结束之前完成，具体包括：（1）查找未记录负债；（2）复核会议记录；（3）执行最终分析性程序；（4）执行甄别或有损失程序；（5）执行复核期后事项程序；（6）获得客户声明书。

一、查找未记录的负债

如本书前面所述，注册会计师应当对未记录的应付项目保持警觉。未记录负债的查找包括临近审计报告日期执行的程序，如检查期后现金支出。这些程序是为了检测在年末之前存在的但是在客户财务报表的负债记录中遗漏的负债。

二、复核会议记录

注册会计师应当复核股东大会记录和董事会（包括审计委员会和投资委员会等重要的董事委员会分会）会议记录，包括直至审计报告日的会议记录。在完成审计工作时，注册会计师应当确定他们已经考虑了所有的记录，包括那些年度结束后的会议。他们也需要获取管理层书面声明，证明所有记录都是可用的。

三、执行最终分析程序

本书在前面曾经指出，分析程序既是注册会计师风险评估的一部分，也是审计终结工作的一部分。临近审计工作结束时执行的分析程序帮助注册会计师评估所做结论的合法性，包括即将发表的审计意见。最后的复核，一方面有助于考虑为审计过程中识别出的异常或意外的关系所收集的数据的充分性，另一方面可以识别出那些需要进一步检查的领域。着眼于此，美国注册会计师协会特别要求注册会计师评估将分析性程序作为一种实质性程序执行，或者在整体复核阶段揭示出以前未确认的由于舞弊导致的重大错报风险。

四、执行甄别或有损失程序

或有损失可以定义为由过去的事项形成的可能损失，其存在性和金额须由未来事项决定。或有损失概念的核心是不确定性——损失金额的不确定性和是否有任何损失发生的不确定性。这些不确定性由未来事件发生与否决定。

大部分或有损失也可以适当地称作或有负债。然而，或有损失是一个更宽泛的概念，包含可能的资产减值和可能存在的负债。或有损失的审计问题分为两方面。第一，注册会计师应当决定或有损失的存在性。因为不确定性因素，多数或有损失都不在会计记录中出现。如果注册会计师要合理地保证没有重要的不确定损失被忽视，有必要进行系统的查找。第二，注册会计师应当评估损失发生的概率及其金额。不确定因素以及客户管理层主张财务报表至少应保持积极的表象的倾向，使得这项活动变得很困难。

从国际上的情况来看，美国财务会计准则委员会曾经在FASB ASC 450-20《或有损失》中提出了或有损失确认的条件。当同时具备下列两个条件时，或有损失应当在会计记录中反映：(1) 在财务报告报出之前得到的信息表明在资产负债表日之前损失可能持续存在；(2) 损失的金额可以合理估计。损失的确认可能是确认一项负债，也可能是减少一项资产。一旦在账户中预计一项或有损失，就需要在财务报表附注中解释或有损失的本质，并披露损失超出预计金额的风险。

对于不能同时满足上述两个标准的或有损失，当至少有一个合理的概率证明损失已经发生时，就应当在财务报表附注中披露，描述或有损失的本质，如果可能的话，还应提供一个可能的损失估计值。如果可能的损失不能合理估计，应当披露损失的范围或是说明损失无法合理估计的理由。

有些或有负债，即使其发生的可能性非常小，通常也在财务报表附注中予以披露，例如应收票据贴现和背书担保。对于其他的或有损失项目，当损失概率非常小的时候披露是不必要的。

注册会计师用于识别或有损失的存在和评估损失发生概率的程序，因或有项目的性质而异。无论执行哪些程序，重要的是这些程序要延续到临近审计报告日，这样注册会计师就可以掌握最新信息以评估财务报表中或有损失的列报和披露的恰当性。下面我们讨论一些常见的需要财务报告披露的或有事项，说明或有损失审计程序的类型。

（一）诉讼

也许财务报表中出现的最常见的或有损失就是源于实际的或潜在的诉讼的未来结果，这要求注册会计师设计和执行审计程序，以识别那些可能引起重要错报风险的诉讼、索赔和评估。其具体内容包括：

1. 询问管理层和组织中的其他人（包括内部法律顾问）关于这些事项的情况。

2. 从管理层那里获得关于诉讼、索赔和评估的描述和评价，包括有关法律顾问对这些事项的鉴定。

3. 复核相关文件：(1) 负责处理诉讼的会议记录；(2) 管理层持有的有关诉讼、索赔和评估的文档；(3) 与法律顾问的函件。

4. 复核法律费用账户和法律顾问开具的发票。

当检查出实际的或潜在的负债时，注册会计师应获得与识别负债的诱因、不利结果发生的概率大小和潜在损失金额有关的证据。

除非上述审计程序表明没有实际或潜在的诉讼、索赔和评估，注册会计师应当直接通过询证函与客户的外部法律顾问联系，询证函由管理层编制，注册会计师负责发出。信函应当要求法律顾问在接近预计审计报告日期时回复，以便注册会计师尽可能获得最新的信息。

询证函要求法律顾问证实管理层提供的信息，并对其与管理层意见不一致之处做出评述。还要求法律顾问检查管理层清单上遗漏的未决诉讼、索赔和评估。如果内部法律顾问对一些特殊的诉讼、索赔和评估负有首要责任，也要求他们提供相同的信息，尽管这不能代替向外部法律顾问搜集信息。

询证函也应当包括特定的未确定索赔的清单，未确定索赔指某些个人或组织还没有采取任何针对公司的法律措施的索赔事项。任何未确定索赔都应该记在清单上，如果一项未确定索赔已引起法律顾问的大量关注并同时具备下列两个条件，则应将其列入未确定索赔清单：（1）该未确定索赔很可能会认定；（2）可以合理确定该未确定索赔可能导致一项损失。询证函应当要求法律顾问就那些他们对管理层的描述或评估持有异议的事项做出评述。然而，如果管理层没有列出某项未确定索赔，不要求法律顾问在给注册会计师的回复中描述那些项目。但是，通常要求法律顾问通知客户该项遗漏，并且如果客户不告知注册会计师该项索赔，法律顾问会考虑辞职。因此，注册会计师通常应当认真考虑法律顾问辞职的原因。

如果被审计单位的法律顾问拒绝适当地回复询证函或者管理层拒绝提供注册会计师与法律顾问沟通的权限时，注册会计师应当怎么办呢？在这些情况下，注册会计师应当尝试通过执行替代性程序来获得证据。如果注册会计师通过替代性程序不能获得充分适当的审计证据，那么，他们应当因缺乏充分适当的审计证据而修改审计意见。

（二）所得税纠纷

本书前面讨论过估计适用于审计年度的所得税负债的必要性。除了与当年收益相关的所得税之外，以前年度最终应付的所得税金额也经常存在不确定性。从企业填写所得税申报表到经政府税务部门复核后最终确定所得税金额，通常有半年左右的时间间隔。纳税者与各级税务部门之间的争论可能造成或有负债长时间确定不下来。注册会计师应当确定国内税务代理是否已经检查了自上次审计后被审计单位的所有收益，以及是否已经对额外的所得税做出评估。此外，注册会计师还应当复核客户与政府税务机构和其他征管机构之间的往来文件。

（三）融通背书和其他担保债务

虽然企业会计准则要求企业在财务报表附注中披露公司票据背书事项，但在实际工作中很少在会计账簿中记录，往往可能在董事会会议记录中反映。融通背书业务在小公司更常见，尤其是当一个人同时拥有几家公司的所有权时。注册会计师应当询问小公司的管理者、合伙人和独资经营者是否存在这种类型的或有负债，以及是否有收到抵押品来保护公司免受损失。注册会计师也可能使用专门设计的询证函，向合适的金融机构函证书面或口头担保以及其他或有负债是否存在。

（四）应收账款出售或转让追索权

当应收账款出售或转让带有追索权时，就产生了回收保证义务。注册会计师通过阅读可以发现记录这种交易的授权，这类协议的证据也可以在检查交易和与金融机构的沟通过程中发现。通过直接与购买者或受让者联系来证实已经出售或转让的应收项目，也是必要的。

（五）环境问题

各级政府颁布的环境保护法律法规，越来越多地导致或有负债和应计负债的发生。关于环境保护、有毒废弃物处理、污染清除，以及各种清洁空气和水的法律，给公司带来了潜在的负债。比如，我国“水十条”等的颁布，也使得中心城市依然使用自备水井的企业形成一笔不小的预计负债费用。

（六）承诺

承诺与或有负债联系紧密。注册会计师在审计过程中可能发现下列承诺：存货购买承诺、以特殊价格销售商品的承诺、厂房和设备建筑合同、养老金或利润共享计划、厂房和设备的长期经营性租赁、员工股票期权计划，以及与关键管理人员的雇用合约。这些承诺的一个共同特征是未来进行交易的契约性义务。

为了说明承诺和或有损失之间的关系，假设一个生产厂商承诺未来三年以固定的价格销售其产品的大部分。在达成协议的时点，厂商当然会相信这种安排是有利可图的。然而，价格水平的上升可能会使以固定价格销售的协议变得无利可图，甚至要以低于制造成本的价格销售。这种情形下可能会在财务报表中确认损失。这就是我国企业会计准则中所说的“亏损合同”。一般地，所有类别的重大承诺都可以以独立的财务报表附注加以描述，也可以在“承诺付款与或有负债”附注项目中说明。

（七）一般意外风险

除了或有损失和承诺外，所有经营都面临着源于众多因素被称作一般意外风险的损失。与或有损失源于过去事项不同，一般意外风险代表可能在将来发生的损失。一般意外风险的例子包括自然灾害风险、消费者联合抵制、关键原材料的价格上升风险等。

由于将导致损失的事件实际上还没有发生，并且它们是一般经营环境中的一部分，因此一般意外风险通常不需要在财务报表中披露。缺乏保险保障是一种一般意外风险，但不管保险保障充分与否，都不需要在财务报表中列报。

（八）或有损失的审计程序

用来检测和评估或有损失的审计程序概括如下：

1. 复核截止现场工作结束日期的董事会记录。在董事会议中讨论的可能涉及或有损失的典型事项包括重要合同、法律诉讼和对子公司的处理等。

2. 向被审计单位的律师寄送询证函，询问以下事项：对有威胁性的未决诉讼和法律纠纷的本质描述（或管理层描述的评价）；对所描述事项将来不利结果发生可能性的估计；对可能的损失或损失范围的估计，或者不能进行估计的声明；对管理层就任何不确定索赔的描述的评价，这些索赔一经确定即可能导致不利结果；对未支付的法律费用金额的陈述。

3. 向金融机构发送询证函，要求其提供公司或有负债的信息。

4. 复核与金融机构间的信函，获取有关票据背书、债务担保、应收账款出售或转让追索权的证据。

5. 复核有关报告或者其他政府管理机构的信函，识别潜在的损失或罚款。

6. 获取管理层声明书，表明管理者知道的所有负债都已经记录或披露。

五、复核期后事项

在审计年度终了时无法获取的审计证据，经常在注册会计师完成现场工作和出具审计报告之前可以得到。考虑到这些期后事项，注册会计师对财务报表公允性的审计意见可能会发生改变。期后事项是指发生在资产负债表日之后、审计报告日之前的事项。审计报告日是注册会计师获得充分的证据以发表审计意见的日期。我国企业会计准则将期后事项分为两大类：(1) 资产负债表日后调整事项；(2) 资产负债表日后非调整事项。

(一) 资产负债表日后调整事项

这类期后事项为资产负债表日已经存在的情况提供更多证据，对准备财务报表过程中的估计产生影响。因此，这类期后事项要求对财务报表数据予以调整，以反映由于额外证据导致的估计数的变化。

我国企业会计准则规定的有关资产负债表日后调整事项，包括下列情况：

1. 资产负债表日后诉讼案件结案，法院判决证实了企业在资产负债表日已经存在现时义务，需要调整原先确认的与该诉讼案件相关的预计负债，或确认一项新负债。

2. 资产负债表日后取得确凿证据，表明某项资产在资产负债表日发生了减值或者需要调整该项资产原先确认的减值金额。

3. 资产负债表日后进一步确定了资产负债表日前购入资产的成本或售出资产的收入。

4. 资产负债表日后发现了财务报表舞弊或差错。

例 13—3

兴盛会计师事务所于20×6年1月8日进入甲上市公司进行年度财务报表审计，准备在3月30日以前正式报出经过审计的财务报表。就在此期间的2月17日，收到通知，甲公司的一位债务人正式破产，该债务人在上年末所欠的1 170万元（含税）的购货款项只能归还其中的一半。由于甲公司的管理层认为这个大额账户的应收账款是全部可以收回的，因此在年末时没有计提坏账准备。甲公司在接到通知后，按照不能收回的金额在2月份直接确认了坏账损失。甲公司按照10%的比例计提盈余公积，本年未对外分配利润。

要求：请描述兴盛会计师事务所对这件事正确的处理方式。

回答：注册会计师的审计工作进展情况如下：

检查了在上年年末时关于该客户可能有的蛛丝马迹。执行审计程序显示，虽然应收款客户破产发生在2月份，但该客户的财务状况在12月31日之前已经恶化，该公司认为该笔款可以全额收回显然是错误的。

就上述结果，注册会计师建议甲公司调增12月31日的坏账准备金额。即在资产负债表日后、审计报告日前获得的证据应该被用于帮助应收账款估值的判断。注册会计师提出的调账建议为：

借：资产减值损失	5 850 000	
贷：坏账准备		5 850 000
借：以前年度利润调整	5 850 000	
贷：资产减值损失		5 850 000

同时：

借：盈余公积	585 000	
应交税费——应交所得税	146 250	
贷：利润分配——未分配利润		731 250

有关资产负债表日后调整事项的例子还有：

1. 年末最后一天包含在现金收入中的客户支票证明是不可收回的，被银行退回来。如果退回支票金额重大，则有必要调整 12 月 31 日现金账户的余额，剔除已经知道不可收回的支票。

2. 资产负债表日后两个星期新签署的三年合同证明，被审计单位严重低估了完成某项长期建筑工程所需的总成本，而该工程的收入确认基于完工比例法。该项工程当年的收入（或损失）金额应该基于修改过的成本估计数重新计算。

3. 一项针对客户的未决诉讼在资产负债表日后不久宣判，被审计单位应付金额重大。这笔诉讼之前在资产负债表附注中披露了，但因年末时不能合理估计损失的金额而没有确认应计负债。现在存在适当的证据证明损失的金额，这笔或有负债符合在财务报表中列报的条件，而不仅仅是在附注中披露。

（二）资产负债表日后非调整事项

这一类期后事项为资产负债表日后发生的情况提供证据。这些事项不要求调整财务报表中的数据，但如果不披露就有可能形成对正式报出的上年度财务报表的误解，因此应当在不调整上年度财务报表的前提下在财务报表附注中披露。

假设资产负债表日后不久，某被审计单位遭遇大火，损失了大部分厂房资产，这些资产都没有投保。资产负债表中的厂房资产的价值不应该减少，因为它们在资产负债表日是完好无损的。但是，如果财务报表使用者不知道大多数固定资产现在处于不可使用的状态，他们在分析该财务报表时就可能会被误导。

我国企业会计准则规定的资产负债表日后非调整事项，通常包括下列情况：

1. 资产负债表日后发生重大诉讼、仲裁、承诺。
2. 资产负债表日后资产价格、税收政策、外汇汇率发生重大变化。
3. 资产负债表日后因自然灾害导致资产发生重大损失。
4. 资产负债表日后发行股票和债券以及其他巨额举债。
5. 资产负债表日后资本公积转增资本。
6. 资产负债表日后发生巨额亏损。
7. 资产负债表日后发生重大会计政策变更。
8. 资产负债表日后发生企业合并或处置子公司。

按照审计准则的要求，注册会计师在审计工作结束以前要对这样的事项进行查证。

（三）区分两种类型的期后事项

要决定某期后事项是应该调整财务报表还是仅应在附注中披露，注册会计师应当认真考虑相关情况发生的时间。例如，假设资产负债表日后不久，被审计单位的一个主要客户宣布破产，导致以前认为可以全额收回的应收账款现在不可收回。如果客户的破产是源于财务状况的持续稳定恶化，期后事项就为应收账款年末确实不可收回提供了证据，因此应该调增坏账准备账户的金额。相反，如果客户的破产源于发生在资产负债表日后的一个意外事项（如火灾），那么期后事项应该在附注中披露。

（四）期后事项的审计程序

在会计期末至审计报告日的期间，注册会计师也应当执行审计程序以获得充分适当的审计证据，表明所有需要进行财务报表调整或披露的期后事项都已经被检查出来。在此期间，注册会计师应当确定货币资金收支、销售和采购的截止是适当的，他们应当检查有助于评估截止资产负债日的资产和负债的数据。此外，注册会计师还应当执行如下审计程序：了解管理层为确保识别期后事项而建立的程序；询问管理层（或负责管理的人），确定已经发生的期后事项；查阅可获得的资产负债表日后召开的董事会、股东大会和有关委员会会议纪要，在无法获取会议纪要的情况下，询问此类会议讨论的事项；查阅公司最近的期后中期财务报表（如果有的话）。

通常，注册会计师对期后事项搜集证据实施审计程序的责任仅延伸至审计报告日。然而，即使在完成正常的审计程序之后，注册会计师仍有责任对那些他们已经注意到的，发生在审计报告发布前的期后事项进行评估。在极为特殊的情况下，注册会计师也可以选择双重报告期的方式来预防额外风险。

例 13—4

硕盈会计师事务所对泰乾股份公司的年度财务报表进行审计。注册会计师于2月3日完成了他们对上年度12月31日报表的审计工作，开始审计报告的撰写。2月11日，在审计报告发布前，被审计单位告知注册会计师他们的一项诉讼当天结案，面临巨额赔偿。在这种情况下，公认会计原则要求在12月31日的资产负债表上列报负债。如果该项报表调整不需要相应的附注披露，审计报告日期通常依然为注册会计师获得充分审计证据的那天，亦即2月3日。

要求：面对这种情况，请作为注册会计师的你做出合适的安排。

回答：如果需要相应的附注披露，注册会计师有两种可以选择的办法确定审计报告日。注册会计师首先可以采用出具双重日期审计报告的方式处理此事，即表述为“除了附注×所述事项（即诉讼结案事项）的日期为2月11日外，报表发布日为2月3日”。除此之外，注册会计师也可以返回到被审计单位工作场所进行进一步的有关期后事项的调查工作，至期后事项发生的日期2月11日，以了解诉讼事项究竟应属于调整事项，还是非调整事项。在这种情况下，审计报告日期只有2月11日一个日期。

如果审计报告采用双重日期，注册会计师仅就特定项目承担延伸披露的责任。而如果审计报告采用期后事项调查完成后的日期，注册会计师要就所有的财务报表项目承担延伸披露的责任。最后，在异常情况下，被审计单位不同意适当反映期后事项，这种与公认会计原则的偏离可能导致注册会计师出具保留意见或否定意见的审计报告。

图13—1总结了注册会计师在以下不同日期对期后事项的责任：资产负债表日、审计报告日，以及注册会计师获得客户的允许使用审计报告的日期——审计报告发布日。

六、获取管理层声明书

本书前面曾讨论过注册会计师从管理层获得管理层声明书的情况。管理层声明书的主要目的是让被审计单位的管理层明白他们对财务报表的公允性承担主要责任。按照我国注册会计师审计准则的要求，书面声明，是指管理层向注册会计师提供的书面陈述，用以确认某些事项或支持其他审计证据。由于书面声明是注册会计师在财务报表审计中需获取的必要信息，因此书面声明也是审计证据，但是书面声明不包括财务报表及其认定，以及支持性账簿和相关记录。

在获取管理层声明书时，注册会计师的目标是：（1）向管理层获取其认为自身已

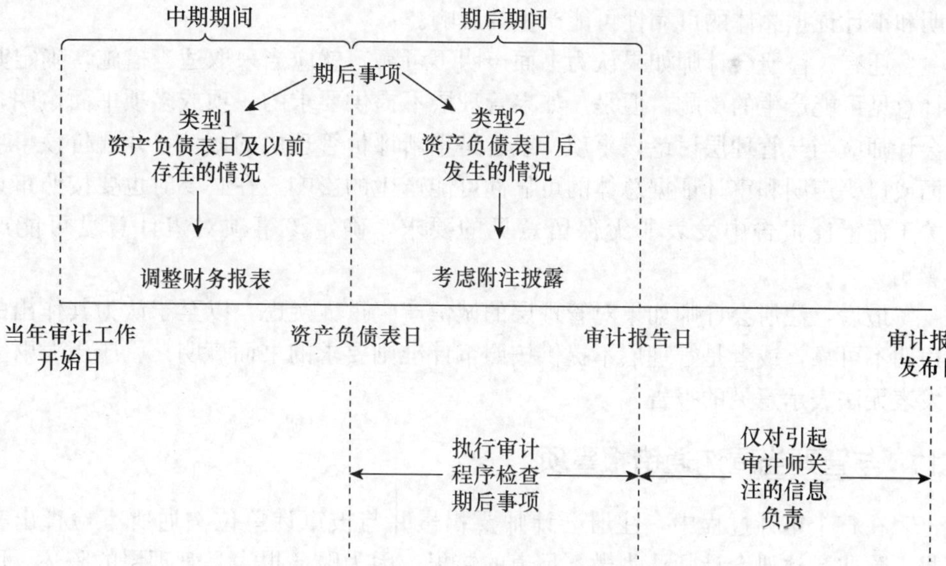

图 13—1　资产负债表日后事项关系图

履行编制财务报表和向注册会计师提供完整信息的责任的书面声明；（2）如果注册会计师认为有必要或其他审计准则有要求，通过书面声明支持与财务报表或具体认定相关的其他审计证据；（3）恰当应对管理层提供的书面声明或管理层不提供注册会计师要求的书面声明的情况。就财务报表审计的总体情况而言，注册会计师应当要求对财务报表承担相应责任并了解相关事项的管理层提供书面声明。

具体来说，针对财务报表的编制，注册会计师应当要求管理层提供书面声明，确认其根据审计业务约定条款，履行了按照适用的财务报告编制基础编制财务报表并使其实现公允反映（如适用）的责任。针对提供的信息和交易的完整性，注册会计师应当要求管理层就下列事项提供书面声明：（1）按照审计业务约定条款，已向注册会计师提供所有相关信息，并允许注册会计师不受限制地接触所有相关信息以及被审计单位内部人员和其他相关人员；（2）所有交易均已记录并反映在财务报表中。注册会计师应当要求管理层按照审计业务约定条款中对管理层责任的描述方式，按照审计准则的要求，在书面声明中对管理层责任及其执行情况进行描述。

由于财务报表需要反映所有的重要期后事项，书面声明的日期应当尽量接近对财务报表出具审计报告的日期，但不得在审计报告日后。当然，书面声明应当涵盖审计报告针对的所有财务报表和期间。

虽然管理层声明书是注册会计师获得的证据的一部分，但它们不能替代其他必要的审计程序。例如，注册会计师获取了管理层关于估计坏账准备金额合理性的声明，并不能减少与该账户相关的审计程序。再就是：（1）如果对管理层的胜任能力、诚信、道德价值观或勤勉尽责存在疑虑，或者对管理层在这些方面的承诺或贯彻执行存在疑虑，注册会计师应当确定这些疑虑对书面或口头声明和审计证据总体的可靠性可能产生的影响。（2）如果书面声明与其他审计证据不一致，注册会计师应当实施审计程序以设法解决这些问题。如果问题仍未解决，注册会计师应当重新考虑对管理层的胜任能力、诚信、道德价值观或勤勉尽责的评估，或者重新考虑对管理层在这些方面的承诺或贯彻执行的评估，并确定书面声明与其他审计证据的不一致对书面或口头声明和审计证据总体的可靠性可能产生的影响。

还有，注册会计师如果认为书面声明不可靠，就应当采取适当措施，确定其对审计意见可能产生的影响。但是，如果管理层不提供要求的一项或多项书面声明，注册会计师应当与管理层讨论该事项，或者是重新评价管理层的诚信，并评价该事项对书面或口头声明和审计证据总体的可靠性可能产生的影响，在必要时也要按照审计准则关于在审计报告中发表非无保留意见的要求，确定该事项对审计意见可能产生的影响。

最后，注册会计师如果对管理层的诚信产生重大疑虑，以至于认为其作出的书面声明不可靠，或者是管理层不提供按照审计准则要求的书面声明，就应当对财务报表发表无法表示意见的报告。

七、与管理当局沟通错报事项

在整个审计过程中，注册会计师要积累并与被审计单位沟通所有检查出来的错报，除非是注册会计师认为微不足道的错报。因为财务报表是管理层的陈述，因此需要管理层最终决定是否同意并记录相关事项的调整和披露。在某些情形下，管理层可能会提议另外调整和披露的金额。由于注册会计师的责任是对财务报表发表意见，注册会计师与管理层之间关于这些调整未解决的分歧可能导致注册会计师修改审计报告。同样，如果未记录有关调整分录，管理层应该在管理层声明书中向注册会计师指出管理层相信这些调整是不重要的。当然，注册会计师应当做出自己的判断，金额是重要的还是不重要。

注册会计师检查出的错报包括已知错报、可能错报或者二者兼具。已知错报是审计过程中检查出的特定错报（如已经确认的特定应收账款错报金额）。可能错报是由审计证据推断或者会计估计差异导致的错报：

1. 推断差异通常是由审计抽样技术决定的预计错报。例如，如果应收账款的账面价值是 625 万元，而注册会计师采用审计抽样技术估计的审计金额为 610 万元，则预计错报金额为 15 万元（625－610）。然而，该金额应该减去已知错报的金额（即在样本中检查出的实际错报金额）。

2. 会计估计差异是管理层或者注册会计师对会计估计的合适金额的判断差异。对于这些项目，可能的错报是指管理层估计数与注册会计师认为合理的最接近的数额之间的差异。例如，管理层估计担保责任为 9 万元，而注册会计师估计介于 12 万元和 14 万元之间，则可能错报为 3 万元（12－9）。

除了那些被认为是微不足道的错报之外，注册会计师应当要求管理层记录更正所有已知错报所需的调整。当注册会计师检查出由于推断差异导致的可能错报时，他们应当要求管理层检查所涉及的账户，以检查和更正其他的错报。当会计估计包括注册会计师认为的可能错报时，注册会计师应当要求管理层重新复核他们做出会计估计时所采用的假设和方法（例如，坏账准备）。

八、评价审计结果

如前所述，注册会计师应当要求管理层记录所有要求更正错报的调整。当管理层拒绝更正这些错报时，注册会计师应当评价错报的重要性。任何已知的重要错报都必须更正，否则注册会计师无法对财务报表发表标准无保留审计意见。在评价单个错报是否重要时，注册会计师应考虑定性因素和定量因素两个方面。例如，1 万元的关联方交易对特定审计可能是重要的，然而同样金额的应收账款交易错报金额可能是不重要的。注册会计师发现的不重要的错报和那些管理层没有更正的错报累积在“略过的调整分录”工作底稿中。

（一）评估重要性——考虑定量因素

要出具无保留意见的审计报告，注册会计师必须得出结论，财务报表重大错报风险水平很低。在评估未更正错报的影响之前，注册会计师应当重新评估重要性水平，确定它是否与客户的实际财务结果相适应。注册会计师会考虑未更正错报对相关的交易分类、账户和披露的定性和定量两方面的影响。

如果注册会计师估计已知错报和可能错报总额对财务报表是重大的，他们将认为重大错报的风险太高，以致不能对财务报表发表无保留意见。如果错报总额接近重要性水平，注册会计师应当考虑未检查出的错报是否可能导致错报总额超过重要性水平，从而存在比可接受的低风险水平更高的风险。这样，注册会计师就应当重新考虑进一步审计程序的性质和范围。

工作底稿根据所审查的内容而有着不同的表示方式，见表 13—8 和表 13—9。以表 13—8 中所得税影响对错报金额的调整为例说明：第一个错报，反映的是高报 6 500 元的预付费用，如果没有所得税影响的调整，将导致税前利润高报 6 500 元；然而，由于应纳税所得也高报了 6 500 元，公司的所得税费用被高报 2 600 元（6 500×40%）。

表 13—8　累积的错报　单位：元

被审计单位：永恒商贸有限责任公司					索引号：EA5			
项目：累计的错报					财务报表截止日/期间：20×6.12.31			
编制人：邱丽萍					复核人：高雯			
编制日期：20×7.1.17					编制日期：20×7.1.25			
索引号	错误原因	流动资产	非流动资产	流动负债	非流动负债	所有者权益	税前收入	税费
	未更正的已知错报							
SE1	预付费用的多计	6 500		2 600		6 500 (2 600)	6 500	2 600
Z01	上年折旧费用的多计		(10 000)	(4 000)		(10 000) 4 000		
FD5	未记录负债			(11 215) 4 486		11 215 (4 486)	11 215	4 486
	预计错报							
ZD1	应收账款的多计（确认函结果）	30 000		12 000		30 000 (12 000)	30 000	12 000
	其他估计的错报							
ZD9	坏账准备的少计	5 000		2 000		5 000 (2 000)	5 000	2 000
	可能错报总计	41 500	(10 000)	5 871	—	25 629	52 715	21 086
	认为重要的金额	100 000	125 000	100 000	125 000	200 000	150 000	
审计结论： 可能错报的总计足够小，审计风险水平很低								

表 13—9　　评价识别出的错报

被审计单位：永恒商贸有限责任公司	索引号：EA5
项目：累计的错报	财务报表截止日/期间：20×6.12.31
编制人：邱丽萍	复核人：高雯
编制日期：20×7.1.17	编制日期：20×7.1.25

一、识别出的错报对审计的影响

1. 错报合计

项目	索引号	金额（元）							
		资产（＋）	资产（－）	负债（＋）	负债（－）	权益（＋）	权益（－）	损益（＋）	损益（－）
已更正错报合计	EA-1	713 000	73 300					1 000	
未更正错报合计	EA-3	41 500	(10 000)	5 871	—	25 629		52 715	21 086

2. 本期财务报表整体重要性：资产 225 000 元，负债 225 000 元，所有者权益 200 000 元，损益 150 000 元

3. 评价：

（1）审计过程中累积的错报合计数是否接近重要性　　不重要

（2）识别出的错报的性质以及错报发生的环境是否表明可能存在其他错报，并且可能存在的其他错报与审计过程中累积的错报合计起来可能是重大的　　无

4. 结论：

无须修改总体审计策略和具体审计计划，详见【工作底稿索引】

二、前期未更正错报对前期财务报表的影响

1. 前期未更正错报：

项目	索引号	金额（元）							
		资产（＋）	资产（－）	负债（＋）	负债（－）	权益（＋）	权益（－）	损益（＋）	损益（－）
前期未更正错报合计	EA-3								

2. 前期财务报表整体重要性：________

3. 结论：

与以前期间相关的未更正错报对前期财务报表的影响不重大，不需要重述财务报表

三、未更正错报对本期财务报表的影响

1. 未更正错报：

项目	索引号	金额（元）							
		资产（＋）	资产（－）	负债（＋）	负债（－）	权益（＋）	权益（－）	损益（＋）	损益（－）
未更正错报合计	EA-3	41 500	(10 000)	5 871	—	25 629		52 715	21 086

2. 本期财务报表整体重要性：资产 225 000 元，负债 225 000 元，所有者权益 200 000 元，损益 150 000 元

3. 结论：

未更正错报单独或汇总起来不构成重大错报

（二）评估重要性——考虑定性因素

尽管表 13—8 所示内容对评估错报的定量影响非常重要，在评估这类错报的重要性时，注册会计师也需要考虑定性因素。即当一项或多项错报符合下列条件之一时，那么从定性角度来看就是重大的：源于能够精确计量的项目（如销售收入金额）而非估计数（如坏账准备金额）；掩饰收入的变化或其他趋势；隐藏失败以符合分析师对公司的市场普遍预计；将亏损变为盈利，反之亦然；涉及客户经营特别重要的组成部分或其他部分；影响遵守监管要求、贷款契约或其他合同性要求；增加管理者补偿；

涉及隐藏非法交易行为；管理层或注册会计师认为该金额会影响股票价格。

（三）评估重要性——考虑上年未更正错报的影响

当未更正错报以前年度已经存在，在当年的重要性计算中是否应该包括这些错报？例如，假设客户上年财务报表低估应付保单 6 万元，一个不重要的金额。然而，注册会计师估计今年实际数又另外低估了 7 万元。在判断重要性时，注册会计师应当仅考虑今年的 7 万元，还是应当考虑累计数 13 万元（7＋6）？

过去，注册会计师做出该项决定时曾被允许在两种方法中选择：翻转法或铁幕法。翻转法仅仅考虑当年利润表产生的错报金额，本例中为 7 万元。相反，铁幕法考虑更正当年年末存在的所有错报金额对资产负债表的影响，不管错报产生于什么时候，本例中为 13 万元。从现在的要求来看，要求注册会计师同时考虑翻转法和铁幕法。即如果其中任何一种方法的结果会导致重大错报，就必须做出调整。因此，如果 13 万元的错报对财务报表是重大的，客户的财务报表必须调整。调整可以分解为：7 万元为当年的影响；6 万元源于上一年的资产负债表延后错报。

当年的财务报表应该调整 7 万元。如果与以前年度相关的错报 6 万元对当年来说是重大的，上年的财务报表必须调整，即使该金额对以前年度依然不重大。如果 6 万元对当年财务报表是非重大的，它可以作为费用项目列示在当年的利润表中，而不要求重述上年财务报表。

（四）评估重大错报风险

在（或者接近）现场工作完成日，注册会计师应当评估他们通过审计程序和观察所累积的错报结果是否影响之前在审计业务约定书中确定的重大错报风险的评估。此外，负责签署业务约定书的合伙人应当确定已经与审计团队成员沟通指示由于舞弊导致重大错报风险的信息或条件。

（五）复核财务报表披露

在整个审计过程中，注册会计师应当意识到有必要确定财务报表附注披露的充分性。此外，注册会计师还应当考虑特别风险和不确定因素的披露要求：（1）公司经营的本质；（2）编制财务报表过程中使用的估计；（3）某些重要的估计；（4）由于集中度导致的当前漏洞，例如，对特定客户、供应商或产品的依赖。

仅依赖注册会计师的记忆来评估披露的充分性是无效的。并且，如果每次他们复核一套财务报表时都去查找相关的披露要求，效率也太低。因此许多会计师事务所都使用披露清单，列出所有需要披露的具体事项。注册会计师完成披露清单，即作为完成财务报表复核工作的一部分。

（六）客户允许调整分录和披露

在审计过程中，注册会计师可能提出关于财务报表的调整和披露的若干建议。然而，财务报表是管理层有关企业财务信息的陈述，只有管理层同意，财务报表才能修改以反映这些项目。在某些情形下，管理层可能提出不同的调整和披露方案。由于注册会计师的责任是对财务报表发表意见，注册会计师与管理层之间关于这些问题的未解决分歧可能导致注册会计师修改审计报告。如果有任何调整分录没有记录，则管理层就必须在管理层声明书中向注册会计师指出他们相信这些调整是不重要的。

九、复核审计业务约定书

这种对审计人员工作的复核主要通过复核审计工作底稿来完成。当底稿完成时，通常由业务约定书规定的资深审计人员复核工作底稿。审计合伙人和管理层一般通过与资深审计人员和其他审计项目成员的沟通来复核审计工作，他们对工作底稿的复核通常要在现场工作完成时或之后才能够完成。审计合伙人和管理层一般特别关注那些具有高重大错报风险的账户，例如有关存货报废和保证责任的重大会计估计。此外，对审计工作的最后综合考虑主要是判断，在审计过程中以及完成审计工作时执行的审计程序的结果是否识别出了能够显示公司持续经营能力存在极大疑虑的情况和事项。最后，如果会计师事务所质量控制制度要求由第二个合伙人复核，该复核通常会在临近出具审计报告前执行。

十、形成审计意见及出具审计报告

执行上述审计程序后，注册会计师通常就要出具审计报告了。如果注册会计师能够合理保证，财务报表是符合企业会计准则并且审计遵照注册会计师审计准则执行、没有重大的范围限制，一般就会发表标准无保留审计意见。在很多情形下，例如会计准则的变化、实体的持续经营能力存在实质性疑问和其他注册会计师的卷入等，则需要在审计报告中加入解释性语句。

十一、额外沟通事项

注册会计师应当与客户的审计委员会或其他对财务报告过程中过失负责的机构沟通某些与舞弊、违法行为、可报告的条件等相关的事项以及某些其他事项。沟通可以口头或者书面形式进行。

（一）舞弊和违法行为

注册会计师审计准则一般要求注册会计师将审计过程中注意到的舞弊或违法行为告知被审计单位的审计委员会，除非那些行为明显是无关紧要的。尽管注册会计师通常也要向管理层披露这些信息，但如果认为管理层参与了这些行为，就应当直接与审计委员会进行沟通。

（二）重大缺陷

注册会计师审计准则要求注册会计师与审计委员会沟通内部控制中存在的所有重大缺陷（即可报告的条件）。

（三）其他沟通事项

注册会计师审计准则也要求注册会计师以口头或者书面形式与负责公司治理的团体沟通某些信息。负责公司治理的团体是指有责任监督企业战略方向、有义务对企业进行问责的团体，通常包括董事会或者审计委员会。沟通的目的是提供与涉及财务报表审计的公司治理事项有关的、重大的，与财务报告过程监管相关的信息。需沟通的信息包括：注册会计师在通用审计准则下的责任（例如，形成和发表审计意见）和管理层的责任；计划的审计范围和审计时间概况；审计中的重大发现。

十二、审计的后续责任

（一）审计人员在审计报告发布日发现了在审计报告日已存在的事项

在审计报告发布后，会计师事务所可能会遇到显示被审计单位的财务报表存在重大错报或者缺少必要披露的证据。注册会计师应当立即调查这些后期发现的事实。如果注册会计师确定这些事实是重大的，并且在审计报告日已经存在，那么他们应当建议被审计单位向那些实际或可能依赖审计报告和相关财务报表的人恰当披露这些事实。如果客户拒绝做出适当的披露，注册会计师应当告知被审计单位董事会的每一位成员。他们也应当告知对被审计单位有管辖权的监管机构，如果可行的话，还要告知每一位可能依赖已审计财务报表的人，告诉他们不能再依赖审计报告。

（二）审计人员在审计报告发布日发现忽略了审计程序

如果在审计报告发布后，注册会计师发现他们没有执行某些重要的审计程序，他们应当采取什么措施？在一项审计业务中，忽略了适当的审计程序，可能在审计小组的同事复核时就被发现，也可能在审计工作底稿的期后复核过程中被发现。不同于前面章节描述的情形，这里注册会计师没有信息表明财务报表是错误的。期后复核只是证实他们可能没有获得充分的审计证据就发布了审计报告。在说明这个敏感的问题时，国际上的一般做法是，注册会计师应当评估忽略的审计程序对他们之前发表的审计意见的重要性。如果他们相信忽略的审计程序使他们无法支持以前发表的审计意见，并且审计报告仍然被第三方所依赖，他们应当尝试执行忽略的审计程序或者适当的替代程序。由于这些情形的法律影响，注册会计师应当考虑咨询他们的法律顾问。

思考题

1. 应该怎样看待经营过程审计？在审计方法上有什么特色？经营过程和其他损益事项的范围包括哪些？

2. 收入和费用账户的审计目标包括些什么？在评估收入和费用的重大错报风险并设计进一步审计程序时要做哪些具体工作？

3. 资产负债表账户与利润表各收入账户间关系怎样？还有哪些零星收入的内容？资产负债表账户与利润表各费用账户间关系怎样？对各费用账户进行审计的思路怎样？怎样进行与各个账户相关的分析性程序？

4. 应付职工薪酬审计的意义何在？内部控制有何特殊之处？应付职工薪酬各环节工作的内容及其审计要求是什么？怎样设计审计方案并实施实质性程序？实质性程序与主要审计目标是何关系？

5. 公允价值变动损益审计包括的内容和范围是怎样的？如何实施这样的审计工作？

6. 资产减值损失审计包括的内容和范围是怎样的？如何实施这样的审计工作？

7. 其他综合收益审计包括的内容和范围是怎样的？如何实施这样的审计工作？

8. 现金流量表审计的基本要求是什么？分析程序三个方面的内容是什么？怎样进行现金流量表的审计？

9. 在完成审计活动前还有哪些其他审计工作？特别是怎样进行或有损失事项的审计？怎样复核期后事项？怎样获取管理层声明书？怎样与管理当局沟通错报事项？怎样评价审计结果？请对上述内容的一般要求进行表述。

练习题

1. 在你审计赫利斯股份公司20×5年12月31日财务报表的过程中，在审阅期后事项时发现了下列业务项目：

(1) 20×5年1月7日：20×5年12月31日赫利斯公司的在途矿，矿物品位量为72%。该船运货物在上年末记录的为50%，借记原材料存货，贷记应付账款82 400元（此处不考虑增值税）。最后支付供应商的货款按照船运的实际品位量计算。

(2) 20×6年1月15日：董事长胡瑞和财务主管（系胡瑞的姐夫）之间存在一系列私人纠纷，后者要求辞职，立即生效；根据协议公司将按照20×5年12月31日股票账面价值购买财务主管拥有的10%的公司股票。在20×6年4月1日和10月1日将各支付一半货币资金购买。12月，财务主管与妻子即胡瑞的姐姐离婚。

(3) 20×6年1月16日：由于销量下降，1月中旬的产量缩减，一些员工被辞退。

(4) 20×6年1月18日：一个主要客户申请破产。客户的经营状况近几年持续恶化。

(5) 20×6年1月28日：行业著名分析师对行业短期和中期发展做出负面预期的报告。

要求：对每种期后事项，说明他们是否会导致：(1) 调整——20×5年调整分录，如果需要，编制出来；(2) 披露——20×5年附注披露，如果需要，披露出来；(3) 不披露——20×5年不披露，说明不需要披露的理由。

2. ABC会计师事务所负责审计甲公司20×3年度财务报表，审计项目组在审计工作底稿中记录了与公允价值和会计估计审计相关的情况，部分内容摘录如下：

(1) 为确定甲公司管理层在20×2年度财务报表中作出的会计估计是否恰当，审计项目组复核了甲公司20×2年度财务报表中的会计估计在20×3年度的结果。

(2) 甲公司年末持有上市公司乙公司的流通股股票100万股，账面价值为500万元，以公允价值计量。审计项目组核对了该股票于20×3年12月31日的收盘价，结果满意。

(3) 甲公司持有以公允价值计量的投资性房地产。审计项目组认为该项公允价值计量不存在特别风险，无须了解相关控制，聘请DEF资产评估公司对该投资性房地产的公允价值进行了评估。

(4) 20×3年末，甲公司针对一项未决诉讼确认了500万元预计负债。审计项目组作出的区间估计为550万～650万元，据此认为预计负债存在少计50万元的事实错报。

(5) 为减少利润总额和应纳税所得额之间的差异，甲公司自20×3年1月1日起将固定资产折旧年限调整为税法规定的最低年限。审计项目组根据变更后的折旧年限检查了甲公司20×3年度计提的折旧额，结果满意。

(6) 审计项目组向管理层获取了有关会计估计的书面声明，内容包括在财务报表中确认或披露的会计估计和未在财务报表中确认或披露的会计估计。

要求：

针对上述第(1)至(6)项，逐项指出审计项目组的做法是否恰当。如不恰当，简要说明理由。

3. 甲公司是ABC会计师事务所的常年审计客户，主要从事a，b和c三类石化产品的生产和销售。A注册会计师负责审计甲公司20×2年度财务报表，按照税前利润的5%确定财务报表整体的重要性为60万元。

资料一：A注册会计师在审计工作底稿中记录了所了解的甲公司情况及其环境，部分内容摘录如下：

(1) 甲公司利用ERP系统进行生产成本管理，在以前年度，利用ERP系统之外的G软件手工输入相关数据后进行存货账龄的统计和分析。20×1年，信息技术部门在ERP系统中开发了存货账龄分析子模块，于每月末自动生成存货账龄报告。甲公司会计政策规定，应当结合存货账龄等因素确定存货期末可变现净值，计提存货跌价准备。

(2) 与以前年度相比，甲公司20×2年度固定资产未大幅变动，与折旧相关的会计政策和会计估计未发生变更。

(3) 甲公司委托第三方加工生产a产品。自20×2年2月起，新增乙公司为委托加工方。甲公司支付给乙公司的单位产品委托加工费较其他加工方高20%。管理层解释，由于乙公司加工的产品质量较高，因此委托乙公司加工a产品并向其支付较高的委托加工费。A注册会计师发现，20×2年a产品的退货大部分由乙公司加工。

(4) b产品5—8月的直接人工成本总额较其他月份有明显增加，单位人工成本没有明显变化，销售部、生产部和人力资源部经理均解释由于b产品有季节性生产的特点，需要雇用大量临时工。这与A注册会计师在以前年度了解的情况一致。

(5) 为方便安排盘点人员，甲公司将a和b产品的年度盘点时间确定为20×2年12月31日，将c产品的年度盘点时间确定为20×2年12月20日。自20×2年12月25日起，由新入职的存货管理员负责管理c产品并在ERP系统中记录其数量变动。

(6) 甲公司租用丙公司独立仓库储存部分产成品。20×2年12月31日，该部分产成品的账面价值为300万元。甲公司与丙公司在年末对账时发现80万元的差异，丙公司解释，该差异是由于甲公司客户于20×2年12月30日已提货，而相关单据尚未传至甲公司所致。

资料二：A注册会计师在审计工作底稿中记录了有关制造费用的财务数据，部分内容摘录如下：

单位：万元

明细项目	未审数 20×2年	已审数 20×1年
折旧费用	1 000	1 200
修理费	300	310
物料消耗	200	210
水电费	150	130
间接人工成本	100	90
其他	50	60
总计	1 800	2 000

资料三：A注册会计师在审计工作底稿中记录了拟实施的进一步审计程序，部分内容摘录如下：

(1) 测试信息技术一般性控制和与ERP系统中存货账龄分析子模块相关的信息技术应用控制。

(2) 抽样检查各产品月度生产成本分配表，主要包括：①月末产品生产成本在产成品和在产品中分配的方法是否正确；②相关数据是否与产品成本计算表、会计记录一致；③是否经相关人员复核和批准等。

(3) 对委托加工费实施实质性分析程序。

(4) 对直接人工成本实施实质性分析程序。

(5) 对a和b产品实施年末监盘程序。

(6) 对20×2年12月31日存放在丙公司的存货实施函证程序，并检查存货发运凭证、对账差异调节表等书面记录，确定差异原因是否为时间性差异。

资料四：20×2年12月31日，甲公司存货的账面余额为2 000万元，未计提存货跌价准备。A注册会计师结合销售合同等因素确定了b产品和相关原材料的可变现净值，认为应计提跌价准备70万元，并向管理层提出调整建议。管理层以该金额不重大为由拒绝调整。

要求：

(1) 针对资料一第(1)至(6)项，结合资料二，假定不考虑其他条件，逐项指出资料一所列事项是否可能表明存在重大错报风险。如果认为存在重大错报风险，简要说明理由，并说明该风险主要与哪些财务报表项目（仅限于营业收入、营业成本、资产减值损失、应收账款、存货、固定资产和应付职工薪酬）的哪些认定相关。

(2) 针对资料三第(1)至(6)项的审计程序，假定不考虑其他条件，逐项指出相关审计程序与根据资料一（结合资料二）识别的重大错报风险是否直接相关。如果不直接相关，指出与该审计程序直接相关的财务报表项目和认定。

(3) 针对资料四，假定不考虑其他因素（如所得税），代A注册会计师判断应出具何种类型的审计报告，并续编审计报告。若有不适用，则写明“不适用”。

（此题为中国注册会计师2013年考试题。）

第十四章 Chapter 14 审计报告

学习目标

1. 熟练掌握审计报告、审计报告中的意见类型的定义，熟知无保留意见、非无保留意见的含义及其发表各类审计意见的相关要求。

2. 理解发表审计意见时注册会计师与被审计单位管理层之间的关系，掌握注册会计师发表标准无保留意见的目标和要求，以及应当做好的工作。

3. 熟练掌握审计报告的构成要素、各要素的具体内容，及其在措辞上的具体要求。

4. 熟练掌握标准审计报告出具的条件及其具体要求。

5. 熟练掌握保留意见的确定条件、否定意见的确定条件、无法表示意见的确定条件，以及三者之间的相同与相异之处。

6. 熟练掌握注册会计师面对非无保留意见应做的工作；掌握非无保留意见审计报告的处理要求。

7. 熟练掌握带强调段和带其他事项段审计报告的相关概念、要达到的目标、应采取的措施，以及其他准则对这两种情况的具体要求。

8. 理解带强调事项段和带其他事项段审计报告这两种情况之间的相互关系，以及与上述非无保留意见三种情况的相互关系。

9. 掌握与审计报告相关的沟通关键审计事项、比较信息、对应数据和比较财务报表、对其他信息的责任几方面的基本内容。

第一节 审计报告基础

一、审计报告及其意见类型

审计报告，是指注册会计师根据审计准则的规定，在执行审计工作的基础上，对财务报表发表审计意见的书面文件。

审计报告中的意见类型主要是指注册会计师对财务报表表示意见的不同种类。即注册会计师应当就财务报表是否在所有重大方面按照适用的财务报告编制基础编制并实现公允反映形成审计意见；进一步，注册会计师如果认为财务报表在所有重大方面按照适用的财务报告编制基础编制并实现公允反映，应当发表无保留意见。

相对而言，非无保留意见，则是指对财务报表发表保留意见、否定意见或无法表示意见。若存在下列情形之一，注册会计师应当按照中国注册会计师审计准则的规定，在审计报告中发表非无保留意见：（1）根据获取的审计证据，得出财务报表整体存在重大错报的结论；（2）无法获取充分、适当的审计证据，不能得出财务报表整体不存在重大错报的结论。

如果财务报表没有实现公允反映，注册会计师应当就该事项与管理层讨论，并视适用的财务报告编制基础的规定和该事项得到解决的情况，决定是否有必要按照我国注册会计师审计准则的规定在审计报告中发表非无保留意见。

二、注册会计师标准审计报告的目标和要求

注册会计师的目标是：（1）在评价根据审计证据得出的结论的基础上，对财务报表形成审计意见；（2）通过书面报告的形式清楚地表达审计意见。

为了形成审计意见，针对财务报表整体是否不存在由于舞弊或错误导致的重大错报，注册会计师应当得出结论，确定是否已就此获取合理保证。而在得出结论时，注册会计师应当考虑下列方面：（1）他们是否已按照“针对评估的重大错报风险采取的应对措施”准则的要求获取了充分、适当的审计证据；（2）经审计的财务报表是否存在“评价审计过程中识别出的错报”准则所描述的未更正错报单独或汇总起来构成重大错报。

为了实现上述目标，注册会计师应当做好下述工作：（1）评价财务报表是否在所有重大方面按照适用的财务报告编制基础编制；而在评价时，注册会计师应当考虑被审计单位会计实务的质量，包括表明管理层的判断可能出现偏向的迹象。（2）依据适用的财务报告编制基础特别评价下列内容：财务报表是否充分披露了选择和运用的重要会计政策；选择和运用的会计政策是否符合适用的财务报告编制基础，并适合被审计单位的具体情况；管理层作出的会计估计是否合理；财务报表列报的信息是否具有相关性、可靠性、可比性和可理解性；财务报表是否作出充分披露，使预期使用者能够理解重大交易和事项对财务报表所传递的信息的影响；财务报表使用的术语（包括每一财务报表的标题）是否适当。（3）按照上述两点的规定作出的评价还应包括财务报表是否实现公允反映，即应当考虑下列方面：财务报表的整体列报、结构和内容是否合理；财务报表（包括相关附注）是否公允地反映了相关交易和事项。（4）除上述三条之外，注册会计师还应当评价财务报表是否恰当提及或说明了适用的财务报告编制基础。

注册会计师审计准则要求注册会计师保持审计报告的一致性。在按照中国注册会计师审计准则执行了审计工作的情况下，注册会计师保持审计报告的一致性，将有助于使用者更容易识别已按照中国注册会计师审计准则执行的审计业务，从而增强审计报告的可信性，同时有助于报表使用者理解以及识别发生的异常情况。

三、审计报告的其他说明

发表审计意见是注册会计师的总目标，而审计意见是通过审计报告发表的；审计

报告于审计工作的终结阶段发表，是审计工作成果的标志。总之，审计报告是在审计工作最后阶段发表的最终产品。

必须强调，注册会计师在收集和评价充分、适当的证据之后才能发表审计意见；并且，注册会计师只有在评价了审计风险并完成所有的审计测试以后才能发表审计意见。还要说明，只有当被审计单位同意在财务报表中进行必要的审计调整、重分类和附注披露时，注册会计师才能向其股东和其他利益相关者出具无保留意见的审计报告。

对财务报表的公允性发表独立和专业的意见是注册会计师职业最常见、最重要的鉴证业务。注册会计师在审计报告中发表审计意见，为财务报表的使用者提供了已核实的财务报表与预先规定的财务报告框架、会计准则相符合程度的意见。

四、审计报告的内容构成

（一）审计报告的构成要素

审计报告应当采用书面形式，包括的要素为11项，即：(1) 标题；(2) 收件人；(3) 审计意见；(4) 形成审计意见的基础；(5) 关键审计事项；(6) 管理层对财务报表的责任；(7) 注册会计师对财务报表审计的责任；(8) 按照相关要求，履行其他报告责任（如适用）；(9) 注册会计师的签名和盖章；(10) 会计师事务所的名称、地址和盖章；(11) 报告日期。

（二）审计报告各要素的具体内容

审计报告各要素的具体内容如下：

1. 审计报告应当具有标题。标题统一规范为“审计报告”。

2. 审计报告应当按照审计业务约定的要求载明收件人。这能够表明是谁在委托注册会计师出具审计报告。

3. 审计报告第一部分应当包括审计意见，并以“审计意见”作为标题。审计意见部分应当包括下列方面：(1) 指出被审计单位的名称；(2) 说明财务报表已经审计；(3) 指出构成整套财务报表的每一财务报表的名称；(4) 提及财务报表附注；(5) 指明构成整套财务报表的每一财务报表的日期或涵盖的期间。

4. 审计报告还应当包含标题为“形成审计意见的基础”的部分。该部分应当紧接在审计意见部分之后，包括下列内容：(1) 说明注册会计师按照审计准则的规定执行了审计工作；(2) 提及审计报告中用于描述审计准则规定的注册会计师责任的部分；(3) 声明注册会计师按照与审计相关的职业道德要求独立于被审计单位，并按照这些要求履行了中国注册会计师职业道德方面的其他责任；(4) 说明注册会计师是否相信获取的审计证据是充分、适当的，为发表审计意见提供了基础。

5. 审计报告应当包含标题为“关键审计事项”的部分。此部分要按照中国注册会计师审计准则的专门规定描述每一关键审计事项。

6. 审计报告应当包含标题为“管理层对财务报表的责任”的部分。这里的管理层要随具体的情况而定，有的情况也可理解为治理层，但其最重要的内容是对财务报表负有的责任。这里的责任相关者也指对财务报告过程负有监督责任的人员。

7. 审计报告应当包含标题为“注册会计师对财务报表审计的责任”的部分。此处即我们所谓的审计责任部分。为了解释方便，我们首先明确审计责任的最基本内容：（1）说明注册会计师的目标是对财务报表整体是否不存在由于舞弊或错误导致的重大错报获取合理保证，并出具包含审计意见的审计报告；（2）说明合理保证是高水平的保证，但并不能保证存在某一重大错报时按照审计准则执行审计总能发现；（3）说明错报可能由于舞弊或错误导致。再就是审计责任部分，注册会计师要以自身的工作过程来解释他们对审计责任的态度。即：（1）说明在按照审计准则执行审计工作的过程中，注册会计师在运用职业判断，并保持职业怀疑；（2）通过说明注册会计师的责任，对审计工作进行描述。除上述内容之外，注册会计师对财务报表的审计责任还应包括审计计划安排、对独立性的态度、需沟通的关键审计事项等。

8. 按照相关要求，履行其他报告责任（如适用）。如果将其他报告责任在审计准则要求的同一报告要素部分列示，审计报告应当清楚区分其他报告责任和审计准则要求的报告责任。或者是，审计报告依据具体情况为其他报告责任单设一部分专门说明。

9. 注册会计师的签名和盖章。审计报告应当由两名注册会计师签名和盖章。

10. 会计师事务所的名称、地址和盖章。审计报告应当载明会计师事务所的名称和地址，并加盖会计师事务所公章。

11. 审计报告应当注明报告日期。审计报告日不应早于注册会计师获取充分、适当的审计证据，并在此基础上对财务报表形成审计意见的日期。

第二节　审计报告的格式与内容、要求

一、审计报告的标准格式

注册会计师发表的标准审计报告一般如下所示：

审计报告

ABC 股份有限公司全体股东：

一、对财务报表审计的报告

（一）审计意见

我们审计了 ABC 股份有限公司（以下简称公司）财务报表，包括 20×6 年 12 月 31 日的资产负债表，20×6 年度的利润表、现金流量表、所有者权益变动表以及财务报表附注。

我们认为，后附的财务报表在所有重大方面按照企业会计准则的规定编制，公允反映了公司 20×6 年 12 月 31 日的财务状况以及 20×6 年度的经营成果和现金流量。

（二）形成审计意见的基础

我们按照中国注册会计师审计准则的规定执行了审计工作。审计报告的“注册会计师对财务报表审计的责任”部分进一步阐述了我们在这些准则下的责任。按照中国注册会计师职业道德守则，我们独立于公司，并履行了职业道德方面的其他责任。我们相信，我们获取的审计证据是充分、适当的，为发表审计意见提供了基础。

（三）关键审计事项

关键审计事项是根据我们的职业判断，认为对本期财务报表审计最为重要的事项。这些事项是在对财务报表整体进行审计并形成意见的背景下进行处理的，我们不

对这些事项提供单独的意见。

[按照《中国注册会计师审计准则第1504号——在审计报告中沟通关键审计事项》的规定描述每一关键审计事项。]

(四) 管理层和治理层对财务报表的责任

管理层负责按照企业会计准则的规定编制财务报表，使其实现公允反映，并设计、执行和维护必要的内部控制，以使财务报表不存在由于舞弊或错误导致的重大错报。

在编制财务报表时，管理层负责评估公司的持续经营能力，披露与持续经营相关的事项（如适用），并运用持续经营假设，除非管理层计划清算公司、停止营运或别无其他现实的选择。

治理层负责监督公司的财务报告过程。

(五) 注册会计师对财务报表审计的责任

我们的目标是对财务报表整体是否不存在由于舞弊或错误导致的重大错报获取合理保证，并出具包含审计意见的审计报告。合理保证是高水平的保证，但并不能保证按照审计准则执行的审计在某一重大错报存在时总能发现。错报可能由舞弊或错误所导致，如果合理预期错报单独或汇总起来可能影响财务报表使用者依据财务报表作出的经济决策，则错报是重大的。

在按照审计准则执行审计的过程中，我们运用了职业判断，保持了职业怀疑。我们同时：

(1) 识别和评估由于舞弊或错误导致的财务报表重大错报风险；对这些风险有针对性地设计和实施审计程序；获取充分、适当的审计证据，作为发表审计意见的基础。由于舞弊可能涉及串通、伪造、故意遗漏、虚假陈述或凌驾于内部控制之上，未能发现由于舞弊导致的重大错报的风险高于未能发现由于错误导致的重大错报的风险。

(2) 了解与审计相关的内部控制，以设计恰当的审计程序，但目的并非对内部控制的有效性发表意见。

(3) 评价管理层选用会计政策的恰当性和作出会计估计及相关披露的合理性。

(4) 对管理层使用持续经营假设的恰当性得出结论。同时，基于所获取的审计证据，对是否存在与事项或情况相关的重大不确定性，从而可能导致对公司的持续经营能力产生重大疑虑得出结论。如果我们得出结论认为存在重大不确定性，审计准则要求我们在审计报告中提请报告使用者注意财务报表中的相关披露；如果披露不充分，我们应当发表非无保留意见。我们的结论基于审计报告日可获得的信息。然而，未来的事项或情况可能导致公司不能持续经营。

(5) 评价财务报表的总体列报、结构和内容（包括披露），并评价财务报表是否公允反映交易和事项。

除其他事项外，我们与治理层就计划的审计范围、时间安排和重大审计发现（包括我们在审计中识别的值得关注的内部控制缺陷）进行沟通。我们还就遵守关于独立性的相关职业道德要求向治理层提供声明，并就可能被合理认为影响我们独立性的所有关系和其他事项，以及相关的防范措施（如适用）与治理层进行沟通。

从与治理层沟通的事项中，我们确定哪些事项对当期财务报表审计最为重要，因而构成关键审计事项。我们在审计报告中描述这些事项，除非法律法规不允许公开披露这些事项，或在极其罕见的情形下，如果合理预期在审计报告中沟通某事项造成的负面后果超过产生的公众利益方面的益处，我们确定不应在审计报告中沟通该事项。

二、对其他法律和监管要求的报告

[本部分的格式和内容，取决于法律法规对其他报告责任的性质的规定。法律法规规范的事项（其他报告责任）应当在本部分处理，除非那些其他报告责任与审计准则所要求的报告责任涉及相同的主题。如果涉及相同的主题，其他报告责任可以在审计准则所要求的同一报告要素部分中列示。当其他报告责任和审计准则规定的报告责任涉及同一主题，并且审计报告中的措辞能够将其他报告责任与审计准则规定的责任予以清楚地区分（如差异存在）时，允许将两者合并列示（即包含在对财务报表审计的报告部分中，并使用适当的副标题）。]

负责审计并出具审计报告的项目合伙人是[姓名]。

××会计师事务所　　　　　　　　　　中国注册会计师：×××
（盖章）　　　　　　　　　　　　　　　（签名并盖章）
　　　　　　　　　　　　　　　　　　中国注册会计师：×××
　　　　　　　　　　　　　　　　　　　（签名并盖章）
中国××市　　　　　　　　　　　　　　二〇×七年二月二日

二、阅读和理解审计报告要注意的内容

我们在阅读和理解审计报告时，要同时注意以下几个方面的内容。

（一）作为审计报告收件人的委托人是某公司（此例是ABC公司）的股东

作为收件人的公司股东会的全体股东是进行审计的委托人，注册会计师是受股东会的委托进行审计，并向全体股东报告审计结果。按我国公司法的要求，董事会是股东大会这一权力机关的业务执行机关，负责公司或企业的业务经营活动的指挥与管理，对公司股东大会或企业股东大会负责并报告工作。股东大会所作的有关公司或企业重大事项的决定，董事会必须执行。因此，股东会是公司的最高权力机构，这意味着，虽然接待注册会计师的、支付审计费用的都是公司的管理层，但是被审计人也是公司的管理层。

（二）对于审计意见部分要注意的内容

这是对于“审计意见”的补充说明，在进行文字表述时的应注意之处。如果对财务报表发表无保留意见，除非法律法规另有规定，审计意见应当使用“我们认为，财务报表在所有重大方面按照[适用的财务报告编制基础（如企业会计准则等）]编制，公允反映了[……]”的措辞。

应该对所使用的会计准则有明确的说明。即如果在审计意见中提及的适用的财务报告编制基础是国际财务报告准则、国际公共部门会计准则、其他国家或地区的财务报告准则，注册会计师应当在审计意见部分指明国际财务报告准则、国际公共部门会计准则，或者财务报告编制基础所属的国家或地区。这也是在各会计准则存有差异情况下的必要措施。

（三）对于管理层对财务报表的责任部分要注意的内容

这是对于“管理层对财务报表的责任”的补充说明。

审计报告中应当使用特定国家或地区法律框架中的恰当术语，而不必限定为“管理层”。在某些国家或地区，恰当的术语可能是“治理层”。

管理层对财务报表的责任部分应当说明管理层负责下列方面：(1) 按照适用的财务报告编制基础编制财务报表，使其实现公允反映，并设计、执行和维护必要的内部控制，以使财务报表不存在由于舞弊或错误导致的重大错报；(2) 评估被审计单位的持续经营能力和使用持续经营假设是否适当，并披露与持续经营相关的情况（如适用）。

对该评估责任的说明应当包括描述在何种情况下使用持续经营假设是适当的。

此外，当对财务报告过程负有监督责任的人员与履行上述管理层责任人员不同时，管理层对财务报表的责任部分还应当提及对财务报告过程负有监督责任的人员。此时，该部分的标题还应当提及“治理层”或者特定国家或地区法律框架中的恰当术语。

这样的要求说明，真正对财务报表负有责任的仍是公司的管理层，注册会计师对财务报表进行审计只是对财务报表发表意见。

(四) 对于注册会计师对财务报表审计的责任部分要注意的内容

这是对“注册会计师对财务报表审计的责任”的补充说明。从我国近期修改的审计准则来看，这一部分的内容最为重要。

1. 说明错报可能由于舞弊或错误导致时，注册会计师应当从下列两种做法中选取一种：(1) 描述如果合理预期错报单独或汇总起来可能影响财务报表使用者依据财务报表作出的经济决策，则错报是重大的；(2) 根据适用的财务报告编制基础，提供关于重要性的定义或描述。

2. 在通过说明注册会计师的责任，对审计工作进行描述时所述的责任包括：(1) 识别和评估由于舞弊或错误导致的财务报表重大错报风险，对这些风险有针对性地设计和实施审计程序，获取充分、适当的审计证据，作为发表审计意见的基础。由于舞弊可能涉及串通、伪造、故意遗漏、虚假陈述或凌驾于内部控制之上，未能发现由于舞弊导致的重大错报的风险高于未能发现由于错误导致的重大错报的风险。(2) 了解与审计相关的内部控制，以设计恰当的审计程序，但目的并非对内部控制的有效性发表意见。当注册会计师有责任在财务报表审计的同时对内部控制的有效性发表意见时，应当略去上述“目的并非对内部控制的有效性发表意见”的表述。(3) 评价管理层选用会计政策的恰当性和作出会计估计及相关披露的合理性。(4) 对管理层使用持续经营假设的恰当性得出结论。同时，基于所获取的审计证据，对是否存在与特定事项或情况相关的重大不确定性，从而可能导致对被审计单位的持续经营能力产生重大疑虑得出结论。如果注册会计师得出结论认为存在重大不确定性，审计准则要求注册会计师在审计报告中提请报表使用者注意财务报表中的相关披露；如果披露不充分，注册会计师应当发表非无保留意见。注册会计师的结论基于审计报告日可获得的信息。然而，未来事项或情况可能导致被审计单位不能持续经营。(5) 评价财务报表的总体列报、结构和内容（包括披露），并评价财务报表是否公允反映相关交易和事项。

3. 当注册会计师对集团财务报表审计的特殊考虑时，通过说明下列事项，进一步描述注册会计师在集团审计业务中的责任：(1) 注册会计师的责任是就集团中实体或业务活动的财务信息获取充分、适当的审计证据，以对集团财务报表发表审计意见；(2) 注册会计师负责指导、监督和执行集团审计；(3) 注册会计师对审计意见承担全部责任。

4. 注册会计师对财务报表审计的责任部分还应当包括下列内容：（1）说明注册会计师与治理层就计划的审计范围、时间安排和重大审计发现等进行沟通，包括沟通注册会计师在审计中识别的值得关注的内部控制缺陷。（2）对于上市实体财务报表审计，指出注册会计师就遵守关于独立性的相关职业道德要求向治理层提供声明，并与治理层沟通可能被合理认为影响注册会计师独立性的所有关系和其他事项，以及相关的防范措施（如适用）。（3）对于上市实体财务报表审计，以及决定按照注册会计师审计准则在审计报告中沟通关键审计事项时，说明注册会计师从与治理层沟通的事项中确定哪些事项对当期财务报表审计最为重要，因而构成关键审计事项。注册会计师在审计报告中描述这些事项，除非法律法规不允许公开披露这些事项，或在极其罕见的情形下，注册会计师合理预期在审计报告中沟通某事项造成的负面后果超过产生的公众利益方面的益处，因而确定不应在审计报告中沟通该事项。

（五）对于注册会计师对财务报表审计的责任部分要注意的内容

这对于“按照相关要求，履行其他报告责任（如适用）”的补充说明。

除审计准则规定的注册会计师责任外，如果注册会计师在对财务报表出具的审计报告中履行其他报告责任，应当在审计报告中将其单独作为一部分，并以“对其他法律和监管要求的报告”为标题，或使用适合于该部分内容的其他标题，除非其他报告责任与审计准则所要求的报告责任涉及相同的主题。如果涉及相同的主题，其他报告责任可以在审计准则所要求的同一报告要素部分列示。

如果将其他报告责任在审计准则要求的同一报告要素部分列示，审计报告应当清楚区分其他报告责任和审计准则要求的报告责任；如果审计报告为其他报告责任单设一部分，就应当置于“对其他法律和监管要求的报告”标题下的“对财务报表审计的报告”部分之后。最后，项目合伙人的姓名应当包含在对上市实体整套通用目的财务报表出具的审计报告中。

（六）对于审计报告应当注明报告日期部分要注意的内容

这是对“报告日期”的补充说明。即在确定审计报告日时，注册会计师应当确信已获取下列两方面的审计证据：（1）构成整套财务报表的所有报表（包括相关附注）已编制完成；（2）被审计单位的董事会、管理层或类似机构已经认可其对财务报表负责。这也从某种角度说明，审计报告日期非常重要，因为注册会计师有责任执行程序，搜寻截止那天的任何可能影响客户财务报表公允性的期后事项，并且在那天之后引起的变化与注册会计师无关。

三、标准审计报告出具的条件

上面所列举的审计报告是一个标准的无保留意见的审计报告。当以下条件成立时，注册会计师应当发表无保留意见：

1. 没有客户提出的或者其他情况下的、导致注册会计师无法获取充分、适当的审计证据的重大范围限制；

2. 财务报表以及附注披露，在所有重大方面没有违背企业会计准则的要求。

这就是说，无保留的审计意见表明注册会计师认为财务报表是按照企业会计准则的规定编制，是公允反映的。“公允反映”是指没有重大错报，“按照企业会计准则的规定编制”则指公允性是按照企业会计准则的框架来评价的。或者说，无保留意见的审计报告仅仅在注册会计师获得充分、适当的审计证据以证实财务报表整体上不存在重大错报时才能发表。

何为“财务报表的所有重大方面”？这就要求，在进行这方面的评价时，注册会计师应当考虑被审计单位会计实务的质量，包括表明管理层的判断可能出现偏向的迹象。一般来说，注册会计师应当依据适用的财务报告编制基础特别评价下列内容：(1) 财务报表是否充分披露了选择和运用的重要会计政策；(2) 选择和运用的会计政策是否符合适用的财务报告编制基础，并适合被审计单位的具体情况；(3) 管理层作出的会计估计是否合理；(4) 财务报表列报的信息是否具有相关性、可靠性、可比性和可理解性；(5) 财务报表是否作出充分披露，使财务报表预期使用者能够理解重大交易和事项对财务报表所传递的信息的影响；(6) 财务报表使用的术语（包括每一财务报表的标题）是否适当。

除上述问题之外，注册会计师评价的内容还应当包括财务报表是否实现公允反映。在此，注册会计师应当考虑：(1) 财务报表的整体列报、结构和内容是否合理；(2) 财务报表（包括相关附注）是否公允地反映了相关交易和事项。再就是，注册会计师要评价审计的财务报表是否恰当提及或说明了适用的财务报告编制基础。

注册会计师如果认为财务报表在所有重大方面按照适用的财务报告编制基础编制并实现公允反映，应当发表无保留意见。

第三节 非无保留意见审计报告

一、非无保留意见审计报告及其构成

(一) 非无保留意见

上面所述的审计报告是标准的无保留意见审计报告。但是，若经注册会计师审计之后，形成了与之性质相反的审计意见，则可泛指为非无保留意见；出具了非无保留意见的审计报告即为非无保留意见审计报告。

我国注册会计师审计准则规定了三种类型的非无保留意见，即保留意见、否定意见和无法表示意见。

(二) 出具非无保留意见审计报告的条件

注册会计师确定恰当的非无保留意见类型，取决于下列事项：

1. 导致非无保留意见的事项的性质，是财务报表存在重大错报，还是在无法获取充分、适当的审计证据的情况下，财务报表可能存在重大错报；

2. 注册会计师就导致非无保留意见的事项对财务报表产生或可能产生影响的广泛性作出的判断。

换句话说，当存在下列情形之一时，注册会计师即应对财务报表清楚地发表恰当的非无保留意见：

1. 根据获取的审计证据，得出财务报表整体存在重大错报的结论；

2. 无法获取充分、适当的审计证据，不能得出财务报表整体不存在重大错报的

结论。

二、非无保留意见类型的确定

（一）对广泛性的解释

在上述发表审计意见的要求中，广泛性一词起了很大的作用。此处的广泛性，是描述错报影响的术语，用以说明错报对财务报表的影响，或者由于无法获取充分、适当的审计证据而未发现的错报（如存在）对财务报表可能产生的影响。

根据注册会计师的判断，对财务报表的影响具有广泛性的情形包括下列方面：(1) 不限于对财务报表的特定要素、账户或项目产生影响；(2) 虽然仅对财务报表的特定要素、账户或项目产生影响，但这些要素、账户或项目是或可能是财务报表的主要组成部分；(3) 当与披露相关时，产生的影响对财务报表使用者理解财务报表至关重要。

（二）保留意见的确定

我国注册会计师审计准则指出，当存在下列情形之一时，注册会计师应当发表保留意见：

1. 在获取充分、适当的审计证据后，注册会计师认为错报单独或汇总起来对财务报表影响重大，但不具有广泛性；
2. 注册会计师无法获取充分、适当的审计证据以作为形成审计意见的基础，并认为未发现的错报（如存在）对财务报表可能产生的影响重大，但不具有广泛性。

这就是说，虽然错报问题是严重的，但若不具有广泛性，即没有扩展到财务报表层面，因此注册会计师应该对存在重大错报的部分持保留意见。再者，注册会计师因为无法取得审计证据，在不能发表无保留意见时发表保留意见。

（三）否定意见的确定

按照我国审计准则的规定，在获取充分、适当的审计证据后，如果认为错报单独或汇总起来对财务报表的影响重大且具有广泛性，注册会计师应当发表否定意见。

我们应当看到，保留意见与否定意见之间的差别是明显存在的，即前者不具有广泛性，后者则具有广泛性；前者是由于无法获得审计证据，不能发表无保留意见而发表保留意见，后者则是获取了充分、适当的审计证据后，已不能再对明显的错误持保留态度。

（四）无法表示意见的确定

我国注册会计师审计准则还指出，如果无法获取充分、适当的审计证据以作为形成审计意见的基础，但认为未发现的错报（如存在）对财务报表可能产生的影响重大且具有广泛性，注册会计师应当发表无法表示意见。此外，在极其罕见的、可能存在多个不确定事项的情况下，尽管注册会计师对每个单独的不确定事项获取了充分、适当的审计证据，但由于不确定事项之间可能存在相互影响，以及可能对财务报表产生累积影响，注册会计师不可能对财务报表形成审计意见。在这种情况下，注册会计师也应当发表无法表示意见。

我们经分析后看到，将无法表示意见与保留意见相比，保留意见是认为获取充分、适当的证据后查出的错报对财务报表的影响不具有广泛性，而无法表示意见是认为未发现的错报（如存在）对财务报表可能产生的影响重大且具有广泛性；再将无法表示意见与否定意见相比，否定意见对“影响重大且具有广泛性”是在获取充分、适当的审计证据后得出的结论，而无法表示意见则是认为错报单独或汇总的“影响重大且具有广泛性”无法以充分、适当的证据证明。

三、注册会计师对非无保留意见应做的工作

（一）在消除审计范围限制方面

在承接审计业务后，如果注意到管理层对审计范围施加了限制，且认为这些限制可能导致对财务报表发表保留意见或无法表示意见，注册会计师应当要求管理层消除这些限制。

如果管理层拒绝消除上面所述的限制，除非治理层全部成员参与管理被审计单位，注册会计师应当就此事项与治理层沟通，并确定能否实施替代程序以获取充分、适当的审计证据。

（二）在无法取得审计证据方面

如果无法获取充分、适当的审计证据，注册会计师应当通过下列方式确定其影响：

1. 如果未发现的错报（如存在）可能对财务报表产生的影响重大，但不具有广泛性，注册会计师应当发表保留意见。

2. 如果未发现的错报（如存在）可能对财务报表产生的影响重大且具有广泛性，以至于发表保留意见不足以反映情况的严重性，注册会计师应当在可行时解除业务约定（除非法律法规禁止）；如果在出具审计报告之前解除业务约定被禁止或不可行，应当发表无法表示意见。但是，即便是与被审计单位解除业务约定，注册会计师也应当在解除业务约定前，与治理层沟通在审计过程中发现的、将会导致发表非无保留意见的所有错报事项。

3. 如果认为有必要对财务报表整体发表否定意见或无法表示意见，注册会计师不应在同一审计报告中对按照相同财务报告编制基础编制的单一财务报表或者财务报表特定要素、账户或项目发表无保留意见。在同一审计报告中包含无保留意见，将会与对财务报表整体发表的否定意见或无法表示意见相矛盾。

四、非无保留意见审计报告的处理要求

（一）非无保留审计意见的表述位置

如果对财务报表发表非无保留意见，除在审计报告中包含注册会计师审计准则规定的审计报告要素（即管理层的责任、注册会计师的责任、审计意见）外，注册会计师还应当将标准无保留审计意见表格中的“形成审计意见的基础”这一标题修改为恰当的标题，如“形成保留意见的基础”“形成否定意见的基础”或“形成无法表示意见的基础”，在该部分进行对导致发表非无保留意见的事项的描述。

（二）非无保留审计意见的标题要求

这里的内容在审计报告中颇令人关注，我国注册会计师审计准则对此的说明也较为详细。首先，在发表非无保留意见时，注册会计师应当对审计意见部分使用恰当的标题，如“保留意见”“否定意见”或“无法表示意见”，在该部分包含对导致发表非无保留意见的事项的描述。

（三）非无保留审计意见的表述内容

发表非无保留意见应对下述事项进行清晰的表达：

1. 如果财务报表中存在与具体金额（包括财务报表附注中的定量披露）相关的重大错报，注册会计师应当在形成审计意见的基础部分说明并量化该错报的财务影响。如果无法量化财务影响，注册会计师应当在该部分说明这一情况。

2. 如果财务报表中存在与叙述性披露相关的重大错报，注册会计师应当在形成审计意见的基础部分解释该错报错在何处。

3. 如果财务报表中存在与应披露而未披露信息相关的重大错报，注册会计师应当：(1) 与治理层讨论未披露信息的情况；(2) 在形成审计意见的基础部分描述未披露信息的性质；(3) 如果可行并且已针对未披露信息获取了充分、适当的审计证据，在形成审计意见的基础部分包含对未披露信息的披露，除非法律法规禁止。

4. 如果因无法获取充分、适当的审计证据而导致发表非无保留意见，注册会计师应当在形成审计意见的基础部分说明无法获取审计证据的原因。

5. 即使发表了否定意见或无法表示意见，注册会计师也应当在形成审计意见的基础部分说明注意到的、将导致发表非无保留意见的所有其他事项及其影响。

五、非无保留意见审计报告的格式和内容之一：保留意见

（一）保留意见审计报告的背景信息

1. 对上市实体整套财务报表进行审计。该审计不属于集团审计（即不适用《中国注册会计师审计准则第 1401 号——对集团财务报表审计的特殊考虑》）；

2. 管理层按照企业会计准则编制财务报表；

3. 审计业务约定条款体现了《中国注册会计师审计准则第 1111 号——就审计业务约定条款达成一致意见》关于管理层对财务报表责任的描述；

4. 存货存在错报，该错报对财务报表影响重大但不具有广泛性（即保留意见是恰当的）；

5. 适用的相关职业道德要求为中国注册会计师职业道德守则；

6. 基于获取的审计证据，根据《中国注册会计师审计准则第 1324 号——持续经营》，注册会计师认为可能导致对被审计单位持续经营能力产生重大疑虑的相关事项或情况不存在重大不确定性；

7. 已按照《中国注册会计师审计准则第 1504 号——在审计报告中沟通关键审计事项》就关键审计事项进行了沟通；

8. 负责监督财务报表的人员与负责编制财务报表的人员不同；

9. 除财务报表审计外，按照法律法规的要求，注册会计师负有其他报告责任，且注册会计师决定在审计报告中履行其他报告责任。

（二）保留意见审计报告的一般格式

审计报告

ABC 股份有限公司全体股东：

一、对财务报表审计的报告

（一）保留意见

我们审计了 ABC 股份有限公司（以下简称公司）财务报表，包括 20×6 年 12 月

31日的资产负债表，20×6年度的利润表、现金流量表、股东权益变动表以及财务报表附注。

我们认为，除“形成保留意见的基础”部分所述事项产生的影响外，后附的财务报表在所有重大方面按照企业会计准则的规定编制，公允反映了公司20×6年12月31日的财务状况以及20×6年度的经营成果和现金流量。

（二）形成保留意见的基础

公司20×6年12月31日资产负债表中存货的列示金额为×元。管理层根据成本对存货进行计量，而没有根据成本与可变现净值孰低的原则进行计量，这不符合企业会计准则的规定。公司的会计记录显示，如果管理层以成本与可变现净值孰低来计量存货，存货列示金额将减少×元。相应地，资产减值损失将增加×元，所得税、净利润和股东权益将分别减少×元、×元和×元。

我们按照中国注册会计师审计准则的规定执行了审计工作。审计报告的“注册会计师对财务报表审计的责任”部分进一步阐述了我们在这些准则下的责任。按照中国注册会计师职业道德守则，我们独立于公司，并履行了职业道德方面的其他责任。我们相信，我们获取的审计证据是充分、适当的，为发表保留意见提供了基础。

（三）关键审计事项

关键审计事项是根据我们的职业判断，认为对本期财务报表审计最为重要的事项。这些事项是在对财务报表整体进行审计并形成意见的背景下进行处理的，我们不对这些事项提供单独的意见。除“形成保留意见的基础”部分所述事项外，我们确定下列事项是需要在审计报告中沟通的关键审计事项。[按照《中国注册会计师审计准则第1504号——在审计报告中沟通关键审计事项》的规定描述每一关键审计事项。]

（四）管理层和治理层对财务报表的责任

[按照《中国注册会计师审计准则第1501号——对财务报表形成审计意见和出具审计报告》的规定报告，见《中国注册会计师审计准则第1501号——对财务报表形成审计意见和出具审计报告》参考格式。]

（五）注册会计师对财务报表审计的责任

[按照《中国注册会计师审计准则第1501号——对财务报表形成审计意见和出具审计报告》的规定报告，见《中国注册会计师审计准则第1501号——对财务报表形成审计意见和出具审计报告》参考格式。]

二、对其他法律和监管要求的报告

[按照《中国注册会计师审计准则第1501号——对财务报表形成审计意见和出具审计报告》的规定报告，见《中国注册会计师审计准则第1501号——对财务报表形成审计意见和出具审计报告》参考格式。]

负责审计并出具审计报告的项目合伙人是[姓名]。

××会计师事务所　　　　中国注册会计师：×××

（盖章）　　　　（签名并盖章）

中国注册会计师：×××

（签名并盖章）

中国××市　　　　二〇×七年二月二日

（三）其他情况下的保留意见审计报告

上面的保留意见审计报告的原因是关于资产计价。我们在前面说过，形成保留意见审计报告的原因一是存在重大错报；二是因无法获取充分、适当的审计证据以作为形成审计意见的基础；共有的因素是不具有广泛性。上面的报告属于存在重大差错。但是，若属于无法获取充分、适当的审计证据，则审计报告会在审计意见部分将这样的原因直接指出；再就是，在“形成保留意见的基础”部分，对引起的原因予以具体说明。

比如，若注册会计师对某企业集团实体进行审计时，审计报告的背景信息说明“对一家境外联营的 XYZ 公司，注册会计师无法获取有关其长期股权投资状况的充分、适当的审计证据，这一事项对合并财务报表影响重大但不具有广泛性（即保留意见是恰当的）”时，注册会计师就应发表保留意见的审计报告。

注册会计师在形成保留意见的基础部分应说明：“如财务报表附注×所述，集团于 20×6 年取得了境外 XYZ 公司 30%的股权，因能够对 XYZ 公司施加重大影响，故采用权益法核算该项股权投资，于 20×6 年度确认对 XYZ 公司的投资收益×元，截至 20×6 年 12 月 31 日合并资产负债表上反映的该项股权投资为×元。由于我们未被允许接触 XYZ 公司的财务信息、管理层和执行 XYZ 公司审计的注册会计师，我们无法就该项股权投资的账面价值以及集团确认的 20×6 年度对 XYZ 公司的投资收益获取充分、适当的审计证据，也无法确定是否有必要对这些金额进行调整。”

在审计报告的其他方面，虽会有形成保留意见审计报告的各种原因，但其审计报告的格式和内容基本上是一致的。

（四）对保留意见审计报告的进一步说明

1. 发表保留意见审计报告时的措辞要求。当注册会计师对被审计的财务报表发表保留意见时，应当根据适用的财务报告编制基础在审计意见部分说明：注册会计师认为，除形成保留意见的基础部分所述事项产生的影响外，财务报表在所有重大方面按照适用的财务报告编制基础编制，并实现公允反映。或者是，当由于无法获取充分、适当的审计证据而导致发表保留意见时，注册会计师应当在审计意见部分使用“除……可能产生的影响外”等措辞。再就是，与以下否定意见审计报告一致，当发表保留意见或否定意见时，注册会计师应当修改《中国注册会计师审计准则第 1501 号——对财务报表形成审计意见和出具审计报告》第二十八条第（四）项规定的表述，在对注册会计师是否获取了充分、适当的审计证据以作为形成审计意见的基础的说明中，包含恰当的措辞如“保留”或“否定”。

2. 对发表保留意见审计报告条件的判断。在这里，我们通过上述审计报告可看出，保留意见的审计报告与其他数据表格，尤其是否定意见的审计报告之间的区别主要在于发现或未发现的问题是否具有“广泛性”方面。即“如果获得了充分适当的审计证据而发现……”，或者是“无法获取充分、适当的审计证据……但认为……”，还是“如果未发现的错报（如存在）可能……”“错报对财务报表的影响重大，但不具有广泛性”。所以，决定是否发表保留意见的关键在于对“广泛性”的判断。我们可用下面的简表来说明这一点，见表 14—1。

表 14—1 对形成保留意见审计报告的条件判断

	获取证据的程度	错报的状况	与广泛性的关系
1	在获取充分、适当的审计证据后，注册会计师认为	错报单独或汇总起来（这应是已发现错报）	对财务报表影响重大，但不具有广泛性
2	无法获取充分、适当的审计证据以作为形成审计意见的基础，但认为	未发现的错报（如存在）可能	对财务报表产生的影响重大，但不具有广泛性
3	如果	未发现的错报（如存在）可能	对财务报表产生的影响重大，但不具有广泛性

3. 需要发布保留意见审计报告的事项。从上述注册会计师准则的相关规定，再加上注册会计师审计业务实践的结果来看，不排除这样的情况：在审计活动结束时，注册会计师认为被审计客户某些地方存在问题要求其更正，或者是由于审计受到限制、审计证据取得的不充分，从而对客户提出了要求，但客户却由于种种原因不作出改进，于是注册会计师就对相关事项保留自己的看法，这就形成了保留意见的审计报告。概括起来，存在下述情况之一时，注册会计师即应出具保留意见的审计报告：（1）个别重要财务会计事项的处理或个别重要财务报表项目的编制不符合企业会计准则及国家其他有关法规的规定，被审计单位拒绝进行调整；（2）审计范围受到重要的局部限制，无法按照独立审计准则的要求取得应有的审计证据；（3）个别重要会计处理方法的选用不符合一贯性原则等。

六、非无保留意见审计报告的格式和内容之二：否定意见

（一）否定意见审计报告的背景信息

1. 对上市实体整套合并财务报表进行审计。该审计属于集团审计，客户拥有多个子公司（即适用《中国注册会计师审计准则第 1401 号——对集团财务报表审计的特殊考虑》）。

2. 管理层按照企业会计准则编制合并财务报表。

3. 审计业务约定条款体现了《中国注册会计师审计准则第 1111 号——就审计业务约定条款达成一致意见》关于管理层对财务报表责任的描述。

4. 合并财务报表因未合并某一子公司而存在重大错报，该错报对合并财务报表影响重大且具有广泛性（即否定意见是恰当的），但量化该错报对合并财务报表的影响不切实际。

5. 适用的相关职业道德要求为中国注册会计师职业道德守则。

6. 基于获取的审计证据，根据《中国注册会计师审计准则第 1324 号——持续经营》，注册会计师认为可能导致对被审计单位持续经营能力产生重大疑虑的相关事项或情况不存在重大不确定性。

7. 适用《中国注册会计师审计准则第 1504 号——在审计报告中沟通关键审计事项》。然而，注册会计师认为，除形成否定意见的基础部分所述事项外，无其他关键审计事项。

8. 负责监督合并财务报表的人员与负责编制合并财务报表的人员不同。

9. 除合并财务报表审计外，按照法律法规的要求，注册会计师负有其他报告责任，且注册会计师决定在审计报告中履行其他报告责任。

（二）否定意见审计报告的一般格式

审计报告

ABC 股份有限公司全体股东：

一、对合并财务报表审计的报告

（一）否定意见

我们审计了 ABC 股份有限公司及其子公司（以下简称集团）的合并财务报表，包括 20×6 年 12 月 31 日的合并资产负债表，20×6 年度的合并利润表、合并现金流量表、合并股东权益变动表以及合并财务报表附注。

我们认为，由于“形成否定意见的基础”部分所述事项的重要性，后附的集团合并财务报表没有在所有重大方面按照企业会计准则的规定编制，未能公允反映集团 20×6 年 12 月 31 日的合并财务状况以及 20×6 年度的合并经营成果和合并现金流量。

（二）形成否定意见的基础

如财务报表附注×所述，20×6 年集团通过非同一控制下的企业合并获得对 XYZ 公司的控制权，因未能取得购买日 XYZ 公司某些重要资产和负债的公允价值，故未将 XYZ 公司纳入合并财务报表的范围。按照企业会计准则的规定，该集团应将这一子公司纳入合并范围，并以暂估金额为基础核算该项收购。如果将 XYZ 公司纳入合并财务报表的范围，后附的集团合并财务报表的多个报表项目将受到重大影响。但我们无法确定未将 XYZ 公司纳入合并范围对合并财务报表产生的影响。

我们按照中国注册会计师审计准则的规定执行了审计工作。审计报告的“注册会计师对合并财务报表审计的责任”部分进一步阐述了我们在这些准则下的责任。按照中国注册会计师职业道德守则，我们独立于集团，并履行了职业道德方面的其他责任。我们相信，我们获取的审计证据是充分、适当的，为发表否定意见提供了基础。

（三）关键审计事项

除“形成否定意见的基础”部分所述事项外，我们认为，没有其他需要在我们的报告中沟通的关键审计事项。

（四）管理层和治理层对合并财务报表的责任

[按照《中国注册会计师审计准则第 1501 号——对财务报表形成审计意见和出具审计报告》的规定报告，见《中国注册会计师审计准则第 1501 号——对财务报表形成审计意见和出具审计报告》参考格式。]

（五）注册会计师对合并财务报表审计的责任

[按照《中国注册会计师审计准则第 1501 号——对财务报表形成审计意见和出具审计报告》的规定报告，见《中国注册会计师审计准则第 1501 号——对财务报表形成审计意见和出具审计报告》参考格式。]

二、对其他法律和监管要求的报告

[按照《中国注册会计师审计准则第 1501 号——对财务报表形成审计意见和出具审计报告》的规定报告，见《中国注册会计师审计准则第 1501 号——对财务报表形成审计意见和出具审计报告》参考格式。]

负责审计并出具审计报告的项目合伙人是［姓名］。

××会计师事务所　　　　　　　　　　中国注册会计师：×××

（盖章）　　　　　　　　　　　　　　（签名并盖章）

中国注册会计师：×××
（签名并盖章）

中国××市 二〇×七年二月二日

（三）对否定意见审计报告的进一步说明

1. 发表否定意见审计报告时的措辞要求。当发表否定意见时，注册会计师应当根据适用的财务报告编制基础在审计意见部分说明：注册会计师认为，由于形成否定意见的基础部分所述事项的重要性，财务报表没有在所有重大方面按照适用的财务报告编制基础编制，未能实现公允反映。另外，类似于上文的保留意见审计报告，当发表保留意见或否定意见时，注册会计师应当修改《中国注册会计师审计准则第 1501 号——对财务报表形成审计意见和出具审计报告》第二十八条第（四）项规定的表述，在对注册会计师是否获取了充分、适当的审计证据以作为形成审计意见的基础的说明中，包含恰当的措辞如“保留”或“否定”。

2. 对发表保留意见审计报告条件的判断。在对注册会计师发表否定意见时的条件进行分析时，我们看到，否定意见与保留意见之间最鲜明的区别在于一个不具有广泛性，而另一个具有广泛性。再就是，一个是有的能够获取充分、适当的审计证据，有的则不能；而另一个则是完全能够获取充分、适当的审计证据。二者之间的区别如表 14—2 所示。

表 14—2 保留意见与否定意见审计报告的条件比较

	获取证据的程度	错报的状况	与广泛性的关系
保留意见	能够获取充分、适当的审计证据	错报单独或汇总起来	对财务报表影响重大，但不具有广泛性
保留意见	无法获取充分、适当的审计证据形成审计意见的基础	未发现的错报（如存在）可能	对财务报表影响重大，但不具有广泛性
否定意见	能够获取充分、适当的审计证据作为审计意见的基础	无论是单个还是汇总起来	对财务报表影响重大，具有广泛性

或者也可以这样说，保留意见的条件——无论是否能获取充分、适当的审计证据，发现或预计的对财务报表影响重大的错报，单个或汇总起来都不具有广泛性；否定意见的条件——不存在不能获取充分、适当审计证据的情况，发现或预计的对财务报表影响重大的错报，无论单个还是汇总起来，都具有广泛性。

注册会计师对发表否定意见的态度。按照我国注册会计师审计准则的规定，一旦能够获取充分、适当的审计证据，又查明了重大错报具有广泛性，那么，注册会计师就不能再“退回去”发表保留意见，或者是无法表示意见，只能发表否定意见。

七、非无保留意见审计报告的格式和内容之三：无法表示意见

（一）无法表示意见审计报告的背景信息

1. 对非上市实体整套合并财务报表进行审计。该审计属于集团审计，被审计单位拥有多个子公司（即适用《中国注册会计师审计准则第 1401 号——对集团财务报表审计的特殊考虑》）。

2. 管理层按照企业会计准则编制合并财务报表。

3. 审计业务约定条款体现了《中国注册会计师审计准则第1111号——就审计业务约定条款达成一致意见》关于管理层对财务报表责任的描述。

4. 对合并财务报表的某个要素，注册会计师无法获取充分、适当的审计证据。在本例中，对一家合营企业的投资占该被审计单位净资产的比例超过50%，但注册会计师无法获取该合营企业财务信息的审计证据。无法获取充分、适当的审计证据对合并财务报表可能产生的影响被认为是重大的且具有广泛性（即无法表示意见是恰当的）。

5. 适用的相关职业道德要求为中国注册会计师职业道德守则；

6. 负责监督合并财务报表的人员与负责编制合并财务报表的人员不同；

7. 按照审计准则要求在注册会计师的责任部分作出更有限的表述；

8. 除合并财务报表审计外，按照法律法规的要求，注册会计师负有其他报告责任，且注册会计师决定在审计报告中履行其他报告责任。

（二）无法表示意见审计报告的一般格式

审计报告

ABC股份有限公司全体股东：

一、对合并财务报表审计的报告

（一）无法表示意见

我们接受委托，审计ABC股份有限公司及其子公司（以下简称集团）合并财务报表，包括20×6年12月31日的合并资产负债表，20×6年度的合并利润表、合并现金流量表、合并股东权益变动表以及合并财务报表附注。

我们不对后附的集团合并财务报表发表审计意见。由于“形成无法表示意见的基础”部分所述事项的重要性，我们无法获取充分、适当的审计证据以作为形成合并财务报表审计意见的基础。

（二）形成无法表示意见的基础

集团对合营企业XYZ公司的投资在该集团的合并资产负债表中金额为×元，占该集团20×6年12月31日净资产的50%以上。我们未被允许接触XYZ公司的管理层和注册会计师，包括XYZ公司注册会计师的审计工作底稿。因此，我们无法确定是否有必要对XYZ公司资产中集团共同控制的比例份额、XYZ公司负债中集团共同承担的比例份额、XYZ公司收入和费用中集团的比例份额，以及合并现金流量表和合并股东权益变动表中的要素作出调整。

（三）管理层和治理层对合并财务报表的责任

[按照《中国注册会计师审计准则第1501号——对财务报表形成审计意见和出具审计报告》的规定报告，见《中国注册会计师审计准则第1501号——对财务报表形成审计意见和出具审计报告》参考格式。]

（四）注册会计师对合并财务报表审计的责任

我们的责任是按照中国注册会计师审计准则的规定，对被审计单位合并财务报表执行审计工作，以出具审计报告。但由于“形成无法表示意见的基础”部分所述的事项，我们无法获取充分、适当的审计证据以作为发表审计意见的基础。

按照中国注册会计师职业道德守则，我们独立于集团，并履行了职业道德方面的其他责任。

二、对其他法律和监管要求的报告

[按照《中国注册会计师审计准则第 1501 号——对财务报表形成审计意见和出具审计报告》的规定报告，见《中国注册会计师审计准则第 1501 号——对财务报表形成审计意见和出具审计报告》参考格式。]

负责审计并出具审计报告的项目合伙人是[姓名]。

××会计师事务所　　　　　　　　中国注册会计师：×××
（盖章）　　　　　　　　　　　　（签名并盖章）
　　　　　　　　　　　　　　　　中国注册会计师：×××
　　　　　　　　　　　　　　　　（签名并盖章）
中国××市　　　　　　　　　　　二〇×七年二月二日

（三）其他情况下的无法表示意见审计报告

根据我国注册会计师审计准则，无法表示意见的成因有二：一是如果无法获取充分、适当的审计证据但认为未发现的错报（如存在）对财务报表可能产生的影响重大且具有广泛性；二是由于不确定事项之间可能存在相互影响，以及可能对财务报表产生累积影响。

上面的举例属于无法获取充分、适当的审计证据以形成审计意见的基础。但是，若属于第二个原因，即“不确定事项之间可能存在相互影响，以及可能对财务报表产生累积影响”，则审计报告应会在审计意见部分将这样的原因直接指出；再就是，在“形成无法表示意见的基础”部分，对引起的原因具体说明。

比如，若注册会计师对某非上市实体整套财务报表进行审计时（该审计不属于集团审计，即不适用《中国注册会计师审计准则第 1401 号——对集团财务报表审计的特殊考虑》），审计报告的背景信息说明：“对财务报表的多个要素，注册会计师无法获取充分、适当的审计证据。例如，对被审计单位的存货和应收账款，注册会计师无法获取审计证据，这一事项对财务报表可能产生的影响重大且具有广泛性。”

注册会计师在形成保留意见的基础部分应说明：“我们于 20×7 年 1 月接受公司的审计委托，因而未能对公司 20×6 年初金额为×元的存货和年末金额为×元的存货实施监盘程序。此外，我们也无法实施替代审计程序获取充分、适当的审计证据。并且，公司于 20×6 年 9 月采用新的应收账款电算化系统，由于存在系统缺陷导致应收账款出现大量错误。截至报告日，管理层仍在纠正系统缺陷并更正错误，我们也无法实施替代审计程序，以对截至 20×6 年 12 月 31 日的应收账款总额×元获取充分、适当的审计证据。因此，我们无法确定是否有必要对存货、应收账款以及财务报表其他项目作出调整，也无法确定应调整的金额。”

如同保留意见审计报告那样，在审计报告的其他方面，虽会有形成无法表示意见审计报告的各种原因，但是，其审计报告的格式和内容基本上是一致的。

（四）对无法表示意见审计报告的进一步说明

1. 发表无法表示意见审计报告时的措辞要求。当由于无法获取充分、适当的审计证据而发表无法表示意见时，注册会计师应当：（1）说明注册会计师不对后附的财务报表发表审计意见；（2）说明由于形成无法表示意见的基础部分所述事项的重要性，注册会计师无法获取充分、适当的审计证据以作为对财务报表发表审计意见的基础；（3）修改“对财务报表形成审计意见和出具审计报告”准则规定的财务报表已经审计的说明，改为注册会计师接受委托审计财务报表。

再就是，当由于无法获取充分、适当的审计证据而发表无法表示意见时，注册会计师应当修改注册会计师审计准则中对注册会计师责任的表述，并仅能包含如下内容：（1）说明注册会计师的责任是按照中国注册会计师审计准则的规定，对被审计单位财务报表执行审计工作，以出具审计报告；（2）但由于形成无法表示意见的基础部分所述的事项，注册会计师无法获取充分、适当的审计证据以作为发表审计意见的基础；（3）按照“对财务报表形成审计意见和出具审计报告”的相关规定，说明注册会计师在独立性和职业道德其他要求方面的责任。

2. 对发表无法表示意见审计报告条件的判断。仔细阅读我国注册会计师审计准则就会发现，在三类非无保留审计意见里，无法表示意见的审计报告的形成原因相对要多一些。我们还可以以列表的方式对其进行分析，见表14—3。

表14—3　　无法表示意见的形成原因分析

	被审计单位财务报表情况	注册会计师的矛盾和纠结	无法表示意见
1	如果无法获取充分、适当的审计证据以作为形成审计意见的基础	但认为未发现的错报（如存在）对财务报表可能产生的影响重大且具有广泛性	注册会计师应当发表无法表示意见
2	在极其特殊的情况下，可能存在多个不确定事项。尽管注册会计师对每个单独的不确定事项获取了充分、适当的审计证据，但由于不确定事项之间可能存在相互影响，以及可能对财务报表产生累积影响	注册会计师不可能对财务报表形成审计意见	在这种情况下，注册会计师应当发表无法表示意见
3	如果未发现的错报（如存在）可能对财务报表产生的影响重大且具有广泛性	以至于发表保留意见不足以反映情况的严重性，注册会计师应当在可行时解除业务约定（除非法律法规禁止）	如果出具审计报告前解除业务约定被禁止或不可行，应当发表无法表示意见

以此为基础，我们再来比较无法表示意见与保留意见、否定意见之间的关系。见表14—4和表14—5。

表14—4　　无法表示意见与保留意见审计报告的条件比较

	获取证据的程度	错报的状况	与广泛性的关系
保留意见	能够获取充分、适当的审计证据	错报单独或汇总起来	对财务报表影响重大，但不具有广泛性
无法表示意见	对每个单独的不确定事项获取充分、适当的审计证据，但不确定事项之间可能存在对财务报表的累积影响	注册会计师不可能对财务报表形成审计意见	不能对财务报表影响的广泛性进行判断
保留意见	无法获取充分、适当的审计证据形成审计意见的基础	认为未发现的错报（如存在）可能	对财务报表影响重大，但不具有广泛性
无法表示意见	无法获取充分、适当的审计证据形成审计意见的基础	认为未发现的错报（如存在）可能	对财务报表可能产生的影响重大且具有广泛性

表 14—5 无法表示意见与否定意见审计报告的条件比较

	获取证据的程度	错报的状况	与广泛性的关系
否定意见	能够获取充分、适当的审计证据作为审计意见的检查	无论是单个还是汇总起来	对财务报表影响重大，具有广泛性
无法表示意见	无法获取充分、适当的审计证据	对财务报表可能产生的影响	重大且具有广泛性
	或能够获取充分、适当的单个项目证据	不确定事项之间可能存在对财务报表的累积影响	不能对财务报表影响的广泛性进行判断

上述比较能够为我们对非无保留意见的情况进行较为明确的判断，是我们在学习过程中应明确的内容。

3. 需要发表无法表示意见审计报告的事项。简而言之，无法表示意见发表的原因是指审计范围受到非常严重的限制，所产生的影响非常重大和广泛。我们可根据上述的解释对无法表示意见审计报告的事项进行推断。比如，如果注册会计师要求被审计单位对某无法查核的事项出具声明书，但遭到了管理层的拒绝时；注册会计师对被审计单位较大数额的关联方交易的合理性存有疑虑但又无法获取必要的审计证据时；以及注册会计师发现了需要被审计单位予以调整的事项但被审计单位管理层拒绝调整时，注册会计师即应出具无法表示意见的审计报告。

第四节 带强调事项段或其他事项段的审计报告

一、带强调事项段或其他事项段及其目标

（一）强调事项段和其他事项段

强调事项段，是指审计报告中含有的一个段落，该段落提及已在财务报表中恰当列报或披露的事项，根据注册会计师的职业判断，该事项对财务报表使用者理解财务报表至关重要。

其他事项段，是指审计报告中含有的一个段落，该段落提及未在财务报表中列报或披露的事项，根据注册会计师的职业判断，该事项与财务报表使用者理解审计工作、注册会计师的责任或审计报告相关。

（二）注册会计师在审计报告中出具强调事项段或其他事项段的目标

注册会计师提供强调事项段和其他事项段的目标是，在对财务报表形成审计意见后，如果根据职业判断认为有必要在审计报告中增加强调事项段或其他事项段，通过明确提供补充信息的方式，提醒财务报表使用者关注下列事项：（1）尽管已在财务报表中恰当列报或披露，但对财务报表使用者理解财务报表至关重要的事项；（2）未在财务报表中列报或披露，但与财务报表使用者理解审计工作、注册会计师的责任或审计报告相关的其他事项。

二、审计报告中的强调事项段

（一）提供强调事项段的条件

注册会计师如果认为有必要提醒财务报表使用者关注已在财务报表中列报或披

露，且根据职业判断认为对财务报表使用者理解财务报表至关重要的事项，在同时满足下列条件时，应当在审计报告中增加强调事项段：（1）该事项不会导致注册会计师按照注册会计师审计准则中在审计报告中发表非无保留意见的规定发表非无保留意见；（2）当中国注册会计师审计准则在审计报告中沟通关键审计事项适用时，该事项未被确定为将要在审计报告中沟通的关键审计事项。

（二）注册会计师在提供强调事项段时应采取的措施

如果在审计报告中包含强调事项段，注册会计师应当采取下列措施：（1）将强调事项段作为单独的一部分置于审计报告中，并使用包含“强调事项”这一术语的适当标题；（2）明确提及被强调事项以及相关披露的位置，以便能够在财务报表中找到对该事项的详细描述，强调事项段应当仅提及已在财务报表中列报或披露的信息；（3）指出审计意见没有因该强调事项而改变。

（三）其他审计准则对强调事项段的具体要求

这是带强调事项段的特殊要求。即下列审计准则要求注册会计师在特定情况下在审计报告中包含强调事项段，但其规定并不影响准则的普遍适用性。

1. 被审计单位遵循有特殊性的财务报告编制基础。即注册会计师审计准则关于“就审计业务约定条款达成一致意见”中，关于“如果相关部门要求采用的财务报告编制基础不可接受，只有同时满足下列所有条件，注册会计师才能承接该项审计业务：（1）管理层同意在财务报表中作出额外披露，以避免财务报表产生误导；（2）在审计业务约定条款中明确，注册会计师按照中国注册会计师审计准则的规定，在审计报告中增加强调事项段，以提醒使用者关注额外披露”。该准则还指出：“注册会计师在对财务报表发表的审计意见中不使用“财务报表在所有重大方面按照［适用的财务报告编制基础］编制，公允反映了……”等措辞，除非法律法规另有规定”。我们都可从中看出，“在财务报表中作出额外披露”，即应为此处讨论的强调事项段。

2. 被审计单位存在因报表修改形成期后事项的影响时。即注册会计师审计准则“期后事项”中，关于“ 在有关法律法规或适用的财务报告编制基础未禁止的情况下，如果管理层对财务报表的修改仅限于反映导致修改的期后事项的影响，被审计单位的董事会、管理层或类似机构也仅对有关修改进行批准，注册会计师可以仅针对有关修改将一些相关的审计程序延伸至新的审计报告日”。在这种情况下，注册会计师应当选用下列处理方式之一：（1）修改审计报告，针对财务报表修改部分增加补充报告日期，从而表明注册会计师对期后事项实施的审计程序仅限于财务报表相关附注所述的修改；（2）出具新的或经修改的审计报告，在强调事项段或其他事项段中说明注册会计师对期后事项实施的审计程序仅限于财务报表相关附注所述的修改。再就是，“注册会计师应当在新的或经修改的审计报告中增加强调事项段或其他事项段，提醒财务报表使用者关注财务报表附注中有关修改原财务报表的详细原因和注册会计师提供的原审计报告”。

3. 被审计单位按照特殊目的编制基础编制财务报表时。即注册会计师审计准则“对按照特殊目的编制基础编制的财务报表审计的特殊考虑”中，关于“注册会计师对特殊目的财务报表出具的审计报告应当增加强调事项段，以提醒审计报告使用者关注财务报表按照特殊目的编制基础编制，因此，财务报表可能不适用于其他目的。注册会计师应当将强调事项段置于适当的标题下”的要求。

三、审计报告中的其他事项段

（一）提供其他事项段的条件

注册会计师如果认为有必要沟通虽然未在财务报表中列报或披露，但根据职业判断认为与财务报表使用者理解审计工作、注册会计师的责任或审计报告相关的事项，在同时满足下列条件时，注册会计师应当在审计报告中增加其他事项段：（1）未被法律法规禁止；（2）当注册会计师审计准则“在审计报告中沟通关键审计事项”适用时，该事项未被确定为将要在审计报告中沟通的关键审计事项。

（二）注册会计师在提供其他事项段时应采取的措施

如果在审计报告中包含其他事项段，注册会计师应当将该段落作为单独的一部分，并使用“其他事项”或其他适当标题。

（三）其他审计准则对其他事项段的具体要求

这也是带其他事项段的特殊要求。即下列审计准则要求注册会计师在特定情况下在审计报告中包含其他事项段，但其规定并不影响准则的普遍适用性。

1. 被审计单位存在因报表修改形成期后事项的影响时。此事项与上述带强调事项段的情况一致，可参看上面部分，此处略。

2. 被审计单位存在对应数据和比较财务报表时。即注册会计师审计准则“比较信息：对应数据和比较财务报表”中，关于“如果上期财务报表已由前任注册会计师审计，注册会计师在审计报告中可以提及前任注册会计师对对应数据出具的审计报告。当注册会计师决定提及时，应当在审计报告的其他事项段中说明：（1）上期财务报表已由前任注册会计师审计；（2）前任注册会计师发表的意见的类型（如果是非无保留意见，还应当说明发表非无保留意见的理由）；（3）前任注册会计师出具的审计报告的日期”。还有，“如果上期财务报表未经审计，注册会计师应当在审计报告的其他事项段中说明对应数据未经审计。但这种说明并不减轻注册会计师获取充分、适当的审计证据，以确定期初余额不含有对本期财务报表产生重大影响的错报的责任”。再就是，“当因本期审计而对上期财务报表发表审计意见时，如果对上期财务报表发表的意见与以前发表的意见不同，注册会计师应当按照‘在审计报告中增加强调事项段和其他事项段’准则的规定，在其他事项段中披露导致不同意见的实质性原因”。最后，“如果上期财务报表已由前任注册会计师审计，除非前任注册会计师对上期财务报表出具的审计报告与财务报表一同对外提供，注册会计师除对本期财务报表发表意见外，还应当在其他事项段中说明：（1）上期财务报表已由前任注册会计师审计；（2）前任注册会计师发表的意见的类型（如果是非无保留意见，还应当说明发表非无保留意见的理由）；（3）前任注册会计师出具的审计报告的日期”。这样的规定，都给其他意见段的使用指明了方向和方式。

四、带强调事项段或其他事项段审计报告的格式与内容

由于这样的审计报告较多地既有强调事项段，又包括其他事项段，因此此处先列示包括两种事项段的报告格式。

（一）背景信息

1. 对上市实体整套财务报表进行审计。该审计不属于集团审计（即不适用《中

国注册会计师审计准则第 1401 号——对集团财务报表审计的特殊考虑》)。

2. 管理层按照企业会计准则编制财务报表。

3. 审计业务约定条款体现了《中国注册会计师审计准则第 1111 号——就审计业务约定条款达成一致意见》关于管理层对财务报表责任的描述。

4. 基于获取的审计证据，注册会计师认为发表无保留意见是恰当的。

5. 适用的相关职业道德要求为中国注册会计师职业道德守则。

6. 基于获取的审计证据，根据《中国注册会计师审计准则第 1324 号——持续经营》，注册会计师认为可能导致对被审计单位持续经营能力产生重大疑虑的相关事项或情况不存在重大不确定性。

7. 在财务报表日至审计报告日之间，被审计单位的生产设备发生了火灾，被审计单位已将其作为期后事项披露。根据注册会计师的判断，该事项对财务报表使用者理解财务报表至关重要，但在当期财务报表审计中不是重点关注过的事项。

8. 已经按照《中国注册会计师审计准则第 1504 号——在审计报告中沟通关键审计事项》就关键审计事项进行了沟通。

9. 已列报对应数据，且上期财务报表已由前任注册会计师审计。法律法规不禁止注册会计师提及前任注册会计师对对应数据出具的审计报告，并且注册会计师已决定提及。

10. 负责监督财务报表的人员与负责编制财务报表的人员不同。

11. 除财务报表审计外，按照法律法规的要求，注册会计师负有其他报告责任，且注册会计师决定在审计报告中履行其他报告责任。

（二）带强调事项段或其他事项段无保留意见审计报告的格式

审计报告

ABC 股份有限公司全体股东：

一、对财务报表审计的报告

（一）审计意见

我们审计了 ABC 股份有限公司（以下简称公司）财务报表，包括 20×6 年 12 月 31 日的资产负债表，20×6 年度的利润表、现金流量表、股东权益变动表以及财务报表附注。

我们认为，后附的财务报表在所有重大方面按照企业会计准则的规定编制，公允反映了公司 20×6 年 12 月 31 日的财务状况以及 20×6 年度的经营成果和现金流量。

（二）形成审计意见的基础

我们按照中国注册会计师审计准则的规定执行了审计工作。审计报告的“注册会计师对财务报表审计的责任”部分进一步阐述了我们在这些准则下的责任。按照中国注册会计师职业道德守则，我们独立于公司，并履行了职业道德方面的其他责任。我们相信，我们获取的审计证据是充分、适当的，为发表审计意见提供了基础。

（三）强调事项

我们提醒财务报表使用者注意财务报表附注×，该附注描述了火灾对公司的生产设备造成的影响。本段内容不影响已发表的审计意见。

（四）关键审计事项

关键审计事项是根据我们的职业判断，认为对本期财务报表审计最为重要的事项。这些事项是在对财务报表整体进行审计并形成意见的背景下进行处理的，我们不对这些事项提供单独的意见。

[按照《中国注册会计师审计准则第 1504 号——在审计报告中沟通关键审计事项》的规定描述每一关键审计事项。]

（五）其他事项

20×5 年 12 月 31 日的资产负债表，20×5 年度的利润表、现金流量表、股东权益变动表以及财务报表附注由其他会计师事务所审计，并于 20×6 年 3 月 31 日发表了无保留意见。

（六）管理层及治理层对财务报表的责任

[按照《中国注册会计师审计准则第 1501 号——对财务报表形成审计意见和出具审计报告》的规定报告，见《中国注册会计师审计准则第 1501 号——对财务报表形成审计意见和出具审计报告》参考格式。]

（七）注册会计师对财务报表审计的责任

[按照《中国注册会计师审计准则第 1501 号——对财务报表形成审计意见和出具审计报告》的规定报告，见《中国注册会计师审计准则第 1501 号——对财务报表形成审计意见和出具审计报告》参考格式。]

二、对其他法律和监管要求的报告

[按照《中国注册会计师审计准则第 1501 号——对财务报表形成审计意见和出具审计报告》的规定报告，见《中国注册会计师审计准则第 1501 号——对财务报表形成审计意见和出具审计报告》参考格式。]

负责审计并出具审计报告的项目合伙人是［姓名］。

××会计师事务所　　　　　　　　中国注册会计师：×××

（盖章）　　　　　　　　　　　　（签名并盖章）

　　　　　　　　　　　　　　　　中国注册会计师：×××

　　　　　　　　　　　　　　　　（签名并盖章）

中国××市　　　　　　　　　　　二〇×七年二月二日

（三）带强调事项段或其他事项段审计报告的其他格式

在上述的格式中，我们应当注意到强调事项与其他事项在审计报告中的位置及其阐述的方式。但是当二者只居其一时，就会在保持各自位置的基础上形成完整的审计报告。

例如，如果上例中发生火灾的被审计单位出现由于偏离适用的财务报告编制基础的事项，致使注册会计师出具了保留意见审计报告，而在这时，注册会计师也可以以强调事项段来描述被审计单位发生火灾的问题。

作为注册会计师出具保留意见的事项，在审计报告中的“形成保留意见的基础”中解释为：“公司 20×6 年 12 月 31 日资产负债表中反映的交易性金融资产为×元，公司管理层对这些交易性金融资产未按照公允价值进行后续计量，而是按照其历史成本进行计量，这不符合企业会计准则的规定。如果按照公允价值进行后续计量，公司 20×6 年度利润表中公允价值变动损益将减少×元，20×6 年 12 月 31 日资产负债表中交易性金融资产将减少×元，相应地，所得税、净利润和股东权益将分别减少×元、×元和×元。”

但是，作为对补充内容的强调事项的披露，注册会计师在“强调事项——火灾的影响”中进行了专门说明，即“我们提醒财务报表使用者注意财务报表附注×，该附注描述了火灾对公司的生产设备造成的影响。本段内容不影响已发表的审计意见”。

（四）对带强调事项段或其他事项段审计报告的进一步说明

1. 与治理层的沟通。我国注册会计师审计准则规定，如果预期在审计报告中包含强调事项段或其他事项段，注册会计师应当就该预期和拟使用的措辞与治理层沟通。我们由此可知，与管理层的沟通是注册会计师发表带强调事项段和其他事项段审计报告时的必要程序。

2. 需要发布强调事项段审计报告的事项。按照注册会计师的一般说法：在特定情形下，强调事项段是必需的（例如，当对公司持续经营能力具有实质怀疑或公司改变会计原则时）；在其他方面，它包括在注册会计师自由裁量权中（例如，关于特殊诉讼的不确定性、关联方的重大交易或者不寻常的期后事项等）。

3. 需要发布其他事项段审计报告的事项。其他事项段需要说明的事项与财务报表使用者理解审计工作、注册会计师责任或审计报告相关。具体包括：（1）与使用者理解审计工作相关的情形；（2）与使用者理解注册会计师的责任或审计报告相关的情形；（3）对两套以上财务报表出具审计报告的情形；（4）限制审计报告分发和使用的情形。

4. 是否方便其他事项段与发表审计意见的类型没有关系。也就是即使发表了否定意见或无法表示意见，注册会计师也应当在导致非无保留意见的事项段中说明注意到的、将导致发表非无保留意见的所有其他事项及其影响。

5. 存在两个或更多的报告修改情况。审计报告可以出现两个或更多事项。例如，一个审计报告可以包括因为范围限制和与公认会计原则背离而修改。这种报告将包括对两种保留类型的适当的保留语句和修改事项基础。当有多项事项要求保留意见时，注册会计师应该考虑这些事项的累计影响。如果该影响涉及重要的和具有广泛性的已知错报，发表否定意见是适当的，而不是保留意见。当存在多项需要修改审计报告的事项时，单独的强调事项段和其他事项段通常针对每一个事项。例如，考虑一家处于极端薄弱财务状况下的公司的审计报告，并且公司财务报表包括重要的与企业会计准则的背离。审计报告可能包括强调事项，即描述对公司持续经营能力的实质怀疑；同时，也包括其他事项，即有关背离企业会计准则的修改意见。

第五节 审计报告的其他问题

一、其他问题包括的范围

本书在第二章解释过，以序号“15”为标记的审计准则为关于审计报告的准则，具体包括：《中国注册会计师审计准则第 1501 号——对财务报表形成审计意见和出具审计报告》《中国注册会计师审计准则第 1502 号——在审计报告中发表非无保留意见》《中国注册会计师审计准则第 1503 号——在审计报告中增加强调事项段和其他事项段》《中国注册会计师审计准则第 1504 号——在审计报告中沟通关键审计事项》《中国注册会计师审计准则第 1511 号——比较信息：对应数据和比较财务报表》和

《中国注册会计师审计准则第 1521 号——注册会计师对含有已审计财务报表的文件中的其他信息责任》。

客观地说，在这些审计准则中，前面三个，即“对财务报表形成审计意见和出具审计报告”“在审计报告中发表无保留意见”和“在审计报告中增加强调事项段和其他事项段”规范的事项范围广泛、重要，因此前面已经将这三个准则予以了透彻说明。着眼于此，此处再以“其他问题”的方式，对另外三个，即“在审计报告中沟通关键审计事项”“比较信息：对应数据和比较财务报表”和“注册会计师对含有已审计财务报表的文件中的其他信息责任”三个准则的内容以概述的方式予以阐释。

二、在审计报告中沟通关键审计事项

（一）关键审计事项及其目标、适应范围和重要意义

1. 关键审计事项，是指注册会计师根据职业判断认为对当期财务报表审计最为重要的事项。关键审计事项选自与治理层沟通的事项。

2. 注册会计师在这个方面的目标是，确定关键审计事项，并在对财务报表形成审计意见后，以在审计报告中描述关键审计事项的方式沟通这些事项。

3. 处理这样的事项适用于对上市实体整套通用目的财务报表进行审计，以及注册会计师决定在审计报告中沟通关键审计事项的其他情形。如果法律法规要求注册会计师在审计报告中沟通关键审计事项，此处也同样适用。

但应注意的是，在审计报告中沟通关键审计事项以注册会计师已就财务报表整体形成审计意见为背景，不能代替下列事项：（1）适用的财务报告编制基础要求管理层在财务报表中作出的披露，或为使财务报表实现公允反映而作出的披露（如适用）；（2）注册会计师按照我国注册会计师审计准则“在审计报告中发表非无保留意见”的规定，根据审计业务的具体情况发表非无保留意见；（3）当可能导致对被审计单位持续经营能力产生重大疑虑的事项或情况存在重大不确定性时，注册会计师按照“持续经营”的规定进行报告；（4）就单一事项单独发表的意见，比如，根据我国注册会计师审计准则“在审计报告中发表非无保留意见”，注册会计师在对财务报表发表无法表示意见时，不得沟通关键审计事项，除非法律法规要求沟通。

4. 沟通关键审计事项，旨在通过提高已执行审计工作的透明度来增加审计报告的沟通价值；能够为财务报表预期使用者提供额外的信息，以帮助其了解注册会计师根据职业判断认为对本期财务报表审计最为重要的事项；还能够帮助财务报表预期使用者了解被审计单位，以及已审计财务报表中涉及重大管理层判断的领域。除此之外，在审计报告中沟通关键审计事项，还能够为财务报表预期使用者就与被审计单位、已审计财务报表或已执行审计工作相关的事项进一步与管理层和治理层沟通提供基础。

（二）关键审计事项的确定

如何确定关键事项，是本部分首先要解决的问题。

按照我国注册会计师审计准则的要求，注册会计师应当从与治理层沟通的事项中确定在执行审计工作时重点关注过的事项。在确定时，注册会计师应当考虑下列方面：（1）按照我国注册会计师审计准则“通过了解被审计单位及其环境识别和评估重大错报风险”的规定，评估的重大错报风险较高的领域或识别出的特别风险；（2）与

财务报表中涉及重大管理层判断（包括被认为具有高度不确定性的会计估计）的领域相关的重大审计判断；（3）当期重大交易或事项对审计的影响。

注册会计师应当从根据“关键审计事项的沟通”准则中所述内容所确定的、在执行审计工作时重点关注过的事项中，确定哪些事项对当期财务报表审计最为重要，从而构成关键审计事项。

（三）关键审计事项的沟通

不言而喻，如何沟通关键事项，是本部分最为重要的内容。我国审计准则对这方面的事项有如下的规定：

1. 按照我国注册会计师审计准则的要求，注册会计师应当在审计报告中单设一部分，以“关键审计事项”为标题，并在该部分使用恰当的子标题逐项描述关键审计事项。该部分的引言应当同时说明下列事项：（1）关键审计事项是注册会计师根据职业判断，认为对当期财务报表审计最为重要的事项；（2）关键审计事项的处理是以对财务报表整体进行审计为背景的，注册会计师对财务报表整体形成审计意见，而不对关键审计事项单独发表意见。

2. 在审计报告的关键审计事项部分逐项描述关键审计事项时，注册会计师应当分别索引至财务报表的相关披露（如有），同时说明下列内容：（1）该事项被认定为审计中最为重要的事项之一，因而被确定为关键审计事项的原因；（2）该事项在审计中是如何应对的。除非存在下列情形之一，注册会计师应当在审计报告中逐项描述关键审计事项：（1）法律法规禁止公开披露某事项；（2）在极其罕见的情形下，如果合理预期在审计报告中沟通某事项造成的负面后果超过产生的公众利益方面的益处，注册会计师确定不应在审计报告中沟通该事项。如果被审计单位已公开披露与该事项有关的信息，则本项规定不适用。

3. 与此处所述相关的特殊要求是：如前所述及，如果某些事项导致注册会计师应当按照“在审计报告中发表非无保留意见”准则的规定发表非无保留意见，或者根据“持续经营”准则对被审计单位持续经营能力产生重大疑虑的事项或情况存在重大不确定性时，虽然这样的情况就其性质而言都属于关键审计事项，但是，注册会计师不得在审计报告的关键审计事项部分对这样的事项进行描述并沟通；而应当按照适用审计准则的规定报告这些事项，并在关键审计事项部分提及形成保留（否定）意见的基础部分或与持续经营有关的重大不确定性部分。

4. 当然，如果注册会计师根据被审计单位和审计业务的具体情况，确定不存在需要沟通的关键审计事项，或者仅有的需要沟通的关键审计事项没有超出相对应的反向事项，就应当在审计报告的“关键审计事项”部分对此进行说明。

（四）注册会计师与治理层的沟通

注册会计师应当就下列事项与治理层沟通：（1）注册会计师确定的关键审计事项；（2）根据被审计单位和审计业务的具体情况，注册会计师确定不存在需要在审计报告中沟通的关键审计事项（如适用）。

（五）与此相关的审计工作底稿

注册会计师应当在审计工作底稿中记录下列事项：（1）注册会计师根据审计准则的规定确定的在执行审计工作时重点关注过的事项，以及针对每一事项，根据准则要求是否将其确定为关键审计事项及其理由；（2）注册会计师确定不存在需要在审计报告中沟通的关键审计事项，或者仅有的需要沟通的关键审计事项的确定依据及该事项的理由（如适用）；（3）注册会计师确定不在审计报告中沟通某项关键审计事项的理由（如适用）。

三、比较信息：对应数据和比较财务报表

（一）比较信息及其审计

1. 比较信息的构成内容。比较信息，是指包含于财务报表中的、符合适用的财务报告编制基础的、与一个或多个以前期间相关的金额和披露。此处的比较信息包括两个概念，即对应数据和比较财务报表。

（1）对应数据。是指作为本期财务报表组成部分的上期金额和相关披露，这些金额和披露只能和与本期相关的金额和披露（称为“本期数据”）联系起来阅读。对应数据列报的详细程度主要取决于其与本期数据的相关程度。我们可从日常会计业务来理解这样的事项：每期的财务报表都有本期期初数据和本期期末数据，这样的数据就构成了对应数据。

（2）比较财务报表。是指为了与本期财务报表相比较而包含的上期金额和相关披露。比较财务报表包含信息的详细程度与本期财务报表包含信息的详细程度相似。如果上期金额和相关披露已经审计，则将在审计意见中提及。由此来看，比较财务报表是一个或多个以前期间的财务报表，包括与当期财务报表的对比。比较财务报表属于比较信息，它允许使用者识别公司在多个期间的财务状况和经营成果的差异和变化趋势，因此比单独一期的财务报表对投资人和债权人更有用。我们也可从社会经济活动的角度来理解：准备上市的公司在发表相关信息时，往往是发表“三年零一期”的报表数据，即要求公开上市公司包括过去三年的资产负债表和过去三年的利润表和现金流量表等。因此，审计报告要覆盖所有列报的报表。而这样的财务报表体系及构成也就构成了我们这里提及的比较财务报表。

2. 比较信息的审计。注册会计师的比较信息审计的目标是：（1）获取充分、适当的审计证据，确定在财务报表中包含的比较信息是否在所有重大方面按照适用的财务报告编制基础有关比较信息的要求进行列报；（2）按照注册会计师的报告责任出具审计报告。

由于存在对应数据和比较财务报表，相应地，注册会计师履行比较信息的报告责任有两种不同的方法。两种方法导致审计报告存在下列主要差异：（1）对于对应数据，审计意见仅提及本期；（2）对于比较财务报表，审计意见提及列报的财务报表所属的各期。中国注册会计师审计准则对每种方法分别提出不同的审计报告要求。采用的方法通常由法律法规规定，但也可能在业务约定条款中作出约定。

3. 比较信息的审计程序与内容。注册会计师首先应确定财务报表中是否包括适用的财务报告编制基础要求的比较信息，以及比较信息是否得到恰当分类。

基于上述目的，注册会计师应当评价：（1）比较信息是否与上期财务报表列报的金额和相关披露一致，如果必要，比较信息是否已经重述；（2）在比较信息中反映的会计政策是否与本期采用的会计政策一致，如果会计政策已发生变更，这些变更是否得到恰当处理并得到充分列报与披露。此处的重述，是指财务报表重述，即财务报表的重新表述，是指企业在发现并纠正前期财务报告的差错时，重新表述以前公布的财

务报告。

在实施本期审计时，如果注意到比较信息可能存在重大错报，注册会计师应当根据实际情况追加必要的审计程序，获取充分、适当的审计证据，以确定是否存在重大错报。如果上期财务报表已经审计，注册会计师还应当遵守注册会计师审计准则的相关规定进行相关了解，即如果上期财务报表已经得到更正，注册会计师应当确定比较信息与更正后的财务报表是否一致。除此之外，注册会计师还应当获取与审计意见中提及的所有期间相关的书面声明。对于管理层作出的更正上期财务报表中影响比较信息的重大错报的任何重述，注册会计师还应当获取特定书面声明。

（二）审计报告：对应数据及其审计报告

审计准则对对应数据的审计要求为，当财务报表中列报对应数据时，除出现下述情况外，审计意见不应提及对应数据：

1. 如果以前针对上期财务报表发表了保留意见、无法表示意见或否定意见，且导致非无保留意见的事项仍未解决，注册会计师应当对本期财务报表发表非无保留意见。

在审计报告的导致非无保留意见的事项段中，注册会计师应当分下列两种情况予以处理：(1) 如果未解决事项对本期数据的影响或可能的影响是重大的，注册会计师应当在导致非无保留意见事项段中同时提及本期数据和对应数据；(2) 如果未解决事项对本期数据的影响或可能的影响不重大，注册会计师应当说明，由于未解决事项对本期数据和对应数据之间可比性的影响或可能的影响，因此发表了非无保留意见。

2. 如果注册会计师已经获取上期财务报表存在重大错报的审计证据，而以前对该财务报表发表了无保留意见，且对应数据未经适当重述或恰当披露，注册会计师应当就包括在财务报表中的对应数据，在审计报告中对本期财务报表发表保留意见或否定意见。

3. 如果上期财务报表未经审计，注册会计师应当在审计报告的其他事项段中说明对应数据未经审计。但这种说明并不减轻注册会计师获取充分、适当的审计证据，以确定期初余额不含有对本期财务报表产生重大影响的错报的责任。

但是，如果上期财务报表已由前任注册会计师审计，注册会计师在审计报告中可以提及前任注册会计师对对应数据出具的审计报告。当注册会计师决定提及时，应当在审计报告的其他事项段中说明：(1) 上期财务报表已由前任注册会计师审计；(2) 前任注册会计师发表的意见的类型（如果是非无保留意见，还应当说明发表非无保留意见的理由）；(3) 前任注册会计师出具的审计报告的日期。

还应说明的是，如果有的情形是上期财务报表存在重大错报，注册会计师已经获得了可充分证明这一事实的证据，但是，上期的财务报表的审计意见是无保留意见。在这种情况下，注册会计师应当判断，此对应数据未得到适当重述或恰当表述，应该在本期财务报表的审计报告中，就包括在财务报表中的对应数据发表保留意见或否定意见。在本期的审计报告里，应当注明“导致保留意见（或否定意见）的事项”和“保留（或否定）意见”。注明的部分应包括：(1) 如果对应数据的编制不符合使用的财务报告编制基础的规定，虽影响重大，但不至于发表否定意见应当发表保留意见；(2) 如果对应数据的编制不符合适用的财务报告编制基础的规定，未能从整体上反映被审计单位的财务状况、经营成果和现金流量，应当发表否定意见。

还可能有一种情形，如果存在错报的上期财务报表尚未更正，也没有重新出具审计报告，但对应数据已在本期财务报表中得到适当重述或恰当披露。注册会计师在这种情况下可采用强调事项段的方式说明这一情况。

(三) 审计报告：含有比较财务报表的审计报告

1. 含有比较财务报表的审计报告的基本要求。当列报比较财务报表时，审计意见应当提及列报财务报表所属的各期，以及发表的审计意见涵盖的各期。当列报比较财务报表时，审计意见应当提及列报财务报表所属的各期，以及发表的审计意见涵盖的各期。

当因本期审计而对上期财务报表发表审计意见时，如果对上期财务报表发表的意见与以前发表的意见不同，注册会计师应当按照注册会计师审计准则的规定，在其他事项段中披露导致不同意见的实质性原因。

2. 涉及前任注册会计师时的处理要求。如果上期财务报表已由前任注册会计师审计，除非前任注册会计师对上期财务报表出具的审计报告与财务报表一同对外提供，注册会计师除对本期财务报表发表意见外，还应当在其他事项段中说明：(1) 上期财务报表已由前任注册会计师审计；(2) 前任注册会计师发表的意见的类型（如果是非无保留意见，还应当说明发表非无保留意见的理由）；(3) 前任注册会计师出具的审计报告的日期。

如果认为存在影响上期财务报表的重大错报，而前任注册会计师以前出具了无保留意见的审计报告，注册会计师应当就此与适当层级的管理层沟通，并要求其告知前任注册会计师。注册会计师还应当与治理层进行沟通，除非治理层全部成员参与管理被审计单位。如果上期财务报表已经更正，且前任注册会计师同意对更正后的上期财务报表出具新的审计报告，注册会计师应当仅对本期财务报表出具审计报告。

3. 初次进行审计时的处理要求。如果上期财务报表未经审计，注册会计师应当在其他事项段中说明比较财务报表未经审计。但这种说明并不减轻注册会计师获取充分、适当的审计证据，以确定期初余额不含有对本期财务报表产生重大影响的错报的责任。

4. 关于比较财务报表的报告。如前所述，许多公司列报当年财务报表的前一年或多年的比较财务报表。当客户公司列报了比较财务报表时，审计报告应该覆盖当年财务报表和那些以前期间已审计报表。

注册会计师可以对不同年度的财务报告发表不同的审计意见。此外，注册会计师应该更新他们所有前期列报的比较性目的的报告。更新报告意味着要么重新发表意见，要么取决于不同情形，修改原来发表的意见。对前期财务报表的不同意见可能是有保证的，因为出现了新的信息因此又导致注册会计师修改他们原来的意见。例如，客户可能修改以前发表的财务报表以更正与公认会计原则的背离，导致保留意见不再合适。

在某些情形下，当前注册会计师没有审计过以前期间的财务报告，因为那些报表要么没有经过审计，要么由前任注册会计师审计。如果比较性的前期财务报告没有经过审计，该事实应该在适用的财务报表中揭示，审计报告应该包括对那些报告无法表示意见。如果前期财务报表被前任注册会计师审计，当前（后任）注册会计师的意见将仅仅包括他们审计的期间。对于那些被前任注册会计师审计的报表，有两种报告选择。第一，前任注册会计师的报告可能会被他们重新发表，承载原来的日期。重新发表报告之前，前任注册会计师应该阅读期后的财务报表，将它们与前期财务报表比较，并且从管理层和实质上的后任注册会计师处获得声明书，表明他们没有意识到可能暗示财务报表不正确或不适当的信息。第二种报告选择是，使后任注册会计师参考前任注册会计师的报告，通过在当前注册会计师报告的其他事项段中揭示：(1) 前期报表由前任注册会计师审计；(2) 前任注册会计师发表的意见类型，如果是非标准审计意见，解释原因；(3) 任何包含在前任注册会计师报告中的强调事项段或其他事项段的性质；(4) 前任注册会计师报告的日期。

四、注册会计师对其他信息的责任

(一) 其他信息及相关概念

其他信息，是指在实体年度报告中包含的除财务报表和审计报告以外的财务信息和非财务信息。

其中的年度报告，是指管理层或治理层根据法律法规的规定或惯例，一般以年度为基础编写的、旨在向所有者（或类似的利益相关方）提供实体经营情况和财务业绩及财务状况（财务业绩及财务状况反映于财务报表）信息的一个文件或系列文件组合。一份年度报告包含或随附财务报表和审计报告，通常包括实体的发展，其未来前景、风险和不确定事项，治理层声明，以及包含治理事项的报告等信息。

与此相关的其他信息的错报，是指对其他信息作出不正确陈述或误导，包括遗漏或掩饰对恰当理解其他信息披露的事项必要的信息。

我们说，除了财务报表和其附注以外，大多数的年度报告包含了股东感兴趣的其他信息。这些信息可能包含在“管理层的讨论与分析（MD&A）”中，即管理层在向股东提供的年度报告中补充的内容。在该文件中，管理层主要针对已审计的财务报表，并解释财务报表构成项目在当年发生的重大变动。公司董事长的文件和分管各部门的副总裁的报告同样也是这种信息的来源，其中，有的信息是由财务数据构成的（如部门收入、每股盈余和长期负债）。

(二) 注册会计师的目标及获取、阅读其他信息

1. 注册会计师的目标。注册会计师的目标是，在阅读其他信息后：(1) 考虑其他信息和财务报表之间是否存在重大不一致；(2) 考虑其他信息和注册会计师在审计中了解到的情况之间是否存在重大不一致；(3) 当注册会计师识别出此类重大不一致似乎存在时，或者注册会计师知悉其他信息似乎存在重大错报时，予以恰当应对；(4) 根据审计准则的规定进行报告。

2. 获取其他信息。注册会计师应当：(1) 通过与管理层讨论，确定哪些文件组成年度报告，以及被审计单位计划公布这些文件的方式和时间安排；(2) 就及时获取组成年度报告的文件与管理层作出适当安排，如果可能，在审计报告日之前获取组成年度报告文件的最终版本；(3) 如果本条第 (1) 项中确定的部分或全部文件在审计报告日后才能取得，要求管理层提供书面声明，声明上述文件的最终版本将在可获取时并且在被审计单位公告前提供给注册会计师，以使注册会计师可以完成本准则要求的程序。

3. 阅读其他信息。注册会计师应当阅读其他信息：（1）考虑其他信息和财务报表之间是否存在重大不一致。作为考虑的基础，注册会计师应将其他信息中选定的金额和其他项目（这些金额或其他项目旨在与财务报表中的金额或其他项目相一致，或对其进行概括，或为其提供更详细的信息）与财务报表中的相应金额和其他项目进行比较，以评价其一致性。（2）在已获取审计证据和已得出审计结论的背景下，考虑其他信息与注册会计师在审计中了解到的情况是否存在重大不一致。应当说明的是，当注册会计师遵循审计准则的要求阅读其他信息时，应当对与财务报表或注册会计师在审计过程中了解到的情况不相关的其他信息中似乎存在重大错报的迹象保持警觉。

（三）重大不一致、重大错报及注册会计师的应对措施

1. 如果注册会计师识别出似乎存在重大不一致，或者知悉其他信息似乎存在重大错报，注册会计师应当与管理层讨论该事项，必要时执行其他程序以确定：（1）其他信息是否存在重大错报；（2）财务报表是否存在重大错报；（3）注册会计师对被审计单位及其环境的了解是否需要更新。

2. 如果注册会计师得出结论认为其他信息存在重大错报，应当要求管理层更正其他信息。如果管理层：（1）同意作出更正，注册会计师应当确定更正已经完成；（2）拒绝作出更正，注册会计师应当就该事项与治理层进行沟通，并要求作出更正。

3. 如果注册会计师得出结论认为审计报告日前获取的其他信息存在重大错报，且在与治理层沟通后其他信息仍未得到更正，注册会计师应当采取恰当措施，包括：（1）考虑对审计报告的影响，并与治理层沟通，注册会计师计划在审计报告中如何处理重大错报；（2）解除业务约定。

4. 如果注册会计师得出结论认为审计报告日后获取的其他信息存在重大错报，注册会计师应当：（1）如果其他信息得以更正，执行具体情形下的必要程序；（2）如果与治理层沟通后其他信息未得到更正，考虑注册会计师在法律上的权利和义务后采取恰当措施，提醒审计报告使用者恰当关注未更正的重大错报。

5. 如果财务报表存在重大错报或者注册会计师对被审计单位及其环境的了解需要更新，即如果注册会计师得出结论认为财务报表存在重大错报，或者注册会计师对被审计单位及其环境的了解需要更新，注册会计师应当根据其他审计准则作出恰当应对。

（四）其他信息的对外报告

1. 当审计报告日存在下列两种情况之一时，审计报告应当包括一个单独部分，以“其他信息”为标题：（1）对于上市实体财务报表的审计，注册会计师已获取或预期将获取其他信息；（2）对于上市实体以外其他被审计单位的财务报表审计，注册会计师已获取部分或全部其他信息。

2. 如果上述审计报告应当包含其他信息部分，该部分应当包括：（1）管理层对其他信息负责的说明。（2）指明：a. 审计报告日前注册会计师已获取的其他信息（如有）；b. 对于上市实体财务报表审计，审计报告日后预期将获取的其他信息（如有）。（3）说明注册会计师的意见未涵盖其他信息，因此，注册会计师对其他信息不发表（或将不发表）审计意见，或形成任何形式的鉴证结论。（4）描述注册会计师根据本准则的要求，对其他信息进行阅读、考虑、报告的责任。（5）如果审计报告日前已经获取其他信息，则：a. 说明注册会计师无任何事项需要报告；b. 如果注册会计师得出结论认为，其他信息存在未更正的重大错报，说明其他信息中的未更正重大错报。

3. 如果注册会计师根据我国注册会计师审计准则的规定发表保留或否定意见，注册会计师应当考虑引起非无保留意见的事项对上述其他信息说明的影响。

（五）审计工作底稿

针对其他信息的实际情况，为满足我国注册会计师审计准则的要求，注册会计师应当在审计工作底稿中包括：（1）记录按照该准则的规定执行的程序；（2）注册会计师按照该准则的规定执行工作所针对的其他信息的最终版本。

（六）对上述内容的解释说明

1. 注册会计师对此应有的态度。注册会计师的态度是，当含有已审计财务报表的文件中的其他信息可能损害财务报表和审计报告的可信性时，作出恰当的应对。注册会计师面对其他信息可能对财务报表造成的影响，应该阅读其他信息，以识别其是否与已审计财务报表存在重大不一致。在上市公司的特殊环境下，注册会计师应当与管理层或治理层作出适当安排，以便在审计报告日前获取其他信息。如果在审计报告日前无法获取所有其他信息，注册会计师应当在审计报告日后尽早阅读其他信息。

2. 对“重大不一致”的解释。此处的不一致，是指其他信息与已审计财务报表中的信息相矛盾。如果不一致的情况较为严重，成为了重大不一致，就有可能导致注册会计师对依据以前获取的审计证据得出的审计结论产生怀疑，甚至对形成审计意见的基础产生怀疑。就此而论，在阅读其他信息时，如果识别出重大不一致，注册会计师应当确定已审计财务报表或其他信息是否需要作出修改。

3. 在审计报告日之前对“重大不一致”的应对。如果在审计报告日前获取的其他信息中识别出重大不一致，并且需要对已审计财务报表作出修改，但管理层拒绝作出修改，注册会计师应当按照我国注册会计师审计准则的规定，在审计报告中发表非无保留意见。如果在审计报告日前获取的其他信息中识别出重大不一致，并且需要对其他信息作出修改，但管理层拒绝作出修改，除非治理层的所有成员参与管理被审计单位，注册会计师应当就该事项与治理层进行沟通。此外，注册会计师还应当采取下列措施之一：（1）按照“在审计报告中增加强调事项段和其他事项段”准则的规定，在审计报告中增加其他事项段，说明重大不一致；（2）拒绝提交审计报告；（3）解除业务约定。

4. 在审计报告日后对“重大不一致”的应对。如果在审计报告日后获取的其他信息中识别出重大不一致，并且需要对已审计财务报表作出修改，注册会计师应当遵守“期后事项”准则的规定处理。如果在审计报告日后获取的其他信息中识别出重大不一致，并且需要对其他信息作出修改，同时管理层同意修改，注册会计师应当根据具体情况实施必要的程序。如果在审计报告日后获取的其他信息中识别出重大不一致，并且需要对其他信息作出修改，但管理层拒绝作出修改，除非治理层的所有成员参与管理被审计单位，注册会计师应当将对其他信息的疑虑告知治理层，并采取适当的进一步措施。

5. 对事实的重大错报的应对。在阅读其他信息以识别重大不一致时，如果注意到明显的对事实的重大错报，注册会计师应当与管理层讨论该事项。

如果在讨论后仍认为存在明显的对事实的重大错报，注册会计师应当提请管理层咨询被审计单位的法律顾问等有资格的第三方意见。注册会计师应当考虑管理层收到的咨询意见。

如果认为在其他信息中存在对事实的重大错报，但管理层拒绝作出修改，除非治理层的所有成员参与管理被审计单位，注册会计师应当将对其他信息的疑虑告知治理层，并采取适当的进一步措施。

（七）审计报告的格式与内容

注册会计师在编写审计报告时，如果需要对其他信息的相关内容进行披露，一般是在"关键审计事项"下专设"其他信息"段，将与其他信息相关的情况予以说明。比如，若注册会计师对上市实体或非上市实体整套财务报表进行审计时，不需要披露其他信息，就在审计报告的专设位置上说明："管理层对其他信息负责。其他信息包括［公司报告中涵盖的信息，但不包括财务报表和我们的审计报告］。我们对财务报表的审计意见并不涵盖其他信息，我们也不对其他信息发表任何形式的鉴证结论。结合我们对财务报表的审计，我们的责任是阅读其他信息，在此过程中，考虑其他信息是否与财务报表或我们在审计过程中了解的情况存在重大不一致或者似乎存在重大错报。基于我们已经执行的工作，如果我们确定其他信息存在重大错报，我们必须报告该事实。在这方面，我们无可报告。"

或者是："当我们阅读报告后，如果我们确定存在重大错报，要求我们与治理层沟通该事项并采取（描述适用的措施）。"

思考题

1. 何为审计报告？包括哪几种意见类型？何为无保留意见审计报告？何为非无保留意见审计报告？它们之间的关系如何？各种非无保留意见审计报告之间的关系如何？

2. 注册会计师发表无保留意见审计报告目标何在？应当考虑些什么？应该做好哪些方面的工作？应该怎样处理与被审计单位管理层之间的关系？

3. 审计报告由哪些要素构成？各要素的具体内容怎样？应该使用什么样的措辞编写？应当注意哪些细微方面？

4. 出具标准审计报告的条件是什么？"财务报表的所有重大方面"的确切含义是什么？"公允反映"该怎样理解？

5. 出具非无保留意见审计报告的条件是什么？怎样理解"广泛性"在此的确切含义及其重要意义？

6. 保留意见、否定意见、无法表示意见各自的确立条件是什么？三种意见之间的相同与相异之处何在？它们之间的关系怎样？与标准无保留意见之间关系怎样？注册会计师面对非无保留意见应该做什么样的工作？

7. 何为带强调事项段和其他事项段的审计报告？注册会计师出具这种审计意见的目标是什么？在披露这两种类型的审计报告时，注册会计师应当注意的条件是什么？应采取什么样的措施？其他审计准则对这样的事项有何具体要求？

8. 与审计报告相关的其他问题涉及些什么？怎样考虑这类事项的重要性？

9. 何为关键审计事项？披露的目标是什么？怎样确定？怎样沟通？与什么人沟通？怎样形成审计工作底稿？

10. 何为比较信息？对其审计的目标是什么？审计的程序与内容是怎样的？遇到问题时该怎样处理？在审计报告中该怎样处理？

11. 何为其他信息？注册会计师对其他信息负有什么样的责任？注册会计师对此类业务的目标是什么？怎样对其进行获取与阅读？如果出现重大不一致、重大错报时该怎样应对？

练习题

1. 下述资料是兴华会计师事务所在实际业务中遇到的需要认真思考的案例事项。假设每一个案例中的金额都很重要。

（1）事务所的审计客户临江公司在一项关于商品偿债能力的诉讼中被控告了。在审计报告日，该事项的结果仍然不能确切地预计，估计判决的结果不乐观。

（2）事务所的另一客户丽星公司，与望茁公司是紧密的合营关系，丽星公司和望茁公司在本审计年度中进行了多项交易，其中有一些非常重要。对于所有交易来说，均在财务报表中恰当地反映以及在附注中充分地披露了，会计师表示满意。

（3）另一位审计客户利来公司，从事购买土地、修建购物中心以及在中心出租铺面业务。为了增加资本，公司将一部分资产出售后再租回。由于销售的价格大大超出了利来公司修建和改良这些资产的成本，大量的利润得到确认，并在财务报表中得到反映。

（4）201×年 11 月 30 日，事务所接受委托对万里股份公司的财务报表进行审计，该公司是汽车部件和零件的批发商。万里股份以前没有接受过审计，其会计年度截止日为 12 月 31 日，现在正计划在 12 月 30 日对存货进行一次完整的实地盘点，并同意向会计师提供此前一年年末存货实地盘点的所有资料。

要求：针对上面所述问题，在每一种情形下，简要说明作为注册会计师的你要发布的审计报告意见的类型和这样选择的原因。

2. 201×年 3 月 23 日，百源会计师事务所完成了对提供养老服务的仁厚医院（股份公司）年度审计的外勤工作，该医院处在靠近市区的山坳中，拥有 700 个床位和较好的医疗、健身设备。百源事务所对仁厚医院的审计是从上年开始的，即出具了该医院上年度财务报表的审计报告。在确定审计报告恰当的格式和措辞时，负责该审计事项的合伙人苏洁会计师考虑了以下因素：

（1）医院于本年度内变更了医疗保险偿还的会计记录方法，现在的方法是在核准而非在交付时确认偿还。这两种方法都符合公认会计原则，且医院同意了审计人员对于该变更做会计处理以及以恰当的附注披露的建议。

（2）在过去的惯例和公司政策的基础上，医院将本年度内特定的小型设备的开支资本化，而这些开支在上年是被费用化的。尽管对于仁厚医院的财务状况和经营来说，该项开支（273 000 元）是重要的，苏洁会计师并没有认为应当出具否定意见。

(3) 根据仁厚医院的外部法律顾问所述，该医院本年发生了一起较大的医疗事故，成了一项涉及1 000万元诉讼案的被告，该诉讼是由一位在医院住院时死亡的病人家属提起的。尽管最后的结果还没有确定，法律顾问认为无论何种判决结果都不会严重影响仁厚医院的财务和经营状况。

(4) 仁厚医院上年度财务报表的审计报告是一份标准的无保留意见报告。

要求：作为苏洁会计师助手的你，草拟出本年财务报表的审计报告。

3. 甲公司是ABC会计师事务所的常年审计客户，主要从事日用消费品的生产和销售。A注册会计师负责审计甲公司2011年度财务报表。2011年度甲公司财务报表整体重要性为税前利润的5%，即500万元。

资料一：A注册会计师在审计工作底稿中记录了所了解的甲公司情况及其环境，部分内容摘录如下：

(1) 2011年度，甲公司主要原材料价格有所上涨。为稳定采购价格，甲公司适当增加部分新供应商，供应商数量由2010年年末的40家增加到2011年年末的55家。经审核批准后，所有新增供应商的信息被输入采购系统的供应商信息主文档。以前年度审计中对与供应商数据维护相关的控制测试未发现控制缺陷。

(2) 2011年3月，甲公司向乙公司采购合同总价为1 000万元的原材料，原材料已入库。双方因原材料质量问题产生争议，甲公司未记录该笔采购交易。2011年11月，乙公司根据合同约定提出仲裁申请，要求甲公司全额支付货款并赔偿利息。截止到2011年12月31日，该案件仍在听证过程中。

(3) 2010年12月31日，甲公司采购的金额为800万元的原材料已入库，但因未收到供应商发票，未确认应付账款。A注册会计师在审计甲公司2010年度财务报表时，提出了相应的审计调整建议，甲公司予以采纳。

(4) 由于原材料和人工成本的上涨，甲公司产品的生产成本较上年同期平均上涨10%。甲公司在2011年3月全线提高产品销售价格。为保持市场占有率，甲公司在2011年度加大了促销活动力度。甲公司董事会批准的2011年度销售费用预算比2010年度实际销售费用增长15%。

(5) 甲公司举办的各类产品促销活动为期三个月到六个月。财务部根据市场部上报的经批准的促销活动预算按月预提促销费。甲公司的市场营销管理制度规定，市场部应当在每一项促销活动结束后一个月内统计该促销活动的实际支出，并办理核算手续，财务部据此补提或冲转预提费用。

(6) 甲公司内部审计部门2011年对甲公司各主要业务流程的控制执行了检查。内部审计报告指出，销售部门员工预支款长期挂账，未按公司规定定期结算，余额合计30万元。

(7) 甲公司自2011年1月1日起推行新的付款预算管理制度，规定各部门必须在每月20日之前提交下月付款预算，超出预算的付款申请必须由部门经理、财务总监和总经理批准。

资料二：A注册会计师在审计工作底稿中记录了所获取的甲公司的财务数据，部分内容摘录如下：

确定重要性的财务报表基数及计算比率取值范围　　单位：万元

项目	未审数 2011 年	已审数 2010 年
存货——原材料	8 400	7 700
应付账款		
——发票已收	5 000	4 500
——发票未收	200	800
预提费用——促销活动费	6 300	3 900
销售费用	15 000	12 000

资料三：A 注册会计师在审计工作底稿中记录了拟实施的控制测试和实质性程序，部分内容摘录如下：

（1）对于 2011 年度新增的供应商，检查相关的审核批准手续是否按规定执行。

（2）从 2011 年度应付账款——发票已收明细账贷方发生额中选取 60 笔采购交易，测试三单核对（订购单、入库验收单和供应商发票）控制的运行是否有效，并检查订购单是否得到适当的批准。

（3）获取 2011 年 12 月 31 日应付账款——发票未收账户明细清单，与相关订购单和入库验收单进行核对。

（4）获取 2011 年 12 月和 2012 年 1 月的原材料入库记录，抽样检查相关的应付账款是否计入正确的期间。

（5）获取期后销售费用明细账，检查是否存在与 2011 年度销售费用相关的调整事项。

（6）对 2011 年度按明细类别及按月列示的销售费用实施分析程序，评估销售费用的合理性，并调查异常情况。

（7）向甲公司的外部法律顾问发出法律意见询证函，询问诉讼、索赔及评估情况。

资料四：A 注册会计师在审计过程中发现，甲公司管理层将 2011 年度发生的材料采购运输费用直接计入当年营业成本，未纳入存货采购成本进行核算，导致 2011 年度营业成本高估 600 万元，2011 年 12 月 31 日的存货余额低估 600 万元。A 注册会计师提出审计调整建议，甲公司管理层拒绝作出调整。

要求：（1）针对资料一第（1）至（7）项，结合资料二，假定不考虑其他条件，逐项指出资料一所列事项是否可能表明存在重大错报风险。如果认为存在重大错报风险，简要说明理由，并说明该风险主要与哪些财务报表项目（仅限于存货、应付账款、预付款项、其他应收款、预提费用、营业成本和销售费用）的哪些认定相关。

（2）针对资料三第（1）至（7）项，假定不考虑其他条件，逐项指出审计程序与根据资料一（结合资料二）识别的重大错报风险是否直接相关。如果直接相关，指出对应的是识别的哪一项重大错报风险；如果不直接相关，指出该审计程序与哪个财务报表项目的哪一项认定最相关。

（3）针对资料四，假定不考虑其他条件，代 A 注册会计师判断应出具何种类型的审计报告，并续编审计报告。

（本题为中国注册会计师 2012 年考试题。）

第十五章 Chapter 15 注册会计师的其他相关业务

学习目标

1. 熟知按照我国注册会计师执业准则要求，注册会计师的其他相关业务包括的内容及其与国外相关事项的关系。

2. 熟知我国注册会计师财务报表审计的其他业务的各项具体内容，熟练掌握在执行这类业务时的审计目标、承接业务时应考虑的内容、出具审计意见或报告时应考虑的内容，以及相关的其他工作。

3. 熟知注册会计师基于审计工作的其他服务包括的内容、这样的业务具有的特殊之处，以及在实施审计业务时的需注意之处。

4. 熟知基于一般企业会计准则的附加业务审计包括的内容、这样的业务具有的特殊之处，以及在实施审计业务时的需注意之处。

5. 理解按照国际企业财务报告准则编制的财务报表的审计业务，能够结合国外现在的已有业务对我国类似的相关情况进行分析和判断。

6. 理解注册会计师提供的其他保证服务包括的特殊内容，能够结合国外现在的已有业务对我国类似的相关情况进行分析和判断。

第一节　注册会计师其他业务的范围

一、国外注册会计师的其他业务

从国外的情况来看，除财务报表审计之外，注册会计师还从事很多其他类型的业务。比如，美国注册会计师的业务就有：（1）基于审计服务的对附加信息的保证，如关于与已审财务报表相关的契约协议或者监管要求的合规性报告、致证券承销商函、财务报表概要；（2）按照非一般公认会计原则（GAAP）的财务报告框架编制的财务报表的审计，如按照特殊财务报告框架编制的财务报表的审计，根据其他国家一般公认财务报告框架编制的财务报表；（3）基于一般公认审计准则（GAAS）的附加业务审计，如单一财务报表以及财务报表的特定组成部分、账户或项目，个人财务报表的审计；（4）历史财务报表的复核，非上市公司的复核服务，遵循 PCAOB 和 FASB 对中期信息进行的复核业务；（5）其他，如有关内部控制报告、预测财务信息、合规性验证报告等。

二、我国注册会计师准则中的其他业务

我国注册会计师审计准则从编号序号“15”之后的准则为非财务报表审计业务的规范，这样的准则以编号序号“16”以及“21”以上，如“31”“41”等为标记（此处包括我国曾经发布过的注册会计师审计准则）。具体包括：

1. 以“16”为序号首码的准则，即鉴证业务准则中非财务报表鉴证业务的审计准则：《中国注册会计师审计准则第 1601 号——对按照特殊目的编制基础编制的财务报表审计的特殊考虑》《中国注册会计师审计准则第 1602 号——验资》《中国注册会计师审计准则第 1603 号——对单一财务报表和财务报表特定要素审计的特殊考虑》《中国注册会计师审计准则第 1604 号——对简要财务报表出具报告的业务》《中国注册会计师审计准则第 1611 号——商业银行财务报表审计》《中国注册会计师审计准则第 1612 号——银行间函证程序》《中国注册会计师审计准则第 1613 号——与银行监管机构的关系》《中国注册会计师审计准则第 1631 号——财务报表审计中对环境事项的考虑》《中国注册会计师审计准则第 1632 号——衍生金融工具的审计》《中国注册会计师审计准则第 1633 号——电子商务对财务报表审计的影响》。

2. 以“16”以后的数码为序号首码的准则，即其他审核业务的审计准则：《中国注册会计师审阅准则第 2101 号——财务报表审阅》《中国注册会计师其他鉴证业务准则第 3101 号——历史财务信息审计或审阅以外的鉴证业务》《中国注册会计师其他鉴证业务准则第 3111 号——预测性财务信息的审核》《中国注册会计师相关服务准则第 4101 号——对财务信息执行商定程序》《中国注册会计师相关服务准则第 4111 号——代编财务信息》。

与前文所述的国外注册会计师的其他业务比较，这些准则规范的内容有很多相通之处。这就为我们合理安排本部分的内容提供了依据和思路。

三、本章的设想和安排

以上述的我国注册会计师审计准则为依据，我们在编写本章时又考虑了各准则近期的修改状况，准备将前段时期修改过的三个准则，即《中国注册会计师审计准则第 1601 号——对按照特殊目的编制基础编制的财务报表审计的特殊考虑》《中国注册会计师审计准则第 1603 号——对单一财务报表和财务报表特定要素审计的特殊考虑》和《中国注册会计师审计准则第 1604 号——对简要财务报表出具报告的业务》，按照修改后的情况进行概述；省略专业特征强的相关金融专业的审计业务；对我国曾经发布过审计准则但近期未予再发布的审计业务，结合国外（主要是美国）的情况予以说明。

第二节　我国注册会计师财务报表审计的其他业务

《中国注册会计师审计准则第 1601 号——对按照特殊目的编制基础编制的财务报表审计的特殊考虑》《中国注册会计师审计准则第 1603 号——对单一财务报表和财务

报表特定要素审计的特殊考虑》《中国注册会计师审计准则第1604号——对简要财务报表出具报告的业务》3个准则规范的业务，应属于本章所述的财务报表审计的其他业务。

一、对按照特殊目的编制基础编制的财务报表审计的特殊考虑

（一）特殊目的的财务报表、编制基础

特殊目的的财务报表，是指按照特殊目的的编制基础编制的财务报表。

特殊目的的编制基础，是指用以满足财务报表特定使用者财务信息需求的财务报告编制基础。特殊目的的编制基础包括公允列报编制基础和遵循性编制基础。

公允列报编制基础，是指要求管理层和治理层（如适用）遵守其规定并包含下列内容之一的财务报告编制基础：（1）明确或隐含地认可，为了实现财务报表的公允列报，管理层和治理层（如适用）可能有必要提供除编制基础具体要求之外的其他披露；（2）明确地认可，为了实现财务报表的公允列报，在极其特殊的情况下，管理层和治理层（如适用）可能有必要偏离编制基础的某项要求。

遵循性编制基础，是指要求管理层和治理层（如适用）遵守其规定的财务报告编制基础，但不包含上面两条中的任何内容。

此处所称财务报表，是指整套特殊目的的财务报表，包括相关附注。相关附注通常包含重要会计政策概要和其他解释性信息。适用的财务报告编制基础的规定决定了财务报表的形式和内容，以及整套财务报表的构成。

（二）注册会计师的目标

注册会计师的目标是，在运用审计准则执行特殊目的的财务报表审计时，恰当处理与下列方面相关的特殊考虑：（1）业务的承接；（2）业务的计划和执行；（3）对财务报表形成审计意见并出具审计报告。

（三）承接特殊目的的财务报表业务时的考虑

注册会计师应当按照《中国注册会计师审计准则第1111号——就审计业务约定条款达成一致意见》的规定，确定管理层编制财务报表时采用的财务报告编制基础的可接受性。

在特殊目的的财务报表审计中，注册会计师应当了解下列方面：（1）财务报表的编制目的；（2）财务报表预期使用者；（3）管理层为确定财务报告编制基础在具体情况下的可接受性所采取的措施。

（四）计划和执行特殊目的的财务报表审计工作时的考虑

注册会计师应当按照《中国注册会计师审计准则第1101号——注册会计师的总体目标和审计工作的基本要求》的规定，遵守与审计相关的所有审计准则。在计划和执行特殊目的的财务报表审计工作时，注册会计师应当确定在运用这些审计准则时是否需要根据业务的具体情况作出特殊考虑。

注册会计师应当按照《中国注册会计师审计准则第1211号——通过了解被审计单位及其环境识别和评估重大错报风险》的规定，了解被审计单位会计政策选择和运用的情况。在财务报表按照合同条款编制的情况下，注册会计师应当了解被审计单位管理层在编制财务报表时对合同作出的所有重要解释。如果采用其他合理解

释将导致财务报表中列报的信息产生重大差异，则管理层对合同作出的解释就是重要的。

（五）形成特殊目的财务报表审计意见和出具报告时的考虑

当对特殊目的财务报表形成审计意见并出具报告时，注册会计师应当遵守《中国注册会计师审计准则第 1501 号——对财务报表形成审计意见和出具审计报告》的规定，评价财务报表是否恰当提及或说明适用的财务报告编制基础。在财务报表按照合同条款编制的情况下，注册会计师应当评价财务报表是否恰当说明对财务报表编制所依据的合同作出的所有重要解释。

《中国注册会计师审计准则第 1501 号——对财务报表形成审计意见和出具审计报告》规定了审计报告的格式和内容。对于特殊目的财务报表审计，审计报告的内容还应当包括：（1）说明财务报表的编制目的，并在必要时说明财务报表预期使用者，或者提及含有这些信息的特殊目的财务报表附注；（2）如果管理层在编制特殊目的财务报表时可以选择财务报告编制基础，在说明管理层对财务报表的责任时，提及管理层负责确定适用的财务报告编制基础在具体情况下的可接受性。

注册会计师对特殊目的财务报表出具的审计报告应当增加强调事项段，以提醒审计报告使用者关注财务报表按照特殊目的编制基础编制，因此，财务报表可能不适用于其他目的。注册会计师应当将强调事项段置于适当的标题下。

二、对单一财务报表和财务报表特定要素审计的特殊考虑

（一）单一财务报表和财务报表特定要素

财务报表特定要素（即特定要素），是指财务报表特定的要素、账户或项目。

单一财务报表或财务报表特定要素包括相关附注。相关附注通常包含重要会计政策概要以及与财务报表或要素相关的其他解释性信息。

在这样的审计中，注册会计师的目标是，在运用审计准则执行单一财务报表和财务报表特定要素的审计时，恰当处理与下列方面相关的特殊考虑：（1）业务的承接；（2）业务的计划和执行；（3）对单一财务报表和财务报表特定要素形成审计意见并出具审计报告。

（二）承接业务时的考虑

1. 在单一财务报表或财务报表特定要素审计中，无论注册会计师是否同时接受委托审计整套财务报表，都应当遵守与审计工作相关的所有审计准则；如果没有同时接受委托审计整套财务报表，注册会计师应当确定按照审计准则对单一财务报表或财务报表特定要素进行审计是否可行。

2. 在单一财务报表或财务报表特定要素审计中，注册会计师还应考虑所有准则提及的要求，包括确定采用财务报告编制基础的可接受性，及其是否能够提供充分的披露或列报，按照“就审计业务约定条款达成一致意见”准则处理业务，以使财务报表预期使用者能够理解单一财务报表或财务报表特定要素所传递的信息，以及重大交易和事项对单一财务报表或财务报表特定要素所传递的信息的影响。

3. 在单一财务报表或财务报表特定要素审计中，注册会计师应当遵照“就审计业务约定条款达成一致意见”准则的要求，考虑拟出具审计报告的预期形式是否适合

具体情况。

（三）计划和执行审计工作时的考虑

《中国注册会计师审计准则第 1101 号——注册会计师的总体目标和审计工作的基本要求》指出，审计准则适用于注册会计师执行财务报表审计业务。当执行其他历史财务信息审计业务时，注册会计师可以根据具体情况遵守适用的相关审计准则，以满足此类业务的要求。

在计划和执行单一财务报表或财务报表特定要素的审计工作时，注册会计师应当根据业务的具体情况，遵守与审计工作相关的所有审计准则。

（四）形成审计意见和出具审计报告时的考虑

1. 当对单一财务报表或财务报表特定要素形成审计意见和出具审计报告时，注册会计师应当根据业务的具体情况，遵守《中国注册会计师审计准则第 1501 号——对财务报表形成审计意见和出具审计报告》的相关规定。

2. 如果接受业务委托对单一财务报表或财务报表特定要素出具审计报告，并同时接受业务委托对整套财务报表进行审计，注册会计师应当针对每项业务分别发表审计意见。

3. 已审计的单一财务报表或财务报表特定要素可能连同已审计的整套财务报表一同公布。如果注册会计师认为管理层对单一财务报表或财务报表特定要素的列报与整套财务报表没有作出清楚的区分，注册会计师应当要求管理层纠正这种情况。

4. 如果认为有必要对整套财务报表整体发表否定意见或无法表示意见，按照《中国注册会计师审计准则第 1502 号——在审计报告中发表非无保留意见》的规定，注册会计师不应在同一审计报告中对构成整套财务报表组成部分的单一财务报表或财务报表特定要素发表无保留意见。即在同一审计报告中包含的无保留意见，将与对整套财务报表整体发表的否定意见或无法表示意见相矛盾。

5. 如果注册会计师认为有必要对整套财务报表整体发表否定意见或无法表示意见，但又对该整套财务报表中的特定要素单独审计，只有在同时满足下列条件时，注册会计师才可以认为对特定要素发表无保留意见是适当的：（1）法律法规并未禁止注册会计师对该特定要素发表无保留意见；（2）注册会计师对特定要素出具的无保留意见审计报告，并不与包含否定意见或无法表示意见的审计报告一同公布；（3）特定要素并不构成整套财务报表的主要部分。

6. 如果对整套财务报表出具非无保留意见的审计报告，或出具包含强调事项段或其他事项段的审计报告，注册会计师应确定对单一财务报表或财务报表特定要素出具的审计报告可能因此受到的影响。相应地，如果认为适当，注册会计师应对单一财务报表或财务报表特定要素出具非无保留意见的审计报告，或者出具包含强调事项段或其他事项段的审计报告。

7. 如果已对整套财务报表整体发表否定意见或无法表示意见，注册会计师不应对整套财务报表中的单一财务报表发表无保留意见。即使注册会计师对单一财务报表出具的审计报告并不与包含否定意见或无法表示意见的审计报告一同公布，注册会计师也不应对整套财务报表中的单一财务报表发表无保留意见。这是因为单一财务报表被视为构成整套财务报表整体的主要部分。

注册会计师除要遵守上述4和5之外，还应当将对单一财务报表或财务报表特定要素发表的审计意见与对整套财务报表发表的审计意见予以区分；只有认为管理层进行了清楚的区分，注册会计师才应当对单一财务报表或财务报表特定要素发表审计意见，并出具审计报告。

三、对简要财务报表出具报告的业务

（一）简要财务报表的定义和注册会计师的目标

简要财务报表，是指来源于财务报表但详细程度低于财务报表的历史财务信息。简要财务报表对被审计单位某一特定日期的经济资源或义务或某一会计期间的经济资源或义务变化情况提供了与财务报表一致的结构性表述。

此处已审计财务报表，是指注册会计师按照审计准则的规定审计的财务报表，是简要财务报表的编制来源。

此处采用的标准，则是指管理层在编制简要财务报表时采用的标准。

注册会计师在这种业务中的目标是：（1）确定承接对简要财务报表出具报告的业务是否适当；（2）如果承接该项业务，在评价根据审计证据得出的结论的基础上对简要财务报表形成审计意见，并通过书面报告的形式清楚地表达审计意见，说明其形成基础。

（二）业务承接的要求

1. 只有当注册会计师已接受业务委托按照审计准则的规定执行财务报表审计，并且财务报表构成简要财务报表的来源时，才可以按照本准则的规定承接对简要财务报表出具报告的业务。

2. 在承接对简要财务报表出具报告的业务之前，注册会计师应当：（1）确定采用的标准是否可接受，即被审计单位应按照采用的标准编制简要财务报表；（2）就管理层认可并理解其责任与管理层达成一致意见，即使简要财务报表的预期使用者能够比较方便地获取已审计财务报表（如果法律法规规定，已审计财务报表无须提供给简要财务报表的预期使用者，并且为编制简要财务报表制定了标准，在简要财务报表中说明法律法规的相关规定）；（3）与管理层就拟对简要财务报表发表意见的形式达成一致意见，即在含有简要财务报表并指明注册会计师已对其出具报告的所有文件中，包括注册会计师对简要财务报表出具审计报告。

3. 如果认为管理层采用的标准不可接受或未能按照上面所述的（2）的要求就管理层认可并理解其责任与管理层达成一致意见，注册会计师不应承接对简要财务报表出具报告的业务，除非法律法规另有规定。如果法律法规要求注册会计师承接该业务，由于业务的执行不符合本准则的规定，注册会计师对简要财务报表出具的审计报告不应指出已按照本准则的规定执行了该业务。注册会计师应当在审计业务约定条款中适当提及这一情况。注册会计师还应当确定这一情况对作为简要财务报表来源的财务报表审计业务可能产生的影响。

（三）审计程序的性质

注册会计师应当实施下列程序及其可能认为必要的其他程序，作为对简要财务报表形成审计意见的基础：（1）评价简要财务报表是否充分披露其简化的性质，并指出作为其来源的已审计财务报表；（2）当简要财务报表未与已审计财务报表附在一起时，评价简要财务报表是否清楚地说明已审计财务报表的获取渠道；如果法律法规规定已审计财务报表无须提供给简要财务报表的预期使用者，并且为编制简要财务报表制定了标准，评价简要财务报表是否清楚地说明了相关法律法规；(3) 评价简要财务报表是否充分披露了采用的标准；(4) 将简要财务报表与已审计财务报表中的相关信息进行比较，以确定两者是否一致，或能否依据已审计财务报表中的相关信息重新计算得出简要财务报表；(5) 评价简要财务报表是否按照采用的标准编制；(6) 根据简要财务报表的目的，评价简要财务报表是否包含必要的信息，并在适当的层次进行汇总，以使其在具体情况下不产生误导；(7) 评价简要财务报表的预期使用者能否比较方便地获取已审计财务报表，除非法律法规规定已审计财务报表无须提供给简要财务报表的预期使用者，并且为编制简要财务报表制定了标准。

(四) 审计意见的形式

1. 如果认为对简要财务报表发表无保留意见是恰当的，除非法律法规另有规定，注册会计师应当使用下列措辞之一：(1) 按照［×标准］(具体指出采用的标准)，简要财务报表在所有重大方面与已审计财务报表保持了一致；(2) 按照［×标准］(具体指出采用的标准)，简要财务报表公允概括了已审计财务报表。

2. 如果法律法规规定了对简要财务报表发表意见的措辞，并且与《中国注册会计师审计准则第 1604 号——对简要财务报表出具报告的业务》第十一条规定的措辞存在差异，注册会计师应当实施下列程序：(1) 按照本准则第十条规定实施程序及其他必要的进一步程序，以使注册会计师能够发表符合规定的意见；(2) 评价简要财务报表的使用者是否可能误解注册会计师对简要财务报表发表的审计意见；如果可能出现误解，评价对简要财务报表出具的审计报告中的补充解释能否减轻可能出现的误解。

3. 在 2 所述的情况下，如果认为对简要财务报表出具的审计报告中的补充解释不能减轻可能出现的误解，注册会计师不应承接该业务，除非法律法规另有规定。如果法律法规要求注册会计师承接该业务，由于业务的执行不符合本准则的规定，注册会计师在对简要财务报表出具的审计报告中不应指出已按照本准则的规定执行了该业务。

(五) 审计工作的时间安排和期后事项

简要财务报表的审计报告日可能迟于已审计财务报表的审计报告日。在这种情况下，对简要财务报表出具的审计报告应当说明，简要财务报表和已审计财务报表均未反映在已审计财务报表的审计报告日后发生的、可能需要在已审计财务报表中进行调整或披露的事项的影响。注册会计师可能知悉在已审计财务报表的审计报告日已经存在但以前并不知悉的事实。在这种情况下，注册会计师只有在按照“期后事项”准则的规定，考虑了与已审计财务报表相关的这些事实后，才应当对简要财务报表出具审计报告。

(六) 对简要财务报表出具的审计报告

在对简要财务报告的范围及其与已审计财务报表关系界定清楚后，严格按照审计报告的一般格式，专门报告简要财务报告范围内的事项。以清晰的范围为基础，注册会计师按照一般财务报表审计的报告形式提出建议财务报表的审计报告。审计报告的具体格式略。

（七）对审计报告分发或使用的限制或提醒阅读者关注编制基础

如果对已审计财务报表出具的审计报告存在分发或使用的限制，或对已审计财务报表出具的审计报告提醒财务报表使用者关注已审计财务报表按照特殊目的编制基础编制，注册会计师应当在对简要财务报表出具的审计报告中包含相同的限制或提醒说明。

（八）比较信息

如果已审计财务报表包含比较信息而简要财务报表未包含，注册会计师应当根据业务的具体情况确定这种省略是否合理。注册会计师应当确定不合理的省略对针对简要财务报表出具的审计报告的影响。

如果简要财务报表包含已由其他注册会计师出具审计报告的比较信息，对简要财务报表出具的审计报告还应当包含《中国注册会计师审计准则第 1511 号——比较信息：对应数据和比较财务报表》要求注册会计师在对已审计财务报表出具的审计报告中包含的事项。

（九）与简要财务报表一同列报的未审计的补充信息

注册会计师应当评价与简要财务报表一同列报的未审计补充信息是否清楚地与简要财务报表予以区分。如果认为被审计单位未清楚地将未审计的补充信息与简要财务报表予以区分，注册会计师应当要求管理层改变对未审计的补充信息的列报方式。如果管理层拒绝改变，注册会计师应当在对简要财务报表出具的审计报告中说明本报告未涵盖该补充信息。

（十）含有简要财务报表的文件中的其他信息

注册会计师应当阅读在含有简要财务报表及其审计报告的文件中的其他信息，以识别其是否与简要财务报表存在重大不一致。如果在阅读其他信息时识别出重大不一致，注册会计师应当确定简要财务报表或其他信息是否需要作出修改。如果在阅读其他信息时注意到明显的对事实的重大错报，注册会计师应当就此与管理层进行讨论。

（十一）与注册会计师相关联

如果注意到被审计单位计划在含有简要财务报表的文件中说明注册会计师已对简要财务报表出具报告，但被审计单位并未计划在文件中包含该报告，注册会计师应要求管理层将该报告包含在文件中。如果管理层拒绝，注册会计师应确定并采取其他适当的措施，以防止管理层在文件中将注册会计师与简要财务报表不适当地相关联。

注册会计师可能接受委托对被审计单位的财务报表出具报告，但未接受委托对简要财务报表出具报告。在这种情况下，如果注意到被审计单位计划在含有简要财务报表的文件中作出说明，包括提及注册会计师和简要财务报表来源于已审计财务报表，注册会计师应当确信：（1）仅在提及对已审计财务报表出具的审计报告时，提及注册会计师；（2）作出的说明不会导致简要财务报表的使用者产生注册会计师已对简要财务报表出具报告的误解。

如果注册会计师不能确信上述的（1）和（2）项所述事项，可以选择的方法包括：（1）注册会计师应当要求管理层修改作出的说明以符合前款的规定，或在文件中不提及注册会计师；（2）被审计单位可以委托注册会计师对简要财务报表出具报告，并将相关报告包含在文件中。但如果管理层不修改作出的说明，拒绝删除提及注册会计师的表述，或者拒绝在含有简要财务报表的文件中包含对简要财务报表出具的审计报告，注册会计师应当告知管理层不同意提及注册会计师，并确定和采取其他适当措施，以防止管理层不恰当地提及注册会计师。

第三节　注册会计师基于审计的其他服务

国外注册会计师执行的较多的非财务报表审计业务很多是通过把财务报表审计作为出发点而为附加信息提供保证的业务。具体来说，注册会计师为一个单位提供财务报表审计服务之后，有时会被要求以财务报表的审计结果为出发点，对附加的鉴证对象提供保证。这时注册会计师提供的服务主要有以下几种情形，即在这些情况下需要执行审计并且注册会计师被聘：（1）报告对合约或监管要求的遵循情况；（2）出具致证券承销商函；（3）报告简要财务信息；（4）对非上市公司财务报表的复核与代编业务。

一、报告对合约或者监管要求的遵循情况

从国外的情况来看，对企业的监管要求或者债务合约经常要求公司提供独立注册会计师出具的合规性报告。这类报告的一个常见例子是为债券委员会出具的用于证明公司已遵守债务合约中的限制条款的报告。在这样的业务里，注册会计师要对客户是否已经遵守了关于保持某种财务比率的合约规定及关于股利支付的限制条款提供消极保证。

美国与此相关的职业标准指出，要提供这项服务，注册会计师必须首先已经执行了相关财务报表的审计，同时使用的程序必须遵从财务报表审计时使用的审计程序（AICPA AU 806；PCAOB 623）。对于这项服务提供的保证，注册会计师要么与财务报表一起在审计报告中进行报告，要么单独形成一个报告。若出具单独的报告，那么需包括总结财务报表审计报告的导言段，提供关于合规性的消极保证的段落以及表明报告仅限于客户和特定第三方使用的段落。提供关于合规性的消极保证的段落举例如下：

> 根据我们的审计，我们并未注意到任何使我们认为公司违反20×1年7月21日与第一国家银行签订的借款合约中列示在8—15部分内的任何条款、要求、规定或条件的事项。然而，我们的审计不是以获得这类违规行为为主要目标的。

当注册会计师鉴别出他们认为应该报告的一个或多个违规事项时，项目应该在报告中标明。当注册会计师认为违规现象很普遍时，就应当考虑提供消极保证是否合适。同时，如果注册会计师对与合约相关的财务报表发表否定意见或拒绝发表意见，那么出具消极保证的报告也是不适当的。

二、致证券承销商函

负责承销证券的投资银行经常要求曾审计申请上市注册报表中的财务报表及附表的注册会计师出具一份致证券承销商函。此函通常称为告慰函，美国的执业准则也提

供了关于告慰函内容的指南（AICPA AU 920；PCAOB 634）。该准则指出告慰函需提供如下事项的保证：（1）注册会计师的独立性；（2）申请上市公司报表中的已审财务报表及其附表是否遵守了1933年《证券法》和相关法规的会计要求；（3）未审财务报表、简式中期财务信息、简要财务信息、预估财务信息、财务预测以及管理部门的讨论和分析；（4）在申请上市公司报表中包含的最近一期财务报表日后的一段时间内所选财务报表项目发生的变化；（5）申请上市注册报表中的表格、统计资料和其他财务信息；（6）关于申请上市公司报表中的某些非财务报表信息是否符合美国证券交易委员会（SEC）规章的指定形式。

注册会计师可能为上述列表中的第（1）条和第（2）条提供积极保证。对于第（3）～（6）条，根据具体情况（例如，在某些情况下，中期复核必须是对中期信息执行的），注册会计师通常能提供消极保证。这些消极保证表明，根据执行的程序注册会计师未发现需要进行重大修改的信息（或者没有发现不符合SEC要求的信息）。

告慰函帮助证券承销商履行对证券申请上市注册报表执行合理调查的义务。对于证券承销商的“合理调查”不存在明确的标准。因此，证券承销商应该认可注册会计师程序的适当性，这是出具告慰函的依据。

三、财务报表概要

有时，客户准备的文件中会包括根据已审财务报表编制的财务报表概要（简式财务报表）。这些报表通常比已审的财务报表包含的细节内容少很多。已经对基本（完整的）财务报表出具审计报告的注册会计师可能被要求对简式报表出具报告。除非该注册会计师对已审财务报表出具否定意见或者拒绝发表意见，否则该注册会计师应该接受与简式财务报表相关的业务（AICPA AU 810；PCAOB 552）。在这种情况下，注册会计师决定管理人员在准备简式财务报表时所运用的标准是否可接受，以及这些标准是否被正确运用。虽然他们不需要附有简式财务报表，但已审财务报表对于任何希望获得的使用者来说都应该是易得的（例如，在公司官网上取得）。当注册会计师认为简式财务报表表述正确时，应该出具意见表明简式财务报表在所有重大方面与其所依据的基本财务报表、编制时与所使用的标准相一致。

四、非上市公司财务报表的复核与代编服务

（一）非上市公司财务报表的复核与代编业务的形成

总的来看，国外注册会计师的这种业务与《中国注册会计师相关服务准则第4111号——代编财务信息》的要求基本上是一致的。即对于一般不进行年度审计的非上市公司复核提供注册会计师服务。此类复核的目的是不需要对财务报表做重大修改提供有限保证，即报表是按照公认会计原则或其他适用的财务报告框架表述的。虽然这通常涉及年度财务报告，但这些准则也同样适用于中期财务报告的复核。由此，满足小公司的需要体现了多数会计师事务所相当大的一部分业务内容。对于一个比较小尤其是只有一个单独办事处的事务所而言，非上市客户可能是公司的全部业务来源。为了向注册会计师提供关于满足非上市客户会计需求业务的指南，AICPA成立了会计与复核服务委员会。这个委员会被授权为注册会计师制定与非上市公司未审财务报表或者其他未审财务信息相关的执业准则，按照顺序编号的系列公告发布，称为《会计与

复核服务准则公告》（SSARS）。SSARS 为两类涉及非上市公司未审财务报表的业务制定了准则：编表（AR80）与复核（AR90）。

（二）复核工作的程序与内容

复核是一项鉴证业务，复核报告提供有限（消极）保证，SSARS 复核通常执行于非上市公司的年度信息。

1. 筛选客户。客户的接受与续约是会计师事务所质量控制的基本要素之一。制定这方面政策和程序的目的是使与管理层缺乏正直性的客户相关的风险最小化。掌握未来客户相关信息的一个方法就是与客户的前任注册会计师取得联系。

美国的 SSARS 19 为决定在接受复核（或编表）业务之前向前任会计师询问相关信息的会计师提供了指南。这些询问应该包括下列方面的问题：管理层的正直程度、就会计原则产生的争论、管理层提供或修改意见的意愿以及变更会计师的理由。是否与前任会计师取得联系要留待后任会计师决定。但是，如果向前任会计师提出询问是经过客户同意的，一般都要求前任会计师给予回应。

2. 复核和编表服务的业务约定书。编表和复核服务与审计服务有很大差别，但对客户来说，要求都应当严格。因此，当注册会计师执行其他服务时，应避免暗示他们是在执行审计。因此，执业准则要求注册会计师与客户签订业务约定书，清楚地指明提供服务的目的、管理层的责任、会计师的责任以及服务的局限性。

3. 了解客户及其行业。事务所接受客户后，注册会计师可以了解到客户以及行业的未来情况。这些信息可以帮助审计师设计复核程序、评估被询问人员对问题的回答以及复核程序的结果。注册会计师对客户经济业务的了解应当包括公司的组织结构、运营模式以及财务报表账户的性质。

4. 复核程序。在复核业务中会计师通常需要进行以下工作：（1）实施分析性程序；（2）询问客户管理层和其他人员；（3）执行其他认为必要的程序；（4）从管理层获得关于财务报表的陈述。

分析性程序（账户和比率的一般比较）是指参照前期财务报表、预算和其他经营数据对财务数据进行分析。当会计师执行分析性程序时所使用的方法是为了将记录的数额和比率与期望值进行比较、识别可能显示错报的重大差异，然后调查异常值。例如，按照月份、生产线或者业务部门报告的收益能够与可比的前期数额进行比较。当发现非预期差异时，可以通过询问管理层或者执行其他程序对其做进一步的调查。

注册会计师的询问应当集中于财务报表是否符合一般公认会计原则或者是其他适用原则、经营活动和重大期后事项的变化以及是否存在重大舞弊或疑似舞弊行为等内容。

在复核中执行的其他程序包括询问股东大会、董事会会议采取的措施；阅读中期财务信息以及从复核过公司其他重要内容的会计师处获得报告。

虽然复核通常不要求会计师证实管理层对询问的回答，但他们应该根据其他复核程序的结果考虑管理层回答的一致性。当会计师发觉信息不正确、不完整或有其他令人不满意的情况时，还有必要执行追加程序。为了提供有限保证，即不需要对报表做出重大修改，注册会计师应该执行这些程序直至他们认为必要的程度。例如，如果会计师在执行复核程序时质疑该公司是否根据一般公认会计原则对重要的销售交易进行了记录时，与交易双方的高级市场营销人员和会计人员讨论交易条款并阅读销售合同就显得尤为必要。

最后，审计师需要获取一份根据特殊业务情况设计的管理层的陈述函。但是，所有的陈述函都应该与复核报告的日期一致并包括管理层对以下责任的承诺：(1) 财务报表的编制与 GAAP 一致以及管理层确认自身履行了这一责任；(2) 预防和检测舞弊行为，同时向审计师报告发现的任何重大实质性或疑似舞弊行为；(3) 对所有询问都充分如实回答并提供完整的信息（包括期后事项）。

（三）代编财务报表

许多小企业客户要求注册会计师执行编表服务，而不是复核或审计服务。编表的目的是帮助管理层将财务信息表述为财务报表的格式。编表报告不对信息的公允表达提供明确的保证。由于不提供明确的保证，所以不独立于客户的会计师也可以执行编表服务。为了执行编表，SSARS 要求注册会计师掌握客户行业内使用的会计原则和实务，并对客户的商业交易和会计记录有一个全面的理解，注册会计师必须利用这些知识评价客户陈述的信息。

最低限度上，会计师必须阅读已编制的报表以证实报表格式是恰当的且没有明显的重大错报。执行编表时，会计师不应该接受显而易见的不合理的信息。如果客户表述的信息不正确、不完整或存在其他无法令人满意的情况，会计师应该坚持要求客户修改信息。若客户拒绝提供修改后的信息，会计师应取消这项合约。除了满足这些基本要求之外，会计师没有责任执行任何调查程序证实客户所做的表述。

对已编制报表进行正确地报告取决于财务报表是否预期为第三方（即除了管理层之外的团体）使用。如果预期不被第三方使用，那么会计师可能出具一份编表报告或者不出具报告但与客户用业务约定书记录相关方面的理解。由管理层签字的业务约定书，必须明确将要执行的服务类型以及财务报表的使用限制。当不出具编表报告时需在财务报表的每一页上都注明“仅供管理层使用”的字样。如果财务报表将被第三方使用（或者合理地预期将被第三方使用），那么会计师必须出具编表报告。该报告对财务报表拒绝表示意见或做出其他任何形式的保证。

（四）复核和代编报表工作的报告与沟通

1. 复核与代编报表报告。会计师复核报告的日期不应早于会计师收集了充分的复核证据以对财务报表提供有限保证的日期。同时，财务报表的每一页上都应表明“参见会计师复核报告”的字样。无论对信息的公允性提供何种程度的保证，都要求注册会计师是独立的。因此，职业标准要求会计师必须独立于客户。按照我国注册会计师审计准则，注册会计师发表的报告应当写明：

> 在 ABC 公司管理层提供信息的基础上，我们按照《中国注册会计师相关服务准则第 4111 号——代编财务信息》的规定，代编了 ABC 公司 20××年 12 月 31 日的资产负债表，20××年度的利润表、股东权益变动表和现金流量表以及财务报表附注。管理层对这些财务报表负责。我们未对这些财务报表进行审计或审阅，因此不对其提出鉴证结论。
>
> 我们提请注意，如财务报表附注×所述，管理层对融资租赁的机器设备未予资本化，该事项不符合企业会计准则和《××会计制度》的规定。

2. 其他沟通。与年度财务报表审计一样，注册会计师应该向审计委员会报告关于复核过程中发现的重大调整事项以及重大会计政策与会计估计的可接受性和质量的信息，还应当通知审计委员会他们与管理层关于会计政策或复核程序的争论，或在执行复核或代编过程中遇到的其他困难。最后，注册会计师应该确保已向审计委员会报告了他们发现的所有舞弊或非法行为的事例，以及与编制财务报表相关的任何值得报告的不足和重大缺陷。

第四节 基于公认会计原则的附加业务审计

一般来说，国外关于基于公认会计原则的附加业务审计主要为以下内容：单一财务报表（例如，一张利润表，而不是其他财务报表）以及财务报表的特定组成部分、账户或项目（例如，应收账款明细表）；个人财务报表。

一、单一财务报表以及财务报表的组成部分

从业务内容上来看，国外注册会计师的这种业务如同我国《中国注册会计师审计准则第 1603 号——对单一财务报表和财务报表特定要素审计的特殊考虑》规范的内容，但由于各国的情况不同，准则也存在差别，业务内容的区别也是存在的。本章在此对此业务进行说明，以加深对我国准则所述内容的理解。

（一）单一财务报表以及财务报表的组成部分之间的关系

注册会计师可能被聘审计单一财务报表或者财务报表的特定组成部分、账户或项目（后文叙述中用“组成部分”统称）。一个公司需要这样的审计可能因为它签订了类似下列协议：贷款协议，协议中要求对资产负债表（而不是其他财务报表）进行年度审计；租赁协议，协议中要求对承租人的年收入额进行审计，因为租金的确定是部分基于承租人的年收入额的。

当审计单一财务报表或者财务报表的特定组成部分时，注册会计师应熟悉公认会计原则的必要程度并加以运用。为了实现审计目标，注册会计师对互相联系的项目执行审计程序十分必要，互相联系的项目如销售额与应收账款，存货与应付账款，房屋、设备与折旧。因此，当审计销售账户时，注册会计师通常需要对应收账款账户执行审计程序。

当注册会计师接受委托对特定组成部分或账户进行审计时，他们要修正标准的审计报告，指明审查的信息、使用的会计基础以及信息是否按照该基础公允表达。下面的举例就是对应收账款账户审计后所出具报告中的意见段：“我们认为，上述应收账款明细表按照一般公认会计原则中与编制该类报表相关的原则，在所有重大方面公允地表达了 ABC 公司 20×6 年 12 月 31 日的应收账款。”

有时，注册会计师可能接受委托对根据 GAAP 另行编制的账户明细表（不仅限于资产负债表、利润表或者现金流量表）进行审计并提出报告。例如：

1. 政府机构可能要求公司编制真实财产经营的总收入和确定费用明细表，收入和费用是根据 GAAP 来衡量的，但此处定义的费用不包括利润、折旧、所得税等项目。

2. 某公司签订了收购另外一个公司的协议，此时该公司需要根据 GAAP 编制总资产与总负债的明细表，但仅限于根据协议报告被收购公司将出售的资产以及将转移的负债。

在这些情形下，注册会计师的报告应包括一个强调事项段，声明报告的目的、提出注释来描述报告所使用的基础以及声明该报告不能完整地代表组织的资产、负债、收入或者费用。

（二）对每一项单独业务出具单独意见

到目前为止我们已经讨论了注册会计师被要求审计少于一整套财务报表的信息的情形。在有些情形下，当注册会计师已经对一整套财务报表实施审计之后，他们仍然有可能被要求对单一财务报表或者特定组成项目进行审计与报告。这样的事项也与《中国注册会计师审计准则第 1604 号——对简要财务报表出具报告的业务》规范的业务内容有相似性。例如：（1）对一项业务出具单独意见；（2）对两个业务通常使用不同的重要性测试（例如，特殊组成部分的重要性通常低于整体财务报表）；（3）当一整套财务报表与单一财务报表（或组成部分）都被一起公布出来时，注册会计师确保它们之间存在明显差异；（4）注册会计师为整套财务报表出具带强调事项段的无保留意见时，应考虑到该意见对单一财务报表（或者组成部分）的审计报告的影响；（5）当该事项与特定组成部分相关时，那么关于该组成部分的报告也很有可能是带强调事项段的无保留意见；（6）当该事项与特定组成部分无关时，则为该组成部分出具标准无保留意见是有可能的，只要两份报告没有一起发布以及该特定组成部分不是整套财务报表的主要组成部分。

（三）复核与商定程序业务

如同《中国注册会计师相关服务准则第 4101 号——对财务信息执行商定程序》规范的情况，有时，客户可能不要求注册会计师执行审计程序，而是对财务报表或者财务报表的特定组成部分执行复核或者商定程序。复核通常由询问和分析性程序组成。例如，购物中心的店主可能要求注册会计师对营业收入账户执行复核程序（询问和分析性程序）。这样的典型的复核程序业务也较有特色。

还有，注册会计师有可能受聘对特定组成部分执行商定程序。美国注册会计师鉴证准则为接受委托对特殊组成部分执行商定程序后出具仅供特定团体使用的报告的注册会计师提供了指南。这些业务都是“顾客驱动”服务，因为针对将执行的程序，“特定使用者”与注册会计师已经达成了共识，并且由“特定使用者”对这些程序的充分性负责。在上面的例子中，这些程序可能包括将租户报告的收入与租户的内部财务报表和州销售税报税单相核对，来查证收入数额的真实性。在这种情况下，注册会计师将与店主代表（特定使用者）会晤，针对将要执行的审计程序达成共识。注册会计师报告仅限于特定的人使用，并且要指出执行的程序和相关的发现。然而，报告应该对审查的信息拒绝表示意见，而且不应当包括消极保证来表明注册会计师没有发现任何情况显示财务报表的组成部分未公允表达。

另外一个关于商定程序合约的常见例子是，破产委员会（特定使用者）聘用注册会计师来证实债权人的要求权。在这种情况下，注册会计师可能受聘对应付账款账户执行商定程序并出具报告。下面的例子就是一份关于债权人要求权清单的商定程序报告，它是提供给破产委员会（特定使用者）的（加强调事项段）。见表 15—1。

表 15—1 执行商定程序的独立会计师报告

马德姆公司破产委员会： 我们已经执行了下述关于债权人要求权的审查程序。该程序已取得了马德姆公司破产委员会的同意。执行这些程序的目的是确定附表 A 中详细列示的对马德姆公司 20×6 年 5 月 31 日债权要求权的有效性。这项运用商定程序的合约是按照美国注册会计师协会制定的准则执行的。这些审查程序的充分性由马德姆公司破产委员会单独负责。因此，不管是为了请求提出报告的目的还是任何其他目的，我们都不就下述审查程序的充分性做出陈述。审查程序和相关的发现如下： 1. 比较马德姆公司编制的 20×6 年 5 月 31 日应付账款平衡合计数与相关总分类账余额。应付账款试算平衡表的合计数与相关总分类账的余额相一致。 2. 比较从债权人处得到的要求权金额（见马德姆公司提供的债权要求权文件）与应付账款试算平衡表中列示的各对应金额。利用债权要求权文件和马德姆公司应付账款明细记录中的数据，在应付账款试算平衡表上调节发现的差异。 发现的所有差异都列示在表 A 的第 3 栏中。除了表 A 第 4 栏中列示的金额，所有此类差异都已经调节。 3. 审查债权人提交的用于支持要求的债权金额的单证，并将它与马德姆公司档案中的下列单证作比较：发票、验收单以及其他收到货物或接受服务的证据。 存在的发票、验收单以及其他证据与债权人提交的所有文件一致。 我们没有接受委托，也未执行对特定组成部分、账户或项目表示意见的审计。因而，我们不表示此类意见。如果我们执行了额外的程序，我们可能会发现其他应向您报告的事件。 该报告仅供马德姆公司破产委员会使用，不应被那些未同意这些程序且不对该程序充分性负责的人用于他们的目的。

二、个人财务报表的审计

（一）个人财务报表一般内容

在许多情况下，相关机构和单位都要求提供已审的个人财务报表，包括当个人申请大额贷款或者试图利用私人信用购买一家企业时。在美国，适用于个人财务报表的一般公认会计准则与适用于企业实体的一般公认会计原则有很大不同。在个人财务报表中，资产以其估计现值列示，负债以其估计现行金额列示。因此，注册会计师必须运用能够证实这些估计数额的审计程序。按照 AICPA AU 620，PCAOB 336“利用专家的工作”给出的指南，注册会计师有时候可能需要依赖评估人员的工作。

个人的资产负债表称为财务状况表。这个报表列示了替代股东权益的个人财产净值，还包括一项根据资产的估计现值与负债的估计现行金额之间差额及其计税基础而估计的所得税负债。个人的利润表称为财产净值变动表。除了列示收入或费用之外，这张报表还包括本期资产估计现值和负债估计金额的增加或减少。

个人财务报表的会计原则和审计指南在 AICPA 的《审计与会计指南》中颁布，名为《个人财务报表指南》。对个人财务报表出具的报告在格式上是标准的，仅需修改变化了的财务报表名称。

（二）完整性——个人财务报表中的特殊问题

客户作出的关于财务报表的声明中有一条即是报表是完整的——也就是说，报表反映了客户的所有资产、负债及当期的交易。某些原因使得确定财务报表的完整性在审计个人报表时变得尤为困难。首先，一般情况下，个人交易中内部控制较弱——每笔交易的所有方面通常都是由个人控制。其次，某些人可能故意从他们的个人财务报表中省略掉一些资产和收入。隐瞒收益或资产的动机可能源于个人所得税或遗产税的考虑、对离婚的预期或非法收入。

对注册会计师而言，要查出财务报表中资产的遗漏远比查出资产的高估或负债的遗漏要困难。因此，在决定是否接受个人财务报表审计合约时，注册会计师应该评估个人隐瞒资产的风险。如果在执行业务过程中注册会计师推断个人隐瞒了资产，那么注册会计师就不能够继续确信他们的审计程序已经发现所有隐瞒的资产，这时就应该取消这项合约。

第五节　按照非公认会计原则框架编制财务报表的审计

一、非公认会计原则框架下的不同基础

从业务的基本方向上看，这样的服务与我国《中国注册会计师审计准则第 1601 号——对按照特殊目的编制基础编制的财务报表审计的特殊考虑》有很大的相似性。比如我国有《企业会计准则》，也有《小企业会计准则》，还有《事业单位会计准则》等。因此，了解美国审计界在这方面的问题，也会对我们有一定的帮助。

在美国，公司制企业，或者说上市公司，一般都是按照公认会计原则编制财务报表。但是，相对于对注册会计师服务的范围来看，也有较多的单位存在非基于 GAAP 编制财务报表的业务。在这时，注册会计师也会被聘审计按照非 GAAP 的财务报告框架编制的财务报表。

美国相关的执业准则（AICPA AU 800）定义了四种特殊财务报告框架：（1）现金基础；（2）所得税基础；（3）合约基础；（4）监管机构规定的基础。

应当说明，从 2012 年起，AICPA 从其准则中删除了这个术语。在现行 PCAOB 标准第 623 条中，现金基础、所得税基础以及监管机构规定的基础这三种财务报告框架被称为“其他综合会计基础”。当注册会计师接受一项使用特殊财务报告框架的业务时，应该获得在这种情况下财务报表的目的、预期使用者、管理部门决定框架的可接受性时采用的步骤等方面的信息。另外，管理部门必须明白使用该框架所应承担的责任。

二、对非公认会计原则框架报表审计报告的表达方式

采用特殊财务报告框架编制的财务报表，其审计报告在几个方面与标准形式的审计报告不同。最重要的是报告必须包含一个强调事项段声明财务报表是根据非 GAAP 的特殊财务报告框架编制的。该段落中应该说明所使用的会计基础或者指出提供了类似说明的财务报表附注。这个报告的实质是对财务报表是否公允地反映了其意图表示意见。

注册会计师应该注意财务报表的标题。诸如“资产负债表”“利润表”和“现金流量表”这样的标题，一般而言仅与按照 GAAP 编制的财务报表相联系。因此，执业准则要求对按照其他基础编制的报表应该冠以描述性的标题。例如，现金基础的“资产负债表”更适合起名为“现金交易产生的资产负债表”。按照非 GAAP 编制的最常见的财务报表大概就是现金基础的报表了。

三、对非公认会计原则基础财务报表审计的内容归纳

如果特殊财务报表是根据合约或监管机构规定的基础进行编制的，那么注册会计师的报告也应该包括一个其他事项段来提醒使用者该审计报告的预期用途。例如，供经济实体内部、合约或协议团体、监管机构使用等。一般的措辞是："我们的报告仅限于ABC公司以及DEF监管局使用，除了这些特定团体，预期不能也不应该被其他团体使用。"表15—2归纳了非GAAP基础编制的财务报表审计的内容。

表15—2　　报告要求概览

	现金基础	所得税基础	合约基础	监管机构规定的基础	监管机构规定的基础（通用报表）
意见	对特殊框架发表单一意见	对特殊框架发表单一意见	对特殊框架发表单一意见	对特殊框架发表单一意见	对特殊框架以及GAAP发表双重意见
是否描述特殊报表的编制目的	否	否	是	是	是
是否包括强调事项段提醒使用者财务报表是根据特殊框架编制的	是	是	是	是	否
是否包括其他事项段提醒使用者审计报告的使用限制	否	否	是	是	否
其他要求			注册会计师必须了解合约中的重大管理解释	如果要求使用没有可参照基础的特定设计、形式或措辞，则注册会计师应该改写形式或另附一个措辞适当的报告	

四、根据其他国家财务报告准则等编制的财务报表

由于国际交往等原因，某国公司很可能会发生按照非本国会计准则编制财务报表的事项。比如，一家美国公司可能要根据其他国家的公认财务报告框架编制用于那个国家的财务报表。例如，公司在德国有一家子公司，为了在德国筹集资金，公司需要按照德国会计原则为其子公司编制财务报表。执业准则（AICPA AU 910；PCAOB 534）阐明了这种情况下注册会计师的责任。审计财务信息时，只要美国审计准则适用，注册会计师就应该遵循这些准则。另外，注册会计师需要熟悉外国所使用的财务报告框架。同时，如果业务条款要求注册会计师运用该国家的审计准则或者国际准则，那么注册会计师应该熟悉它们并应用这些准则。

当财务报告预期只在美国以外的国家使用时，注册会计师应该使用以下两种中的任意一种形式出具报告：一份美国式报告，表明财务报告是根据其他国家一般公认的财务报告框架编制的；一份其他国家形式的报告。

当财务报告预期也会在美国使用时，注册会计师应该使用美国式报告。对于非上

市公司，这份报告应包括一个强调事项段来表明所使用的财务报告框架以及该框架不同于 GAAP；同时还应出具关于所使用财务报告框架的标准无保留意见。对于上市公司，PCAOB 要求报告中增加关于财务报表是否也遵循了 GAAP 的意见段。

第六节 注册会计师的其他保证服务

一、其他保证服务的内容

注册会计师提供的其他保证服务是旨在为决策者或信息使用者提高信息质量或改善决策背景的职业服务。在美国，AICPA 下设的其他保证服务准则执行委员会旨在：(1) 在没有被其他权威准则覆盖的领域，识别新的保证服务趋势和开发市场需求；(2) 根据保证服务的需要发展相关的方法指南和服务工具。也就是说，该委员会参与开发保证服务旨在为决策者或信息使用者保证信息的质量、相关性和有用性或改善信息的决策背景。

不言而喻，其他保证服务已经远远超出了鉴证服务，其范围比鉴证服务更为广泛。其他保证服务可能包括分析数据或者将数据列入某种格式以便做出决策。例如，注册会计师可能为信息使用者收集与某个特殊决策相关的信息，并加以综合。他们也可以对信息使用者已经拥有一套完整的用于决策的信息提供保证。在一项保证业务中，可以出具报告，也可以不出具。如果出具报告，该报告可以采用口头形式、符号形式或者其他任何合适的形式。二者间的关系可见表 15—3。

表 15—3 保证服务的特点

	保证服务		
	属于鉴证服务的保证服务		其他保证服务
	与历史财务报表信息有关的服务	其他鉴证业务服务	
准则的主要来源	审计准则 复核准则（SSARS）	鉴证准则	职业行为规范中的一般业绩准则
性质	对历史财务报表信息的可靠性提供保证	对责任归属于另外一个团体的鉴证对象或有关鉴证对象的声明（不同于历史财务信息）的可靠性提供保证	为决策者提高信息质量或改善决策背景的独立职业服务
业务形式	审查 复核 商定程序	审查 复核 商定程序	暂时还未开发出特定的业务形式；可以按照实施者意图灵活使用
报告形式	书面	书面	任何便于沟通的合理形式
结论类型	信息的可靠性	信息的可靠性	可能是信息的可靠性，但也可能是更广泛的概念，例如信息与某一决策的相关性
是否要求独立性	是	是	是

就上面的分析而论，此处所述其他保证服务一般包括的内容为：对财务报告内部控制的保证服务；对预期财务报表的保证服务；对管理层的讨论与分析的保证服务；信托保证服务；服务组织控制报告；养老保证服务；未来的保证服务。

二、对财务报告内部控制的保证服务

本书在前面的章节中对财务报告内部控制的注册会计师报告做了介绍。从美国的情况来看，该业务主要是一项保证服务，对上市公司来说更是这样，因为2002年的《萨班斯-奥克斯利法案》颁布后，PCAOB要求上市公司对内部控制进行审计，这种审计已被视为整合审计的一部分。如我们在前面所指出，非上市公司也可以聘用注册会计师来提供这样的服务。另外，美国1991年颁布的《联邦储备保险公司修订法》要求总资产达到50亿美元及以上的金融机构提供内部控制报告（类似于前面章中详细介绍的内部控制报告）。

在本章中我们将不再重复内部控制报告的覆盖内容。但是，对内部控制进行报告是一个很好的保证服务的例子，它与对财务报表的报告明显不同，因为对于内部控制来说该业务的鉴证对象是一个过程而不是结果。

三、对预期财务报表的保证服务

（一）对预期财务报表提供保证服务的重要意义

这与我国注册会计师审计服务中的“预测性财务信息的审核”有很大的相通性。这是由于，证券分析师和信贷人员对预期财务报表极为关注。虽然这类报表可能采用各种各样的方式编制，但是注册会计师接触最频繁的还是财务预测和财务规划。财务预测提供有关某一经济实体预期的财务状况、经营成果和现金流量的信息，财务规划则提供在一个或多个设想前提下的预期结果。例如，某一财务规划可能提供有关企业增加工厂将导致的预期结果的信息。财务预测一般可以通用，而财务规划应仅限于与公司谈判的团体使用，例如，正考虑向企业贷款以让其增加工厂的某个银行。财务预测和财务规划都必须包括某些最低限度的预期财务报表项目、背景信息，以及会计政策表和一张主要设想表。

财务预测和财务规划的使用者通常要求对这些预期信息是以合理假设为基础进行编制并得到公允表达提供保证。为提供这样的保证，注册会计师可能受聘对预期财务报表进行审查，或执行某些商定程序，或执行编表，但是，鉴证准则禁止对预期财务报表进行复核。用于评估财务预测或财务规划公允性的标准在AICPA的“预期财务信息指南”（New York，2009）中列出并包括了一系列表达指南。

（二）对预期财务报表的审查

在对预期财务报表进行审查时，注册会计师收集与客户报表编制程序有关的证据，评估隐含假设，并从客户那里取得书面的陈述书，然后评价这些报表是否按照AICPA的指南进行表达。审查结束后，通常直接对鉴证对象出具报告，并从执业人员的角度说明这些报表是否按照AICPA的指南编制，以及基本假设是否为报表的编制提供了合理的基础。在任何情况下，注册会计师出具的报告都不能保证财务预测或财务规划的可实现性。

（三）对预期财务报表执行商定程序

某些特定的信息使用者可能要求执业人员对预期财务报表执行某些商定程序。在这种情况下，执业人员可能执行这些商定程序，并提供一个对财务报表的调查结果摘要。对于所有涉及商定程序的业务，出具的报告都应表明该报告仅限于特定团体使用。

四、对管理层的讨论与分析的保证服务

上市公司的管理层被要求对向 SEC 提交的财务报表中报告的财务成果进行解释说明。这种被称为管理层的讨论与分析（MD&A）的解释说明是向 SEC 报送的报表格式 10-K（供年度财务报表使用）和 10-Q（供中期财务报表使用）中要求的组成部分。注册会计师可以在《鉴证业务准则公告第 8 号——管理层的讨论与分析》的指导下对管理层的讨论与分析进行审查或复核。

要承接一项对管理层的讨论与分析进行审查的业务，注册会计师必须已经对该管理层的讨论与分析适用的最近的财务报表期间进行审计，且其他财务报表期间也必须由他们或者其他注册会计师进行了审计。在这种业务中，注册会计师的目标是：（1）管理层的讨论与分析在所有重大方面是否包括了 SEC 颁布的规定或法规中要求的要素提供保证；（2）管理层的讨论与分析中包括的历史财务数额是否在所有重大方面准确地来源于该经济实体的财务报表提供的保证；（3）对该经济实体的基本信息、决定、估计和假设是否为管理层的讨论与分析中包含的信息披露奠定了合理基础提供保证。注册会计师也可能受聘对年度或期中的管理层的讨论与分析实施复核。但是，如果经过复核后出具的报告并不是向 SEC 提交，应对该报告的使用进行限制。

五、信托保证服务

（一）信托保证服务的产生及其作用

信息技术的发展对企业的经营方式产生了深远影响。越来越多的企业开发出由信息技术推动的不仅能保留历史信息，而且能提供产品和服务的系统。企业通过该系统可以直接与顾客和供应商进行交易从而构成经营业务的一部分。这引发了企业管理层、股东、债权人、商业伙伴和公司其他利益相关者对系统可靠性的强烈关注。注册会计师行业开发了一系列信托保证服务，这些服务被定义为基于一组核心原则与标准的职业鉴证和咨询服务，它们旨在解决信息技术推动形成的系统和隐私计划的风险与机遇。

由注册会计师提供的信托保证服务旨在帮助经济实体证明他们对环境中存在的风险十分敏感以及已经采取控制措施来解决这些风险，从而与其他实体区分开来。信托保证服务保证报告的潜在受益人众多，包括消费者、商业伙伴、银行业者、债权人、监管者以及外包商。信托保证服务是由 AICPA 和加拿大特许会计师协会共同开发的一种由执业人员对系统的内部控制进行审查，并对系统的可靠性进行鉴证的保证服务。这是会计职业为信息数据库和系统提供实时保证这一更为广阔的愿景的一部分，同时也被视作注册会计师审计和信息技术咨询功能的自然延伸。

在一项信托保证服务业务中，管理层要准备一份系统（属于注册会计师业务保证范围）各方面的说明书。管理层的说明书可以上传到公司官网、附于注册会计师报告

后或以其他方式与信息使用者进行沟通。该说明书必须明确表达系统的界限以使信息使用者对管理层关于说明书的声明范围以及注册会计师的报告有清晰的理解。

（二）执行信托保证服务业务

在执行信托保证服务业务时，注册会计师应：（1）执行程序以确定系统说明书是否得到公允表达；（2）获取证据证明该系统的内部控制是否得到有效设计和执行，以符合鉴证业务的合适标准的要求——《信托保证服务原则与标准》。

获得的证据应能证明该系统在一个特定报告期间内是否符合下列一项或多项原则：（1）安全性原则，指系统得到保护，以防止未经授权的物理和逻辑接触；（2）可用性原则，指系统如承诺或协定的那样可用于经营和使用；（3）处理的完整性原则，指系统处理是完整、准确、及时和已授权的；（4）保密性原则，指被指定为机密的信息如承诺或商定的那样受到保护；（5）隐私原则，指个人信息的收集、使用、保留、披露和销毁都必须符合经济实体隐私通告中的承诺，并符合 AICPA 发布的一般公认隐私原则中的标准。

上述每个原则都有与之相关的四个标准，这些标准符合以下四大领域：（1）政策，经济实体定义和记录了与特定原则相关的政策；（2）沟通，经济实体与系统的责任方和已授权的使用者就定义的政策进行了沟通；（3）程序，为了实现与定义的政策一致的目标，经济实体实施了运行程序；（4）监控，经济实体对系统进行监控，并采取行动维护系统使其符合定义的政策。

（三）信托保证服务业务的种类

目前，注册会计师提供两种信托保证服务，既可以提供商定程序水平的保证，也可以提供审查水平的保证。网络鉴证主要是为电子商务系统提供保证，系统鉴证是为除了电子商务系统之外的其他系统提供保证。因此，系统鉴证获得了更广泛的市场认可度。

（四）信托保证服务出具的报告

系统鉴证报告和网络鉴证报告十分类似。表 15—4 列示了资本认证公司关于系统鉴证原则前四条原则的系统鉴证报告，该公司是电子注册程序的领军者。网络鉴证和系统鉴证的设计都包括印章管理流程，该流程要求客户的网站上包含一个印章（商标）来代表执业人员对网络鉴证出具的无保留意见报告的电子形式。如果客户希望继续使用这个印章（商标），那么网络鉴证业务必须至少每年更新一次。而且，首次报告所涵盖的期间至少应为两个月。下面的部分报告的内容对信托保证业务报告进行了说明。

表 15—4　　信托保证服务鉴证

我们依据 AICPA 颁布的关于信托保证服务鉴证的标准，对附送的资本认证公司管理层所作的有关从 2009 年 7 月 1 日到 2011 年 11 月 30 日该公司维持了 confirmation. com 系统的可用性、安全性、处理的完整性以及保密性的有效控制的声明进行了审查：

- 该系统如承诺或协定的那样可用于经营和使用；
- 该系统得到了有效保护，防止了未经授权的接触（物理的和逻辑的）；
- 该系统的处理是完整、准确、及时和已授权的；
- 该系统能够如承诺或协定那样保护被指定为机密的信息。

这些声明由资本认证公司的管理层负责。我们的责任是通过我们的审查对上述的声明表达意见。管理层声明所涵盖的 confirmation. com 系统的说明书附送在本报告后。由于我们不审查该说明书，所以我们不对其发表意见。

我们的审查依据美国注册会计师协会（AICPA）颁布的鉴证准则进行，相应地，审查包括下列程序：(1) 了解与 confirmation. com 系统的可用性、安全性、处理的完整性、保密性以及隐私性有关的控制措施；(2) 测试和评估这些控制措施的执行有效性；(3) 根据具体情况执行我们认为必要的其他程序。我们确信，我们的审查为我们发表的意见提供了合理基础。

由于内部控制固有的局限性，资本认证公司达到上述标准的能力会受到影响。例如，内部控制可能没能阻止、发现并纠正错误或舞弊；系统和信息受到未经授权的接触；或者未能符合内部或外部的政策或要求。而且，根据我们的调查结果对未来期间所做的预测可能会由于系统或控制措施的变更而面临结论有效性改变的风险。

我们认为，按照 AICPA 和 CICA 信托保证服务的可用性、安全性、处理的完整性和保密性标准，上述的管理层声明在所有重大方面都进行了公允表达。

六、服务组织控制报告

（一）服务组织控制报告的构成

服务组织控制（security operations center，SOC），一般指以资产为核心，以安全事件管理为关键流程，采用安全域划分的思想，建立一套实时的资产风险模型，协助管理员进行事件分析、风险分析、预警管理和应急响应处理的集中安全管理系统。服务组织向那些决定将数据处理外包的客户提供处理服务。典型的外包服务例如：云计算服务、薪资处理服务、信息安全服务和信息系统服务。我们在此简述三种业务，这些业务对服务组织控制出具如下类型的 CPA 报告：

SOC 1：对（与外包客户的财务报告内部控制相关的）服务组织的控制出具限制使用的报告。

SOC 2：对承包业务的服务组织关于安全性、可用性、处理的完整性、机密性以及隐私性方面的控制出具限制使用的报告。

SOC 3：与安全性、可用性、处理的完整性、机密性以及隐私性相关的通用系统鉴证报告。

上述三种报告都是基于注册会计师对相关信息执行审查之后出具的。

（二）SOC 1 报告

SOC 1 报告是按照 AICPA AT 801（PCAOB 324）出具的，当被审客户外包了一部分自己的处理业务给服务组织时应出具这种报告。为了更清晰地了解这种报告，此处以员工福利计划为例来说明。在该例中被审客户将员工福利计划的资产交给银行信托部门进行投资和管理；服务组织雇用他们的注册会计师了解与承包来的处理服务有关的财务报告内部控制，并对该内部控制出具一份服务注册会计师报告。这些报告可能就以下内容进行报告：(1) 管理层对其内部控制的描述和设计（类型 1 报告）；(2) 管理层对其内部控制的描述和设计以及这些控制的运行效率（类型 2 报告）。反过来，雇用服务组织公司的注册会计师（简称为客户注册会计师）通常会将服务注册会计师报告作为考量客户内部控制的一部分。SOC 1 报告是限制使用的报告，通常用于一个注册会计师与另一个注册会计师或者服务注册会计师与客户组织之间的沟通。

（三）SOC 2 报告

SOC 2 报告是按照鉴证业务（AICPA AT 101）的规定执行的，并且与安全性、可用性、处理的完整性、机密性以及隐私性有关。这些报告在覆盖范围上与系统鉴证业务出具的报告比较类似，即注册会计师对服务组织与一个或多个信托保证服务安全原则有关的控制出具报告。SOC 2 报告旨在：(1) 为外包任务、功能的组织提供一个机制以改善服务提供者（承包组织）的治理和监督；(2) 为服务组织提供沟通其控制设计的适用性和控制的运行效率的能力。在出具 SOC 2 报告的业务中，管理层应准备一份服务组织系统的详细描述，包括为了达到一条或多条信托保证服务原则的标准而设计的控制，然后 CPA 对这些描述的公允性进行报告。服务组织可以将这份报告分发给他们的顾客以及其他预期受用者，例如监管者和商业合作伙伴。如同 SOC 1 报告一样，注册会计师可能受聘出具类型 1 或者类型 2 报告。

(四) SOC 3 报告

SOC 3 报告本质上就是信托保证服务报告。这些报告为外包客户提供下述内容服务：服务组织的管理层的声明（表明其为达到信托保证服务标准而维护了有效的控制）、系统的简短描述以及 CPA 对管理层的声明或控制的有效性是否达到了信托保证服务标准所出具的报告。

七、养老保证服务

从美国的情况来看，人口老龄化的趋势越来越明显，预计到 2030 年美国 65 岁以上的人口规模将会达到最大。为了回应这一人口统计资料所显示的人口特征，美国 AICPA 和加拿大特许会计师协会开发了养老保证服务。这些服务主要着力满足老年人的特殊需求和目标。为了提供这些服务，注册会计师需要利用自身多个领域的长处和能力，包括会计、现金流量规划和预算、退休前后的计划、保险复核、遗产规划和纳税筹划等。养老保证服务的目的是尽可能长地帮助美国老年人维持他们的生活方式和财务独立。该行业发现了这些服务的三个主要市场：(1) 注册会计师的老年客户，这些客户有财力利用这些服务；(2) 老年人的子女，这部分人群有经济来源也很乐意看到他们爱的人被照料；(3) 与老年人打交道的其他专业人士（例如，律师、保健专业人员）。

养老保证服务主要有两种类型——财务的和非财务的。财务服务包括目标设定、筹资分析、成本管理和需求评估。非财务服务可能涉及人际关系管理，以及互动型客户关系管理。表 15—5 提供了这些服务的详细示例。

表 15—5 美国养老保证服务示例

财务服务	非财务服务
• 规划信托需求 • 评估融资选择 • 接收、存放和负责客户的单据 • 确保收到预期收益 • 向保险公司提交索赔申请 • 保护老年人财产免受掠夺 • 遗产规划 • 所得税筹划和准备 • 赠与税申报表的填报 • 评估投资和信托活动 • 证券投资组合管理 • 风险管理和保险策划	• 生活方式规划 • 生活方式管理服务 • 协调支持和保健服务 • 充当养老保证服务组织（由保健、法律和其他专业人员组成）成员的角色 • 帮助家庭成员监督老年人的保健 • 与保健提供者沟通家庭成员的期望 • 与家庭成员一起建立适当的护理标准 • 建立业绩监控系统

八、未来的保证服务

美国 AICPA 正通过其下设的各种委员会致力于开发一系列能由注册会计师提供的其他保证服务，包括：可扩展商业报告语言（eXtensible Business Reporting Language，XBRL）、保健服务业绩衡量和持续审计。

（一）可扩展商业报告语言

XBRL 是一种为商业信息专门设计的国际信息格式，它为个人商业报告中的所有披露项目指定独特可读的、一一对应的电子标签。与现有的其他系统相比，XBRL 通过它的成本效益分析和更高的可靠性，在商业信息的编制、分析和沟通上展现出自身的优势。

为了帮助注册会计师在实际工作中被要求对 XBRL 的相关文档提供保证时能更顺利地进行，AICPA 成立了 XBRL 保证工作组来发展 XBRL 方面的指导意见。这个工作组正着力于：（1）发展实践指导来帮助注册会计师对用 XBRL 格式报告的信息应用现有的准则；（2）认为必要和适当时，向合适的准则制定机构建议改变现有准则以及发展新的标准；（3）与关键的利益相关者合作，包括 SEC，PCAOB，AICPA 的各种团体以及其他组织。

（二）保健服务业绩衡量

保健服务接受者和雇主越来越关心保健服务的质量和可用性。保健服务业绩衡量可以对由医疗协会、医院、医生和其他供应商提供的保健服务的有效性提供保证。

（三）持续审计

这是一种对保证服务的需求，但这种需求已经远远超过了对季报和年报提供保证服务。如本章前面所述，持续审计是指在相关信息发布的同时或稍微滞后一段时间，使用一系列报告对该信息提供保证。持续审计领域目前还处于培育期，但是由于公司越来越多地在网站上提供最新的财务信息，可以预期这种保证服务将会以惊人的速度增长。

思考题

1. 我国注册会计师的其他业务包括什么？与国外的情况比较，主要是与美国比较的内容和关系怎样？

2. 我国注册会计师财务报表审计的其他业务包括什么？都有什么样的特色？注册会计师提供这种服务的目标是什么？承接业务、计划或实际工作时，以及出具审计报告时一般应该进行什么样的考虑？

3. 注册会计师基于审计的其他服务包括什么？我国与国外的情况相比怎样？这样的业务各有什么样的要求？执行中要注意哪些问题？

4. 国外注册会计师基于一般公认会计原则的附加业务审计包括什么？我国在这方面与国外的情况相比怎样？有哪些相同或相异之处？

5. 我国是否存在按照非企业会计准则框架编制的财务报表的审计？表现在哪几个方面？怎样提供这样的服务？

6. 除上述项目之外，注册会计师还提供什么样的其他服务？请结合国外的情况对我国的类似事项进行比较分析，并对我国在这方面的未来发展作出预测。

练习题

1. 兴隆镇新成立的隆兴公司是一家小型非上市公司，请你就该公司的审计提交一份建议书。在调查了公司的管理部门和会计系统等情况之后，你向隆兴公司的董事长建议，审计费大约为50 000元。董事长惊讶于费用如此之高，他同董事会的成员讨论之后，认为公司在此时无法负担这项审计费用。

要求：

(1) 隆兴公司聘请注册会计师可能会有什么样的目的？分析除了聘请注册会计师按照企业会计准则对公司的财务报表进行审计之外，管理层为达到目的还可以采取什么替代方法？

(2) 在选择你提供的服务种类时，隆兴公司管理层应该考虑哪些因素？请解释原因。

2. 我国众缘健公司在执行海外工作任务时，对接受投资国提出申请并得到批准可以发行一批抵押债券，当公司向债券承销商提出申请时，承销商要求为该公司进行年度财务报表审计的注册会计师向他们出具一封告慰函，对公司截止到3月31日的三个月期的未审财务报表提供足够可能的保证。你负责对该公司实施财务报表的审计，你已对众缘健公司前一年度的财务报表出具了无保留意见报告；你还复核了公司本年度前三个月的财务报表；你认为并没有发现任何情况表明3月31日的报表存在不正确的表述。

要求：

(1) 解释告慰函中关于未审财务报表能说明的内容。

(2) 讨论告慰函中通常还包括的其他事项。

(3) 请针对中国注册会计师是否能执行这样的业务、该怎样执行这样的业务谈谈你的看法。

教师教学服务说明

中国人民大学出版社工商管理分社以出版经典、高品质的工商管理、财务会计、统计、市场营销、人力资源管理、运营管理、物流管理、旅游管理等领域的各层次教材为宗旨。

为了更好地为一线教师服务，近年来工商管理分社着力建设了一批数字化、立体化的网络教学资源。教师可以通过以下方式获得免费下载教学资源的权限：

在“人大经管图书在线”（www.rdjg.com.cn）注册，下载“教师服务登记表”，或直接填写下面的“教师服务登记表”，加盖院系公章，然后邮寄或传真给我们。我们收到表格后将在一个工作日内为您开通相关资源的下载权限。

如您需要帮助，请随时与我们联络：

中国人民大学出版社工商管理分社

联系电话：010－62515735，62515987，62515782，82501048

传　　真：010－62515732，62514775　　　　电子邮箱：rdcbsjg@crup.com.cn

通讯地址：北京市海淀区中关村大街甲59号文化大厦1501室（100872）

教师服务登记表

<table>
<tr><td>姓名</td><td></td><td>□先生　□女士</td><td>职　　称</td><td colspan="2"></td></tr>
<tr><td>座机/手机</td><td colspan="2"></td><td>电子邮箱</td><td colspan="2"></td></tr>
<tr><td>通讯地址</td><td colspan="2"></td><td>邮　　编</td><td colspan="2"></td></tr>
<tr><td>任教学校</td><td colspan="2"></td><td>所在院系</td><td colspan="2"></td></tr>
<tr><td rowspan="3">所授课程</td><td>课程名称</td><td>现用教材名称</td><td>出版社</td><td>对象（本科生/研究生/MBA/其他）</td><td>学生人数</td></tr>
<tr><td></td><td></td><td></td><td></td><td></td></tr>
<tr><td></td><td></td><td></td><td></td><td></td></tr>
<tr><td colspan="2">需要哪本教材的配套资源</td><td colspan="4"></td></tr>
<tr><td colspan="2">人大经管图书在线用户名</td><td colspan="4"></td></tr>
<tr><td colspan="6">院/系领导（签字）：
院/系办公室盖章</td></tr>
</table>